JN310786

東国の地域考古学

川西宏幸 編

六一書房

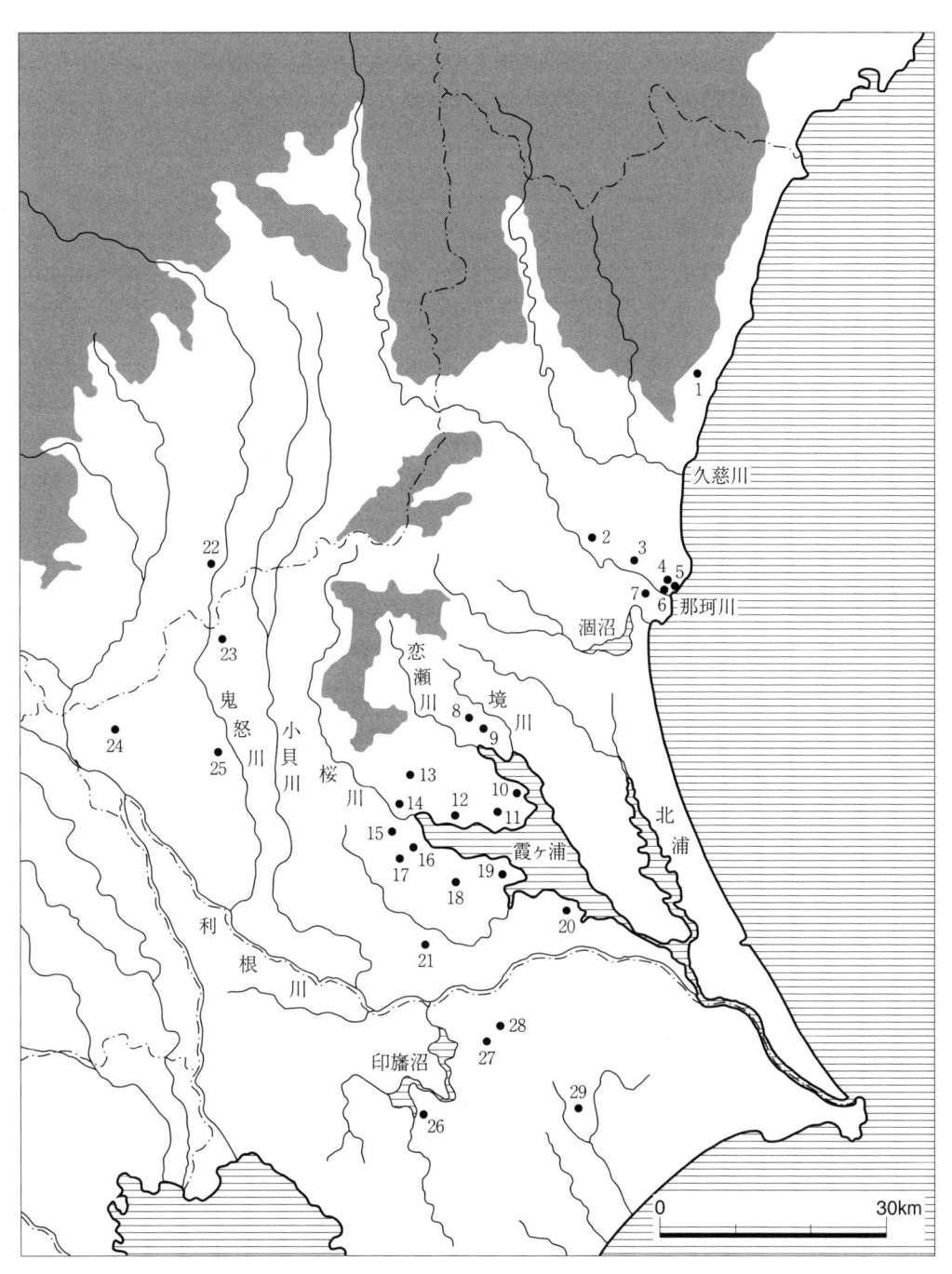

関連遺跡分布図（旧石器・縄文時代）

1. 諏訪　2. 白石　3. 遠原貝塚　4. ほんぼり山　5. 富士ノ上貝塚　6. 小川貝塚　7. 大串貝塚　8. 新池台　9. 外山
10. 富士見塚　11. 八千代台1　12. 下郷　13. 原田北・原田西・西原　14. 山川　15. 向原　16. 宮前　17. 寺子
18. 星合　19. 根本　20. 殿内　21. 岡坪B貝塚　22. 後志部　23. 女方　24. 中新田A　25. 西原　26. 岩名天神前
27. 土屋殿台　28. 荒海貝塚　29. 志摩城跡

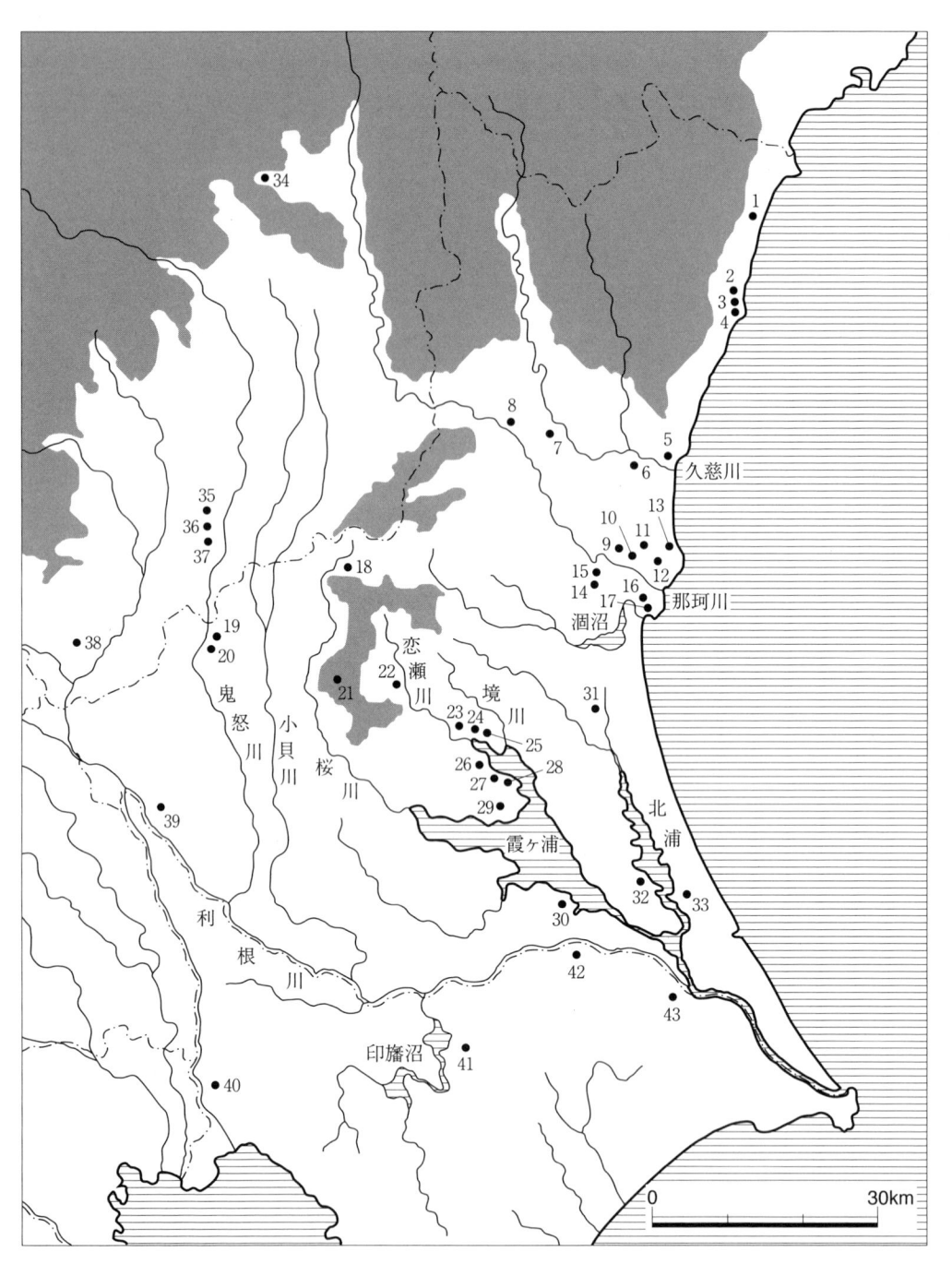

関連遺跡分布図（弥生・古墳時代）

1. 足洗　2. 藤ヶ作台　3. 十王台　4. 十王前横穴　5. 吹上　6. 海後　7. 泉坂下　8. 小野天神前　9. 武田石高　10. 金上　11. 虎塚　12. 差渋　13. 川子塚　14. 吉田　15. 大鋸町　16. 一本松　17. 鏡塚・車塚　18. 花園3号　19. 女方　20. 船玉　21. 筑波山　22. 丸山1号　23. 舟塚山　24. 出口　25. 涌井　26. 風返稲荷山　27. 太子唐櫃　28. 柏崎1号窯　29. 十日塚　30. 尾島神社　31. 浜山　32. 子子舞塚　33. 鹿島神宮　34. 堀越　35. 大日塚　36. 瓢箪塚　37. 文殊山　38. 大桝塚　39. 八龍神社　40. 法皇塚　41. 八代台　42. 香取神宮　43. 城山1号

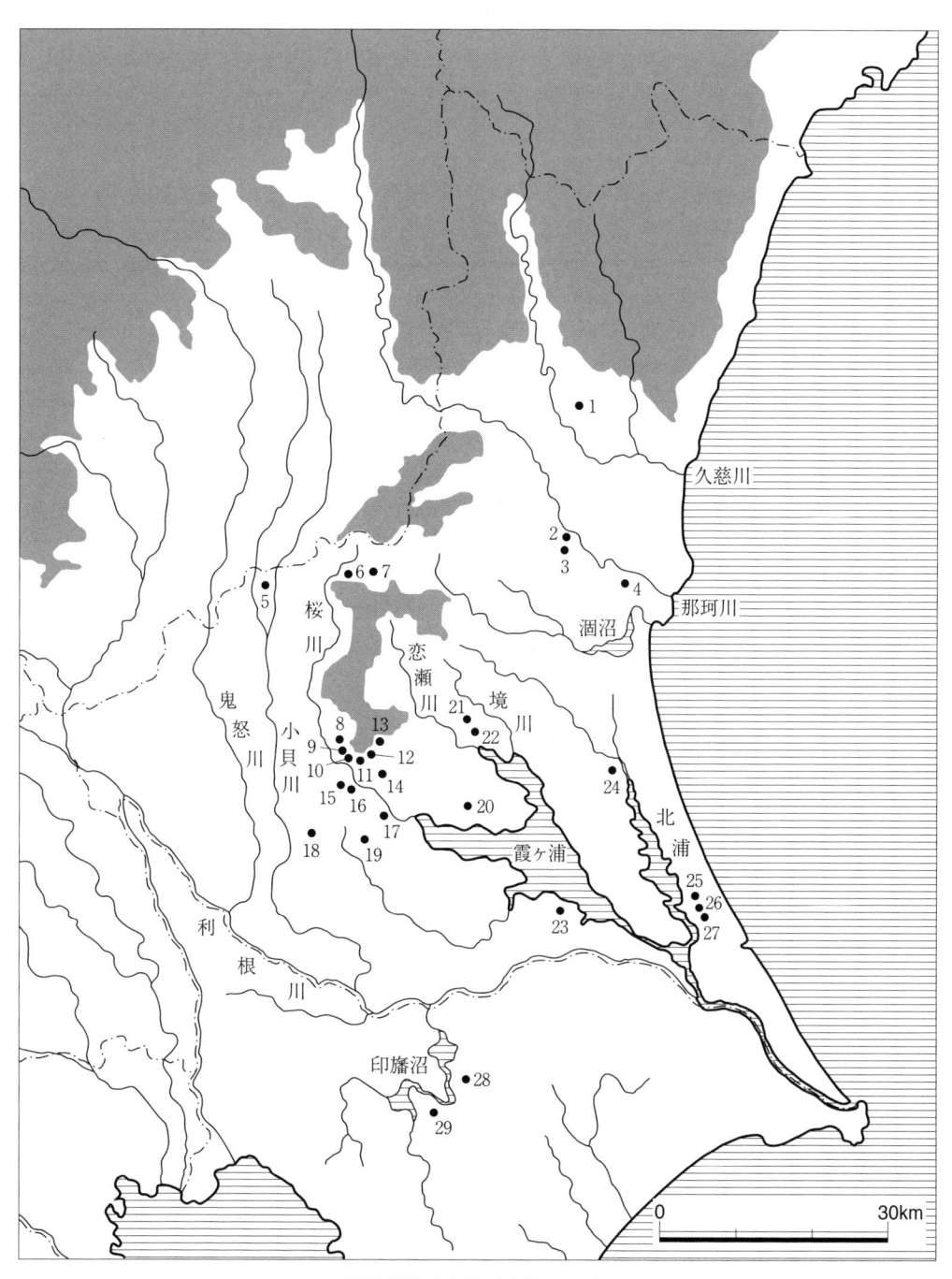

関連遺跡分布図（古代・中世）

1. 正宗寺 2. 台渡里 3. 木葉下窯 4. 梶内 5. 寺山 6. 堀の内窯 7. 松田 8. 中台（つくば市） 9. 日向 10. 小田城 11. 三村山・頼玄塔 12. 新治窯 13. 東城寺 14. 法雲寺 15. 柴崎 16. 陣場 17. 般若寺 18. 島名熊の山 19. 中原 20. 鍛冶屋 21. 鹿の子C 22. 常陸国府 23. 宮の脇 24. 成田 25. 厨台 26. 神野向 27. 木滝横穴 28. 中台（成田市） 29. 駒込

東国の地域考古学

目　次

遺跡地図

第1部　地域考古学の新しい価値を求めて

　常陸の実相……………………………………………………………………川西　宏幸　3
　　　―総説にかえて―

第2部　遊動の諸相―旧石器・縄文時代

　茨城県域における先史時代の黒曜石利用について…………………………窪田　恵一　33
　　　―産地分析作業の概要紹介―
　筑波山南西地域の先土器時代遺跡における硬質頁岩製石器群の展開…………川口　武彦　43
　　　―その搬入形態の検討を中心に―
　縄文時代前期における東部関東と東北南部との関係について……………齋藤　弘道　63

第3部　地域の表出―弥生・古墳時代

　殿内遺蹟における「砂ムロ」と「新たなる価値」…………………………鈴木　正博　85
　　　―「隠れた秩序」と「継承される価値」の実際―
　大型式としての同心円文・渦巻文系土器群…………………………………小玉　秀成　105
　盾持人埴輪の遡源………………………………………………………………設楽　博己　123
　十王台式の北漸と赤穴式羽状縄文技法の成立………………………………齋藤　瑞穂　135
　古墳時代前期における「東国」の範囲………………………………………松尾　昌彦　151
　風返稲荷山古墳くびれ部出土馬具とその意義………………………………桃崎　祐輔　163
　　　―考古資料からみた舎人像―
　常陸における装飾古墳の出現とその背景……………………………………中尾麻由実　193
　古代筑波山祭祀への視角………………………………………………………塩谷　　修　219
　　　―内海をめぐる交流・交通と祭祀の源流―

第4部　定着と漂泊―古代・中世

　坂東と陸奥の陶硯………………………………………………………………田中　広明　245

関東系土師器と湖西産須恵器と……………………………………………渥美　賢吾　273
　　―土器のうごきからみた7世紀の東国―
俘囚への君子部賜姓の意義……………………………………………………佐藤　英雄　307
東北北部における古代集落とその居住者……………………………………松本　建速　325
常陸における中世瓦の様相……………………………………………………比毛　君男　359
　　―相対編年による地域内通観―

あとがき

編者略歴・執筆者一覧

第 1 部

地域考古学の新しい価値を求めて

常陸の実相
―総説にかえて―

川 西 宏 幸

1. はじめに

　地域とはひとつの構造体であり，固有性と連鎖性とをかねそなえているという。地域の概念と属性とに関する既存の説を通覧すると，社会学者の立本成文らの唱えるこの説が比較的広く承認されている観がある（千葉徳1966；立本2000；濱下・辛島2001；古川2003）。連鎖性が共通性や連続性に，あるいは，包摂性や複合性やネットワーク性におきかわっている場合があるけれども，内的特質と外的関連とによって成立している構造体とみる点で，認識の基調は変わらないといえる。

　このような地域の概念や属性が広く承認を得ているとしても，むろん異見があることは，哲学思潮のそれぞれに触発された多様な地域概念を紹介した青木伸好『地域の概念』（青木1985）に詳述されている通りである。概念規定に趨勢はあるとしても，論議がなお落着をみているとはいえない現状について，これは地域研究の学史が若いせいでもなく，研究が進めば定義や規定に到達するということでもない。地域論とは本来的に定義や規定にそぐわないところに立脚し，それゆえに新たな知的地平を切り拓く自由な発想が展開されてきたと評価するべきであろう。定義や規定を設けるところから出発することが求められる国家や文明や都市をめぐる議論とは，この点で基本的に異なっているわけである。

　本論は地域論の実践である。すなわち常陸の歴史的展開から，外的連関を求め内的特質を抽出することをめざしている。その意味で，地域考古学の射程を見きわめることをめざした拙著『倭の比較考古学』（川西2008）の論述の延長上にあるといえる。併読願えれば幸いである。なお，ここでいう常陸とは，律令制下に設けられた政治的領域ではなく，考古学上の諸現象が展開した場としての北東関東をさす。

2. 常陸の歴史地理的概観

　常陸の河川　日本列島を図形になぞらえた場合，日本海岸は弓形を呈するが，太平洋岸は「く」を左字にしたようにみえる。その「く」の屈曲点にあたるところが銚子で，下総がその南寄りに，常陸は北寄りに位置する。日本海岸の弓形とあいまって列島は，ここを境にして，関東以西の東西主軸域と，以北の南北主軸域とに分かれている。

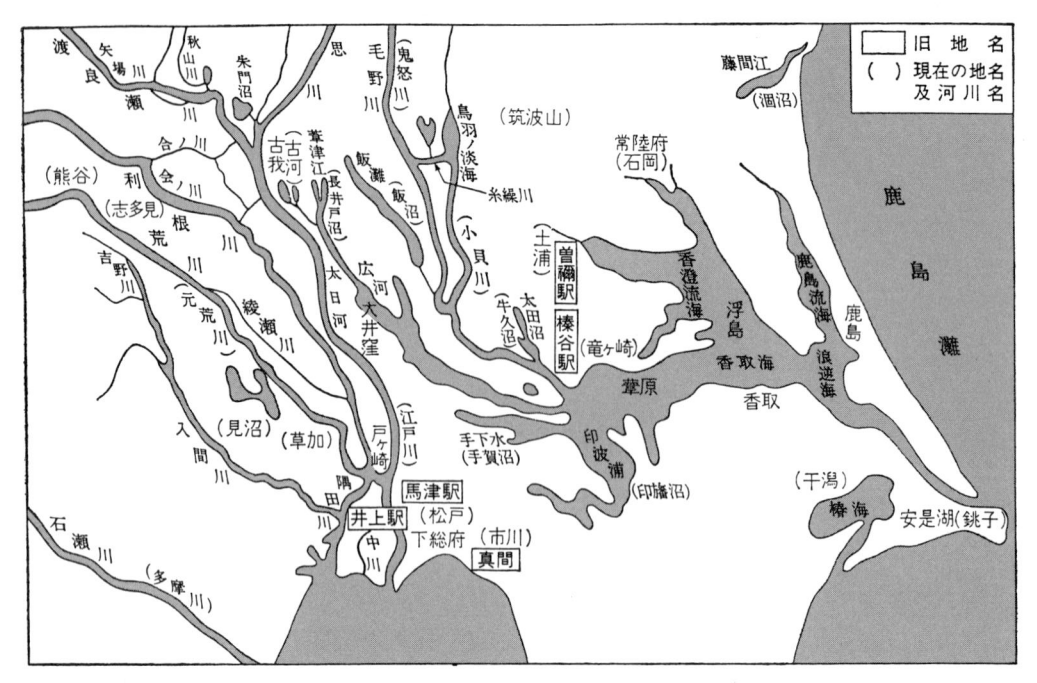

第1図　一千年前の関東平野（小出 1975，第3図）

　さて，1000年前の関東平野の河川を復原した結果によると，関東北西部の山塊に源を発する渡良瀬川は，独立した河川として東京湾に注ぎ，他方，広川（常陸川）という名の河川が霞ヶ浦の西端に流入していたらしい（第1図）。現在では利根川が渡良瀬川を合して霞ヶ浦南岸を東行し銚子で鹿島灘に落ちているのであるが，ここに至るまでには，中世以来の瀬替えの長い歴史があり，江戸時代に入って江戸を洪水から守るために銚子への瀬替えを行ったといわれているけれども，巷間に流布するこの説は成立しないらしい。足尾鉱毒から東京を守るために，明治期に利根川の本流を霞ヶ浦方面へ変更したのだというのである（小出 1975）。明治期の水利の裏面史といえる。

　さて，北関東の平野に流れ出た渡良瀬川は上野と下野とを画し，さらに旧広川と結ばれ，現在の利根川となって東行している。この利根川の流路がかつての霞ヶ浦の南岸として，常陸と下総とを分けていた。この，関東を南北に限る渡良瀬川―利根川の線を辿ってみると，文化的境界として長く機能したことを，考古学の諸現象から導くことができる。

　すなわち，弥生時代前期に福島県域と愛知県域とのそれぞれで成立した土器再葬墓の伝播状況をみると，ひとつの土壙に複数の壺を立てて納めた東北型が南下し，単数の壺を横たえた東海西部型が東遷し，両方の分布はほぼこの線で分かれる（設楽 2005）。また中期に登場する方形周溝墓も，四隅の溝を掘り残す東海西部の形態を受けて成立し，しかも弥生時代のうちは，この線が分布の北限となっている（山岸 1996）。同じく中期に出現する環濠集落の分布域がこの線の南にとどまっていることも付記しておこう。

さらに古墳時代に眼を移すと，時代の開始期頃に，関東ですでに流布していた溝の全周する方形周溝墓が北に分布域を拡げ，前方後円（方）墳もまたほどなくこの後を追った形跡がある。さらに，遅れて始まる三角縁神獣鏡や碧玉腕飾類の北上についても，この渡良瀬川―利根川の線を越えることは，茨城県域であればそれぞれ水戸市大場天神山古墳例（岸本1992）やつくば市水守桜塚古墳例（筑波古代地域史研究グループ1981）が示している。しかし，出土遺跡や出土数の多寡を問うならば，この線を北へ越えると激減し，東北に至ると三角縁神獣鏡は皆無で，碧玉腕飾類は寡少である。つまり，下野ならびに常陸は，関東のなかにあって文化的には東北の南端に位置していた過去があり，古墳時代前期に入ってもこの線の機能していたらしいことが察せられるわけである。

　東北への道　そもそも関東の平野部は，北方を奥羽・三国山脈と阿武隈山地とで画されており，したがって，東北へ出ることが容易な道筋は限られている。ひとつは，栃木県域北東端の那須から峠を越え，奥羽山脈と阿武隈山地との谷間を北流する阿武隈川へ出て，仙台平野に至る中通りである。白河関はこの峠越えのひとつにあたる。もっとも，那須へ赴く道筋は一様ではない。東京湾から河川沿いの低地を北上すれば，あるいは，上野からは黒川などの川筋を跨いで北東行すれば，それぞれ那須に達するからである。

　もうひとつは，東の太平洋岸を利用する道筋である。もとより，海岸沿いを地形に沿って北上して浜通りを辿る陸路もありこれが菊田（勿来）関を通る路であるが，泊地を伝う海路もある。海路の場合には，かつて椿海と呼ばれていた千葉県銚子市西方の潟や，那珂川河口，福島県いわき市の鮫川・藤原川河口が，格好の泊地を提供したことであろう。なお，陸地を視認しつつ昼間に航行する往時は，一日の航行距離が平均30km前後である。一日の歩行距離と隔たらないこの航行にとっては，浦の目立たない湾入もまた貴重な泊地であったにちがいない。

　那珂川の川筋は内陸路としても機能していたようである。同川の上流は那須高原を複雑に縫っており，その豊かな水量のせいで，江戸時代には河口から那須まで船で遡上することが可能であったらしい。したがって那珂川筋は，陸路だけにとどまらず舟運路としても那須に達していたことが古代についても想像される。また，同川北方を並流する久慈川の場合には，川筋に沿って北進すれば，那須を経ずに阿武隈川水系に出て中通りを進むことができたので，この内陸路も大いに利用されたことが考えられる。

　関東から東北へ赴く場合，大別すればこのように道は東西に分岐しているが，やがて両路は仙台平野で出会うことになる。ところが，ここからさらに北上しようとすれば，道はふたたび東西に分かれ，内陸の北上川筋を辿って盛岡盆地を抜けて峠越えで馬淵川水系に出るか，あるいは三陸海岸を海陸で北上する。いずれにせよ，下北半島東南の八戸平野で両路は出会うことになる。つまり，本州北端へ到達する道筋は，海陸の差を設けずにこれを単純化して示すならば，仙台平野を中間の結節点として，南北のそれぞれが西の内陸路と東の海岸路とに分岐している。そうして小論で俎上にのせる常陸からは，旧霞ヶ浦西岸を北進して中通りに至ることが容易であり，しかも太平洋岸沿いならば順当に浜通りに行くことも，那珂・久慈川を遡上して中通りに達するこ

とも可能であったのである。

3. 足洗式土器 —縄文〜弥生中期—

縄文・弥生時代の常陸 縄文時代に東北から関東へ土器製作の影響がしばしば及んだことを，本書で斉藤弘道氏が指摘している。詳細は一読願うことにして，拙見として添えておきたい点は，前期の浮島式，中期の阿玉台式，後期の加曽利式，晩期の前浦式にみるように，常陸は南部の房総とつねに同じ土器型式域に属している点である。関東における縄文土器の型式別分布域は，単純化をおそれずにいえば，前期の浮島式の分布が下野と一線を画しているように，南北よりも東西で分割される傾向がみとめられる。旧霞ヶ浦すなわち古鬼怒湾の湾入が南北を隔てる甚だしい障害にはならなかったのに対して，常陸西方の河川や沼沢地が海進時に東西を隔てたことが，ここから想像される。ちなみに，東国において集落が激減して上昇に転じる前・中の交にあたる前3000年頃に，中国では内蒙古や中原方面で新石器時代中期集落が衰亡あるいは減少する動きをみせ，西アジアでも集落の衰微が著しい。また，中・後の交にあって集落が激減する前2000年頃に，中国では新石器後期集落が華北，華中の広い範囲で衰滅し，西アジアにおいても集落の変動が激しい点を付記しておきたい（今村2010）。

弥生時代に入ると，渡良瀬川—利根川筋としてすでに示したように，関東を南北に分ける文化上の境界線の存在がしだいに鮮明になってくる。すなわち，前期の荒海式の分布域はなお房総と一体であったが，それぞれ中期後半には足洗式，後期には附加条縄文系の分布域に入り，その結果，中期後半に宮ノ台式，後期に久ヶ原式の分布域の一角を占めた房総と一線をもって画されるようになる。なお，同心円文や渦巻文の加飾によって特徴づけられる足洗式は東北に分布する型式の一群に連なり，しかも関東での分布域は常陸にとどまっている。また，後期に入ると，二軒屋式が小貝・鬼怒川水系に分布するので，附加条縄文系は分布域が足洗式を踏襲しつつ西方へ拡がっているが，それでも東北南部を含めて南北に長い。これらの点から察すると，関東を東西に分ける文化的境界は，弥生時代に入っても消失はしなかったことが察せられる。常陸が文化的領域として呱々の声をあげるにあたっては，これら新旧の境界が作用したにちがいないし，関東の他地域にまして東北と結ぶ交通路に恵まれていたことが常陸に個性を与えたといえる。

気候変動 しかし，地域は孤立した存在ではない。常陸は関東の一角であるというだけにとどまらない。AMS法による年代測定結果に準拠するならば，縄文時代晩期ないし弥生時代開始期は，前1200〜700年にあたっている（春成・今村2004）。この頃は，ユーラシア西方では，「海の民」という民族群の南下，青銅器時代の王国の衰滅，ギリシア・アッシリアの興隆という変遷を閲し，東方では，殷後期における外縁民族の活発化，殷周の交替，周の東遷という推移を経る。加えて，ユーラシア内陸部に騎馬民族が出現する時期でもある。もとより，ユーラシアの動向が海を渡って伝わり，弥生時代の開始を促したということではないであろうが，いずれにせよ，人間の移動が活発化した点で日本列島もまたユーラシアと軌道を同じくしている。

この活発化の主因のひとつが地球規模の寒冷化であり，さらに列島の場合には降水量が増加したらしいことを，理化学上の分析結果などが示唆している（鈴木2000）。ただし，寒冷化や降水量の増加といっても，次第にこの傾向が昂じていったということではなくて，変動期は気候が不安定で予測不能な状態に陥ったらしいことを，宋正海の集成結果から汲みとることができる（宋1992）。中国の史書などが示すこの状況が，人間生活を痛打して移動を促したと思われる。その意味で，史書に現れる「陰陽失序」という語に注目して前漢末に気候が悪化したことを指摘した陳良佐の所説が当を得ているとすると（陳1996），弥生時代の中期末ないし後期初頭に現出した集落形成の微弱化もまた，その原因の一斑は気候の悪化に求められるであろう。鳥取県米子市日久美町目久美遺跡の中・後期層間や，奈良県磯城郡田原本町唐古・鍵遺跡の北方砂層などの例でみとめられる洪水の痕跡は，この時期における気候の悪化を示唆しているかのようである。

　集落形成　常陸において集落形成の状況をみると，縄文晩期については関東の他地域とならんで微弱化した状態にあり，弥生時代に入ると中期中葉を境に増加する傾向が窺われる。ところが，中期後半の足洗式期の集落を復原した小玉秀成によれば，竪穴址があっても浅く柱穴痕をとどめていない点，遺物の集中にとどまり遺構の痕跡が見いだせない例は生活址である可能性が高い点をあげて，同期の集落は小規模で定着度が低かったという（小玉2006）。関東の弥生時代初期における集落は，台地にあって移動性に富み，縄文時代の集団編成を継承していたことが，南半の例をあげた設楽博己によって説かれているが（設楽2006），常陸では中期後半に至ってもこのような状態が続いていたとみられるのである。

　集落形成の推移をさらに辿ると，このような遊動性の高い居住形態のもとにあっても，集落数が増大し，中期末には頂点に達したらしい。そうして，後期に入ってほどなく微弱化傾向を帯びることが，小玉の研究成果から読みとれる（小玉2004a・b）。この変化は倭の西方諸地域における微弱化傾向と軌を同じくするようにみえるが，それでも西方ほどの鮮やかさには欠けるようである。もし常陸がこれらの西方の例に倣わないことが確かであるとすれば，また，東北でも同様であることが将来判明したとすれば，稲作への依存度が低く，小規模な集団で相対的に遊動性の高い居住形態をとっていたことが，気候悪化の打撃を軽微にとどめた一因として想像される。

　もっとも，齋藤瑞穂の研究によれば，東北北部の集落形成の動態として，弥生時代中期末に北海道側と本州側とに土器圏が分離を始め，それとともに，中期の集落は廃絶する。その後は，津軽海峡沿いの海岸部に後北式の集団が居住するようになるという（齋藤瑞2007）。この動向に注意すると，東北北部でも中・後期の間に，本州西方と呼応するかのような大きな社会的変動のあったことが推測されてよい。その意味で，関東における中・後期の間の変動がどの程度であったのか，常陸は実状として変動の鮮やかさにはたして欠けるのかどうか，あらためて検討が求められる。

4. 十王台式土器 —弥生時代後期—

弥生時代後期の常陸 弥生時代後期に入るとやがて，常陸南部の霞ヶ浦西岸で上稲吉式が，南岸で臼井南式系がそれぞれ成立し，太平洋をのぞむ常陸東部では十王台式が南北に長い分布域を占めるようになる。これは古墳時代の開始がせまった頃に定まった分布域であり，小玉秀成のいう後期第6段階にあたる（小玉2004a）。この頃になると，小規模集落の増加とならんで，規模の大きい集落が常陸で出現している。集落規模の大小にかかわらず，竪穴住居の形態は中期の例よりも定住度の高まったことを窺わせるようである。天王山式系が分布する後期後半の東北では集落が小規模で定住度も低かったらしい点を加味するならば（石井1997），土器様式の点でも集落形態のうえでも，常陸は東北から分離されて個としての地歩を得たことが察せられる。

40 km域の顕在化 この段階に常陸が示した諸相のうちで，次の3点に注目したいと思う。そのひとつは，上稲吉式の分布域が東西，南北とも30 km前後にとどまるらしい点である（小玉2004a）。この頃の関東の土器様式域を通覧すると，二軒屋式，樽式，吉ヶ谷・赤井戸式が濃密に分布する範囲は，それぞれ30～40 km域であることが知られる（霞ヶ浦町郷土資料館1998）。また，南関東系とされる様式の分布域は，東京湾を跨ぎ内陸に及んでいるけれども，西相模，南武蔵，房総，臼井南の各式に分離することができるらしいので（比田井1999），各分布域は30～40 km域に近くなる。さらに，十王台式についても，久慈・那珂川下流にあたる分布の中心，すなわち集落密度の濃いところは，30～40 km域であることが指摘できる。

30～40 km域は，地理学で説かれているように，人間が1日で移動しうる歩行距離の限界である。考古学上においても，C・レンフリューがミケーネやマヤなどに例を求めて高唱したESM（Early State Module）説や，古く遡れば，F・ピートリが下エジプトのノモス（州）の成立を説明した「運搬コスト」説でも，この30～40 km域のことが問題にされ，さらに，メソポタミアの初期王朝時代や中国の龍山文化期でもこの圏域の例が抽出されている。人間にそなわった身体的属性に基づいた圏域であるから，環境や生業形態，文化や文明の質の相違を越えてかくも広汎にみとめられることは不思議でない（川西2008）。

そこで，O・E・ウィリアムソンの計量経済学上のモデルをG・A・ジョンソンが援用して提示したコントロール・ロスという考え方を紹介しておくと，それによれば，半径20 kmの往復旅程は，初期複合社会のエリートが農民をコントロールすることができる能力上の限界域であり，これを越えると，かえって，情報伝達上の欠落や混乱つまりコントロール・ロスが発生するというのである。それならば，このジョンソン説を逆手にとって，30～40 km域がその輪郭をあらわにすることは，エリート層が抬頭し，社会が複雑化したことを示唆している，とみてさしつかえないのではなかろうか。後期に入って定住化が進捗し，やがて大型集落の出現をみて集落間格差が拡がった常陸の動向は，ジョンソン説を裏づけているように思われるが，はたしてどうであろうか（川西2008）。

東北との交流　次に問題にしたいのは，十王台式の拡散についてである。十王台式の北方への影響は遠隔地に達しており，東北南部だけにとどまらず齋藤瑞穂も認めているように北部の赤穴式に及んでいる（齋藤瑞2007）。また越後や尾張でも，数は多くないが拡散を物語る例に接することができる。十王台式が成立して変遷をとげる後期後半といえば，他の地域でも土器様式が個性化する時期であり，同式が拡散する庄内式併行期の頃には，山陰，北陸，畿内，東海西部を代表格として，各地の土器の移動や様式の拡散が頂点を極める。これは稲作文化圏を越えた北方も同様であり，日本海方面では天王山式が越中に，後北C_2・D式が越後に達し（「シンポジウム　新潟県における高地性集落の解体と古墳の出現」実行委員会2005），太平洋岸では後北C_2・D式が仙台平野に至り（相澤1999），また，赤穴式系は北上して北海道に及ぶ（上野1992；佐藤2003）。カラフトの鈴谷式の南下もこの頃にあたるようである。つまり，土器ないし土器様式の広汎な伝播現象は，生業の隔たりを越えて列島の内外を貫いており，十王台式の場合もその1例に加えられるのである。

　北方からの土器ないし土器様式の南下に関連して，打製石器の南下が注意される。その1例が皮革生産用と推定されている黒曜石製の円形掻器で（小山1992），後北C_2・D式と期を同じくして南下し，日本海方面では越後，太平洋岸では仙台平野の例をもって南限とするようである（吉谷・高橋2001；山田2008）。ただし，茨城県つくば市刈間六十日遺跡の例は同類品であることを疑わせるから（小澤2000），分布域はさらに南下する可能性を残す。

　打製石器のもう1例は，アメリカ式を含む有茎式の打製石鏃である。日本海側は越後に，太平洋側はひたちなか市中根東中根遺跡の1例によって常陸に達していることが知られるし（茨城県立歴史館1991；石原1996），栃木県下都賀郡壬生町明城遺跡からも少なからず出土しているので（君島1995），下野に至ったことも判明している。また，アメリカ式石鏃が札幌市K135遺跡で出土し，赤穴式系の北上と軌を同じくしているらしいことがわかる。なお，打製石鏃というと，群馬県富岡市中高瀬観音山遺跡（坂井1995）の後期の例が注意されるが，ほとんどが無茎である点で区別される。福島市野田町勝口前畑遺跡で流紋岩を原材とする勾玉やアメリカ式石鏃が出土している点も注意をひく（齋藤義1998）。弥生時代中期の工房址で，勾玉の製作技法には越後の影響が濃いということである。アメリカ式石鏃の原材は一様ではなく他の遺跡では圭岩などの例が知られているので，工房は1箇所にとどまらなかったにちがいないが，ともかく勝口前畑遺跡の例が最古であり，この種の石鏃の出現地が東北であったことをこの例が示唆している。

　札幌市K135遺跡4丁目地点出土の動物骨の分析結果によると（上野1987・1992），後北C_2・D式の古段階では，サケ類を中心とした魚骨が約83％，シカを主とした陸獣骨が約17％を占め，新段階では魚骨が28.5％，陸獣骨が71.5％に達し，魚類と陸獣類との比率が新古段階の間で逆転するという。後北C_2・D式期にはオオムギやソバ属の植物遺体の存在が分析によって明らかになっている点を勘案するならば（上野1990），雑穀類の栽培もまた，陸獣への指向とならんで重要な生業であったことが察せられる。これらの点で，後北C_2・D式の南下，赤穴式系の北上は，雑穀栽培に一部を依存しながら，生活の遊動性が高まったことを推測させる。

集落形成の隆盛　後北 C_2・D 式が著しい南下を示しはじめた時期が庄内式期にあたることを先述したが，後期後半以降，北海道を含めて汎列島的に集落形成が隆盛をみせ，それらが頂点に達した。そうして，常陸もまたその枠外でないことは，十王台式期や上稲吉式期の数多い集落址の存在が物語っている。中・後期の間における集落形成の動態については，微弱化の鮮やかさに欠ける点を指摘したが，後期末ないし庄内式期の高揚については，よく符合しているのである。そこで，注目すべき第 3 として，このような集落形成の動態をあげたいと思う。

なお，土器様式上のきわだった地域色が減退して土師器と呼ばれる土器の様式が流布し，古墳の名に値する大型の奥つ城を営造する風が普及するとともに，集落形成は低減をみせる。この傾向は，大和のように従わない例を一部に含みながら，九州から関東の間で広くみとめられる（川西 2008）。他方，東北では，居館の営造だけにとどまらず，集落形成が隆盛の痕をとどめているようである（比田井 2004）。もしそれで誤りがないとすると，北の隆盛と西の低減との間に一線が引かれることになる。常陸がはたしてどちらに入るのか，隆盛を維持するのか，低減に傾斜するのか，旧玉里村域などの動態をみると西方の各地に匹敵するほどの大幅な低減があったように，筆者には思われない（阿部ほか 2004）。

3 世紀のユーラシア　十王台式が広い伝播をみせ，同式併行期に集落形成が隆盛を示す点で，また打製石器の南下を受けている点で，常陸が孤立した存在ではなかったことを述べてきたが，その年代は 3 世紀にあたるとみても，大きくは外れることにならないだろう。3 世紀といえば，ユーラシア西方ではローマ帝国が衰滅の淵に立ち，東方では 2 世紀にすでに衰亡の徴しをみせていた後漢が瓦解した時代である。衰退や瓦解に立ちいたった原因として，帝位継承の不備，内乱，異民族の侵寇，疫病を共通に指摘することができるが，双方があいかかわる事項としては，異民族の侵寇が注意される。それは，海陸の貿易路で互いに結ばれていたというよりも，内陸アジアで 4 世紀に惹起した民族大移動の徴候が，すでに 2・3 世紀にあらわになっているからである。

すなわち，西域を脅かしていた北匈奴が，斑勇による西域経営や，壇石塊に率いられた鮮卑の西方進出に圧迫されて，2 世紀中葉の頃に西走し，正史の記録から姿を消して足跡を辿ることができなくなる。ところが，3 世紀中葉に入って再び正史に少し姿をのぞかせ，北魏建国初年（250）頃に，北匈奴は粟特国の王を殺してその国を奪ったという。

「粟特国」はカスピ海やアラル海の北方を領し，『魏略』では「一名阿蘭」，ローマの文献では「アラノイ」の名で知られている。そうしてアランは，136 年にパルティアを侵犯して衰滅に導く契機をもたらせ，パルティア衰滅後は，ササン朝が抬頭してメソポタミア・イラン方面を統治することになったのである。ローマ帝国にとってササン朝は，パルティアと比較にならない強敵であった。しばしばローマ帝国は皇帝が捕虜になるほど軍事的に苦境に陥り，しかも北方蛮族との両面作戦を強いられ，その結果，国内の混乱は激しさを増した。

後漢衰滅のあとをうけて華北の地を占めた曹魏が東北方面へ盛んに進出をはかったのも 3 世紀代であったことが，沃沮経略や高句麗征討などを書きのこした魏志の記事からみてとることができる。扶余や挹婁や沃沮など東北方面の民族の名がさかんに現れるのがこの頃であることは，同

方面の人間活動が活発の度を加えた様子を示唆している。

　3世紀は寒冷化が進んで気候の悪化が甚だしくなった時期であった。これは中国の文献上の記録からも，理化学上の分析結果からも窺い知ることができる。したがって，内陸・東北アジアで人間活動が活発化した要因として気候の悪化をあげることについては，これらの点から傍証が与えられるであろう。また，土器の伝播や集落形成の隆盛が示唆しているように，カラフトや列島を活発な人間移動が覆ったらしいことについても，気候の悪化が要因として考えられる。ただし，考古学の立場としては，K135遺跡4丁目地点の発掘で河川流路のめまぐるしい変化が確認されているような，土に刻みこまれた悪化の痕跡を丹念に拾いあげる作業が求められるはずである。その意味で，気候悪化説はなお仮説の域にとどまる。しかしそうではあっても，ユーラシアに通じ，常陸もまたその一部に連なる3世紀の同時多発的変革の原因については，地球規模の気候悪化をあげる以外に，適切な説明が見いだせないことも確かである。

5．鏡塚・車塚古墳 ―古墳時代前期―

　那珂川河口の前期古墳　那珂川の河口に南から流入する涸沼川の下流域には，名前の由来になった湖沼が拡がっている。埋めたてられて狭くなったために今は水路を介して那珂川に達しているが，この涸沼が古代には河口に位置する絶好の泊地として機能したらしいことを，地形からも想像することができる。涸沼の東を限る山丘にのぼると，大洗港の湾入が望観される。南の銚子まで70km余にわたって泊地に不適な砂浜海岸が続くので，この大洗の湾入地もまた欠けがえのない泊であったにちがいない。涸沼の縁辺に，土器や銅・鉄鏃などに外来品の多い那珂郡大洗町髭釜遺跡をはじめ，数多くの弥生時代後期の集落址が集中し（小玉2004b），三角縁神獣鏡を副葬した水戸市大場町天神山古墳が存在し，涸沼と外洋とを隔てる山丘上を那珂郡大洗町鏡塚・車塚古墳が占めることも，このように水運上の要地であることを考えれば頷けるのである。

　鏡塚古墳は全長105mの前方後円墳で，車塚古墳は直径95mをはかる円墳である（大場・佐野1956）。全長100m余の前方後円墳というと中規模に属するが，直径95mは円墳の規模として全国でも有数である。車塚古墳では葺石の存在が確認されている。関東で外表を葺石で加飾した古墳の例は稀である。両古墳ともに埴輪をそなえ，採集された円筒埴輪は，いずれもタガの突出度が異常など大きく，外面をタテハケで調整している（白石1998；茂木ほか2002）。2次調整にもタテハケを使っている点や，ケズリを用いずに器壁を薄く仕上げている点からみると，段ごとに成形し，それぞれに調整とタガ作りとを繰り返して入念に仕上げたことが推測される。黒斑が外表に残っているので，ともに野焼きであったと思われる。鏡塚古墳の円筒埴輪で方形のスカシ孔が確認されている。畿内の円筒埴輪編年の尺度で時期をおしはかるのではなく，製作に土師器作りの影響が強いこと，両古墳の間で時期の前後をつけがたいほど類似していることの方を重視しておきたい。

　鏡塚古墳は埋葬施設の発掘調査を経て，副葬品の内容が判明している。そのうちで滑石釧は，

碧玉製の同種品に形態が酷似し，しかも滑石仮器類の製作工人の手になることがわかる製品である。碧玉品の存続期間のうちに模倣が実行されたことを，その酷似ぶりが伝えている。また，写実性をとどめた滑石仮器類のひとつに，奈良市大和田町富雄丸山古墳例と同工品とみてもさしつかえないほど酷似した刀子形品がある（清喜 1994）。富雄丸山古墳の埴輪は私案のⅡ期にあたる。鏡塚古墳も，円筒埴輪が近似する点で車塚古墳も，ともに，碧玉釧が存続し滑石仮器類が写実性をとどめる埴輪編年のⅡ期に，営造時期を求めるのが妥当であると思う。実年代をあてるとすれば，4世紀後半ないし後葉である。

　大場天神山古墳出土の三角縁神獣鏡は波紋帯であり，内区を欠失しているが三神三獣式の可能性が高いという（岸本 1992）。それでさしつかえないとすれば，三角縁神獣鏡のなかでは製作時期の新しい1群に属しており，東日本では岐阜県大垣市矢道町長塚古墳，愛知県犬山市白山平東之宮古墳などに出土例がある。副葬時期としても新しい部類に入る。大場天神山古墳の営造時期は，鏡塚・車塚古墳よりもおそらく古く遡るであろうが，その時間的隔たりは小さいことが三角縁神獣鏡の鏡式から導かれる。そこで，鏡塚・車塚古墳が営まれた4世紀後半ないし後葉という時間幅のなかにおさめておきたい。古墳時代前期を3期に細分した場合には，3古墳ともに前期後葉にあたる，ということである。

　海上活動　前期後葉というと，前方後円墳で全長200mに達するほどの大型古墳を営んできた畿内で，その営造が海岸寄りにも及ぶ時期である。大阪府岸和田市摩湯町摩湯山古墳がその例であり，畿内外縁として兵庫県神戸市垂水区五色塚古墳，京都府京丹後市網野町銚子山古墳・丹後町神明山古墳をあげることができる。また関東では，相模湾をのぞみ三浦半島の基部を横断する道筋を見おろす山丘上にあいついで営まれた神奈川県逗子市桜山・三浦郡葉山町長柄桜山1・2号両墳が，この時期の奥つ城として注意される（柏木・依田 2001）。それぞれ全長90m，80mをはかり，前方後円墳として大型の部類には入らないが，ともに相模では最大級の規模であるから，海上活動に長じた有勢者の奥つ城にふさわしい占地と規模とをそなえているといえる。つまり，前期後葉に至って，相模湾東岸や那珂川河口近隣のような海洋航海上の泊地がにわかに重要度を増したこと，この動きは関東だけにとどまらなかったことが察せられるのである。

　それぞれ，大阪湾岸は瀬戸内航路，丹後は日本海航路によって九州に連なり朝鮮半島に達していたのであろうが，関東の泊地については，東海と繋がってさらに北上する太平洋沿岸航路を成立させていたことが，前代における廻間式や十王台式の伝播状況から想像することができる。この時期は東北でも，中通りと浜通りとが合わさる宮城県域南端の地に，同地で例をみない規模の全長168mをはかる大型前方後円墳の名取市植松雷神山古墳が出現し，また，名取市十三塚遺跡出土の石釧（藤沢 1994）を北限にして数は少ないが碧玉腕飾類の分布も北方へ拡大する。

　東北との交流　仙台湾をめざして南流する北上川が平地に注ぎ出た宮城県域北部は，すでに前方後円（方）墳の分布の北端を占めていたが，前期後葉は，この地に宮城県栗原市築舘伊治城跡（菊池ほか 1992）・登米市迫町佐沼城跡（佐久間・小村田 1995）などの居館があいついで営まれた時期にもあたることが，出土土器の編年結果から知られる。土器のなかには特殊な小型器台のよう

に関東に系譜を求めうる製品が含まれており、この地の土器様式の成立の少なくとも一斑に関東が関与したことは、認めてもさしつかえない。それとともに、北大式の古段階の土器が伊治城跡などの宮城県域北部で散見されることは、後北C₂・D式から北大式への移行が、東北においても交通上の要衝の地が重要度を加えた時期にあたることを示唆している。土器様式の変化だけにとどまらず、北方からの文化や文物の南下に甚だしい減退がなかったことを窺わせるこの点にも注意を促しておきたい。

半島情勢 ふたたび常陸に戻ると、大場天神山・鏡塚・車塚古墳が営まれた前期後葉は、古墳時代開始前後の庄内式期とならんで、半島との通交に隆盛の色がみえる時期でもある。庄内式期については、日本海沿岸域に集中する観がある長刀剣をはじめとして、島根県松江市鹿島町草田遺跡出土の百済系土器などの半島系器物によってそれを察することができるが（武末2008）、前期後葉については、小林行雄「神功・応神紀の時代」がすでに説いているところである（小林1965）。さらに、文献史料によって4世紀後半における彼地の情勢を垣間見ると、遼東、遼西に勢力を張っていた鮮卑の前燕が太和5年（370）に首都鄴を前秦によって攻略されて滅び、前秦もまた太元8年（382）に肥水の一戦で後秦に大敗したことを契機にして衰滅に至り、華北の地は再び群雄の割拠するところとなった。こうして西方からの圧迫が軽減された高句麗は、かねてより対立し、太和6年（371）には攻められて王が殺される事態を招いた元凶である百済に対して、さらには新羅に対して、侵寇に打って出た。高句麗広開土王5年（396）のことであるという。『三国史記』新羅本紀が奈勿尼師今9年（346）に「倭兵大至」と伝え、広開土王碑文が「倭以辛卯年来渡海」と記しているのも、このように華北・半島情勢が緊迫していた頃にあたるのである。

6. 川子塚古墳 ―古墳時代中期―

中期の造墓活動 鏡塚・車塚古墳の営造以降、那珂川河口付近ではこれらに匹敵する奥つ城がしばらく絶えた。那珂川中流域に水戸市愛宕町愛宕山古墳（全長136m）が、霞ヶ浦北岸の恋瀬川河口域に石岡市北根本舟塚山古墳（全長183m）が、南岸の下総では千葉県香取市小見川三之分目大塚山古墳（全長118m）が前方後円墳として営まれたのは、この途絶の時期にあたる。舟塚山古墳の規模は畿内の大型古墳に肩を並べ、愛宕山古墳は常陸で、三之分目大塚山古墳は下総でそれぞれ最大の部類に入る。この点で、那珂川筋や霞ヶ浦沿岸から北方へ抜ける内陸路が重視されるようになったことを、この古墳の分布状況が示唆している。

もっとも、内陸に位置する久慈川中流域の常陸太田市島町梵天山（全長160m）、西方の筑西市徳持葦間山（全長推定141m）、桜川上流域の桜川市岩瀬長辺寺山（全長120m）の各前方後円墳を、前期に遡る有力候補としてあげることができるので、5世紀に入ってにわかに内陸路が興隆したということではない。そうではあっても、奥つ城の規模が5世紀に入って最大に達し、しかも最大墳が内陸路の始まる恋瀬川河口の地を占めていることは、霞ヶ浦の水運が盛況を呈し、内陸路

が大いに機能していた様子を想像させるのである。

造墓活動と集落形成 そもそも5世紀前半は、畿内だけにとどまらず、日向、吉備、上野などで奥つ城の規模が最大に達する時期であるから、常陸もまた倭のこの全土的動向と連なっていることになる。ところが、この時期の常陸における集落形成の隆替は、まだよくわかっていないとはいっても奥つ城の大型化に呼応するような盛行の痕はとどめておらず、低減あるいは停滞的状況であったとみても大きく外れることにはならないだろう。そうしてこの傾向は、倭のかなり広い範囲にわたってみとめられるようであり、たとえば相模の場合、4・5世紀の交の頃にほとんどの集落が途絶するという（平塚市立博物館2001）。人間活動が突然中断したかのような相模のこの急激な変化について、津波などの自然災害要因説が自然科学の方面から提示されている（上本1992）。千葉県木更津市小浜マミヤク遺跡で中期前・中葉に集落の廃絶した痕があるのは、あるいはこれと原因が同じであるのかもしれない（小沢1989・1998）。

長野県飯田市域の盆地でもこの頃に集落形成がきわめて減退し（山下2003）、濃尾平野（樋口2002）や宮城県域（高橋1999）でも同じ傾向のあることが指摘されている。奥つ城の規模がこの頃に極まった畿内や吉備でも、軌を同じくする動向が和泉や吉備南部で知られている（川西2004）。さらに、出雲平野を加えることもできるし、上野でもこのことを示す統計資料がすでに示されている（若林1992）。つまり、集落形成の減退は、外洋の海岸部に限られる津波や、一部地域にとどまる地震や噴火のような自然災害説では説明しがたい拡がりをもっているのである。奥つ城の極大化というと、社会的諸力の上昇や有勢者の権力の増大と結びつけられがちであるが、集落形成の動向から垣間見える社会情勢が別の姿貌をのぞかせていることを、常陸における舟塚山古墳の出現に関連して指摘しておきたい。

川子塚古墳の出現 愛宕山、舟塚山、三之分目大塚山古墳のような規模の大きい奥つ城の営造がそれぞれの地で継続されずに止むと、再び外洋をのぞむ地に前方後円墳が現れる。那珂川河口の北方5kmに位置し、阿字ヶ浦の南に突き出た岬の台地上に営まれたひたちなか市磯崎町川子塚古墳である（茂木ほか2002）。全長81mをはかり、葺石、埴輪をそなえている。埴輪は私案のIV期に入り、しかも人物埴輪が含まれているらしいので、IV期のなかでは新段階すなわち須恵器編年のON46型式ないしTK208型式の頃とみられる。同時期にあたる前方後円墳は常陸のなかで少ないが、時期の幅をいくぶん拡げて行方市沖洲三昧塚古墳などを比較の対象に加えたとしても、川子塚古墳が最大級に属することは疑いない。那珂川河口近隣がふたたび泊地として重視されるようになったことを、この畿内色を纏った古墳の出現は示唆している。

川子塚古墳が営造された頃、あるいは、その被葬者が海上活動に関わっていた5世紀後半の頃に、集落形成が隆盛をみせる。これは常陸だけにとどまらず、上総や上野や飯田盆地でも、同じ趨勢がみとめられており、さらに畿内や吉備や出雲でも仙台平野でもこれと動向を同じくするらしい証左が得られているので、同じ傾向は広域に及んだことが知られる。しかもこの時期は、すでに拙著で説いたように、奥つ城の大型化に歯止めがかかり鉄器や玉類や滑石仮器類の生産が活況を呈した時でもあった（川西2004）。

東北との交流　この時期にはまた，三角縁神獣鏡や碧玉腕飾類，さらには長方板・三角板革綴短甲や三角板鋲留短甲の分布に代表されるように，畿内を中心に充足をはかってきた前期以来の伝統的な分散の仕方に重要な変更が生じ，畿外への分散が鮮明になった。そうして，転換を物語る初期の器物として，画文帯神獣鏡などの同型鏡や，横矧板鋲留短甲，大型の環鈴を，また，この変更が6世紀代に入って定着して分散に拍車がかかったことを示す器物として，畿内以東ならば鈴鏡と鈴釧とをあげることができる。主として，鈴鏡は東山道沿いに，鈴釧は東海道沿いに分散し，鈴鏡は岩手県域，鈴釧は宮城県域に及んでいる点で，関東でとどまる横矧板鋲留短甲や環鈴の場合と違っており，6世紀のなかで東北への波及が進行したことを推知させる。

なお，石狩市浜益区床舟や花川から出土している滑石刀子は4世紀ないし5世紀に遡る可能性を否定できないけれども，岩手県盛岡市黒石野上田蝦夷森古墳出土の横矧板鋲留衝角付甲（小原1993），礼文郡礼文町上泊貝塚出土の鹿角製鞘尾装具（大場1997），秋田県由利本荘市西目町井岡遺跡出土の子持勾玉は（伊東1972），遺構の年代はさておいて，5世紀のなかでも後半代に多くが運び入れられたと認めたい器物である。したがって，6世紀に入ってにわかに東北への器物の拡散が発現したというよりも，すでに前代にその動きがあり，北海道に達していたことが察せられる。

その意味で，大崎平野を北限としていた前方後円墳の営造域が岩手県奥州市胆沢区南都田角塚古墳の出現によって5世紀後半代に北上したことは，北方への動きが器物のみにとどまらなかったことを示唆している。さらに，角塚古墳に近い奥州市水沢区佐倉河中半入遺跡の集落形成の動態をみると，4世紀後葉の隆盛，5世紀前半の退潮を閲して，5世紀後半に再び隆盛を迎えたことを，ON46型式ないしTK23型式の須恵器の出土量の多さが物語っている（高木2002）。4・5世紀のこの推移は，本稿で縷述してきた広汎な動態を，まぎれもなく映しているのである。

さらに論を重ねると，5世紀後半代における集落形成の隆盛を映す例として，青森県八戸市田向冷水遺跡が管見にのぼる（小保内ほか2006）。東北北部に至る道筋として北上川沿いと三陸海岸筋とがあり，八戸平野でこれらが合わさることは冒頭で述べたが，この地にカマドをそなえた住居が営まれていたのである。この点に加えて，黒曜石製の円形掻器と，砂岩などを原材とする楕円盤状の磨石とが出土品のなかで注意を引く。中半入遺跡にも例があるこれらの器物が皮革生産用具であることが推定されているからであり，同様な磨石が東京都日野市落川遺跡（福田2004）の出土品中にあって磨痕石の名のもとに同じく皮革生産用具と推定されていることによる。同様な例は落川遺跡のほかにも多くはないが関東で求めることができるし，武具や馬具などの製作に皮革が欠かせなかったことを想起すると，関東で皮革生産が5世紀後半に実行されていても不思議ではない。そのさいに，生皮の外表の掻きとり作業には，関東ではおそらく鉄器が使われていたのであろうが，磨痕石の使用という点で東北と同じ技術上の系譜にあったことを窺わせる。そうして，この技術がすでに蓄積を擁していた東北から関東へ伝わったとみる，可能性の低くない推測に立脚してさしつかえないとすると，北方との関係は，文化や文物が一方的に北進したというだけにとどまらなかったことが，5世紀後半の情況として察せられる。その点で，常陸におけ

る磨痕石の存否に注意を促しておきたい。

東アジア情勢　川子塚古墳が常陸に出現した5世紀後半は，半島に眼を転じると，倭王武の「句麗無道」という宋への上表文の一節が示しているように，長寿王治下の高句麗が南へ激しく侵寇を重ねた時期にあたっている。これには北朝と南朝との力学を読んだ高句麗の巧みな外交戦略が関係しているので少し詳しく述べておくと，30年に及ぶ元嘉の治を現出した南朝劉宋の文帝（在位424〜452）の末期に，北魏が大挙して山東方面に進出し，これを転機に宋の国勢が著しく傾き，ついに479年，最後の順帝が武将の蕭道成に譲位して滅びた。しかしその道成が樹てた斉も，南朝の勢威を回復することなく，502年に潰えた。

他方，北朝は，北魏の太武帝が北燕と北涼とをあいついで倒して439年に華北を統一した。その後，文・献両帝のもとで漢化を進めて内政の充実をはかり，471年に即位した孝文帝も祖母馮太后の執政下に内政を整え，親政移行後の494年には，漢民族の故地である洛陽への遷都を断行して，皇帝中心の胡漢同視体制を実現させた。つまり，5世紀中葉を境にして，南北の力関係がこうして逆転したのである。

このような中国本土の情勢に対して高句麗は，長寿王のもとで427年に丸都城から旧楽浪郡治の平壌へと国都を遷し，440年を最後に絶えていた北魏への朝献を462年に再開し，これ以降，南朝よりも頻繁に北魏へ朝献したことを，「高句麗本紀」が伝えている。こうして北魏への臣従を尽くしたうえで，南進を再開したのである。これに対して百済は，472年，混迷の劉宋よりも北魏を頼んで遣使奉表を行い，高句麗討伐を要請したけれども，これは実現するはずもなかった。結局，百済は475年の侵寇で国都漢城を落とされ，南の熊津への遷都を余儀なくされた。これを受けて倭王武は劉宋に遣使して高句麗の無道を訴えたが，しかし，王朝混迷の渦中にあった劉宋には，高句麗を抑える勢威も余力もなかった，というわけである。

このような半島情勢の緊迫と倭の対応とを映していると思われる考古学上の証左を求めるとすれば，横矧板鋲留短甲の九州での分布数の急増などをあげることができる。ただし詳細は先学の高説や拙著の小見を参照願うことにして，ここで特記しておきたいのは，半島への深い関与と，北方における遠隔への進出あるいは交流とが，同時期に属している点である。同時に起動したとまではいえないが，考古学上の時期区分としては期を同じくしているのである。

7. 虎塚古墳 —古墳時代後期—

常陸の後期　古墳時代開始前後，前期後葉について，中期後半においてもまた，列島の西・北両方面の変動は期を同じくして激化した。そうして7世紀中葉の舒明〜天智朝でも，北は，蝦夷の反乱，渟足・岩舟両柵の設置を経て阿部比羅夫による攻撃があり，このうえに650〜60年に百済救援の出師，白村江での大敗が加わった。三品彰英が斉明・天智両朝期のこの厳しい情勢を，雄略朝期以来の「両面作戦の再開」と表現したのも，したがって頷ける（三品2002）。

そこで常陸にかえると，前方後円墳で全長80mをはかるというひたちなか市大平黄金塚古墳，

全長52mのひたちなか市中根虎塚古墳（勝田市史編さん委員会1978）の出現が注意をひく。那珂川河口に注ぐ中丸川の谷奥の台地上に6世紀後葉ないし7世紀前・中葉にあいついで営まれており，この頃にあらためて河口域が重要度を加えたことを，古墳の規模が推察させる。他方，全長約70mの前方後円墳で全銅製馬具や数多くの飾太刀などが出土したかすみがうら市安倉風返稲荷山古墳（千葉隆2000），直径23mで，常陸では稀有の畿内風の横穴式石室を内蔵するつくば市山口1号墳（筑波古代地域史研究グループ1981），獅噛環頭大刀が出土した鉾田市梶山古墳（橋本ほか1981）などの存在が常陸南部で留意される。6世紀後葉ないし6・7世紀の交に営まれたこれらの古墳は，霞ヶ浦沿岸や東北へ抜ける桜川筋が，この時期に入っても人間活動が活発であったことを窺わせるからである。

　この活発さはまた，片岩使用の箱式石棺の分布が急速に拡大に転じるとともに同岩の板石を組みあわせた横穴式石室が流行の色をみせ（石橋2001），また，かすみがうら市柏崎須恵器窯（渥美ほか2006）が窯煙をあげはじめたことから知られるように，筑波山系での石材採取に拍車がかかり，埴輪にかわる新たな窯業生産が成立したことからも推しはかることができる。新羅の強大化によって畿内政権は半島での足がかりを失い体制の整備に転じた状況のなかで，敏達紀10年（581）閏2月の記事によれば蝦夷数千が反乱を起こし，637年の反乱の先蹤となったことは，こうして考古学上の資料を概観すると対応するところがある。

　集落形成　墳墓資料として土浦市上坂田武者塚古墳（武者塚古墳調査団1986）などの例を追加して推測すると，7世紀全般にわたって活発な人間活動に衰微の色はみとめられない。そこで，集落の形成状況をみると，7世紀代に開村し，あるいは住居数の増加する例が少なからずあり，上野や武蔵や房総でも傾向を同じくしていることが，既存の統計結果から知られる。ところが，つくば市島名熊の山遺跡（酒井ほか2007）や柴崎遺跡（佐藤・松浦1991）の例をみると，6世紀後葉ないし7世紀前葉に集落形成が高まり，7世紀中・後葉にはいったん衰微し再興している。このような動態をみせる集落の例としてほかに桜川市長方辰街道遺跡（榊・小林2005）などをあげることができるので，動態の1類型として扱ってもさしつかえないようである。人口が流出して近隣の他村に移ったことが想像されるし，あるいはそれが当を得ているのかもしれない。しかし，もうひとつの可能性の根拠として提示したいのは，7世紀後半に東北や北海道で集落形成が盛んになりはじめる点であり，関東から東北への土器様式の伝播が説かれていることである（長谷川1995）。これらの点から推して，東北への人口の移動があったのではないか。

　ちなみに，7世紀後半から東北でいわゆる末期古墳が現れはじめる（五十嵐2004・2005）。北海道から北大III式ないし初期擦文土器が東北北部へ南下するのも7世紀であり（三浦1991），さらに北方ではオホーツク文化が著しく拡大して根室半島に達し（大沼1996），また，錫製品をはじめとして沿海州方面より器物の流入例が多くなるのもこの頃からであるらしい（小嶋1996）。統一王朝を継承した唐が突厥を破ったのちに高句麗に矛先を向け，新羅と連合してこれを敗亡せしめた。そうして高句麗とともに唐に対抗した靺鞨は，ほどなく唐に帰属し，8世紀初頭に渤海を樹てて隆盛に向かったというが，文献史料の語るこの推移を想起すると，7世紀にはじまる東北，

北海道の変動は，東北アジアの歴史的うねりに呼応していたことが想像される。

8. 島名遺跡群 —律令期—

　常陸の人口　澤田吾一の推算によると（澤田1972），常陸の奈良時代の人口は216,900を数え，次位である陸奥の186,000，肥後の181,750，大和の130,300を大きく上回って，旧国別で首位を占めている。さらに，澤田の推示した人口数を地域別に算定すると総人口5,399,450のうちで，関東の人口は868,850で16.1%を占め，九州の12.8%を引きはなして首位にある。このように関東が人口で首位を占めていることについては，東京都府中市武蔵国府が8世紀前葉のみで竪穴住居1,400基を数えるとされている人口の密集ぶりからすると（深澤2003），これは頷ける。さらに，常陸が関東の全人口の1/4を擁して図抜けていることについても，島名熊の山遺跡で8世紀の竪穴住居址数が調査区域のみで400基近くに達することからみると，無稽な結果であるようには思われない。なお，畿内及び西方の各地の人口が劣る点は，天平7年（735），同9年（737），延暦9年（790）などの九州から始まる天然痘の東進による人口減少が考慮されてよい（服部1945・1955）。

　集落形成　そもそも8世紀は，集落形成が全土的にひとつの頂上を迎えた極大期であった。3世紀が小規模集落数の増加によって特色づけられるのに対して，8世紀の場合には集落の数と規模とがともに増大したとみられるのである。それでは，人口の移動によってだけでは説明しがたいこのように全土的な集落形成の増大が，はたして人口の増加を示しているのかどうか，これについては問題をさしはさむ余地がある。文献史料による人口の推算根拠が，権力側の記録に限られているので磐石とはいえないように，土中に残された痕跡の多寡や大小によって算定する考古学の方法にも問題が残るからである。たとえば，中世絵巻に描かれている漂泊者や，小屋掛けの簡素な居住施設に身をおく生活者が数多く存在していたとすると，考古学の方法ではその痕跡を摑みきれない。その意味で，8世紀の集落形成の増大については，律令政府の推進した政策によって定住が進んだことが考えられてよいし，常陸については，石岡市鹿の子C遺跡の発掘結果が示しているように（川井1983），東北侵寇の兵站地にあたっていたことが，さらに人口の集中と定住とを生んだと推測したいところである。

　もう少し論を進めて，9世紀以降の人口動態を概観すると，9世紀に入っても関東では集落形成に甚だしい衰えはみとめられない。朝鮮半島情勢が新羅の統一によって安定した8・9世紀は，709年の陸奥・越後攻撃，774～811年の38年間にわたる「蝦夷征伐」，9世紀後葉の元慶の乱と辿っていくと，主として北方の争乱に終始したことになる。8・9世紀の関東における集落形成は，このような北方での争乱が隆盛をつなぎとめていたのであろう。

　ところが，唐・渤海の滅亡と呼応するかのように，関東では10世紀に入ると集落形成の衰微が始まり，11世紀にはかつての盛況をまったく失ってしまう。常陸では島名熊ノ山遺跡，辰街道遺跡など集落の存続した数少ない例があるけれども，集落人口の少なさはぬぐえず，11世紀

のなかで減少にさらに拍車がかかったことが集落形成の動態からみてとれる（茨城県考古学協会シンポジウム実行委員会2005）。また，8世紀の盛期には都市的様相を呈していた武蔵国衙も，10世紀後葉を最後に廃亡する。8世紀後葉ないし末頃からすでに衰微の徴候をみせ，9世紀後半にその色をいよいよ濃くしていた福岡県域の集落形成の動向と，この点で相違があり（山村2002），また，八戸市域や胆沢扇状地などの結果から10世紀にはさらに隆盛に向かったことを窺わせる東北北部の動向とも時間的な隔たりがある（三浦2006・2007）。東北北部については，9世紀末頃から鉄や塩などの生産が始まり，手工業生産が活発化するというから（井出2004），この隆盛は頷ける。関東から東北への移住を文献史料が伝えているが，それはほぼ8世紀に限られている。したがって，10世紀における集落形成の低落については，もとより将門の乱の影響をうけたことが考えられるけれども，それだけにとどまらず，史料の伝えていない東北への移住が10世紀には多かったのではないだろうか。

　大疫の蔓延を伝えた文献史料によると，9世紀からは流行地の記載に旧国名よりも「諸国」や「天下」が多くなり，しかも10世紀中葉からは天然痘の流行が増える。加えて10・11世紀に富士の噴火が4度に及び，1108年にはさらに浅間山の大噴火によって上野の荒廃が極限に達したらしい（峰岸2001）。集落形成の広汎な低減については，これらの厄災が人口の減少を招き，流民の増加をさらに促し，11世紀の関東を「亡弊の国」と言わしめる状態にまで陥らせたのであろう。

　東北との関連　関東で集落形成の低減が極まろうとしていた10世紀後半は，北方で胆沢域や秋田域が廃絶する時期にあたっている。これと前後して防御性集落の形成が東北北部で始まり，11世紀にかけて東北北部の各地や北海道南端で分布が拡大をみせる（三浦2006）。擦文土器が下北半島の一部や主として津軽方面に向かって南下の動きを示すのもこの頃であるというから（齋藤淳2001），防御性集落の形成時期と一致する。蝦夷との争乱は文献史料によると天慶2年（939）の出羽俘囚の「反乱」，天暦元年（947）の鎮守府使者の殺害を最後に絶え，東北北部は律令制の軛が緩んで北海道とともに独自の世界が現成したようである。将門の乱が惹起したのはこのような北方事情と無関係ではなかろう。ちなみに，大宰府の出先機関が置かれていたキカイガシマは，11世紀に入ると境外との認識が強くなるというから（永山2008），列島の南北はほぼその動向を同じくする。

9．蓮順房頼玄塔 ―律令体制の崩壊―

　交易の興隆　11世紀後半になると，前九年の役（1051～1062）で安倍氏の反乱，後三年の役（1083～1087）で清原氏の内紛を源氏の武力でおさえた。これから察せられるように，あるいは，この頃に東北北部で建郡が実行されたと推測されているように，北方への統制が強化された。この圧迫のなかで，防御性集落は廃絶の方向を辿ったという。こうして北方への展開がいちおうの落着をみると，次に西に転じ，平忠盛に山陽・南海両道の海賊を1129年に追捕させ，1135年に

も西国の海賊を制圧させた。1075年に神宗が贈物を託するなどしてかねがね接触を望んでいた宋との通交が，こうして南宋期に入って実現をみせるに至ったのである。

　後三条天皇による荘園整理令の公布が1069年であり，この頃は朝廷側が律令体制のたて直しをはかっていた時期にあたる。それを源平の武力に委ねざるをえなかったところに朝廷権力の限界がみられるにせよ，北方への統制，西海の打通は，権力側が交易上の主導権を握るうえで欠かせなかったのであろう。その意味で，「俘囚の地」から「貴賀之島」まで交易に従事したことを『新猿楽記』が記す，商人の首魁八郎真人の話は，11世紀中葉にすでに私貿易の商圏が広域に及んでいたことを伝える点で興味深い。したがって，源頼朝が1189年に奥州征伐を実行する直前に「黄海島征伐」を強行させたことは，北方と西方との両面経営が，交易重視という新段階に入ったことを示唆しているように思われるのである。

　福岡市博多遺跡群で土中から見いだされた殷賑のさまや，京都市南区八条院町遺跡（下條・川西1983）で確認された鋳銅加工などの手工業生産の興起や，貿易陶磁の広汎な普及の開始は，高揚に向かって準備を始めた12世紀の生産・交易状況を伝えている。権門や寺社勢力がその高揚を主導したのであろうが（榎本2001），各地の泊や陸路の要衝には，交易を労働力として支えた人びとが集まり，技術や娯楽を提供する技芸者も身を寄せたにちがいない。律令村落の衰微に伴って住民の一部が東北へ移住した可能性を先に関東について指摘したが，関東だけにとどまらず広く存在したであろう流民が，やがて訪れた交易活動の興隆を労働者や技芸者として支えたのではなかろうか。律令制の解体に伴って流民が増加し，交易活動を担って隆盛に導いたというこのシナリオは，北メソポタミア内陸で青銅器時代中・後期の交に都市が衰微し，その流民が次代の交易活動を活発化させたという私見と通じるところがある。

　ちなみに，世界システム説を継承したアブ＝ルゴドによれば，ローマと漢とを東西の極とする1・2世紀に加えて13世紀においても，モンゴルの遠征で東西が通じ，このシステムが機能したという（バートン2000）。交易の活況は宋代に遡るので，モンゴルの遠征に要因を求めた点には疑問が残るが，いずれにせよ，13世紀における交易の汎ユーラシア的隆盛は確かであり，それが東端に位置する倭にも及んでいたことは疑いない。北海道で擦文文化が終焉しアイヌ文化が成立するのもこの頃であるというから，隆盛に伴う変動は北方にも達していたことを考えさせる。

　常陸の情勢　常陸のことに話を戻すと，多気氏第4代致幹を施主として土浦市東城寺経塚が筑波山塊の東南麓に営まれたのは，12世紀前葉であり，これより半世紀ほど遅れた1170〜80年頃に，南の裾のつくば市北条の地に日向廃寺の名で呼ばれている浄土寺院様式の寺院が建立された。そうして，小田城址や後述するつくば市小田三村山極楽寺址などの13世紀の例を加えるならば，東北へ抜ける桜川筋の利用がふたたび頻繁になったことが想像される。12世紀における集落形成の実態はまだよくわかっていないが，幾多の律令村落が衰滅に至ったのち，柴崎遺跡などで集落復興の動きがみられる点に，新たな胎動が窺われる。

　石工技術　やがて13世紀に入ると，外来系技術が扶植される。それが伊行末によるかどうかはともかく（兼康2007）中国伝来の石工技術である。筑波山南麓で桜川をのぞむつくば市小田に

営まれた三村山極楽寺の遺址の近傍に，13世紀後葉から14世紀前葉にかけて造られた花崗岩製の地蔵菩薩像，宝篋印塔，五輪塔が残されている。これらの宗教的背景はさておいて（桃崎2000），五輪塔の解体修理を行ったさいに確認された，線刻の加工痕を問題にしたい（桃崎・石橋1994）。石材の表面を丸鑿で調整する単純な技法であるが，凝灰岩を専ら対象としてきた倭の石工技術が平鑿・手斧系を多用したのに対して，この線刻技法は硬質石灰岩を主に扱ってきた中国で発達した，という歴史的背景があるからである（川西2007）。

すなわち，秦代には始皇帝陵に付随する通水管などの石造物に，漢代に入れば数多くの墓室の画像石にこの技法の存在を見てとることができる。そうしてその後も石材加工の基本的技術として中国で継承されるとともに，高句麗山城の石垣，モンゴルの石人，カンボジアのアンコールワットの建材で例があるように，外縁地域にもこの技法が伝わった。前6世紀に始まるギリシアでの石造神殿建築の興隆を支えたとされる鋸歯技法が広域に拡がって，ユーラシア西方を特色づけているのに対し，線刻技法はそれに伍して東方を代表するといってよい。

この線刻技法は，北魏の画像石，唐の乾陵の石造物で確認され，さらに『営造法式』にも記載されているところからすると，古代を貫いて中世へ継承されたことが察せられる。さらに，現代中国の石工技術をも構成していることが，遼寧省で筆者の出会った石工の作業風景が語ってくれる。なお，『営造法式』には，「斧刀」を用いる「斫砟」という技法が，研磨に至る最終段階の調整法として記されている。唐の乾陵の石造物の一部にこれらしい技法の痕跡があり，遼寧省の石工の作業にも該当する工程がある。日本でいう「小叩き」がこれにあたるのであるが，この技法は古墳時代石棺の一部に痕跡がみとめられており，しかし記録のうえでは江戸時代よりも古く遡らないともいう。日本では流布していなかったのかもしれない（川西2007）。

線刻技法とならんで，つけ加えておきたいのは，露頭から石材を切りだす技法である。ユーラシア西方では，楔を使って割りとる技法がギリシア時代から知られている。また，ギリシアのはるかな先駆者として最初に石造建造物を実現したエジプトの場合には，細い溝を露頭の四周に穿ったのちに底面を割りとる王朝時代以来の技法を，ヘレニズム期に入って楔を多用する新来の技法と併用している。楔を使用する方が効率的であるように思われるかもしれないが，割りとるさいに生じる亀裂を制御することが楔技法の場合には難しく，これが普及を妨げたようである。

中国での石材切りだし法については，漢代に楔技法の存在した証左があり，高句麗の集安県太王陵の石材にもその痕跡が確認されている（北垣2007）。13世紀中葉には花崗岩を楔で割りとっていたことを示す石造物が，奈良県で知られているので，それ以前に遡る矢穴の例がないことがもし確かだとすれば，楔を駆使する方法が線刻技法とともに倭へ伝わったことが想像されてよい。また，建武元年（1334）に律僧の宣基の勧進によって再建されたという京都府宮津市国分の丹後国分寺址に残る花崗岩製の礎石が，上面端に楔痕をなまなましくとどめていることも，したがって理由があることになる。筑波山の花崗岩を利用した形跡は，近傍の横穴式石室の一部にあり，日向廃寺の礎石としても確認されるが，いずれも転石である。先述の3例についてもまた転石を楔で割りとった可能性は否定できないが，いずれにせよ，線刻技法の存在と考えあわせるならば，

中国伝来の技術として楔が使われていたとしても不思議ではないといえる。

10. 地域としての常陸

　地域としての常陸　関東のなかにあって常陸が地勢上，東北との交通路にもっとも恵まれていることを述べ，常陸の歴史的動向のなかにこの地勢上の特色が濃い影をおとしていることを例示した。また，南方の房総とも西方の下野とも異なる個としてその姿を常陸がきわだたせるようになったのは，弥生時代中期であることも，土器様式の分布状況をとりあげて指摘した。そこで，個としての姿を鮮明にして以降の歴史的展開を地域論の立場から総括していくと，まず，弥生時代後期末の霞ヶ浦沿岸で抽出される 40 km 域とは，身体的能力に基づく人間の属性に由来する圏域である。そうして，当時の倭だけにとどまらず，ユーラシアの東西で，さらにはアメリカ大陸の一部において，とりわけ国家形成期にその輪郭をあらわにする点で，人類史上の動向との疎通をここに見いだすことができる。

　ついで，十王台式の広域伝播と北方文化の南下によって示された人間移動の活発化が第 2 点として注意される。これは 3 世紀における汎ユーラシア的動向と時を同じくしており，したがって活発化の原因についても，共通する契機が考えられてよい。自然科学の方面ですでに指摘されている地球的寒冷化以外に，この同時多発的現象を説明する手だてが見あたらないのであるが，中国の文献史料などを参照するならば，寒冷化というよりもそれに伴う気候の不安定化と表現した方が，歴史変動の説明としては正鵠を射ていると思う。これは土中に刻みこまれた洪水などの痕跡によって，今後考古学で検証されるべきである。

　ところで，小論では主として，那珂川河口域のうえにさらに桜川流域を添え，これらの地で定点観測を行うつもりで古墳時代以降の歴史叙述を進めてきたが，その結果は東アジア史の動向と深く連関していた。つまり，これらの地の史的展開が列島だけにとどまらず東アジアの動向を映しているという点で，地域の連関性が浮きぼりになったわけである。そこで，総括の第 3 として，この点をとりあげたい。

　すなわち，4 世紀末，5 世紀後半，7 世紀中葉はそれぞれ，西方から北方へ向かう動きが激しさを増すとともに，朝鮮半島との争乱が熾烈さを加えた時期であった。三品彰英の表現を借りるならば「両面作戦」ともいえる北方や半島へ向かう動きがあり，しかし見おとしてならない点は，これらの時期には，北方文化の南下，半島文化の伝来がはなはだしいことである。その意味で，一方向的な動きのみを強調したとすれば，遠賀川式の東遷や古墳文化の伝播によって説かれているような偏った歴史像を導く危険がある。

　中国本土を唐が，半島を新羅が統一し，こうして東アジアの政治地図が安定すると，列島では倭から北方への進出が激しさを加えたようにみえる。そうして常陸はその後方支援地として，重要度を高めたようである。しかし，唐や新羅の衰滅後の混乱と呼応するかのように，10 世紀に入ると関東各地と同様に集落形成が衰退し，11 世紀もこの微弱な状態が継続した。そうして，

11世紀後半から始まる北方への政治・軍事的進出，12世紀前葉の西海追捕を経て，その頃に隆盛の色を帯びた汎ユーラシア的な交易活動に列島も連なることになった。13世紀に始まった南宋系石工技術による石材の開発と加工は，このような背景のもとで成立したのである。

以上，常陸が垣間見せた歴史動向を地域論の立場から総括してきたが，その結果，40km域には人類史との疎通を，十王台式の広域伝播には汎ユーラシア歴史世界との同時多発的連動を，那珂川河口域や桜川流域の定点観測の結果からは東アジア的連関を見いだすことができた。地域の外的属性が，連鎖性，共通性などの語で言いあらわされていたが，こうして実際に常陸で分析を重ねてみると，地域が結ばれている外的世界は，地域論として先学が示した以上に豊かで広いことが知られるのである。そこで，もうひとつの属性である固有性について問うことにしよう。

常陸の地域性　そもそも地域の固有性とは，地域性という語におきかえても意味は変わらない。ところが，考古学の論文に頻出する地域性とは，たとえば土器の特徴のような視認しうる具象例を指すことが多い。しかし，民俗学の分野で説かれている地域性というのは，具体的な地域色や地域差を表出するシステムやメカニズムを意味しており，考古学の用法とは明らかに違っている（岩本1993）。そこで民俗学の所説に倣って地域性と地域差，地域色とを使いわけ，土器などに表出した特徴を地域色，地域色を発現させるシステムやメカニズムを地域性と呼ぶことにしたい。

さて，地域性という概念を考古学に引きつけて吟味する場合，あらかじめ時期を措定して地域色の抽出を行い，異なる地域色についても分布域を確定し，こうして同時代の異相として分布域を定めていくという方法がある。これに対して，各時代ごとに地域色を抽出して分布域を求め，その重なりに分析の力点をおく方法がありうる。前者は土器様式の分布域の措定におけるように考古学ですでに実行されている方法であり，後者は民俗学の重出立証法を考古学に援用したものである。したがって，それぞれから抽出される地域性の内容にもいきおい差異が生まれ，前者では同時期における地域間の差異が強調され，後者では，時代を跨ぐ通時代性に力点がおかれることになる。そうして，地域色の表出の仕方が時期によって異なることを考えるならば，後者の方法が地域性を抽出するうえではのぞましい。そこで地域論の視点に立つ拙稿もまたこの通時代的地域性の抽出をめざそうと思う。これは，アナール学派の説く基層文化にあたる。

常陸の基層　『常陸国風土記』をひもとくと，国府のおかれた茨城郡が，自然環境に恵まれ，農業や漁業が盛んで，交易でにぎわっていたことを記し，鹿島神の鎮座する香島郡が，豊かな自然にとりまかれた「神仙幽居之境，霊異化誕之地」であると述べている。さらに常陸国全体についても，「所謂水陸之府蔵，物産之膏腴，古人云常世之国，蓋疑此地」とまで自讃しているのである。実状はともかく，『風土記』が編まれた8世紀初頭に常陸が常世国にたとえられるほど理想郷化して描かれている点について，半島・大陸情勢が鎮静して，北方経営へと向かった当時に，常陸が兵站地として重要度を高め，人口がはなはだしく増加したことと関連づけて考えた方がよいであろう。それとともに，異界との境に神仙世界を構想する中国風の仙境観が当時の畿内有力者のなかで流布し，常陸がまさにその地にあたると考えていたことを示唆している。

『延喜式』神名帳によると，常陸における名取大社は7座を数える。東海道諸国のなかでは，

伊勢18座，尾張8座についで多く，関東において次位の上野3座を大きく上回っているのである。そもそも，死という不可視の世界にせよ，山岳や海にせよ，これらの異界との境に或る種の装置を設けて，現世の秩序を守護しようとする強い思いは，岡田重精の説く斎忌に発している（岡田1989）。畿内で発揚して古墳という墓制を生み，古墳時代が終焉してもなお畿内人の基層的心性として長く斎忌観が存続したことは，拙著で述べたところであり，また，関東や九州ではこの心性が微弱であったこともすでに説いた通りである（川西2008）。したがって，この私見が容れられるとするならば，常陸の名取大社の数が関東で抜きんでて多いことについて，辺境鎮護を目的としたという志田諄一の指摘が誤っているということではないけれども（志田1974），淵源は斎忌観に由来するとみるのがふさわしいと思う。つまり，境界としての常陸国の像として，『風土記』の語る理想郷化は中国風の神仙思想に，『延喜式』神名帳から知られる名取大社の多さは，伝統的な斎忌観にそれぞれ逢着する，というわけである。

　ひるがえって考えてみると，これらの常陸に対する視線は，新旧の相違はあるにせよ，あくまで畿内有力者から発している。それならば，4世紀末，5世紀後半，7世紀中葉の歴史事象として示したように，常陸はつねに政治力学のなかで権力側の意図に呼応する動きをみせてきたのかというと，そうではない。ときに強い存在感を発信してきたことが，西方に隣接する猿島地域を本貫とする平将門が新皇と称して反乱を企てたことから窺い知ることができる。また，考古学資料に引きつけていうと，十王台式土器の影響が本州北端に及んだことも，常陸が発信体として機能したという点で，通じるところがある。さらに，これらの事象が時代の転換せんとする時期にあたる点に注目するならば，幕末期における水戸学の勃興を加えることができるかもしれない。

　常陸の心性　そこで，為政者の視線である辺境論を離れて，常陸の地に生きた人びとに焦点をあわせてその心性を探っていくと，6・7世紀のこととして地表下埋葬の流行したことが注意をひく。中国では崖墓や土墩墓の例を除き，死者を埋葬する場は地表下であるが，これに対して倭における地下埋葬の例は，九州南部で5世紀を中心にして流行する地下式横穴墓や地下式板石積石室墓を除けば，また東北の7・8世紀における末期古墳の一部を別にすれば，常陸にほぼ尽きる。墳丘を営んでその最高所に死者を葬るという，ユーラシア古代世界でも稀有な葬制を採用し，それを奥つ城の理想としていた古墳時代の倭の通例からすると，常陸における地下埋葬の隆盛ぶりはいかにも奇異に映るのである。

　地表下埋葬というと，方形周溝墓葬の出現が古墳時代開始前後まで遅れ，弥生時代後期には土器棺を地表下に埋置する風の存在したことが，常陸に関連して想起される（赤坂2001）。また，相模で方形周溝墓の埋葬施設の検出率が弥生時代後期に入って極端に低くなり，これは墳丘の高さに関係するという立花実らの指摘（立花・森下1999）や，埋葬施設を営む封土とそれを埋めるための覆土とを分離して墳丘築成上の埋葬施設の位置を類型化して示した茂木雅博の着眼（茂木1987）が管見にのぼる。古墳時代前・中期の常陸で地表下埋葬が存続したのかどうか，検討を乞いたいところであるが，那珂郡東海村須和間遺跡6号墓や稲敷市浮島原1号墳や石岡市北根本舟塚山8号墳（山内ほか1972）の埋葬施設が盛土下の地山を掘りこんで営んであったことを考慮す

るならば，たとえ盛土量の軽減をはかる処置に由来するにせよ，6世紀に至っていきなり地下埋葬の風が出現したとみるよりも，前代から中小墳の葬俗として継承されていたと考えるのが穏当であろうと思う。

　7世紀が近づくにつれて，古墳と呼びうる奥つ城が社会に普及し，葬制上の約束が弛緩して在来の伝統が地域色としてあらわになり，ときに伝播をみせることは，造寺が普及する白鳳期までの間に各地でみとめられる。この点を勘案するならば，地下埋葬の風が共有の葬俗として拡充をみせたのもまた，その1例に加えられるのではなかろうか。つまり，弥生時代前期の再葬墓に始まる地下埋葬の伝統が，盛衰を経つつ古墳時代を閲して存続したと考えようというわけである。このうえにさらに，下総とならんで常陸で，奈良時代に端を発して平安時代前期に火葬墓が流行し，しかも常陸南部の火葬墓が箱式石棺の形制をとどめている点を加味するならば（吉澤1995），地表下埋葬の伝統は，さらに存続したことが知られるのである。

　6・7世紀の葬俗として指摘したいもうひとつは，須恵器をはじめとして土器類を副葬する風が関東の他地域と較べてもいっそう低調な点である。しかし，同様な傾向をみせる下野を例にあげていうならば，須恵器副葬の低調さは流行地から隔たっていることによる文化の欠落を意味しないと思う。切石による横穴式石室構築技術の点では関東の他地域と比肩しうる先駆的動きをみせているからである。また，常陸における須恵器生産の開始は6・7世紀の交であるにもかかわらず，7世紀においても副葬例は乏しい。このことも，後進地ゆえにその普及が滞っていたのではないことを示唆している。

　そもそも土器類を積極的に死者に副えるのは，倭の場合，朝鮮半島よりも遅れて始まり，畿内では横穴式石室葬の流行とともに頻繁の度を加える。これは，飲食をもって死者を慰撫する思念が拡がったことを意味しており，畏怖から慰撫へという変化はあってもいずれも異界を現世と断絶せしめる斎忌の働きによる点で連続している。したがって，須恵器の副葬が低調な常陸の場合には，このような斎忌観が乏しく，別の思想がその欠を満たしていたにちがいないし，地下埋葬を存続せしめた心性とこれは通底していることが想像できる。

　さらに加えたいのは，火葬墓とほぼ時を等しくして流行する人面墨書土器のことである。旧霞ヶ浦一帯の人面墨書土器の特色として，招福除災なかでも延命を願う饗応的色彩が濃く，疫病神除けの祓い祭祀の要素が大きい都城の例とちがっていることを，平川南が説いている（平川2004）。強い斎忌観を保持してきた畿内が，辟邪を目的とする祓えの体裁をとったことは自然であるし，その微弱であった関東のなかで，集落祭祀に異なる意味を付与した地があったとしても不思議ではない。つまり，常陸南部から下総の一部にかけて，カミ観念に独自の色合いがみとめられるのではないか，ということである。

　そこでふたたび『常陸国風土記』をとりあげると，壬生連麻呂という人物が新たに堤を築くさい，夜刀神が邪魔をし，これに怒って「令修此池　要在活民　何神誰祇　不従風化」といい，労役に携わる人びとに向かって「目見雑物　魚虫之類　無所憚懼　随尽打殺」と命じると，神蛇はおそれて逃げ去ったという記事がある。この開拓譚のなかで，ヤツに棲むにせよ蛇を人びとが神

としておそれ，魚虫をさえ殺すことをためらった点が注意をひく。鏡のような人工物に霊威の存在を覚える畿内の場合とは違って，自然物に超常的力を認め，それをおそれているわけである。それならば，常陸においてカミ観念に独自の色を副え，死者に対する畏怖や慰撫の念を薄め，地下埋葬を長く存続させ，他界と接する葬送や祈りや祭りの場に考古学によって認識しうる個性をこうして残したところに，これらを表出せしめた地域の基層があったのではないか。この基層が『風土記』に垣間みえるアニミズム的心性であったのではないか。この点を仮説として示して検討に委ねたい。

　なお，小稿の内容は後続する各詳説と触れるところが少なくない。その意味で，専門分野に拘泥せず通読していただくことによって，連関と基層の内容はさらに豊かになるはずである。

引用文献

相澤清利 1999「東北地方続縄文文化小考 —仙台平野の事例を主として—」『宮城考古学』第1号　55-65頁

青木伸好 1985『地域の概念』大明堂

赤坂 享 2001「つくば市上境発見の弥生時代土器棺墓」『筑波大学先史学・考古学研究』第12号　89-102頁

渥美賢吾ほか 2006「柏崎窯跡群古墳時代須恵器窯の研究」『筑波大学先史学・考古学研究』第17号　1-80頁

阿部義郎ほか 2004『玉里村村内遺跡分布調査報告書　玉里の遺跡』玉里村教育委員会

五十嵐聡江 2004・2005「『末期古墳』の展開とその社会的背景」『筑波大学先史学・考古学研究』第15・第16号　1-22・31-60頁

石井 淳 1997「東北地方天王山式成立期における集団の様相 —土器属性の二者—」『古代文化』第49巻第7・第9号　20-33・15-25頁

石橋 充 2001「筑波山南東麓における6・7世紀の古墳埋葬施設について」『筑波大学先史学・考古学研究』第12号　57-73頁

石原正敏 1996「アメリカ式石鏃再考」甘粕健先生退官記念論集刊行会編『考古学と遺跡の保護』甘粕健先生退官記念論集刊行会　179-197頁

井出靖夫 2004「古代東北地方北部におけるエミシ社会と交易システム」『日本考古学』第18号　111-129頁

伊東信雄 1972「東北」大場磐雄編『神道考古学講座』第2巻　原始神道期1

茨城県考古学協会シンポジウム実行委員会編 2005『古代地方官衙周辺における集落の様相 —常陸河内郡を中心として—』茨城県考古学協会

茨城県立歴史館編 1991『茨城県史料』考古資料編　弥生時代　461頁

今村啓爾 2010『土器から見る縄文人の生態』同成社

岩本通弥 1993「地域性論としての文化受容構造論 —『民俗の地域差と地域性』に関する方法論的考察—」『国立歴史民俗博物館研究報告』第52集　3-48頁

上野秀一 1992「北海道における天王山式系土器について —札幌K135遺跡4丁目地点出土資料を中心に—」加藤稔先生還暦記念会編『東北文化論のための先史学歴史学論集』今野印刷　763-808頁

上野秀一編 1990『K135遺跡4丁目地点（1988年度調査）』札幌市文化財調査報告書 XL　札幌市教育委員会

上野秀一・加藤邦雄編 1987『K135遺跡4丁目地点，5丁目地点』札幌市文化財調査報告書 XXX　札幌市教育委員会

榎本　渉 2001「宋代の『日本商人』の再検討」『史学雑誌』第111編　第2号　37-60頁

大沼忠春 1996「北海道の古代社会と文化」鈴木靖民編『古代蝦夷の世界と交流』古代王権と交流1　名著出版　103-140頁

大場磐雄・佐野大和 1956『常陸鏡塚古墳』国学院大学考古学研究報告　第1冊　綜芸舎

岡田重精 1989『斎忌の世界』図書刊行会

大場利夫 1977「礼文島出土の鹿角製刀装具」『考古学ジャーナル』第133号　2-3頁

小澤重雄 2000『葛城一体型特定土地区画整理事業地内埋蔵文化財調査報告』第160集　茨城県教育財団

小沢　洋 1998「上総における古墳時代中期土器編年と古墳・集落の諸相」『君津郡市文化財センター研究紀要』VIII　77-108頁

小沢洋編 1989『小浜遺跡群II　マミヤク遺跡』君津郡市文化財センター発掘調査報告書　第44集　木更津市小浜土地区画整理組合　君津郡市文化財センター

小原俊巳 1993「上田蝦夷森古墳群第1号墳」埋蔵文化財研究会第33回研究集会実行委員会編『甲冑出土古墳にみる武器・武具の変遷』埋蔵文化財研究会第33回研究集会実行委員会

小保内裕之ほか 2006『田向冷水遺跡』II　八戸市埋蔵文化財調査報告書　第113集　八戸市教育委員会

柏木義治・依田亮一編 2001『長柄・桜山第1・2号墳測量調査・範囲確認調査報告書』神奈川県教育委員会・かながわ考古学財団

霞ヶ浦町郷土資料館 1998「霞ヶ浦沿岸の弥生文化」展図録

勝田市史編さん委員会編 1978『虎塚壁画古墳』勝田市史　別篇I　勝田市

兼康保明 2007「宋人石工伊行末の再評価 ―鎌倉時代における花崗岩加工技術の革新をめぐって―」茂木雅博編『日中交流の考古学』同成社　446-454頁

上本進二 1992「古墳時代前期～中期の相模を襲った地震と災害」『神奈川考古』第28号　65-78頁

蒲原宏行・松尾昌彦 1981「桜塚古墳」筑波古地域史研究グループ編『筑波古代地域史の研究』筑波大学　21-27頁

川井正一編 1983『常磐自動車道関係埋蔵文化財発掘調査報告書』5　茨城県教育財団文化財調査報告書　第20集　茨城県教育財団

川西宏幸 2004『同型鏡とワカタケル』同成社

　　　　 2007「東アジアの石工技術」茂木雅博編『日中交流の考古学』同成社　278-290頁

　　　　 2008『倭の比較考古学』同成社

菊池逸夫ほか 1992『伊治城跡 ―平成3年度発掘調査報告書―』築館町文化財調査報告書　第5集　築館町教育委員会

北垣總一郎 2007「修復工事を通してみた石割りと石作り」『日引』第10号　2-19頁

岸本直文 1992「茨城県水戸市出土の三角縁神獣鏡」『考古学雑誌』第78巻1号　113-117頁

君島利行 1995『明城遺跡 ―壬生町運動公園（仮称）建設に伴う発掘調査報告―』壬生町埋蔵文化財報告書　第13冊　壬生町教育委員会

小出　博 1975『利根川と淀川 ―東日本・西日本の歴史的展開―』中公新書　384

小嶋芳孝 1996「蝦夷とユーラシア大陸の交流」鈴木靖民編『古代蝦夷の世界と交流』古代王権と交流 1 名著出版 399-437頁
小玉秀成 2004a「霞ヶ浦の弥生土器」展図録 玉里村立史料館
　　　　 2004b「玉里村の弥生時代遺跡群」『玉里村立史料館報』第9号 61-85頁
　　　　 2006「出口遺跡出土の弥生時代中期後半資料 ―東関東における弥生時代中期後半の居住に関する試論―」『玉里村立史料館報』第11号 73-116頁
小林行雄 1965「神功・応神紀の時代」『朝鮮学報』第36輯 25-47頁
小山修三編 1992『狩猟と漁労 ―日本文化の源流をさぐる―』雄山閣 122-151頁
齋藤 淳 2001「津軽海峡域における古代土器の変遷について」青森大学考古学研究所『研究論集』No.4 1-29頁
齋藤瑞穂 2007「赤穴式対向連弧文土器考」『信濃』第59巻第2号 111-131頁
齋藤義弘 1998「弥生中期の勾玉製作技法とアメリカ式石鏃製作について ―福島市勝口前畑遺跡―」『福島考古』第39号 37-56頁
坂井隆編 1995『中高瀬観音山遺跡』群馬県埋蔵文化財調査事業団発掘報告 第194集 関越自動車道（上越線）地域埋蔵文化財発掘調査報告書 第32集 群馬県考古資料普及会
酒井雄一ほか 2007『島名熊の山遺跡』島名・福田坪一体型特定土地区画整理事業地内埋蔵文化財調査報告書XIII 茨城県教育財団文化財調査報告 第280集 茨城県教育財団
榊 雅彦・小林健太郎 2005『辰海道遺跡3』一般国道50号（岩瀬IC）改築事業地内 埋蔵文化財調査報告書 茨城県教育財団文化財調査報告 第235集 茨城県教育財団
佐久間光平・小村田達也編 1995『佐沼城跡 ―近世武家屋敷と古代の集落跡―』迫町文化財調査報告書 第2集 迫町教育委員会
佐藤 剛 2003「後北C_2・D式土器の時期区分と細分 (1)」『北方島文化研究』第1号 3-13頁
佐藤正好・松浦 敏 1991『柴崎遺跡II区 中塚遺跡』研究学園都市計画桜柴崎土地区画整理事業地内埋蔵文化財調査報告書（II）茨城県教育財団文化財調査報告 第63集 茨城県教育財団
澤田吾一 1972『復刻奈良朝時代民政経済の数的研究』柏書房
志田諄一 1974『常陸国風土記とその社会』雄山閣 146-147頁
設楽博己 2005「東日本農耕文化の形成と北方文化」稲田孝司・林謙作編『先史日本を復元する』4 稲作伝来 岩波書店 113-163頁
　　　　 2006「関東地方における弥生時代農耕集落の形成過程」『国立歴史民俗博物館研究報告』第113集 109-153頁
下條信行・川西宏幸編 1983『平安京左京八條三坊二町』平安京跡研究調査報告 第6輯 古代学協会
白石真理 1998「大洗町車塚古墳採集資料について」『常総台地』14 83-86頁
「シンポジウム 新潟県における高地性集落の解体と古墳の出現」実行委員会編 2005『新潟県における高地性集落の解体と古墳の出現』新潟県考古学会
鈴木秀夫 2000『気候変化と人間 ―1万年の歴史―』大明堂
清喜裕二 1994「古墳出土農工具形石製模造品の研究」文化財論集刊行会編『文化財論集』文化財論集刊行会 713-722頁
宋 正海編 1992『中国古代重大自然災害和異常年表総集』広東教育出版社
高木 晃編 2002『中半入遺跡・蝦夷塚古墳発掘調査報告書』岩手県文化振興事業団埋蔵文化財調査報告書

第 380 集　岩手県文化振興事業団埋蔵文化財センター
高橋誠明 1999「宮城県における古墳時代中期の土器様相」『東国土器研究』第 5 号　1-20 頁
武末純一 2008「倭人と韓人の移動 ―弥生中期と古墳時代前期例からの検討―」人間文化研究機構連携研究
　　「ユーラシアと日本：交流と表象」研究プロジェクト編『ユーラシアと日本 ―境界の形成と認識―』
　　20-29 頁
立花　実・森下哲也 1987「三ッ俣遺跡をめぐる若干の考察」近藤英雄ほか『国府津三ッ俣遺跡』国府津三
　　ッ俣遺跡調査団　146-158 頁
立本成文 2000『地域研究の問題と方法』京都大学出版会
千葉徳爾 1966『民俗と地域形成』風間書房
千葉隆司編 2000『風返稲荷山古墳』霞ヶ浦町教育委員会
陳　良佐 1996「再探戦国到両漢的気候変遷」『中央研究院歴史語言研究所集刊』第 67 本第 2 分　323-381
　　頁
永山修一 2008「文献から見たキカイガシマ」池田榮史編『古代中世の境界領域 ―キカイガシマの世界―』
　　高志書院　123-150 頁
橋本博文ほか 1981『常陸梶山古墳』大洋村教育委員会
長谷川　厚 1995「東国における律令制成立以前の土師器の特徴について ―東国の土師器の画期と生産・流
　　通のあり方を中心として―」『東国土器研究』第 4 号　201-221 頁
服部敏良 1945『奈良時代医学史の研究』吉川弘文館
　　　　　1955『平安時代医学史の研究』吉川弘文館
バートン，ブルース 2000『日本の「境界」 ―前近代の国家・民族・文化―』青木書店
濱下武志・辛島昇編 2001『地域の世界史』第 1 巻　地域とは何か　山川出版社
春成秀爾・今村峰雄編 2004『弥生時代の実年代 ―炭素 14 年代をめぐって―』学生社
樋口　昇編 2002『八王子遺跡』愛知県埋蔵文化財センター調査報告書　第 92 集　愛知県埋蔵文化財センター
平川　南 2004「人面墨書土器と海上の道」『シンポジウム古代の祈り ―人面墨書土器からみた東国の祭祀
　　―』盤古堂　1-10 頁
比田井克仁 1999「弥生後期南武蔵様式の成立過程」『西相模考古』第 8 号　1-19 頁
　　　　　　2004「地域政権と土器移動 ―古墳時代前期の南関東土器圏の北上に関連して―」『古代』第 116
　　　　　　号　113-130 頁
平塚市立博物館 2001「相武国の古墳」展図録　平塚市立博物館
深澤靖幸 2003『武蔵の国府と国分寺』府中市郷土の森博物館パンフレット 4　府中市郷土の森博物館
藤沢　敦 1994「十三塚遺跡出土の石釧について」『年報』平成 6 年度　名取市文化財調査報告書　第 36 集
　　名取市教育委員会
福田健司 2004「落川・一の宮遺跡の集落変遷」『古代文化』第 56 巻第 7 号　3-17 頁
古川久雄 2003「実践知の新たな地平」『アジア・アフリカ地域研究』第 1 号　119-128 頁
三浦圭介 1991「本州の擦文土器」『考古学ジャーナル』第 341 号　22-28 頁
　　　　　2006「古代防御性集落と北日本古代史上の意義について」三浦圭介ほか編『北の防御性集落と激
　　　　　　動の時代』同成社　61-92 頁
　　　　　2007「遺跡から見た津軽における古代社会の変質と画期」前川要編『北東アジア交流史研究』塙
　　　　　　書房　283-334 頁

三品彰英 2002『日本書紀朝鮮関係記事考證』下巻　天山舎

峰岸純夫 2001『中世　災害・戦乱の社会史』吉川弘文館

武者塚古墳調査団編 1986『武者塚古墳』新治村教育委員会

茂木雅博 1987『墳丘よりみた出現期古墳の研究』雄山閣

茂木雅博ほか編 2002『常陸の円筒埴輪』茨城大学人文学部考古学研究報告　第5冊　茨城大学人文学部考古学研究室

桃崎祐輔 2000「忍性の東国布教と叡尊諸弟子の活動」シンポジウム「叡尊・忍性と律宗系集団」編『叡尊・忍性と律宗系集団』111-141頁

桃崎祐輔・石橋充『三村山極楽寺遺跡群所在石造五輪塔解体修理調査報告書』つくば市教育委員会

山内昭二ほか編 1972『舟塚山古墳周濠調査報告書』石岡市教育委員会

山岸良二編 1996『関東の方形周溝墓』同成社

山村信榮 2002「9世紀の大宰府管内」『古代文化』第54巻第11号　53-59頁

山下誠一 2003「飯田盆地における古墳時代前・中期集落の動向」『飯田市美術博物館研究紀要』第13号　125-142頁

山田晃弘 2008「東北地方における古墳時代の黒曜石製石器」芹沢長介先生追悼論文集刊行会編『考古・民族・歴史学論叢』六一書房　433-448頁

吉澤悟 1995「茨城県における古代火葬墓の地域性」『土浦市立博物館紀要』第6号　1-24頁

吉谷明彦・高橋誠明 2001「宮城県における続縄文系石器の意義と石材の原産地同定」『宮城考古学』第3号　53-76頁

若林正人 1992「鏑川流域における集落展開の様相」『群馬県埋蔵文化財調査事業団研究紀要』9　51-64頁

第2部

遊動の諸相―旧石器・縄文時代

茨城県域における先史時代の黒曜石利用について
―産地分析作業の概要紹介―

窪 田 恵 一

1. はじめに

　黒曜石と言えば茨城県域では産出しない石材として認識され，先史時代における遠隔地との交易を考える主要な素材とされてきた。1980年代以降の大規模発掘調査により県域の石器資料の検出例は飛躍的に増加しており，黒曜石資料の検出も増加し続けている。一方，黒曜石の産出地に対する認識は観察経験による予測的内容が多く，理化学的手法を駆使しての産地推定はあまり実施されてこなかった。茨城県域に最も近い産出地は2007年現在のところ栃木県那須連山の高原山であるが，高原山の黒曜石について，岩石・鉱物・地質分野の研究ではつい最近まで産出岩石としての記載は無かった（布川ほか2006）。高原山産の黒曜石を認識したのは考古学分野の報告が先行しており，早くから石器製作に使用されていることが認識されてきた（上野・二宮1986）。2005年から石器石材研究会の手によって高原山産黒曜石の産出地付近を原産地遺跡として現地調査が始まり，後期旧石器時代開始期以降継続的に採取あるいは採掘活動が行なわれていたことが判明しつつある（田村・国武2005）など，茨城県域での黒曜石製石器の産出地に対する認識はさらに進化する契機となりつつある。

　今回は筆者が2002年以降に国立沼津工業高等専門学校教授望月明彦氏と共同で取り組んでいる県内の黒曜石製石器の産地推定作業について旧石器時代の資料を中心に概要報告を行なう。

　分析資料は発掘資料を中心としているが，旧石器時代の資料は本来の包含層から検出できた資料が少なく，一括取り上げ資料や表面採取資料の中から製作技術の様相によって該当時期の資料として抽出している資料も含まれる。

2. 茨城県における黒曜石産出地に係わる研究史

　茨城県域では現在までの地質学分野の調査でも黒曜石産出地は確認されておらず，茨城県域外の産出地から持ち込まれる遠隔地石材である。県域で発見された石器に使用している黒曜石の産地については，信州を代表例とする推定がなされていた。本格的に産地推定のための分析作業は器体の一部を破壊して行なう蛍光X線による分析や放射化分析が行なわれたが，現在の分析機器の精度では破壊手法と非破壊手法それぞれの産地推定にそれほどの支障は認められないことも

あり，非破壊手法による分析が多く実施されている。

ここでは茨城県域において黒曜石を主体とした石器研究や産地分析で，筆者が作業に着手した2002年までの研究史に触れておく。

ひたちなか市後野遺跡の調査において検出された黒曜石資料（個体別資料 No. 13）19点の内2点に対しフィッショントラック法による観察が実施された。晶子形態の観察から「信州冷山露頭産」黒曜石と報告された（分析者：東京大学理学部　鶴丸俊明）（鶴丸1976）。黒曜石資料はB地区で検出された削片系細石刃石器群が中心の資料数748点に含まれるが少数例である。

龍ヶ崎市北部台地の龍ヶ崎ニュータウン遺跡群を調査していた茨城県教育財団の佐藤正好は県内4遺跡6点の資料を「放射性同位体元素測定」分析を行い「那須高原山産」，「神津島産」，「霧ヶ峰星ヶ塔産」黒曜石が用いられたことを発表された（分析者：東京学芸大学　二宮修治，分析結果：龍ヶ崎市松葉赤松遺跡「神津島産」2点，つくば市洞下遺跡「那須高原山産」1点・「霧ヶ峰星ヶ塔産」1点，筑西市大塚遺跡「霧ヶ峰星ヶ塔産」1点，つくばみらい市絹の台大谷津B遺跡「霧ヶ峰星ヶ塔産」1点）（佐藤1980・1988）。4遺跡の所属時期は縄文時代中期のものとされている。この分析にヒスイなど他の素材を加えて，茨城県周辺地域との石材交易について考察を行なっている。

牛久市桂町の赤塚遺跡では縄文時代中期前半阿玉台式期後半の集落が調査されたが，出土した黒曜石製石器を国立科学博物館で分析が行なわれて「八ヶ嶽周辺，和田峠付近」産の黒曜石として報告された（河野ほか1989）。この報告では分析資料の状況や点数，分析方法は記されておらず詳細は不明である。

山本薫は黒曜石製石鏃を中心に関東地方における利用状況を検討した（山本1994）。信州産黒曜石に近い中部地方の遺跡と信州・北関東・伊豆地方の黒曜石産地から約100 km〜200 kmの距離がある関東地方の遺跡を対象として，石鏃製作に主眼を置いてサイズや形状を比較研究した。石鏃という器種では「黒曜石原産地からの遠近にかかわらず，ある程度一定の寸法のものが志向されて製作されていた，もしくはある程度の大きさになるまで再加工・再利用されていた」と纏められている。黒曜石利用の地域性に関して茨城県域は「C.黒曜石も利用されたが，むしろチャートが多用され，黒曜石原石あるいは石核はほとんど搬入されなかった地域」とされた。山本氏の作業では原産地推定作業の実施は今後の研究課題とされた。

筑波大学では笠間市片庭西田遺跡の縄文時代出土資料を中心に本格的な産地分析を実施し報告書を刊行している（加藤1996）。当研究では西田遺跡から検出された黒曜石資料112点を理解するため，東関東一帯で縄文時代中期に使用されている黒曜石産地を比較する目的に茨城県南部から千葉県北部北総台地一帯の14遺跡から1,749点を使用した分析作業を実施した。分析作業は京都大学原子炉実験所藁科哲男氏の協力の下，非破壊手法による蛍光X線分析で黒曜石中に包含される不純物の微量成分の組成を中心とした元素分析である。検出遺物の所属時期は，縄文時代中期前半の阿玉台Ib式期から後半の加曾利E式期に渡る。分析成果から各時期の利用傾向の変化が伺われる結果が示された。阿玉台式期前半では信州産と神津島産を主体に高原山産を客体的に含む。阿玉台式期後半になると高原山産黒曜石が主体となり，加曾利E式期後半では再び

神津島産黒曜石の比率が高くなると報告している。多数の黒曜石資料を用いた産地分析結果から，茨城県域において時期ごとに利用産地の傾向変化が示された初めての報告である。

今回報告する産地分析作業を実施されている望月氏も，筆者との共同作業を始める2002年以前に茨城県域のいくつかの資料に対して分析作業をされている（小川・橋本1998；菱沼1998；浅野1999；長沼2001）。

3. 産地分析について

様々な産地分析法があるが，ここでは分析資料が文化財であることを考慮して非破壊状態で分析可能な蛍光X線を選択した。実際の分析作業は国立沼津工業高等専門学校教授の望月明彦研究室にて実施しており，2007年4月現在までに41遺跡227点の黒曜石製石器について産地分析を終了している。分析資料は検出資料の全点分析を基本方針としているが，すでに調査報告書刊行が終了している資料の中でも接合作業を実施している場合は接合資料の中から1点を抽出して分析試料としているため，分析試料数以上の点数に対して産地情報を提示することが可能である。また検出資料全点に近い分析のため，実測図の提示のない剝片など小型な資料が大半であり，分析資料の形状情報がほとんど未報告資料であることを断っておく。分析方法や産地呼称については望月報告（望月2002・2004）を参照されたい。

分析結果の一部は筆者が作成している観察報告（窪田2004・2006a・c・2007）や各市町村教育委員会刊行の発掘調査報告書（窪田2003・2004b・2006b；関口・窪田2004）に分析結果を報告しており，今回は全体的な傾向を提示しておきたい。

4. 茨城県域における旧石器時代の黒曜石資料

本項では黒曜石利用について段階区分ごとに分析試料を紹介し，次いで時間経過による利用産地の変化を説明する。時期区分は武蔵野台地考古学層序（立川ローム第X～III層の段階，以下第○層段階と省略表記する）区分を使用する。出典明示なき資料は未報告資料である。

(1) 分析試料の概要

第X層段階では土浦市おおつ野寺畑遺跡例1点である[1]。器種は台形様石器で高原山甘湯沢群産である。

第IX層段階では下妻市村岡西原遺跡（石川2000）例1点である。器種は台形様石器で蓼科冷山群産である。

第VII層段階では土浦市田村町下郷遺跡（茨城県教育財団調査地点）（平石2000）例15点，土浦市木田余台遺跡群の東台遺跡（窪田2006a）例1点，結城郡八千代町仁江戸一本木遺跡（窪田2004a）例1点，稲敷市佐倉二ノ宮遺跡例2点である。下郷遺跡の器種は縦長剝片で高原山甘湯

沢群産と神津島恩馳島群産，東台遺跡の器種は石刃で高原山甘湯沢群産，一本木遺跡の器種は稜付き石刃で和田鷹山群産，二ノ宮遺跡の器種は石刃で高原山甘湯沢群産である。

第 VI 層段階では土浦市天川十三塚 A 遺跡（小松崎 1990）例 1 点，土浦市摩利山新田宮前遺跡（大関 1996）例 4 点，つくばみらい市田村前田村遺跡（宮崎・吉原 1997；宮崎ほか 1998）例 17 点，稲敷郡阿見町実穀寺子遺跡（浅野 1999；窪田 2007）例 4 点である。十三塚 A 遺跡の器種はナイフ形石器で和田鷹山群産である。宮前遺跡の器種は削器・剝片で和田土屋橋南群産・和田土屋橋西群産・和田鷹山群産である。前田村遺跡の器種はナイフ形石器・端部搔器・剝片で，和田土屋橋南群産・和田土屋橋西群産・和田鷹山群産・和田小深沢群産・諏訪星ヶ台群産・蓼科冷山群産から構成される。実穀寺子遺跡の器種はナイフ形石器・剝片で和田鷹山群産である。

第 V 層〜第 IV 層下部段階が，旧石器時代を通して最も多く利用されており分析例も多い。土浦市沖宿町入ノ上遺跡（窪田 1997）例 34 点，土浦市中向原遺跡（窪田 2002）例 45 点，土浦市田村町下郷遺跡（土浦市教育委員会調査地点）（窪田 2001）例 2 点，土浦市紫ヶ丘原田北遺跡（緑川・海老澤 1992；江幡 1993）例 5 点，土浦市紫ヶ丘原田西遺跡（緑川・海老澤 1992）例 6 点，土浦市真鍋大宮前遺跡（関口・窪田 2004）例 5 点，土浦市常名山川古墳群（第 2 次調査地点）（窪田 2004b）例 10 点，阿見町実穀寺子遺跡（窪田 2007）例 27 点，龍ヶ崎市板橋町岡坪 B 貝塚（窪田 1990）例 2 点などである。入ノ上遺跡の器種は剝片で高原山甘湯沢群産である。向原遺跡の器種はナイフ形石器・剝片で高原山甘湯沢群産・和田土屋橋西群産である。下郷遺跡の器種は搔器・剝片で高原山甘湯沢群産である。原田北遺跡の器種は剝片で高原山甘湯沢群産である。原田西遺跡の器種は剝片で高原山甘湯沢群産・蓼科冷山群産である。大宮前遺跡の器種は剝片で高原山甘湯沢群産である。山川古墳群の器種はナイフ形石器・剝片で高原山甘湯沢群産である。実穀寺子遺跡の器種はナイフ形石器・剝片で高原山甘湯沢群産である。岡坪 B 貝塚の器種はナイフ形石器で高原山甘湯沢群産である。

第 IV 層中部〜上部段階は土浦市おおつ野前谷西遺跡（窪田 1998）例 1 点，潮来市島須今林遺跡（窪田 2006c）例 4 点，桜川市加茂部加茂遺跡（島田 2005）例 3 点である。前谷西遺跡の器種は男女倉型尖頭器で高原山甘湯沢群産，今林遺跡の器種はナイフ形石器・剝片で高原山甘湯沢群産，加茂遺跡の器種は男女倉型尖頭器・剝片で和田土屋橋北群産・蓼科冷山群産・和田鷹山群産である。

第 III 層下部段階は明確な使用例を基にした分析例がない。

第 III 層中部段階は龍ヶ崎市板橋町岡坪 B 貝塚例 1 点[2]，下妻市村岡本田屋敷遺跡（田部・石川 1998）例 1 点である。岡坪 B 遺跡の器種は細石核で秋田男鹿半島の男鹿金ヶ崎群産である。本田屋敷遺跡の器種は細石核で神津島恩馳島群産である。

第 III 層上部段階は水戸市田谷町白石遺跡（樫村 1992）例 1 点，ひたちなか市船窪ぼんぼり山遺跡（窪田 2003）例 1 点，行方市内宿木工台遺跡（窪田 2006c）例 1 点である。白石遺跡の器種は有茎尖頭器で和田鷹山群産である。ぼんぼり山遺跡の器種は槍先形尖頭器で高原山甘湯沢群産である。木工台遺跡の器種は槍先形尖頭器で和田小深沢群産である。

(2) 分析試料から見た茨城県域における黒曜石利用の傾向

　茨城県域で現在確認できている最も古い使用例は，第Ⅹ層段階の寺畑遺跡例である。石器群全体は未報告資料であるので今後の検討課題である。次の第Ⅸ層段階では西原遺跡例が信州系黒曜石である。他にも分析作業未実施であるが，高原山甘湯沢群産や信州系と判断する資料が県内に数例ある。この頃の資料は二次加工石器のみの確認で素材剝片や石核がなく製作行為は確認されていない。第Ⅶ層段階になると県南部で製作行為が確認できる様になる。下郷遺跡では黒曜石以外にも黒色頁岩・ガラス質黒色安山岩を利用して楔形石器を多数製作している。黒曜石資料の接合状況を確認したが1組も抽出できなかったことから，当遺跡で石刃製作が行なわれた可能性は低く石刃が遺跡地への搬入形態と考える。AT火山灰降灰以前の段階では，素材原石の搬入から石器製作までの工程が行なわれた可能性は低く，二次加工石器製作直前の剝片や台形様石器などの二次加工石器形態での搬入という状態である。黒曜石が石器群の主体とならず，県南部の古鬼怒川流域では非黒曜石の硬質頁岩や珪質頁岩が主体となる遺跡に少数の黒曜石製石刃が共伴する遺跡が多い。

　AT火山灰降灰期の第Ⅵ層段階では黒曜石が主要石材となる遺跡が出現する。前田村遺跡例は黒曜石主体に利用しながら，他の石材として硬質頁岩を僅かに利用している。使用する黒曜石も高原山甘湯沢群産を全く含まず全て信州系黒曜石であった。実穀寺子遺跡例はナイフ形石器と剝片の接合資料があるが，資料数が少なく遺跡地での剝離作業とは判断しかねる。第Ⅵ層段階では信州系黒曜石の利用頻度が高くなるという南関東地方と同様な石材利用の石器群が茨城県域でこれまで取り上げられることが無かったことから，前田村遺跡例の分析研究が重要と考えている。牛久市下根町西ノ原遺跡（深谷・柴田1996）資料は産地分析を実施していないが高原山産黒曜石を主体的に利用したと考えられる資料群で，「下総型刃器技法」を示す接合資料やナイフ形石器・楔形石器・端部搔器を有し，所属時期の検討など更に検討すべき重要な資料と考える。

　第Ⅴ層〜第Ⅳ層下部段階の石器群は，旧石器時代を通して茨城県域で最も黒曜石を使用した段階であった。使用する黒曜石産地は高原山甘湯沢群産を中心としながら，僅かに信州系黒曜石を使用している。石器製作も原石の搬入から二次加工石器の製作まで連続的に検討可能な遺跡が県南部で次々と発見・調査されており，今後の検討作業に注目している。黒曜石と共に使用されている鬼怒川流域産黒色安山岩が主体となる遺跡はまだ確認されていない。さらに南関東地方で大量に使用されている赤化礫による「礫群」の存在の希薄さの理由など検討すべき内容は多く残っている。

　第Ⅳ層中部〜上部（小型ナイフ形石器の製作）段階では，前段階に比べて遺跡数・資料数が非常に少ない。少ない中で樋状剝離のある尖頭器には黒曜石を使用する例がいくつかある。「男女倉型尖頭器」に使用している黒曜石は信州系・高原山産どちらも存在し，「男女倉型尖頭器」＝信州系黒曜石使用とばかりは言い切れない。石器製作の状況では，今林遺跡には産地分析作業は実施できなかったが明らかに高原山甘湯沢群産と判断できる原石があり，器体の一部に転礫面を除去した痕跡が認められることから，遺跡内に原石を搬入して石器製作を実施していた可能性は

高い。しかし今林遺跡例以外に当時期の遺跡自体が少なく，樋状剝離のある尖頭器以外の器種でどのように黒曜石が利用されていたのか判断できないのが現状である。

第Ⅲ層中部（細石刃石器群の製作）段階に茨城県域には石核の形状から「野岳・休場型細石核」「ホロカ型細石核」「削片系細石核」という3種類に大別される細石刃石器群が分布する。氏神A遺跡（小川・橋本1998）例は「霧が峰系」，本田屋敷遺跡例は神津島恩馳島群産である。岡坪B遺跡例は，当初産地分析を実施するまでは予想していなかった男鹿金ヶ崎群産と判定された。当遺跡は男鹿半島から直線距離で約475 kmあり，日本海側から太平洋沿岸に達するまでの間に奥羽山脈があり，いずれかの地点で峠を越えなければならない遠隔地である。男鹿金ヶ崎群産の黒曜石は，新潟県村上市岩沢樽口遺跡A-MS文化層（藁科・東村1996）や長野県野尻湖周辺の遺跡（望月2000）など日本海沿岸地域で使用例が確認されている。茨城県域で使用される褐色で剝離面が光沢を放つ硬質頁岩の有力採取地が，直線距離で220 km離れた最上川流域と考えられていることから，硬質頁岩よりも北方からもたらされた石材である。硬質頁岩も男鹿半島産黒曜石も奥羽山脈の西側に位置し，単に推定であるが同様な経路を通って太平洋岸地域にもたらされたと考えるならば，2者の石材が共伴する可能性も考えてみるべきなのかもしれない。細石核は1点でその他の資料は検出できておらず石器群としての実態は把握できていない。しかし，東日本における石材の広域移動を考えるには興味深い資料で，石器群としての実態を把握して，東北日本以上に極東アジア一帯に展開する「削片系細石刃石器群」と比較研究ができればと考える。また茨城県域に同様な遺跡が他に所在するのか追跡する必要を感じている。

第Ⅲ層上部（旧石器時代終末期～縄文時代草創期）段階では，有茎尖頭器が最も多くの遺跡から検出されている石器であるが，そのほとんどをガラス質黒色安山岩で製作しており，黒曜石製はつくば市山木地前野遺跡例（川崎1978）と今回産地分析結果を紹介する水戸市田谷町白石遺跡のみである。神子柴型石斧にはホルンフェルスを，神子柴型尖頭器には硬質頁岩をそれぞれ主体的に使用しており，黒曜石の使用は低調であったようだ。

5. まとめに

今回は黒曜石の産地分析結果を基本に，旧石器時代を通じて黒曜石の利用状況を概観してみた。黒曜石の石器製作に利用することは，現在まで最も早い段階の資料と認識されている立川ローム第Ⅹ層段階から始まっている。旧石器時代を通して栃木県高原山産黒曜石が利用されていたようだが，AT火山灰降灰期頃まで二次加工が施された完成品や完成一歩手前の状態で遺跡地に搬入された例が多く，遺跡地で素材から製作を始める工程は見出せない。第Ⅵ層段階では信州系黒曜石の利用が高い遺跡が確認できたが，製作工程の初期段階から遺跡地で行なわれたのか二次加工石器の仕上げ段階のみの作業中心であったのか，それまで使用していた高原山産黒曜石とどのように関連していたのか今後検討作業を予定している。第Ⅴ層～第Ⅳ層下部段階の利用は明らかに他の段階を凌駕しており，石器製作に使用した主要石材と言える石材であった。つくば市

下河原崎谷中台遺跡（高野 2007）の様な豊富な資料群が今後とも検出されることを期待する。

　細石刃石器群の製作が行なわれた第Ⅲ層中部段階になると，関東周辺山地の黒曜石に加えて東北産黒曜石の利用が確認された。当時期は前段階に比べて人間の活動範囲が北方に広域化する時期であることを考慮すれば当然なのかもしれない。分析作業の進行によってさらに東北産黒曜石を使用した細石刃石器群の検出が期待できると考える。

　石器製作の中で黒曜石に限定して見ると，関東平野周辺の山地で獲得可能な石材である。近接する栃木県高原山産黒曜石を中心に，中部山地の信州系黒曜石を使用している。現在まで分析作業では，神津島産黒曜石の使用は僅かながら確認されているが，箱根産の黒曜石の使用は確認されていない。茨城県域を活動域としていた旧石器人は平野部から眺めて見える北部山岳地域を主要な石材供給元としながら西方に位置する中部高地の黒曜石も取り込んでいる。南方にある箱根・伊豆諸島地域の黒曜石産地の本格的利用は縄文時代以降に展開を見せている。

　旧石器時代人は遺跡地に全ての石材消費を残していないことを考えると頻繁な移動活動をしていたと考える。黒曜石の使用を「交易」の面で考えるには関東地方の旧石器時代人と限定して活動範囲が黒曜石採取可能地域に至っていないことを前提とすべきで，黒曜石獲得が直接なのか間接なのか判断できない時点では不明といわざるを得ない。しかし理化学的手法による分析によって今まで経験的予測による黒曜石産地の推定が，高精度に考えることが可能となってきたことで，さらに実態に迫った人間活動範囲の研究が進むことを期待する。それから「交易」について考えても遅くはない。

　註
1）　寺畑遺跡は2007年9月の時点で未報告であるが，すでに2001年の上高津貝塚ふるさと歴史の広場企画展『土浦の旧石器』（窪田2001b）や2006年の岩宿博物館企画展『岩宿時代はどこまで遡れるか』（小菅・萩谷2006）での展示などで概要が示されているので産地分析結果を紹介する。
2）　当資料は2002年に開催した茨城県旧石器時代シンポジウム発表要旨・資料集で永塚俊司氏が紹介（永塚2002・2004）した資料である。

　引用文献
浅野和久 1999『実穀古墳群・実穀寺子遺跡1　荒川本郷地区特定土地区画整理事業地内埋蔵文化財調査報告書Ⅰ』茨城県教育財団文化財調査報告　第144集　茨城県教育財団
石川太郎 2000「旧石器時代」『西原遺跡発掘調査報告書―倉庫建設に伴う埋蔵文化財発掘調査―』千代川村埋蔵文化財発掘調査報告書　第5集　千代川村教育委員会　5-20頁
茨城県考古学協会旧石器時代シンポジウム実行委員会編 2002『ひたちなか市埋蔵文化財調査センター開館10周年記念シンポジウム　茨城県における旧石器時代研究の到達点―その現状と課題―発表要旨・資料集』ひたちなか市教育委員会・茨城県考古学協会
上野修一・二宮修治 1986「石器時代の本県域における黒曜石の利用について―栃木県高原山黒曜石を中心として―」『栃木県立博物館研究紀要』第3号　91-115頁
江幡良夫 1993『原田北遺跡Ⅱ・西原遺跡　土浦北工業団地造成地内埋蔵文化財調査報告書Ⅱ』茨城県教育

財団文化財調査報告　第85集　茨城県教育財団

大関　武　1996『宮前遺跡　都市計画道荒川木田余線街路改良工事地内埋蔵文化財調査報告書』茨城県教育
　　　財団文化財調査報告　第118集　茨城県教育財団

小川和博・橋本勝雄　1998「旧石器時代」『氏神A遺跡発掘調査報告書』八千代町埋蔵文化財調査報告書7
　　　八千代町教育委員会　11-15頁

後野遺跡調査団編　1976『後野遺跡 —関東ローム層中における石器と土器の文化—』勝田市教育委員会

樫村宣行　1992『(仮称) 水戸浄水場予定地内埋蔵文化財調査報告書　白石遺跡』茨城県教育財団文化財調査
　　　報告　第82集　茨城県教育財団

加藤博文　1996「黒曜石利用から見た東関東縄文時代中期の動態」『笠間市西田遺跡の研究 —縄文時代にお
　　　ける石族の製作と流通に関する研究—』平成6・7年度文部省特定研究経費による調査研究概要　筑波
　　　大学先史学・考古学研究調査報告7　筑波大学歴史・人類学系　69-75頁

川崎義雄　1978「山木地前野遺跡」『茨城県史料　考古資料編』茨城県史編纂委員会　80-81頁

窪田恵一　1990「龍ヶ崎市板橋町採取の旧石器時代資料」『龍ヶ崎市史研究』第4号　43-46頁

　　　　　1997「旧石器時代」『入ノ上遺跡 —都市計画道路田村沖宿線道路事業に伴う埋蔵文化財発掘調査
　　　報告書—』土浦市教育委員会・土浦市遺跡調査会　13-14頁

　　　　　1998「前谷遺跡群（東原遺跡・前谷東遺跡・前谷西遺跡）第1節　旧石器時代」『前谷遺跡群（東
　　　原遺跡・前谷東遺跡・前谷西遺跡）・東原観音塚』田村・沖宿土地区画整理事業に伴う埋蔵文
　　　化財発掘調査報告書　第4集　土浦市教育委員会・土浦市遺跡調査会・田村・沖宿土地区画
　　　整理組合　9-16頁

　　　　　2001a「遺構外出土遺物　石器」『下郷遺跡・下郷古墳群　佐々木建設株式会社土砂採取工事に伴
　　　う埋蔵文化財調査報告書』佐々木建設株式会社・土浦市教育委員会・下郷古墳群遺跡調査会
　　　67-73頁

　　　　　2001b『上高津貝塚ふるさと歴史の広場第7回企画展　土浦の旧石器　土浦の遺跡5』上高津貝塚
　　　ふるさと歴史の広場

　　　　　2002「土浦市向原遺跡における2時期の石器群 —花室川流域の旧石器時代研究—」『土浦市立博
　　　物館紀要』第12号　1-24頁

　　　　　2003「旧石器時代の遺構と遺物」『ぽんぽり山遺跡・狢谷津遺跡』ひたちなか市文化・スポーツ振
　　　興公社文化財調査報告書　第27集　ひたちなか市船窪土地区画整理組合・ひたちなか市文
　　　化・スポーツ振興公社　21-33頁

　　　　　2004a「茨城県結城郡八千代町の旧石器 —猿島台地および古鬼怒川流域におけるAT降灰期以前
　　　の石器群—」『茨城県考古学協会誌』第16号　1-24頁

　　　　　2004b「遺構と遺物（1）旧石器時代の調査」『茨城県土浦市山川古墳群（第2次調査）』土浦市総
　　　合運動公園建設事業に伴う埋蔵文化財調査報告書　第8集　土浦市教育委員会・土浦市遺跡
　　　調査会　16-41頁

　　　　　2006a「土浦市木田余台遺跡群の旧石器時代～縄文時代草創期石器の研究」『土浦市立博物館紀要』
　　　第16号　1-14頁

　　　　　2006b「弁才天遺跡　第3節　遺構と遺物　1.旧石器時代」『弁才天遺跡・北西原遺跡（第5次調
　　　査）』土浦市総合運動公園建設事業に伴う埋蔵文化財調査報告書　第4集　土浦市・土浦市教
　　　育委員会・土浦市遺跡調査会　21-32頁

2006c「茨城県南東部・行方台地の旧石器 ―潮来市今林遺跡・行方市木工台遺跡の資料を中心に―」『茨城県考古学協会誌』第 18 号　1-26 頁

2007「茨城県稲敷郡阿見町実穀寺子遺跡の旧石器時代資料 ―茨城県南部域における V 層〜IV 層下部段階石器群―」『茨城県考古学協会誌』第 19 号　1-22 頁

河野辰男ほか 1989『赤塚遺跡発掘調査報告書』牛久市赤塚遺跡発掘調査会

小菅将夫・萩谷千明 2006『岩宿時代はどこまで遡れるか』展図録　岩宿博物館

小松崎猛彦 1990『寺家ノ後 A・B 遺跡・十三塚 A・B 遺跡・永国十三塚・旧鎌倉街道　永国地区住宅団地建設予定地内埋蔵文化財調査報告書』茨城県教育財団文化財調査報告　第 60 集　茨城県教育財団

佐藤正好 1984「縄文期における交易」『菟玖波』創刊号　23-26 頁

1988「縄文期における交易」『菟玖波』第 2 号　9-11 頁

島田和宏 2005『加茂遺跡　北関東自動車道（協和〜友部）建設事業地内埋蔵文化財調査報告書 XI』茨城県教育財団文化財調査報告　第 249 集　茨城県教育財団

関口　満・窪田恵一 2004「遺構と遺物　1. 旧石器時代の調査」『大宮前遺跡　真鍋小学校校舎改築事業に伴う埋蔵文化財発掘調査報告書』土浦市教育委員会・大宮前遺跡調査会　10-12 頁

高野祐璽 2007『下河原崎谷中台遺跡・島名ツバタ遺跡　上河原崎・中西特定土地区画整理事業地内埋蔵文化財調査報告書 3』茨城県教育財団文化財調査報告　第 282 集　茨城県教育財団

田部秀男・石川太郎 1998『本田屋敷遺跡・仲道遺跡・岡本遺跡　村岡遺跡群発掘調査報告書　国営霞ヶ浦用水（二期）農業水利事業千代川線工事管理埋設工事に伴う調査』千代川村埋蔵文化財発掘調査報告書　第 4 集　霞ヶ浦用水埋蔵文化財発掘調査会・千代川村教育委員会

田村　隆・国武貞克 2005「高原火山剣ヶ峰東方遺跡群の発見」『考古学ジャーナル』第 537 号　22-25 頁

鶴丸俊明 1976「野遺跡の黒曜石の分析」後野遺跡調査団編『後野遺跡 ―関東ローム層中における石器と土器の文化―』勝田市教育委員会　95-96 頁

永塚俊司 2002「石器群の様相 ―細石器―」『茨城県における旧石器時代研究の到達点 ―その現状と課題―』ひたちなか市教育委員会・茨城県考古学協会　49-63 頁

2004「石器群の様相 ―細石器（シンポジウム　茨城県における旧石器時代研究の到達点 ―その現状と課題―記録 2)」『茨城県考古学協会誌』第 16 号　220-225 頁

長沼正樹 2001「検出された石器群」『武田西塙遺跡』旧石器・縄文・弥生時代編（第 I 分冊）　ひたちなか市文化・スポーツ振興公社文化財調査報告書　第 21 集　ひたちなか市教育委員会・ひたちなか市文化・スポーツ振興公社　28-197 頁

西野　元編 1996『笠間市西田遺跡の研究 ―縄文時代における石族の製作と流通に関する研究―』平成 6・7 年度文部省特定研究経費による調査研究概要　筑波大学先史学・考古学研究調査報告 7　筑波大学歴史・人類学系

菱沼良幸 1998『取手市都市計画事業下高井特定土地区画整理事業地内埋蔵文化財調査報告書 III　東原遺跡・前畑遺跡・相原遺跡』茨城県教育財団文化財調査報告　第 143 集　茨城県教育財団

平石尚和 2000『下郷遺跡　一般国道 354 号道路改築事業地内埋蔵文化財調査報告書』茨城県教育財団文化財調査報告　第 167 集　茨城県教育財団

深谷憲二・柴田博行 1996『中下根遺跡・西ノ原遺跡・隼人山遺跡　牛久東下根特定土地区画整理事業地内埋蔵文化財調査報告書』茨城県教育財団文化財調査報告　第 113 集　茨城県教育財団

布川　嘉ほか 2006「P-131 高原火山の黒曜石含有層の分布と産状およびその火山形成史上の意義」『日本地

質学会第113年大会学術大会講演要旨』232頁

緑川正實・海老澤稔 1992『原田北遺跡Ⅰ・原田西遺跡　土浦北工業団地造成地内埋蔵文化財調査報告書Ⅰ』茨城県教育財団文化財調査報告　第80集　茨城県教育財団

宮崎修士・吉原作平 1997『高野台遺跡・前田村遺跡　伊奈・谷和原丘陵部特定土地区画整理事業地内埋蔵文化財調査報告3』茨城県教育財団文化財調査報告　第127集　茨城県教育財団

宮崎修士ほか 1998『前田村遺跡G・H・Ⅰ区　伊奈・谷和原丘陵部特定土地区画整理事業地内埋蔵文化財調査報告4』茨城県教育財団文化財調査報告　第146集　茨城県教育財団

望月明彦 2000「野尻湖遺跡群出土黒曜石の産地推定（Ⅰ）」『上信越自動車道埋蔵文化財発掘調査報告書15―信濃町内その1―日向林B遺跡・日向林A遺跡・七ツ栗遺跡・大平B遺跡』旧石器時代本文編　長野県埋蔵文化財センター発掘調査報告書48　日本道路公団・長野県教育委員会・長野県埋蔵文化財センター　233-241頁

　　　　　2002「黒耀石分析科学の現状と展望」『黒耀石文化研究』創刊号　95-102頁

　　　　　2004「土浦市内遺跡出土の黒曜石製石器の産地推定」『山川古墳群（第2次調査）』土浦市総合運動公園建設事業に伴う埋蔵文化財調査報告書　第8集　土浦市・土浦市教育委員会・山川古墳群第2次調査会　122-126頁

山本　薫 1994「縄文時代の中部・関東地方における黒曜石利用の空間的変異について ―縄文時代中期を例として―」岩崎卓也先生退官記念論文集編集委員会編『日本と世界の考古学』雄山閣　80-98頁

藁科哲男・東村武信 1996「樽口遺跡出土の黒曜石・安山岩製遺物の石材産地分析」『樽口遺跡　奥三面ダム関連遺跡発掘調査報告書』Ⅴ　朝日村文化財報告書　第11集　新潟県朝日村教育委員会　176-185頁

筑波山南西地域の先土器時代遺跡における硬質頁岩製石器群の展開
―その搬入形態の検討を中心に―

川 口 武 彦

1. 序

　最終氷期の関東地方と東北地方との関わりを論じる上で，看過することが出来ない遺物がある。それは硬質頁岩を原材料とする石器である。

　硬質頁岩[1]とは，東北地方日本海側で産出する石材であり，新第三系七谷層（新潟県），草薙層（山形県），女川層（秋田県）などに含まれる灰色をした珪藻土起源の珪質頁岩の通称であり（秦1998，岩田2000），常総地域の先土器時代遺跡では少なからず利用されている石材である。

　筆者はこれまで常総地域の先土器時代と縄文時代草創期の遺跡を残した人類の居住構造を解明するための最も基礎的な作業として，石器（群）の集成的検討や採集資料の紹介・報告，既発掘資料の再検討などを実践してきている（赤坂ほか1991；阿久津・梶巾遺跡研究グループ2007；岩崎ほか1999；川口1998・1999・2000a・b・2001a・b・2002a・b・c・d・e・f・2004a・b・c・2005a・b・c・2006a・b・c・2008a・b・c・2009・2010；川口・蓼沼2004；川口ほか2002・2010；小玉ほか2001；西井ほか2000；宮内・川口2005；川崎・川口2007）。

　これまでの研究では主に常総地域北・中部で産出する珪質頁岩やメノウ，ガラス質黒色安山岩，トロトロ石（ガラス質黒色ピジョン輝石デイサイト）などの原産地で獲得された石材が，個々の遺跡にどのような形で搬入され，どのように消費されているかを明らかにしてきたが，地域外で産出する硬質頁岩製の石器については，どのような形で搬入されてきているのか，どのように消費されているかを検討できていない。

　そこで，本稿では，筆者が研究のフィールドとしている筑波山南西地域の先土器時代遺跡から出土している硬質頁岩製石器（群）の内容を通時的に把握するとともに，その搬入形態の在り方から特にAT下位に相当する遺跡を残した人類の移動形態や活動領域について若干の推察を述べ，締めくくることとしたい。

2. 硬質頁岩製石器（群）の集成方法

　本稿で検討対象とする資料は，筑波山の南西地域，現在の行政区分で言うところの土浦市，かすみがうら市旧新治郡千代田町，旧新治郡霞ヶ浦町，旧新治郡新治村含，稲敷郡阿見町，稲敷郡

美浦村域に所在する先土器時代遺跡から出土している硬質頁岩製石器（群）である。土浦市上高津貝塚ふるさと歴史の広場考古資料館，かすみがうら市郷土資料館，美浦村文化財センターでの資料実見調査，既刊報告書の通覧調査の結果，これらの4自治体にある42遺跡から総計233点の硬質頁岩製石器が出土していることを確認した（第1表；第1・第2図）。

　出土している硬質頁岩製石器（群）の集成に際しては，未報告資料を除外し，既報告資料のみを対象とした。

　まず，個々の石器を遺跡毎に検出状況別に整理し，橋本勝雄による常総地域の先土器時代・縄文時代草創期石器群の編年案（橋本1995・2002）に照らし合わせながら時期別，器種別に分類するとともに，計測値をMicrosoft社製Excel 2008 for Macで作成した一覧表に1点ずつ入力した。さらに，石器の表面に自然（転礫）面が残されているか否かの観察も併せて行った。自然面の残され方については，石器の表面に大部分残存しているものを○，僅かに残存しているものを△，全くみられないものを×として記号化した。備考欄には資料番号，図版番号，出土遺構，型式名，注記，調整加工のあり方，素材等の情報を記載した。

3. 硬質頁岩製石器（群）の展開

(1) 時期毎の器種・重量組成

　第1表に集成した42遺跡から出土している233点の硬質頁岩製石器（群）のうち，帰属時期が判明している資料は216点ある。橋本編年にそれらを対照し，時期毎にどのような器種から構成されているのか，その消長を整理したのが第2表である。

　また，第2表の下に示した第3表は，第2表を補足するもので，時期毎にどの器種が最も多いのかを重量別に整理したものである。第2表からは，まずⅠ期（武蔵野台地Ⅹ層段階並行期）とⅡc期Bグループ（武蔵野台地Ⅳ層上部〜Ⅲ層下部段階並行期），Ⅲa期（野岳・休場型，ホロカ型）に該当する硬質頁岩製石器（群）は確認されていないことが読み取れる[2]。以下，硬質頁岩製の石器（群）の器種・重量組成を時期別にみてみよう。

　Ⅱa期　Ⅱa期の石器群は，武蔵野台地のⅨ層段階，Ⅶ層段階，Ⅵ層段階に相当する石器群であり，橋本編年では，古段階，中段階，新段階の3期に区分されている。古段階に相当する石器は，かすみがうら市字柏崎富士見塚古墳群から硬質頁岩製のナイフ形石器が1点（9.99g）出土しているに過ぎない（第1図1）。このナイフ形石器は連続的に生産された石刃を素材としたものであるが，他に出土している台形様石器や剝片には高原山産黒曜石やメノウ，ガラス質黒色安山岩が利用されており，硬質頁岩製の剝片や砕片，石核などの割裂物は出土していないことから，現状では単独で持ち込まれたものと考えておく。

　中段階はⅡa期全体だけでなく，Ⅱa期からⅢb期に至るまで最も資料が充実している時期であり，20遺跡から166点の石器が確認されている。その総量は938.43g[3]である。

　道具の中で最も多いのは狩猟具であるナイフ形石器であり，22点（165.04g）である（第1図

第1表　筑波山南西地域の先土器時代遺跡出土硬質頁岩製石器一覧

遺跡番号	遺跡名	所在地	検出状況	時期	石器の種類	長さ(cm)	幅(cm)	厚さ(cm)	重量(g)	自然面	備考
203014	峰崎A遺跡	土浦市右籾字西峯2063外	採集	Ⅱa期中段階	ナイフ形石器	(4.10)	(1.20)	(0.45)	(2.33)	×	摩利山新田遺跡
203018	宮前遺跡	土浦市摩利山新田字宮の前375外	採集	Ⅱc期Aグループ	ナイフ形石器	2.45	1.10	0.55	0.90	×	
					石刃	(1.85)	(1.05)	(0.30)	0.69	×	
203060	向原遺跡	土浦市中字向原633-1外	発掘（後世遺構内覆土）	Ⅱa期中段階	剝片	5.02	3.32	0.81	12.60	×	27H-1
			発掘	Ⅱb期	剝片	4.66	1.83	1.28	6.80	×	20H-B
					剝片	1.01	0.69	0.19	0.10	×	
203101	寄居遺跡	土浦市上高津新町770-3外	発掘（後世遺構内覆土）	Ⅱa期中段階	剝片	5.60	2.70	1.00	11.10	×	Q3
					剝片	4.40	3.40	1.30	10.80	×	Q9
					剝片	7.30	2.80	1.80	39.60	△	Q28
			採集		石刃	(7.50)	(2.80)	1.30	20.10	×	Q34
203115	上高津貝塚(C地点)	土浦市大字上高津字吉久保1863-1外	発掘（後世遺構内覆土）	Ⅱc期Aグループ	削器	5.89	4.46	1.64	22.60	×	第2号墓出土
203161	永国遺跡(第1次)	土浦市永国字御りょう572-2外	発掘（遺構外）	Ⅱa期中段階	ナイフ形石器	11.45	2.77	0.78	23.60	×	
					剝片	1.27	0.97	0.28	0.33	×	
					剝片	1.01	0.74	0.14	0.08	×	
					剝片	1.17	0.66	0.52	0.28	×	
					剝片	2.08	2.85	0.55	2.07	×	
					剝片	2.55	1.09	1.01	1.47	×	
					剝片	3.22	1.51	0.85	2.16	×	
					剝片	2.20	1.28	0.22	0.33	×	
					剝片	1.58	0.69	0.18	0.22	×	
					稜付剝片	2.30	1.36	0.74	1.70	×	
					剝片	2.09	0.67	0.36	0.40	×	
					剝片	1.04	0.47	0.12	0.04	×	
					砕片	0.99	0.54	0.12	0.04	×	
					剝片	2.88	1.82	0.54	2.25	×	
					砕片	0.63	0.61	0.07	0.02	×	
					剝片	1.10	0.54	0.20	0.06	×	
					砕片	0.70	0.62	0.13	0.03	×	
					剝片	2.24	1.25	0.23	0.53	×	
					剝片	0.59	1.18	0.12	0.02	×	
					剝片	1.57	1.30	0.22	0.28	×	
					剝片	1.43	1.03	0.18	0.13	×	
					剝片	3.27	1.37	0.29	1.03	×	
					剝片	1.11	0.81	0.14	0.12	×	
					剝片	1.77	1.86	0.68	1.67	×	
					剝片	1.37	0.65	0.32	0.12	×	
					調整剝片	0.73	1.05	0.18	0.11	×	
					剝片	1.59	1.86	0.36	1.08	×	
					剝片	2.66	1.23	0.83	1.52	×	
					剝片	0.98	1.10	0.17	0.14	×	
					剝片	2.06	2.47	0.18	0.11	×	
					ナイフ形石器	2.13	1.48	0.64	1.27	×	
					剝片	0.93	1.55	0.14	0.14	×	
					剝片	2.39	1.02	0.57	1.10	×	
					砕片	0.63	0.80	0.14	0.03	×	
					剝片	1.37	0.80	0.20	0.14	×	
					砕片	0.49	0.83	0.13	0.06	×	
					剝片	3.05	1.68	0.32	1.46	×	
					剝片	4.91	1.37	0.75	4.63	×	
					剝片	1.08	1.47	0.14	0.30	×	
					剝片	4.53	2.68	1.67	16.85	×	
					剝片	1.94	0.74	0.17	0.12	×	
	永国遺跡(第3次)	土浦市永国字御霊812番地1外	発掘	Ⅱa期中段階	剝片	1.07	079	0.12	0.08	×	
					剝片	1.53	0.66	0.19	0.13	×	
					剝片	1.52	1.64	0.18	0.27	×	
					剝片	1.08	1.63	0.26	0.27	×	
					剝片	0.50	1.46	0.19	0.13	×	
					砕片	0.65	0.53	0.06	0.03	×	
					剝片	0.62	1.36	0.22	0.20	×	
					剝片	2.55	1.51	0.42	1.27	×	
					剝片	0.48	1.16	0.26	0.31	×	
					剝片	2.77	2.33	0.63	2.80	×	
					ナイフ形石器	2.83	2.06	0.34	1.69	×	
					剝片	0.81	1.21	0.34	0.23	×	
					剝片	1.91	0.7	0.38	0.44	×	
					剝片	1.03	0.6	0.10	0.03	×	
					剝片	1.63	1.68	0.28	0.52	×	
					剝片	1.10	0.67	0.21	0.14	×	
					剝片	2.66	1.85	0.62	2.07	×	
					砕片	0.58	0.63	0.11	0.02	×	
					剝片	0.83	1.27	0.23	0.22	×	
					剝片	0.46	1.07	0.18	0.05	×	
					砕片	0.67	0.91	0.17	0.07	×	
					剝片	1.29	0.65	0.10	0.05	×	
					砕片	0.38	0.50	0.10	0.03	×	
					剝片	1.96	1.23	0.42	1.21	×	
					剝片	5.01	4.13	1.44	18.25	×	
					剝片	0.97	1.12	0.16	0.13	×	
					剝片	1.56	1.40	0.30	0.43	×	
					ナイフ形石器	0.78	0.87	0.24	0.16	×	
					剝片	3.84	2.83	1.31	9.97	×	
					剝片	1.39	3.83	0.79	2.48	×	
					剝片	1.33	0.56	0.32	0.21	×	
					砕片	0.52	0.55	0.17	0.02	×	
					剝片	4.46	2.50	0.94	5.84	×	
					剝片	1.16	0.82	0.08	0.07	×	
					剝片	4.35	2.74	0.65	4.10	×	
					剝片	1.72	1.19	0.18	0.33	×	
					剝片	4.24	4.60	2.71	36.85	×	
					剝片	6.02	1.51	1.38	4.53	×	
					砕片	0.95	0.87	0.15	0.12	×	
					剝片	2.22	2.95	0.46	1.93	×	
					砕片	0.39	0.88	0.11	0.03	×	
					剝片	1.81	3.12	0.41	1.63	×	
			発掘（後世遺構内覆土）	Ⅱa期中段階	剝片	3.92	2.16	0.86	2.10	×	SI-10 1区
					剝片	2.08	2.09	0.40	1.40	×	SI-10 1区
					剝片	1.35	2.16	0.16	0.42	×	SI-10 1区
					剝片	5.81	2.91	0.81	7.48	×	SI-10 南側
			採集		ナイフ形石器	4.32	1.38	0.47	3.06	×	

第2部 遊動の諸相―旧石器・縄文時代

遺跡番号	遺跡名	所在地	出土状況	時期	器種	長	幅	厚	重量	接合	備考
203195	宝積遺跡	土浦市木田余東台5-20外	発掘	IIc期 Cグループ	削器	3.51	3.12	0.74	9.60	×	
					剥片	2.81	3.29	0.49	3.10	×	
465206	高崎山古墳群	土浦市小高字高崎536-11外	発掘(後世遺構内覆土)	IIa期 中段階	抉入削器	11.90	4.30	0.70	49.00	×	石刃素材
					剥片	3.40	2.00	0.70	4.70	△	
202208	根鹿北遺跡	土浦市大字今泉	発掘	IIb期	ナイフ形石器	2.50	1.50	0.80	3.00	×	
					砕片	1.20	0.70	0.30	0.20	×	
					剥片	2.90	1.70	0.50	3.20	○	
					剥片	1.20	1.00	0.20	0.20	○	
					剥片	1.60	1.00	0.40	0.60	×	
					剥片	2.40	1.60	0.70	0.20	○	
					剥片	1.20	0.60	0.10	0.10	×	
203231	西原遺跡	土浦市栗野町字西原1865-3外	採集	IIc期 Cグループ	尖頭器	3.30	1.70	0.40	1.50	×	Q44, 周縁調整
			発掘		尖頭器	2.90	1.50	0.50	1.20	×	Q85, 周縁調整, 尖頭器調整剥片素材, Q41と接合
			採集		尖頭器	6.30	3.50	1.90	25.20	△	Q41, Q85と接合, 両面調整
					尖頭器	4.60	2.40	0.90	7.60	×	Q42-A, 両面調整, Q42-Bと接合
					尖頭器	4.30	2.40	0.80	6.60	×	Q42-B, 両面調整, Q42-Aと接合
					尖頭器	2.50	1.80	0.70	2.70	×	Q45, 両面調整, チョコレート頁岩
			発掘		尖頭器調整剥片	3.70	3.90	1.10	5.50	×	Q83
					尖頭器調整剥片	4.00	2.50	0.70	3.50	×	Q84
					尖頭器調整剥片	1.20	1.50	0.20	0.30	×	Q88
			発掘(遺構外)		彫刻刀形石器	6.40	4.30	2.00	29.20	×	Q115, 石刃素材
					彫刻刀作出削片	3.60	1.50	0.70	2.30	×	Q153, 両極打法によって生じる削片の可能性もあり
					剥片	2.40	1.60	0.20	0.60	×	Q80
					剥片	2.20	1.50	0.20	0.40	×	Q86
					剥片	1.50	1.00	0.30	0.30	×	Q89
			採集		剥片	3.50	3.80	1.30	17.10	×	Q53
					剥片	5.00	4.90	1.70	32.50	×	Q117
			発掘(遺構外)		剥片	5.40	4.70	1.50	23.90	△	Q122
					剥片	2.20	1.30	0.40	1.00	△	Q123
					剥片	5.30	1.80	1.20	5.50	×	Q28
203235	山川古墳群(第2次)	土浦市大字常名字山川2740外	発掘(遺構外)	IIb期	錐形石器	5.95	1.52	0.54	4.80	×	
	山川古墳群(第3次)	土浦市大字常名2710外	発掘(後世遺構内覆土)	―	剥片	5.40	2.57	0.77	8.68	△	
203236	弁才天遺跡	土浦市大字常名3047外	発掘(遺構外)	IIIb期	尖頭器	(6.67)	2.87	1.05	(23.80)	×	
					ナイフ形石器	3.38	1.44	0.55	2.20	×	第15図-2
					ナイフ形石器	3.26	1.59	1.16	4.10	×	第15図-5
					ナイフ形石器	2.92	1.49	0.56	2.20	×	第15図-6
					ナイフ形石器	2.49	2.03	0.46	2.10	×	第15図-7
					ナイフ形石器	2.48	1.75	0.45	1.70	△	第15図-8
					彫刻刀形石器	5.18	2.70	0.78	8.10	×	第16図-11, 小坂型彫刻刀形石器
			表土		削器	3.72	3.73	0.62	10.50	×	第17図-19
					微細な剥離痕を有する剥片	5.90	6.78	1.80	65.80	×	第18図-20
					微細な剥離痕を有する剥片	4.69	2.33	0.82	10.30	×	第18図-21
			発掘(後世遺構内覆土)		微細な剥離痕を有する剥片	5.95	2.51	0.91	12.00	×	第18図-22
				IIa期 中段階	微細な剥離痕を有する剥片	3.85	1.87	0.62	4.70	×	第18図-23
					微細な剥離痕を有する剥片	4.58	3.75	10.30	11.60	×	第18図-28
					剥片	4.26	2.25	0.42	4.00	×	第18図-24
					剥片	5.85	2.14	0.68	5.20	×	第19図-25
			表土		剥片	3.22	1.11	1.01	4.70	×	第19図-27
					剥片	2.81	1.75	0.85	2.80	×	第19図-29
					剥片	4.08	4.55	1.43	19.80	○	第19図-30
					剥片	2.71	2.76	0.66	5.00	×	第20図-32
					剥片	1.96	1.87	0.60	1.60	×	
					剥片	2.37	2.22	0.72	2.70	×	
					剥片	2.58	1.14	0.54	1.30	×	
					剥片	1.30	1.96	0.43	0.70	×	
			発掘(後世遺構内覆土)		剥片	2.50	2.04	1.10	0.43	△	
					剥片	2.21	2.61	0.53	2.50	×	
					剥片	1.95	1.73	0.40	0.80	×	
					剥片	1.67	1.89	0.49	1.80	×	
					剥片	1.52	2.54	0.45	1.80	△	
					剥片	2.81	2.20	0.50	1.30	×	
					剥片	2.30	2.03	0.50	2.40	×	
203237	神明遺跡(第1・2次)	土浦市大字常名字神明	発掘(遺構外)	IIa期 中段階	ナイフ形石器	(4.88)	2.09	0.46	(3.60)	×	
	神明遺跡(第4次)		発掘		ナイフ形石器	5.84	2.11	0.54	5.40	×	
203238	北西原遺跡(第1次)	土浦市大字常名字檜木2820外	発掘(単独出土)	IIa期 中段階	ナイフ形石器	11.67	4.43	1.14	53.60	×	両設打面から剥離された石刃素材の東山型ナイフ形石器
	北西原遺跡(第3・4次)	土浦市大字常名2779番地外	発掘(後世遺構内覆土)	IIb期	ナイフ形石器	(3.60)	1.60	1.40	(6.50)	×	国府型ナイフ形石器
203252	原田北遺跡	土浦市紫ヶ丘4	発掘(後世遺構内覆土)	III期	彫刻刀形石器	5.40	2.20	0.90	9.50	×	荒屋型彫刻刀形石器
					剥片	4.50	1.60	1.10	3.00	×	Q187
			採集		剥片	2.10	0.90	0.50	1.20	×	Q185
203253	原出口遺跡	土浦市紫ヶ丘6-3	発掘	IIa期 中段階	打面再生剥片	3.50	4.50	1.50	15.80	×	Q119
					石刃	7.10	2.90	0.90	11.30	×	Q121
					剥片	4.40	3.60	0.80	7.80	×	
					剥片	2.50	2.80	0.80	3.10	△	SX-4
			発掘(後世遺構内覆土)		石刃	3.80	2.60	1.20	9.20	×	SK-100
					石刃	4.20	3.30	0.80	3.30	×	SI-15
203292	東台遺跡	土浦市木田余東台1-155外	発掘(遺構外)	IIa期 中段階	石刃	6.22	3.07	0.76	13.80	×	
					石刃	5.10	2.79	0.48	7.40	×	
203322	下郷遺跡(2次)	土浦市田村町字中内後930外	発掘	IIa期 中段階	剥片	2.78	2.54	0.89	5.00	×	ユニット1 No.8, チョコレート頁岩
					剥片	2.82	2.98	0.80	4.50	×	ユニット1 No.41, チョコレート頁岩
					砕片	0.64	0.91	0.08	0.10	×	ユニット1 No.201, チョコレート頁岩
					両極石核	2.40	3.48	1.28	8.80	×	Q179, ユニット1 No.225, チョコレート頁岩
	下郷遺跡(3次)		発掘(後世遺構内覆土)		ナイフ形石器	(1.65)	(2.10)	0.63	(2.10)	×	
					削器	(4.93)	(1.69)	0.80	(5.10)	×	
					剥片	4.76	0.98	0.51	1.90	×	
203338	壱杯清水西遺跡	土浦市田村町字申橋	発掘(後世遺構内覆土)	IIa期 中段階	ナイフ形石器	3.95	2.10	0.52	―	×	旧1
					ナイフ形石器	3.50	1.85	0.40	―	×	旧2
					石核	2.20	3.40	1.70	―	×	旧4
					剥片	2.00	3.50	0.50	―	×	旧5
					剥片	3.05	3.50	0.55	―	×	旧6
					剥片	5.70	3.60	1.30	―	×	旧7
					剥片	2.10	2.60	0.40	―	×	旧8

筑波山南西地域の先土器時代遺跡における硬質頁岩製石器群の展開　47

203341	前谷東遺跡	土浦市おおつ野8丁目130外	発掘	Ⅱa期中段階	石刃	14.0	3.80	1.90	73.95	△	MH仮設道路
203374	石橋南遺跡	土浦市沖宿町字石橋2592外	発掘(後世遺構内覆土)	Ⅱa期中段階	ナイフ形石器	4.00	1.10	0.50	2.74	×	SD-1一括
203392	入ノ上B遺跡	土浦市沖宿町字入ノ上2007-1外	発掘(後世遺構内覆土)	Ⅱc期Aグループ	微細剝離痕を有する剝片	3.21	1.77	0.67	3.20	×	P-71区.1392
203435	養老田遺跡	土浦市沖宿町3436外	採集	―	剝片	3.48	3.41	0.42	2.96	×	
203440	長峯遺跡	土浦市田村町字長峯2463-10外	発掘(遺構外)	―	両極剝片	3.70	3.00	0.75	7.67	×	中央
203	六十塚遺跡	土浦市沖宿町字六十塚	発掘	―	二次加工のある剝片	7.14	4.27	1.43	29.78	×	Fig. 8-1
					剝片	2.15	0.44	0.44	1.04	△	Fig. 8-2
461013	上小原遺跡	かすみがうら市宍倉字上小原4140-1外	採集	―	ナイフ形石器	(2.10)	(1.8)	(0.5)	(1.73)	×	先端部のみ残存,縦長剝片素材?
461049	安食平貝塚	かすみがうら市安食字西平1271外	採集	―	剝片	3.65	4.55	1.60	22.35	×	
					剝片	(2.95)	(2.20)	(0.50)	(2.51)	×	
461070	富士見塚古墳群	かすみがうら市柏崎字稲荷山155503外	発掘(後世遺構内覆土)	Ⅱa期古段階	ナイフ形石器	7.45	2.25	0.90	9.99	×	Ⅰトレンチ出土,石刃素材
461230	コシキ塚	かすみがうら市下大堤字コシキ塚506-3	採集	―	剝片	3.10	2.90	1.25	6.95	△	
461274	為都南遺跡	かすみがうら市田伏字為都南5204外	発掘(後世遺構内覆土)	Ⅱa期中段階	縦長剝片	7.00	2.80	0.50	7.24	×	チョコレート頁岩
				―	縦長剝片	3.05	1.30	0.75	0.81	×	
461281	坂大平遺跡	かすみがうら市坂崎字大平4302-27外	採集	―	削器	(4.15)	(3.10)	(1.25)	(18.44)	×	石刃素材
461358	八千代台1遺跡	かすみがうら市深谷字シノ区3708外	発掘(後世遺構内覆土)	Ⅱa期新段階	ナイフ形石器	3.50	1.60	0.60	3.39	×	チョコレート頁岩
				Ⅱc期Cグループ	尖頭器	(5.55)	(1.70)	(0.75)	(5.33)	×	SD-5 No.3
				―	剝片	3.40	2.00	1.20	7.90	×	南地区.覆土一括
				Ⅱa期中段階	石核	4.85	2.45	1.25	12.07	×	SD-5覆土一括,チョコレート頁岩,下総型石刃再生技法関連資料
				―	折断剝片	(1.95)	(1.60)	(1.00)	(2.45)	×	T4
				Ⅱa期中段階	石核	5.70	3.45	2.75	45.19	×	チョコレート頁岩,下総型石刃再生技法関連資料か
				―	石核	5.70	6.20	2.85	7.69	○	H-2
461390	清水遺跡	かすみがうら市牛渡字清水5978-32外	発掘	Ⅱb期	ナイフ形石器	3.50	1.70	0.90	3.92	×	
					ナイフ形石器	(3.30)	(1.75)	(0.50)	(2.59)	×	
461453	八反田南	かすみがうら市戸崎字八反田2368外	発掘	Ⅱc期Cグループ	尖頭器	3.30	1.40	0.36	1.98	×	
461502	松本遺跡	かすみがうら市加宮字松本2003外	採集	―	削器	(2.85)	(2.75)	(0.75)	(5.12)	×	被熱によるクレーター状剝落あり
443065	実穀古墳群	稲敷郡阿見町大字実穀字木崎1554-3外	発掘(後世遺構内覆土)	Ⅱa期中段階	ナイフ形石器	5.60	1.70	1.30	9.50	×	Q54, TM4周溝
					ナイフ形石器	6.40	1.50	0.90	9.20	×	Q55, TM4周溝
443111	星合遺跡	稲敷郡阿見町大字上条字星合2113-11外	発掘	Ⅱa期新段階	ナイフ形石器	5.30	1.70	0.70	6.70	×	Q32
					ナイフ形石器	3.30	1.20	0.30	1.40	×	Q31
					石刃	5.30	2.20	0.50	5.60	×	Q35
					石刃	7.70	3.00	0.70	16.80	×	Q39
					石刃	4.20	1.30	0.40	2.80	×	Q40
					石刃	3.90	2.00	0.70	5.50	×	Q37
					石刃	7.00	2.30	1.70	13.60	×	Q38
443113	実穀寺子遺跡	稲敷郡阿見町大字実穀字子1521-1外	発掘(遺構外)	Ⅱb期	角錐状石器	8.83	3.13	1.41	35.90	×	Q256
442083	陣屋敷遺跡	稲敷郡美浦村牛込字陣屋敷554外	発掘(遺構外)	Ⅱa期中段階	縦長剝片	4.80	2.00	0.90	7.0	×	第13図-3, B区Ⅲ層下部
					石刃	9.60	2.50	0.90	13.0	×	第13図-4, B区Ⅲ層下部
442005	根本遺跡	稲敷郡美浦村根本字表口39外	発掘(後世遺構内覆土)	Ⅱa期中段階	ナイフ形石器	9.30	2.20	1.20	21.0	×	第8図-9
				Ⅱc期Cグループ	尖頭器	(5.20)	1.50	0.60	4.0	×	第8図-11
442059	御菜園遺跡	稲敷郡美浦村大字木原字御菜園2270外	発掘(遺構外)	Ⅱa期中段階	石刃	13.70	3.40	1.20	41.0	×	チョコレート頁岩
					石刃	10.80	2.50	1.10	25.0	×	チョコレート頁岩
441142	沢田古墳群	稲敷郡美浦村大字大須賀津字沢田1243-3外	発掘(遺構外)	Ⅱa期中段階	ナイフ形石器	8.80	1.90	1.30	15.50	×	Q35, TM1周溝覆土中,杉久保型ナイフ形石器

※( )内の数値は現存値
※自然面のあり方　○：大部分残存　△：僅かに残存　×：なし

2～8；第2図10）。加工具である削器（第2図14）や抉入削器，彫刻刀形石器も4点（72.7g）と僅かに伴っているが，当該時期に特徴的なのは，他の時期に比べて割裂物の量が700.69gと多いことである。石刃（第2図9・12）と剝片類・砕片の量は136点と他の時期を凌駕しており，打面再生剝片や砕片など石核の消費に伴い生じる割裂物の存在とともに他の時期にはみられない石核（第2図11・13）が3点（57.26g）も出土している点は特筆に値する。

また，東北地方に分布の中心がみられる東山型ナイフ形石器が土浦市常名北西原遺跡（第1次調査）で1点検出されており（第1図2），杉久保型ナイフ形石器も稲敷郡美浦村大須賀津沢田古墳群より1点出土している（第1図8）点は見逃せない。

新段階は遺跡数が減少するが，稲敷郡阿見町上条星合遺跡で石器集中地点が3基検出されており，7点（52.40g）の硬質頁岩製資料が出土している（第2図16～18）。また，かすみがうら市深谷八千代台1遺跡でもナイフ形石器が1点出土している（第2図15）。中段階と同様，道具ではナイフ形石器が出土しており，割裂物では石刃（第2図18）が出土している。

Ⅱb期　Ⅱb期の石器群は，武蔵野台地のⅣ層下部～Ⅴ層上部段階に相当する石器群である。この時期になるとこれまで道具の主体を占めてきたナイフ形石器（第3図19～22）に加えて角錐

48　第2部　遊動の諸相―旧石器・縄文時代

第2表　硬質頁岩製石器の時期別器種組成

		ナイフ形石器	角錐状石器	尖頭器	錐形石器	削器	抉入削器	彫器	石刃	縦長剥片	剥片	打面再生剥片	微細な剥離痕を有する剥片	尖頭器調整剥片	彫器削片	砕片	両極石核	石核	総計
Ⅲb期	(ホロカ型)	—	—	1(100%)	—	—	—	—	—	—	—	—	—	—	—	—	—	—	1
Ⅲa期	(削片系)	—	—	—	—	—	—	1(100%)	—	—	—	—	—	—	—	—	—	—	1
	(野岳・休場型)	—	—	—	—	—	—	—	—	—	—	—	—	—	—	—	—	—	—
Ⅱc期	Cグループ	—	—	9(41.0%)	—	—	—	1(4.55%)	—	—	8(36.3%)	—	—	3(13.6%)	1(4.55%)	—	—	—	22
	Bグループ	—	—	—	—	—	—	—	—	—	—	—	—	—	—	—	—	—	—
	Aグループ	1(25.0%)	—	—	—	1(25.0%)	—	—	1(25.0%)	—	—	—	1(25.0%)	—	—	—	—	—	4
Ⅱb期	新段階	4(30.7%)	1(7.7%)	—	1(7.7%)	—	—	—	5(62.5%)	—	6(46.2%)	—	—	—	—	1(7.7%)	—	—	13
Ⅱa期	中段階	22(13.2%)	—	—	—	2(1.2%)	1(0.6%)	1(0.6%)	9(5.4%)	2(1.2%)	106(63.8%)	1(0.6%)	5(3.0%)	—	—	13(7.8%)	1(0.6%)	3(1.8%)	166
	古段階	1(100%)	—	—	—	—	—	—	—	—	—	—	—	—	—	—	—	—	1
Ⅰ期		—	—	—	—	—	—	—	—	—	—	—	—	—	—	—	—	—	—

※数字は点数、（ ）内は比率を示す。

第3表　硬質頁岩製石器の時期別重量組成

		ナイフ形石器	角錐状石器	尖頭器	錐形石器	削器	抉入削器	彫器	石刃	縦長剥片	剥片	打面再生剥片	微細な剥離痕を有する剥片	尖頭器調整剥片	彫器削片	砕片	両極石核	石核	総計
Ⅲb期	(ホロカ型)	—	—	23.8(100%)	—	—	—	—	—	—	—	—	—	—	—	—	—	—	23.8
Ⅲa期	(削片系)	—	—	—	—	—	—	9.50(100%)	—	—	—	—	—	—	—	—	—	—	9.5
	(野岳・休場型)	—	—	—	—	—	—	—	—	—	—	—	—	—	—	—	—	—	—
Ⅱc期	Cグループ	—	—	69.93(34.2%)	—	—	—	9.60(4.7%)	—	—	84.40(41.2%)	—	—	38.5(18.8%)	2.30(1.1%)	—	—	—	204.73
	Bグループ	0.90(3.3%)	—	—	—	22.60(82.5%)	—	—	0.69(2.5%)	—	—	—	3.20(11.7%)	—	—	—	—	—	27.39
	Aグループ	16.01(26.1%)	35.90(58.6%)	—	4.80(7.8%)	—	—	—	44.30(79.4%)	—	4.40(7.2%)	—	—	—	—	0.20(0.3%)	—	—	61.31
Ⅱb期	新段階	11.49(20.6%)	—	—	—	—	—	—	—	—	—	—	—	—	—	—	—	—	55.79
Ⅱa期	中段階	165.04(17.5%)	—	—	—	15.60(1.6%)	49.00(5.2%)	8.10(0.8%)	167.85(17.8%)	14.24(1.5%)	331.73(35.3%)	15.80(1.6%)	104.4(11.1%)	—	—	0.61(0.06%)	8.80(0.9%)	57.26(6.1%)	938.43
	古段階	9.99(100%)	—	—	—	—	—	—	—	—	—	—	—	—	—	—	—	—	9.99
Ⅰ期		—	—	—	—	—	—	—	—	—	—	—	—	—	—	—	—	—	—

※単位はg、（ ）内は比率を示す。

第4表　硬質頁岩製石器の時期別自然面残存形態

	Ⅱa期 中段階	Ⅱb期	Ⅱc期 Cグループ	時期不明
大部分残存しているもの	2 (9.1%)	3 (13.6%)	—	1 (4.5%)
僅かに残されているもの	9 (41.0%)	—	3 (13.6%)	4 (18.2%)

状石器が新たに組成に加わる。常総地域で出土する角錐状石器の多くは，利根川上流部の赤谷層を起源とする黒色頁岩や高原山産黒曜石を利用した小型〜中型のものが多いが（川口2002e），稲敷郡阿見町実穀実穀寺子遺跡で出土している硬質頁岩製の角錐状石器は約9cmの大形品である（第3図24）。

　また，近年，北陸地方にも分布の展開が確認されている国府型ナイフ形石器が土浦市常名北西原遺跡（第3・第4次調査）で1点出土している（第3図21）。さらに先土器時代を通じて出土例の少ない錐形石器が土浦市常名山川古墳群（第2次調査）で確認されている（第3図23）。割裂物では剝片や砕片が土浦市今泉根鹿北遺跡で検出された石器集中地点より出土しており，剝片剝離が行われていた形跡がうかがえる。

Ⅱc期Aグループ　Ⅱc期は，石器群の内容からA・B・Cの3グループに細分されている（橋本1995・2002）。

　Aグループはナイフ形石器を主体とする石器群で，いわゆる「砂川期」に相当する資料である。当該期の硬質頁岩製石器は少なく，土浦市摩利山新田宮前遺跡，同上高津上高津貝塚C地点，同沖宿町入ノ上B遺跡からナイフ形石器1点と石刃1点，削器1点，微細な剝離痕を有する剝片1点が出土しているのみである（第3図25〜26）。

　当該期の石材利用は，遺跡の近傍で採集可能な石材を主体とし，地域外で産出する石材を補完的に利用する点に特徴があり（川口2000b・2001b），硬質頁岩のような地域外から搬入された石材を利用した石器は少ない。

Ⅱc期Cグループ　Cグループは小形尖頭器のみで構成される石器群である。当該期も硬質頁岩製石器が少なく，土浦市栗野町西原遺跡，稲敷郡美浦村根本根本遺跡，かすみがうら市戸崎八双田南遺跡で尖頭器，彫刻刀形石器，剝片，尖頭器調整剝片，彫器削片が出土しているが（第3図27〜30），大半は西原遺跡の資料である。

　西原遺跡では，両面調整，周縁調整の尖頭器とともに剝片や尖頭器調整剝片が出土しており，遺跡内で尖頭器の維持・補修などを目的とした調整加工が行われていたと推察される。なお，彫器削片が1点出土しているが，これは両極打法で加撃を行った際に生じる削片の可能性もある。

Ⅲa期　Ⅲa期は細石刃石器群であり，細石刃の生産技術の特徴から，野岳・休場型細石刃石器群，北方系削片系細石刃石器群，ホロカ型細石刃石器群の3つに分けられている。この時期の石器は，土浦市紫ヶ丘原田北遺跡で北方系削片系細石刃石器群に伴うとみられる荒屋型彫刻刀形石器が1点（9.50g）出土しているに過ぎない（第3図31）。他に硬質頁岩製の剝片や砕片，石核

第 2 部　遊動の諸相―旧石器・縄文時代

Ⅱa期古段階

1. ナイフ形石器

Ⅱa期中段階

2. 東山型ナイフ形石器

3. ナイフ形石器

4. ナイフ形石器

5. ナイフ形石器

6. ナイフ形石器

7. ナイフ形石器

8. 杉久保型ナイフ形石器

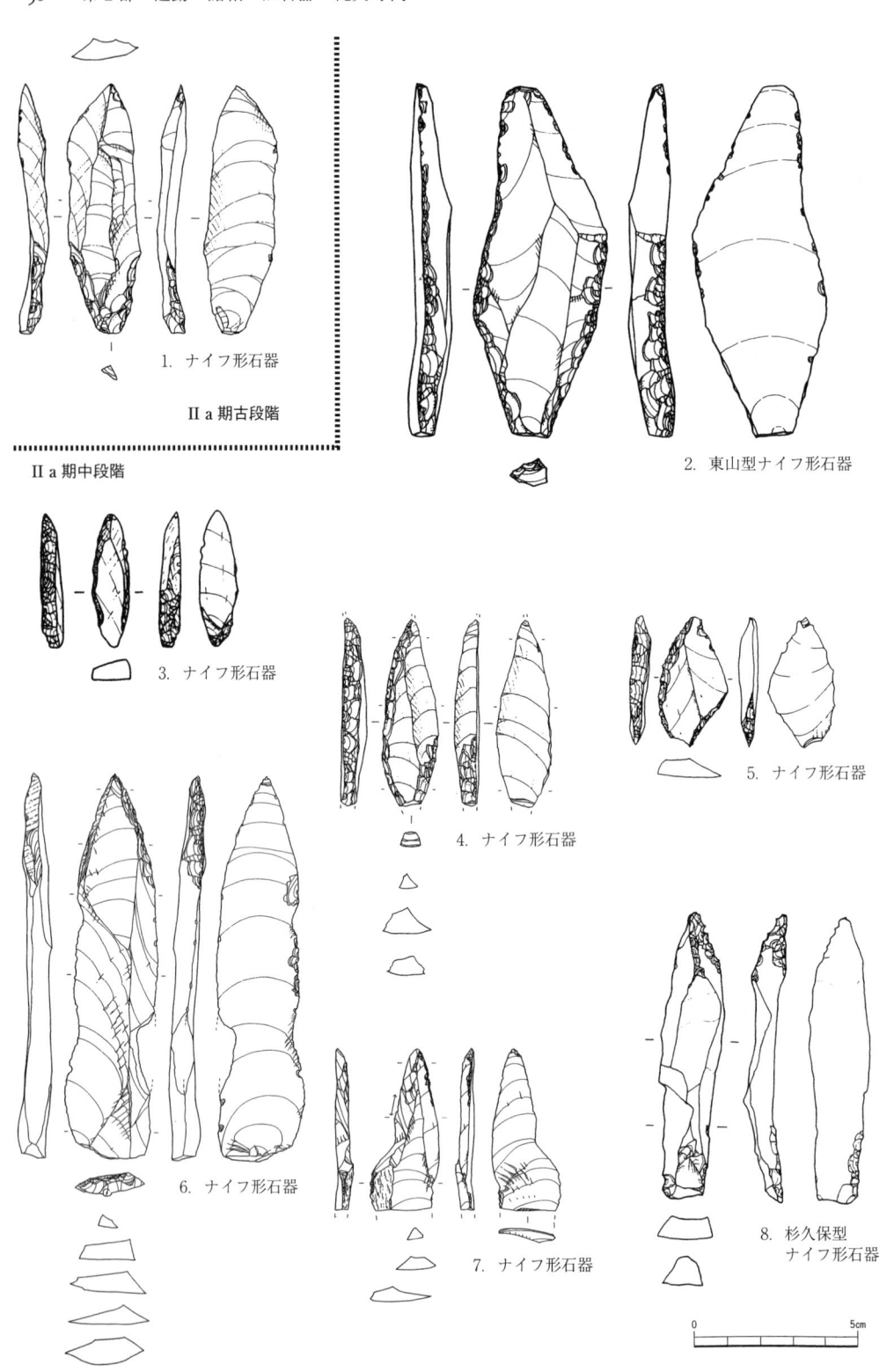

第1図　筑波山南西地域出土の硬質頁岩製石器① (S=1/2)

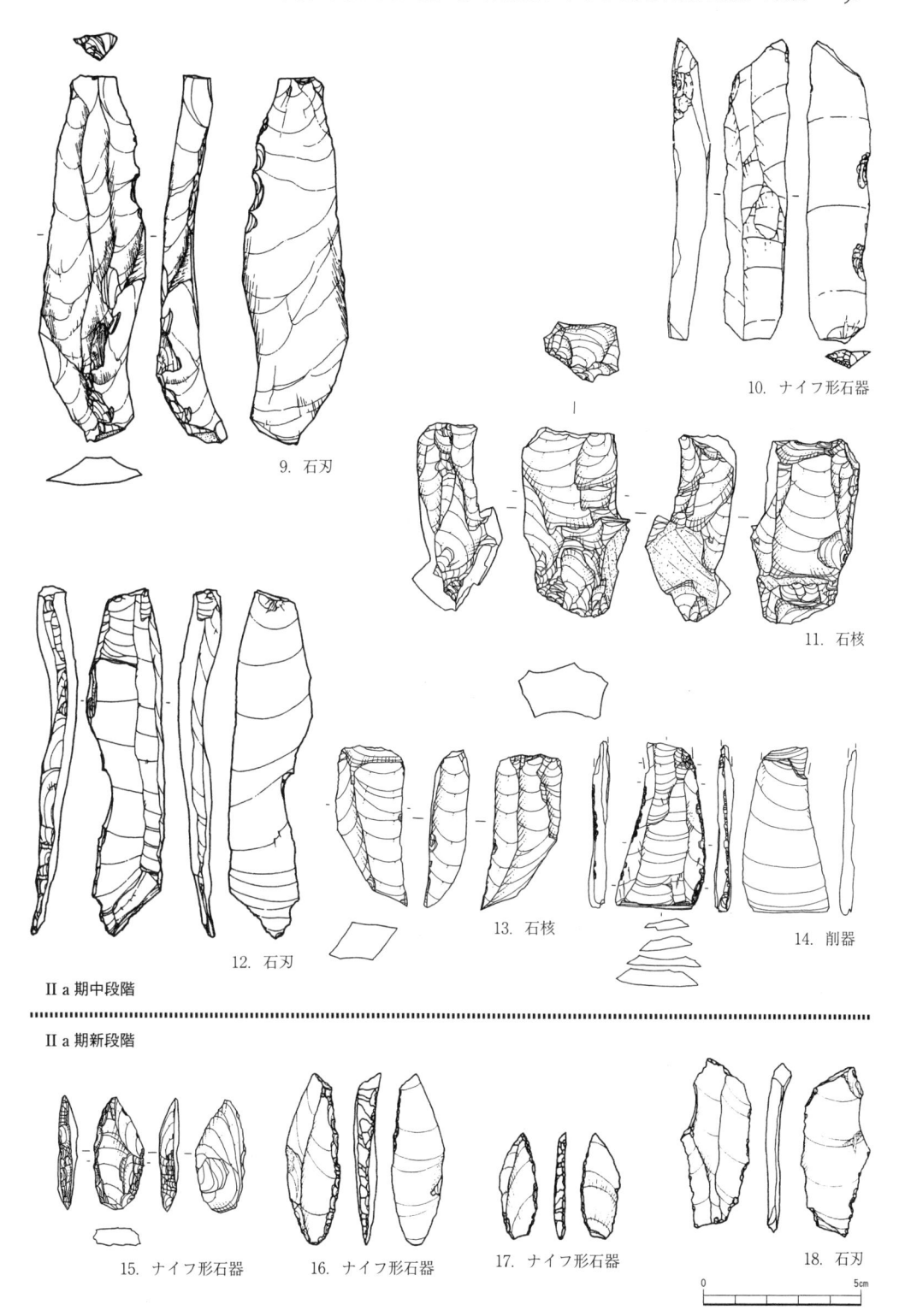

9. 石刃
10. ナイフ形石器
11. 石核
12. 石刃
13. 石核
14. 削器

Ⅱa期中段階

Ⅱa期新段階

15. ナイフ形石器
16. ナイフ形石器
17. ナイフ形石器
18. 石刃

第2図　筑波山南西地域出土の硬質頁岩製石器②（S=1/2）

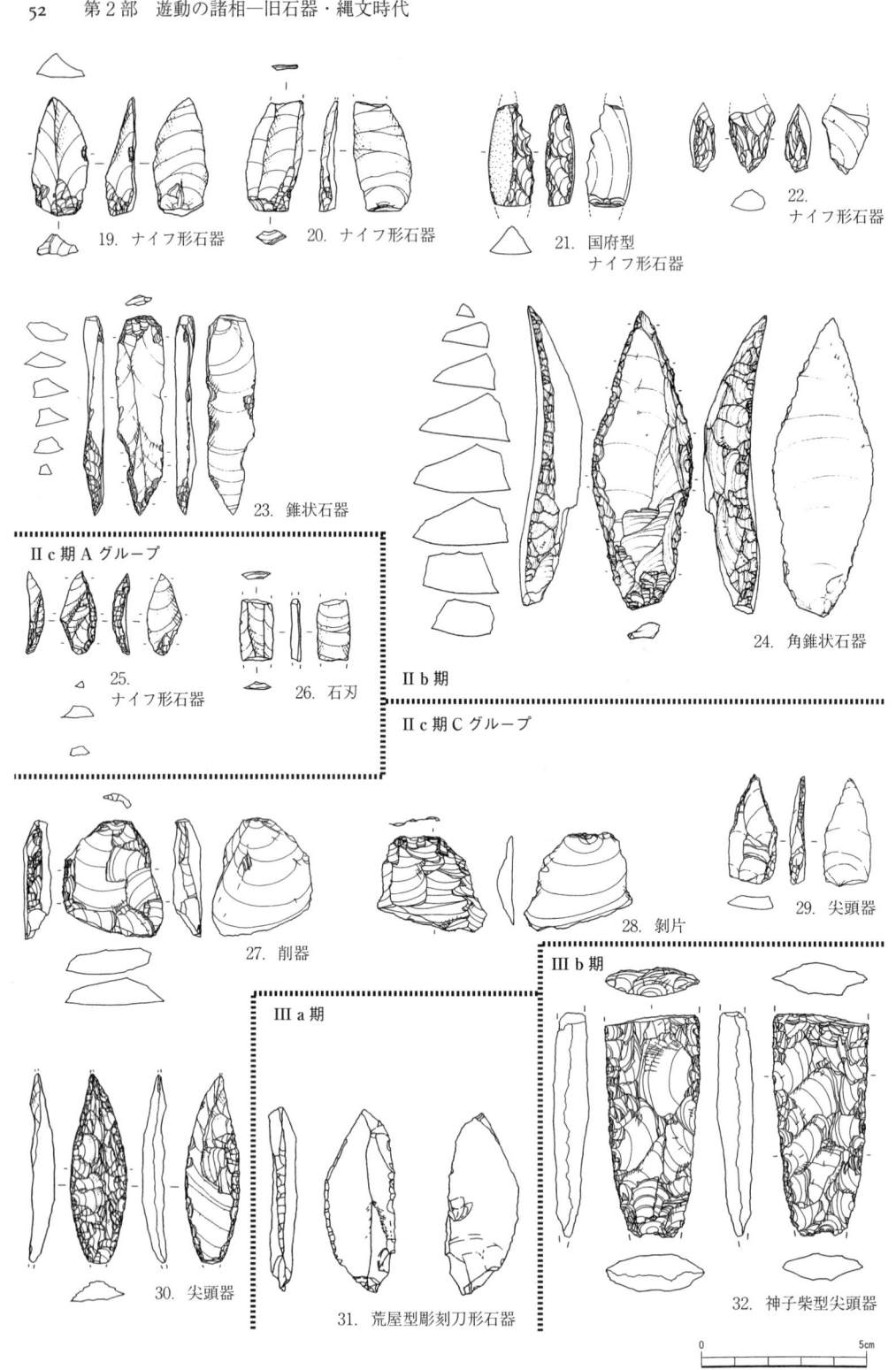

52　第2部　遊動の諸相―旧石器・縄文時代

19. ナイフ形石器
20. ナイフ形石器
21. 国府型ナイフ形石器
22. ナイフ形石器
23. 錐状石器

Ⅱc期Aグループ

25. ナイフ形石器
26. 石刃

Ⅱb期

24. 角錐状石器

Ⅱc期Cグループ

27. 削器
28. 剝片
29. 尖頭器

Ⅲa期

30. 尖頭器
31. 荒屋型彫刻刀形石器

Ⅲb期

32. 神子柴型尖頭器

0　　5cm

第3図　筑波山南西地域出土の硬質頁岩製石器③（S＝1/2）

などの割裂物が出土していないことから，現状では単独で持ち込まれたものと考えておく。

　IIIb期　IIIb期は長者久保・神子柴段階であり，縄文時代草創期前半に位置づけられる。この時期の石器は，土浦市常名弁才天遺跡で尖頭器が1点出土しているに過ぎない（第3図32）。他に硬質頁岩製の剝片や砕片，石核などの割裂物が出土していないことから，現状では単独で持ち込まれたものと考えておく。

　以上，IIa期～IIIb期まで通時的に硬質頁岩製石器の器種・重量組成を見てきたが，時期によって，硬質頁岩製石器の質量には差があり，特にAT下位のIIa期中段階とそれ以外の時期では質的・量的に大きな差異を見いだすことが可能である。次に硬質頁岩製石器への自然面の残され方について検討を加える。

(2) 自然面の残され方

　硬質頁岩製石器に対する自然面の残され方については，先に述べたように石器の表面に大部分残存しているものを○，僅かに残存しているものを△，全くみられないものを×として分類した。

　233点の全てについて，自然面の有無及び残され方を観察した結果，22点に観察された。それらのうち6点（27.2％）は大部分残存しており，16点（72.3％）は僅かに残存しているものであった（第4表）。

　このように硬質頁岩全体を通じて，自然面の残存率は1割程度に過ぎず，9割以上の石器には自然面が全く残されていなかったことになる。残されているもの22点の時期別の内訳を示した第4表からは，IIa期中段階の資料が多い傾向が読み取れるが，この時期の資料は全体的に点数が多いことから特に有意な傾向とは言えない。

　自然面の残され方の検討結果からは，9割以上に残されていないことが判明した。そしてそれは，硬質頁岩が東北地方で産出する石材であり，原産地から最終的に廃棄された消費地である個々の遺跡へと運搬されていく過程で石核の消費や道具の維持・補修などが行われ，自然面が除去されていったことに起因しており，硬質頁岩製の石器が地域外から搬入されたものであることを示していると言えよう。

(3) 硬質頁岩製石器（群）の時期別搬入形態

　これまで，硬質頁岩製石器（群）の時期毎の器種組成，重量組成，自然面の残され方について検討を加えてきた。ここでは，時期別の搬入形態について整理する（第5表）。様相が不明なI期とIIc期Bグループ，IIIa期（野岳・休場型），IIIa期（ホロカ型）の石器群は検討対象外とし，IIa期から順にみていこう。

　IIa期（古段階）は製品が完成個体として搬入されている。そしてIIa期（中段階）になると，製品の完成個体だけでなく，ナイフ形石器，削器，抉入削器，彫刻刀形石器などの素材となる石刃や縦長剝片，剝片とともに，石核の消費に伴う打面再生剝片，砕片，そして石核までもが搬入されている。

第5表　筑波山南西地域における硬質頁岩製石器（群）の構成と想定される搬入形態

時期	硬質頁岩製石器（群）の構成	想定される搬入形態
Ⅲb期（長者久保・神子柴段階）	神子柴型尖頭器	製品の完成個体
Ⅲa期（ホロカ型）	?	?
Ⅲa期（北方系削片系）	荒屋型彫器	製品の完成個体
Ⅲa期（野岳・休場型）	?	?
Ⅱc期Cグループ	尖頭器，彫刻刀形石器，剝片，尖頭器調整剝片，彫器削片	製品の完成個体
Ⅱc期Bグループ	?	?
Ⅱc期Aグループ	ナイフ形石器，削器，石刃，微細な剝離痕を有する剝片	製品の完成個体＋素材石刃
Ⅱb期	ナイフ形石器，角錐状石器，錐形石器，剝片，砕片	製品の完成個体
Ⅱa期新段階	ナイフ形石器，石刃	製品の完成個体＋素材石刃
Ⅱa期中段階	ナイフ形石器，削器，抉入削器，彫刻刀形石器，石刃，縦長剝片，剝片，打面再生剝片，微細な剝離痕を有する剝片，砕片，両極石核，石核	製品の完成個体＋素材石刃＋石核
Ⅱa期古段階	ナイフ形石器	製品の完成個体
Ⅰ期	?	?

　Ⅱa期（新段階）は，前段階と同様製品であるナイフ形石器とともに素材となる石刃が搬入されているが，石核や剝片などは伴っていない。Ⅱb期はナイフ形石器，角錐状石器，錐形石器など製品の完成個体とともに剝片や砕片が僅かに持ち込まれているが，これらは製品の量に比べて乏しく，製品の維持・補修に伴って発生したものとみることも出来る。

　Ⅱc期Aグループは，ナイフ形石器，削器など製品の完成個体とともにそれらの素材となる石刃が搬入されている。Ⅱc期Cグループは，尖頭器，彫刻刀形石器など製品の完成個体とともに，剝片，尖頭器調整剝片，彫器削片が持ち込まれているが，これらの大半は，尖頭器の製作遺跡とみられる土浦市西原遺跡から出土したものであり，割裂物は尖頭器や彫刻刀形石器の生産・維持・補修に伴い生じたものと理解することが可能である。

　Ⅲa期（北方系削片系）とⅢb期の長者久保・神子柴段階では，それぞれ荒屋型彫刻刀形石器と神子柴型尖頭器が完成個体の状態で搬入されている。

　このように，筑波山南西地域の遺跡においては，硬質頁岩製石器が搬入される時期と全くされない時期とがあり，その形態にも完成個体とみられる製品のみが遺跡内に持ち込まれるパターンと石刃や剝片，石核などとともに完成個体とみられる製品が遺跡内へと搬入されるパターンの二者があり，後者は特にAT下位に位置づけられるⅡa期中段階〜新段階にかけて顕著にみられることが確認できた。

(4) Ⅱa期（中段階〜新段階）における硬質頁岩製石器（群）の搬入背景

　小論では，筑波山南西地域のAT降灰以前からAT降灰以降の先土器時代遺跡から出土している硬質頁岩製石器（群）を取り上げ，その搬入形態の通時的検討を行った。

その結果，硬質頁岩製石器群は搬入される時期と搬入されない時期があり，その搬入形態にも完成個体とみられる製品のみが搬入されるパターンと石刃や剝片，石核などとともに完成個体とみられる製品が搬入されるパターンとがあり，後者は特に AT 下位に相当する IIa 期中段階〜新段階にかけて顕著にみられることを確認した。

　橋本勝雄は，常総地域における硬質頁岩製石器について「下総台地東部の AT 以下の遺跡で頻出する硬質頁岩は，今のところほとんど検出されていない。おそらく AT 以下の調査の立ち遅れが原因であろう」（橋本 1995，p. 22）と評価していた。しかしながら，その後の資料蓄積により，筑波山南西地域の AT 下位に相当する遺跡でかなりの量の硬質頁岩製石器（群）が出土している状況が確認され，その評価も再考する必要性が生じている。

　この AT 下位相当期の北関東地方の石器群の様相について森嶋秀一は，「東北地方との関連性では，珪質頁岩の利用がポイントになると思う。—（中略）—また，千葉県では VII 層段階でこの石材を用いた独特な石器が見つかっている（新田 1995）が，東北から千葉までの通り道にあたる栃木県や茨城県では，今のところ発見されていない」（森嶋 2006，p. 254）と述べている。

　森嶋の言う独特な石器群とは，新田浩三が提唱した「下総型石刃再生技法」関連石器群である（新田 1995）。たしかに，森嶋の指摘するように栃木県では現在のところ確認されていないが，本稿で集成したかすみがうら市深谷八千代台１遺跡からは，いわゆるチョコレート頁岩と呼ばれる硬質頁岩製の「下総型石刃再生技法」関連資料が報告されている（川口 2004b）。また，土浦市田村町下郷古墳群からも石材は異なるが，黒色頁岩製の「下総型石刃再生技法」関連資料が出土している（平石 2000；川口 2004b）。このことから，筑波山南西地域は下総台地に特徴的にみられる「下総型石刃再生技法」関連資料を残した人類の移動ルートの通過点となっていた可能性が考えられる。

　現在のところ，常総地域の北・中部および隣接する栃木県域ではこの種の石器群が確認されていないため，どのようなルートを経て，当該地域にもたらされたのかは不明であるが，近年，田村　隆と国武貞克らにより提示されている「下野―北総回廊」仮説（田村ほか 2003）は魅力的な説明モデルのひとつである。

　国武貞克は，下総台地の VI 層（IIa 期新段階）の遺跡を残した人類の居住形態について，「VI 層の時期にはチョコレート頁岩産地（例えば会津盆地西縁）と信州黒曜石産地の両地域を往還する過程で下総地域に遺跡が残されたと考える（第１図）。上に見たように一般剝片生産や両極剝離に利用される石材には，石刃石材が利用されている。したがって，VI 層の時期にはこのような広域な範囲を，石刃石材の獲得に規定された往還移動によって領域が規定されていたと考えられる」（国武 2004，p. 49）と理解している。本稿で対象とした筑波山南西地域でも稲敷郡阿見町星合遺跡のように VI 層（IIa 期新段階）に相当する遺跡で国武の指摘するような硬質頁岩と信州産とみられる透明度の高い黒曜石が共伴して出土しており，国武の見解を裏付ける資料は得られている。

　しかしながら，筑波山南西地域では，前段階の IIa 期（中段階）の遺跡において他の時期を凌

ぐ量の硬質頁岩製石器が出土しており，国武が指摘する硬質頁岩の原産地がある東北地方と関東地方を往還するような居住形態[4]は，IIa期新段階からだけでなく，その前段階であるIIa期中段階（立川ロームVII層段階）から成立し，展開していたのではないか。そして，その移動ルートは国武らが指摘するように「下野―北総回廊」を通過したと推察する。

硬質頁岩製石器の移動ルートを紐解いていくためには，もう少し視野を広げる必要があるが，例えば常総地域の北・中部にあるIIa期（中段階～新段階）の遺跡から硬質頁岩製の石器が殆ど検出されていないことは，硬質頁岩製石器が「下野―北総回廊」を通過して持ち込まれたとするひとつの論拠となり得るだろう。

また，東北地方に分布の中心を持つ東山型ナイフ形石器や杉久保型ナイフ形石器の完成個体が土浦市常名北西原遺跡（第1次調査）や稲敷郡美浦村大須賀津沢田古墳群から出土している事実は，そうした往還移動に伴い，東北地方からダイレクトにもたらされ，南関東へと移動していく過程で不要となり，廃棄されたものとみてよいだろう[5]。

最後に，今後の課題を明示しておきたい。まず，この推察をより説得力のある見解へと止揚していく為には，周辺地域も含めて同種の石器群の分布を追求するとともに，見過ごされてしまっている資料をさらに掘り起こし，再検討を加えていく作業が必要である。

また，他の時期の硬質頁岩製石器（群）の搬入背景についても説明モデルの構築を目指す必要がある。

橋本勝雄は，下総台地のIIa期中段階～新段階の石器群の様相について論じた論文の中で「翻って，東北方面から関東への流入経路にあたる東関東方面（栃木・茨城方面）の状況が気になるが，この方面では調査の立ち後れのため，検討可能な資料は限られている。詳細については，資料の蓄積を待つ他はない」（橋本2006, p. 270）と述べている。本稿の集成により，その資料不足を僅かながらも補完できたのではないかと認識しているが，今後はつくば市や牛久市など周辺地域の遺跡の資料も加えて，改めてこの問題に取り組んでいきたいと思う。

謝辞

小文をまとめるにあたり，土浦市立上高津貝塚ふるさと歴史の広場の石川　功氏，関口　満氏，美浦村文化財センターの中村哲也氏，川村　勝氏には，資料の閲覧に際して便宜を図っていただきました。さらに，次の方々からも日頃から多くの御教示をいただくとともに，種々のご協力を賜っている。文末ではありますが，御芳名を記して御礼を申し上げます。

飯田茂雄，石川太郎，伊藤　健，大塚宜明，大森隆志，織笠明子，加藤　学，亀田直美，鴨志田篤二，国武貞克，窪田恵一，越川欣和，小杉山大輔，柴田　徹，島田和高，島田　望，永塚俊司，長沼正樹，野口　淳，橋本勝雄，長谷川　聡，藤田健一，森嶋秀一，吉田直哉，吉林昌寿

註

1）田村　隆は，いわゆる硬質頁岩（ノジュール）の産状が火砕性堆積泥岩中の泥岩片が続成作用によっ

て変質したものであることから，これらを火砕泥岩と呼ぶことを提唱しているが（田村 2005），本稿では
これまでに使用されている通称の意味で硬質頁岩を用いることにする。
2) この点について，IIc 期 B グループの石器群と IIIa 期のホロカ系細石刃石器群の遺跡が確認されていないことは既に指摘したとおりであるが（川口 2004b），I 期と IIIa 期の野岳・休場系細石刃石器群の遺跡については，土浦市域を流れる川尻川水系に位置する土浦市おおつの野八丁目寺畑遺跡や土浦市おおつの野清水西遺跡，石岡市を流れる恋瀬川水系に位置する石岡市川富士見台遺跡で当該期の石器が出土しており，土地利用が僅かながらも展開していたことには注意しておく必要がある。
3) IIa 期中段階に位置づけられる土浦市壱杯清水西遺跡の石器については，報告書に重量に関する記載がなかったため，記載していない。従って，総重量については，さらに大きい数字になるはずである。
4) 先土器時代の人々が日常生活で使用する利器の材料を他者に依存した場合，手持ちの原材料が何らかの理由で突如不足した際にその入手は困難になる。従って，そうしたリスクを回避するためには自ら原産地へ赴き，石材を獲得する居住形態を採用することがもっとも効果的である。
5) ただし，当該期の関東地方のナイフ形石器は二側縁加工や基部加工のものが主体的であり，東山型ナイフ形石器や杉久保型ナイフ形石器は客体的な存在である。これらの東北地方に分布の中心を持つ型式が関東で出土するのに対し，関東地方に分布の中心を持つ型式は東北地方で出土しないのであろうか。今後の検討課題のひとつである。

引用文献

赤坂　亨ほか 1991『為都南遺跡　霞ヶ浦出島カントリークラブ造成事業に伴う埋蔵文化財発掘調査報告書』霞ヶ浦出島ゴルフクラブ・出島村教育委員会

阿久津久・梶巾遺跡研究グループ 2007「常陸大宮市梶巾遺跡の槍先形尖頭器石器群」『第 12 回石器文化研究交流会 —発表要旨—』第 12 回石器文化研究交流会茨城実行委員会・石器文化研究会・茨城県考古学協会　59-72 頁

石川　功・福田礼子 2006『国指定史跡　上高津貝塚 C 地点　史跡整備事業に伴う発掘調査報告書』土浦市教育委員会

石川　功ほか 2004a『茨城県土浦市　北西原遺跡（第 1 次調査）』土浦市総合運動公園建設事業に伴う埋蔵文化財発掘調査報告書　第 1 集　土浦市教育委員会・土浦市遺跡調査会

　　　　　 2004b『茨城県土浦市　山川古墳群（第 2 次調査）』土浦市総合運動公園建設事業に伴う埋蔵文化財発掘調査報告書　第 8 集　土浦市教育委員会・土浦市遺跡調査会

岩崎卓也ほか 1999『岩井市史　考古編』岩井市史編纂委員会

岩田修一 2000「頁岩」『旧石器考古学辞典』学生社　48 頁

江幡良夫 1994『原田北遺跡 II・西原遺跡　土浦北工業団地造成地内埋蔵文化財調査報告書 2』茨城県教育財団文化財調査報告　第 80 集　茨城県教育財団

　　　　 1995『原出口遺跡　土浦北工業団地造成地内埋蔵文化財調査報告書 3』茨城県教育財団文化財調査報告　第 94 集　茨城県教育財団

小川和博・大渕淳志 1991『木田余台 I　茨城県土浦市木田余土地区画整理事業に伴う埋蔵文化財発掘調査報告書』土浦市教育委員会・土浦市遺跡調査会・木田余土地区画整理組合

小川和博ほか 1996『柳沢遺跡・養老田遺跡・寿行地遺跡　霞友ゴルフクラブ建設に伴う埋蔵文化財調査報告書』出島村合同遺跡調査会

1997『六十塚遺跡　田村・沖宿土地区画整理事業に伴う埋蔵文化財発掘調査報告書』土浦市教育委員会・土浦市遺跡調査会・田村・沖宿土地区画整理組合

2003『茨城県土浦市　山川古墳群確認調査・西谷津遺跡・北西原遺跡（第6次調査）・神明遺跡（第4次調査）』土浦市総合運動公園建設事業に伴う埋蔵文化財発掘調査報告書　第7集　土浦市教育委員会・土浦市遺跡調査会

2007『茨城県土浦市　山川古墳群（第3次調査）』土浦市総合運動公園建設事業に伴う埋蔵文化財発掘調査報告書　第10集　土浦市教育委員会・土浦市遺跡調査会

川口武彦　1998「旧石器時代・縄文時代の遺物」『茨城県取手市台宿二本松遺跡 ―発掘調査報告書―』取手市教育委員会　15-22頁

1999「岩井市北前遺跡出土石器集中地点の再評価」『石器に学ぶ』2　13-28頁

2000a「霞ヶ浦町内出土先土器時代石器群の検討」『婆良岐考古』第22号　75-95頁

2000b「常総地域の「砂川期」遺跡 ―地域相把握のための基礎的検討―」『石器文化研究』9　101-118頁

2001a「岩間町内発見の先土器時代・縄文時代草創期資料」『婆良岐考古』第23号　102-110頁

2001b「花室川流域の『砂川期』遺跡」『石器文化研究』10　131-142頁

2001c「先土器時代」『茨城県新治郡霞ヶ浦町遺跡分布調査報告書 ―遺跡地図編―』霞ヶ浦町教育委員会・筑波大学考古学研究室　16-19頁

2002a「常総地域における最終氷期最寒冷期遺跡の様相 ―北関東の石器石材原産地周辺における土地利用に関する予察―」東海大学考古学教室開設20周年記念論文集編集委員会編『日々の考古学 ―東海大学考古学教室開設20周年記念論文集―』東海大学考古学研究室　1-16頁

2002b「十万原遺跡」『第8回石器文化研究交流会 ―発表要旨―』石器文化研究会・第8回石器文化研究交流会・やまなし実行委員会　69-74頁

2002c「つくば市上横場採集の有舌尖頭器」『石器に学ぶ』5　125-134頁

2002d「水戸市栗崎町出土の有樋尖頭器 ―大串貝塚LECセンター所蔵資料の紹介―」『婆良岐考古』第24号　73-83頁

2002e「十万原遺跡ガランドウ地区採集の先土器時代資料」『茨城県考古学協会誌』第14号　119-129頁

2002f「石器群の様相 ―ナイフ形石器新段階―」『茨城県における旧石器時代研究の到達点 ―その現状と課題―』茨城県考古学協会・茨城旧石器シンポジウム実行委員会・ひたちなか市教育委員会　40-49頁

2004a「水戸市見川丹下一の牧出土のナイフ形石器」『石器に学ぶ』7　79-86頁

2004b「先土器時代〜縄文時代草創期」『茨城県新治郡霞ヶ浦町遺跡分布調査報告書 ―遺物編―』霞ヶ浦町教育委員会・筑波大学考古学研究室　21-38頁

2004c「シンポジウム『茨城県における旧石器時代研究の到達点 ―その現状と課題―』記録（2）石器群の様相 ―ナイフ形石器新段階」『茨城県考古学協会誌』第16号　214-219頁

2005a「水戸市下入野町出土の神子柴型尖頭器」『婆良岐考古』第27号　11-16頁

2005b「常総地域」『石器文化研究11 シンポジウム「ナイフ形石器文化終末期」再考 ―ナイフ形石器文化終末期石器群の変動―資料集成』131-142頁

2006a「黒曜石を携えた稲敷台地最古の遊動民 ―西ノ原遺跡・中久喜遺跡―」佐久間好雄監修

『図説　稲敷・北相馬の歴史』郷土出版社　26-27頁
　　　　　　2006b「追跡猟から内水面漁労へ　―取手市柏原遺跡―」佐久間好雄監修『図説　稲敷・北相馬の歴史』郷土出版社　28-29頁
　　　　　　2006c「取手市市之代古墳群出土の先土器時代資料」『石器に学ぶ』9　131-156頁
　　　　　　2008a「水戸市百合が丘町出土の神子柴型尖頭器」『婆良岐考古』第30号　1-10頁
　　　　　　2008b「2.各地における調査と研究　茨城県」『石器文化研究』第14号　19-22頁
　　　　　　2008c「〈コメント〉茨城県における高原山産黒曜石の利用状況」『石器文化研究』第14号　120-125頁
　　　　　　2009「2.各地における調査と研究　茨城県」『石器文化研究』第15号　17-20頁
　　　　　　2010「茨城県」『日本列島の旧石器時代遺跡　―日本旧石器（先土器・岩宿）時代遺跡のデータベース―』日本旧石器学会　8頁
川口武彦・蓼沼香未由　2004「先土器時代の遺物」『台渡里廃寺跡　集合住宅建設に伴う埋蔵文化財発掘調査報告書』水戸市教育委員会　50頁
川口武彦ほか　2002「那珂町森戸遺跡出土石器群の再検討」『茨城県考古学協会誌』第14号　1-26頁
　　　　　　2010「都道府県別旧石器時代遺跡・縄文時代草創期遺跡の一覧表と文献」『日本列島の旧石器時代遺跡　―日本旧石器（先土器・岩宿）時代遺跡のデータベース―』日本旧石器学会　140-150頁
川崎純徳・川口武彦　2007「常陸大宮市豆入平遺跡出土の木葉形尖頭器」『婆良岐考古』第29号　109-115頁
国武貞克　2004「石刃技法期の行動パターン」『日本旧石器学会第2回シンポジウム予稿集　―石刃技法の展開と石材環境―』日本旧石器学会　48-51頁
窪田恵一　1997「旧石器時代」『入ノ上遺跡　―都市計画道路田村沖宿線道路事業に伴う埋蔵文化財発掘調査報告書―』土浦市教育委員会・土浦市遺跡調査会　13-14頁
　　　　　　2001『土浦の遺跡』5　土浦の旧石器展図録　上高津貝塚ふるさと歴史の広場
　　　　　　2002「土浦市向原遺跡における2時期の石器群　―花室川流域の旧石器時代研究―」『土浦市立博物館紀要』第12号　1-24頁
　　　　　　2004「茨城県結城郡八千代町の旧石器　―猿島台地および古鬼怒川流域におけるAT降灰期以前の石器群―」『茨城県考古学協会誌』第16号　1-24頁
　　　　　　2006「土浦市木田余台遺跡群の旧石器時代〜縄文時代草創期石器の研究」『土浦市立博物館紀要』第16号　1-14頁
　　　　　　2007「茨城県稲敷郡阿見町実穀寺子遺跡の旧石器時代資料　―茨城県南部におけるⅤ層〜Ⅳ層下部段階石器群―」『茨城県考古学協会誌』第19号　1-22頁
窪田恵一・関口　満　2002『茨城県土浦市　永国遺跡（第2次調査）飯田をくに集合住宅建設工事に伴う発掘調査報告書』飯田をくに・土浦市教育委員会・永国遺跡調査会
　　　　　　　　2009『茨城県土浦市　永国遺跡（第3次調査）宅地造成事業に伴う埋蔵文化財発掘調査報告書』峰企画・土浦市教育委員会・永国遺跡第3次調査会
窪田恵一ほか　1998『神明遺跡（第1次・第2次調査）』土浦市総合運動公園建設事業に伴う埋蔵文化財発掘調査報告書　第5集　土浦市教育委員会・土浦市遺跡調査会
越川敏夫ほか　1987『向原遺跡　茨城県土浦市向原遺跡発掘調査報告書』向原遺跡調査会・土浦市教育委員会

小松葉子ほか 1997a『石橋南遺跡　田村・沖宿土地区画整理事業に伴う埋蔵文化財調査報告書』土浦市教育委員会・土浦市遺跡調査会

　　　　　　　　1997b『長峯遺跡　田村・沖宿土地区画整理事業に伴う埋蔵文化財調査報告書』土浦市教育委員会・土浦市遺跡調査会

小玉秀成ほか 2001「大作台遺跡発掘調査報告」『玉里村立史料館報』第6号　57-100頁

関口　満・窪田恵一 2001『下郷遺跡・下郷古墳群　佐々木建設株式会社土砂採取工事に伴う埋蔵文化財調査報告書』土浦市教育委員会・下郷古墳群遺跡調査会

関口　満ほか 1991『前谷遺跡群・東原観音塚　田村・沖宿土地区画整理事業に伴う埋蔵文化財調査報告書』土浦市教育委員会・土浦市遺跡調査会

　　　　　　　　1995『根鹿北遺跡・栗山窯跡　土浦市今泉霊園拡張工事事業地内埋蔵文化財調査報告書』土浦市教育委員会・土浦市遺跡調査会

　　　　　　　　1997『三夜原遺跡・新堀東遺跡・壱杯清水西遺跡　田村・沖宿土地区画整理事業に伴う埋蔵文化財調査報告書』土浦市教育委員会・土浦市遺跡調査会

高橋嘉朗 1994『御茶園遺跡』美浦村教育委員会

田村　隆 2005「この石はどこからきたか　—関東地方東部後期旧石器時代古民族誌の叙述に向けて—」『考古学』Ⅲ　1-72頁

田村　隆ほか 2003「下野　—北総回廊外縁部の石器石材（第1報）—」『千葉県史研究』第11号　1-11頁

鶴町明子ほか 2004『茨城県土浦市　北西原遺跡（第3次・第4次調査）山川古墳群（第1次調査）』土浦市総合運動公園建設事業に伴う埋蔵文化財発掘調査報告書　第3集　土浦市・土浦市教育委員会・土浦市遺跡調査会

中村哲也ほか 1992『茨城県稲敷郡美浦村陣屋敷遺跡』美浦村・陸平調査会

　　　　　　　　1996『茨城県稲敷郡美浦村根本遺跡』美浦村・陸平調査会

西井幸雄ほか 2000「資料編　旧石器時代細石刃文化期　北関東」『日本考古学協会2000年度鹿児島大会資料集　第2集　旧石器から縄文へ　—遺構と空間利用—』日本考古学協会　115-120頁

新田浩三 1995「下総型石刃再生技法の提唱」『千葉県文化財センター紀要　—20周年記念論集—』16　1-40頁

橋本勝雄 1995「茨城の旧石器時代」『茨城県考古学協会誌』第7号　1-111頁

　　　　　　　　2002「茨城県における旧石器時代の編年」『茨城県における旧石器時代研究の到達点　—その現状と課題—』茨城県考古学協会・茨城旧石器シンポジウム実行委員会・ひたちなか市教育委員会　5-18頁

　　　　　　　　2006「南関東地方における石刃石器群（素描）—下総台地の立川ロームⅥ・Ⅶ層段階から—」『第20回東北日本の旧石器を語る会　東北日本の石刃石器群』東北日本の旧石器文化を語る会　264-284頁

秦　昭繁 1998「〈短報〉珪質頁岩とその分布」『考古学ジャーナル』第432号　31-35頁

土生朗治 1994『寄居遺跡・うぐいす平遺跡（仮称）上高津団地建設事業地内埋蔵文化財調査報告書』茨城県教育財団文化財調査報告　第84集　茨城県教育財団

比毛君雄ほか 2004『茨城県土浦市　北西原遺跡（3次・4次調査）山川古墳群（第1次調査）』土浦市総合運動公園建設事業に伴う埋蔵文化財発掘調査報告書　第3集　土浦市遺跡調査会・土浦市教育委員会

平石尚和 2000『下郷古墳群　一般国道354号道路改築事業地内埋蔵文化財調査報告書』茨城県教育財団文

化財調査報告　第167集　茨城県教育財団
平岡和夫・高野浩之 2001『茨城県新治村高崎山古墳群西支群第2号墳・第3号墳発掘調査報告書』山武考古学研究所・新治村教育委員会
緑川正實・海老澤　稔 1993『原田北遺跡・原田西遺跡　土浦北工業団地造成地内埋蔵文化財調査報告書Ⅰ』茨城県教育財団文化財調査報告　第80集　茨城県教育財団
宮内良隆・川口武彦 2005『人間の発見　常総台地の旧石器文化』埋蔵文化財センター第17回企画展図録　取手市埋蔵文化財センター
本橋弘巳 2007『沢田古墳群　国道125号大谷バイパス建設事業に係る埋蔵文化財発掘調査報告書1』茨城県教育財団文化財調査報告書　第276集　竜ヶ崎土木事務所・茨城県教育財団
森嶋秀一 2006「北関東地方（茨城・栃木・群馬）の石刃石器群」『第20回東北日本の旧石器を語る会　東北日本の石刃石器群』東北日本の旧石器文化を語る会　244-263頁
矢ノ倉正男・寺門千勝 1997『星合遺跡・中ノ台遺跡　阿見東部工業団地造成工事地内埋蔵文化財調査報告書』茨城県教育財団文化財調査報告　第137集　茨城県教育財団
吉澤　悟ほか 2006『茨城県土浦市　弁才天遺跡・北西原遺跡（第5次調査）』土浦市総合運動公園建設事業に伴う埋蔵文化財発掘調査報告書　第4集　土浦市教育委員会・土浦市遺跡調査会

図表出典

第1図 1：かすみがうら市富士見塚古墳群出土（川口 2000a より転載）；2：土浦市北西原遺跡（第1次調査）出土（石川ほか 2004a より転載）；3：土浦市石橋南遺跡（小松ほか 1997a より転載）；4：土浦市峰崎A遺跡出土（川口 2001b より転載）；5：壱杯清水西遺跡出土（関口ほか 1997 より転載）；6：土浦市永国遺跡（第1次調査）出土（窪田・関口 2002 より転載）；7：土浦市神明遺跡（第1次調査）出土（窪田ほか 1998 より転載）；8：稲敷郡美浦村沢田古墳群出土（本橋 2007 より転載）。

第2図 9：土浦市前谷東遺跡出土（関口ほか 1991 より転載）；10：稲敷郡美浦村根本遺跡出土（中村ほか 1996 より転載）；11・13：かすみがうら市八千代台1遺跡出土（川口 2004b より転載）；12：稲敷郡美浦村御茶園遺跡出土（窪田 2004 より転載）；14：東台遺跡出土（窪田 2006 より転載）；15〜18：稲敷郡阿見町星合遺跡出土（矢ノ倉・寺門 1997 より転載）。

第3図 19・20：かすみがうら市清水遺跡出土（川口 2000a より転載）；21：土浦市北西原遺跡（第3・4次調査）出土（比毛ほか 2004 より転載）；22：土浦市根鹿北遺跡出土（関口ほか 1995 より転載）；23：土浦市山川古墳群（第2次調査）出土（石川ほか 2004b より転載）；24：稲敷郡阿見町実穀寺子遺跡出土（窪田 2007 より転載）；25・26：土浦市宮前遺跡出土（川口 2001b より転載）；27・28：宝積遺跡出土（窪田 2006 より転載）；29：土浦市八双田南遺跡出土（小川ほか 1996 より転載）；30：かすみがうら市八千代台1遺跡出土（川口 2000a より転載）；31：土浦市原田北遺跡出土（江幡 1994 より転載）；32：土浦市弁才天遺跡出土（吉澤ほか 2006 より転載）。

第1表　各報告書の計測値および資料実見調査を基に，筆者作成。なお，稲敷郡美浦村陣屋敷遺跡・同根本遺跡・同御茶園遺跡の石器の重量については，報告書に記載がなかったため，美浦村文化財センターのご厚意により計測させていただいた。

第2表　筆者作成。

第3表　筆者作成。

第4表　筆者作成。

縄文時代前期における東部関東と東北南部との関係について

齋 藤 弘 道

1. はじめに

　筆者は，平成18年3月に刊行した『茨城の縄文土器』において，縄文時代前期の土器については遠下式土器，花積下層式土器，関山I式土器，関山II式土器，黒浜式土器，浮島Ia～III式土器，興津I・II式土器，十三菩提式土器，粟島台式土器などを取り上げた（齋藤2006）。浮島式土器に伴出する事が多い諸磯式土器については多くを図示したが，東北系の所謂大木式土器については，同書の図88に示した古河市下片田中新田A遺跡例[1]，図82における6～13の土浦市今泉原田西遺跡などを抽出したにすぎなかった。

　関東地方東部と東北地方南部との前期縄文土器の型式対比としては，『縄文時代』第10号所収の「縄文土器全国編年表（東日本）」によれば，大木1式土器は関山II式土器に併行し，大木6式土器は十三菩提式土器に併行するとされている。大木2a式土器は，黒浜式土器古段階に併行し，植房式土器とも併行と記されている。大木2b式土器は，黒浜IV式土器新段階に併行し，大木3式土器は，諸磯a式土器に併行する。大木4式土器は，諸磯b式土器に併行し，その古段階と新段階を含むとされている。浮島式土器はI～III式に細分され，そのいずれもが，大木4式土器および諸磯b式土器に対比されている。筆者は，浮島式土器をIa，Ib，II，III式土器に細分し，Ia式古段階は，諸磯a式土器と併行するものと考えている。大木5式土器は，諸磯c式土器と併行すると把握されており，東部関東の興津式土器に併行すると理解されている。大木5式土器は，5a式と5b式土器に細分されているが，大木5b式土器を提唱された興野義一（興野1970b）は，大木5a式を正式に提唱したことはないとも記されている（興野1996）。しかし，実態としては5a・5b式に2細分されたと考えられる。興津式土器もI・II式に細分されているが，各々が大木5a，5b式土器に対比できるか否かは明らかになっていない。

　本稿では，大木式土器1～6式に対比される東部関東（茨城県域を主とする）の土器様相を素描し，次に東北南部（福島・宮城県域を主をする）へ入り込んでいる東部関東系土器（浮島式，興津式土器）の有り方を示し，両者の関係についてまとめたいと思う。

　以下，大木式土器については，興野義一の「大木式土器理解のために（I）～（VI）」（興野1967・1968a・b・c・1969・1970a）および同氏の「山内清男先生供与の大木式土器写真セットについて」（興野1996）の論考を主に参考として記しておく。

2. 大木各式土器の概要と東部関東との関係

　興野義一による「大木式土器理解のために」は、芹沢長介のすすめによって新しい研究者のために、しないよりはした方が少しでも参考になると決心したからであると記されている。同氏が今回の解説に使用された資料の大半は、宮城県宮城郡七ヶ浜町大木囲貝塚から採集されたものであるが、初回の解説に掲げられた次の一文は興野の研究姿勢を明確に示したものと考えられる。
　「ここにかかげる写真資料は過去十数年間に大木囲貝塚から表採した手持標本から選んだものであるが、ことわるまでもなく、表面採集土器片はどれほど大量に集まっても、それを適当に配列しただけで編年の解説ができるものではない。比較資料として、どうしても同種貝塚の発掘による層位的事実の裏付けが必要になってくる。わたしは昭和37年宮城県長者原貝塚（大木2b式、および5式から連続堀之内式まで）、昭和39年糠塚貝塚（大木2a式から連続9式まで）の発掘を行なった。その結果、対応関係がわかって、はじめて大木式土器の編年が実感的に理解され、あらためて山内博士の先見的な偉業に敬服したのである」。
　大木1式土器の文様の特徴については以下のように記している。地文には単節またはまれに複節の羽状縄文が多い。羽状縄文には結束がないらしい。装飾文は単純で刺突文、竹管文、縄押文などは原則としてない。隆帯文もない。装飾文にはループ文があり、他に口縁部の装飾文として不整撚糸文がある。組紐回転文もあるらしい。撚糸文はないと思う。あげ底風の平底に縄文が施される。
　結束のない羽状縄文、ループ文、組紐回転文などを主な特徴とする大木1式土器は、茨城県域には明瞭な出土例が確認されていない。
　大木2式土器は、宮城県登米市迫町糠塚貝塚の発掘によって層位的な出土状況の知見が得られ、a式とb式に細分されている。興野の解説によると、「a式とは縄文、正整撚糸文、不整撚糸文を有するものであり、b式とは不整撚糸文の後半型式で、S字状連鎖沈文に終るまでをいうのであろう」となる。
　大木2a式土器には、羽状縄文と斜行縄文があり、原体の施文が浅く、結節を回転させた綾絡文がみられる。無節施文も出現し、羽状縄文には結束もみられるようになる。撚糸文が多くなり、正整な撚糸文（羽状撚糸文、木目状撚糸文、葺瓦状撚糸文、網目状撚糸文など）、不整な撚糸文が目立つ。縄文施文の土器群には、1～3本の凹線文が口縁部の装飾文として施される。施文具は、割竹状の半截竹管を用いるものよりも別なヘラ状工具を用いるものの方が多いことが指摘されている。
　大木2b式土器は、不整撚糸文がしだいに整理されて等間隔の平行綾絡文になる段階からはじまり、さらに正整化がすすんで撚りのないS字状連鎖沈文になる最終段階までをいうことになる。装飾文としての凹線文はしだいにすたれて隆帯、刺突文、刻線粘土紐貼付文、点列などが多くなる。

大木2a式土器については，澁谷昌彦が広域的に資料を取り扱って論及している（澁谷1999・2000）。

　興野義一の示した宮城県大木囲貝塚，糠塚貝塚出土土器を主に観察している大木2a式土器と澁谷が注目されている福島県域の大木2a式土器には若干の差異があるように思われる。羽状縄文，網目状撚糸文，コンパス文などの文様要素は共通するが，主体となる土器群には差異があるのかもしれない。澁谷は，大木2a式土器におけるコンパス文土器について詳細に観察している。器面に横位に施されるコンパス文，波状文，横位沈線文の施文具，施文本数，施文単位等に注意することは重要であると考えられ，二本単位の横位コンパス文や波状沈線文土器については大木2a式土器の3〜4本を主とする櫛歯状工具による施文とは異なるものとして区別して理解する考え方を澁谷は示している。

　茨城県域にも網目状撚糸文や横位コンパス文の存在から大木2a式土器を抽出することは可能である。『茨城の縄文土器』（2006）にて取り上げた図58の古河市上片田C遺跡1号住居跡出土の15・16・42の撚糸文施文土器，13・14・22・46の櫛描の波状文，図59の同上片田C遺跡2号住居跡出土の8の網目状撚糸文土器，図60の坂東市大崎遺跡25号住居跡の39・40の網目状撚糸文土器，同北前遺跡30号住居跡24・25の櫛描の波状文土器，図61の同北前遺跡26号住居跡出土の32〜34の網目状撚糸文土器などが大木2a式土器として抽出できる。さらに図61の古河市原町西遺跡出土例の1のコンパス文と斜行縄文の組み合わせ，図64のかすみがうら市戸崎中山遺跡28号住居跡出土例の9の刺突文と網目状撚糸文の組み合わせ，14の櫛描波状文と羽状縄文施文の組み合わせなども大木2a式土器として理解される。他にもつくば市谷田部境松遺跡，結城市小田林遺跡，ひたちなか市富士ノ上貝塚（第1図1〜9），水戸市塩崎町大串貝塚（第1図10〜17），石岡市東田中外山遺跡（第1図18〜25）にもみられる。

　一方，大木2b式土器については，2a式土器に比べて余り目につかない。茨城県域の出土例としては，石岡市大谷津新池台遺跡第39号住居跡出土の報告書第85図9がある。興野のいう正整なS字状連鎖沈文の例であり，大木2b式としてよいものである。同書には55号土坑出土の第115図2の胴部の小片がS字状連鎖沈文の例と考えられるものがある。拓本では縦位の施文のごとく図示されているが，横位とした方がよいと思われる。本例は胎土に繊維を含むものとされ，前者は繊維を含まないものとされているが，含繊維の可能性もあろう（第2図15〜18）。また，ひたちなか市金上遠原遺跡（第2図1〜6），栄町小川貝塚（第2図8〜12），富士ノ上貝塚（第2図13・14），日立市諏訪町諏訪遺跡（第2図7）に類例がみられる。

　大木3式土器は，大木2b式土器において縄文施文がすたれ，撚糸文全盛となった後に再び縄文施文が回復する点で突発的変化を示している。山内清男の大木式土器写真セットで写真が欠落しているのは大木3式土器だけである。

　大木3式土器は，縄文施文と竹管文による文様構成を主に説明される。爪形文，竹管円文，平行沈線文間を爪形文で充たすもの，刺突文などによる施文に注目される。諸磯a式土器に施文が類似しており，大木2b式土器からの劇的な変化を考えると興野のいうような諸磯文化の急激な

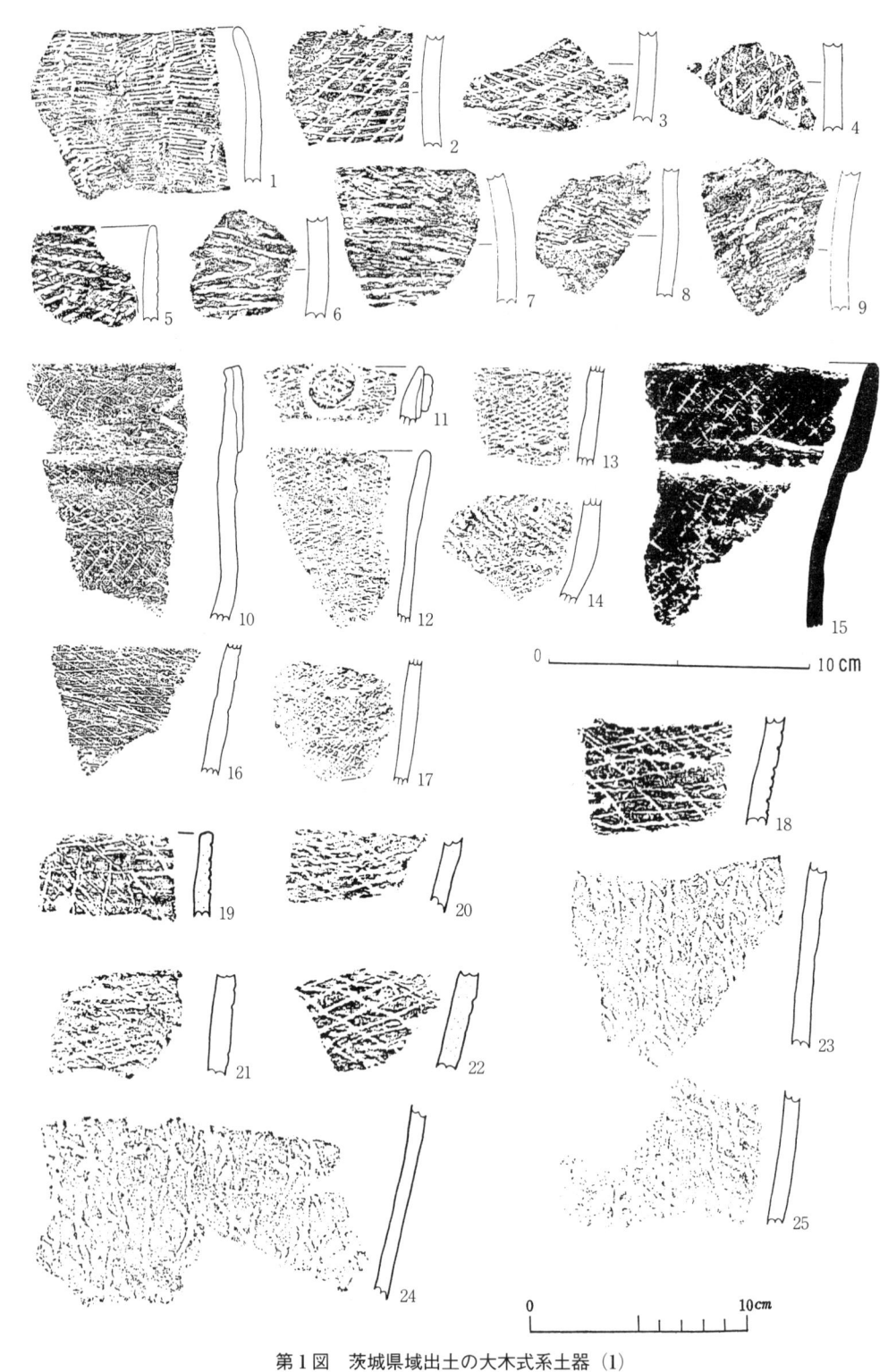

66　第2部　遊動の諸相―旧石器・縄文時代

第1図　茨城県域出土の大木式系土器（1）
1～9：ひたちなか市富士ノ上貝塚；10～17：水戸市大串貝塚；18～25：石岡市外山遺跡

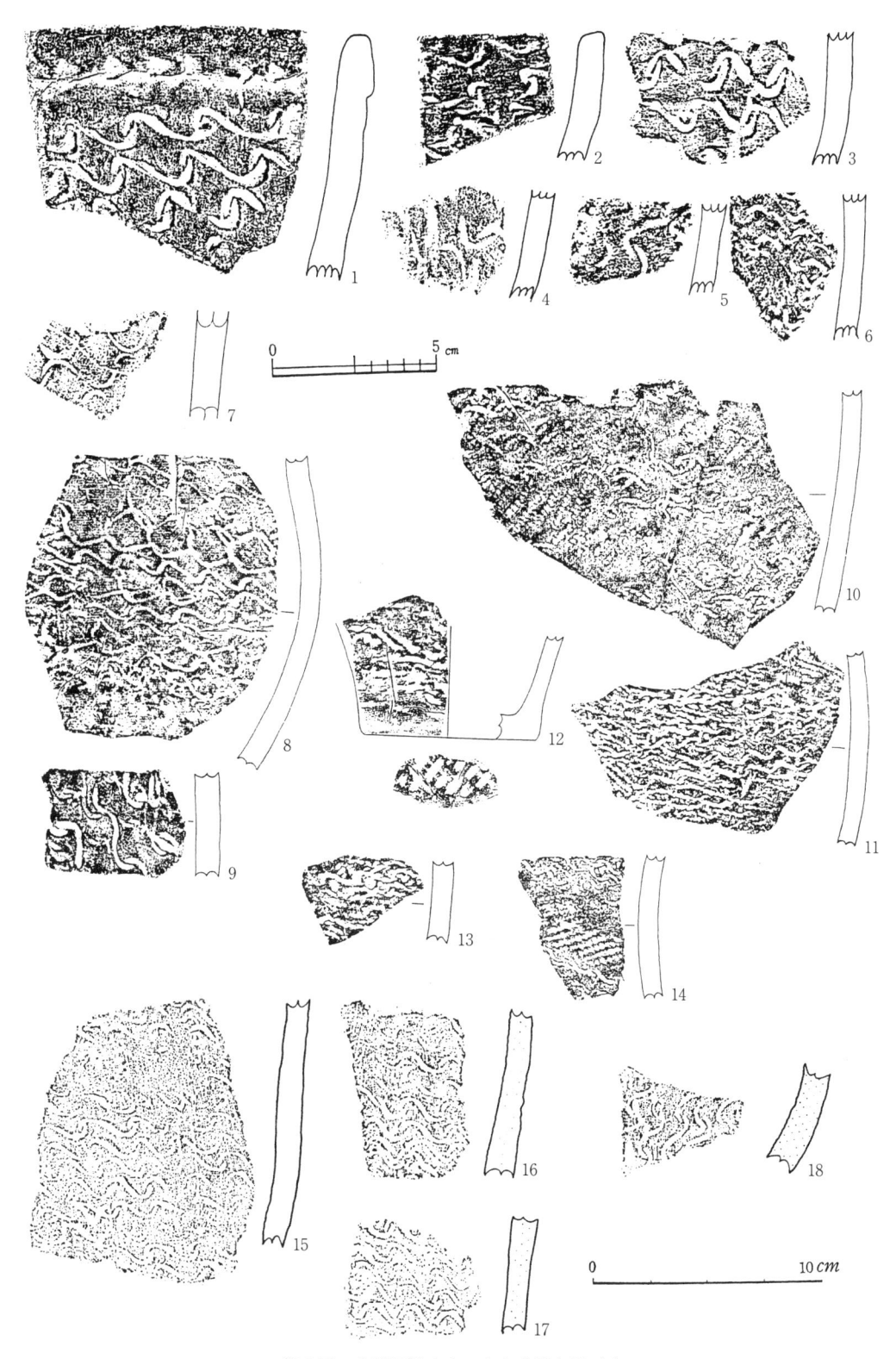

第2図　茨城県域出土の大木式系土器（2）
1～6：ひたちなか市遠原貝塚；7：日立市諏訪遺跡；8～12：ひたちなか市小川貝塚；
13・14：ひたちなか市富士ノ上貝塚；15～18：石岡市新池台遺跡

進入という視点が当たっているように感じられる。しかし，同時に興野氏が指摘される大木3式土器の特徴の1つである粘土紐貼付文の存在は大切である。前段階の大木2b式土器にみられる粘土紐貼付文（円筒下層式土器の影響によると指摘されている）上の斜めから押しつぶす手法から3式の垂直に細切する手法への変化を明確に指摘されている。粘土紐貼付文は，大木3式の前半ではほぼ直角方向に刻まれるが，後半には右傾して刻まれるという。粘土紐自体は口縁に平行して1～2条施文されるが，上方ないし下方へ分枝する場合もある。刻目付粘土紐貼付文は大木4式へ移行する直前に刻み目を有さない粘土紐を分枝し，4式，5式に至って無刻の粘土紐貼付文が全盛をむかえるようになる。「大木式土器理解のために（Ⅲ）」所収の拓影図9例の糠塚貝塚出土例がそれである。

　大木3式土器の特徴のもう1つは，割竹によらない一本沈線文様である。一本沈線文は，諸磯式（浮島式土器も含む）にはあまりみられないもので，大木3式土器では，竹管文と組み合わされて多様な直曲沈線文となる。大木3式土器に2b式の形質を受けついだ無節の網目文や結節回転文，異条斜縄文がみられる。一方で，興野は，ごく僅かであるが大木2b式，3式土器には貝殻腹縁文の土器が伴い，明確に関東地方東部の浮島式土器に関係するものと指摘している。

　茨城県域では，大木3式土器に併行する時期は，浮島式土器の成立期にあたり，諸磯a式土器は少ない。大木3式土器も明確なものは抽出できていない。施文具や施文手法について綿密に観察すれば，抽出することができるかもしれない。今後の実査に期待するところ大である。

　外山遺跡出土例（第3図15）は，波状縁深鉢の口縁部片で，口縁直下に短沈線が施され，波状縁に沿って押し潰すような押圧を加えた隆帯が巡り，体部には半截竹管状施文具により，菱形区画内に波頂部から垂下する円文が描かれている。細い半截竹管文には爪形状の刺突が加えられ，諸磯a式土器に共通するが，モチーフは異なる。同図14は，隆帯上の刻みと半截竹管文で15と類似する。大木3式土器の不整撚糸文と浮島Ⅰ式土器のまばらな撚糸文は関連をもつのかもしれない。

　小川貝塚からは報告者の藤本彌城によって「大木3式土器」が図示されている。第3図1は，口唇部に刻み目を付し，無節縄文を地文として横位・縦位の結節回転文が施されている。2は，口縁部に2条の細目の有節平行沈線文が巡り，以下に異条斜縄文が施されている。3は，直立する口縁部片で，LRの横位回転の縄文施文上に半截竹管状施文具による蛇行沈線文が数条垂下し，刻み目を有する縦位・横位の隆帯で区画されている。報告者は「東北系のものであろう」と指摘されているだけだが，大木3式土器と考えてよいと思われる。13は，口縁部が大きく外反する器形を呈し，素文地の口縁部に3条の一本描き施文具による小波状文が巡る。以下に単節LRの斜縄文が施され，縦位の沈線文が加えられる。4～12は，単節斜縄文と結節回転文が組み合うもので，胎土に繊維を含まず焼成の良い土器で，「大木3式土器に類似する」とされている。

　大木4式土器は，3式土器の刻目付粘土紐貼付文から派生した刻目のない粘土紐貼付文が全盛をみる型式である。関東地方や中部地方の浮線文，隆線文と称される諸磯b式土器に併行する型式といえる。

第3図　茨城県域出土の大木式系土器（3）
1〜13：ひたちなか市小川貝塚；14・15：石岡市外山遺跡

大木4式土器は，3式からつづいて斜行縄文を地文として粘土紐貼付文で文様構成される。文様の主体は，小波状文，連続山形文から集合文で，梯子状文や格子目文が加わることはあるが，主体とはならず付属的である。

　大木4式土器の特徴としては，器形にバラエティがみられるようになり円筒形や植木鉢形の深鉢以外に，口縁が外反し，頸部のくびれが深く，体部が曲線的なカーブを描くものなどが加わる。文様は全面に地文に粗い斜行縄文を施文するものが多いが，口頸部がくびれるものは，口縁部を無文とする。大木4式で最も多いのは細い紐による小波状文で，体部には横位多段に付けられる。口縁部上面や内面にもつけられる。太い紐による装飾もあり，渦巻文が口縁部に付けられることもある。粘土紐貼付文が主体であるが，少数の沈線文土器がある。これらは大木3式土器の一本沈線文から由来するもので口頸部を一周する鋸歯状沈線文となる。鋸歯文の規格は統一されずに大小不揃いである。他に地文の斜縄文だけのものや輪積み痕を残す無文の土器もあるという。後者の輪積痕の素文土器は，浮島式土器によくみられる凹凸文の土器と共通するものと言えるかもしれない。

　大木4式土器と後続する大木5式土器の粘土紐貼付文の差異は，興野によると次のように説明されている。「おおまかにいうと，細い粘土紐の小波状文は大木4式に限られ，波状文の山と谷の彎曲部が折りたたまれて，鋭利な鋸歯状の連続山形文になったものが大木5式なのである」。

　大木5式土器は，興野によると前半型式と後半型式に分けられる。後半を5b式とし，前半を5a式として私案にしていると記されている。

　茨城県域における大木4式土器の類例は，小波状の粘土紐貼付文により抽出できる。好例は，小川貝塚から出土している。第4図1は，口唇部に太い粘土紐貼付文と細い粘土紐貼付文で装飾を加え，頸部を無文帯として，体部の縄文地文上に小波状の粘土紐貼付文を2条施している。2は，口縁部片で，口縁部を無文として太い粘土紐貼付文を波状に加えている。3は，体部片で梯子状の貼付文がみられる。いずれも大木4式土器と理解される。ひたちなか市富士ノ上貝塚出土の4・5は縄文地文上に粘土紐貼付文が付されているもので大木4式土器と考えられる。

　『茨城の縄文土器』の図88に取り上げた中新田A遺跡出土例（第4図6〜16）は，粗い斜縄文の地文上に小波状文およびU字状，逆U字状の貼付文が施されているもので同一個体と思われる。横位の沈線文が体部に巡るように観察されることから大木5式土器と考えた。粘土紐のあり方からは4式土器とする方がよいのかもしれない。

　第4図17〜24には原田西遺跡出土のものである。一本描沈線による鋸歯状文，X字状文を縄文地文上に施し，口縁部に刺突文を有する例を大木5式土器として取り上げた。向畑遺跡からは土坑中に共伴するかたちで，東部関東系の興津式土器と斜行縄文を主とする土器が出土している。『茨城の縄文土器』の図87の1〜3は，8号土坑出土である。1・3は斜行縄文が全面に施文され，3の口唇部には小波状の粘土紐貼付文が付けられている。2は口縁部直下から波状貝殻文が施されるものである。4・5は，9号土坑出土である。4は，口縁部の縦位の条線帯から興津式土器と判断され，5は刺突を有する粘土紐貼付文から大木5式土器と判断される。6〜8は，11号土坑

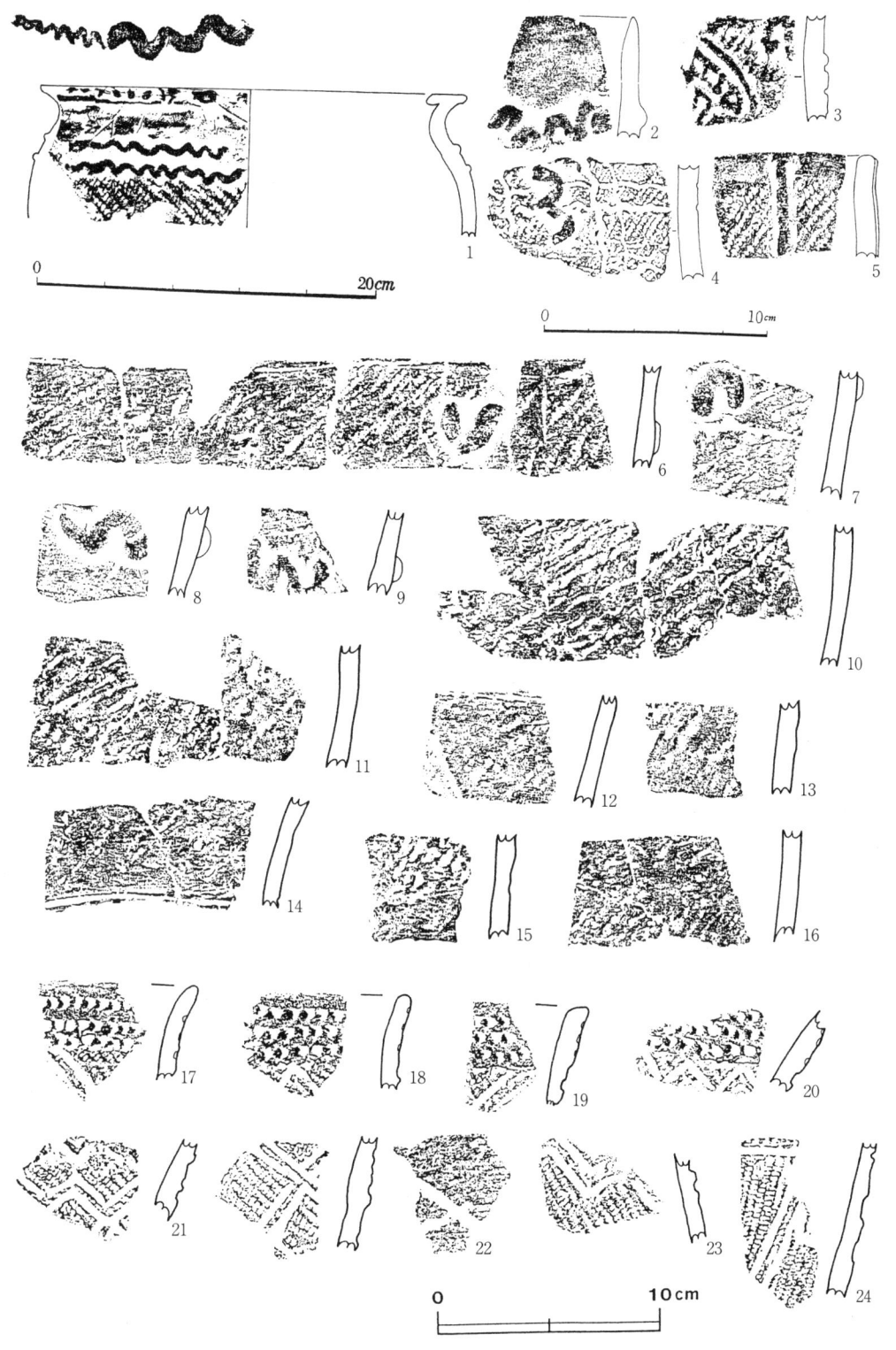

縄文時代前期における東部関東と東北南部との関係について

第 4 図　茨城県域出土の大木式系土器 (4)
1〜3:ひたちなか市小川貝塚；4・5:ひたちなか市富士ノ上貝塚；
6〜16:古河市中新田 A 遺跡；17〜24:土浦市原田西遺跡

出土である。6・7は興津式で，8は縄文地文上に一本描きの棒状施文具による小波状文で大木5式土器と理解される。

　日立市向畑遺跡出土例からは大木5式土器と興津式土器の共伴が確認できる。

　大木6式土器は，5式につづくもので竹管文が多用される。器形は，浅鉢，深鉢と円筒状のものがあり，平縁と波状縁がある。口縁部文様帯と胴部文様帯が明確に分かることが特色である。口縁部にはボタン状貼付文や橋状把手も付される。胴部は縄文を地文としてX字状文，対向線文がつけられる。爪形文や刺突文もみられる。

　茨城県域では明確な大木6式土器を抽出することはできていない。大木6式土器には結節浮文を有する金魚鉢状の鉢が伴うが，同様のものは茨城県域にも類例があり，十三菩提式として把握されている。

3. 東北地方南部出土の東部関東系土器について

　縄文時代前期の大木式土器は，1式から6式までに細分され，前記のように茨城県域には2a・2b・3・4・5式土器の存在が確認できるが，1式と6式土器については明確なものが抽出できていない。これからの検討が待たれる。

　大木4・5式土器に特徴的な粘土紐貼付文は，茨城県域よりも南の千葉県域にも入り込み，群馬県域にも及んでいることは古く芳賀英一により指摘されている（芳賀1985）。茨城県域にも深鉢の口端（口唇部）に粘土紐貼付による鋸歯状装飾帯を有する例は，稲敷郡美浦村興津貝塚，取手市貝塚向山貝塚などから検出されている。前記した日立市東滑川町向畑遺跡例もこれに加えられる。また，縄文地文上に一本描沈線による鋸歯状文を施す土器も先記した土浦市原田西遺跡の他にひたちなか市三反田遺跡からも出土しており，大木5式土器の影響が及んでいることが知られる。

　第5図は，芳賀が調査報告を担当した福島県大沼郡会津美里町青宮西遺跡出土の興津式系土器である。これらの土器は大木5式土器に伴って出土しており，『古代』第80号（芳賀1985）の論考において，幾何学的モチーフを有する所謂磨消貝殻文土器が施文具が貝殻ではなく櫛歯状工具に置換されて施文されている点が指摘されている（芳賀，前掲）。これらの土器群は，施文具の置換を除けば口縁部に縦位条線文がめぐる点や胴部モチーフにも共通性がみられ，誰しもが興津式土器として理解しうるものである。竹管文を多用した土器群は擬似貝殻腹縁文をなすという特色があると芳賀により指摘されている。

　第6図は，芳賀が論考中で図示した喜多方市塩川町中曽根遺跡出土の興津式系土器である。2を除く土器は，櫛歯状工具を用いて擬似貝殻腹縁文が施されたものである。2は，これらに伴出したと想定される縄文施文土器で，縄文原体圧痕文と口唇部に鋸歯状装飾帯が貼付されている。貼付文には縄文が加えられている。

　青宮西遺跡，中曽根遺跡出土例は，いずれも興津II式土器で，大木5式土器に伴ったものと

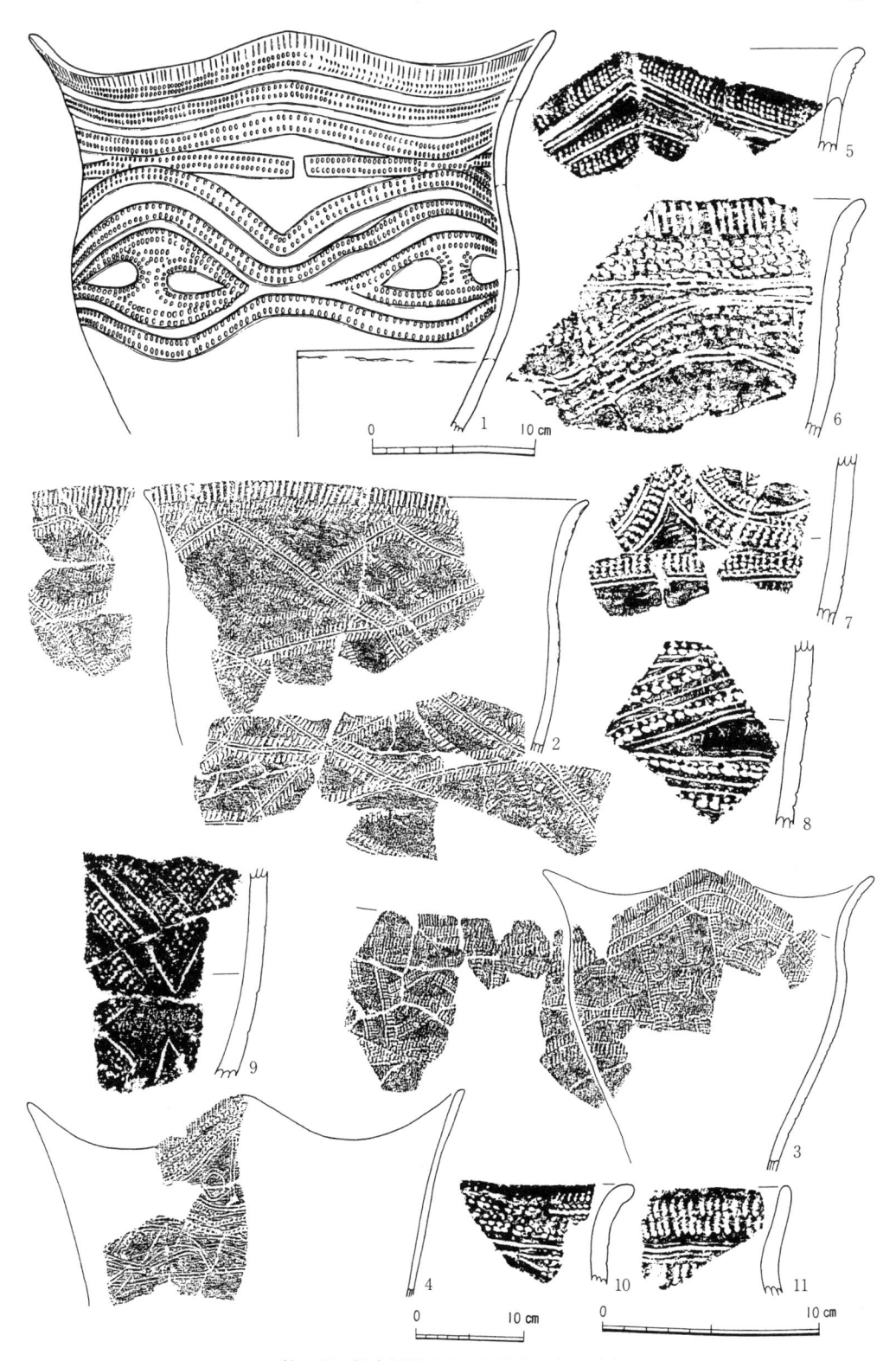

縄文時代前期における東部関東と東北南部との関係について 73

第5図 福島県域出土の興津式系土器（1）
1～11：会津美里町青宮西遺跡

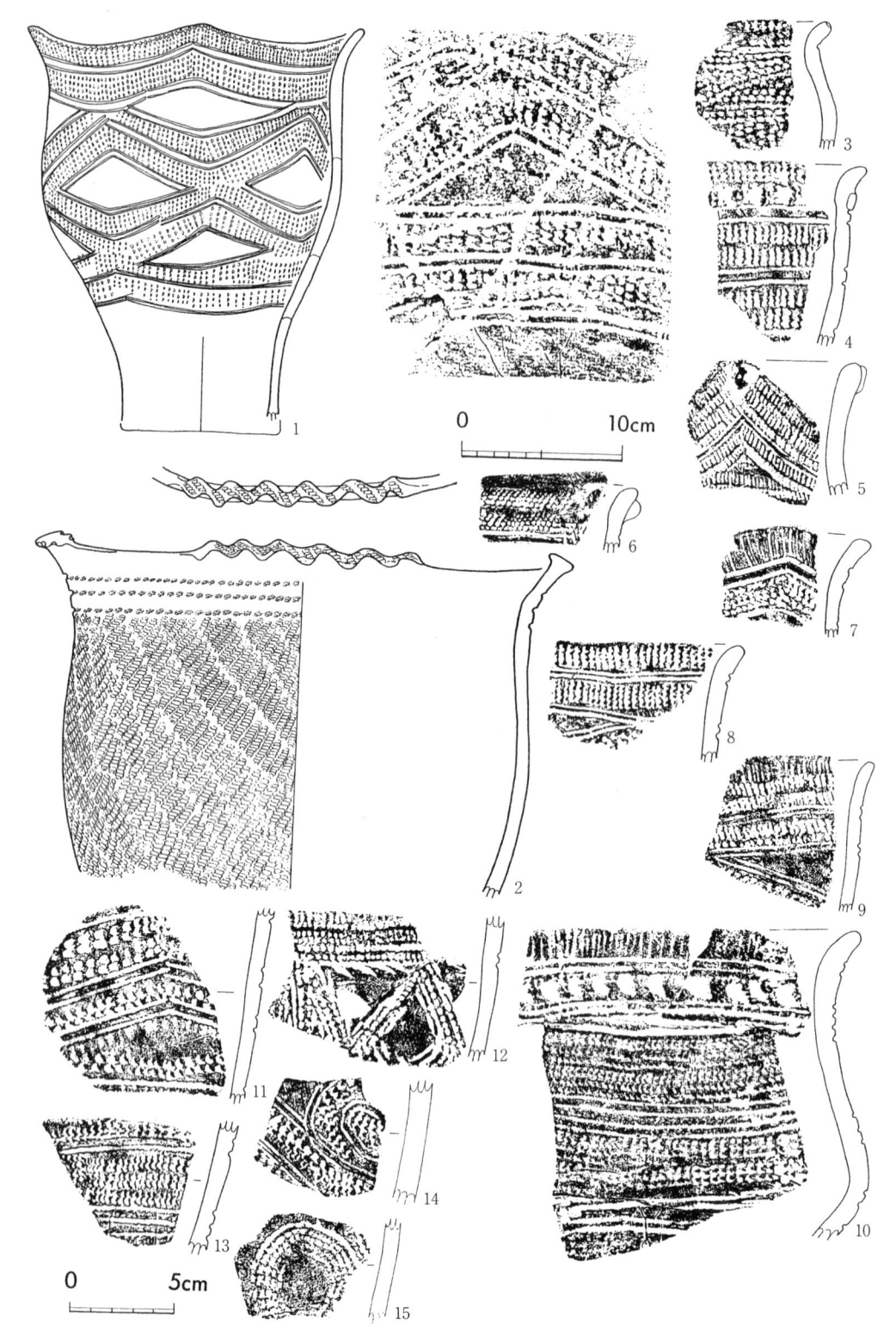

74　第２部　遊動の諸相―旧石器・縄文時代

第６図　福島県域出土の興津式系土器（２）
１～15：塩川町中曽根遺跡

考えられる。それでは，興津Ⅰ式土器，浮島Ⅲ式土器のあり方はどうであろうか。芳賀は，先の論考中で，喜多方市山都町上ノ原遺跡と阿武隈山中の大平A遺跡の資料を図示して，浮島Ⅲ式（貝殻腹縁文，竹管文利用）土器が在地の大木4式土器（粘土紐貼付文，沈線文，結節回転文）に伴っていることを示している。更に浜通り北部の相馬郡飯舘村柏久保遺跡他でも浮島Ⅲ式と大木4式土器が伴出したと考えられる例があると記されている。

　第7図は，大沼郡会津美里町中丸遺跡出土資料で，浮島Ⅲ式，興津Ⅰ式期のものと思われる。1～3は，口縁部に斜位から縦位の条線文を巡らし，以下に幅広の変形爪形文を施している。4・5は胴部片で，ロッキング手法による波状貝殻文を付している。これらは浮島Ⅲ式と考えられる。

　6～8は興津式期に降るもので，6・7は縦位の条線文帯を有し，以下に凹凸文，横位の条線文を主に施し，爪形文が加えられる。興津Ⅰ式土器と理解されよう。

　浮島Ⅲ式土器の分布は，山形県域南部にも及び，低湿地遺跡における杭上住居跡の発見，漆塗り彩文土器で著名となった東置賜郡高畠町押出遺跡から出土している。第3次調査説明資料に掲載されている写真から判断すると，変形爪形文が施されている。大木4式土器に伴うことは確実である。

　浮島式土器，興津式土器の分布はさらに北に広がり，大木式土器のタイプサイトである大木囲貝塚に至っている。このことはすでに前説の論考にも記述されているが，具体的に解説はされていない。

　第8図は，大木囲貝塚出土の浮島式，興津式土器およびそれに伴出した大木式土器の一部である。

　試掘調査された4地区のうちCS77地区のみが詳しく報告されている。発掘区の大きさは2×1mで，深さ2.5mまで発掘しているが，未完掘である。これまでの調査で大木6，5，4，3式土器が層位的に出土している。最下層が14d層で順次1層に至る。

　第8図には報告書の図番号のままに掲載した。6a層出土土器は，大木4式土器で図示されているのは72・73の2点である。72は突起である。73は「半截竹管による爪形文と沈線文及び棒を器面に押していって施文したと考えられる櫛歯文から成る」と説明されている。口縁部片か否かは明らかではないが，縦位の条線文帯をもち，以下に2段の変形爪形文を施すものと観察される。浮島Ⅲ式土器と思われる。

　5j層からは大木4式土器のほか，わずかに大木1あるいは2式土器が出土している。図示は3点である。87は地文がLRの縄文で，口縁部には粘土紐貼付による山道文，直線文がみられる。大木4式土器である。88は「半截竹管により沈線及び爪形文を施文している」と説明されている。89は口縁部の突起で，まんなかにまるいくぼみがある。88は，胴部片と思われ，横走する竹管文の下に2段の変形爪形文が施されている。88も浮島Ⅲ式土器と判断できる。

　a区5KL層からは大木4式土器が出土している。図示された資料は7点である。80の「文様は73に類するもので細い棒で1つ1つつけていったようである」と記述されている。73に類す

76　第2部　遊動の諸相—旧石器・縄文時代

第7図　福島県域出土の浮島・興津式系土器
1～8：会津美里町中丸遺跡

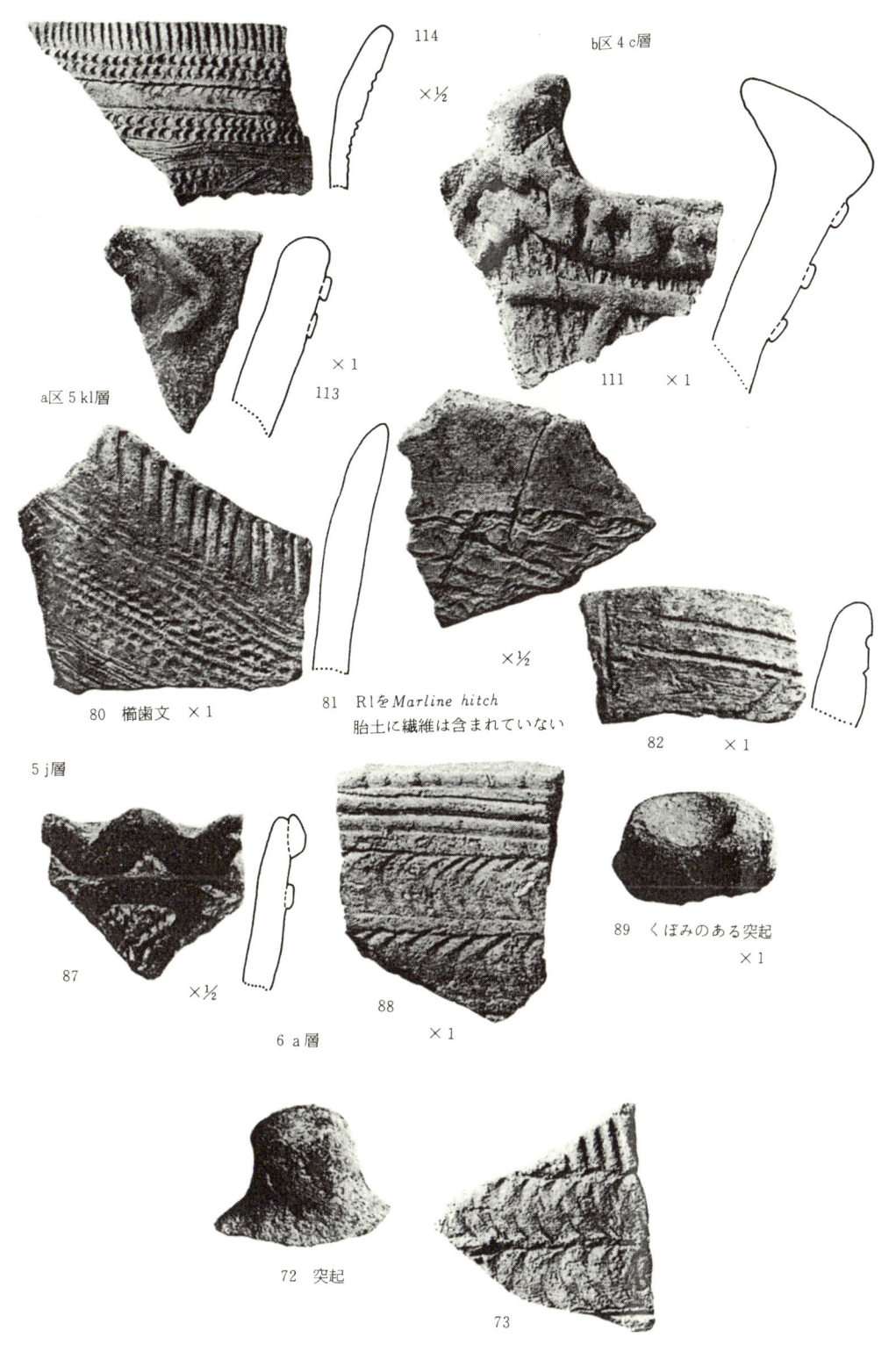

縄文時代前期における東部関東と東北南部との関係について 77

第8図 宮城県域出土の浮島・興津式系土器
七ヶ浜町大木囲貝塚出土層位

るとされたのは縦位の条線文帯のことであろう。80は写真に櫛歯文と記されている。縦位の条線文帯を有する外傾する波状口縁部片で，以下に櫛歯状工具を用いた刺突文列を施し，下端には斜走する細い条線文が認められる。興津Ⅰ式土器と考えられる。81は，撚糸文が施され，胎土に繊維は含まれていないと注記されている。82は，半截竹管文を使った平行沈線文である。83～86は，太い粘土紐を口縁部に貼付したもの，細い粘土紐を口縁部に貼付したもの，口縁部の突起であるが，第8図には示していない。

b区4c層からは大木4，5a式土器が出土している。図示は105～114の10点である。このうち3点を第8図に引用した。大木4式は105～107の3点で，110～113は大木5式である。

114は次のように説明されている。「114のような文様は大木4式期に出土している（73，80）。いちばん上には棒あるいはヘラによってつけられたとみられる櫛歯文，その下に竹管あるいは半截竹管によるとみられる刺突文，その下には半截竹管による爪形の形跡のある沈線文，その下にはまた刺突文があり，その下には半截竹管による沈線文と刺突文がある」。

ここであらためて114の口縁部片を解説すると次のようになる。外反する平縁の口縁部片で，縦位の条線文帯も有し，以下に櫛歯状工具による2段の刺突文列を描き，中間に変形爪形文を施文し，以下に半截竹管で幾何学的モチーフを描き，刺突文を充塡する。

114は，興津Ⅱ式土器に対比できるものと考えられる。

以上により大木囲貝塚出土の東部関東系土器は，6a層，5j層出土の浮島Ⅲ式土器からa区5KL層，6区4c層出土の興津Ⅰ・Ⅱ式土器への変化を辿ることができる。浮島Ⅲ式土器は，大木4式土器に伴い，興津Ⅰ・Ⅱ式土器は大木4式土器から5a式土器にかけて伴存する可能性が高いと考えられる。

宮城県域以北からの浮島式・興津式土器の分布は知られていない。

興野義一が，「大木式土器理解のために（Ⅲ）」の第1図11として図示した貝殻腹縁文土器片は，大木囲貝塚から採集されたもので，糠塚貝塚から出土した1片と共に大木式土器に位置づけられるものと考えている。東部関東の貝殻文土器に関係するものであると指摘している。しかし，貝殻による施文手法よりも大木囲貝塚から発掘調査によって出土した竹管文を多用する手法や文様構成をもって浮島式，興津式土器との関係を明らかにできると考えたい。

4. おわりに

本稿では，茨城県域を主に東部関東と東北南部の縄文前期土器（大木1～6式併行期）について両者の相互に交流する分布状況の一端を検討した。関山Ⅱ式土器に併行する大木1式土器および十三菩提式土器に併行する大木6式土器については，本県域では明確な資料を抽出できなかったが，大木2a式土器から大木5式土器については，特徴的な施文手法を有する例を抽出することができた。黒浜式土器に併行する大木2a・2b式土器については，木目状，網目状撚糸文，S字状連鎖沈文により関連資料を抽出したが，興野義一が大木囲貝塚，糠塚貝塚などを主に型式構

成した土器群との比較は充分にはおこなえなかった。同一型式中における地域差の問題として，更に検討を加えていかなければならないと思う。大木3式土器については，小川貝塚，外山遺跡の資料を抽出できたにすぎない。竹管文，縄文多用の土器群で，諸磯a式土器との比較が課題と考える。大木4・5式土器については特徴的な粘土紐貼付文および一本描沈線による鋸歯状文などによって抽出している状況で，資料数は少ない。鋸歯状貼付文による装飾手法は，東北南部の縄文施文土器群に特徴的で，それらの影響により東部関東一円に広がり，粟島台式土器が形成されたとする芳賀英一の意見に賛成する。しかし，粟島台式土器を再検討された松田光太郎の分析によると縄文原体圧痕文が型式構成の主体を占めるが，在地の竹管文や貝殻文の施文も根強く残る点も指摘している（松田2000）。興野義一による大木3式土器文化は諸磯文化による"文化革命"を蒙ったとする見解と対比できるかもしれない。大木3式土器にも在地の大木2b式土器から引き継いだものがあり，諸磯文化要素をすべて受け入れたものではなく，選択している点を評価している。粟島台式土器も大木5式土器によって完全に征服されたものではなく，東部関東在地の要素を残しているのである。

　一方，東部関東の浮島，興津式系土器は，浮島式土器後半のⅢ式土器から福島・山形・宮城県域へと分布域を広げている。貝殻文を主要な施文具とする浮島，興津式土器も東北南部への進出に当たっては竹管文と多用して擬似貝殻文を施文するが，文様構成は維持している。施文具の置換が容易になしえたのは，在地でも竹管文利用による変形爪形文などの手法が盛用されていたからであろう。

　東部関東と東北地方との交流は前期に限らず各時期にみられる。早期の日計押型文土器は，茨城県域，千葉県域方面に進出している。また前期の大木4式期の集落として著名な山形県東置賜郡高畠町押出遺跡に因んで命名された「押出ポイント」と呼ばれる石器も東部関東に出現している（後藤1988）。中期では複式炉や大木8～9式土器の展開，後期では綱取式土器，新地式土器（瘤付土器）の進出，晩期では言うまでもなく亀ヶ岡式土器の拡散など枚挙にいとまがない。

　今回は，前期の大木式土器と浮島式，興津式土器に焦点を当てたが，石器や各種遺構などにも目をむけて更に検討を加えて行きたい。本稿を東部関東と東北地方南部，中部地方を視野に入れた研究の手始めとして精進したいと思う。

謝辞
　本稿を草するにあたっては，興野義一，藤本彌城，芳賀英一氏ら諸先学による研究成果を利用させていただいた。学恩に深く感謝して筆をおくことにする。

註
1)『茨城の縄文土器』には古河市上片田C遺跡出土としているが，誤りである。本稿にて訂正する。

引用文献

井上義安・大内幹雄 1966「大串貝塚と出土土器について」『茨城先史学研究』1 1-11頁

茨城県史編さん第1部会原始古代史専門委員会編 1979『茨城県史料 考古資料編 先土器・縄文時代』茨城県

大串貝塚調査団編 1986『大串貝塚』常澄村教育委員会

鴨志田篤二ほか 1978『三反田遺跡調査報告（第1・2次）』勝田市教育委員会

　　　　　　　　1979『三反田遺跡調査報告（第3次）』勝田市教育委員会

川崎純徳・鴨志田篤二編 1980『遠原貝塚の研究（本編I）』勝田文化研究会

興野義一 1967「大木式土器理解のために（I）」『考古学ジャーナル』第13号 16-18頁

　　　　 1968a「大木式土器理解のために（II）」『考古学ジャーナル』第16号 22-25頁

　　　　 1968b「大木式土器理解のために（III）」『考古学ジャーナル』第18号 8-10頁

　　　　 1968c「大木式土器理解のために（IV）」『考古学ジャーナル』第24号 17-19頁

　　　　 1969「大木式土器理解のために（V）」『考古学ジャーナル』第32号 6-9頁

　　　　 1970a「大木式土器理解のために（VI）」『考古学ジャーナル』第48号 20-22頁

　　　　 1970b「大木5b式の提唱―宮城県長者原遺跡出土資料による―」『古代文化』第22巻4号 97-102頁

　　　　 1996「山内清男先生供与の大木式土器写真セットについて」山内先生没後25年記念論集刊行会編『画龍点睛：山内清男先生没後25年記念論集』山内先生没後25年記念論集刊行会 215-224頁

久野俊度 1987『境松遺跡 主要地方道取手筑波線道路改良工事地内埋蔵文化財調査報告書』茨城県教育財団文化財調査報告 第41集 茨城県教育財団

後藤義明 1988『梨ノ子木久保遺跡・割り塚古墳 主要地方道茨城・鹿島線道路改良工事地内埋蔵文化財発掘調査報告書』茨城県教育財団文化財調査報告 第47集 茨城県教育財団

齋藤弘道編 2006『茨城の縄文土器』茨城県立歴史館史料叢書9 茨城県立歴史館

桜井一美ほか 1989『二十五里寺A・B・C遺跡；溜原A遺跡；下片田遺跡；中新田A・B・C遺跡；上片田A・B・C遺跡 一般国道4号改築工事地内埋蔵文化財調査報告書3（三和地区）』茨城県教育財団文化財調査報告 第53集 茨城県教育財団

七ケ浜町教育委員会編 1987『大木囲貝塚 ―環境整備調査報告―』七ケ浜町文化財調査報告書 第5集 七ヶ浜町教育委員会

澁谷昌彦 1999「大木2a式土器と有尾式土器の検討」『いわき地方史研究』第36号

　　　　 2000「大木2a式土器と周辺地域の様相」『民俗と考古の歴史』和田文夫先生頌寿記念献呈論文集刊行会 125-158頁

鈴木裕芳 1980『諏訪遺跡発掘調査報告書』日立市教育委員会

長尾 修編 1981『会津高田町永井野・尾岐地区県営圃場整備事業関連発掘予備調査報告』福島県会津高田町埋蔵文化財発掘調査報告書 第1集 会津高田町教育委員会

芳賀英一 1985「大木5式土器と東部関東との関係」『古代』第80号 99-132頁

藤本彌城 1977「富士ノ上貝塚」『那珂川下流の石器時代研究』I

　　　　 1980『那珂川下流の石器時代研究』II

松田光太郎 2000「東関東における縄文前期末葉土器群の諸様相 ―粟島台式の再設定―」『神奈川考古』第

36号　83-122頁

緑川正實ほか 1993『原田北遺跡・原田西遺跡　土浦北工業団地造成地内埋蔵文化財調査報告書Ⅰ』茨城県教育財団文化財調査報告　第80集　茨城県教育財団

山形県教育委員会 1987『高畠町押出遺跡第3次調査説明資料』

山本静男 1983『新池台遺跡　石岡都市計画事業南台土地区画整理事業地内埋蔵文化財調査報告書2』茨城県教育財団文化財調査報告　第17集　茨城県教育財団

和田雄次編 1982『兵崎遺跡・大谷津A遺跡・対馬塚遺跡・大谷津B遺跡・大谷津C遺跡・外山遺跡　石岡都市計画事業南台土地区画整理事業地内埋蔵文化財調査報告書1』茨城県教育財団文化財調査報告　第13集　茨城県教育財団

和田雄次ほか 1989『本田遺跡・善長寺遺跡・小田林遺跡　一般国道4号改築工事地内埋蔵文化財調査報告書2（結城地区）』茨城県教育財団文化財調査報告　第51集　茨城県教育財団

第 3 部

地域の表出―弥生・古墳時代

殿内遺蹟における「砂ムロ」と「新たなる価値」
— 「隠れた秩序」と「継承される価値」の実際 —

鈴 木 正 博

1. 序 ―「境木式」という「隠れた秩序」の教訓―

　1976以来30年以上も繰り返し説明してきたことでもあり，逐一の引用文献は省略に従うが，昭和13・14年の東京考古学会刊行『弥生式土器集成図録』に対する，昭和14・15・16年の山内清男刊行『日本先史土器図譜』の意義は，縄紋式における文化史研究の土台として縦横の秩序を「土器型式」という概念で構築するに当たり，捏造を遮断する具体的実態的表現として提示した「分類の標準」にあったのである。その方針では研究者の企図で現代的な管理概念として創り上げられた「様式」研究に惑わされず，寧ろその背後にある共同幻想に対する極めて根源的な批判の視座と実践そのものを通して，可能な限り研究者の企図から離れて客観化する視点を目指し，更には層位などの発掘による事実データを視野に入れつつ，縦横・前後左右の比較というペトリ順序の根源的な拡張，および「比例」概念を含む統計学的接近によって蓋然性が与えられる，「地方差，年代差を示す年代学的の単位」として「土器型式」概念を定義したのである。

　こうして山内清男によって世界ではじめて先史学的単位概念である「土器型式」が発見され，それに基づいて小林行雄によって思想への含意としての「様式」が説明されたのである。この2者は学問の目的とレベルにより具体的に，教養レベルは「様式」概念で入門とし，専攻課程において専門用語としての「土器型式」を使い分けるべきであるが，「様式」も編年表もどきの体裁を採るために誤解されてきた学史もあり，表層のみで判断すると類似した概念と勘違いするかもしれない。あるいは当時も今も勘違いさせたい切羽詰った文士事情もあったようである。

　したがって，先史時代における縦の構造は，時間管理に関わるイベントによって年代をつなぐことにより断絶のある切断（例えば，貝層と貝層下土層など）が優先的に扱われることになったが，『先史考古学』第1巻第1号にて「型式は益々細分され，究極まで推し進むべきである」（山内1937）と言わしめたように，残念ながら切断の繋ぎ目は必ずしも合致していないのである。今日の緊急の課題は，膨大なデータを駆使し，切断状態である「土器型式」群を「**連続する縦の相似**」関係，並びに「**隣接する横の相似**」関係として復元する作業が，列島各地において厳然として残されており，真の型式学の限界を極める作業を粛々と遂行することである。

　本稿では共同幻想を打ち砕くことも目的の一つであるため，「様式」は採用しない。本来的に文化史的な解釈次元の意味を全く内包させずに，細胞のごとく組み立てられてはじめて考古文化

を形成する，「地方差，年代差を示す年代学的の単位」としての「土器型式」を対象として分析・構成し，「土器型式」間の関係に接近することではじめて意味を生成するという組織化の性質を用い，特定の年代における動態に接近してみたいと思う。

そうした文脈において縄紋式から弥生式への移行を議論する場合に，関東地方で常に問題となっていたのが「**境木式**」（山内 1940）である。

戦後の早慶明3大学による縄紋式晩期研究気運の高まりに乗じて，東部関東の「荒海式」に対して西南部関東の「境木式」として対置され，「**杉田Ⅲ式**」（杉原・戸沢 1963）に後続する縄紋式最後の「土器型式」として位置付けられた（馬目ほか 1965）。

一方で商業出版物においても南関東の弥生式として長い間紹介されてきた経緯を有している。最初は「南関東最後の縄紋土器と最初の弥生土器とのあいだには，なお隔りがあってつながらない。」との課題を残しつつ（石川 1987）も，最近に至り西南部関東において検出される「荒海式」系との関連が明確になるに従い，改めて「様式」として弥生式の範疇で理解することが試みられたのである（石川 2003）。後者はあたかも念願の宿題に応えたかの意欲的な取り組みであり，思考プロセスが分かりやすいが，そうした意欲とは裏腹に根源的に見直すべき問題こそが，「境木式」自体の系統と編年的位置であった。

関東地方の弥生式成立を「**変形工字文系土器群**」の鉢と「**条痕文系土器群**」の壺という，縄紋式終末とは異なる，新たなる「型式組成」によって理解してきた立場（中村 1976；鈴木 1985a）では，「境木式」の位置付けは困難以外の何ものでもなかった。それゆえに議論の深化が進まないままであったが，相模周辺で発見された「**矢頭式**」（谷口 1997）が嚆矢となり，新たに連続する「型式組列」が「**弧線文系土器群**」という範疇として発見・検証されたのである（鈴木 2004a）。「弧線文系土器群」は弧線を中核とする「**浮線文系土器群**」が，「変形工字文」の強い影響の下に沈線文化し弧線文を定着させた土器群であり，馬目順一の指摘の通り，「荒海式」と一体となった動向に際立った特徴が認められる。

こうした関連する資料群への真の型式学の適用により，「境木式」の真相は新たな範疇としての「弧線文系土器群」生成にかかわる初期状態で，「矢頭式」に並行する南武蔵方面の「**半精製土器様式**」と考察され，縄紋式終末の「荒海2b式」期に編年的位置が措定されたのである。

このように「境木式」研究は「土器型式」発見が空白に近い場合に生起する拠って立つ所の相異による議論の典型である。列島における太平洋先史文化研究者は「変形工字文系土器群」から接近し，日本海先史文化研究者はその母体を「浮線文系土器群」に置いたのである。そして最終的には地域研究の進展によって，「半精製土器様式」としての性質（鈴木 2003a）と年代的な位相が明らかとなり（鈴木 2004b），新たに「弧線文系土器群」という弥生式前期に定着する系統的範疇が策定されたのである。

縄紋式研究ではなんら不都合の無い，偏在する状況に対しての復元的研究法であるが，弥生式研究では無理強いしても既存の「様式」に押し込む思考が顕著である。そこで「様式」に慣れている弥生式研究者には「十王台式」研究法はなじみにくいと思われたので，あえて「**縁辺文化**」

として象徴化し，人類史としての「土器型式」の存在とは，ペトリ順序を更に横に拡張した前後左右の「土器型式」関係の中から発見的に導出されるものであることを，最近分かり易く示しておくことにしたのである（鈴木1999）。

それは派手な解釈論とは一線を画す姿勢である。基盤研究として粛々と連続する「土器型式」の発見に努め（山内1930），「土器型式」間の関係や存在環境を精緻に分析し，意味のネットワークとして総合する昔ながらの土台構築に関わる研究手続きが，戦後に途絶えてしまった不幸をただ嘆くだけの評論家気取りよりも，今からでも遅くないとの認識の下に老骨に鞭打ち，再び戦後の復興を開始したいと思うからである。

では，「境木式」の真相が判明したことによって，「荒海式」あるいは弥生式の成立研究にフィードバックすべき影響はないであろうか。あるいは新たなる課題が彷彿とすることはないであろうか。加えて正規の発掘調査を通した出土状態などの付加価値をも再分析することによって，新たなる展望を見いだすことはできないだろうか。

常に足元を見直す構えが「土器型式」研究の真髄であり，本稿では東部弥生式の成立を巡る「隠れた秩序」と「継承される価値」から「新たなる価値」へと接近したいと思う。

2. 隠され保護される環境 —「地上系施設」と「地下系施設」の２者—

「境木式」研究では「分類の標準」が極めて限定され，しかもその後に類例の発見が乏しかったため，その社会を考察する場合に手掛かりは土器以外に全くなかったのである。そこでその教訓を活かすならば，明らかに保存されてきたことによる関係性が顕著に認められる土器群を求めて接近し，「境木式」研究を補完することが可能な型式学的方法について纏めておきたい。

その趣旨に沿った遺蹟は数多いが，特に関東の初期弥生式との出会いで感動した二つの遺蹟は，ともに千仞の谷を思わせる切り立った崖がランドマークとなっており，心身ともに到達に困難が伴う点で共通しているのであるが，そのうちの一つが群馬県吾妻郡東吾妻町岩櫃山（鷹ノ巣岩陰）遺蹟（杉原1967）であった。

第１図は杉原荘介によって果敢に行われた岩櫃山（鷹ノ巣岩陰）遺蹟の発掘調査成果である。2000年前後の年月を経，発掘当時においては最大50 cmの土壌が形成されており，埋置されていたような状況を呈していたと報告された。また，第１図の土器に付されている番号は「発掘時における発見の順位を表している」とのことであり，発掘の手順も窺い知ることができるのである。

ここで土器の出土状態などから遺構の有無を判断する限りでは，埋置した可能性よりもむしろ設置した状況を彷彿させており，鷹ノ巣岩陰という場所を心身ともに共有している集団にとっては，設置形態として何らかの施設の有無は今後に委ねるにしても，既に壺の存在だけでも墓としての機能は事足りていたと思われる。すなわち，鷹ノ巣岩陰のような場所であれば，埋置しなくとも先祖の墓が破壊されずに保存・継承できることを知っていたか，あるいはそれを確認した上

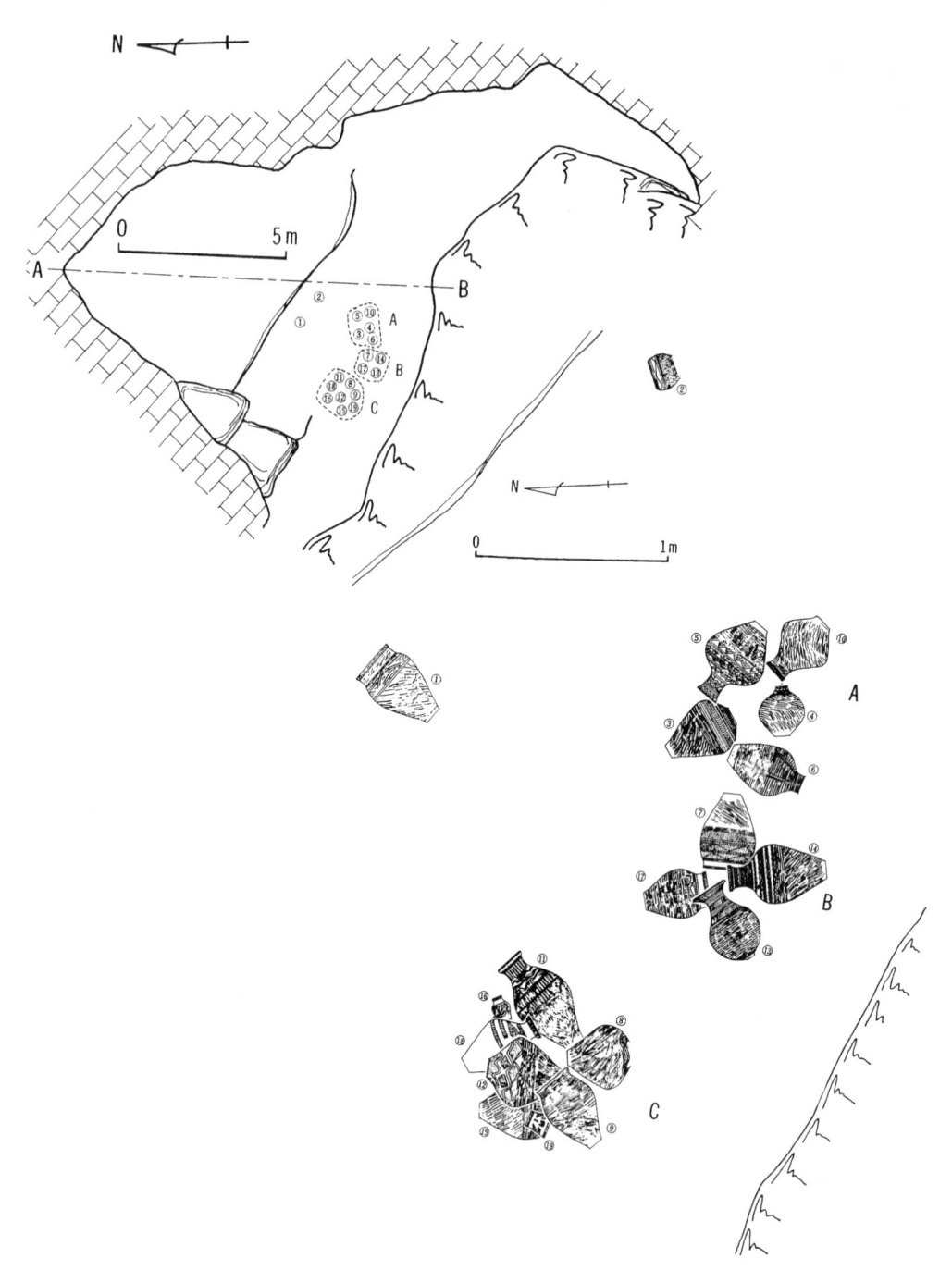

88　第3部　地域の表出—弥生・古墳時代

第1図　岩櫃山（鷹ノ巣岩陰）遺蹟における「地上系施設」の措定

で継続してきたのであろう。

　そこで鷹ノ巣岩陰における考察として参考とすべきは，「その墓地は容骨器として土器を利用したものであったので，遺骨はすでに見られないとしても，その一つ一つを個体として考えることにより，当時の家族構成あるいは社会構成を復原するための重要な資料を提供することとなった。」との今後の課題であり，それを受けて「『岩櫃山』之声」（鈴木1981）という，土器の纏まり方からそれらの関係性に接近する型式学を実践したのである。それは保存する意志があらゆる場面で継続している限りは，今日においてもその意志を垣間見ることができるからである。

　畢竟するに遺存状態の良い土器群とは意識的に保存する行為に依存していた結果であり，その対象物に往時を復元する強力な手掛かりを求める必要がある。

　さて，岩櫃山（鷹ノ巣岩陰）遺蹟のような自然のままで十分に保護施設と為し得る形態の「**地上系施設**」の例はそう多くないにしても，一般的にいえば，土坑から略完形の縄紋式土器を複数個体検出することがある。埋設され，地上における破壊行為から保護されてきたのである。土坑だけではなく，住居址やその内部施設からそれらを検出する場合もある。埋設された場合と同様に地上における破壊行為から保護されてきたのである。このように保存されてきた完形の土器群とは大多数が地上における破壊を免れた，「**地下系施設**」に埋設された場合であろう。

　そうした中でも岩櫃山（鷹ノ巣岩陰）遺蹟のあり方に対する「地下系施設」としては，栃木県佐野市出流原町出流原遺蹟（杉原1981）の「第11号墓壙」が「盟主的な」と言わしめるほどに注目されるのである。

　第2図が「第11号墓壙」の出土状態であるが，第8例土器から反時計回りに順次追葬され，11個体目が最後であり，それは「人面文省略系壺」の第9例土器によって全ての埋設が完了する事例であった。この土器群の埋設順序は型式学の変遷結果とも整合的であり，1985年に名古屋で開催された研究会にて当日配布資料をもとに解説した経緯がある（鈴木1985b）。

　そこで杉原荘介による「遺骨は主として壺形土器に収納される。この時，異体を混入することはほとんどなかった。一人一土器が一般である。」という岩櫃山（鷹ノ巣岩陰）遺蹟での経験を踏まえた成果にしたがって，「細別」の範囲内で追葬が完了する「**集合土器棺墓**」，さらには出流原遺蹟「第11号墓壙」のように「土器型式」の世代を超えて継続される「**追葬型集合土器棺墓**」という概念に辿り着いたのである（鈴木1984）。

　問題は「追葬型集合土器棺墓」の母体である「集合土器棺墓」の成立にある。関東地方においては縄紋式終末から弥生式前期における確実な例は管見に触れておらず，主体は合口土器棺墓であり，それが複数組み合わさることもあるが，壺が纏まって検出される状態ではない（鈴木ほか1991）。むしろこれまで主張したことを福島県伊達市霊山町根古屋遺蹟（大竹ほか1986）などで検証してきたように，晩期終末における会津・中通り方面の「**幼型弥生式**」動向が強く関係しているようである。

　このように弥生式中期における特徴的な墓址の在り方の2者（「地上系施設」と「地下系施設」）を見るならば，いずれにおいても先祖を同じくする集団により，破壊されることから護るように

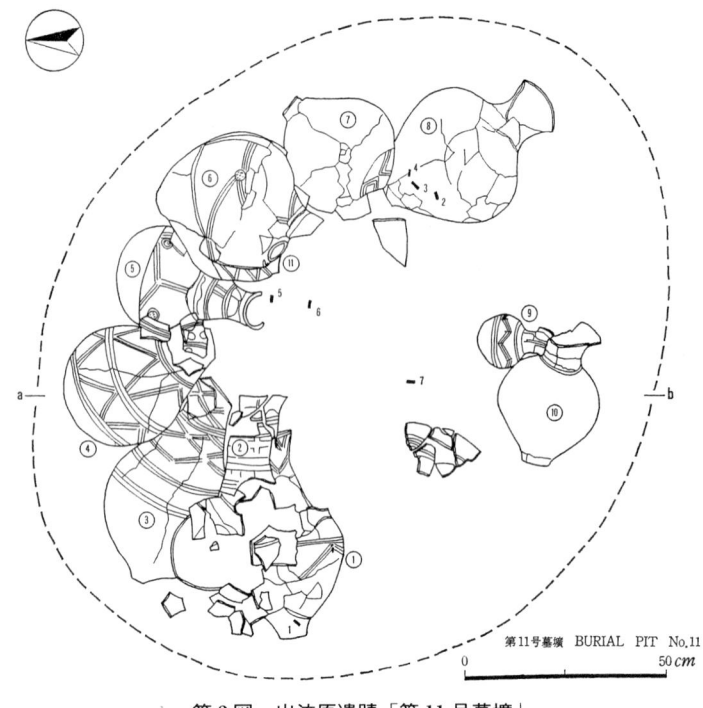

第 2 図　出流原遺蹟「第 11 号墓壙」

丁寧に管理された場所において，追葬を長期的に継続してきたのである。この問題は「土器型式」の単位によって考察すると興味深く，どうやら壺数個体分が小集団の単位となるが，紙数の都合によりこの問題については別途機会を得る心算である。

　ところで弥生式中期前葉から中葉にかけての「山の住民」や「野の住民」とは環境が異なる，「海の住民」に眼を転じるならば，東京湾や相模湾に面する同期の良好な出土状態の事例は殆ど管見に触れなかった。しかしながら「古霞ヶ浦」の浮島においては，縄紋式から弥生式への移行を考察する場合に最適な資料が出土しており，特に「海の住民」にとっては環境（気候）変動と密接な関係にある砂層遺蹟形成状況にも注目しておく必要がある。

3.「砂ムロ」に隠され保護された土器

　山頂という岩櫃山（鷹ノ巣岩陰）遺蹟，山麓の出流原遺蹟，台地上の千葉県佐倉市岩名天神前遺蹟というように，弥生式中期前葉から中葉にかけての各種「集合土器棺墓」を確認してきた杉原荘介は，「古霞ヶ浦」の浮島で遂により古式の「合口土器棺墓」と出会うことになった。

　それが茨城県稲敷市殿内遺蹟の発掘調査であった（杉原ほか 1969）。殿内遺蹟の調査は画期的な現象を発見し，「土器棺墓」研究を次に要約するような新たな次元へと導いたのである。すなわち，「集合土器棺墓」が「一遺体一土器の原則」に則って執行されるのに対し，殿内遺蹟の「合口土器棺」は「一遺体一小竪穴の原則」に従っていることが明らかとなり，しかもそれが縄紋式

との接点でもあることから社会制度上の大きな変動が措定されるのである（鈴木2006）。

(1) 小竪穴と「砂ムロ」

　小竪穴についての特徴は，発掘調査により10基検出された例は掘り込みが一様に浅く，「合口土器棺」は横位に寝せて埋置されていた。特に第1号小竪穴の「内側周壁に粘土質土を貼り付けて」補強したような痕跡も明瞭である。人骨を含め，検出された各種遺物については省略に従い，別途の機会に譲りたいと思う。

　本稿で問題にしたいのはそのような明確な小竪穴ではなく，「殿内BV式土器」とされた中の**「黒色砂質土層から得た約10個の完形土器」**という注目すべき現象であり，幸いなことにその中の3個体分の出土状態が2葉の写真として報告されている。小形土器の保護具合や大形土器の破損具合については写真を観る限り，小竪穴から出土した資料と共通した単体出土状況が殆どであり，ここが注目すべき現象となる。すなわち，完形土器として遺存した理由は，剥き出しの廃棄現象による個別の偶然性と考えるよりも，何らかの施設によって個別に保護されてきた可能性に注目したいのである。それが小竪穴でないことは発掘調査で明らかであることから，半地下系（あるいは地上系？）の施設である「ムロ」概念（鈴木・馬場小室山遺跡研究会2006）の存在を措定したいと思う。本稿では「**砂ムロ**」として注意を喚起し，殿内遺蹟における小竪穴への移行に際しての共通基盤と考察している。

　とすれば，次に問題となるのは「砂ムロ」と小竪穴に保存されてきたゆえに比較が可能となった土器群における顕著な違いである。それは「砂ムロ」には「精製土器様式」の（浅）鉢が中核となっているのに対し，小竪穴では「合口土器棺」のためか，「粗製土器様式」の大きな壺や大きな深鉢が主体的な参画形態になっている点である。この違いは必ずしも同じ年代における比較ではなく，「砂ムロ」が「荒海3式」から「荒海4式」の年代幅が中核的であるのに対し，小竪穴では「荒海4式」から「殿内1b式」が主体となるというタイムラグとしての違いがあるものの，共通している「荒海4式」に限定すれば，**「精製土器様式」の「砂ムロ」と「粗製土器様式」の小竪穴**という器種構成上の違いは一層際立つことになる。

　ここにおいて「砂ムロ」と小竪穴の違いをどのように考察すべきか，そのためにも小竪穴にのみ注目するのではなく，「砂ムロ」によって隠され，保護されてきた土器群を分析する必要がある。しかもそれらの土器群の多くは極めて特徴的な「精製土器様式」であるものの，報告書では図が小さく詳細が知りえなかったが，幸いにも石川日出志のプロジェクトによって詳細が判明しており（石川2005b），従前の報告書を補うこと充分である。正にこれから議論する「砂ムロ」の「精製土器様式」を中心とした諸例は時宜を得た土器群といえる。

(2)「砂ムロ」の「荒海3式」

　第3図はこれまで「荒海3式」と説明してきた土器群である（鈴木・鈴木加1985；鈴木1987・1991a・b）。特に「分類の標準」とすべき**「続変形工字文系土器群」**（鈴木2004a）は，近年の研究

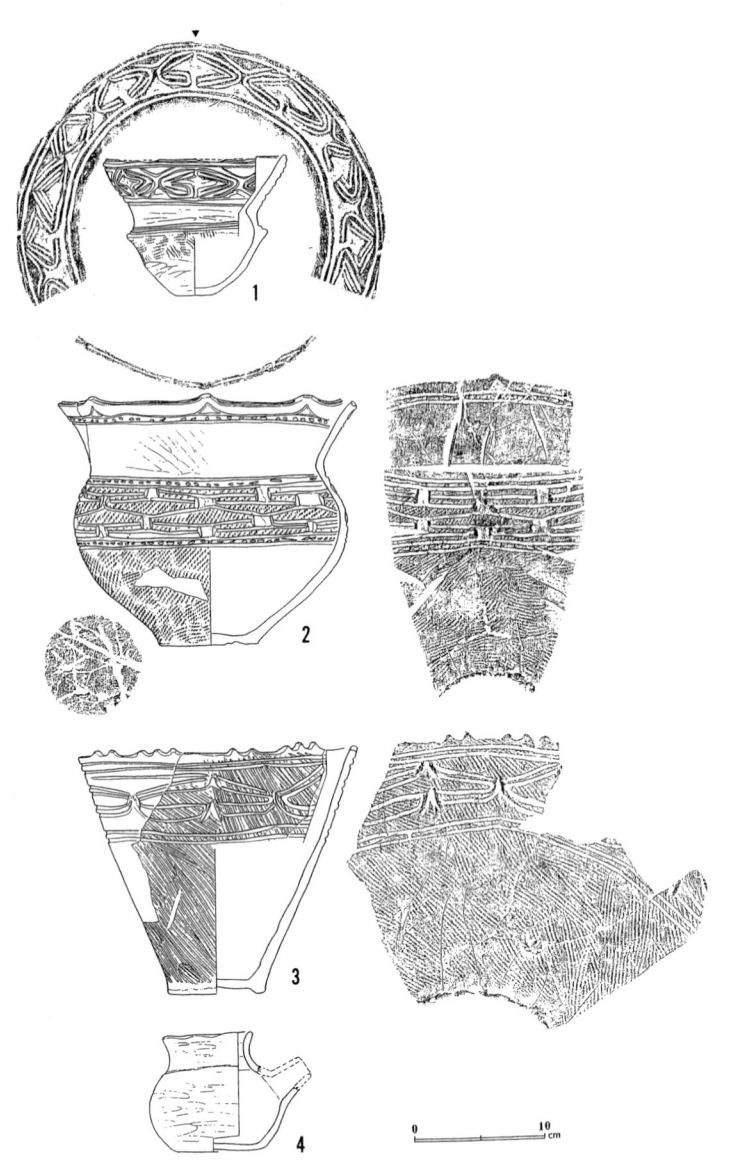

第3図　殿内遺蹟「砂ムロ」の「荒海3式」土器

によって複数系列の存在と複合環境が明確になってきており（鈴木・荒海貝塚研究会2004），先ずはこの点から議論していきたいと思う。

　第3図1・2は異なる系列としての典型的文様帯の2者であり，逐一の引用は省略に従うが，学史的な結論を一言で行うならば，1は「**南奥大洞A2式**」形制を継承した「荒海3式」，2は「女方1式」の強い影響から生成された「荒海3式」として決着できる形制である。この関係を具体的な型式学として本格的な議論を開始したのは偶然にも同じ年の1991年であった。「分類の標準」としての重要性を鑑み，解説を加えておく。

　1は形制と文様帯の双方において「荒海2式」の伝統を忠実に継承している典型的な資料であ

る。形制は器形と装飾帯によって規定される。器形は「南奥大洞A2式」に独特の形態である浅鉢の底部がさらに胴部として拡張した形態を継承しており、同様に装飾帯も口縁部の主文様帯と頸部の無文帯に特徴があり、胴部上方に区画を意識した痕跡的な文様を配置する系統に従っている。このような形制を「作B型鉢」（鈴木2004b）と命名した経緯があるが、ようやく望んでいたいわき方面で「荒海式」の母体となる資料群に出会えたことを記念しての命名であった。

　形制の独自性以上に注目すべきは文様帯である。「作B型鉢」は「変形匹字文」から「変形工字文」系統の文様帯が一般であるが、1は「荒海式」に発達している「非変形工字文」の仲間であり、しかも決して類例の多い文様帯ではない。すなわち、「荒海貝塚の特殊壺」（鈴木1991b）の作法であり、「荒海2式」では「**手法A**：浮線文土器からの系統をひいた「抉り込み手法」」と「**手法B**：変形工字文土器の工字文部の手法から独立・生成された「ヨ」字状文」の2つの手法が顕現化しているのである。そして「手法A」については西部関東においても「千網A'式」や「続浮線文土器」を経て弥生式前期の「続千網式」へと継承されていく伝統性を確認し、広い範囲で弥生式前期の成立に深く関わっていることを指摘してきた経緯がある、特徴的な文様帯である。他方で「半精製土器様式」には「荒海1式」から「**菱形連繋文**」が「雑書文系土器群」の1類型として成立している（鈴木1981a）ように、1の菱形文志向自体が「荒海1式」ではきわめて重要な意味を有しており（鈴木1985d）、「**綾杉文帯系土器群**」の生成・展開と深く関わりながら「**綾杉文様帯系土器群**」が成立する（鈴木2003a）中で、「**乾式**」などにも菱形文は「型式組成」する（鈴木2003b・c）ことから、「浮線文系土器群」との関係に緊密な文様帯でもあった。

　1は成立背景において形制と異系統文様帯のクロス関係が顕著なために、その年代的位置の特定も決して容易ではない。「荒海2式」か「荒海3式」かのいずれかを決定すべき型式学は写真からの判断であり、菱形文から三角文への意識がみられる意匠、およびその結果として「抉り込み」が全て三角区画となり、最終的な判断は「荒海3式」の「続変形工字文系土器群」と共通した多単位化が顕著になっている点である。多単位化と同期するかのように上下の三角区画「抉り込み」は1箇所のみに留まり、他は下のみ三角区画「抉り込み」で、相対する上はV字文に形骸化していることが興味深い。文様帯の一部の属性のみで判断してしまうと「荒海2式」と共通する属性が認められるが、文様帯の次元において共通する性格を根拠として「荒海3式」と同定してきた経緯がある。

　2も1と同様に「荒海3式」においては異系列との関係が導出できる、形制および文様帯の双方において「女方1式」の強い影響の元に生成された典型的な「続変形工字文系土器群」である。形制については「**女方第34号土壙型広口壺**」（鈴木1991a）と命名し、女方遺蹟周辺では「大洞A'式」期における生成を栃木県河内郡上三川町後志部遺跡例で確認・検証した。問題は「続変形工字文系土器群」としての系列であり、福島県中通りや会津方面との連絡・交渉を確認している（鈴木1991a）ものの、他方で茨城県北部や福島県いわき市三和町作B遺蹟においては「型式組成」しない点も追認してきた（鈴木1991a・2004b）。

　では、2は「女方1式」そのものであろうか？　そこでこれまで「荒海3式」としてきた根拠

に多少触れておく必要がある。

　「女方1式」の「女方第34号土壙型広口壺」は祖形が深鉢文様帯であることに独特な形制生成の背景がある。まずはその原型を見極める必要があるが，それこそが「荒海式」文化圏およびその北接文化圏において「作B1式」から生成され，「作B2式」において顕著となる「**大洞型浅鉢系統深鉢文様帯**」である。この「大洞型浅鉢系統深鉢文様帯」は千葉県成田市荒海貝塚周辺において「荒海1式」から「荒海2式」にかけて確実に定着しており，「荒海3式」に至るとこの深鉢文様帯を土台とした各種の中核的変容が活発化している。それが現利根川下流域右岸から山武方面にかけて「作B型鉢」の変容として展開した「**荒海型深鉢系統有頸鉢**」，荒海貝塚でも検出されるものの東京湾東岸において特に発達する「**武士型深鉢系統短頸（深）鉢**」，そして「女方第34号土壙型広口壺」を改めた「**女方型深鉢系統壺**」などの独特の形制群である（鈴木・荒海貝塚研究会2004）。これらは要するに形成され定着した「大洞型浅鉢系統深鉢文様帯」を以下の3種の中核的変容によって小型化させた結果，と理解されるのである。

　　「武士型深鉢系統短頸（深）鉢」：「荒海3式続変形工字文」深鉢をそのまま小型鉢化
　　「荒海型深鉢系統有頸鉢」：「雑書文系土器群」の口頸部文様帯を転写し小型鉢化
　　「女方型深鉢系統壺」：「大洞型浅鉢系統深鉢文様帯」の口頸部拡張による小型壺化

　そこで2の文様帯を分析するならば，「女方型深鉢系統壺」に該当することは疑う余地が無いのであるが，その母体となったのが「大洞型浅鉢系統深鉢文様帯」ではなく，「荒海3式続変形工字文」深鉢であった点を生成過程論として重視しているのである。確かに形制は「女方1式」であるが，文様帯が「**多単位単段連続変形工字文**」という「荒海3式」の典型となっており，重視すべき文様帯を根拠として「荒海3式」と同定したのである。

　具体的に指摘すべきは3点である。装飾帯としての系統的側面において問題が大きいのは体部の「続変形工字文」における地文縄紋の作法である。これは「荒海2式」に生成された「半精製土器様式」深鉢における「変形工字文系土器群」の作法であり，地文として貝殻条痕文とする例が著名である。この深鉢は「荒海3式」においても継承されており，2の地文縄紋とする作法は「荒海3式」の系統である。2点目は「抉り込み」作法の展開である。「続変形工字文」における交点部のスリット文や口縁部の突起下の三角文における「抉り込み」作法は紛れもない「荒海3式」の系統である。3点目は口縁部や体部における「平行列点文」作法の展開である。「荒海式」では列点文の展開も特徴の一つとして重要である（鈴木1985c）。以上の3点から，形制における「女方1式」受容は認められるものの，文様帯そのものが「荒海3式」であることを重視した同定に従ってきた。

　第3図3は「雑書文系土器群」における「三角（菱形変容）連繋文」深鉢である。形制は「荒海2式」の「粗製土器様式」特有のバケツ形深鉢で，貝殻条痕文を地文としている点でも「荒海2式」以来の伝統を強く継承している例である。「三角（菱形変容）連繋文」は「雑書文系土器群」ゆえ粗雑さが見られ，「菱形連繋文」の2条対線作法を採用しているが，他方では「変形工字文」のスリットの名残がペン先形のように残されている点は意外と類例を認めているので注意

を払いたい。いずれにしても「雑書文系土器群」の生成と展開には幾つかの系列が関わっており，機会を得て触れてみたいと思う。

尚，「三角（菱形変容）連繋文」という文様の〈三角←→菱形〉変容作法は第3図1の性質とどこかで同期しているように思えてならないのである。例によって「隠れた秩序」を問題とすることになるのであろうか。

第3図4は注口附土器の継続性から予察して「大洞 A'式」に近い年代的位置として「荒海3式」と措定した土器である。その後，千葉県成田市荒海川表遺蹟において「荒海3式」の注口附土器が検出されており（石橋2001），殿内遺蹟の状況からは「荒海3式」より新しくなる可能性はあっても，古くなる可能性はない。本稿でも「荒海3式」の例と考え，寧ろその希少さによる価値を訴求しておきたい。

(3)「砂ムロ」の「荒海4式」とその直後

第4図はこれまで「荒海4式」の「分類の標準」と説明してきた土器群（鈴木・鈴木加1985；鈴木1987）及び「荒海4式」と伴存した土器（杉原ほか1969；石川2005），そして見直しの対象とすべき資料である。

先ず以って問題となるのは第4図1・2における形制であろう。2は一見すると「女方型深鉢系統壺」との類似性を有する第3図2との関係で考えられがちであるが，1・2における独特の口頸部形態に着目するならば，全く異なる生成過程を経ていることが判明している（鈴木1991a）。その根拠が口縁部の縄紋帯である。やや長い頸部の無文帯と相俟って，殿内遺蹟第1号小竪穴出土第1例土器の「粗製土器様式」大形壺や包含層出土の類似壺の形態と比肩すべき作法であり，第4図1・2は「女方型深鉢系統壺」の直接の影響を措定するよりも，共通の約束事に従いつつも殿内遺蹟における独自の変容を重視すべき形制と考察したのである。すなわち，「荒海3式」において展開した「続変形工字文」の各種変容は，「荒海4式」において一層の変遷を顕著に達成している可能性が高いのである。

こうして第4図1・2の形制が「女方型深鉢系統壺」とは別に考察すべきであることを確認した上で，文様帯について触れてみたいと思う。第4図1の「多単位単段連続変形工字文」は第3図2との系統関係が明瞭であるが，スリット「抉り込み」の匹字状退化や構成の簡素化など変遷もまた著しいのである。第4図2の体部文様帯は複合している点に特徴がある。上半部は「**多単位複段連続沈線工字文**」，下半部がかつて茨城県北部の浜通りに「荒海4式」の類例として指摘してきた（鈴木1991a），「**祖形磨消幾何学文**」である。「多単位複段連続沈線工字文」の特徴は，第3図2の「多単位単段連続変形工字文」における三角連繋文を狭域面に充塡させるために直線化して変形したところにあり，従って本来は隆線表現であるべき工字文が沈線表現となった変遷例である。ともに地文縄紋を採用していないが，この現象は「女方1式」に遅れつつも，より南奥系への作法に傾斜を強めた結果と理解できる。

第4図3の「精製土器様式」丹彩壺はかつて「荒海3式」と考えていたが，石川日出志によっ

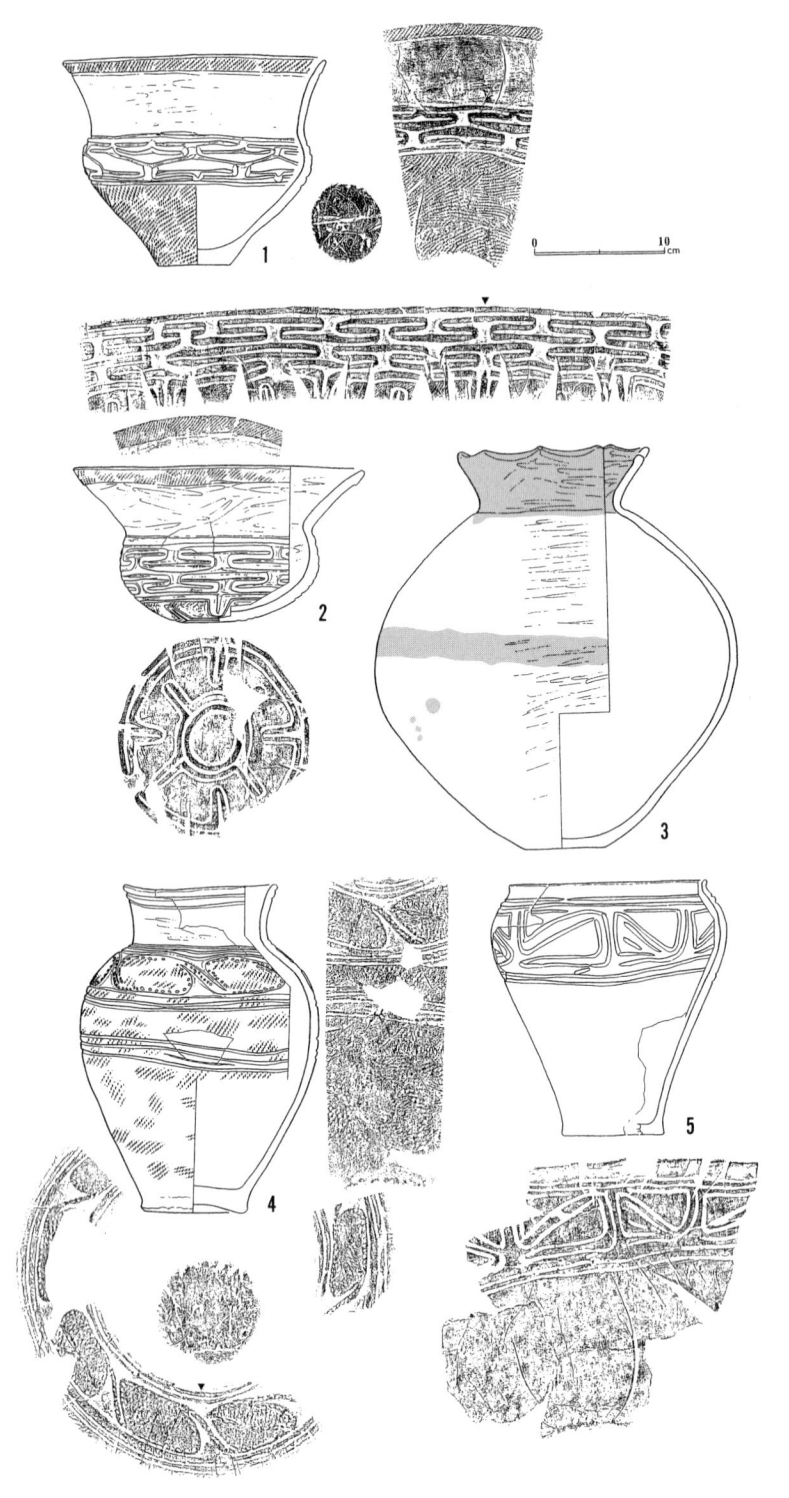

第4図　殿内遺蹟「砂ムロ」の「荒海4式土器」と「殿内1a式土器」

て出土状況が見直され,「荒海4式」に伴存することが検証された。2と3のような「精製土器様式」による組み合わせは,所謂「再葬墓」とされた小竪穴においては実現されておらず,「砂ムロ」の機能的な性格あるいは年代的の伝統を顕現している。

なお,従前は「祖形磨消幾何学文」など磨消縄紋の存在を重視して「荒海4式」から弥生式前期としてきたが,その後「荒海3式」における「続変形工字文系土器群」や「特殊壺」の活発化と伴存する「水神平式」などの東漸受容も検証し,環境(気候)変動に伴う新たなる文化圏の生成と理解するに至り,現在では「荒海3式」から弥生式前期の開始と考察している(鈴木・荒海貝塚研究会 2004)。

第4図4は報告者によって「**特殊な連繋文**」と説明された「**半精製土器様式**」壺であるが,「特殊な連繋文」とは言い得て妙である。畿内から南奥にかけて広域に共通する弧線文の展開の中で形成された文様帯である。畿内では「**唐古Ⅰ式**」(鈴木1995)の平塗彩文土器に弧線による連繋文が顕著であり,やがて「**波頭文**」(小林ほか1943)へと変遷するのである。隣接している北陸でも「**吉岡式**」や「**乾式**」に観られる「**弧線浮彫文**」(鈴木2004c)が関連する文様帯である。そこで本例については「**弧線入組区画文系浮彫文**」と呼び,特徴を明確にしておきたい。口縁部や文様帯の上下に2条の横線文帯,胴部にも縄紋帯を横断する3条の横線文帯が分離帯として配されるのは,「**作B4式**」の影響を受けていることを示している。胴部の横線文帯に磨消縄紋が不徹底であるのは「荒海4式」のゆえであり,「**Ⅲ文様帯**」生成の由来の一つ(鈴木2002・2003a・b)として重視してきた経緯がある。

第4図5は「砂ムロ」で検出された土器群の中では単位を形成する幾何学文が最も発達した「荒海4式」直後の文様帯である。形制は弥生式前期の典型的な「精製土器様式」(深)鉢に従っており,「**殿内1式**」を見直す契機となった文様帯であり,「**殿内1a式**」に伴存する「**磨消幾何学文**」の変容と考察すべきである。

以上,「砂ムロ」に隠され保護された土器について触れてきたが,畢竟するに「**続変形工字文**」による位相,および「**抉り込み**」の発達や「**区画入組弧線浮彫文**」などに観られる「**浮線文系土器群**」由来の位相,という2者が確固たる位置を占めている複合状態に改めて注目する必要があろう。

4.「続変形工字文系土器群」を超えて ―「隠れた秩序」と「継承される価値」―

殿内遺蹟における「砂ムロ」出土土器について特に触れるべきは,「荒海式」に発達している「特殊壺」の文様帯,すなわち「浮線文系土器群」由来の「抉り込み」である「**浮彫文**」という「**特別な文様帯**」の位相と展開である。

「砂ムロ」出土土器には2種の作法が認められた。「**幾何学文系浮彫文**」と呼ぶべき「抉り込み」部分が広い作法と,もう一つは「**区画文系浮彫文**」と呼ぶべき区画文としての輪郭を誇張する残存作法の2種である。

第3図1が「幾何学文系浮彫文」の範疇であることは言を俟たないが，実は「幾何学文系浮彫文」と「浮線文系土器群」との境界は決して明瞭ではない（鈴木1991b）。当時としては「千網式」や「氷Ⅰ式」などの典型的な「分類の標準」に対して，それらから見て異端な「特別な文様帯」に対して与えた範疇に過ぎないのである。従って，広く渉猟する場合に限っては「幾何学文系浮彫文」ということになるが，実際上の問題点は「**菱形文系浮彫文**」の継承である。

既に解説してきたとおり，「荒海1式」には「作B1式」や「氷Ⅰ式」期「浮線文系土器群」などの「精製土器様式」やそれらに伴存する「半精製土器様式」が強い影響を与えており，両様式において菱形文系構図が展開し，更には新たな「雑書文系土器群」も生成されている。従って，「荒海1式」において菱形文系構図は確実に定着しており，また現象的にも多様化している状況である（鈴木1985d）。

しかし，「荒海2式」に至ると「浮線文系土器群」は一部残存する程度で，殆ど「沈線文系土器群」として展開する。ここでとりわけ「精製土器様式」における沈線文との複合である「菱形文系浮彫文」の動向に注目する理由は，**衰退していく「浮線文系土器群」の継承を「隠れた秩序」として見出すことにあるが，その「隠れた秩序」としての現象は希少化しつつも，新たに「特別な文様帯」として特有の価値連鎖が措定される**からである。

従って，具体例による継承関係に注目してみたい。「大洞A'式」期である「荒海2式」において現時点で最古の典型例は市原市武士遺蹟（高柳ほか1996）出土の「氷Ⅰ式」系形制鉢であり，既に「「浮線文系土器群」の変容現象に着目すれば，「浮文」から「沈文」への漸次化現象（例えば，図2のOは東京湾東岸武士遺蹟例）も定着しつつある。」と解説しておいた（鈴木・荒海貝塚研究会2004）。武士遺蹟例は残存現象が顕著な点で価値の判断は難しいが，継承するという事実が重要である。

そこで大きな転換点を示しているのが，第5図1の千葉県香取郡多古町志摩城跡（荒井ほか2006）から検出された「菱形文系浮彫文」異形土器である。底部が無いものの瓢形という希少な形態であり，口頸部における文様帯と体部における撚糸紋の施文には極めて共通する構造を見て取れる。第3図1に比べて菱形文が丁寧に描かれている点は武士遺蹟例からの継承であろう。要所に附される円形突起は，近くは「荒海1式」以前において既に顕著となる「**上仁羅台型隆帯文深鉢**」に附される突起から，遠くは飛騨方面の「**阿弥陀堂式**」との関係も窺われて興味深い。菱形文が2単位で大きく描かれることからも恐らくは「荒海2b式」と思われ，志摩城跡例から殿内遺蹟例への変遷は形制と文様帯の双方から，「続変形工字文系土器群」生成と同期した接続的な変遷が措定されるのである。このように点々としながらも「継承される価値」が希少ながらも存在することの意義を内包しているのが「砂ムロ」である。

さて，次は「区画文系浮彫文」であるが，この文様帯の認識は1985年に遡り，千葉県成田市土屋殿台遺蹟（藤下ほか1984）の「荒海式」と新潟県阿賀野市六野瀬遺蹟（杉原1968）の関係についてはじめて議論の俎上にのせた経緯がある（鈴木1985c）。仮に「**殿台―六野瀬型特殊壺**」と呼ぶならば，ともに「**矩形入組区画文系浮彫文**」の例であり，その出自は関東（殿台）あるいは北

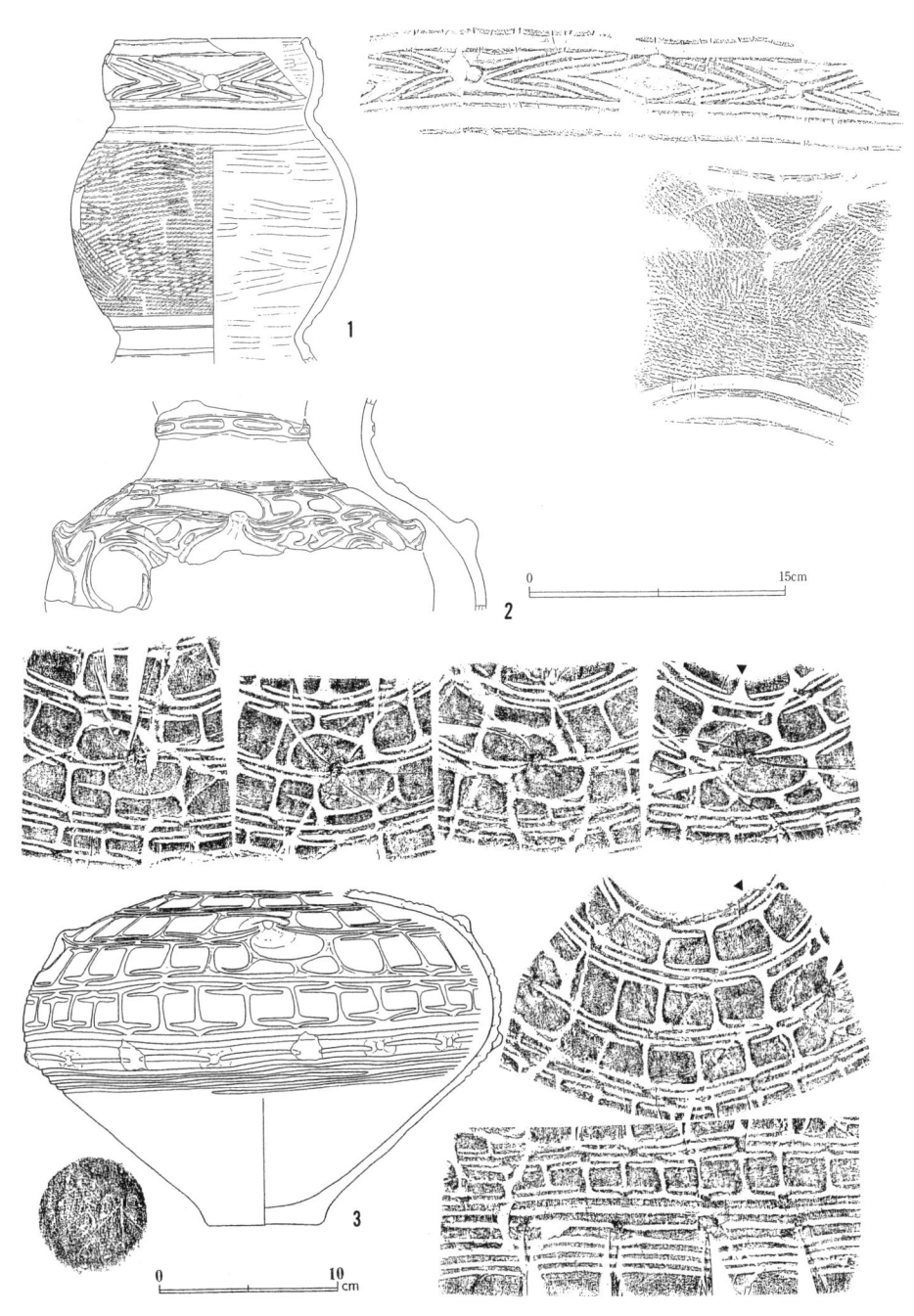

第5図 「荒海2式」(1・2)から弥生式前期(3)へ
1・2:志摩城跡遺跡;3:六野瀬遺蹟

陸（六野瀬）のいずれであろうか，その相互作用にも関心が赴くであろう。

特にその後の研究にて「特殊壺」という視点を獲得し，広く近畿や北陸における弥生式前期の文様帯を吟味してきた経緯を踏まえ，同時に「磨消変形工字文」とは異なる系列として「磨消幾何学文」を議論し（鈴木2000b），最終的には「南奥弥生式前期**二系統論**の展開が今後の課題」（引用者註：ゴジック体はママ）（鈴木2004b）という「**磨消縄紋二系統論**」に到達した。同じ頃，石川日出志によって同様の視点で弥生式中期前葉の「**磨消浮帯文**」（石川2002）が注目され，弥生式前期，そして縄紋式晩期へと逆照射されたのは記憶に新しい（石川2005a）であろう。第4図3についてもその中で扱われており，このように石川日出志の最近の論文によって「**非変形工字文系文様**」（石川2005a）に関する研究が再び脚光を浴び，東部弥生式生成過程の見通しを従来の「変形工字文系土器群」呪縛から解放する道筋が再認識された。それぞれの地域における内部構造を精確に跡付ける細別による編年が今後の課題として残っているが，こうした経緯を踏まえるならば，少なくとも一定の見通しについては共通認識となったものと思われ，ご同慶の至りである。

そこで再び第4図3の関係で足元を固めるならば，「殿台—六野瀬型特殊壺」についていずれが本拠地であるのか，検討しておく必要がある。そのために希少な「菱形文系浮彫文」例を検出した志摩城跡に注目するならば，「弧線入組区画文系浮彫文」に伴存する例とはいささか文様構成が異なる，第5図2の「特殊壺」も検出されており，重要な役割を演じているのである。

第1の注目点は，壺の肩部に4単位の突起を配し，その突起の周囲に「弧線入組区画文系浮彫文」を中核的な文様として展開している点である。4単位の突起文自体は「浮線文系土器群」に伴存する「特殊壺」からの伝統であり，更に第5図3の六野瀬遺蹟の「特殊壺」と共通した作法でもあるが，「弧線入組区画文系浮彫文」はより小さく退化している。第2の注目点は，肩部最上段の要所に小さめながらも「矩形入組区画文系浮彫文」が併存している点である。六野瀬遺蹟例では「矩形入組区画文系浮彫文」が中核的な文様として肩部全面に配置されている。従って，第5図2の「特殊壺」は「浮線文系土器群」の最後の階段である「荒海2a式」に伴存する可能性が高い。それは荒海川表遺蹟で「荒海2b式」の「弧線入組区画文系浮彫文」例が検出され，同様に突起も附されていることからも「荒海2式」である蓋然性が高い。

以上の資料整備と型式学的視点から導出すべき再確認は，「殿台—六野瀬型特殊壺」とした祖形は東部関東の「荒海式」で形成され，それが年代的変遷の中で新潟方面へと展開した文化動向である。石川日出志の目論見は南奥方面から六野瀬遺蹟の「特殊壺」を生成するモデルとして模式化されているが，真相は意外にも「荒海式」の中核性にあったのであり，「荒海貝塚の特殊壺」というタイトルに「継承される価値」が凝縮しているのである。

第5図2の「特殊壺」が「弧線入組区画文系浮彫文」と「矩形入組区画文系浮彫文」の併存であることから，その後の変遷に両者がどのように展開していくか，は荒海川表遺蹟のみでなく，紙数の都合で図示は省略に従うが，志摩城跡において両者の好例がともに少なからず検出されている状況に並列関係の判断材料を求めることになろう。それに伴存する「祖形磨消幾何学文」の位相についても別途機会を得る心算である。

畢竟，殿内遺蹟の「砂ムロ」から検出された土器群を再点検した結果，福島から近畿にかけての広域において「浮彫文」と「平塗彩文」に「隠れた秩序」を見出し，その年代的中核を「荒海式」に置くことによって「変形工字文系土器群」を超えて系統的に展開する「継承される価値」としての各種現象を確認し，その真相は「浮線文系土器群」の強烈な残照による「新たなる価値」にあり，それが東部弥生式生成における確固たる位相になっていたことを示した。

5. 結語 ―「III 文様帯」という「新たなる価値」の出現―

　「浮線文系土器群」から「荒海2式」へと継承されてきた「特別な文様帯」は，弥生式に至るなかでかなり広範囲で共鳴・共振し継承されているようである。この「特別な文様帯」こそが東日本における弥生式形成にかかわる一つの土台であり，「新たなる価値」としてもう一つの「III 文様帯」と呼ぶ所以である。しかもこの「特別な文様帯」は高知県土佐市居徳遺蹟においても木胎漆器に検出されており（鈴木 2000a），奈良県磯城郡田原本町唐古遺蹟と相俟って西日本に強力な影響を与えている。

　とするならば，東日本における「特殊壺」が生成起源の「III 文様帯」と，日本海側を中心に展開した「綾杉文様帯」が生成起源の「III 文様帯」という2系統の2者が，在地の「土器型式」変遷に深くかかわっていたことになる。そして，東部弥生式成立の指標であった磨消縄紋は，この2者によって「磨消変形工字文」と「磨消幾何学文」の2系列へと変遷し，更には「砂沢式」の南下と複合するのが「土器型式」としての実態である。

　殿内遺蹟の「砂ムロ」には，受容する関係としての「砂沢式」の影響を受けた土器は存在せず，寧ろ在地において「新たなる価値」を生み出した小形「精製土器様式」土器群が主体である点に，所謂「再葬墓」である小竪穴における大形「粗製土器様式」との対照が極めて顕著であり，その間における「荒海4式」関係こそが正に本稿にて明らかにしたところである。

　それにしても「古霞ヶ浦」においては所謂「再葬墓」に先んじて新しい時代を切り開いた象徴としての「砂ムロ」が存在し，縄紋式晩期における砂層遺蹟の形成と環境（気候）変動との強い関連も含め，そうした機能が今日でも不問・不明のままであるのは遺憾の極みであり，「海の住民」における「砂ムロ」研究の端緒としたい。

　最後に本稿において展開した「砂ムロ」とそこにおける土器群の位相解明研究は，馬場小室山遺跡研究会が進めている縄紋式晩期の集落構造における「ムロ」施設研究並びに縄紋式後晩期における砂層遺蹟形成研究の成果の一部であることを明記しておきたい。

引用文献

荒井世志紀ほか 2006『志摩城跡・二ノ台遺跡1―経営体育基盤整備事業島地区に伴う発掘調査報告書―』
　　香取郡市文化財センター調査報告書　第99集　香取郡市センター
石川日出志 1987「南関東の弥生土器」『弥生土器』II　弥生文化の研究4　雄山閣　PL. 21

2002「福島市孫六橋遺跡出土弥生土器の再検討」『福島考古』第44号　47-67頁
　　　　　2003「関東・東北地方の土器」『弥生・古墳時代　土器Ⅰ』考古資料大観　第1巻　小学館　357-368頁
　　　　　2005a「縄文晩期の彫刻手法から弥生土器の磨消縄文へ」『地域と文化の考古学』Ⅰ　六一書房　305-318頁
　　　　　2005b『関東・東北弥生土器と北海道続縄文時代の広域編年（課題番号14310189）平成14年度～平成16年度科学研究費補助金　基盤研究（B）（2）研究成果報告書』明治大学文学部考古学研究室

石橋宏克編　2001『成田市荒海川表遺跡発掘調査報告書』第1・2分冊　千葉県史編さん資料　千葉県
大竹憲治ほか　1986『霊山根古屋遺跡の研究』霊山根古屋遺跡調査団
小林行雄ほか　1943『大和唐古弥生遺跡の研究』京都帝国大学文学部考古学研究報告　第16冊　京都帝国大学文学部考古学教室
杉原荘介　1967「群馬県岩櫃山における弥生時代の墓址」『考古学集刊』第3巻第4号　37-56頁
　　　　　1968「新潟県・六野瀬遺跡の調査」『考古学集刊』第4巻第1号　77-91頁
　　　　　1981『栃木県出流原遺跡における弥生時代の再葬墓群』明治大学文学部研究報告　考古学　第8冊　明治大学
杉原荘介・戸沢充則　1963「神奈川県杉田遺跡および桂台遺跡の研究」『考古学集刊』第2巻第1号　17-48頁
杉原荘介ほか　1969「茨城県殿内（浮島）における縄文・弥生両時代の遺跡」『考古学集刊』第4巻第3号　第1-第10図版　33-71頁
鈴木正博　1981a「『荒海』断想」『利根川』1　1-3頁
　　　　　1981b「『岩櫃山』之声」『利根川』2　1-3頁
　　　　　1984「『王子台』の頃」『利根川』5　1-5頁
　　　　　1985a「続・『岩櫃山』之声 ―関東条痕文系土器の特質―」『昭和60年度秋期研究集会〈条痕文系土器〉文化をめぐる諸問題 ―縄文から弥生―発表要旨』愛知考古学談話会　37-43頁
　　　　　1985b「関東地方資料」『昭和60年度秋期研究集会〈条痕文系土器〉文化をめぐる諸問題 ―縄文から弥生―当日配布資料』愛知考古学談話会
　　　　　1985c「弥生式への長い途」『古代』第80号　382-398頁
　　　　　1985d「「荒海式」生成論序説」『古代探叢』Ⅱ　83-135頁
　　　　　1987「続　大洞A2式考」『古代』第84号　110-133頁
　　　　　1991a「栃木『先史土器』研究の課題（2）」『古代』第91号　133-171頁
　　　　　1991b「荒海貝塚の特殊壺」『利根川』12　44-55頁
　　　　　1992「隠蔽された荒海式」『婆良岐考古』第14号　40-87頁
　　　　　1995「山内清男と『唐古』―『考古学京都学派』の悲劇―」『利根川』16　24-37頁
　　　　　1996「続『荒海』断想 ―故西村正衛先生を偲んで―」『利根川』17　37-45頁
　　　　　1999「『十王台式』研究法から観た南関東弥生式（序説）―『縄紋原体論』と『施文帯』による『宮ノ台式縁辺文化』への接近―」『茨城県考古学協会誌』第11号　21-46頁
　　　　　2000a「『土器型式』の眼差しと『細別』の手触り ―大洞A1式『縁辺文化』の成立と西部弥生式の位相―」『埼玉考古』第35号　3-31頁

2000b「『砂沢式縁辺文化』生成論序説 ―『砂沢式』南下と連動した『藤堂塚S式』の制定と杉原荘介氏命名『有肩甕』の今日的評価―」『婆良岐考古』第22号 41-74頁

2002「弥生時代の板谷波山 ―形と文様，あるいは彩色のずれから観た『日本先史土器』の終着点―」『関東弥生研究会 第2回研究発表会』関東弥生研究会 1-4頁

2003a「『遠賀川式』文様帯への型式構え ―埼玉における『綾杉文帯系土器群』の位相と『綾杉文様帯系土器群』への『文様帯クロス』―」『埼玉考古』第38号 3-23頁

2003b「『亀ヶ岡式』から『遠賀川式』へ ―『文様帯クロス』関係から観た弥生式形成期の複合構造と相互の密結合―」『日本考古学協会第69回総会 研究発表要旨』日本考古学協会 56-60頁

2003c「『脱条痕文縁辺文化』研究序説 ―弥生式『zigzag文様帯系土器群』と『脱条痕文』に観る相互作用と『共同の母体』観―」『婆良岐考古』第25号 37-68頁

2004a「『境木式』の行方 ―『荒海2a式』から『境木式』へ，そして『弧線文系土器群』や『及川宮ノ西型文様帯』へ―」『婆良岐考古』第26号 1-26頁

2004b「『荒海式』変遷の背景 ―常磐弥生式前期への移行に観られる文化系統の一断面―」『茨城県考古学協会誌』第16号 67-94頁

2004c「『橿原式』から『唐古式』へ ―『木葉文』生成の型式構えは如何にして形成されたか―」『古代』第114号 71-96頁

2006「『女方文化』研究（3）―『一遺体一小竪穴の原則』から『一遺体一土器の原則』へ―」『利根川』28 53-62頁

鈴木正博・荒海貝塚研究会 2004「弥生式前期『荒海3式』の型式学的射程 ―『変形工字文系土器群』の変容に観る新たな文様帯の生成―」『日本考古学協会第70回総会 研究発表要旨』日本考古学協会 89-93頁

鈴木正博ほか 1991「茨城県の概要」『第1回 東日本埋蔵文化財研究会 東日本における稲作の受容 ―第Ⅱ分冊 東北・関東地方―』東日本埋蔵文化財研究会 196-220頁

鈴木正博・鈴木加津子 1985「『女方文化』研究（2）―利根川下流域に於ける弥生式の成立―」『第7回茨城県考古学協会研究発表会発表要旨』茨城県考古学協会（鈴木正博1987再録）

鈴木正博・馬場小室山遺跡研究会 2006「馬場小室山遺蹟における『環堤土塚』の研究 ―多世代土器群を多数埋設する風習を中心として―」『日本考古学協会第72回総会 研究発表要旨』日本考古学協会 45-48頁

高柳圭一ほか 1996『市原市武士遺跡』Ⅰ 千葉県文化財センター調査報告 第322集 千葉県文化財センター

谷口 肇 1997『宮畑遺跡（No.34）矢頭遺跡（No.35）大久保遺跡（No.36）第一東海自動車道厚木・大井松田間改築事業に伴う調査報告3 ―大井町内―』かながわ考古財団調査報告25 かながわ考古学財団

中村五郎 1976「東北地方南部の弥生式土器編年」東北考古学会編『東北考古学の諸問題』東出版寧楽社 207-248頁

藤下昌信ほか 1984「下総における縄文時代晩期終末の研究（2）―千葉県成田市殿台遺跡の調査―」『奈和』第22号 1-23頁

馬目順一ほか 1965「関東における縄文式最後の貝塚 ―千葉県成田市荒海貝塚―」『科学読売』10 読売新

聞社　27-39頁

山内清男　1930「所謂亀ヶ岡式土器の分布と縄紋式土器の終末」『考古学』第1巻第3号　139-157頁（『山内清男・先史考古学論文集』第3冊　1967収録）

　　　　　　1937「縄紋土器型式の細別と大別」『先史考古学』第1巻第1号　28-32頁

　　　　　　1940『日本先史土器図譜』第一部（関東地方）第5輯　図版40-49

大型式としての同心円文・渦巻文系土器群

小 玉 秀 成

1. はじめに

　弥生時代中期前半，おそらく仙台湾ないし福島県中通りで，渦巻文や同心円文を胴部もしくは肩部に施した壺が出現する。中期後半になると，この意匠を主文様とした壺を中心とする土器群が，その分布域を拡大させ，東関東～東北中，南部にわたる広範な範囲に展開するようになる。これらは，それぞれの地域で，足洗式，二ツ釜式，川原町口式，天神原式，桜井式，十三塚式，などといった土器型式が設定されている。

　このような各々に異なった土器型式を冠されている土器群は，もちろん，それぞれに独自的な個性を持っている。しかしながら，共通性も多々持ちあわせているのも事実であり，それについて検証することもまた必要である。最も共通性が高い特徴としては，壺の主文様に同心円文ないし渦巻文を胴部上半に描く点で，さらに口縁部（I）―頸部（II）―胴部上半（III）―胴部下半（IV）という文様帯構成をとる点も挙げられる。これらの土器群が相互に強い関係を持っていることは否めないだろう。

　しかしながら，これまで，この土器群について，その併行関係や各土器型式間における共通点や相違点などが具体的に説明されることはなかった。これは，資料数が少ないという制約もあるかもしれないが，県境を越えた研究者相互の情報交換があまりになされていないという問題もある。さらに言えば東北のとある県や，千葉県のとある市に行くと，報告書はおろか，そのコピーすら個人では手に入らないという現状もある。文化財は「国民共有の財産」と位置づけられ，広くその情報を公開するよう文化庁はうたっているが，どうやら研究者は国民とみなされていないようである。ただ，大学の先生などは別のようで，この場合は一部研究者と言った方が現実に即しているかもしれない。

　本論は，そうした中期後半に特徴的で，かつ広範囲に展開しながらも，内容の解明が進んでこなかった土器群に対し，同心円文・渦巻文系土器群と呼称する。そして，それらの土器群を概観するとともに，集落，墓制，石器などを検討し，背後にある社会像を想定することを試みてみたい。そして，既存の土器型式を越えた範囲で，このように見られる土器の個性を，仮に大型式と呼び，これがどうして成立するのかを考えてみたい。

　そのようなわけで，茨城県のきわめて小規模な自治体に職を持つ筆者が，このように広域な地

域にわたって展開する土器群に対し検討を施すには，情報が偏っている危険性が多々あり，少々，論を進めるにあたって躊躇する点も多いのだが，愚見を述べ，広域土器研究の進展に，1つのきっかけが作る事ができれば幸いである。

2. 同心円文・渦巻文系土器群の諸相

　同心円文ないし渦巻文を主文様として壺に施す土器は，大きく分けて，東関東，浜通り南部域，浜通り北部域，仙台平野，福島県の中通り域・会津盆地，山形県の村山盆地周辺，に見られ，それぞれに異なった土器型式が設定されている（第1図）。その他に新潟県域の一部や，群馬県域にも，この文様が描かれる土器は知られている。

　これらの土器群を通覧するに，壺の主文様や文様帯構成の他にも共有する特徴を見出すことができる。それは，甕の文様とその文様帯構成である。体部に縄文を施し，口縁部を無文とする甕が天神原式をのぞく全ての土器型式に見られ，さらに中期末葉に入ると中通り・会津盆地を除く地域全てに口縁部に連弧文を施すものが見られるようになる[1]。

　このように，同心円文・渦巻文系土器群は，単に壺の主文様を共有するということにとどまらず，壺，甕双方において，その文様，文様帯構成を共有しており，既存の土器型式の範疇を越えた，もう一段階上のレベルと言える個性として認められるものと分かる。なお高杯や蓋などの他器種も見られるが，実に9割近くが壺と甕で占めており，そのうち壺が半数以上を占めるという点も付記しておきたい[2]。

　では，同心円文・渦巻文系土器群に内包される諸土器群の諸相を壺を中心に見ていこう。

　東関東　東関東では，中期後半に足洗式が分布し，末葉になると南部に阿玉台北式―大崎台1式が，北部に鍛冶屋窪式―部田野山崎式が分布する地域である。足洗式は胴部上半に渦巻文を施すことを特徴とするが，1式では単沈線によりそれが描かれ，2式になると2本の施文具が用いられる。3式では渦巻文と胴部縄文帯との境界が不明瞭になり，一部3本の施文具が登場するという変化が見られる。

　その後，同心円文，渦巻文が消失し，天神原式，桜井式の影響が強い土器群が成立するようになり，北部に鍛冶屋窪式，南部に阿玉台北式が成立，それぞれ，部田野山崎式，大崎台1式へと継承される。

　浜通り南部　天神原式は1～多条の施文具により壺の文様を描くが，同心円文，渦巻文の他に，重層V字文，格子文，連弧文，斜走文，波状文などのバラエティに富んだ文様が描かれる。天神原式は胴部上半のⅢ文様帯が狭小化していく傾向があり，Ⅲ文様帯が胴部最大径以下にまで展開する1式，胴部最大径付近までの2式，頸部付近に集約される3式という変化を見せる。なお，3式ではⅢ文様帯の幅が極めて狭くなるため，結果，同心円文，渦巻文が消失する。

　この天神原式の祖型式となるような土器群は，未だ定かではない。ただ福島県いわき市大畑E遺跡において天神原式よりも古い段階の単沈線により渦巻文を描く土器が出土している。この土

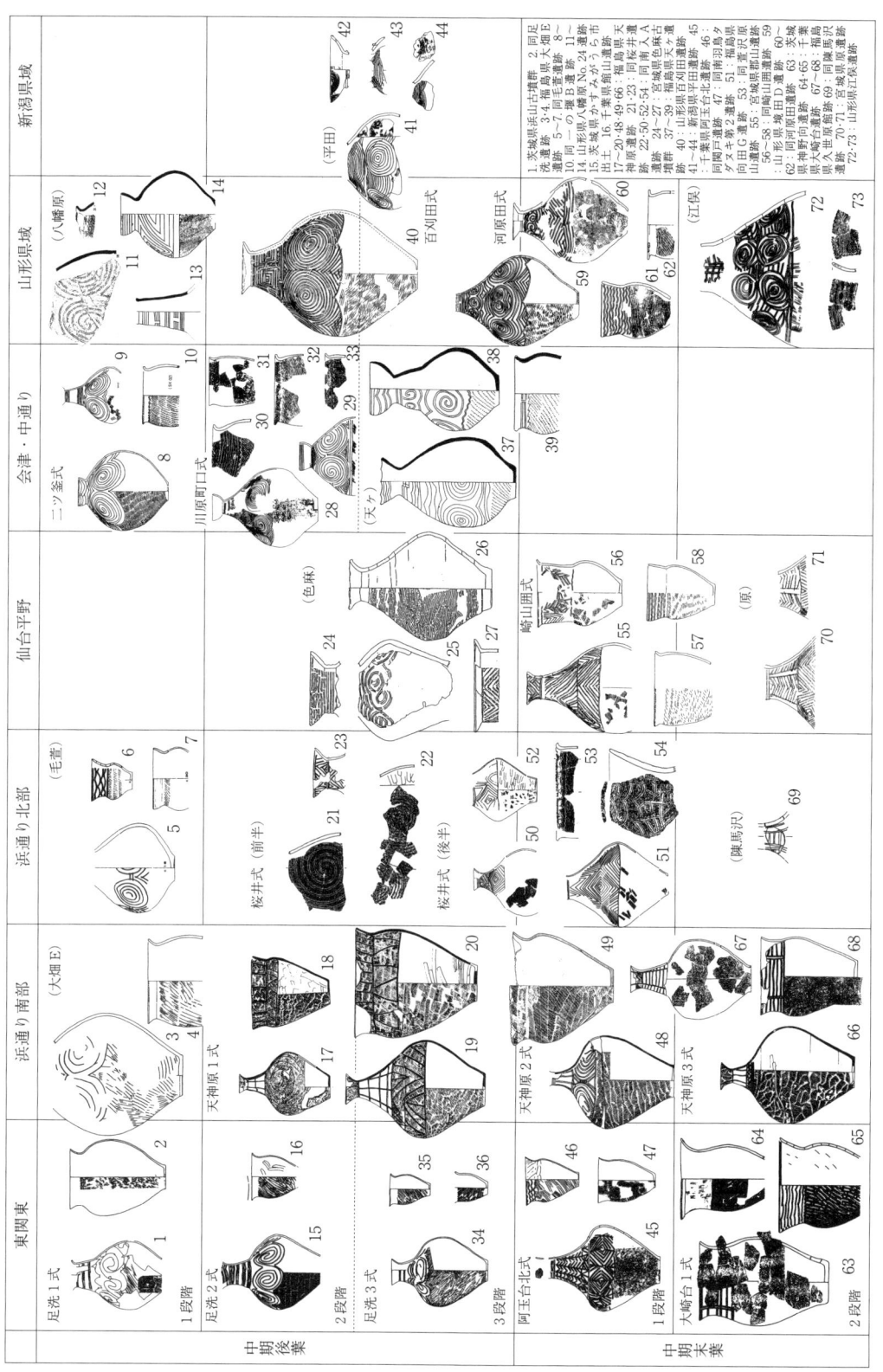

大型式としての同心円文・渦巻文系土器群　107

第1図　同心円文・渦巻文系土器群の諸相（縮尺不動）

器は後述する二ツ釜式に近似している。ただこの両型式間における系統的な連続性については，不詳である。また，天神原式に後続する土器群として伊勢林前式が挙げられるが，両者における系統的連続性は乏しく，中期最終末のものと認識してはいるが，これを同心円文，渦巻文系土器群に含めることはできない。

浜通り北部 桜井式が分布する地域である。桜井式は天神原式とほぼ併行する土器群と言われているが，天神原1〜3式までの各段階にきっちり併行するのか，それとも，少しズレがあるのかは定かではない。桜井式は，2本の施文具により，頸部に山形文，重層V字文，格子文等，胴部上半には，渦巻文の他に重層V字文，重菱形文などが描かれる。桜井式の渦巻文は，渦巻中央が連結しない描き方をするものが多く，独特である。また口縁部下に巡らす断面三角形の突帯も特徴的と言ってよい。桜井式が一定の時間幅を持っていることも容易に想像できるところであるが，まだその詳細は明らかではない。一部，突帯が沈線化していたり，頸部と胴部上半の文様帯の区画文が消失していたりするものが見られ，これらが時間的に後出的なものと言ってもよい。またさらに，隣接地域にある天神原式を参考にすれば，少なくとも渦巻文は，その後半期に姿を消す可能性がある。また東関東で桜井式の影響を強く受けて成立する阿玉台北式や鍛冶屋窪式には渦巻文が施されないことからして，これらの土器群に併行する時期には，桜井式の文様として渦巻文は消失していると考えられる。

ここでは，桜井式について，前半期と後半期の2時期がある事を確認しておく。

仙台平野 いわゆる十三塚式と呼ばれる土器群が分布する地域である[3]。他に崎山囲式，名取式とも呼ばれているものがあるが，それらの型式的な差異は不分明な部分が大きい。これらの土器群は桜井式に非常によく似てはいるが，口縁部無文で体部縄文の壺や，長頸甕など東北北部域の影響がかなり強く見られるものがあり，桜井式とは分離して考えるべきと認識している。また壺以外の蓋や鉢，高杯などに同心円文や渦巻文が見られるのも特徴的である。

中通り・会津盆地 中期前半期に南御山II式が成立し，連綿と同心円文・渦巻文系土器群の系統的な変遷が分かる地域でもある。また，細口長頸壺の他に頸部を欠いた無頸壺もあり，他の同心円文・渦巻文系土器群とは様相が異なる点もある。

中期後半では，単沈線により渦巻文を描く二ツ釜式がまず成立する。頸部は横走文など，比較的簡素な文様が多いのも特徴であろう。川原町口式は，従来，2本描き沈線への変化が指標とされてきたが，会津若松市川原町口遺跡の発掘調査で従来の川原町口式と同様の文様およびその構成を持つにもかかわらず1本描き沈線で施文されている1群の存在が明らかとなった（堀金1994）。堀金靖氏はこれを二ツ釜式（新）とし川原町口式と分離，また佐藤祐輔氏は，施文具の差異はあっても文様，およびその構成が川原町口式と同様である点を考慮し川原町口式（古）→川原町口式（新）とする編年案を示している（佐藤祐2010）。堀金氏も佐藤氏も，施文具の1本→2本へという変化を重要視して，これを時間差としている点で共通している。筆者は未だこの1本描き沈線と2本描き沈線との相違について，検証したことはないので，ここでは1本描き，2本描き双方を含めて川原町口式と扱いたい。

川原町口式の特徴としては，渦巻き文の渦単位が多くなること，頸部文様が複雑化し，小渦文などの文様が現れることなどがあげられる。川原町口式に後続する土器群として御山村下式がある（中村 1993）。それまでの天ヶの土器もこれに相当するようである（佐藤祐 2010）。特徴としては胴部上半のⅢ文様帯の形骸化が最も大きいものであろうか。ただ，中村氏があげている当該期の特徴の一つに頸部文様帯における縦スリットの存在をあげている。となれば御山村下式は，中期末葉まで下る可能性があり，川原町口式直後と認識していた天ヶの土器よりもさらに後段階にあたる土器群が混在していることになる。

山形県村山盆地周辺 山形県域の村山盆地および置賜盆地の一部では，同心円文，渦巻文を胴部上半や頸部に施す壺を中心とする土器群が展開する。これまで単体的にポツンと資料が出土するにとどまり，その実態が不明な部分が多かったが，近年，山形市河原田遺跡や，山形県南陽市百刈田遺跡などの良好な一括資料群が報告されている。中期後半の当地域の土器群は，渦巻文や同心円文を主に 2 本の施文具で描き，連結させない点が特徴的である。

当地域において二ツ釜式と思われる土器が米沢市八幡原 No. 24 遺跡で出土している。ただしこれらは，会津盆地に近い米沢市域内でのことなので，村山盆地周辺で当該時期に併行する在地の土器群が存在する可能性はある。川原町口式併行期の土器群は，南陽市百苅田遺跡において良好な資料群が報告された（佐藤祐ほか 2010）。頸部のⅡ文様帯と，胴部上半のⅢ文様帯との区画が明瞭である点が特徴である。報告者の佐藤氏は，七浦式百刈田段階としたが，ここでは百刈田式と仮称したい。

ひるがえって河原田遺跡では，このⅡ文様帯とⅢ文様帯の区画が曖昧で，なおかつ胴部上半と頸部の間で見られた器形の屈曲も弱くなる。これらは河原田式と呼ばれている。さらに，山形市江俣遺跡出土土器や同市山形西高遺跡出土土器にいたると，完全にⅡ文様帯とⅢ文様帯との区画が消失しており，河原田式に後続する土器群であることが分かる。

新潟県域でも同心円文や渦巻文を描く土器群が知られているので触れておきたい。細い単沈線で描かれる「山草荷式」と呼ばれてきた土器群がある。これは，二ツ釜式との差異が明瞭でなく，また 2 本描き沈線のものは川原町口式の範囲を逸脱しないものがほとんどであったため，従来，新潟県域の同心円文・渦巻文系土器は，中通り・会津盆地の土器群と同様のものとして捕らえられてきた経緯がある。しかし近年，平田遺跡等において特徴的な同心円文を施す土器群の存在が明らかとなった（坂上ほか 2000）。同心円文間やその上位を重層する連弧文で充填している。一見，村山盆地周辺の同心円文・渦巻文系土器群と似ているが，単沈線である点や沈線の太さが太い点等，異なる所も多い。こうした土器が新潟県域に独自の同心円文・渦巻文系土器として展開している可能性は高い。

さらに，同心円文や渦巻文を施す土器は群馬県東部域でも見られる（第 2 図）（入沢ほか 2000）。1 は，群馬県太田市台の郷磯之宮遺跡出土のもので胴部上半に同心円文が描かれる。同心円文間とその上位に波状文が描かれ，同部下半は縄文が施されている。頸部は無文でその上に縄文施文の複合口縁が見られる。細口長頸壺ではないが，文様帯構成は同心円文・渦巻文系土器群のそれ

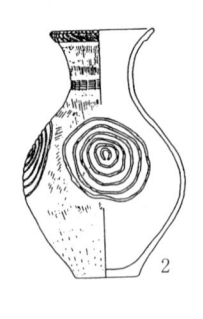

第2図　群馬県域の同心円文土器
1：群馬県太田市磯之宮遺跡；2：同前橋市荒口前原遺跡

と同様である。複合口縁や棒状貼付文は宮ノ台式との関係を，器形は竜見町式との関係を想起させる。一方2は，頸部に簾状文，胴部中位に同心円文が描かれている。胴部下半は無文であり，中部高地型櫛描文系土器により近似しているように見える。これら，群馬県東部域の同心円文土器は，一概に東関東〜東北中南部における同心円文・渦巻文系土器群と同列に考えることは出来ないが，1の磯之宮例のように文様帯構成や，文様に共通点が多く見られるものも多く，今後の資料数の増加によっては，これらは群馬県東部域独自の同心円文・渦巻文系土器群として認定しうる可能性が高い。

　以上，壺を中心に，同心円文・渦巻文を主文様として施す土器群について概観してきた。これらの土器は，同心円文や渦巻文といった主文様が共通している他にも，重層V字文など共有する文様要素が多々存在する。また口縁部（I）—頸部（II）—胴部上半（III）—胴部下半（IV）という文様帯構成も共有している。甕についても，口縁部無文＋体部縄文という共通性を持ち，中期末葉になると口縁部に連弧文を施したものが，中通り・会津盆地を除く全ての地域に見られるなど，共通性がかなり高い。壺と甕を基本的なセットする点，器種構成も近似する。

　主文様および文様帯，および基本的な器種構成の共有が，これらの土器群に見られるということであり，当然，それよりも細かな差異はあるものの，緩やかな共通性も多々あるのは明白である。そこで，これらの土器群を同心円文・渦巻文系土器群と呼称し，既存の土器型式を越えた空間的範囲に展開する緩やかな個性がある事を確認する。

3. 各土器群の併行関係

　前節で，同心円文・渦巻文系土器群としたものを通覧してきたが，ここでそれらの併行関係について検討してみたい。

　本論では中期後半の土器群を対象としている。その場合，二ツ釜式等に見られる単沈線により同心円文，渦巻文を描くものが，最初の段階として認められる。同様のものは，東関東の足洗式，浜通り南部の大畑E遺跡出土土器（佐藤典1990），山形県米沢市八幡原遺跡出土土器（佐藤庄ほか1975）などが挙げられよう。天神原式や新潟県域にも単沈線により描く例があるが，構図，文様

帯構成，施文具等の点で差異が大きく，この段階に比定するには問題がある。以上，このような単沈線により文様を描く土器群をもって，第1段階と位置づける。

　同心円文・渦巻文系土器群の場合，単沈線→2本描き沈線へという変化をすることは，よく知られている。つまり単沈線により文様を描く土器の次段階に，初期の2本描き沈線により文様を施すものがあたる。東関東の足洗2式は，その好例であろう。桜井式（前半）や百刈田式など2本描きで渦巻文等を描くものも，その文様帯構成からこの段階で成立する土器群と考えてよい。天神原式も2本同時施文具を用いた文様が多い。ただし，天神原式は施文具の条数にバラエティが多く，それがまた時間差を反映してないことは，土器棺の組み合わせや土抗墓一括資料から知られている。天神原1式においても1～3本の施文具が使用されており，この場合，施文具の条数から併行関係を判断することは難しい。確実な他型式との共伴例としては日立市十王町伊師藤ヶ作台遺跡で足洗3式と組み合わされた天神原式甕が知られるのみである。この天神原式甕は口縁部に文様がないタイプのもので，天神原2式以降，甕の中心となるものである。となれば天神原1式が足洗2式に併行する可能性はある[4]。川原町口式は，単沈線のものと2本描き沈線のものとの両者があり，時間差をもっていることも指摘されているが，この両者に文様や文様帯の構成にほとんど差異がないことから，その時間差は極めて少ないと考えている。よってここでは，川原町口式を一括して，2本描き沈線の段階と捉えたい。これら足洗2式—川原町口式—天神原1式—桜井式（前半）—百刈田式をもって第2段階としたい。

　東関東では足洗2式の次段階に足洗3式が設定されている。この足洗3式では，3本の施文具が登場する。これは大きな特徴の一つではあるのだが，依然として2本の施文具も残る。このことを考えれば，中通り・会津盆地における川原町口式などの2本描き沈線によるものも，当然，この段階まで時間幅を持っていることは予想されるが，天ヶに代表される崩れた渦巻文を施す土器群も，文様帯構成が崩れたという点においては共通点が大きい。天神原式は先述したように足洗3式との共伴例がある。桜井式は，相当の時間幅を持っていることが予想されるが，未だその細分編年案は提示されていない。おそらくはその前半期に渦巻文を施すものが組成する土器群が展開しているであろうことは，東関東において足洗3式以後，桜井式の影響により成立する阿玉台北式，鍛冶屋窪式に渦巻文が見られないことより想定できる。また隣接地域にある天神原式においても，2式になると渦巻文，同心円文は，極端に少なくなる。ここに桜井式を前半期，後半期に分けた場合，その前半期を足洗2～3式，川原町口式，天神原1式併行と考えることも可能であろう。仙台平野では中期後半に位置づけられる資料数が限られているが，宮城県加美郡色麻町色麻古墳群出土土器に2本同時施文具で同心円文を描く例があり（佐々木ほか1985），足洗2～3式期に併行する可能性が高い。山形県の村山盆地周辺では後述する河原田式が，渦巻文消失後の桜井式に併行すると考えられる。よって，この段階まで百刈田式が時間幅を持っていることが予測できる。以上，足洗3式—天神原1～2式—桜井式—天ヶ—百刈田式—色麻を併行ととらえ，第3段階とする。

　なお，新潟県域において平田遺跡で見られるような同心円文土器は，同遺跡内包含層から出土

したものだが，それが出土したのよりも下層から二ツ釜式〜川原町口式（古）併行の土器群が出土した。今のところ，こうした層位的な出土状況から川原町口式以降と位置づけられるにとどまる。

　中期後半について同心円文・渦巻文系土器群について土器型式相互の併行関係について論じてみた。これが，中期末葉にいたると，渦巻文や同心円文が主文様から消失する地域がある。しかしながら，なお細口長頸壺を中心とする機種構成を持ち，また，中期後半からの連続する系統の下，成立する土器群であることは間違いない。よって，このような中期末葉の土器についても，同心円文・渦巻文系土器群の範疇として取り扱い，以下，検討していくことにしたい。

　中期末葉の土器群が，最もよく理解できるのは，東関東〜浜通り南部である。また，連弧文を口縁部に施す甕が出現する段階でもある。この地域では，中期末葉をおおよそ2段階に細分することができ，東関東（南部）では1段階に阿玉台北式と笹山式が，2段階に大崎台1式が展開する（小玉2007）。東関東（北部）では1段階に鍛冶屋窪式，2段階に部田野山崎式がある（小玉2007）。これに対応する浜通り南部の土器は，1段階に天神原2式，2段階に天神原3式が考えられる（小玉2001）。天神原3式では縦スリット文様が頸部に見られるようになり，大崎台1式ではこれが主文様となる。阿玉台北式，鍛冶屋窪式，部田野山崎式では縦区画文様が頸部に見られる。東関東〜浜通り南部にかけては，この縦方向の区画文が現れるのが中期末葉段階の大きな特徴となる。

　浜通り北部では，東関東の阿玉台北式，鍛冶屋窪式が桜井式の影響を強く受けていることを考えれば，少なくとも1段階に桜井式が相当することは間違いない。先述したとおり，東関東の阿玉台北式や鍛冶屋窪式に同心円文，渦巻文が見られないことを考えれば，中期末葉段階に入って桜井式に同心円文，渦巻文が消失している可能性は大きい。2段階に相当する土器群は，不明瞭ながらも福島県双葉郡双葉町陣場沢遺跡に縦スリットを頸部に入れる壺が確認されており，浜通り北部においても中期最終末に縦スリットを施す土器群があることを予想させる。

　この時期の仙台平野では，いわゆる十三塚式とか崎山囲式と呼ばれる土器群中において，口縁部に連弧文を施すものが存在し，1段階にあたるものと考えられる。2段階に相当する土器群としては東関東〜浜通りと同様に縦スリットを施すものを中心とした土器群が想定できるが，未だまとまった好資料に恵まれていない。名取市原遺跡で縦スリットを施す壺が単体で出土している例があるが十三塚式の後続型式として，このような壺を含む土器群が展開していることが想定できる。

　中通り・会津盆地では中村五郎氏が提唱する御下村山式に縦スリットが見られるが，佐藤氏が言うように川原町口式の枠状文からの変化で成立する文様であるため（佐藤祐2010），一概にこれを中期最終末に位置づけられない。同心円文・渦巻文系土器群に確実に当該時期にあたる資料の出土は見られない[5]。

　山形県の村山盆地周辺では山形市七浦遺跡，同市河原田遺跡などで，口縁部に連弧文を施す甕が出土しており，河原田式が1段階に相当する中期末葉の土器群であると知ることができる。さ

第1表　同心円文・渦巻文系土器群の編年表

	時期	東関東		浜通り北部	仙台平野	会津・中通り	山形県域	新潟県域
中期後葉	1	足洗1		（毛萱）	+	二ツ釜	八幡原	二ツ釜
	2	足洗2		桜井（前半）	（色麻）	川原町口	百刈田	（平田）
	3	足洗3				（天ヶ）		
中期末葉	1	阿玉台北・笹山	鍛治屋窪	桜井（後半）	崎山囲	+	河原田	+
	2	大崎台1	部田野山崎	（陳場沢）	（原）	+	（江俣・山形西高）	+

らに，河原田式では，渦巻文，同心円文が描かれるほか，桜井式と共通する重層V字文なども描かれる。また，山形市境田D遺跡において，桜井式（後半期）が出土している。河原田式もまた，東関東と同様に桜井式の強い影響が認められる。またこの時期の壺の口縁部には，下に桜井式と共通する突帯が巡ることが多い。この中期末葉という時期は，連弧文甕や壺の文様，器形をはじめ，桜井式の影響が広範な範囲に展開しており，実に興味深い。当該地域では，この次段階にあたる土器群として江俣遺跡，山形西高遺跡出土土器（佐藤庄ほか1979）が挙げられるが，II文様帯とIII文様帯との区画が著しく不明瞭である点で，他地域の2段階の土器群と共通性があり，この段階の土器群であると認識する。

　ごく簡単に中期末葉にあたる時期の同心円文・渦巻文系土器群の系譜に連なる土器群を通覧してみた。村山盆地周辺や，実態が不明な中通り・会津盆地を除けば，同心円文，渦巻文は壺の主文様から消失しているか，極めて少なくなってきている時期であるが，依然として細口長頸壺を主体とし，文様帯構成も継承し，型式的な連続性も高いということから，ここまでの土器群を同心円文・渦巻文系土器群と認識したい（第1表）。

　そして，ここでは壺を中心に扱ってきたが，主文様ばかりを共有しているのではなく，細口長頸という器形や文様帯構成も共有，そらには，それをだんだんと崩壊させていく（II文様帯とIII文様帯の区画の曖昧化，III文様帯の狭小化あるいは大崎台式，部田野山崎式に見られる消失化など）様子も共通しており，すなわち型式変化の方向性も共有している。先述したが口縁部無文＋体部縄文という甕や，中期末葉では口縁部連弧文施文の甕など，広い範囲で共通している。さらに壺と甕が基本的なセットである点も，東北中南部〜東関東にかけての広範な範囲で共通している。

　今回，同心円文・渦巻文系土器群と認識した土器群は，壺，甕の主文様，器形，文様帯構成，そして機種構成を広く，共有しているものだという事が分かった。このようにして見た場合，中期後半で言えば，例えば東関東の足洗式と西関東の竜見町式とを比較して，それと同等のレベルの差異を，同心円文・渦巻文系土器群相互で論じることはできない。この点でも，複数型式を包括するさらに上位レベルでの土器群の個性が認められるわけで，これを大型式と呼びたい。

4. 同心円文・渦巻文系土器群分布圏の集落

　前節まで同心円文ないし渦巻文を主文様とする，もしくは，その系譜に連なる細口長頸壺を主

体とする土器群について概観し，かつ，それぞれの併行関係について，一応の結論を導き出した。これらの土器群は，単に壺の主文様や器形に共通点を持っているという事だけにとどまらず，甕の文様およびその構成，器種構成など，多くの共通点を持っている。特に口縁部に連弧文を施す甕などは，中期末葉に入って，急激に広範な範囲で分布するようになり，興味深い[6]。

このようにして土器に数多くの共通点が存在するということは，土器以外の要素にもまた数々の共通点が存在し，生活スタイルなどを共有している可能性が高いことは想像に難くない。そこでまず，集落（居住痕跡）を見ていくことにしよう。

従来，同心円文・渦巻文系土器群分布圏において，竪穴式住居から構成される集落遺跡の検出例が皆無に近く，その居住形態は不詳とされてきた。東関東では足洗3式段階に入って竪穴式住居から構成される集落遺跡が出現するが，これは共伴する宮ノ台式土器や大陸系磨製石斧からして，南関東の強い影響下で出現する集落遺跡であり，当該地域において伝統的な居住スタイルとは異なるのではないかと筆者は考えている。

それでは同心円文・渦巻文系土器における在地的な居住スタイルとは，いかなるものであろうか。それを知る手がかりとして浜通り南部の福島県双葉郡楢葉町美シ森B遺跡を例にあげたい（第3図）（高橋ほか1997）。美シ森B遺跡は，台地緩斜面に立地し，6軒の住居址と思われる遺構が検出された。天神原2～3式期にかけての集落跡と考えられ，他に遺物包含層と土器棺墓，焼土址も確認されている。特筆すべきは，住居址の遺存状況が極めて悪いことである。全ての住居址において，掘り込みが浅く，かつ四隅のコーナーが残っているものは皆無で，柱穴や炉が伴わないものであった。このことから言えるのは，当時の居住施設が極めて掘り込みが浅く，また柱も地中に入れないタイプの簡素なものであったという事である。そのため，台地の土砂が崩落するなどの原因により，完存している住居がないと思われるのである。また住居址内に炉を持たないことと，住居外に焼土址が何基か検出されていることは，無関係ではないだろう。

このような美シ森B遺跡の状況を見るに，当時の居住域は，簡素な建物を中心としたものと考えられ，故に遺跡によっては，土砂崩落などにより遺構が完全になくなり，斜面部を中心として遺物包含層のみが残るといった様相を呈するものと想定できる。こうした観点から，他の地域を見てみよう。

東関東では，足洗3式以降，定型的な竪穴式住居で構成される集落が登場する。その好例は千葉県成田市関戸遺跡や同市南羽鳥タダメキ遺跡（酒井ほか2000）などであるが，これらは主に利根川下流域や印旛沼沿岸など，東関東でもより南関東に近い地域で見られ，しかも宮ノ台式土器が共伴していることが多い。したがって，東関東で見られる足洗3式以降の定型的な竪穴式住居で構成される集落は，南関東との交流の結果，出現すると考えた方が蓋然性が高い。またこのような集落が地域的にも限定され，かつ，数的に極めて稀であることも忘れてならない。

となれば，本来の居住スタイルと呼びうるものは何なのだろうか。茨城県鉾田市上太田浜山古墳群では，墳丘下にパッキングされた足洗3式～阿玉台北式期の生活面が検出され（黒沢1988），土器の集中出土地点と焼土址が確認された。他に茨城県土浦市今泉根鹿北遺跡では中期末葉の住

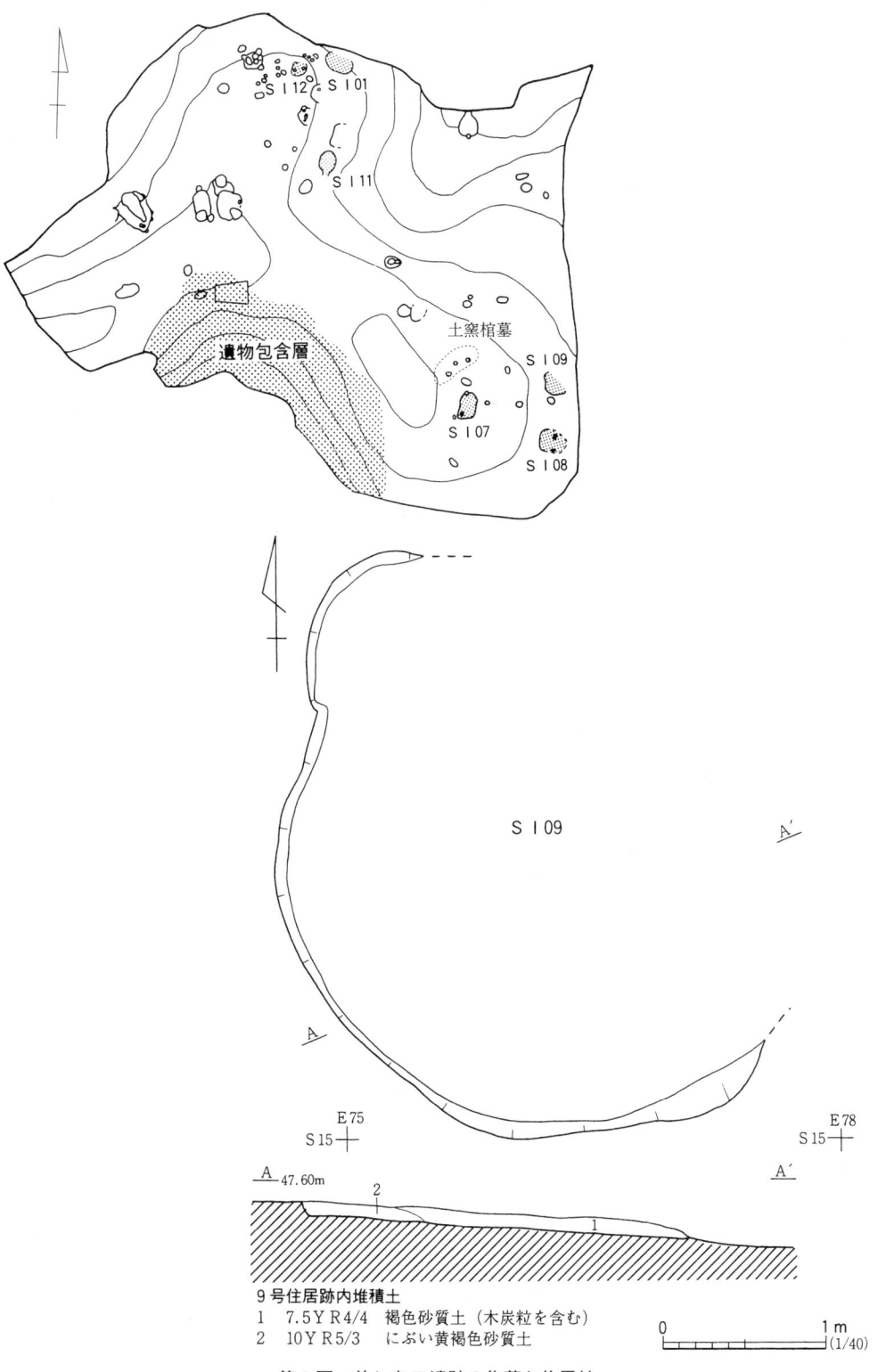

大型式としての同心円文・渦巻文系土器群　115

9号住居跡内堆積土
1　7.5YR4/4　褐色砂質土（木炭粒を含む）
2　10YR5/3　にぶい黄褐色砂質土

第3図　美シ森B遺跡の集落と住居址

居址と包含層が検出されている（関口ほか1997）。住居址は美シ森B遺跡例と同様のもので柱穴や炉が伴わず，掘り込みの浅いものである[7]。茨城県小美玉市域では，館山遺跡，出口遺跡，涌井遺跡，天神遺跡などで，足洗3式以降の遺物包含層が検出されている。これらの包含層遺跡に共通するのは，単に土器片のみが出土するにとどまらず，穂摘具や扁平片刃石斧などの石器が伴うことや，焼土址なども検出され，たまたまの「流れ込み」や「偶発的要因」により形成された遺跡ではなく，居住の痕跡が認められることである。このような弥生時代中期後半の包含層遺跡は，東関東では極めて多い。このことから考えるに，一部に南関東との交流の結果，定型的な竪穴式住居で構成される集落が登場するものの，大多数は浜通り南部と同様，極めて簡素で不定型な住居から構成されるものと考えてさしつかえない。

　浜通り北部でも，包含層遺跡が非常に多い。天神原式期の浜通り南部と同様に，土器の出土量が極めて多く，かつ石包丁や石斧類など極めて多量の石器が出土している。福島県南相馬市鹿島区南入A遺跡，長瀬遺跡例などを見ると，大量の石包丁の未製品も出土しており，石包丁の製作遺跡である可能性が高い。また，長瀬遺跡内では，先述の美シ森B遺跡と同様な住居址も数件検出されている。こうした遺跡は，定型的な竪穴式住居が未検出だということから，居住域ではないと解釈するには，いささかの無理があるだろう。他の桜井式期の遺跡においても，同様に土器棺や土坑墓といった墓址以外では，包含層遺跡がほとんどを占めるため，この地域における居住のスタイルも，定型的な竪穴式住居ではなく，あったとしても，簡素なつくりの住居からなるものであったと推測できる。この傾向は，仙台平野においても同様である。

　中通り・会津盆地の二ツ釜式期，川原町口式期については，福島県会津若松市湯川町川原町口遺跡において好例を見ることができる（堀金1994）。川原町口遺跡においても，土坑墓以外に遺物包含層が形成されており，そこから多量の土器（二ツ釜式〜川原町口式）と，石器，および炭化物が出土している。ここでも定型的な竪穴式住居は検出されていないが，石器や炭化物の出土から生活の場としても機能していたことは，十分に想定できる。前述した各地域においても，土坑墓ないし土器棺と遺物包含層がセットとなる遺跡の例は多く，こうした地域も含め，居住域と墓域とが，明確に区分されないという遺跡の特性を，川原町口遺跡はよく表している。

　山形県の村山盆地周辺における様相も，中通り・会津盆地と大差ない。土器以外の遺物に関しては不明なのだが，遺物包含層が形成される遺跡は多く，また土坑墓，土器棺が検出される遺跡の場合でも，遺物包含層が形成されている例が多い。その中にあって河原田遺跡にあっては3軒の住居址が報告されている。いずれも掘り込みがほとんど残っておらず，柱穴のみが検出されている。低湿地に立地する遺跡であるため，台地上の遺跡とは環境が異なるためだろうか，美シ森B遺跡とは対照的に，柱穴のみという遺存状況に興味深いものがある。ただ，この場合においても，住居そのものの掘り込みは，非常に浅いものであったと推測できる。

　新潟県域については，同心円文・渦巻文系土器の出土例が極めて少ないが，前述した平田遺跡などを見ると，やはり定型的な竪穴式住居を伴わない居住域を持つものであると思われる。

　以上のように，同心円文・渦巻文系土器分布圏における集落ないし，居住域と思われる遺跡を

見ると，東関東の一部に，定型的な竪穴式住居から構成される集落が見られるものの，ほとんどの地域で共通して，遺物包含層を形成していた。村山盆地周辺や新潟県域では，不詳な部分も多いが，その他の地域では，単に土器片だけが出土するにとどまらず，石器類が出土していたり，炭化物や焼土址が検出されるなど，そこが生活の場として機能していたことが言える。このように同心円文・渦巻文系土器分布圏は，その居住スタイルも共有していると言えそうである。

5. 同心円文・渦巻文系土器群分布圏の墓制

同心円文・渦巻文系土器群の分布圏内のうち，仙台平野，浜通り北部と新潟県域の様相が不明なのだが，その他の地域では，土器棺墓と土坑墓とが見られることはよく知られている。つまり，当該土器群の分布圏内では，墓制も広く共有している。このことは，いまさら特筆すべきことでもないほど広く周知されていることであるのだが，近年，その墓制の共有性をさらに強く印象付ける例が，特に土坑墓に見られるので述べておきたい。

山形県の河原田遺跡の土坑墓において木棺の痕跡が確認されている（武田2004）。特にSK5からは床材と蓋材とが出土した。土坑墓については，その平面形が長方形ないし隅丸の長方形を呈することから，土坑墓が木棺墓であった可能性を指摘される事はあったが，本遺跡の状況から，その蓋然性が著しく高いものになったことが言える。さらに言えば，この場合の木棺は，蓋がなく開いてる状態のものでなく，蓋のある棺であったことが分かった点は重要である。

さらに他遺跡での遺物の出土状況について見てみると，土器類は，ほとんど遺構覆土中から出土していることに注目したい（第4図）。ほとんどの場合，土坑の中位付近で出土していることが多い。また遺構外から出土した土器との接合関係がほとんどないことから判断するに，木棺の蓋は土坑の中位やや上にあり，土器は蓋の上に位置し，埋められたことになる。つまりは，蓋の上に載せた状態で置き，埋めるのである。その後木棺材の腐食に伴い，蓋が落ち，それに伴い土器もより土坑内の下位に，下がる（落ちる）ということになる。また勾玉などの玉類が土坑底面から出土していることにも注意したい。木棺内の副葬品として勾玉等が入れられ，その蓋の上に土器が設置されるという様子を想定することができるのである。なお，山形市千手堂，南河原遺跡で土器棺墓が出土している。

福島県会津若松市門田町一ノ堰B遺跡（芳賀ほか1988），川原町口遺跡でも，土器が遺構覆土中から出土している。しかもここでは土器が遺構覆土のレンズ状堆積に沿うような出土状況を呈し，大変興味深い。つまり，遺構内部に設置された木棺が腐食し蓋が陥没した後，木棺内部の覆土がレンズ状堆積をしていることにより，土器もそれによってできた窪みに溜まるという事が分かるのである。土器棺墓は，会津若松市屋敷遺跡（中村1993）での出土例が知られている。

浜通り南部域では，福島県双葉郡楢葉町天神原遺跡で多くの土坑墓が検出された（馬目1982）。先述した山形県の村山盆地周辺での例や，中通り・会津盆地，後述する東関東も同様だが，土坑墓が検出される場合，大抵，それは群を構成しており，単体あるいは，2〜3基程度の小規模な

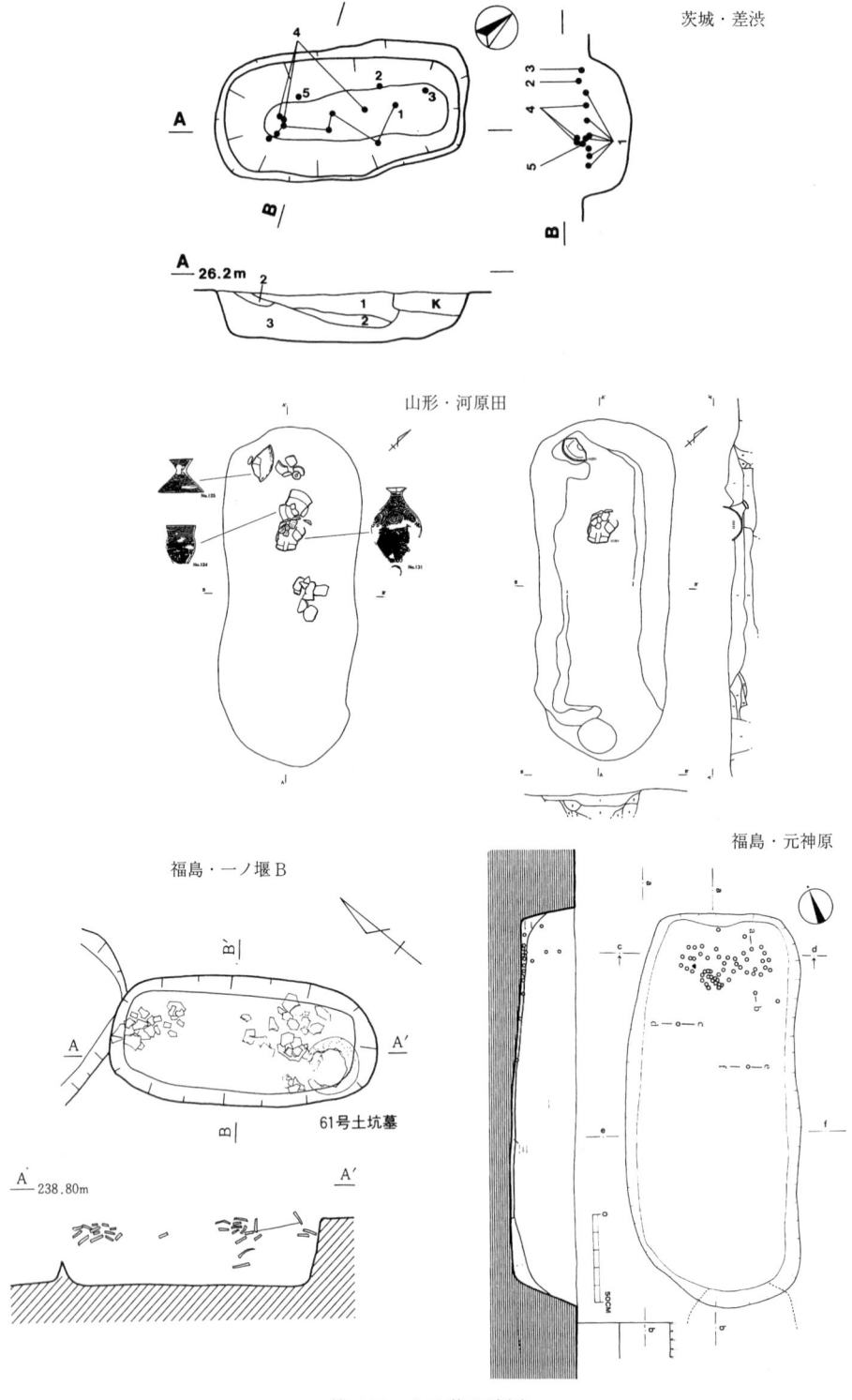

118 第3部 地域の表出—弥生・古墳時代

茨城・差渋

山形・河原田

福島・一ノ堰B

61号土坑墓

福島・元神原

第4図 土坑墓の諸例

遺跡というのは，今のところ皆無である。そして，土器棺墓も併設されている例が多い。天神原遺跡では土坑墓での土器の出土状況はよく分からないが，遺構底面で朱や勾玉・管玉などが出土している。土器棺は本遺跡をはじめ，多数の例が報告されている。土器棺墓が数基，検出されている場合が多いのであるが，その場合，大抵は居住域と見られる遺物包含層が見られる場合が多く，その点は浜通り北部でも共通している。楢葉町美シ森B遺跡で見られたように，土器棺墓は，集落に併設されるものと，土坑墓群に併設されるものとの2者があるようである。

　東関東では，茨城県ひたちなか市中根差渋遺跡で，土坑墓群が見られる。足洗式直前の差渋式〜中期末葉に至るまでの長い期間にわたって継続する墓址で，本遺跡でも土器が遺構覆土中，勾玉などの玉類が遺構底面付近から出土している。土器棺墓は北茨城市足洗遺跡をはじめ，その調査例が多い。差渋遺跡でも土器棺が併設されている一方，浜山古墳群のように居住域に併設された土器棺墓もある。このように東関東でも墓域の構成は，他の地域と共通している。

　仙台湾周辺では，前期後半ころから，土坑墓，土器棺墓ともに，多くの出土例が報告されており，中期後半以降としては，仙台市下ノ内浦遺跡が知られている。

　このようにして，同心円文・渦巻文系土器群分布圏における墓制を見ると，土坑墓と土器棺墓とからなり，うち土坑墓は遺物の出土状況などから類推するに，ほとんどが，木棺墓である可能性が高いことが分かった。副葬品の内容や，その設置手法についても共通性が高い。また土器棺墓のあり方では，集落に併設されるものと土坑墓群に併設されるものとの2者が存在する点も共通している。したがって，当該土器群分布圏は，墓制も広く共有していると言えそうである。

6. 同心円文・渦巻文系土器群の評価と大型式の存在 —まとめにかえて—

　胴部上半に同心円文ないし渦巻文を施す細口長頸壺を中心とした土器群にいて，その時間的変化，併行関係などを検討し，さらに集落と墓制に高い共通性が見出されることを述べてきた。これにより，同心円文・渦巻文系土器が中期後半の東関東〜東北中南部域にかけての広範な地域に，高い共通性をもって分布していることが分かったかに思う。

　中期後半における当該地域の生業基盤については，いまだ明確な解釈が提出されていない。稲作が存在していたであろうことは，水田址の発掘調査例や，穂摘具などの稲作関連遺物（主に石器）の出土から分かるものの，はたして水田耕作がどれほど根幹的な生業として位置していたかどうかは，不明な点が今なお多い。このような点もあわせて，同心円文・渦巻文系土器群分布圏においては共通性を持っており，単に似た土器が展開しているという以上の意味合いを考えさせる。

　今のところは，同じような生活スタイルを持ち，それ故に人間の交流の密度が比較的高かったという以上の見解は持てないが，今後，当該土器分布圏における生業，地域間交流などについての検討がなされていけば，同心円文・渦巻文系土器群における成立と展開のメカニズムが解明されるものと思われる。

この点について，1つ興味深い現象の例をあげよう。浜通り北部は，天神沢遺跡に代表されるような石包丁の製作遺跡がある。この石包丁は，仙台平野に供給されることが多いようで，そこでは製品の石包丁の出土例が多い。また，浜通り南部でも石包丁が出土することはあり，いわき市久世原館跡，番匠地遺跡などでは水田址も検出されている。また，これらの地域に比べるとぐっと数は少なくなるものの，東関東や山形県の村山盆地周辺でも石包丁の出土例は知られている。これを考えると石包丁に関しては，浜通り北部での生産と，その他の地域への供給という関係が成立していると考えられる。有角石器も，中通り・会津盆地を除く広範な範囲で出土する。これは，同心円文・渦巻文系土器群分布圏が，物資，情報が比較的頻繁に行き来しているであろう様が垣間見える例と言えるだろう。

　かつて，小林達雄氏は，縄文土器に見られる「ゆるやかな気風」を「様式」という概念で解釈し（小林1983），既存の土器型式の範疇を越えた土器の個性を認識した。弥生土器においても，まさにそれと同様のものが見られる。これは本論で取り扱った同心円文・渦巻文系土器に限ったことではない。東日本で例示するならば，中期後半〜後期にかけて中部高地型櫛描文を施す一群，後期における胴部下半に付加条縄文を施す東関東の一群，東北一帯に分布する天王山式系土器など，既存の土器型式を越えて展開する土器の個性は，確かに存在する。

　本論で行った検討により，この範囲は，単に土器の共通性のみで括られるものではないということが分かった。そこには，生業などに起因する地域間交流の粗密が関わってくるものと考えられる。小林氏の言う「ゆるやかな気風」は，確かに存在し，集落や墓制の差異が大きい東日本の弥生時代にあっては，土器以外の文化的な要素にも，如実に反映していることが言えそうである。ここに既存の土器型式を越えた，もう1つレベルの高い土器の個性として「大型式」というものを認識したい。

　この大型式は，複数の土器型式を内包しており，土器の主文様，主要機種の構成，文様帯構成などを共有している。また，集落，墓制などの土器以外の文化的要素をも共有している。大型式の意味や，その発生のメカニズムなどは，今後の検討課題として残すことになるが，それについては，今回の同心円文・渦巻文系土器の検討を端緒として，明らかにしていければと思う。

　最後に本論寄稿の機会を与えていただいた，筑波大学の川西宏幸先生，新潟大学の斉藤瑞穂氏に謝意を表したい。

註
1) 口縁部に連弧文を施す甕は，浜通りで成立するものだが，天神原2式段階に連弧文が連結せず平行的に重層させるタイプに変化する。浜通り以外で見られる連弧文甕は，全てこのタイプか，これが形骸化して波状文化，横走文化したしたもので，広く展開するようになる。
2) これには，完形土器が出土する遺跡のほとんどが，土器棺墓ないし土坑墓という墓址に限定されることも関係しているかもしれない。

3) 仙台平野における中期後半の土器型式には，他に崎山囲式（須藤 1990）という型式名もあるが，それらとの型式内容の差異などが，未だ十分に把握されているとは言い難い。今回は仮称的に十三塚式と呼称した。

4) 吉田秀亨氏は，川原町口式，天神原式，桜井式が，共伴する遺跡が存在すること，3 者に帯区画の意識が強いことから，この 3 型式の同時性を指摘した（吉田 1996）。となれば川原町口式―天神原式―桜井式―足洗 2～3 式の併行性が導き出せることとなる。

5) 会津盆地では，新潟県域に南下した宇津ノ台式の影響を強く受けて和泉遺跡に代表される初期の天王山式系土器が成立する（石川 2004）。これを仮に和泉式と仮称すると，和泉式には，中期的な渦巻文が施されていたり，細口長頸壺の系統下の土器と共伴している。川原町口式ないし天ヶ の土器以降に位置づけられる中期末葉の同心円文・渦巻文系土器群に該当するような資料が見られない背景には，こうした初期の天王山式系土器が，この時期にまで遡る可能性があることが考えられる。また和泉式には，筆者が中期最終末に位置づけている伊勢林前式が共伴している。

　新潟県域において，中期末葉にあたる同心円文・渦巻文系土器群が見られないのにも，この時期に宇津ノ台式が展開している可能性が高い。

　このような意味においては，中通り・会津盆地，新潟県域においては，中期末葉の時期，宇津ノ台式，和泉式などの別系統の土器群が展開しているという解釈もありえる。

6) 連弧文甕の広範な分布には，桜井式の分布と強い関連性がある。山形県域には桜井式の文様要素が在地の土器群に受容されたり，桜井式土器が移動して入ってきていたりする。天神原式土器分布圏内においては，桜井式との共伴例が数多く見られるし，東関東では，桜井式の影響が強く見受けられる阿玉台北式が成立していたりもする。仙台平野の十三塚式も，壺の文様構成などに桜井式との共通性が著しく高い。

　この背景には，天神沢遺跡や南入 A 遺跡などの石包丁製作遺跡に見られるような，石包丁の生産やその技術，石材の保有が強く関与していることが想像できるが，その具体的な姿は，まだ見えない。

7) 根鹿北遺跡では，定型的な竪穴式住居も検出されているが（第 12 号住居址），そこからは，宮ノ台式が出土している。

引用文献

石川日出志 2004「弥生後期天王山式土器成立期における地域間関係」『駿台史学』第 120 号　47-66 頁

入沢雪絵ほか 2000「群馬県」『東日本弥生時代後期の土器編年』第 1 分冊　369-429 頁

樫村宣行 1995『差渋遺跡　一般国道 6 号東水戸道路改築工事地内埋蔵文化財調査報告書 3』茨城県教育財団文化財調査報告　第 103 集　茨城県教育財団

黒沢春彦ほか 1988『浜山古墳群発掘調査報告書』旭村教育委員会

小玉秀成 2000「館山遺跡出土の中期末葉土器群 ―佐野原甕の成立と展開―」『玉里村立史料館報』第 5 号　149-169 頁

　　　　　2001「十王町十王台遺跡群藤ヶ作台遺跡出土の弥生土器 ―足洗式土器の地域性と天神原式土器の細分編年への試論―」『十王町民俗資料館紀要』10　1-24 頁

小林達雄 1983「縄文時代領域論」『坂本太郎博士頌寿記念　日本史学論集』上巻　3-19 頁

酒井弘志ほか 2000『千葉県成田市南羽鳥遺跡群 IV　成田カントリークラブゴルフ場造成地内埋蔵文化財調査報告書 4』印旛郡市文化財センター発掘調査報告書　第 156 集　印旛郡市文化財センター

坂上有紀ほか 2000『平田遺跡県営ほ場整備事業関連発掘調査報告書』新潟県埋蔵文化財調査報告書　第 98

集　新潟県埋蔵文化財調査事業団
佐々木和博ほか 1985『色麻町香ノ木遺跡・色麻古墳群　昭和59年度宮城県営圃場整備等関連遺跡詳細分布調査報告書』宮城県文化財調査報告書　第103集　宮城県教育委員会
佐藤庄一ほか 1975『米沢市八幡原中核工業団地造成予定地内埋蔵文化財調査報告書』第1集　八幡原中核工業団地内遺跡調査団
　　　　　　　　1979『山形西高敷地内遺跡発掘調査報告書』山形県埋蔵文化財調査報告書　第17集　山形県教育委員会
佐藤典邦 1990『大畑E遺跡：大畑貝塚周辺部の調査』いわき市埋蔵文化財調査報告　第28冊　いわき市教育文化事業団
佐藤祐輔ほか 2010『百刈田遺跡』山形県埋蔵文化財調査報告書　第184集　山形県埋蔵文化財センター
佐藤祐輔 2010「B遺物について」『百刈田遺跡』山形県埋蔵文化財調査報告書　第184集　山形県埋蔵文化財センター　228-269頁
渋谷孝雄ほか 1984『境田C'・D遺跡発掘調査報告書』山形県埋蔵文化財調査報告書　第76集　山形県教育委員会
須藤　隆 1990「東北地方における弥生文化」『伊東信雄先生追悼　考古学古代史論攷』243-322頁
関口満ほか 1997『根鹿北遺跡・栗山窯跡：茨城県土浦市土浦市今泉霊園拡張工事事業地内埋蔵文化財調査報告書』土浦市遺跡調査会
高橋信一ほか 1997『美シ森A遺跡　美シ森B遺跡　美シ森C遺跡　根ッ子原A遺跡　下岩沢遺跡A遺跡　NTC遺跡発掘調査報告』福島県文化財調査報告書　第335集　福島県文化センター
武田和宏 2004『河原田遺跡・梅野木前2遺跡発掘調査報告書』山形市埋蔵文化財調査報告書　第22集　山形市教育委員会
谷　旬 1983『成田新線建設事業地内埋蔵文化財発掘調査報告書』千葉県文化財センター
中村五郎・高橋丑太郎 1960「福島県天ヶ遺跡について」『考古学雑誌』第46巻第3号　248-251頁
中村五郎 1993「屋敷遺跡の縄文土器・弥生土器・古式土師器」『国道121号線改良工事埋蔵文化財発掘調査報告書　屋敷遺跡』会津若松市文化財調査報告書　第30集　83-105頁
芳賀英一ほか 1988『一ノ堰A・B遺跡（会津若松市）国営会津農業水利事業関連遺跡調査報告6』福島県文化財調査報告書　第191集　福島県教育委員会
堀金　靖 1994『川原町口遺跡：会津若松市立第三中学校建設（市立第四中学校跡地）に伴う発掘調査事業』会津若松市文化財調査報告書　第36号　会津若松市教育委員会
馬目順一 1982『楢葉天神原弥生遺跡の研究』楢葉町教育委員会
吉田秀亨 1996「弥生時代の主体的土器と客体的土器について ―桜井式・天神原式・川原町口式平行沈線文土器をめぐって―」『論集しのぶ考古』225-244頁

盾持人埴輪の遡源

設 楽 博 己

1. 緒言 ―女方遺跡と有馬遺跡の顔面付土器―

　群馬県渋川市赤城町有馬の有馬遺跡は弥生時代後期の遺跡である。1982～84年の発掘調査によって，50棟近くの竪穴住居跡に加えて，80数基の礫床墓，すなわち礫を埋葬主体部に敷き詰めた墓が検出された。数基の墓には総数8本の鉄剣が副葬されていたが，そのうちの1基から出土した鉄剣は，長さが50cm以上に及ぶ。1つの墓域からこれほどたくさんの鉄剣を副葬した遺跡は北関東地方のみならず，関東地方一円でも稀有であり，多数の鉄器を保有した東日本屈指の集落といえよう。

　有馬遺跡の礫床墓の1つである14号墓から，細長い壺の頭に顔面をつけた土器が出土している（第1図1）。鼻や耳を大きくつくっている点に，この顔面付土器の大きな特徴がある（佐藤ほか1990, pp. 292-294）。

　弥生時代の顔面付土器といえば，いわゆる再葬墓に伴うものがよく知られている。茨城県筑西市女方遺跡から出土した顔面付土器は，そのもっとも著名な1例である。女方遺跡は，40基ほどの土坑に蔵骨器である壺形土器を多数埋置した再葬墓遺跡であり，顔面付土器もおそらく蔵骨器に用いられたのであろう。この遺跡は戦前，田中國男が情熱を傾けて発掘調査したもので（田中1944），当時はまだこの種の遺跡が再葬墓であることはわかっていなかった。田中は，筑波山を仰ぎ見る場所に位置するこの遺跡が農耕祭祀にかかわり，管玉も農耕儀礼に用いたと考えた。その後，杉原荘介らの追究によって，この種の遺跡が再葬墓遺跡であることが確かめられた。今日，弥生時代に顕著な壺を蔵骨器に用いた再葬は，縄文晩期終末に成立して弥生中期中葉に至るまで，中部地方から南東北地方にかけて盛行したことが明らかにされている。筆者は，蔵骨器に大型壺を多用した再葬墓を，弥生再葬墓と呼んでいる。

　群馬県域では顔面付土器は未確認だが，弥生再葬墓が多数検出されているので，この地域でも用いられていた可能性は高い。それならば，墓に伴う有馬遺跡の顔面付土器は，弥生再葬墓に伴う顔面付土器と同じ性格で，その系譜をひいたものと考えてよいのだろうか。本稿は，その系譜関係を一部認めつつも，むしろ異質な側面を強調し，有馬遺跡の顔面付土器が古墳時代の盾持人埴輪と強い結びつきをもっている点を論じ，盾持人埴輪の源に考察を加える。

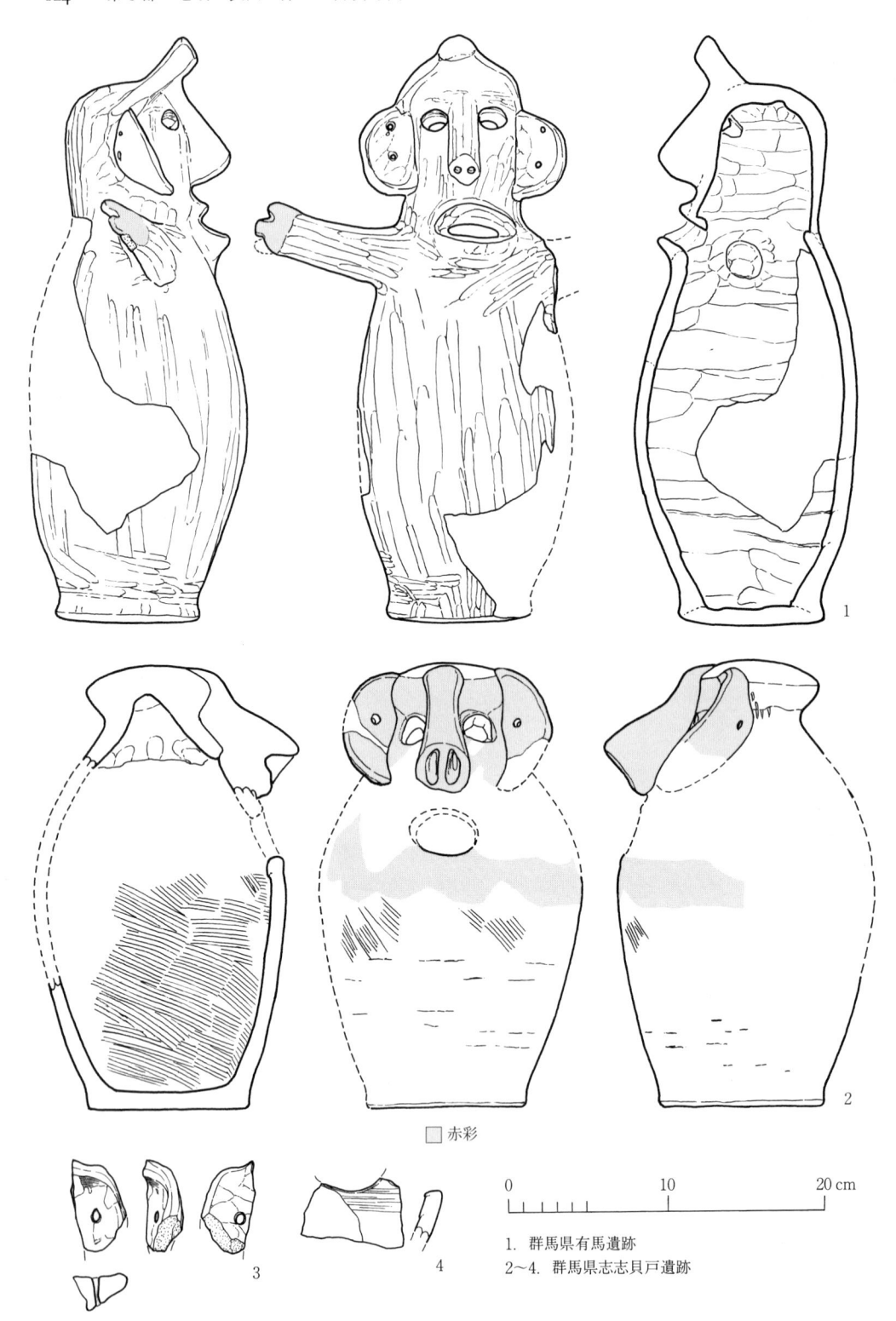

124　第3部　地域の表出―弥生・古墳時代

□ 赤彩

1. 群馬県有馬遺跡
2〜4. 群馬県志志貝戸遺跡

第1図　顔面付土器C（1）

2. 弥生再葬墓の顔面付土器の系譜と機能

　弥生再葬墓の顔面付土器は，目・鼻・口・耳などを粘土でつくり，それを口縁部に貼り付けて仕上げた土器である。壺形土器が多く，顔壺と呼ばれることもある。ふくらんだ胴部を胴体に見立てており，壺全体で身体をあらわしている。これに骨を入れて蔵骨器とした。弥生中期初頭～前半（弥生II～III期）の関東から南東北地方の再葬墓に伴うが，III期には集落から出土する場合がある。顔の特徴は，一定の様式の線刻を施すことである。この線刻は，縄文晩期後半のある種の土偶に施された線刻と一致しているので，弥生再葬墓の顔面付土器は縄文晩期の土偶との間に関連が求められる。

　もう1つ，縄文晩期の土偶と関係が深いのが土偶形容器である。土偶形容器は，弥生前期終末～中期前半（弥生I～III期）の中部地方から南東北地方にみられる，物が出し入れできるように頭部が開口した，中空で脚のない高さ30cmほどの粘土製立像である。土偶形容器は再葬の蔵骨器として用いられた。黥面土偶という晩期後半の土偶の系譜を引いた顔面の線刻をもつ。これらの点は顔面付土器と共通している。

　顔面付土器と土偶形容器のもっとも大きな違いは，顔面付土器は胴部や口縁部の横断面が正円であり，顔は口縁部にたんに目や鼻などのパーツを貼り付けるのが一般的であるのに対して，土偶形容器は胴部や裾部の断面が楕円形をなし，簡略化されているが腕を表現しており，顔はあらかじめ仮面状につくった顔面を頭部前面にあけた空間にはめ込む技法によって製作していることである（設楽1999a, pp.122-123）。これは，顔面付土器が壺を基本としているのに対して，土偶形容器が土偶を基本としていることに由来した違いに他ならない。

　顔に施した線刻は，いずれもイレズミを表現したものと思われる。縄文時代の土偶には，イレズミを表現したと考えられる線刻があるが，これが晩期後半になると一定の様式の線刻表現となり多重の線で複雑に施すようになる。農耕文化というあらたな文化が西方に生じた社会状況の変化に応じて，自らの社会を律するための通過儀礼が複雑化したことの反映である。再葬も，祖先への仲間入りという通過儀礼の意義をつよくもつ。

　顔面付土器と土偶形容器のいずれも，口縁あるいは頭部が開口して，物が出し入れできるようにした容器としての役割を備えていることにまず注意が向けられる。両者に多少の違いはあるものの，ともに祖先とのかかわりを維持し，強化するための通過儀礼としての役割をもった容器―蔵骨器―ということができるのであり，そこに邪悪なものを退散させようという意図，すなわち辟邪の役割をうかがうのは容易ではない。

3. 有馬遺跡の顔面付土器の類例と系譜

　有馬遺跡の顔面付土器の類例を求めて，顔壺などと比較する。

有馬遺跡例　高さ36.5cmである。胴部はややふくらみ長胴であり，胴部断面や底部は丸い。片腕を欠失しているが，本来両腕ともひろげてやや斜め上方にもちあげていたとおもわれる。指は3本表現されている。頭は開口しておらず，丸みを帯びている。額には先端に突起のある粘土帯が斜め上方に突出してつけられており，あたかも烏帽子をかぶったか兜巾をつけた山伏の額のようである。特徴的なのは，顔の表情である。目を楕円形に刳りぬいてつくり，鼻は粘土を貼り付けることによって，隆々と高く長く表現される。鼻の穴は2穴ある。口も刳りぬかれており，下唇が飛び出した受け口の状態となっている。耳は大きな半円形の粘土塊を貼り付けてつくり，左に2箇所，右に3箇所，孔があけられる。顔壺の耳と類似している。胴部や顔面は縦方向に磨かれて光沢を帯び，手の先などに焼成前の赤色塗彩がなされるなど，この遺跡で主体をなす樽式土器の特徴を備えている。

　顔面付土器が出土した14号墓は，墓域の東側に位置する。主体部は2つ並列しており，いずれも長さ2.4mの長方形の礫床墓である。周溝は確認されていない。顔面付土器は，この礫床墓の南外側1mほどのところから，うつ伏せに倒れた状態で出土した。したがって，墓に伴うものとみなしてよい。

　有馬遺跡の顔面付土器の類例は，平野進一が集成し詳しく述べている（平野2001）。屋上屋を重ねるようだが，それをもとにしてさらに新たに知られた例を加えれば，以下がおもなものである。

群馬県有馬条里遺跡例（坂口ほか1989, p.194）　渋川市八木原に位置する。顔面付土器は，1点出土している（第2図8）。弥生後期の樽式。鼻の部分だけの破片である。赤彩されている。鼻の長さは4cmほどであり，有馬遺跡例よりもやや小ぶりである。鼻の穴は2穴，大きく抉って表現されている。遺構外の出土だが，礫床墓が検出されているので，墓に伴った可能性がある。

群馬県吾妻郡川端遺跡例（平野2001）　吾妻郡中之条町伊勢町にある。弥生後期の樽式の竪穴住居が群集する集落から出土した。総数7点確認されている（第2図1～7）。頭部の破片が4点と腕の破片が2点である。頭部が完全に残存しているのは1点だが，頂部は丸くつくられふさがれている。この個体は，切れ長の目で鼻が高くつくられ，他と異なる。ほかに，眼と鼻をくりぬいたものが3点あるが，目は丸ないし銀杏形，口は丸や楕円形をしている。鼻が残存する2点は，鼻が高くつくられている。いずれも赤彩されている。

　腕の破片は右腕と左腕であり，先端まで残るものには5本の指が表現さている。

　これらは竪穴住居の覆土や土坑などから出土した。

群馬県志志貝戸遺跡例（横山1999, pp.53・68）　高崎市小八木町志志貝戸ほか。最少3個体出土している（第1図2～4）。弥生後期の樽式。1点は，中空でやや長い胴部をもつ壺形土器に顔面がついたもの。復元高27.5cm。鼻から上の破片と胴部の破片とは接合しないが，おそらく同一個体と考えられる。頭が閉塞していて，目と口がくりぬかれる。鼻は大きな粘土を貼り付けてつくり，とくに鼻の穴が誇張して抉られている。耳もまた大きな粘土塊を貼り付けてつくり，1孔を穿つ。鼻・耳が誇張してつくられている点と，目と口が刳りぬかれている点は，有馬遺跡例と

盾持人埴輪の遡源 127

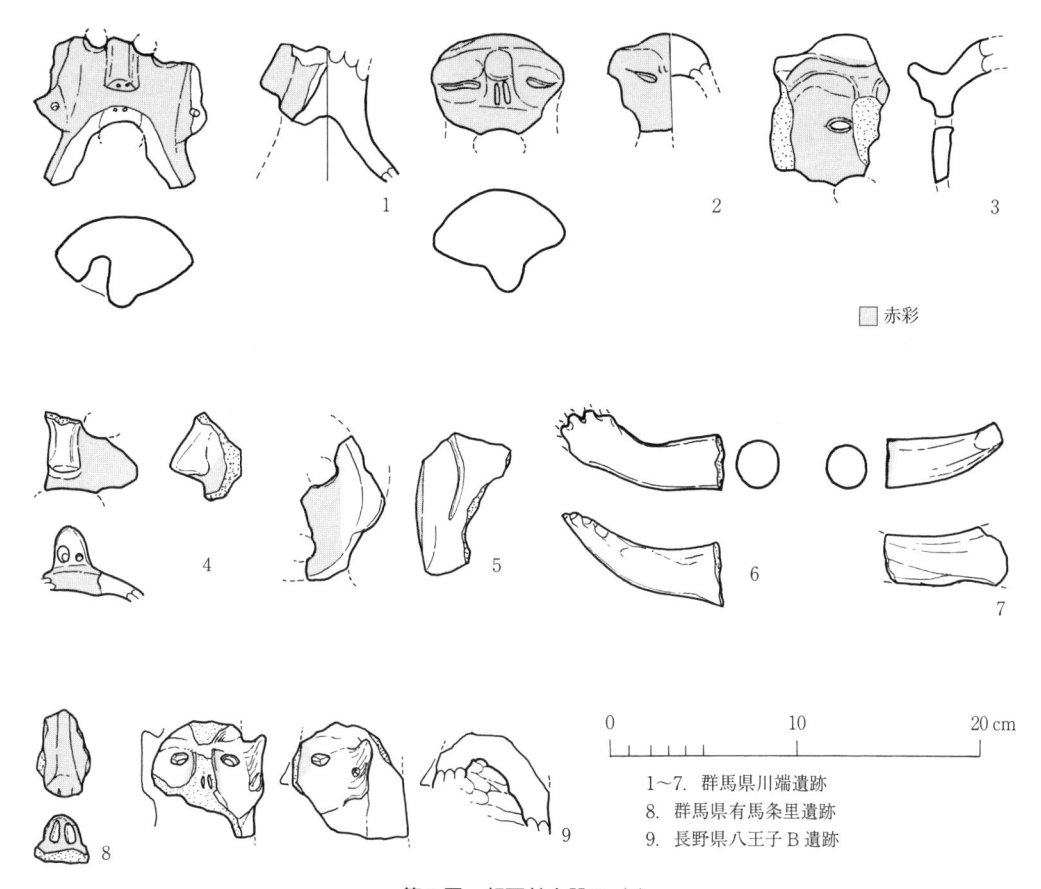

第2図　顔面付土器C（2）

1～7．群馬県川端遺跡
8．群馬県有馬条里遺跡
9．長野県八王子B遺跡

共通している。赤色塗彩されている。

　他に耳の破片が1点，口の破片が2点と胴部破片が3点出土している。口の破片数からすると，最少でも3個体存在していた。腕は見つかっていないので，本来腕の表現を欠いていたのかもしれない。

　破片の多くは，KSO-09号遺構という溝跡から出土したが，この区域は土器棺墓による墓域である。溝の東にある土器集中区からも出土している。

長野県八王子山B遺跡例（森嶋1999, pp. 137-138）　千曲市戸倉にある。八王子山B遺跡は古墳時代前期の遺跡であり，土地が削平された際，顔面付土器がいくつかの丹塗り壺や高杯とともに採集された（第2図9）。採集遺物の内容から，墳丘墓を破壊して採集されたのではないかとされている。底部破片もあり，顔面部分と接合はしないが，有馬遺跡や小八木志志貝戸遺跡と同じ形態の壺形土製品になることが予想される。顔面は，赤彩されている。この資料で特徴的なのは，耳が尖って表現されている点であり，一種の誇張がうかがえる点である。

長野県松原遺跡例　長野市松代町東寺尾にある。顔面部分のみが2点出土した。榎田遺跡例に似た方は，口はくりぬかれているが，眼はくりぬかれていない。鼻が細く高くつくられているも

う一点は耳が大きい。弥生中期後半である（贄田 2000, pp. 70-75）。

長野県榎田遺跡例　長野市若穂綿内にある。顔面部分のみが2点出土した。眼が楕円形にくりぬかれている。松原遺跡と同じく，鼻は細く高くつくられる。弥生後期の円形周溝墓の付近から出土している（贄田 2000, pp. 75-77）。

長野県西近津遺跡例　佐久市長土呂にある。腕の先端部分のみ1点住居跡から出土した[1]。有馬遺跡例と同じく3本の指を表現している。西近津遺跡は，弥生後期，箱清水式の集落であり，本例もこの時期のものとみてよい。

このように，有馬遺跡の顔面付土器の類例は，群馬県域から長野県域の弥生中期後半から認められ，後期以降数を増し，古墳前期に及ぶ。顔の部分を誇張して表現する点で，類似した特徴をもっているといえる。

では，これら1群の顔面付土器はどこに系譜が求められるだろうか。弥生再葬墓に伴う顔面付土器や土偶形容器を祖形と考えるのが1案である。しかし，それにはいくつかの難点がある。①墓に伴う点では一致しているが，主体部に伴うものではない，②中空ではあるが，頭部が開口しておらず，目や口の穴からは小さな物しか入れることはできない，③顔にイレズミの表現がない。墓に伴う点や耳の表現を強調すれば，弥生再葬墓の顔面付土器が変化して生まれたという考えも成り立つようにみえるが，それとは別に系譜を考えるうえで注目される資料がある。

弥生中期後半〜後期の東海地方〜南関東地方には，墓に伴わない顔面付土器が知られている。神奈川県横須賀市ひる畑遺跡の後期の例が著名だが，静岡市駿河区有東遺跡の例は中期後半の有東式と思われ，いずれも頭部が閉塞しており，顔にイレズミの表現がない。上にあげた②・③が有馬遺跡例と共通する。黒沢浩は弥生再葬墓に伴う顔面付土器を顔面付土器Aと呼び，それに対して上述のようなものを顔面付土器Bと呼び，それぞれ系譜が異なるものとして区別した（黒沢 1997, p. 11）。石川日出志は，顔面付土器Bが葬送と関係のない可能性を示唆している（石川 1987, p. 164）。筆者もかつてそれらの説を支持して，弥生前期の西日本における人頭付土器である大阪府茨木市目垣遺跡例のようなイレズミ表現のない顔面付土器が，本格的な農耕文化の受容期である弥生中期後半以降に東日本へと影響を与えた可能性を考えた（設楽 1999b, p. 199）。兵庫県神戸市垂水区西舞子大歳山遺跡や京都府向日市森本町森本遺跡のイレズミ表現のない顔面付土器が近畿地方にも点在している事実などから，その説に基本的な修正の必要はない。

しかし顔面付土器Bは近畿地方の例などを含め，いずれも穏やかな顔立ちをしている。その点，有馬遺跡などの顔面付土器は顔面付土器Bと大きく異なっている。有馬遺跡例を典型とする，顔面構成要素に誇張表現が目立つ顔面付土器を「顔面付土器C」と呼んでおく[2]。顔面付土器Cが異様な顔立ちをしている点を重視すれば，顔面付土器Bからすんなりと生まれたという考えに首肯することはできない。この点は，どのように理解したらよいのだろうか。

4. 顔面付土器 C と盾持人埴輪の共通点

　この問題を解決する手がかりは、古墳時代の盾持人埴輪にある。盾持人埴輪は、人物埴輪の1種である。しかし人物埴輪の多くに共通する腕をもたず、盾形埴輪に頭部をつけただけの造形が多いことから、他の人物埴輪と出現の契機が異なるという意見もある。盾持人埴輪に論考を加えた若松良一によれば、盾持人埴輪には①大型、②耳が横に張り出す（第3図）、③顔にイレズミと思われる線刻を施す（第4図）、④容貌が怪異である、といった特徴をもつものが多い（若松・日高 1992, pp. 16-18）。さらに塩谷修は、58遺跡から出土した102点の盾持人埴輪にさまざまな角度から考察を加え、若松の整理を踏まえたうえで、⑤頭の表現が個性的である、⑥石を植立して剥き出しの歯を表現したものがある、⑦最初期の例は、5世紀前半に西日本に出現し、5世紀後半に関東地方など東日本に波及する、⑧出現期の盾持人埴輪には、その後のこの埴輪の個性がすでに現れている、⑨出現期の盾持人埴輪は前方後円墳前方部前面に単独で配置される、といった特徴を加え、盾持人埴輪は「盾を持つ人物」の配置を目的に、他の人物埴輪に先んじて創出された最古の人物埴輪とみなした（塩谷 2001, p. 204）。

　これらのうち、⑤が盾持人埴輪の大きな特徴である。塩谷は頭部の表現を、以下の5類に分類

第3図　盾持人埴輪（埼玉県前の山古墳）

第4図　盾持人埴輪（鳥取県井出挟3号墳）

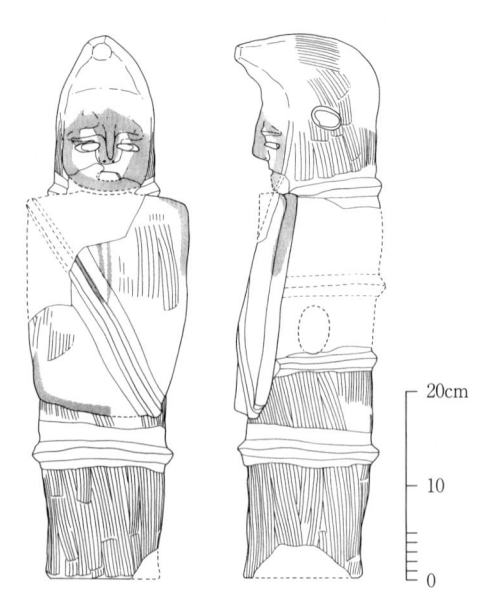

第5図 盾持人埴輪（群馬県保渡田Ⅶ遺跡）

した。1類＝円錐形を呈す。帽子状，鰭状，烏帽子状をなす。2類＝飾りをつける。一文字，U字，V字，円筒状，円筒形，放射羽状，板状をなす。3類＝円筒形をなす。後頭部を斜めに裁断，前面に割り込み，円筒形。4類＝立飾りをもつ。5類＝甲を表現する。このうち，東日本では1〜3類が認められとくに1・2類が主体をなし，西日本では1・2類はなく3〜5類が認められるという（塩谷2001, p. 202）。また，②〜④にかかわる顔の表現についても，1類＝顔面に線刻や彩色の装飾をもつ，2類＝口唇を変形させる，3類＝歯を表現する，4類＝顎の輪郭が極端に突出する，5類＝装身具をつける，と細かな観察により分類した（塩谷2001, p. 195）。

　そこで，有馬遺跡の顔面付土器との共通性に目を通していくことにする。②の耳が大きいことは共通する。⑤の頭部形態については，1類の烏帽子状の形状に共通点が認められ，群馬県高崎市群馬町保渡田Ⅶ遺跡から出土した盾持人埴輪と類似度が高い（第5図）。また②〜④の顔の表現であるが，2類の口唇を変形させたものでは，鳥取県米子市淀江町井手挟3号墳（第4図）や茨城県小美玉市玉里船塚古墳の盾持人埴輪の中に唇を突き出した表現があり，有馬遺跡例との共通性をうかがえる。長野県佐久市一里田遺跡からは，口蓋裂を表現した弥生後期の土偶が出土している。盾持人埴輪にも同様な表現をもつものがある。有馬遺跡の顔面付土器は鼻と耳が大きくつくられており，川端遺跡や小八木志志貝戸遺跡から出土した顔面付土器Cも，やはり鼻と耳が大きくつくられている。このように，顔面付土器Cと盾持人埴輪の頭部，顔面表現の特徴は目，鼻，口，耳といった構成要素を強調する手法や通常と異なる状態を表現することであり，互いに共通項が多いことがわかる。⑨にあげた墓のわきから出土するという状況も，共通項に加えてよい。

　一方で違いも認められる。顔面付土器Cに盾の表現はない。しかし，盾にかわるものとして顔面付土器Cの所作が注目される。それは腕を斜め上方にあげ，あたかも寄り来るものを防ご

うとしているかのような所作であり，盾がもつ防御という機能を体で表現しているのではないだろうか。③のイレズミ状の線刻は，顔面付土器Cにはない。もっとも盾持人埴輪すべてがイレズミを表現しているのではなく，むしろそれをもったものの方が少ないことからすれば，違いとして取り上げるのは適切ではないかもしれない。弥生時代のイレズミに辟邪の役割があるとすれば（設楽 2001, p. 87），顔の構成要素を強調して④の性格を強め，辟邪の役割を表現しているのであり，イレズミの表現がなくともその役割は充分に果していたと考えてよい。

5. 盾持人埴輪と顔面付土器Cの性格

　ここまで話しを進めれば，顔面付土器Cの機能もおのずと判明してくる。顔面付土器Cは墓に伴うが，弥生再葬墓に伴う顔面付土器Aや土偶形容器のように蔵骨器として機能したものではない。また，顔面の部分を誇張した表現は顔面付土器Bとも大きく異なる。頭部や顔面の表現，あるいは出土した場所が墓坑ではなく主体部から離れた墓の前面である点から，墓に添えて邪霊を防ぐ辟邪の目的があったとみるのが妥当だろう。それは5世紀前半に出現した盾持人埴輪の性格と共通するのであり，頭部や顔面表現の類似もそれらがきわめて関係深いものであったことを物語る。そこで問題になるのが，盾持人埴輪の性格や成立経緯である。

　盾持人埴輪は盾を主題にした埴輪であるから，防御機能を背景に成立したことは疑いない。また，盾の表面に鋸歯状の連続三角文を施したり，埼玉県大里郡江南町権現坂埴輪製作遺跡出土盾持人埴輪のように盾に戟を粘土でかたどって貼り付けることや，顔の構成要素を強調したり変形させていることから，盾持人埴輪には迫り来る悪霊や邪霊を排除する辟邪の機能が備わっていたとみなすことに異論はない（若松・日高 1992, p. 18；辰巳 1992, pp. 60・137）。出現当初の盾持人埴輪が単独で前方後円墳の前方部前面に樹立されていたことも，古墳に寄り来る邪悪なものを退散させる目的で製作されたことを示すものであろう（塩谷 2001, p. 206）。

　では，盾持人埴輪に付与された，葬送儀礼の場において邪霊を排斥する機能は，古墳文化に独自なものとして生じたのであろうか。この点について，塩谷は興味深い論を展開している。それは，古代中国の神仙世界や葬送儀礼において辟邪の役割を果たす方相氏を原型として成立した，という説である。方相氏は周代の官制を記した『周礼』に登場する。それによると，方相氏とは熊の皮を被り，黄金の四つ目の仮面をし，黒い衣に朱の裳をまとい，葬送儀礼の際に柩に先だって墓室に入り，戈によって四隅を射ち，魑魅魍魎を撃退する役割を演じていた。『後漢書』にも似たような記述があるのに加えて，神仙界を表現した漢代の画像石の中に図像として描かれている。その図像の特徴は，大型の耳，剥き出しの歯，頭に角状突起などをもつことにあり（塩谷 2001, p. 209），異形の人物像といえる。日本列島にも養老喪葬令や『内裏式』，『延喜式』に『周礼』と同じ記述が認められ，日本の律令国家が，中国の制度をそのまま受け容れたことがわかる。

　文献や画像石にあらあわれた方相氏と盾持人埴輪を比較して，塩谷は以下のような結論を導いた。盾持人埴輪が①盾を主題にしたものであることに加えて戟をもつ点，②頭部が体に比して大

きくつくられ，顔の部分を誇張して表現するのは仮面のような装具を装着した可能性がある点，③頭部のつくりにさまざまな変異をもつ点から方相氏との類似性を指摘し，盾持人埴輪は5世紀前半に中国の辟邪の方相氏を原形として成立したと考えた（塩谷2001, pp. 205-210）。①の戟あるいは戈をもつ盾持人埴輪はわずか2〜3例にとどまり，②の仮面をつけたような顔の表現は仮面状に突出した例が見つかっておらず，これらの点に仮説の証明としては不十分な嫌いがあるが，③に関して2類であるV字状の突起など関東地方の盾持人埴輪に散見される表現との類似性が指摘できるのは塩谷の見解のとおりである。上田早苗は奈良県生駒郡斑鳩町藤ノ木古墳出土の馬具にみられる図像が方相氏であることを説き，方相氏がその確かな成立期である律令期をさかのぼり，図像ではあるがすでに5〜6世紀の日本列島に姿をあらわしていたことを示唆している（上田1988, pp. 372-375）。このことからも，盾持人埴輪方相氏起源説はきわめて興味深い仮説といえる[3]。

　この説を認めた場合，盾持人埴輪と顔面付土器Cとの間で得られた近似した特徴が問題となる。なぜならば，盾や戈をもつことはないにしても，頭部や顔面の誇張表現や，墓の前面に配置されて辟邪の役割を果たすという顔面付土器Cの特徴は盾持人埴輪のそれと一致しており，その点については盾持人埴輪の特徴の源が顔面付土器Cにありと認めざるをえないからである。さらには方相氏にかかわる辟邪という大陸文化の思想が，2世紀にさかのぼって群馬県域にまで流入していたことになるからである。

6. 結語 ―盾持人埴輪の遡源と東国―

　有馬遺跡の顔面付土器は盾や戟ないし戈をもっていない。しかし，弥生時代の絵画には盾と戈をもつ人物のモチーフを数多くみることができる。たとえば，奈良県天理市庵治町清水風遺跡から出土した土器の絵画には，右手に戈を左手に盾をもった2人の人物が描かれる。いずれも頭飾りをもつが，大きいほうの人物のそれはシカの角のようである。熊の皮を被り動物に化身する方相氏を想わせる。ただし，それを含めて弥生土器や銅鐸の盾と戈をもつ人物の絵画が葬送儀礼と無関係であることは，方相氏との関連を説くには不都合な材料である。あるいは辟邪という機能だけが取り入れられたのであれば，農事にかかわる画題が主体をなす弥生絵画のなかで，穀霊を邪霊から防ぐ役割を果たしていたと考えることで一応の説明はつく。

　有馬遺跡の墓からは，多数の鉄剣が出土した。長さ50cmに及ぶそれは，東日本では異例である。長野県下高井郡木島平村根塚遺跡からは，茎に渦巻き文様の装飾がついた加耶系の鉄剣が出土した。それらの鉄剣は，おそらく日本海を通じて朝鮮半島から渡来したのだろう。長野県域から群馬県域にかけて北陸系の土器も流入しており（設楽1996, p. 55），顔面付土器Cの分布が長野県域と群馬県域にまたがることからも，大陸からの文化的影響によって，方相氏とそれにまつわる思想がこの地にもたらされ，有馬遺跡の顔面付土器がつくられたと考えることもできよう。

　考古学はもっとも古いものを，そのものの起源とみなしがちである。5世紀前半に盾持人埴輪

が西日本で出現したとなると，それに伴う思想や儀礼もまたその時期そこで生まれたと考えがちである。しかし，その源流を探したところ，群馬県域にそれが求められた。この事実をもって，盾持人埴輪の起源が弥生後期の群馬県域にあるというのは軽率であろう。ただ，盾持人埴輪と表現や意義を同じくする土製品が，弥生後期あるいは中期後半にさかのぼってこの地に認められるのは重要だ。盾持人埴輪を生み出す母体は，すでに2世紀の日本列島にかなり広く存在していたと考えられる[4]。一方，初源期の盾持人埴輪こそ西日本に偏在するが，その後の分布は関東地方に集中し，戈を盾に表現したり，方相氏のそれと類似した頭飾りのバリエーションが豊富なのも関東地方の盾持人埴輪である。有馬遺跡の存在しているこの地域でこうした現象が生じるのはなぜか，興味はつきない。

　謝辞
　本稿を執筆するにあたり，大木紳一郎，塩谷修，平野進一の各氏には，ご教示を得たり文献収集にご協力いただいた。記して感謝申しあげる次第である。

　註
1) 長野県立歴史館における，2007年企画展示「長野県の遺跡発掘2007」にて実見。
2) 松原遺跡や榎田遺跡の例は，有馬遺跡や志志貝戸遺跡ほど，顔面表現が誇張されているわけではない。その点，むしろ三島台遺跡例や上ノ台遺跡例に近い。ただ，ほっそりした鼻も，横から見ると高く表現されており，やはり誇張表現をとっているといえる。北関東地方と信濃地方という，同じ土器様式圏に包摂されていることも，これらが一群の仲間に加えられることを示している。
3) 上田が渉猟した東晋や北魏の墓誌にみえる方相は，足を踏ん張り歌舞伎役者が見栄を切ったような腕の仕草をとる怪神として描かれたものが散見される。これに類する姿態は，漢代の画像石に描かれた雷神とされる図像にも知られ，片腕を高くあげ，もう一方の腕は胸のところにあてている（張1982, p.121）。京都市伏見区黄金塚2号墳からは人物絵画を描いた4世紀の盾形埴輪が出土しているが，この人物も同じく腕を差し上げてもう一方の腕を腰にあてている。足を極端に大きく描いているところから，辰巳和弘は力士とみなす（辰巳1999, p.142）。耳を大きく描いており，方相氏と同じ特徴をもっている。方相氏の画像は北魏の時代の金剛力士像とみ間違えられることもあるとされ（上田1988, p.374），その姿態の表現は漢代にさかのぼる。力士やそれが演じる相撲も，辟邪の役割を伴って古墳時代の初期に大陸から将来されたのだろう。
4) 2007年9月27日付の朝日新聞で，奈良県桜井市纒向遺跡から木製仮面が出土したことが報じられた。土坑から木製盾と鎌の柄などとともに出土したとされる。鎌の柄は戈の柄ではないだろうか。そうであれば，仮面，戈，盾という方相氏にかかわる品物3点がセットで出土したことになる。纒向遺跡という前方後円墳の成立にかかわる遺跡からの出土であることからすれば，大陸との関係のなかからこれらの製品が生まれたと推測することもできる。

　引用文献
石川日出志 1987「土偶形容器と顔面付土器」『弥生文化の研究』第8巻　雄山閣　160-164頁

上田早苗 1988「方相氏の諸相」『橿原考古学研究所論集』第10　吉川弘文館　345-377頁
黒沢　浩 1997「東日本の人面・顔面」『考古学ジャーナル』第416号　11-16頁
坂口　一ほか 1989『有馬条里遺跡I　弥生時代～古墳時代の集落と生産跡の調査　関越自動車道（新潟線）地域埋蔵文化財発掘調査報告書第29集』群馬県埋蔵文化財調査事業団発掘調査報告　第97集　群馬県教育委員会・群馬県埋蔵文化財調査事業団
佐藤明人ほか 1990『有馬遺跡II　弥生・古墳時代編　関越自動車道（新潟線）地域埋蔵文化財発掘調査報告書第32集』群馬県埋蔵文化財調査事業団発掘調査報告　第102集　群馬県教育委員会・群馬県埋蔵文化財調査事業団
塩谷　修 2001「盾持人物埴輪の特質とその意義」『茨城大学考古学研究室20周年記念論文集　日本考古学の基礎研究』茨城大学人文学部考古学研究報告　第4冊　茨城大学人文学部考古学研究室　188-215頁
設楽博己 1996「古墳出現前夜の北関東地方」『弥生人のくらし　―卑弥呼の時代の北関東―』展図録　栃木県教育委員会　53-56頁
　　　　　 1999a「土偶形容器と黥面付土器の製作技術に関する覚書　―複製品の製作を通じて―」『国立歴史民俗博物館研究報告』第77集　113-128頁
　　　　　 1999b「黥面土偶から黥面絵画へ」『国立歴史民俗博物館研究報告』第80集　185-202頁
　　　　　 2001「男子は大小となく皆黥面文身す　―倭人のいでたち―」『三国志がみた倭人たち　―魏志倭人伝の考古学―』山川出版社　75-91頁
辰巳和弘 1992『埴輪と絵画の古代学』白水社
　　　　　 1999「古代における反閇の呪儀について」『文化学年報』第48輯　同志社大学文化学会　137-153頁
田中國男 1944『縄文式弥生式接触文化の研究』
張　万夫編 1982『漢画選』天津市人民美術出版社
贄田　明 2000「人面付土器を出土した竪穴住居址」『松原遺跡　弥生・総論1』上信越自動車道埋蔵文化財発掘調査報告書5　長野県埋蔵文化財センター　70-79頁
平野進一 2001「北関東西部における弥生後期の人面付土器とその性格」志村哲編『考古聚英　梅澤重昭先生退官記念論文集』外山和夫　75-87頁
森嶋　稔 1999「古墳時代の戸倉」『戸倉町史』第2巻　歴史編上　戸倉町誌刊行会　135-174頁
横山千晶 1999『小八木志志貝戸遺跡群1　主要地方道高崎渋川線改築（改良）工事に伴う埋蔵文化財発掘調査報告書第2集』群馬県埋蔵文化財調査事業団発掘調査報告　第256集　群馬県埋蔵文化財調査事業団
若松良一・日高　慎 1992「形象埴輪の配置と復元される葬送儀礼（上）―埼玉瓦塚古墳の場合を中心に―」『調査研究報告』第5号　埼玉県立さきたま資料館　3-20頁

十王台式の北漸と赤穴式羽状縄文技法の成立

齋藤 瑞穂

1. 本稿の目的と問題の所在

　弥生時代後期の後半代において，東北地方の全域には，狭義天王山式以後の広義「天王山式系」土器群がひろく展開していた。すでに，多くの先学によって地域色の存在とその分布の広がりも確かめられ，東北北部では赤穴式が，同南部では踏瀬大山式や屋敷式や明戸式などが，それぞれ設定されている。中部でも，特に称呼をあたえられていないものの，相澤清利による後期弥生土器編年のⅢ期の諸例が，これにあたるであろう。

　他方，東関東の地では「附加条縄文系」土器群が作られ，那珂・久慈両川の流域を中心に十王台式土器が，古霞ヶ浦[1]の北岸地域に下大津式や上稲吉式と呼ばれる土器群が，それぞれ展開していた。このうち後者は，古霞ヶ浦の南岸の諸例や最奥部の二軒屋式土器などと繋がりをもち，対して十王台式土器の分布は那珂・久慈両川以北にも広がっている。

　以上のように，東北地方においても東関東地方においても，それぞれ小地域ごとの差がみいだされ，かつ，その分布圏がもつ意味合いについても様々な視角から論じられている（鈴木素1998；川西2000；石川2001など）。しかしその一方で，東北・東関東両地方の後期弥生土器を総合的に扱い，その影響関係を追求する議論は極めて乏しかった。かつて，山内清男が東北地方の後期弥生土器における羽状縄文の出現について，その出自を十王台式にもとめ（山内ほか1971），また，鈴木正博が寒川Ⅱ式を設定して，東北北部と東関東地方との併行関係を考察した以外は（鈴木正1990），多くの場合，隣りあう福島県域と茨城県域との関係を問うのみにとどまっていたのである。

　以上をふまえ，本稿では視野を拡げて，後期後半代における東北地方の土器と東関東地方のそれとが，どのような影響関係にあったのかを広域的に復原する。そうして，その現象の歴史的意義についても追究してみようと思う。

2. 十王台式の北漸

　那珂・久慈両川の流域を中心に展開した十王台式土器は，鈴木正博や鈴木素行によって細別編年研究がすすめられ，4ないし5段階の変遷を辿ることがこんにちまでに確認されている（鈴木

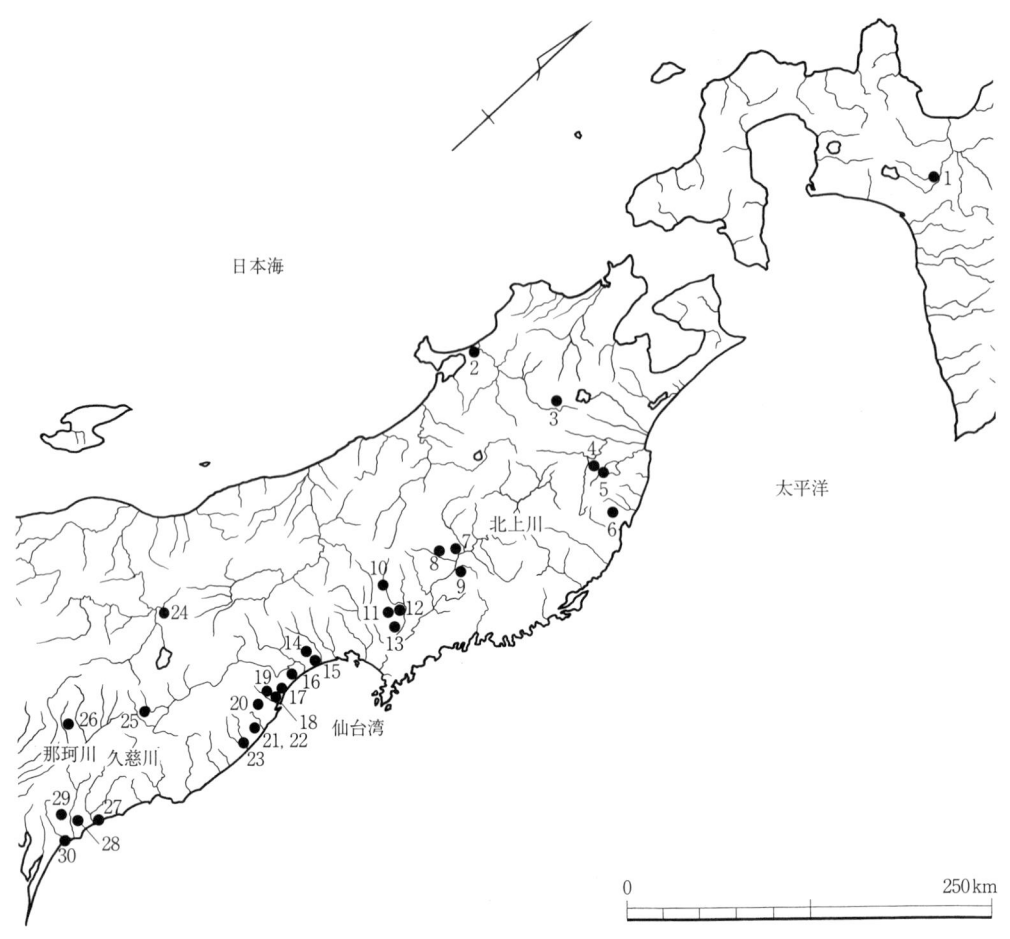

第1図　本稿で言及する遺跡の位置

1：ユカンボシE9；2：寒川Ⅱ；3：はりま館；4：小井田Ⅳ；5：長興寺Ⅰ；6：上水沢Ⅱ；7：南部工業団地内；8：下尾前Ⅳ；9：兎Ⅱ；10：上ノ原B；11：宇南；12：糠塚；13：大境山；14：西野田；15：清水；16：宮前；17：師山；18：双子；19：大坪東畑；20：岩下C；21：桜井高見町A；22：桜井；23：本屋敷古墳群；24：舘ノ内；25：明戸；26：堀越；27：吹上；28：武田石高；29：大鋸町；30：一本松

正1976a・b・1979・1995aほか；鈴木素1998・2002）。また，その分布が福島県浜通り南部のいわき地方に及ぶことも古くから説かれており（渡辺1962），馬目順一が示した同地方の後期弥生土器編年によれば，伊勢林前式から輪山式などを経て，後期後半に十王台式を受容するという（馬目1979）。

浜通り北部の相双地方に眼を転じれば，弥生時代後期の遺跡は17例余知られ，それらから出土した土器は，現在，猪狩忠雄によって2つの段階に区分されている（猪狩2000）。すなわち，第1段階に「天王山式系」土器を，第2段階に十王台式ならびに同式の影響を受けた土器をあて，「天王山式系」から「十王台式系」へというながれで大枠が定められた。

この第2段階に属するのは，福島県相馬市大坪東畑（長島1992），南相馬市原町区桜井高見町A（辻ほか1996），同市原町区桜井（竹島1992），相馬郡浪江町本屋敷古墳群（伊藤ほか1985）の各

遺跡から出土した土器である。第2図4に掲げた大坪東畑例は，口縁部と頸部とにスリットを設けて縦に区画し，そのなかを櫛描波状文で填める。両部位の境には棒状の工具を用いて刺突をめぐらせ，胴部には附加条第2種の羽状縄文を施したらしい。

桜井高見町A遺跡の第1号住居跡から出土した5の例は，微隆起帯を4段配して口頸部の境を示し，頸部にスリットを設けて，区画のなかを波状文で充たす。頸部と胴部とのあいだには下向きの連弧文を配し，胴部を附加条第2種羽状縄文で飾る。6も5と同種の構成を採る。7は，頸部を縦に区画するのがスリットでない。また，櫛描波状文の充填が疎らな点でも，頸胴部境に連弧文ではなく波状文を配する点でも，他と異なる。8は口頸部に文様をもたない。横走する沈線の上に2列の刺突を加えて，口頸部と胴部とを画する。第2号住居跡から出土した9は微隆起帯を5段作って，全面的に附加条縄文を施す。

桜井遺跡から採集された1は頸部片で，スリットによる区画のなかを波状文で填める。2と3も櫛描波状文で飾った口縁部片で，後者は4段の微隆起帯をそなえている。

本屋敷古墳群出土の10の例は，第2号住居跡の床面からいわゆる「古式土師器」とともに検出された例である[2]。鈴木正博は，「「十王台2式」あるいはその直後」（鈴木正1995a，第17図）と評価し，さしあたって十王台2式期に配した（鈴木正1995b，附図1）。本例は口縁部や頸部を無文とし，両部位の境にわずかな厚みをもたせて，そこに2列の刺突を加える。頸部の縦幅は，他の例にくらべて著しく狭い。胴部は附加条第2種羽状縄文で飾る。

以上の諸例は，附加条第2種羽状縄文を採用する点で共通し，器形もほぼ近似しているが，一方で櫛描文の存否など異なる点もみいだされる。ところが，当地の「十王台式系」土器は採集資料が多いために，遺構の切り合い関係などから新古の序列をあたえることができず，猪狩も「十王台式系」という大枠で括らざるを得なかった。桜井高見町A遺跡の場合も，住居からまとまって出土したとはいえ，その層位には上下があって，必ずしも共時性をもつとはかぎらない。したがって，ここでは文様帯の特徴などに焦点をあてて，分類をこころみたい。

相双地方の諸例は，頸部の遺存状態が比較的良い。そこで，頸部の文様帯に注目すると，縦幅の広狭から2つの群を抽出することができる。すなわち，大坪東畑・桜井両遺跡の例や，桜井高見町A遺跡で出土した土器の多くは，頸部文様帯の幅を広くとり，スリットによって画した内側を櫛描の波状文で充たす。これに対して，本屋敷古墳群例の場合は縦幅が狭く，櫛描文を欠くという相違がみいだされる。仮に前者を①群，後者を②群と呼んでおこう。

なお，桜井高見町A遺跡出土の第2図9は，附加条羽状縄文で器面を填め，櫛描文を欠くものの，頸部の文様帯は幅を広くとってある。ひとまず幅の共通という文様帯属性を優先させ，ここでは①群に含めておく。実際，櫛描波状文で飾る装飾性の高い土器に，縄文のみを施す装飾性の乏しい土器がともなうことは，鈴木素行がすでに指摘するところであり（鈴木素1998），那珂・久慈両川流域の遺跡の多くがそれを証示している。他方，同図8の場合，図中に▲で示した箇所のわずかな膨らみを，口頸部境とみなすことは充分に可能であり，頸部文様帯の縦幅が狭い点によっても，櫛描文で飾らない点によっても，②群に含めてさしつかえない。

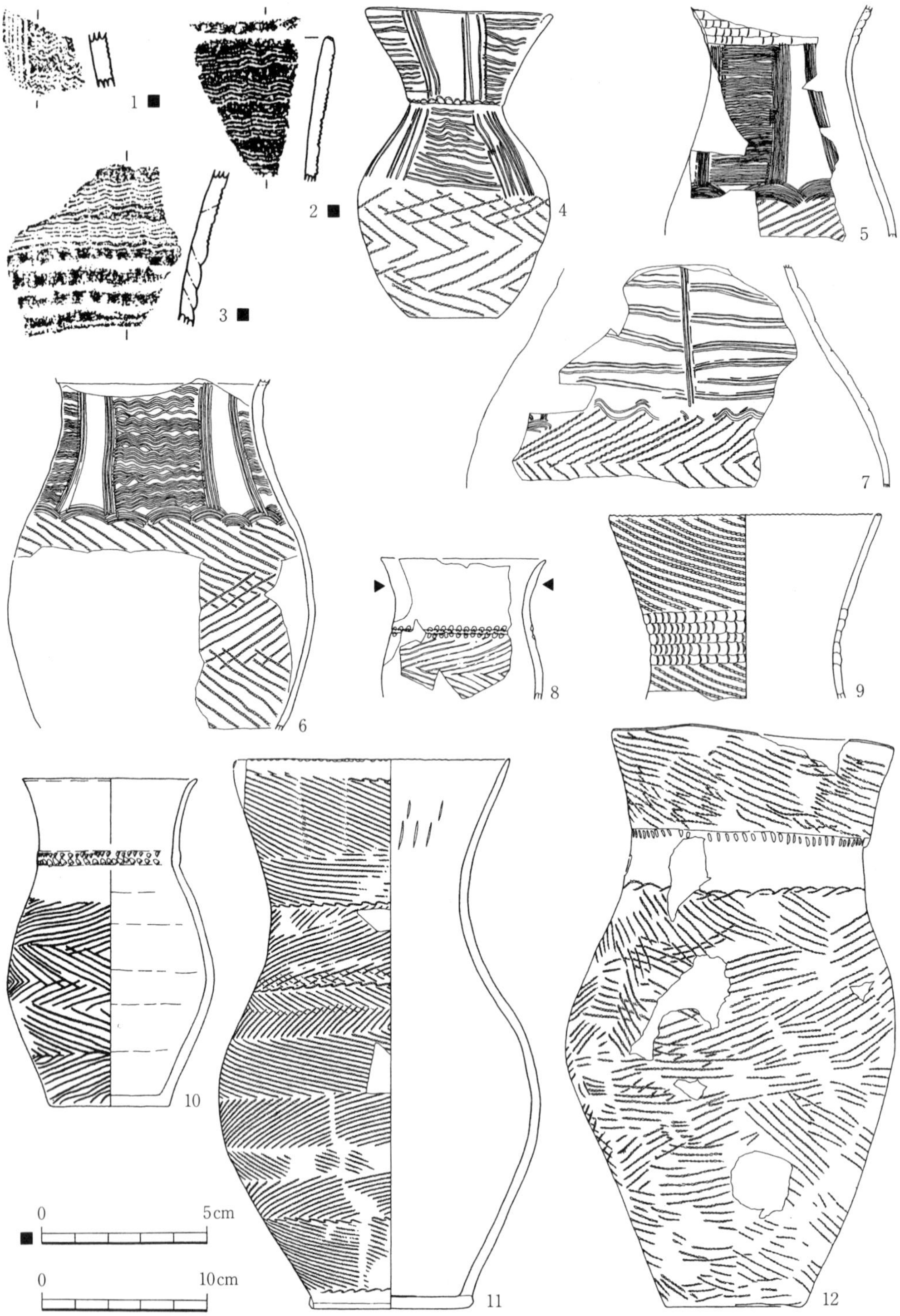

138　第3部　地域の表出―弥生・古墳時代

第2図　相双地方の「十王台式系」土器と関連資料
1～3：桜井；4：大坪東畑；5～9：桜井高見町A；10：本屋敷古墳群；11：武田石高；12：堀越

さて，この２つの群の相違を新古に置き換えようとした場合，十王台式がそもそも後期前半の東中根式に連なる型式である，という点に注意しなければならない。東中根式は，基本的に２つの文様帯を頸部にそなえるため，縦幅を広くとるという特徴がある（川崎1982）。２つの文様帯のうち一方は，後に十王台１式のなかで徐々に狭小化し，消失するというが（鈴木素1998），消失して文様帯が１つになっても，幅は広いまま保たれる。したがって，頸部に広い文様帯をおくのは，東中根式以来の伝統に則った古手の属性と考えられ，そこを無文として狭くするのは，文様帯配分の原理がくずれた新しい姿とみなすことができる。すなわち，①群が古くて②群が新しく，①群から②群へと変化したであろうことが推知されるのである。

ここで，鈴木正博が示した細別編年案を参考にしながら，①・②両群と，那珂・久慈両川流域の十王台式との併行関係を検討してみよう。まず，①群の大坪東畑例は，口頸部の境が単純な段で構成され，高い隆起をそなえない点などから十王台２式土器と判断される[3]。また，桜井高見町A遺跡の第２号住居跡の例や，第２図８を除く第１号住居跡出土例も，口頸部を画する隆帯の厚みが乏しく，櫛描波状文がやや直線的である点から，大坪東畑例と同じ段階に配され，①群は総じて十王台２式とみるのが穏当であろう。

これに対して，②群の本屋敷古墳群例や桜井高見町A遺跡で出土した第２図８の例は，やはり頸部無文帯幅の狭小ぶりが注意をひく。このような例を，那珂川あるいは久慈川の流域にもとめてみると，鈴木正博が続十王台式の一形態として設定した武田石高式の（鈴木正1995a），標式資料である茨城県ひたちなか市武田石高遺跡第５号住居跡出土の縄文壺が，特徴を同じくするようである（鈴木素ほか1998）。

第２図11の例は，第５号住居跡出土の，附加条第２種羽状縄文を全面的に施した土器である。縄文原体の末端で頸部の上・下端を示し，このようにして区画された箇所の縦幅は狭い。この傾向は，12に掲げた那珂川上流域の栃木県矢板市東泉堀越遺跡の出土品にもみられる（芹澤2005）。以上から，②群は十王台２式の範疇にはおさまらず，後続する武田石高式に併行すると考えられるのである[4]。

ただし，①群の場合，那珂・久慈両川流域の十王台２式土器とは，櫛描波状文を充たす部位にも共通性がみとめられるのに対して，②群の両例の場合は，武田石高式と同じように頸部を狭くするとはいえ，加飾の度合いが同式とは相違する。すなわち②群は，口縁部と頸部とを無文にして，胴部のみを附加条羽状縄文で飾るのに対し，武田石高式の場合は口縁部も縄文で充たしている。また，②群の区画文には「天王山式系」の残存要素も垣間みられるから[5]，無理に武田石高式に含めるのではなく，分けて理解するべきであろう。そこで，②群を本屋敷段階と称して，続十王台式の一形態とみなすこととし，相双地方における弥生時代終末の編年を十王台２式→本屋敷段階とする[6]。

ところで，東北南部における現行の後期弥生土器編年では，「天王山式系」から「十王台式系」へという認識のもと，「天王山式系」の土器と「十王台式系」のそれとが共時性をもつことはなく，十王台式が展開する時点で，すでに「天王山式系」が一掃されているかのような編年観が示

されている。これに対して、近年、鈴木正博は、福島県白河市板橋明戸遺跡（辻ほか1984）の出土品から、狭義天王山式に後続する「天王山式系」として明戸式を新たに設定し、これが十王台1式十王台段階に併行することを、茨城県東茨城郡大洗町一本松遺跡（井上ほか2001）で出土した土器の分析から指摘して、現行の編年案に疑義をとなえたのである（鈴木正2002）。そこで、「天王山式系」の時期にあたる猪狩編年の第1段階についても簡単に検討を加え、「十王台式系」との先後関係を解決しておこう。

第1段階に属する遺跡のなかで、資料にめぐまれているのは福島県相馬郡新地町師山（鈴木敬ほか1990）、同町双子（鈴木敬ほか1990）、同郡飯舘村岩下C（鈴鹿ほか1985）の各遺跡である。師山遺跡ではII・III区のグリッドF7-48のIIa層に、双子遺跡ではIV区のグリッドK4-72のIII層に、それぞれ土器の集中地点がある。第3図1～21に示した両遺跡の例は、交互刺突文が点列化し、口縁部の文様もやや単純になるなど、狭義天王山式以前に遡るものではすでになく、また、対刺突文を頻用し、凹点文や楕円形状の単位文をそなえるなど、鈴木が提唱した明戸式の特徴と共通する要素も多い。これらを師山・双子段階と称する。

他方、師山遺跡で出土した22～24や、25の岩下C例は、もはや交互刺突文のような2列の列点によってではなく、大振りな指頭の押捺によって文様帯を画する。これらは、師山・双子段階よりも文様の単純化がさらに進んだものとみてよく、岩下C段階と呼ぶならば、相双地方の「天王山式系」土器は、師山・双子→岩下Cという変化が措定される。そうして、文様の共通性から、前者には中通りの明戸式に併行する位置があたえられるのである。

ところが、これらの3遺跡では、とりあげた土器の集中地点だけでなく遺跡全体をみまわしても、器面を櫛描文で飾った、十王台式に連なる例がみあたらない。鈴木が指摘した明戸遺跡の場合とは違って、相双地方では十王台1式の段階にはまだ、東関東地方からの影響が達していなかったことが、ここから察せられる。逆に、十王台2式や本屋敷段階の時期に属する遺跡を見返してみても、「天王山式系」の製作がつづき、「十王台式系」との双方が用いられていた、という様子はない。したがって、東北南部のなかでも最南端の白河市周辺では、十王台1式十王台段階の時点で、すでに十王台式の北漸があったのかもしれないが、仙台湾にほど近い相双地方には、十王台2式期になってようやく達したのであろう。東北南部のなかでも時間的なズレがあることを、これは示している。

以上のところから、相双地方の後期弥生土器には、少なくとも師山・双子→岩下C→十王台2→本屋敷という4つの段階があたえられ、師山・双子段階は明戸式に併行する。また、「天王山式系」・「十王台式系」両土器の共伴が確認できないことから、岩下C段階の下限はひとまず十王台式が展開する直前、すなわち十王台1式紅葉段階とみておきたい。

十王台式の影響が及んだのは同2式期であり、次いで本屋敷段階が成立する。本屋敷古墳群第2号住居跡において本屋敷段階と共伴した「古式土師器」のなかには、北陸地方の技術で成形された土器が含まれているというから（伊藤ほか1985）、この段階には同地方との交渉も始まったのであろうが、そのときにはすでに東関東地方との繋がりも形成されていたのである。

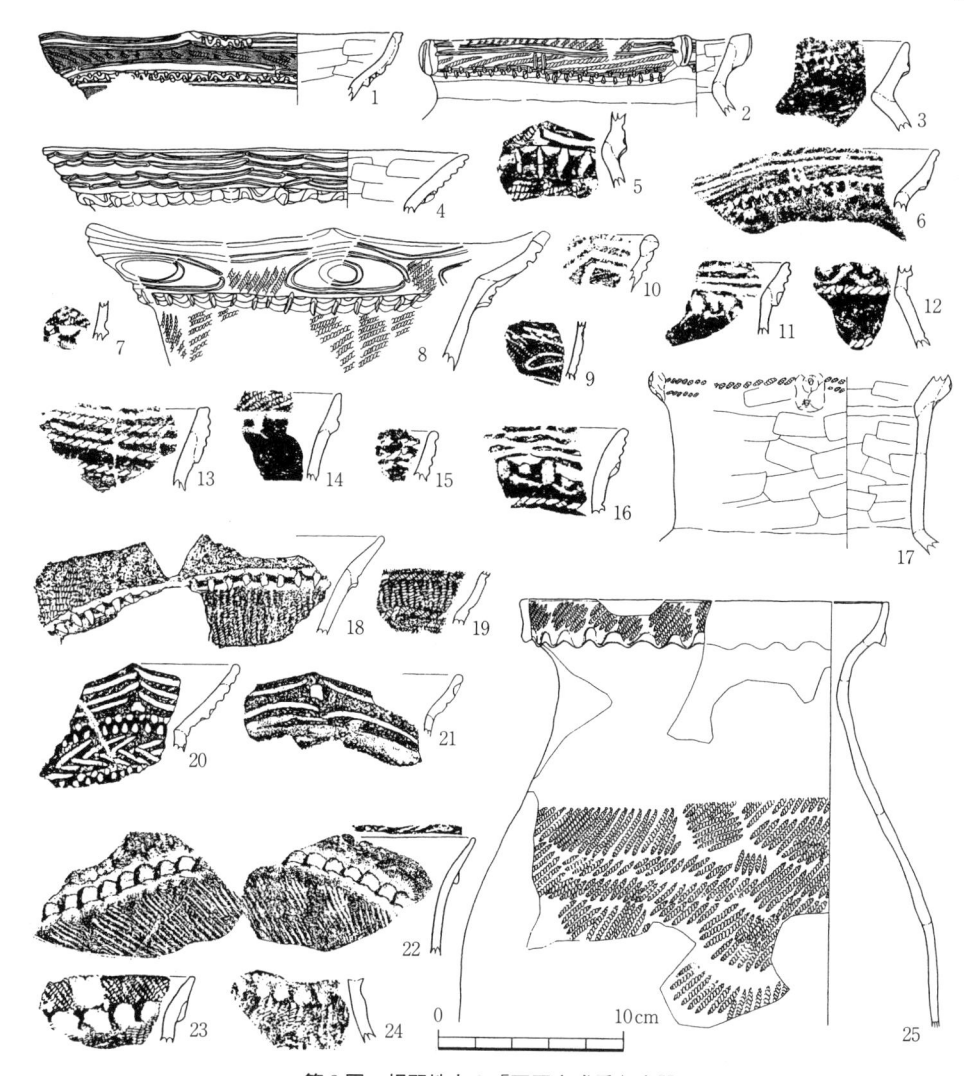

第 3 図　相双地方の「天王山式系」土器
1～17・22～24：双子Ⅳ区 K4-72；18～21：師山Ⅱ・Ⅲ区 F7-48；25：岩下 C

3. いわゆる赤穴式における羽状縄文の受容

　東北北部は「天王山式系」の土器が後期の初頭から終末までつづいた地域である。同土器の時期差は古くから論じられ，石川日出志と伊東信雄がそれぞれ後期初頭の兎Ⅱ式と常盤式を，小田野哲憲が前葉ないし中葉の湯舟沢式を，江坂輝彌が後半の赤穴式を設定して，現在にいたっている（石川 2004；伊東 1960；小田野 1986；江坂 1953）。

　細別が深化する過程で，東北北部の「天王山式系」諸式と同南部のそれとでは，器形・器種のバラエティや，用いる縄文の種類などに差異がみいだされてきたが（石川 2001），特徴のことごとくが相違するということではもとよりない。「天王山式系」という大きい概念が用意されてい

142　第3部　地域の表出―弥生・古墳時代

ることからも明らかなように，地域差があるとはいえ，たとえば交互刺突文の採用ひとつをとっても共通性がみとめられるから，東北地方内における諸地域間の交渉関係は決して少なくなかったのであろう。

　その関係を証示するのが，秋田県鹿角郡小坂町はりま館（大野ほか 1990），岩手県九戸郡洋野町上水沢Ⅱ（北村ほか 2002），奥州市胆沢区下尿前Ⅳ（中村直 1998）の各遺跡から出土した後期後半代の土器である。いずれも器面を単節LR縄文で飾り，複合口縁の下端を，幅広の棒状工具で刺突を加えるか，もしくは指頭を押捺するかによって，口縁部と頸部とを画する（第4図1～4）。ところが，東北北部では後期初頭を除けば，無節L単軸絡条体撚糸文などで器面を飾り，単節縄文を用いることはない。各々の報告書をみると，これらは東北南部の踏瀬大山式（中村五 1976）に類すると記され，先にとりあげた相双地方の岩下C段階にも近似している。さらに類例をもとめてみると，東北南部が数のうえで他を凌ぎ，中部でも宮城県栗原市一迫上ノ原B（佐藤ほか 1978），同市志波姫糠塚（小井川ほか 1978），名取市愛島塩手西野田（藤沼ほか 1974），亘理郡亘理町宮前（丹羽ほか 1983）の各遺跡などで散見される（第4図5～10）。

　したがって，土器文様の共通性だけでなく，実際に東北南部の土器が中・北部に移動している点からも，弥生時代後期の東北地方で，密接な交渉関係が築かれていたらしいことが想像される。ただし，これは前節で導いた岩下C段階の編年的位置から，十王台式の北漸が相双地方に及ぶ十王台2式よりも前の状況ということになるであろう。

　それでは，十王台2式期以降，東北地方諸地域の繋がりはどうなっていくのであろうか。あるいは，相双地方が十王台式圏に包摂された後も，東関東地方の影響はさらに北進をつづけるのであろうか。ここでまず注目したいのは，第5図1に掲げた，秋田県能代市浅内寒川Ⅱ遺跡の例である（小林ほか 1988）。器形は十王台式に近似し，口縁部と胴部とを附加条羽状縄文で飾る。ところが，頸部の中央には断面三角形の微隆起帯をそなえ，底部も上げ底で，必ずしも十王台式の製作技法に準じているとはいえない。鈴木正博は本例から寒川Ⅱ式を設定し，かつ「口縁部に於ける縄紋の文様化」（鈴木正 1990, p. 99）を論拠として，続十王台式期に併行する位置をあたえた。たしかに，頸部文様帯の広狭に着目した筆者の視点によっても，武田石高式や本屋敷段階との共通性がみとめられ，その主張はスムーズに首肯できる。

　同じく注意されるのが，いわゆる赤穴式土器におけるはなはだしい変化である。筆者は，対向連弧文で飾った土器に着目し，湯舟沢・室小路15段階から柿ノ木平・八卦段階を経て，上八木田Ⅲ・高松寺段階へと転じ，最終的に鳶ヶ長根Ⅳ・小井田Ⅳ段階へといたる，4段階の細別編年案を提示したが（齋藤 2007），この案に則るならば，最後の段階において①地文の変化と②頸部文様帯の拡幅というはなはだしい変容がみとめられるのである。

　①については，上八木田Ⅲ・高松寺段階までと鳶ヶ長根Ⅳ・小井田Ⅳ段階とで，附加条羽状縄文の採否という違いがある。上八木田Ⅲ・高松寺段階までのあいだも，単軸絡条体の撚糸文だけでなく，附加条縄文によっても器面を塡めているが，前者は縦方向に，後者の場合は斜方向に回転させることで，いずれも条が縦走するような視覚効果をあたえ，羽状縄文を生みだす素

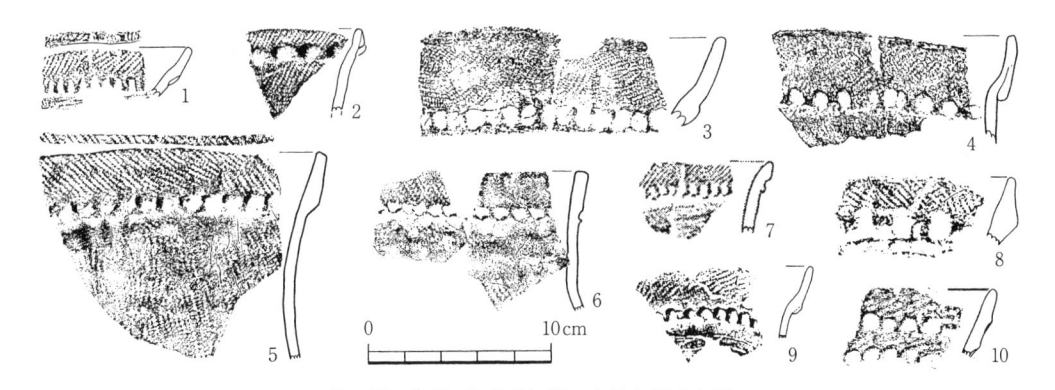

十王台式の北漸と赤穴式羽状縄文技法の成立 143

第4図 「天王山式系」期の交渉を示す土器
1:はりま館；2:上水沢Ⅱ；3・4:下尿前Ⅳ；5・6:上ノ原B；7:糠塚；8・9:西野田；10:宮前

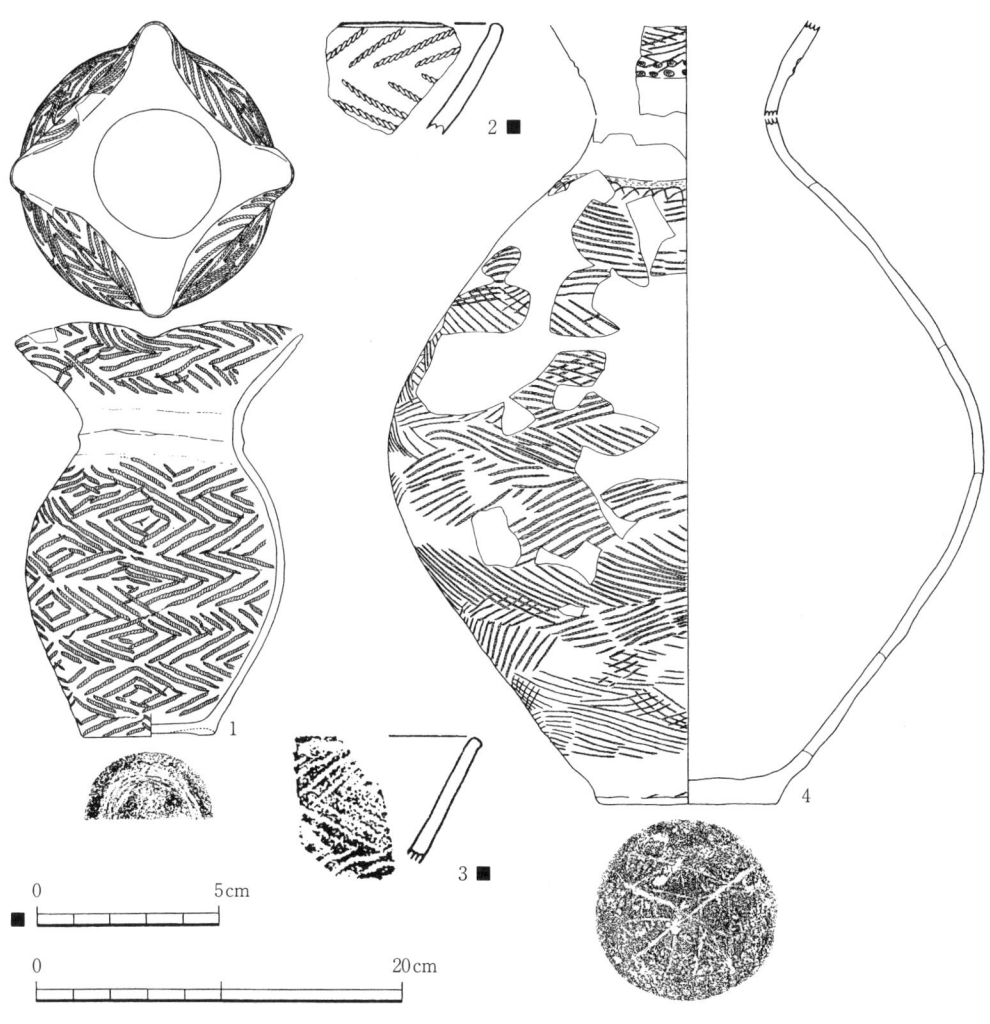

第5図 東北北・中部の羽状縄文土器
1:寒川Ⅱ；2:大境山；3:清水；4:宇南

地はみあたらない。また，分布圏が北接する後北式にも，羽状縄文で飾る伝統はない。したがって，鳶ヶ長根Ⅳ・小井田Ⅳ段階の諸例に共通する縄文を有するのは，寒川Ⅱ遺跡の土器が唯一例であり，かつて山内清男が論じた十王台式起源の羽状縄文拡散説が（山内ほか1971），信憑性を帯びてくるのである。

十王台式の影響のもと，何らかのかたちで赤穴式に羽状縄文技法が伝わったとすれば，相双地方と東北北部のあいだの地域にも，何らかの痕跡が残っていてよいはずである。そこで東北中部の，相澤清利の編年で後期後葉とされるⅢ期の資料をみてみることとしよう（相澤2000・2002）。「天王山式系」が多くを占めるⅢ期のなかで，宮城県名取市田高清水（丹羽ほか1981），栗原市瀬峰大境山（阿部ほか1983），同市志波姫宇南の各遺跡から出土した土器が（斉藤1979），様相を異にするようである（第5図2〜4）。清水例や大境山例は小さな破片で，器形や頸部の特徴などは不明であるが，少なくとも器面は附加条羽状縄文で飾ってある。これに対して，Ⅲ期の例の多くは，縄文あるいは撚糸文の条が縦走していて，筆者の赤穴式編年に照らすと，上八木田Ⅲ・高松寺段階までの諸例に対比することができる。両者の相違は，相澤編年のⅢ期が新古に細別される可能性を示唆している。

東北中部における十王台式の北漸をものがたる決定的な例が，宇南遺跡から出土した4で，胴部を附加条第2種羽状縄文で飾るだけでなく，底面に木葉痕をもつ点で特筆される[7]。管見にふれたかぎりにおいて，少なくとも東北北・中部の「天王山式系」に木葉痕を残した例はみあたらず，先述の寒川Ⅱ例にもそれはない。また，口縁部片とは接合しないものの，頸部の下端がここまで窄まる以上，極端にその縦幅を広くするとは考えにくく，口頸部の境には2列の刺突もみられる。すなわち，本例は寒川Ⅱ例とは違って完全に十王台式の技法に準じており，特に相双地方の本屋敷段階に連なる例と判断される[8]。十王台式の北漸は，続十王台式期に宮城県北部の大崎平野にまで達したのであろう。寒川Ⅱ例の存在や，赤穴式鳶ヶ長根Ⅳ・小井田Ⅳ段階における羽状縄文の採用は，このような続十王台式期の動向がひきおこしたに違いない。

最後に，いわゆる赤穴式土器におけるもう1つの変化についてもふれておこう。すなわち，②頸部文様帯の拡幅現象である。鳶ヶ長根Ⅳ・小井田Ⅳ段階の諸例は頸部が拡がり，括れは前段階にくらべて器高のやや中央にまで下がってくる。十王台式の影響が及んだのであれば，武田石高式や本屋敷段階のように頸部文様帯の幅はむしろ狭まるはずであるが，どうやらそうではないらしい。

第6図には，旧稿でもとりあげた岩手県二戸郡一戸町小井田Ⅳ，九戸郡九戸村長興寺Ⅰ両遺跡の例と（嶋ほか1984；金子2002），同様に羽状縄文で飾っている北上市相去町南部工業団地内遺跡の例とを掲げた（杉本ほか1993）。1の小井田Ⅳ例は上半部のみが遺存しているが，括れの位置がやや下がる。附加条縄文の原体の末端を2段回転させて口縁部と頸部とを画し，その下方を縦羽状の縄文帯とする。2は南部工業団地内遺跡出土の例で，横方向の羽状縄文で頸部を，縦方向のそれで胴部を飾る。また，長興寺Ⅰ遺跡の第68号土壙から出土した3，5，6も，器高の中央に括れを有し，頸部にあたる場所に幅広の文様帯をそなえている。

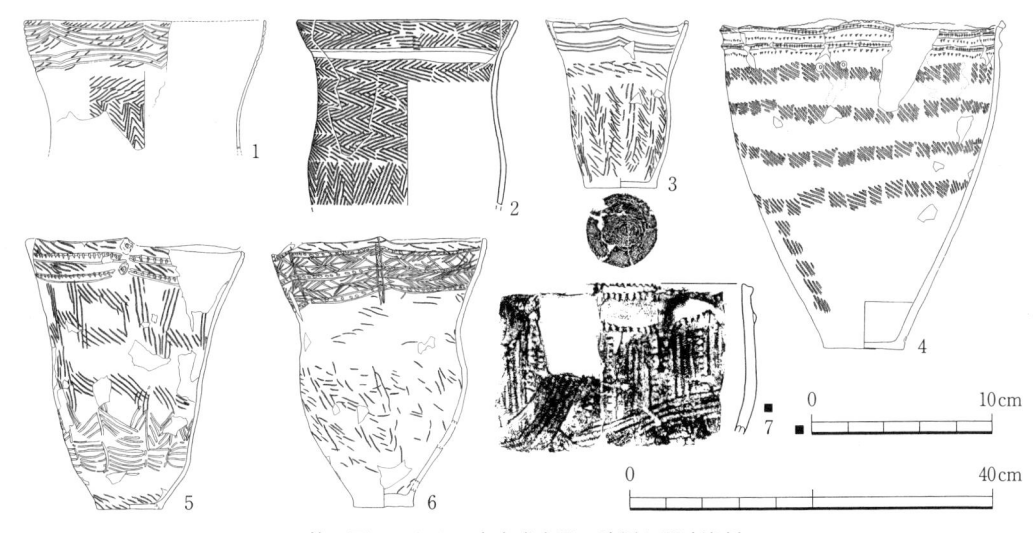

第6図　いわゆる赤穴式土器の諸例と関連資料
1：小井田Ⅳ；2：南部工業団地内；3〜7：長興寺Ⅰ

　なお、鳶ヶ長根Ⅳ・小井田Ⅳ段階にみとめられるこの現象に対して、旧稿では頸部文様帯の拡幅とみなし（齋藤2007）、本稿でもそれに準じて記述をすすめているが、むしろ胴部文様帯の出現とみた方が適切だとする見解があるかもしれない。いずれにせよ、大きな変化をむかえた点については論旨に変更はないが、文様帯呼称の是非については研究者諸賢の教示・叱正を乞うこととしたい。
　話を返すと、ここで注目されるのが、長興寺Ⅰ遺跡第68号土壙から出土した4の例である。口縁部に微隆起線文を2段配し、同文様上やその間隙に三角形の刺突を加えていることから、海峡の彼方に展開した後北C2・D式の影響を受けたものと判断されるが、この土器もまた、鳶ヶ長根Ⅳ・小井田Ⅳ段階の諸例と同じく、上半に幅広の文様帯をそなえているのである。後北式土器の場合、C2・D式以前から器面の上半に幅広の文様帯をおくのに対して、いわゆる赤穴式の古手の諸例に、このような特徴はみられない。したがってこの変化は、後北式文様帯の介入によっておこった、と理解することができる。さらにいうと、文様帯構成の受容というだけでなく、同図7のように、後北C2・D式そのものと判断される例も、東北地方では数多く確認されている。とりわけ北部が数のうえで卓越し、分布が集中するらしい（芳賀ほか2003）。
　本節の検討結果を約言すると、東北北部のいわゆる赤穴式土器は、続十王台式併行期に、大きな変化をむかえる。ひとつは、中部の大崎平野にまで達した十王台式の北漸の余波を受けて羽状縄文技法を採用する点であり、もうひとつは後北式の文様帯を受容する点である。北海道方面からのインパクトがとりわけ大きく、両地のあいだで深いかかわりあいがあったらしいことは、赤穴式の文様帯の配分原理を一変させたというだけでなく、東北北部で相当量の後北C2・D式土器が検出されている点によっても、また、鳶ヶ長根Ⅳ・小井田Ⅳ段階に類する対向連弧文土器が北海道南西部から出土している点によっても[9]、推知されるのである。

4. 東北地方における弥生土器の終末

　本稿では，まず，相双地方の「十王台式系」土器を分類して，十王台2式から本屋敷段階への推移を辿り，十王台式の北漸過程を次のように復原した。

　東関東地方でいう十王台1式までのあいだ，東北南部では狭義天王山式に後続する「天王山式系」土器が展開しており，十王台式圏との交渉は，福島県白河市周辺などの茨城県域に接する辺りにかぎられていた。そうして2式期に入ると，相双地方も十王台式圏に包摂され，次いで続十王台式期には，東北中部の大崎平野にまで達する。

　なお，茨城県水戸市元吉田町大鋸町遺跡第41号住居跡や（井上ほか1988），本稿でとりあげた武田石高遺跡第5号住居跡や本屋敷古墳群第2号住居跡などをみると，続十王台式期には東関東地方でも相双地方においても，「十王台式系」土器といわゆる「古式土師器」との共伴が目立つようになる。これは，十王台式圏で「古式土師器」を製作する人々との交渉が始まったことを示している。

　また，いわゆる赤穴式が展開していた東北北部にも，完全ではないものの，東関東地方からの影響が及んでいる。羽状縄文技法の採用にそれをみてとることができるが，時を同じくして後北式の文様帯も赤穴式土器に大きな変化を促したらしい。すなわち同地の土器は，南から十王台式の影響を，北から後北式の影響を受けたことになるが，土器の移動状況なども勘案すると，とりわけ後北式圏との繋がりを強めていったようにみえる。

　さて，弥生時代の終末といえば，すでに胎動をはじめていた畿内政権が拡充の準備をととのえ，他方，北日本では後北C2・D式期の続縄文社会が北海道島にとどまらず，海をこえて北へ南へと拡がりをみせる時期にあたる。次代の古墳時代研究の成果を縦覧すると，大規模墳墓が継続的に営造される北限の地は大崎・仙台両平野の辺りであるといい（たとえば，藤沢2003；黒田2005など），また，塩釜式土器の分布は，若干，北上川中流域にもみられるものの，概して大崎平野以南に広がっているという（辻1995・2001）。

　東北地方における古墳時代の開始については，「弥生時代最終末の土器群と，最古の土師器との間には，文様の有無や器種の構成，形態などすべてにわたって，大きなへだたりがあり，連続的な変化をみとめることができない」（辻1986，p. 152）という言説がよく示すように，西方からのインパクトのみが注目され，弥生時代からのコンテクストを等閑に付すかたちで復原されてきた。つまり，前代の関係がことごとく払拭され，あたかも古墳・続縄文の両文化を分かつ一線が，にわかに出現したかのように描かれてきたわけである。

　ところが，これに本稿で述べ来たった弥生時代終末の状況を重ね合わせてみたい。完全な形での十王台式の北漸は大崎平野辺りまでを限界とし，対して赤穴式は後北C2・D式の影響を強く受ける。たしかに，後北C2・D式土器そのものは大崎平野以南の地でも検出され，赤穴式もまた十王台式に出自をもつ羽状縄文を採用するものの，前者については東北北部と中部以南との例

数の違いが著しい点を，後者については，技術体系が中部とは違って完全には伝わらなかった点を考量するならば，大崎平野の近傍にはすでに薄らとした一線があらわれているようにも思われるのである。

　畢竟するに，古墳時代前期における文化の「境界線」は何の脈絡もなく形成されたわけではなく，続十王台―「古式土師器」，赤穴―後北C2・Dという，弥生時代終末の繋がりによって醸成されたと考えることができる。そうして，そのトリガーを引いたのは外でもない，東北地方の全域を覆っていた「天王山式系」土器圏のネットワークを南北に解体させた，十王台式の北漸現象だったのである。

　本稿を作成するにあたって，川西宏幸先生をはじめ，次の諸氏，諸機関から格別なる御高配や丁寧な御教示をたまわりました。

　猪狩忠雄，稲田健一，稲野裕介，上屋眞一，小倉淳一，樫村友延，鴨志田篤二，川口武彦，工藤幸尚，小玉秀成，小松崎博一，齋藤弘道，佐藤祐子，杉本　良，鈴木正博，鈴木陽子，高島好一，高橋栄一，丹野祥枝，能登谷宣康，矢島敬之，いわき市考古資料館，喜多方市教育委員会，北上市立埋蔵文化財センター，東北歴史博物館，福島県文化財センター白河館，法政大学考古学研究室，南相馬市博物館（五十音順，敬称略）。

　末筆ではありますが，御芳名を記して深甚なる謝意を表する次第です。

註

1) 現在の霞ヶ浦とは，面積も水質環境も異なっていたであろうことが想像される。したがって，筆者は弥生時代中期初頭までの同水域を「古鬼怒湾」，中期中葉以降を「古霞ヶ浦」と呼び，現霞ヶ浦とは区別している（齋藤2006a・2006b）。同水域の沿岸で土地利用のありかたが変わるのが，この頃だからである（齋藤ほか2005）。

2) この住居跡の出土品が，東北地方における前期土師器編年の最古段階に位置づけられている（辻1994，1995）。

3) 長島雄一の記述によれば，海老沢稔も，縦の区画や充塡波状文が崩れている点，口縁部文様が幅広い点，胴部が短い点を論拠として十王台2式に比定したという（長島1992）。

4) 会津盆地の福島県喜多方市塩川町舘ノ内遺跡2号周溝墓出土の例も，文様帯の配分を同じくする（和田ほか1998）。

5) 明戸式の「対刺突文」（鈴木正2002）の系譜と考えられる。

6) 武田石高式や本屋敷段階にみとめられる頸部の狭小化は，日立市久慈町吹上遺跡第3号住居跡出土の例が示すように，その後の段階まで続く（鈴木裕1981）。吹上例は，土師器の壺の形態を受容して球胴化しているが，武田石高例などの時期には，このような影響がまだ及んでいない。

7) 第5図4に掲げた宇南例の底面拓本は，東北歴史博物館のご厚意により採らせていただいたものである。

8) 相澤（2002）は，鈴木素行による編年の十王台2a式（本稿で参照した鈴木正博編年の十王台2式に相当）に併行する位置をあたえており，本稿の帰結とは見解を違えている。

9) たとえば，北海道恵庭市戸磯ユカンボシ E9 遺跡で出土した対向連弧文土器は（上屋ほか 1993），鳶ヶ長根 IV・小井田 IV 段階と特徴を同じくする。

引用文献

相澤清利 2000「宮城県における弥生後期の土器編年」『東日本弥生時代後期の土器編年』第 2 分冊　東日本埋蔵文化財研究会福島県実行委員会　962-969 頁

　　　　　2002「東北地方における弥生後期の土器様相 —太平洋側を中心として—」『古代文化』第 54 巻第 10 号　47-62 頁

阿部正光ほか 1983『大境山遺蹟』瀬峰町文化財調査報告書　第 4 集　瀬峰町教育委員会

猪狩忠雄 2000「福島県における弥生後期の土器編年」『東日本弥生時代後期の土器編年』第 2 分冊　東日本埋蔵文化財研究会福島県実行委員会　823-837 頁

石川日出志 2001「弥生後期湯舟沢式土器の系譜と広がり」『北越考古学』第 12 号　11-32 頁

　　　　　　2004「弥生後期天王山式土器成立期における地域間関係」『駿台史学』第 120 号　47-66 頁

伊藤玄三ほか 1985『本屋敷古墳群の研究』法政大学文学部考古学研究報告　第 1 冊　法政大学文学部考古学研究室

伊東信雄 1960「東北北部の弥生式土器」『文化』第 24 巻第 1 号　17-45 頁

井上義安ほか 1988『水戸市大鋸町遺跡 —（仮称）元吉田第三住宅団地造成工事に伴う埋蔵文化財発掘調査報告書—』水戸市大鋸町遺跡発掘調査会

　　　　　　　2001『一本松遺跡』一本松埋蔵文化財発掘調査会

上屋眞一ほか 1993『ユカンボシ E9 遺跡・ユカンボシ E3 遺跡』恵庭市教育委員会

江坂輝彌 1953「岩手県小本川流域の洞窟遺蹟」『貝塚』第 45 号　1-3 頁

大野憲司ほか 1990『はりま館遺跡発掘調査報告書 —東北自動車道小坂インターチェンジ建設工事に係る埋蔵文化財発掘調査—』秋田県文化財調査報告書　第 192 集　秋田県教育委員会

小田野哲憲 1986「湯舟沢 3 区の弥生式土器」『湯舟沢遺跡』第 1 分冊　滝沢村文化財調査報告書　第 2 集　滝沢村教育委員会・岩手県文化振興事業団埋蔵文化財センター　391-421 頁

金子昭彦 2002『長興寺 I 遺跡発掘調査報告書 —主要地方道二戸九戸線新幹線関連道路整備事業関連遺跡発掘調査—』岩手県文化振興事業団埋蔵文化財調査報告書　第 388 集　岩手県文化振興事業団埋蔵文化財センター

川崎純徳 1982『勝田市史』別編 III　勝田市史編纂委員会

川西宏幸 2000「土器生産の変容と地域社会の圏域 —総括にかえて—」『西アジア考古学』第 1 号　61-71 頁

北村忠昭ほか 2002『上水沢 II 遺跡発掘調査報告書 —ふるさと農道緊急整備事業水沢地区関連遺跡発掘調査』岩手県文化振興事業団埋蔵文化財調査報告書　第 391 集　岩手県文化振興事業団埋蔵文化財センター

黒田篤史 2005「東北南部」『東日本における古墳の出現』六一書房　220-231 頁

小井川和夫ほか 1978『宮城県文化財発掘調査略報（昭和 52 年度分）』宮城県文化財調査報告書　第 53 集　宮城県教育委員会

小林克ほか 1988『一般国道 7 号八竜能代道路建設事業に係る埋蔵文化財発掘調査報告書』I　秋田県文化財調査報告書　第 167 集　秋田県教育委員会

齋藤瑞穂 2006a「縄文時代から弥生時代へ —神明遺跡・前浦・殿内遺跡—」佐久間好雄監修『図説　稲敷・

　　　　　北相馬の歴史』郷土出版社　44-45頁
　　　　2006b「弥生時代中期の二集落 ―笹山遺跡・屋代B遺跡―」佐久間好雄監修『図説　稲敷・北相
　　　　　馬の歴史』郷土出版社　46-47頁
　　　　2007「赤穴式対向連弧文土器考」『信濃』第59巻第2号　29-49頁
齋藤瑞穂ほか 2005「常陸浮島の考古学的検討」『茨城県考古学協会誌』第17号　145-191頁
斉藤吉弘 1979『宇南遺跡』宮城県文化財調査報告書　第59集　宮城県教育委員会
佐藤信行ほか 1978『上ノ原A遺跡 ―弥生後期の住居跡―』一迫町文化財調査報告書　第3集　一迫町教
　　育委員会・弥生時代研究会
嶋　千秋ほか 1983『小井田IV遺跡発掘調査報告書 ―東北縦貫自動車道関連遺跡発掘調査―』岩手県埋文
　　センター文化財調査報告書　第69集　岩手県埋蔵文化財センター
杉本　良ほか 1993『南部工業団地内遺跡I（1988・1989年度）』北上市埋蔵文化財調査報告　第9集　北上
　　市教育委員会
鈴鹿良一ほか 1985『真野ダム関連遺跡発掘調査報告』VII　福島県文化財調査報告書　第150集　福島県教
　　育委員会
鈴木敬治ほか 1990『相馬開発関連遺跡調査報告』II　福島県文化財調査報告書　第234集　福島県教育委
　　員会
鈴木裕芳 1981『久慈吹上』日立市文化財報告　第8集　日立市教育委員会
鈴木正博 1976a「「十王台式」理解の為に（1）―分布圏西部地域を中心として―」『常総台地』第7号　1-8
　　頁
　　　　1976b「「十王台式」理解のために（2）―前号の追加1とリュウガイ第IV群A類土器について
　　　　　―」『常総台地』第8号　1-16頁
　　　　1979「「十王台式」理解のために（3）―分布圏南部地域の環境（上）―」『常総台地』第10号
　　　　　56-74頁
　　　　1990「栃木「先史土器」研究の課題（一）」『古代』第89号　78-117頁
　　　　1995a「茨城弥生式の終焉 ―「続十王台式」研究序説―」『古代』第100号　143-201頁
　　　　1995b「十王台式研究の基礎」『遺跡研究発表会資料第17回（平成7年度）』25-33頁
　　　　2002「「十王台式」と「明戸式」―茨城県遺蹟から観た「十王台1式」に併行する所謂「天王山式
　　　　　系」土器群の実態―」『婆良岐考古』第24号　39-72頁
鈴木素行 1998「武田石高遺跡における十王台式土器の編年について ―「十王台式」分析のための基礎的な
　　作業―」『武田石高遺跡』旧石器・縄文・弥生時代編（第2分冊）　ひたちなか市文化・スポーツ振興公
　　社文化財調査報告　第15集　ひたちなか市文化・スポーツ振興公社　360-384頁
　　　　2002「仙湖の辺 ―「武田式」以前の「十王台式」について―」『茨城県史研究』第86号　1-25頁
鈴木素行ほか 1998『武田石高遺跡』旧石器・縄文・弥生時代編　ひたちなか市文化・スポーツ振興公社文
　　化財調査報告　第15集　ひたちなか市文化・スポーツ振興公社
芹澤清八 2005『堀越遺跡』栃木県埋蔵文化財調査報告　第287集　栃木県教育委員会・とちぎ生涯学習文
　　化財団埋蔵文化財センター
竹島國基編 1992『桜井』竹島コレクション考古図録　第3集（私家版）
辻　秀人 1986「古墳時代」『図説発掘が語る日本史』第1巻　北海道・東北編　新人物往来社　149-178頁
　　　　1994「東北南部における古墳出現期の土器編年 ―その1会津盆地―」『東北学院論集 ―歴史学・

　　　　　　　　　　地理学―』第 26 号　105-140 頁
　　　　　　　1995「東北南部における古墳出現期の土器編年 ―その 2―」『東北学院論集 ―歴史学・地理学―』
　　　　　　　　第 27 号　39-88 頁
　　　　　　　2001「東北の弥生土器と土師器」『アジア文化史研究』第 1 号　1-18 頁
辻　秀人ほか 1984『明戸遺跡発掘調査概報』福島県立博物館調査報告　第 8 集　福島県教育委員会
　　　　　　　1996『桜井高見町 A 遺跡発掘調査報告書』原町市埋蔵文化財調査報告書　第 12 集　東北学
　　　　　　　　院大学文学部史学科辻ゼミナール・原町市教育委員会
中村五郎 1976「東北地方南部の弥生式土器編年」東北考古学会編『東北考古学の諸問題』東北考古学会
　　　205-248 頁
中村直美 1998『下尿前 IV 遺跡発掘調査報告書 ―胆沢ダム建設関連遺跡発掘調査―』岩手県文化振興事業
　　　団埋蔵文化財調査報告書　第 252 集　岩手県文化振興事業団埋蔵文化財センター
長島雄一 1992「福島県相馬市大坪出土の弥生式土器」『籾』第 7 号　1-3 頁
丹羽　茂ほか 1981『東北新幹線関係遺跡調査報告書』V　宮城県文化財調査報告書　第 77 集　宮城県教育
　　　委員会
　　　　　　　1983『朽木橋横穴古墳群・宮前遺跡』宮城県文化財調査報告書　第 96 集　宮城県教育委員会
芳賀英実ほか 2003『新金沼遺跡 ―高規格道路「三陸自動車道」建設に伴う発掘調査報告書―』石巻市文化
　　　財調査報告書　第 11 集　石巻市教育委員会
藤沢　敦 2003「北の周縁域の墳墓」『前方後円墳築造周縁域における古墳時代社会の多様性』九州前方後円
　　　墳研究会　121-144 頁
藤沼邦彦ほか 1974『東北新幹線関係遺跡調査報告書』I　宮城県文化財調査報告書　第 35 集　宮城県教育
　　　委員会
馬目順一「入門講座弥生土器 ―東北・南東北 5―」『考古学ジャーナル』第 159 号　17-24 頁
山内清男ほか 1971「山内清男先生と語る」『北奥古代文化』第 3 号　59-80 頁
和田　聡ほか 1998『県営低コスト化水田農業大区画ほ場整備事業塩川西部地区遺跡発掘調査報告書』3　塩
　　　川町文化財調査報告　第 4 集　塩川町教育委員会
渡辺　誠 1962「石城地方における弥生式土器（I）―十王台式土器の分布の北限について―」『磐城考古』
　　　第 18 号　3-7 頁

古墳時代前期における「東国」の範囲

松 尾 昌 彦

1.「東国」とは

　古墳時代研究においても使用されることの多い「東国」という地域呼称は，文献古代史学界では井上光貞の「古代の東国」（井上1954）以来，その範囲や特殊性について諸説が示されている。そして，このような文献古代史学の研究状況を重視し，「東国」の呼称を使用することに慎重な姿勢を示す古墳時代研究者も少なくない（岡安2001；白石2003）。しかし，歴史学としての考古学の立場に立つならば，「東国」の用語を使用しないという姿勢のみでは不十分と考える。それは，文献古代史学で議論が分かれるのは律令制以前の「東国」についてであり，時期的には古墳時代の地域概念が問題とされるからに他ならない。同じ歴史学という学問領域に属する考古学側からの地域概念として「東国」が提示されることが求められるのである。

　さて，文献に見える「東国」の範囲は大まかに3種に分けることが可能である（荒井1994）。1つは壬申の乱で天武が脱出し，薬子の乱で平城が逃れようとした「東国」で，三関（伊勢鈴鹿・美濃不破・越前愛発）以東の地である。いま1つは，『万葉集』の東歌・防人歌の収録国の範囲で，東海道遠江以東・東山道信濃以東で，大化改新に際して「東国等国司」が派遣された「東国八道」とほぼ重なる[1]。3番目は『記紀』のヤマトタケル説話に基づき，東征に際して足柄の坂または碓日の坂で「アヅマはや」と言ったのでアヅマの国としたとするもので，おおよそ現在の関東地方を指す。

　平野邦雄（平野1987）は，このような「東国」の用例を『記紀』の登場順に考察し，関東地方を「東国」とするのは『神代紀』から『景行紀』までの古い時期に属し，『崇峻紀』『皇極紀』に信濃・遠江以東という「東国」の概念が成立するとした。そして，もっとも新しい『天武紀』にいたって美濃・伊勢以東という新たな「東国」の概念があらわれ，ヤマト王権の東への勢力拡大の順とはまったく逆になることを指摘している。さらに，天智・天武頃から始まる美濃・伊勢以東を「東国」とする概念は，律令制による「東山道」・「東海道」という把握に変化したことを意味し，それ以前に東方の夷（ヒナ）とされた美濃・伊賀（または伊勢）から信濃・遠江に至る地域をも東（アヅマ）としたことによるとする。

　また，荒井秀規も同様に，「エミシに対して，ヤマト王権が自己の領土であることを意味する土地のヒガシの端（ツマ）＝辺鄙な処」をアヅマとし，「ヤマトから見てヒナとエミシ世界の中間

地帯がアヅマなのであり，図式的にはヤマトからヒガシにヒナ・アズマ・エミシの順となる」（荒井 1994, p. 48）とする。

このような平野と荒井の「東国」の地域概念を一言で言うなら，「ヤマト王権のフロンティア」（平野 1987, p. 68）である。すなわち，「東国」とはヤマト王権（中央）から見た地域概念であり，この点において，東日本の前期古墳を特徴づけるとされている多くの考古学的事実は，少なくとも，「東国」を規定するものにはなり得ない。例えば，古式を保つ畿内の古墳の北優位頭位に対する関東地方の古式古墳の東優位（岩崎 1983），割竹形木棺と竪穴式石室の組合わせが東日本では組合せ式の長大な木棺になること（岩崎 1989），西日本で前方後円墳が始まった頃に東日本各地では濃尾平野に起源を持つ前方後方墳の造営を行うこと（赤塚 1996），などの考古学的事実は東日本の地域性を示すものではあっても，ヤマト王権がどの様に東方を把握していたかを表すものではないからである。むしろ，考古学的に古墳時代の「東国」を規定するためには，例えば小林行雄（小林 1957）が指摘し，奈良県天理市柳本町黒塚古墳（河上 1999）においても確認された三角縁神獣鏡の西方型鏡群と東方型鏡群のような器物が相応しい。分与された器物の広がりにこそ，ヤマト王権から見た地域概念が反映していると考える。

そこで本稿では，従来の多くの研究で行われているような地域に内在する事象から「東国」を把握するのではなく，ヤマト王権から分与された器物の検討を通して，ヤマトを中心とする地域区分が形成された古墳時代前期の「東国」の範囲を提示したい。

2. 古墳副葬鏃の地域性

前期古墳の副葬品の中には，ヤマト王権から分与されたと考えられるものが幾つかある。その代表的なものが小林行雄によって同笵関係が確認された三角縁神獣鏡であり，小林は西方型の三角縁神獣鏡が鍬形石と，東方型の三角縁神獣鏡が石釧・車輪石と分布圏が一致することから「初期大和政権」の勢力圏の伸張を跡づけた（小林 1957a）。

この三角縁神獣鏡や腕輪形石製品と並んでヤマト王権が分与の対象に選んだとの評価が与えられているものが有稜系鏃である。とりわけ，代表的な有稜系鏃である銅鏃には，長野県長野市篠ノ井川柳将軍塚古墳例（森本 1929）と山口県柳井市柳井茶臼山古墳例（梅原 1921），伝群馬県高崎市例（後藤 1939）と山口県防府市女山古墳例（弘津 1930）のように，極めて特殊な型式のものが東日本と西日本の離れた地域から出土する例（第1図1～4）や，京都府長岡京市長法寺南原古墳例（梅原 1936；都出 1992）と大阪府柏原市国分松岳山古墳例（小林 1957b）のように離れた2古墳間で同笵関係が確認されている例もある。これらの事実は古墳時代前期の銅鏃が分有の対象となったことを想定させるものであり，289本の銅鏃が出土した奈良県桜井市高田メスリ山古墳副室（伊達 1977）や261本の奈良県天理市櫟本町東大寺山古墳（金関 1962；金関ほか 2010）などを筆頭に銅鏃大量副葬例が近畿地方に認められ，銅鏃副葬古墳の分布も近畿地方を中心にすることから（第2図），ヤマト王権によって地方に分与された器物と見なしてよい。さらにその分与の範囲は，

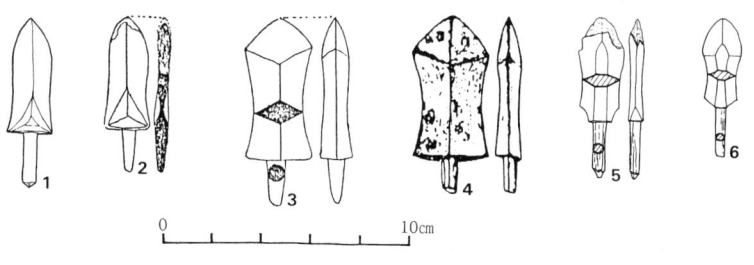

第1図　特殊な型式の銅鏃の広がり
1：山口県女山古墳；2：伝群馬県高崎市；3：山口県柳井茶臼山古墳；4：長野県川柳将軍塚古墳；5：兵庫県西野山3号墳；6：福島県会津大塚山古墳南棺

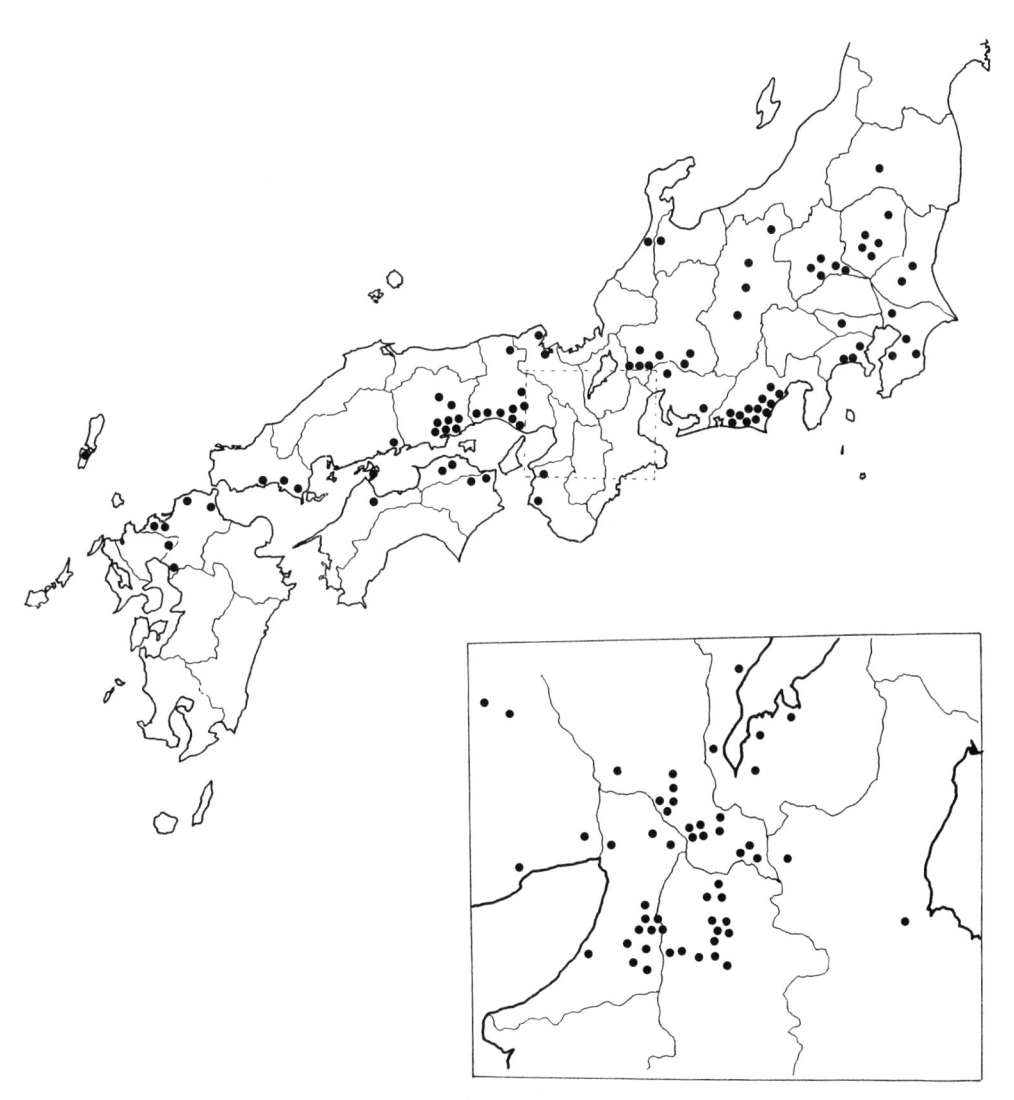

第2図　銅鏃副葬古墳の分布

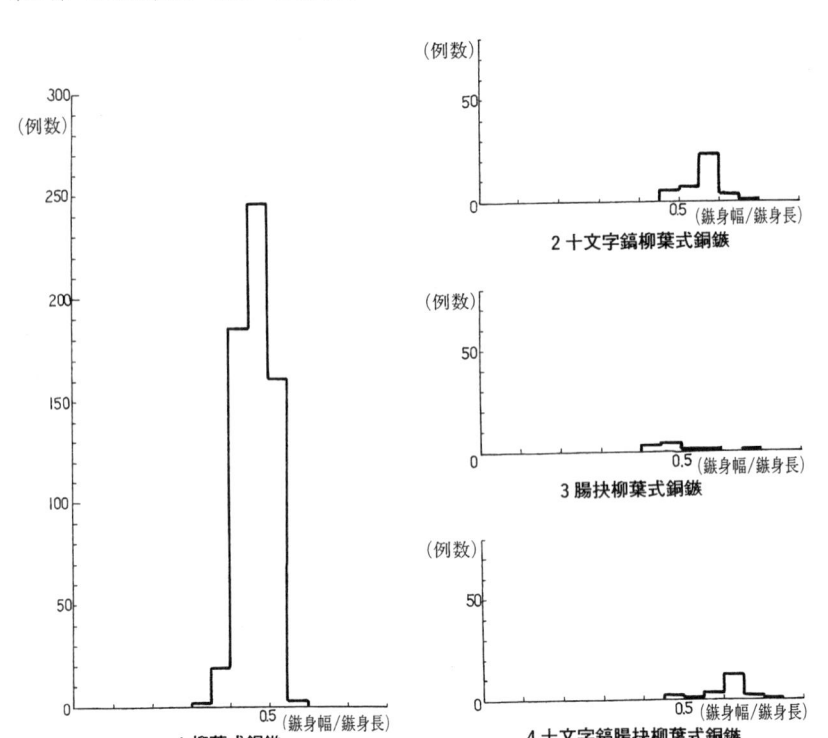

154　第3部　地域の表出―弥生・古墳時代

第3図　柳葉式銅鏃に見る変化

　福島県会津若松市一箕町大塚山古墳（伊東・伊藤 1964）と兵庫県赤穂郡上郡町西野山3号墳（楢崎ほか 1952）に見いだされる鏃身基部断面が六角形を呈する特殊な柳葉式銅鏃（第1図5・6）の広がりから見て，東北地方の一部にまで及んでいたと判断される。
　この銅鏃は有稜系鉄鏃に比較して特定型式のものが集中して多いことが明らかにされているが（川西 1990），古墳副葬銅鏃を子細に検討してみると，地域的偏在が認められる型式が存在する[2]。第4～第6図はこのような型式ごとの広がりを確認するため作成したもので，現在把握している銅鏃副葬古墳の埋葬施設159例の銅鏃型式ごとの分布図である。なお，検討の対象としたのは主要型式の柳葉式である。これは，本稿の目的が分与の対象となった器物の広がりからヤマト王権の地域概念を抽出するというものであるため，分与の実態把握には一定の数量の裏付けのある型式が適当との判断による。この柳葉式銅鏃には縦一文字鎬と十文字鎬がある。十文字鎬柳葉式は鏃身両側縁のS字状カーブの強調と共に出現したもので，これに伴って鏃の先端は丸みを帯び，鏃身部が幅広となる。この傾向を鏃身部の長さと幅の比として数量化するならば，柳葉式銅鏃では縦一文字鎬が0.5以下に集中するのに対し，十文字鎬は0.55～0.6になる。ちなみに，腸抉柳葉式銅鏃では縦一文字鎬が0.45～0.5に，十文字鎬は0.6～0.65となる（第3図）。すなわち，十文字鎬柳葉式は縦一文字鎬柳葉式に比して，鋭利という鏃の基本的機能を欠く点で，銅鏃の儀器的側面を強調したものといえる。そこで，第4・第5図では腸抉柳葉式銅鏃と柳葉式銅鏃を，縦一文字鎬と十文字鎬に二分し表示した[2]。

▲ 縦一文字鏃

△ 十文字鏃

第4図　腸抉柳葉式銅鏃副葬古墳の分布

　さて，第4図の腸抉柳葉式銅鏃をみると，岡山県岡山市竹原佐古山古墳（鎌木1964）を西限に近畿地方から東に多く出土する。とりわけ，十文字鏃は静岡県磐田市新貝松林山古墳（後藤ほか1939），群馬県太田市牛沢町頼母子大塚山古墳（梅沢1975・1976），茨城県石岡市八郷町丸山1号墳（後藤・大塚1957）など静岡県域と関東地方北部域の古墳から出土している。

　第5図は柳葉式銅鏃が出土した古墳の分布を示したもので，銅鏃副葬古墳全体の分布（第2図）と同じく，長崎県域から福島県域までの地域に認められる。これは柳葉式銅鏃が古墳副葬銅鏃の主要型式を占めることを反映しているが，ここでも，縦一文字鏃と十文字鏃の分布域には差異が認められる。すなわち，十文字鏃柳葉式銅鏃副葬古墳は近畿地方より西では福岡県大牟田市黄金町潜塚古墳2号棺（萩原ほか1975），兵庫県姫路市飾磨区妻鹿御旅山3号墳（松本ほか1971），大阪府羽曳野市壺井御旅山古墳（田代1968），京都府八幡市美濃山西ノ口古墳（東京国立博物館1988）

156　第3部　地域の表出―弥生・古墳時代

■ 縦一文字鎬

□ 十文字鎬

第5図　柳葉式銅鏃副葬古墳の分布

の4例に止まるのに対し，静岡県域以東では静岡県磐田市向笠新豊院山 D-2 号墳（山本・柴田 1982），静岡県島田市野田城山古墳（大塚 1981），静岡県藤枝市時ヶ谷五鬼免1号墳西棺（八木 1978），静岡県静岡市葵区柚木町谷津山1号墳（静岡県 1972），群馬県前橋市後閑町前橋天神山古墳（前橋市 1971），群馬県藤岡市三本木古墳（梅沢 1975・1976），栃木県下野市石橋文殊山古墳（栃木県 1979），栃木県下都賀郡藤岡町大桝塚古墳（前沢 1977）の8例に上る。この分布を腸抉柳葉式と重ね合わせるならば，十文字鎬が縦一文字鎬に比して東に偏在する傾向は明らかである。

　さらに，柳葉式銅鏃には有筬被のものがある。この筬被を有する銅鏃を腸抉柳葉式と柳葉式に分けて示したのが第6図である。また，有筬被は定角式銅鏃にも見いだせるため，●印でその位置を表した。ただし，有筬被定角式は有筬被柳葉式に比べて類例は多くなく，副葬古墳は京都府城陽市寺田尼塚古墳（山田 1969），滋賀県蒲生郡安土町瓢簞山古墳中央石室（梅原 1938），大阪府

▲ 腸抉柳葉式

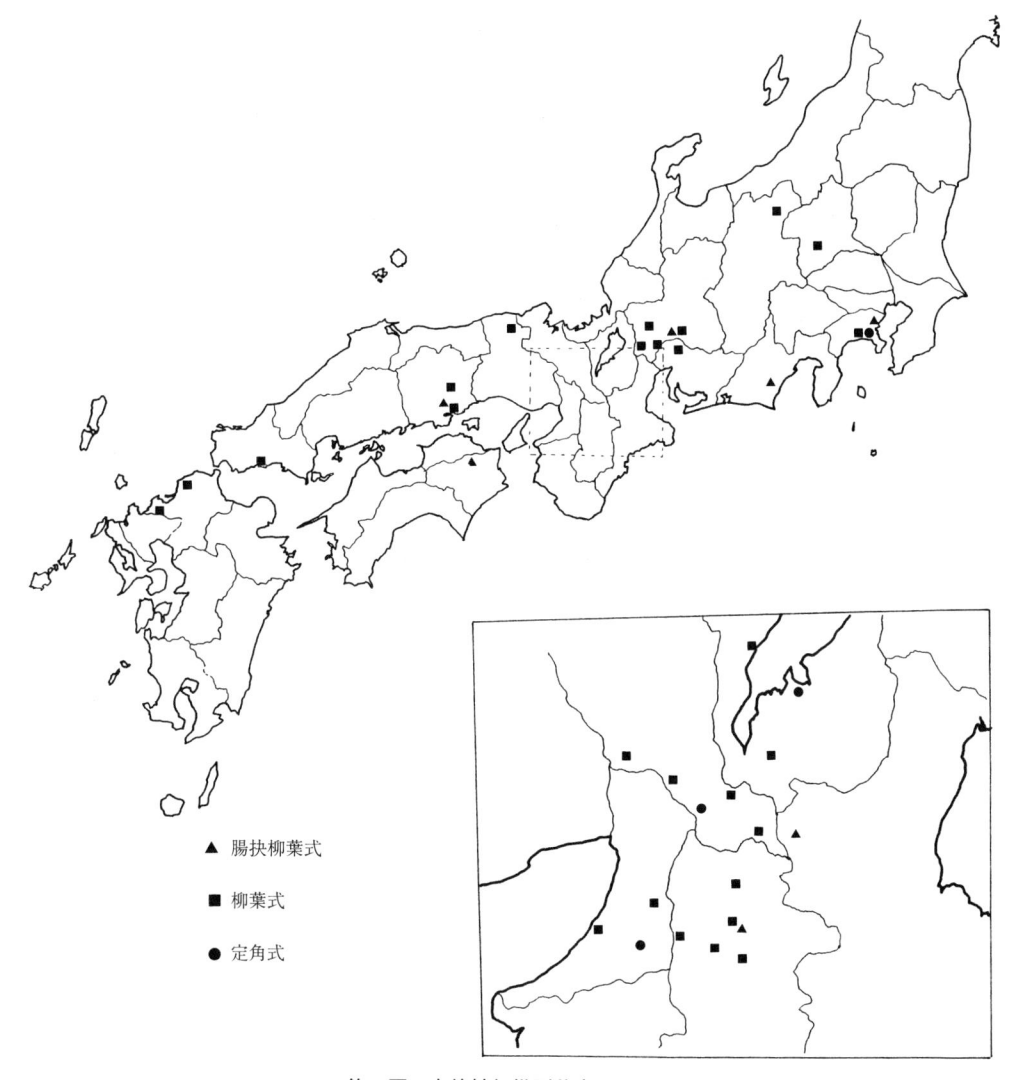

■ 柳葉式

● 定角式

第6図　有筺被銅鏃副葬古墳の分布

富田林市廿山古墳（北野 1959・1964），神奈川県平塚市西真土大塚山古墳主槨（石野 1936；日野 1961；本村 1974）の4例を挙げるのみである。ちなみに，有筺被柳葉式銅鏃に十文字鎬を伴う例は極めて稀で，管見では栃木県宇都宮市茂原町大日塚西古墳（宇都宮市 1979）から1本の出土を見いだすのみである。

　この有筺被銅鏃の分布は関東地方から九州地方にまで広がるが，東日本では岐阜県本巣市糸貫町船木山24号墳（岐阜県 1972），岐阜県不破郡垂井町忍勝寺山古墳（小川 1941），岐阜県大垣市青墓町遊塚古墳前方部埋納施設（岐阜県 1972），岐阜県揖斐郡大野町笹山古墳（中井ほか 1998），岐阜市鎌磨1号墳（岐阜市 1979），愛知県小牧市小木宇都宮古墳（小牧市 1975）など，中部地方でも近畿地方よりの地域から多く出土する。

　さて，ここまで検討してきた古墳副葬の柳葉式銅鏃の分布を見ると，十文字鎬と有筺被では相

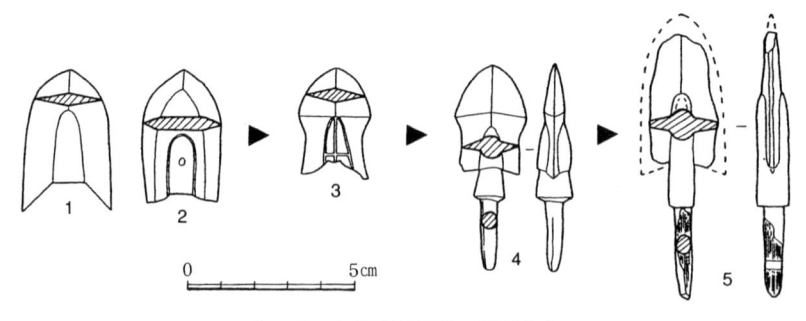

158　第3部　地域の表出—弥生・古墳時代

第7図　無茎腸抉銅鏃の型式変化
1：京都府妙見山古墳；2：京都府椿井大塚山古墳；3：福岡県五島山古墳
4：伝徳島県；5：京都府園部垣内古墳

反する傾向を示す。すなわち，十文字鎬の柳葉式・腸抉柳葉式は近畿地方から東に広がるのに対し，有箆被のものは近畿地方を中心として西よりに分布するのである。この十文字鎬と有箆被は共に，銅鏃の中でも型式学的に後出の要素と認定されるもので，このことは無茎腸抉銅鏃の型式変化によって辿り得る。

　無茎腸抉銅鏃は福岡県福岡市西区五島山古墳（中山1917；島田1925；亀井1970），香川県小豆郡土庄町富丘頂上古墳（森井1985），京都府南丹市園部町垣内古墳（寺沢1990），京都府亀岡市向山古墳（森1963），京都府向日市寺戸町妙見山古墳（梅原1955），京都府木津川市山城町椿井大塚山古墳（梅原1964），長野県下伊那郡豊丘村太郎垣外（森1963），千葉県木更津市椿3号墳（高梨1992）から出土している。この無茎腸抉銅鏃の型式変化の方向を示すのは伝徳島県例（小林1951）で，無茎銅鏃に根挟みを着けた状態を一鋳で表現したものである。無茎銅鏃を箆に装着するにあたって木製などの根挟みを用いたことは，京都府園部垣内古墳の無茎銅鏃などによって知られるが，この伝徳島県例は本来別々の鏃と根挟みを共造りにしていることから無茎銅鏃の最終段階に位置づけられる。さらに，この伝徳島県例を手がかりとして，その前段階の型式変化を探ることが可能となる。伝徳島県例の鏃身の特徴は両側縁がS字状カーブを呈して十文字鎬を有することで，このような特徴を持つ無茎腸抉銅鏃が伝徳島県例のモデルとなったものと考えられる。具体的には，福岡県五島山古墳例などがそれに相当する。

　このことをまとめると，無茎の腸抉銅鏃は，京都府椿井大塚山古墳例や京都府妙見山古墳例などの鏃身両側縁が直線的に腸抉にいたる形状のものから，福岡県五島山古墳例のような両側縁がS字状カーブを呈し，十文字鎬を有するものに変化し，これが最終的に根挟みを共造りにする伝徳島県例や京都府園部垣内古墳例を生み出したとされる（第7図）。そして，この無茎銅鏃の型式変化を有茎銅鏃に敷衍するなら，鏃身両側縁のS字状カーブとそれに伴う十文字鎬の出現，箆被を含む根挟みの表現の2点が後出の要素と見なされる。また，この十文字鎬と箆被という後出の要素が，栃木県大日塚西古墳出土の1例を唯一の例外として，同一の銅鏃に表現されることはなく，分布域も十文字鎬銅鏃が東方型とも言うべき分布を示すのに対し，有箆被銅鏃は，82本もの有箆被柳葉式銅鏃が出土した岡山県久米郡美咲町柵原月の輪古墳中央主体（近藤1960）など

を加味するなら，近畿地方周辺から西に集中域があるという違いがあることは重要と考える。定型化した銅鏃を分与するにあたって，東方型や西方型といった違いがあったことを示唆するからである。加えて，この十文字鏑銅鏃と有茎被銅鏃の分布圏は，かつて小林行雄（小林1957a）が指摘した三角縁神獣鏡の西方型鏡群と東方型鏡群の広がりとほぼ一致し，ヤマト王権が器物の分与に際して岐阜県域を境に東の地域を異なった地域として認識していたことを物語る。

3. まとめ

本稿では，分与の対象となった古墳副葬銅鏃を手がかりに，古墳時代前期におけるヤマト王権の地域概念の抽出を試みた。これは古墳時代研究においても議論の分かれる「東国」の領域が，文献古代史学では中央から見た地域概念であり，ヤマト王権の地域認識によってその範囲を設定することが相応しいと考えたからである。その結果，古墳副葬銅鏃は岐阜県域を境に型式を異にすることが確認され，このことはヤマト王権が岐阜県域より東の地域を異なった地域として認識していたことを示すとした。そして，このようなヤマト王権の地域概念を基に古墳時代前期の「東国」の領域を設定するなら，遠江・信濃以東がこれに当たることになる。

ここで問題となるのが，有茎被銅鏃の主要な分布圏である岐阜・愛知県域である。ヤマト王権の地域概念に従って銅鏃を配布したとの考えに立つならば，この地域は近畿圏に含まれることになるが，このことについては墳形・内部施設・出土鏡・腕輪形石製品などの古墳の要素によって東日本における前期古墳の地域特性を描き出した徳田誠志の研究が参考となる（徳田1993）。徳田はI-X-a型古墳（前方後円墳＋竪穴式石室＋三角縁神獣鏡・腕輪形石製品の組合せ）と，II-Y型古墳（円墳＋粘土槨の組合せ）の有無によって地域的特質を把握し得るとし，この古墳類型の分布から近江以下尾張までが第3のアズマ，遠江・駿河・甲斐・信濃を第2のアズマとする。この地域設定は文献古代史学の平野邦雄の言うヒナ・アズマの区分と共通し（平野1987），有茎被銅鏃が分布する岐阜・愛知県域は近畿圏に近い東国として認識されていたことを示すのかも知れない。

しかし，このように認識された古墳時代前期の「東国」も，古墳時代を通じて一様に変化するわけではない。別稿で明らかにしたように，関東地方と長野県域では後期古墳の展開に大きな差異が認められる（松尾2002）。具体的には，6世紀後葉の馬具副葬古墳の分布が長野県域では拡散するのに対し，千葉県域を含む関東地方では線状に連なる。分布域の拡大という面では同じ方向を志向しているかに見えるが，地方経営の達成度を尺度とするなら，長野県域が関東地方に優っていると評価し得る。古墳時代後期にいたって顕在化する「東国」各地のこのような政治的差異は，それぞれの地域に即応して行われた古墳時代の東国経営の実態を反映していると考える。

註

1) なお，「東国八道」についても研究者間で異論がある。井上光貞（井上1954）は毛野・相模・武蔵・常陸・総・信濃・三河・遠江・駿河・伊豆・甲斐としているのに対し，原島礼二（原島1960）は三河を

除き，越を入れる。一方，関　晃（関1962）は越に加え，三河・尾張を加えるという違いがある。
2）　銅鏃の型式設定は後藤守一の成果（後藤1939）を基礎とした。

引用文献

赤塚次郎　1996「前方後方墳の定着 ―東海系文化の波及と葛藤―」『考古学研究』第43巻　第2号　20-35頁

荒井秀規　1994「『東国』とアヅマ ―ヤマトから見た『東国』―」『古代王権と交流』2　古代東国の民衆と社会　名著出版　27-68頁

石野　瑛　1936「砂丘を利用したる古墳例」『考古学雑誌』第26巻第4号　218-227頁

伊東信雄・伊藤玄三　1964『会津大塚山古墳』会津若松史出版委員会

井上光貞　1954「古代の東国」『万葉集大成』第5巻　平凡社　323-344頁

岩崎卓也　1983「古墳時代の信仰」『季刊考古学』2　29-31頁

　　　　　1989「古墳分布の拡大」『古代を考える　古墳』吉川弘文館　36-72頁

宇都宮市編　1979『宇都宮市史』第1巻　原始・古代編　宇都宮市

梅沢重昭　1975・1976「群馬県域における初期古墳の成立」『群馬県史研究』第2・第3号　1-16・1-30頁

梅原末治　1921「周防国玖珂郡柳井町水口茶臼山古墳調査報告（上）・（下）」『考古学雑誌』第11巻第8・第9号　466-480・518-527頁

　　　　　1936「乙訓村長法寺南原古墳の調査」『京都府史蹟名勝天然紀念物調査報告』第17冊　京都府　1-22頁

　　　　　1938「安土村瓢簞山古墳」『滋賀県史蹟調査報告』第7冊　滋賀県史蹟名勝天然紀念物調査会　35-67頁

　　　　　1955「向日町妙見山古墳」『京都府文化財調査報告』第21冊　京都府教育委員会　48-73頁

　　　　　1964「椿井大塚山古墳」『京都府文化財調査報告』第23冊　京都府教育委員会　1-61頁

大塚淑夫　1981『城山古墳発掘調査（第3次調査）概報』島田市教育委員会　1-11頁

岡安光彦　2001「小オリエンタリズムとしての『東国史観』」『日本考古学協会第67回総会研究発表要旨』日本考古学協会　100-103頁

小川栄一　1941「忍勝寺山古墳」『岐阜県史蹟名勝天然記念物調査報告書』第10輯　岐阜県　35-37頁

金関　恕　1962「東大寺山古墳の発掘調査」『大和文化研究』第7巻第11号　1-14頁

金関恕ほか　2010『東大寺山古墳の研究 ―初期ヤマト王権の対外交渉と地域間交流の考古学的研究―』東大寺山古墳研究会・天理大学・天理大学附属天理参考館

鎌木義昌　1964『岡山の古墳』日本文教出版株式会社

亀井明徳　1970「福岡市五島山古墳と発見遺物の考察」『九州考古学』第38号　10-17頁

河上邦彦編　1999『ヤマトの前期古墳　黒塚古墳調査概報』橿原考古学研究所

川西宏幸　1990「儀仗の矢鏃 ―古墳時代開始論として―」『考古学雑誌』第76巻第2号　164-190頁

北野耕平　1959「玉手山における二古墳の調査」『青陵』第9号　2頁

　　　　　1964「南河内における考古学的環境」『河内における古墳の調査』大阪大学文学部国史研究室研究報告　第1冊　1-21頁

岐阜県編　1972『岐阜県史』通史編　原始　岐阜県

岐阜市編　1979『岐阜市史』資料編　考古・文化財　岐阜市

後藤守一 1939「日本上古時代の弓矢（下）」『弓道講座』第15巻　雄山閣　85-147頁
後藤守一ほか 1939『静岡県磐田郡松林山古墳発掘調査報告』静岡県磐田郡御厨村郷土教育研究会
後藤守一・大塚初重 1957『常陸丸山古墳』丸山古墳顕彰会
小林行雄 1957a「初期大和政権の勢力圏」『史林』第40巻第4号　265-289頁
　　　　 1957b『河内松岳山古墳の調査』大阪府文化財調査報告書　第5輯　大阪府教育委員会
小牧市編 1975『小牧市史』資料編1　文化財編　小牧市
近藤義郎編 1960『月の輪古墳』月の輪古墳刊行会
静岡県編 1972『静岡県史』第1巻　静岡県
島田寅次郎 1925「五島山の石棺」『福岡県史蹟名勝天然紀念物調査報告』第1輯　福岡県　19-20頁
白石太一郎 2003「書評『古墳時代東国政治史論』」『季刊考古学』82　98頁
関　晃 1962「大化の東国国司について」『文化』第26巻第2号　153-175頁
高梨俊夫 1992「椿古墳群3号墳の調査について」『研究連絡誌』36　千葉県文化財センター　717-723頁
田代克己 1968「羽曳野市壼井御旅山前方後円墳発掘調査概報」『大阪府文化財調査概要 1967年度』大阪府教育委員会　1-11頁
伊達宗泰編 1977『メスリ山古墳』奈良県史蹟名勝天然記念物調査報告　第35冊　橿原考古学研究所
都出比呂志編 1992『長法寺南原古墳の研究』大阪大学文学部考古学研究室報告　第2冊　大阪大学南原古墳調査団
寺沢知子編 1990『園部垣内古墳』同志社大学文学部文化史学科
東京国立博物館編 1988『東京国立博物館図版目録』古墳遺物編（近畿I）東京美術
徳田誠志 1993「第二のアズマの前期古墳 ―その特質の検討―」『関西大学考古学研究室開設四拾周年記念考古学論叢』関西大学　129-186頁
栃木県編 1979『栃木県史』資料編・考古2　栃木県
中井正幸ほか 1998「上磯古墳群の研究」『第6回東海考古学フォーラム（岐阜大会）土器・墓が語る』東海考古学フォーラム岐阜大会実行委員会　294-309頁
中山平次郎 1917「九州北部に於ける先史原史両時代中間期間の遺物に就て（四）」『考古学雑誌』第8巻第3号　129-161頁
楢崎彰一ほか 1952「兵庫県赤穂郡西野山第三号墳」『有年考古館研究報告』第1輯，有年考古館　1-47頁
萩原房男ほか 1975『潜塚古墳　国史跡「潜塚古墳」の範囲確認調査報告書』大牟田市文化財調査報告書　第56集　大牟田市教育委員会
原島礼二 1960「古代東国と大和政権」『続日本紀研究』第7巻第6～第8号　126-139・164-177・198-203頁
日野一郎 1961「真土・大塚山古墳」『平塚市文化財調査報告』第3集　平塚市教育委員会　45-61頁
平野邦雄 1987「ヤマトから見た『東国』とは何か」『季刊明日香風』第21号　飛鳥保存財団　68-74頁
弘津史文 1930『防長原始時代資料』山高郷土史研究会
前沢輝政 1977『山王寺大桝塚古墳』早稲田大学出版部
前橋市編 1971『前橋市史』第1巻　前橋市
松尾昌彦 2002『古墳時代東国政治史論』雄山閣
松本正信ほか 1971『御旅山3号墳発掘調査報告』姫路市文化財調査報告2　姫路市文化財保護協会
本村豪章 1974「相模・真土大塚山古墳の再検討」『考古学雑誌』第60巻第1号　18-51頁

森井貞雄 1985「無茎銅鏃の分布とその意味」『考古学と移住・移動』同志社大学考古学シリーズ2　同志社大学考古学シリーズ刊行会　245-251頁

森　浩一 1963「日本出土銅鏃地名表」『北玉山古墳』関西大学文学部考古学研究紀要　第1冊　関西大学考古学研究室　65-73頁

森本六爾 1929『川柳村将軍塚古墳の研究』岡書院

八木勝行 1978「藤枝市五鬼免1・2号墳」『静岡県考古学会シンポジューム』1　静岡県考古学会　26-28頁

風返稲荷山古墳くびれ部出土馬具とその意義
―考古資料からみた舎人像―

桃　崎　祐　輔

1. はじめに

　茨城県かすみがうら市風返稲荷山古墳は，霞ヶ浦に突出する出島半島の北西に位置する全長78mの前方後円墳である。しかし湖岸より内陸の台地縁に位置し，湖上への眺望は良くない。昭和39年に発掘調査が行なわれ，後円部から複室構造の横穴式石室，くびれ部から箱式石棺が検出された。石室内からは金銅装の馬具，銅鋺，須恵器類，頭椎大刀等豪華な副葬品が出土し，雲母片を撒いた痕跡があった。須恵器はTK209型式新相～TK217型式古相に相当する。

　石室出土の馬具は，轡，鉄地金銅張の鞍金具・雲珠・辻金具・棘葉形杏葉等からなる（第1図）。轡は行方不明で，鐙の状況も不明だが，前輪・後輪とも金銅覆輪と鉄地金銅張磯金具からなる鞍の後輪の磯金具に一対の鞍金具（しおで）を具える。恐らく8脚雲珠のうち，前方両脇の2脚と連結するものであろう。雲珠の両側面にあたる4脚に革帯を介して辻金具を左右各2点，計4点を吊り下げ，それぞれの辻金具の前側および後側に半円脚を置いて尻繋側面革帯の前後を画し，下端にあたる方形脚の一端に凸字形の吊金具を介して1点ずつ左右2点，合計4点の棘葉形杏葉が懸垂された馬装が想定される（桃崎2000・2002・2010）。

　一方，くびれ部に埋設された箱式石棺から円頭大刀が，石棺外からも，鉄地金銅張の斜格子文心葉形鏡板・杏葉，鉄地銀張の鞍金具等が出土した。調査当時の記録や付着物の観察より，馬具は目の粗い布でくるまれ，木箱に納められていたと復元できた（桃崎2000）。この興味深い馬具の埋納状況については中條英樹の検討がある（中條2000）。

　さて，風返稲荷山に限らず，首長墓級の古墳には，中心埋葬施設とは別な副次的な埋葬施設をそなえ，そこに豪華な副葬品を持つものが少なくない。埼玉県行田市埼玉稲荷山古墳や同小見真観寺古墳はその代表的な例であるが，中心埋葬や古墳の築造契機が地域首長のものであるなら，副次埋葬はその子弟と考えられよう。しかし自ら独立した墓を営まないことからすれば，墳墓築造のための人員動員にかかる地域支配の実効力を有していたとは考えにくい。にもかかわらず，その豪華かつ先進的，時に軍事色の濃い遺物内容は，王権との強い関係，全国的なネットワークへの参加，時に半島との交渉を示している。するとその被葬者像のうちに，故郷をはなれて大王や中央豪族に出仕し，海外で活動することもあった「舎人」のような人物が有力な候補として考えられてくる。

そこで本論では，①風返稲荷山古墳のくびれ部埋葬施設の類似遺物を探索し，それらの古墳や性格を解明する。②副次埋葬を有する古墳の変遷を通覧し，その中で本例の占める意義を考える，という二つの面から，検討を試みたい。

2. 風返稲荷山古墳くびれ部出土の馬具

(1) 馬具の出土状態からみた馬装

くびれ部石棺外出土の馬具は，破損した心葉形斜格子文鏡板付轡に接して半球形革帯飾金具2～3点が出土し，鉄製鉸具も一連の配列を示すことから，これらはすべて頭絡の部品であった可能性が高い。鞍は前輪・後輪とも磯金具が鉄地銀張で，後輪に1対の鞍金具を具える。ここに尻繋の8脚雲珠の前方3脚のうち2脚から派生した2本の革帯を接続し，雲珠の側面・後方の5脚のうち3脚に吊金具を介し心葉形斜格子文杏葉3点を吊り下げ，残り2脚には尻をめぐる帯を伴っていた馬装が想定される。鐙の金属部品はなく，全有機質であった可能性が高い（桃崎2000）。部品の配列と相互関係から馬装が復元出来る好例であり，鏡板に連結され頭絡を構成する辻金具，革帯先端の鉸具の関係，ならびに尻繋を構成する雲珠と杏葉の関係を知ることができる。

(2) くびれ部出土馬具の内訳（第2図）

斜格子文鏡板付轡は，斜格子文透で中央を半球形に隆起させた文様鉄板に，薄い金銅板を被せて地板鉄板上に載せ，4箇所を金銅被せ鋲で固定している。鏡板中央の半球形隆起は両脇に2鋲を配し，キャップ状金具が痕跡化したと考えられる。銜外環に突起を設け，地板鉄板中央の穿孔に貫通させ，叩き潰したものをこの半球形隆起が覆っている。斜格子文杏葉も同様な構造をとるが，文様板中央は菱形の透となり隆起がない点が異なっている。

半球形飾金具は，飾鋲を打った装飾金具である。くびれ部石棺外からは馬具類に接して12個以上が出土しており，革帯金具として使用されたとみられる。

3. 斜格子文・車輪文鏡板・杏葉を伴う古墳の検討

八龍神社古墳（茨城県猿島郡境町金岡）　鉄地金銅張杏葉3点は，車輪形で7本の剣先形突起を伴う。中心の円文から放射状に8本の直線文を打出し，突出と身の境にも円文を施す。円文が施されない上が方形立聞と考えられる。鉄地金銅張辻金具は，四脚の端辺に2鋲打ち，半球状の鉢頂部にも1鋲を打つ。鉄地金銅張繋飾金具は，方形の座金具の四隅に鋲が打たれ，中央部が半球状に突出する型式（8～12）と，短辺の一方が内側に切れ込み，四隅に鋲が打たれる型式の2種類が確認されている（茨城県史編さん原始古代部会1974；東京国立博物館1980；本村1991）。

瓢箪塚古墳（栃木県河内郡上三川町大山）　前方後円墳で全長43m，後円部径約20m，高さ約4

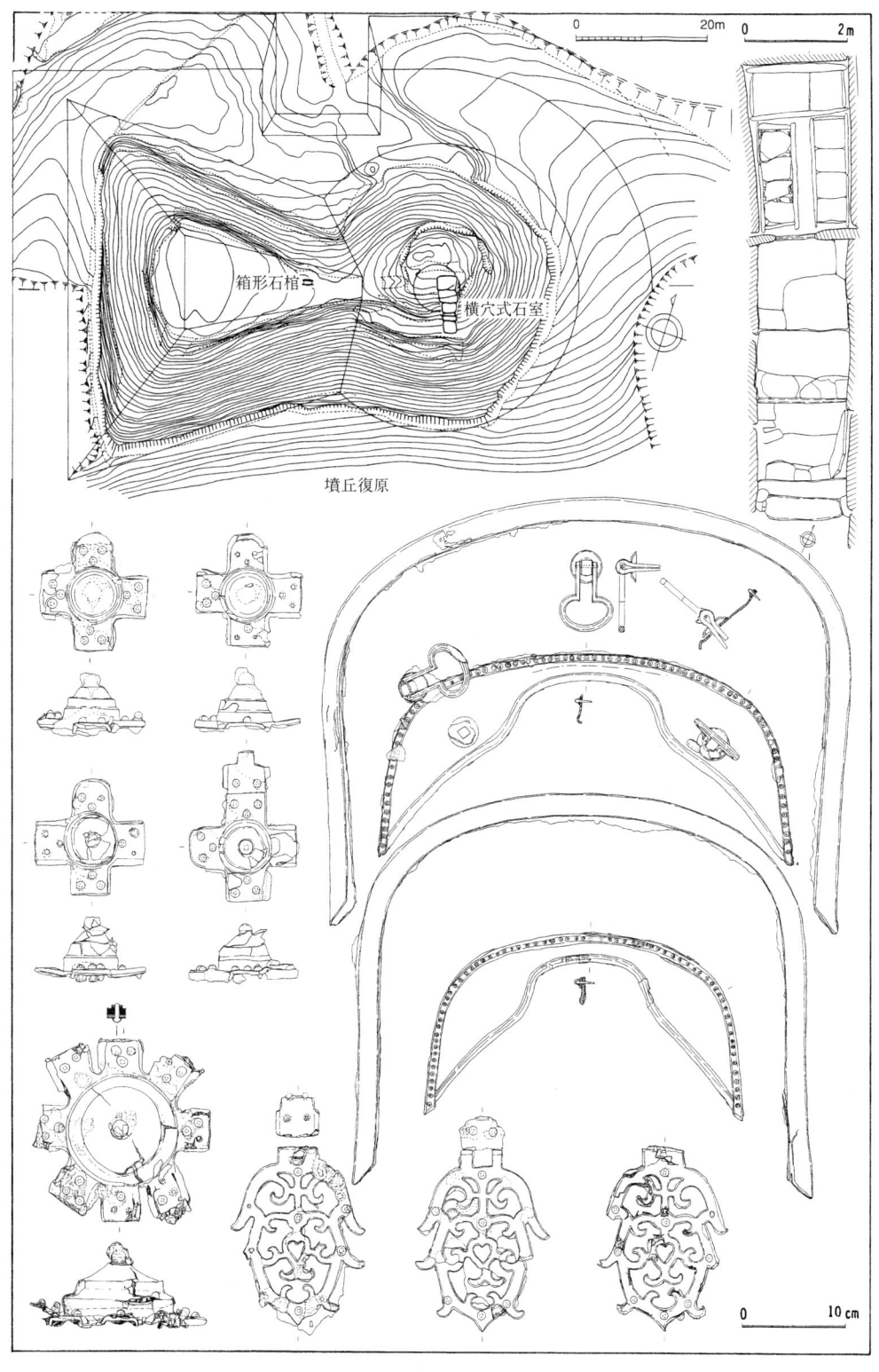

第1図　風返稲荷山古墳横穴式石室出土馬具（Aセット）

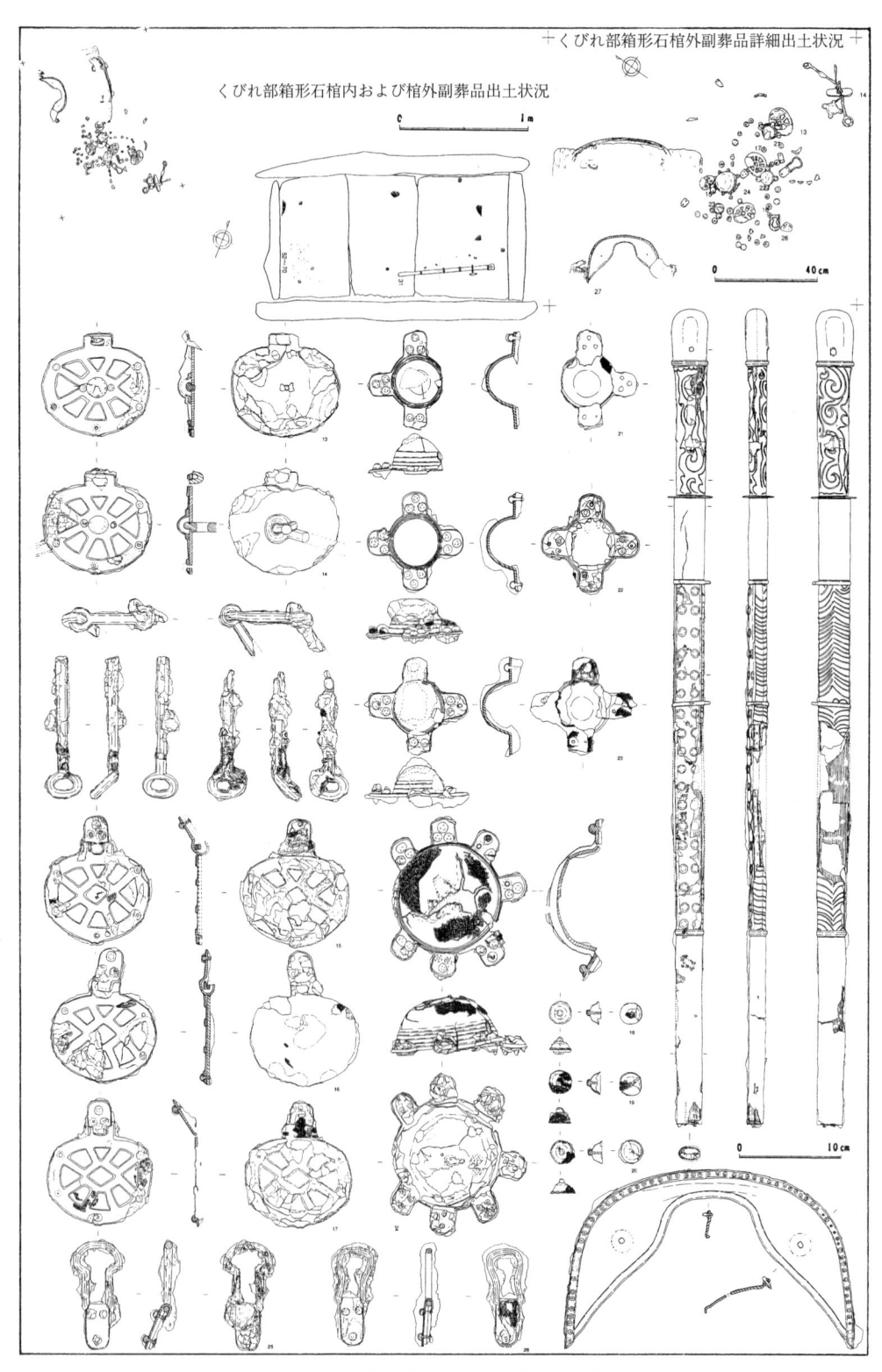

166　第3部　地域の表出―弥生・古墳時代

第2図　風返稲荷山古墳くびれ部石棺周辺出土馬具（Bセット）

風返稲荷山古墳くびれ部出土馬具とその意義　167

風返稲荷山横穴式石室出土馬具（Ａセット）の想定馬装
※轡・頭絡は現存せず推定

風返稲荷山くびれ部石棺周辺出土馬具（Ｂセット）の推定馬装

第3図　風返稲荷山古墳Ａセット・Ｂセットの馬装復原

m。後円部東側には横穴式石室跡の破損箇所がある。副葬品は楕円形格子紋鏡板付轡1，車輪紋杏葉4，辻金具7，雲珠1，貝製雲珠1，兵庫鎖2，鞍一対，素環鏡板付轡3よりなり東博蔵。鏡板は8方放射状の格子紋で辻部に鋲打ちし菱形のキャップ状金具で4点を鋲留（後藤1942；東京国立博物館1980；岡安1988）。

冑塚古墳（埼玉県東松山市下唐子）[35]

直径37m，高さ5mの円墳。凝灰岩切石積の胴張複室横穴式石室を埋葬主体とし，奥壁に石棺を造り付ける。石室内から斜格子文心葉形杏葉1，雲珠1，辻金具6，鞍金具1，飾金具多数，環状鏡板付轡1，須恵器等が出土した。

斜格子文心葉形杏葉は，鉄地板上に文様鉄板をのせ，金銅板を1枚被せとし，金銅被せ鋲を打つ。方形の鉤金具の表面には2鋲を打つ。

雲珠は鉄地金銅張で，半球形の側面に稜がある。8脚に尖頭形脚と方形脚を交互に配する。鉄地金銅張の大型の1鏡と責金具で繋に装着したと考えられ，頂部に宝珠装飾を伴わない。辻金具は3種あり，辻金具に伴う花形座もある。

鞍金具は前輪・後輪の磯金具，鞖3個からなる。後輪には鞍の方形孔がある。飾金具は3種あり，半球形金具に1鋲を打つものは鋲脚に有機質痕跡が見られ，革帯飾金具と考えられる。また二脚鋲状金具が3個体出土した。

環状鏡板付轡は大形矩形立聞で，引手先端部まで比較的密な捩りを施す。

以上，鏡板付轡（地板片）・斜格子文心葉形杏葉・雲珠・辻金具，飾金具を含むAセットと，素環轡を含むBセットからなる。須恵器は二方透やその消失段階のTK209-217期（東松山市教育委員会1964；関・宮代1987）。

若王子古墳（埼玉県行田市埼玉）　全長103mの前方後円墳。横穴式石室から馬具類が出土している。楕円形射格子文の鉄地金銅張の杏葉で，縁金の中央部に4，縁部に4の合計8個の鋲を打つ。共伴した須恵器はTK43型式（杉崎1986；関・宮代1987）。

城山1号墳（千葉県香取市小見川）　全長68mの前方後円墳。昭和38年の発掘調査で切石積，左片袖形の横穴式石室（長4.7m）より三角縁神獣鏡（京都府椿井大塚山古墳出土の1鏡と同笵），丸玉・空玉・金環・環頭大刀・円頭大刀・頭椎大刀・衝角付冑・馬具が出土した。棺は1基で追葬はない。須恵器はTK43新段階〜TK209型式。

鉄地金銅張の放射状透文楕円形鏡板（長10.5cm）に長さ11cmの長大な吊金具がつき，責金具を伴う。轡と引手は鏡板内側で連結され，鉄地金銅張のキャップ状金具で覆う。斜格子透文楕円形杏葉は立聞部に吊金具が残る。吊金具含む全長15.5cm。鉄地金銅張製の雲珠は12脚に各1鋲を打ち，鉢下半に5条凹線を廻らす。辻金具は脚部に1鋲を打ち，鉢下半には4条の凹線を廻らす。

革帯飾金具は鉄地金銅張製で，両側辺を下方に折り返し，銀被せの鉄鋲を打つ。裏面に革紐の付着痕が残るものがある。最大のものの長さ8.3cm。

鞍金具は鉄地金銅張製で，後輪の洲浜形金具の縁金具に銀被せ鉄鋲を打つ。鞍金具は後輪のみ

に伴い，鉄製の円形座金具を有し，鉸具はすべて欠失するが，脚端は曲がり木質が付着している（丸子1978）。

八代台古墳群（千葉県成田市八代）　印旛沼の東岸に位置し，壺鐙が出土した天王船塚 TF4 号墳を含む天王塚・船塚古墳群と共に公津原古墳群中の一支群をなす。18 基からなり，12 号墳は全長 25 m の前方後円墳，4・5 号墳が方墳であるほかは径 10 m 前後の円墳である。出土馬具は東京国立博物館蔵で杏葉・辻金具が残る。

鉄地金銅張製の斜格子紋心葉形杏葉は，文様鉄板に金銅板を 1 枚被せとし，金銅被の鉄鋲を 4 箇所に打つ。立聞には吊金具片が残る。長さ 9.5 cm。辻金具は鉄地金銅張製で，二脚を欠く。鉢部は平面八角形の多面体を呈し，方形脚の先端に切り込みが入る。脚部裏面には革紐の付着痕がある。幅 6.3 cm（安藤1980；白石1987；松戸市立博物館1995）。

金鈴塚古墳（千葉県木更津市長須賀）　全長 95 m，後円部径 55 m，同高 6 m，前方部幅 72 m を測る前方後円墳と推定され，周濠・周庭帯を廻らすと考えられる。石室中には 3 体の遺体が存在し，石室奥部，箱式石室内，羨道部から各 1 体ずつ検出された。箱式石棺には秩父緑泥片岩を使用。遺物も対応する 3 群からなる。馬具は心葉形鏡板付轡・杏葉，花形鏡板轡・杏葉，立聞金交素環鏡板付轡，斜格子文透杏葉の 3 セットよりなるが，詳細は未報告でセット関係は不明瞭。須恵器は TK209〜TK46 型式で，7 世紀初頭の築造，7 世紀後半に及ぶ追葬が窺える。被葬者は，『国造本紀』に見える馬来田国造の係累とみられる（滝口ほか1951）。

武陵地 1 号墳（秋葉塔古墳）（長野県下伊那郡高森町下市田）　径 18.9 m の円墳で，明治 40 年頃発掘された長さ 9.09 m，幅 2.15 m の無袖横穴式石室より丸玉 3，小玉 1，臼玉 1，金環 3，杏葉 2，鈴片 2，雲珠片 1，鞍 2，鉸具 1，金銅装鐔 1，同切羽 2，切羽 1，直刀 2，鉄鏃 2，富本銭 1 が出土した。

鉄地金銅張の心葉形杏葉は，斜格子透の縁金の上から金銅板を 1 枚被せとし，金銅被せ鋲で 4 箇所を留めている。長さ 10.7 cm，厚さ 0.5 cm。

須恵器は陶邑 IV 型式 4 段階併行のものが現存するほか『下伊那史』には陶邑編年第 II 型式 3〜4 段階の平瓶がみえる（松尾昌1983a）。

春岡 2 号墳（静岡県袋井市春岡）　直径 20 m 弱，古墳群中では最大級の規模で，横穴式石室内部より多量の須恵器，大刀とともに金銅装馬具が出土している。鏡板付轡 1，杏葉（個数未報告），他鞍の鞍金具，二股鋲状金具，大型雲珠 1，辻金具 2，木製壺鐙に伴う兵庫鎖などを伴う。鏡板付轡は金銅装変形格子紋の楕円形鏡板付轡で，十字紋と車輪紋の両方の要素を持つ特殊なタイプで，銜外環を六角形のキャップ状金具で覆い，両側左右 2 個の鋲で固定している。杏葉は斜格子文である。

鹿谷 18 号墳（京都府亀岡市稗田野町鹿谷）　1881 年に遺物が発見され，1883 年に W・ゴーランドが現地を調査し，石棚を有する横穴式石室墳が確認され，18 号墳や鹿谷古墳群の他の古墳から出土した多数の馬具，刀剣，魚佩，須恵器が大英博物館に収蔵された（ハリス・後藤2003；宮川2005）。近年，富山直人によって遺物と現況の詳細な検討が行われた。18 号墳は二段築成の円墳

で、石室は羨道部を残し殆ど破壊されている。f字形鏡板付轡、扁円剣菱形杏葉5、鞍金具、六脚花文雲珠1、四脚辻金具5が残るAセット、棘付車輪文透鏡板（八角花形透鉄地金銅張鏡板）付轡、剣先形（五稜形）杏葉10、四脚辻金具3が残り雲珠が不明のBセットの2組に分離されている（富山2009）。石室内からは須恵器子持脚付壺4、蓋1、杯1、壺口縁1等が残り、TK10型式新段階＝MT85型式期に相当する。土器や石室の構造からみて、山陰地域と強い関係にある首長と考えられる。

黒土1号墳（京都府城陽市中黒土）　南山城最大の横穴式石室よりMT85・TK43型式の須恵器群とともに心葉形車輪文鏡板・杏葉、辻金具、鞍金具、壺鐙残欠、胡録、鉄鏃、飾弓金具、捻環頭大刀残欠・耳環等が出土している。石室内には雲母を散布した痕跡もあった（脇田・小泉2001；大野・小泉2007）。

海北塚古墳（大阪府茨木市福井）　墳丘は削平されていたが、円墳とみられる。主体部は西面する左片袖の横穴式石室で、玄室長4.2m、羨道長5.7mで、緑泥片岩の箱式石棺を安置する。石棺内部から須恵器、土師器、武器（鉄矛、鉄鏃、鉄刀）、馬具（金銅製轡、雲珠、辻金具、鞍橋、鉸具ほか）があり、墳丘部から鏡、銀製鍍金勾玉、金銅三輪玉、金銅座金具、金環、銀環、銅環、鉄刀、須恵器などが出土した。須恵器は蓋坏、高坏、短頸壺、𤭯(はそう)、長頸壺、広口壺、器台、台付長頸壺、装飾付壺、土師器は壺、碗、高坏。須恵器はTK43段階とTK209段階の2時期。

馬具は2組あり、Aセットは鉄地金銅張十字文鏡板付轡・杏葉、Bセットは楕円形蕨手文透鏡板付轡、鉄地金銅張心葉形斜格子文杏葉。Aセットは韓国伝高霊池山洞、宮崎県児湯郡高鍋町持田56号墳例と対比される。Bセットの杏葉は細い立聞金具に縦1列の鋲を打つ（梅原1917；梅原1937a；中村1993）。

関西大学蔵品（出土地不詳）　心葉形鏡板。幅10.6cm。8本の車輪状の文様板を鉄の台板に取り付け、4本の大型鋲で留めるキャップ状金具は楕円形で左右2鋲を伴う。（名古屋市博物館1985）

烏土塚古墳（奈良県生駒郡平群町西宮）　現存長60.5m、全長約65mの前方後円墳。玄室内の凝灰岩製家形石棺は盗掘されていたが、周囲から馬具・鉄鏃・変形獣形鏡・金銀装大刀・玉類・須恵器などが出土し、羨道部に家・人物等の形象埴輪が配置されていた。須恵器はTK10～MT85型式頃で6世紀中葉～後半の築造と考えられる。馬具は鏡板付轡、鞍の磯金具、花弁形座金具鞍、兵庫鎖付壺鐙、辻金具2、雲珠1、鉸具などで2組に分離され、Aセットは鉄地金銅張斜格子文透彫鏡板付轡からなる。Bセットは三葉文系心葉形杏葉と報告されているが、鉄地板裏の銜痕跡や銜留痕跡より鏡板と考えられる（伊達ほか1972；千賀1977）。

鳴滝1号墳（和歌山市善明寺）　墳丘は原形を失っているが、前方後円墳の可能性が高い。主体部は横穴式石室で、装身具（耳環5、空玉46、ガラス玉1、飾履1足分、子持勾玉1）、武器（環頭大刀1、鉄刀4、鞘尻金具1、鉄鏃15）、工具（刀子5、鉇(やりがんな)1）、馬具（立聞交具素環轡1、心葉形斜格子文透杏葉4、八脚雲珠1、四脚辻金具3、革飾金具4、半球状金具1）、装具（棺金具4、釘5）、須恵器蓋坏蓋1、蓋杯身1、高杯1、器台）、土師器が出土した（樋口ほか1967）。馬具はすべて鉄錆色で、金銅装は見られない。

上山 5 号墳（春日古墳）（兵庫県朝来市和田山町林垣）　径 12 m，高さ 4.5 m 程度の円墳で，横穴式石室が開口している。鉄地金銅張鏡板・杏葉・雲珠，飾金具，鐙，金銅装大刀，刀子，鉄鏃，銀製山梔子空玉，ガラス丸玉，TK209〜TK217 型式の須恵器などが出土した。(櫃本 1978)。馬具は車輪文心葉形鏡板，斜格子文心葉形杏葉 3 枚のセットで，鏡板，杏葉とも地板鉄板＋文様鉄板＋金銅板 1 枚被せ。雲珠は 8 脚タイプの 1 本突出。辻金具は 4 脚の 1 本突出。杏葉は宝珠形飾のある雲珠の 8 脚のうち，両側，後方の方形 3 脚端に 1 鋲で連結された細長い鋲打ちのある鉤金具に懸垂され，他の交差脚には半球形隆起のある長方形革帯飾金具が連結されていたとみられる。革帯金具の脚端はいずれも 1 鋲打ちで雲珠の脚端と対応している。

王墓山古墳（岡山県倉敷市日畑）　推定 25 m 前後の円墳及び方墳か。横穴式石室中から石棺と多数の遺物が掘り出されたと伝え，舶載画文帯神獣鏡 1，金環 1，銀環 2，金銅管 2，勾玉・ガラス玉 11，太刀 3，刀子 7，槍 2，矛 4，鉄鏃 23 以上，甲 2，衝角付冑 1，鐘形鏡板付轡 1，心葉形斜格子文鏡板付轡，鞍金具 1 組，雲珠 2，飾金具 2 以上，心葉形・鐘形杏葉合計 12 以上，鐙 3 を含み，その他鉇 3，須恵器数十点，土師器 3 以上，赤色顔料一塊などが東京国立博物館に寄贈された。圭頭大刀と素環頭大刀が含まれ，甲冑は金銅張りであったという（三木 1974）。

箭田大塚古墳（岡山県倉敷市真備町箭田）　三段築成，直径約 46 m の造出付円墳で，周溝を廻らし，人物埴輪，須恵・土師質円筒埴輪を樹立する。横穴式石室に 3 基の組合式石棺をおさめる。副葬品は，単龍環状柄頭 2 と単鳳環状柄頭 1 を含む刀身装具残欠，鉄鏃，鉄地金銅張杏葉，鞍金具，辻金具等の馬具。金環 8，メノウ勾玉，水晶製丸玉，ガラス小玉等。須恵器は有蓋長脚二段透高杯，甑，杯身，装飾壺，台付壺，器台等（梅原 1937b；中野 1984）。従来 6 世紀後半とされてきたが，石室の再検討を行なった白石太一郎は，TK209 期古段階，7 世紀初頭の築造で，当初前方後円墳として企画されたものの，計画変更が行なわれて現況の墳形となったとしている（白石 2008）

二子塚古墳（広島県福山市駅家町中島・新山）　墳丘長 68 m の前方後円墳で，後円部，前方部ともに南面する横穴式石室の内蔵が推定されるが前方部は未発掘。後円部石室は両袖で長大な羨道を有し，玄室内に龍山石製組合式石棺の底板が残るほか，木質付着の鉄釘が出土し木棺の存在が推定される。石室内より鉄刀，双龍環頭，金銅鐔，環状鉄器，刀子，鉤状鉄器，鉄鉾，石突，鉄鏃，馬具（遊環付轡，立聞金具，斜格子文杏葉，金銅装鞍磯金具，鞍，半球形革帯飾金具，鐙兵庫鎖，木心鉄板張壺鐙残欠），須恵器（杯，高杯，平瓶，提瓶，台付長頸壺，甑，甕），土師器（高杯，椀，脚付椀，盤）が出土した。報告者は TK43 を上限，TK209 を主体とし 600 年前後の築造とする（福山市教育委員会 2006）が，出土須恵器の再検討を行なった白石太一郎は，TK209 中段階，610 年代の築造で，TK209 新段階，7 世紀前半でも新しい段階の追葬を想定する（白石 2008）。

大念寺古墳（島根県出雲市今市町鷹ノ沢）　全長 90 余 m の前方後円墳で円筒埴輪を伴う。横穴式石室内に組合式石棺を安置し，金環・ガラス製小玉・金銅製履・鉄刀・鉄鉾・鉄鏃・刀子・馬具（轡・馬鐸・雲珠等）・鉄斧・須恵器（坏・蓋坏）等が出土した。出雲最大の古墳で 6 世紀中頃〜後半の築造。江戸時代の絵図には失われた斜格子文鏡板・杏葉を描く（西尾 1986；川上ほか 1988）。

中村1号墳（島根県出雲市国富町）　径30m以上の円墳。未盗掘の横穴式石室は全長9.5m以上で県内5番目の規模，銀糸巻の装飾大刀のほか，前室と玄室に敷き詰めた玉砂利の上から馬具3組，轡や鞍，尻繋の大型雲珠，辻金具など計43点が点在して出土した。うち2組25点は鉄地金銅張で心葉形斜格子文鏡板・杏葉，花形鏡板・杏葉，もう1組は立聞鉸具素環鏡板付轡。尻繋を飾る直径約14cmの雲珠，辻金具等も共伴した（出雲市教育委員会2007）。

黒部3号墳（福岡県豊前市松江）　車輪文と思われる鏡板もしくは杏葉片，八脚雲珠，辻金具片，鞍覆輪片，半球形革帯飾金具，コハゼ形金具などが出土した。

岡垣町吉木（福岡県遠賀郡岡垣町吉木）　鉄地板+文様板+金銅板1枚被せで，6箇所に笠鋲を打つ（後藤1942）。吉木周辺には，素環轡・辻金具・鐙兵庫鎖・木製鞍・盛矢具を出土した莵ギ坂1号墳をはじめとする莵ギ坂古墳群，縄手古墳群（旧裏田古墳群），狐塚古墳群，熊前古墳群，熊浦古墳群などの群集墳があり，これらのいずれかの古墳から出土したと考えられる。

新延大塚（福岡県鞍手郡鞍手町新延）　本来径30m，高さ7m程の円墳。横穴式石室は3室構造で当地域では最大。遺物は須恵器（蓋付短頸壺，広口長頸壺），武器（鏃，刀），工具（刀子，鑿），装身具（耳環等）などのほか，羨道部より馬具（鞍，輪鐙，轡，杏葉，雲珠その他）がまとまって出土した（鞍手町教育委員会1985）

香力梶原1号墳（福岡県前原市香力梶原）　丘陵斜面に馬蹄形溝で区画した墳丘は方形もしくは不整円墳で，径9m前後。南南西面する両袖型複室横穴式石室は天井石を失っていたが，前室西壁下の床面に須恵器20個体分が集積され，追葬時の片付けが推定され，その隙間に馬具・鉄鏃・刀子等が散乱していた。馬具は心葉形鏡板一対，杏葉1枚，八脚雲珠，辻金具，引手金具，金交具，環状金具，飾金具等。共伴した須恵器はTK217・TK46型式で，7世紀中葉～後半（前原市教育委員会2002）。

小城炭坑古墳（佐賀県多久市東多久町別府）　円墳。横穴式石室から心葉形杏葉4，飾金具12，貝製飾金具3，鞍金具1，鞍1が出土した。心葉形杏葉は放射文で，鉄製地板に文様板を載せ，その上から金銅板を1枚被せとし，鉄地金銅張の4鋲を打つ。立聞には吊鉤孔を具える（西村1984；宮代・白木1994）。

城山19号墳（大分県中津市伊藤田）　円墳で横穴式石室を埋葬主体部とする。玄室閉塞部付近から心葉形格子文鏡板，心葉形X字格子文杏葉，鉸具，雲珠花形座金具，金環が出土した（賀川1954）。

4. 分析

(1) 車輪文・斜格子文鏡板付轡・杏葉の研究史

　後藤守一は，扁円形杏葉の形式を装飾文より分類し，(1)斜格子文杏葉，(2)車文杏葉，(3)菱車文杏葉，(4)八曜文杏葉及び(5)三葉文杏葉の5目とし，長野県武陵地1号・大阪府海北塚Bセットの斜格子文杏葉は，中央に菱形文を置き，八方に脚を輻射させている趣があり，次の車文杏葉へ

の連絡を示し，車文杏葉がこの斜格子文から変形したとの推定を可能にするとのべた（後藤 1941）。

　岡安光彦は，TK43型式後半に併行する6世紀後葉に入ると，馬具の様相が大きく変化するとし，奈良県三里古墳や島根県岡田山古墳出土の心葉形十文字装透鏡板付轡を代表的な国産馬具の例に挙げ，各地の終末期の前方後円墳や前方後方墳からの出土例が比較的多く，縁板の多鋲打ちを止め，要所に菊花形や半球状の大型の飾鋲を配するようになり，千葉県城山1号墳や千葉県金鈴塚古墳，奈良県烏土塚古墳出土品など金銅装の斜格子紋透杏葉や車紋鏡板付轡なども製作されるようになると指摘した。この期の馬具の特徴に，鏡板の半球状金具に加え，半球状鋲頭の盛上り，10～12の多数の脚を配した，極めて大型の鉄地金銅装雲珠の出現，雲珠・辻金具の高い半球状鉢部，頂部に花形座と宝珠飾り，胴部の凸帯・凹線などを挙げる。6世紀中葉に舶載された海北塚型の杏葉を原形としながら，馬具を威信財と見なす当時の嗜好に応え，我が国の工人によって大きく「国風」化され，独特の様式が成立したとみる。さらにTK209期＝6世紀末になると，十文字透系の鏡板付轡がすたれ，斜格子紋系の鏡板付轡・杏葉が盛行し，栃木県大山瓢箪塚古墳例のように，紋様板と台板を別造にしない紋様槌起技法で製作されることが多くなり，鏡板の半球状金具や鋲頭も，退化して再び小型化・偏平化するとした（岡安1988）。

　内山敏行は，古墳中・後期馬具の変遷を体系的に論じ，斜格子文・車文の楕円形鏡板付轡・杏葉は後期第3～4段階にみられ，いずれも出現時から疎鋲で，近縁関係にあり，型式変化の方向も同じとする。透造りの鉄地金銅張で，初現型か次段階にあたる城山1号墳例（鉄地金銅張の透かし造り）と鉄製の鳴滝1号墳例，透かしのない鉄地金銅板別被せ製の烏土塚例がある。後3段階の内に金銅板1枚被せが現れ，4段階の新延大塚例で鋲数が減るとした（内山1996）。

　松尾充晶は，上塩冶築山古墳の報告において，心葉形十字文透鏡板付轡の編年を行い，これと心葉形斜格子文鏡板・杏葉が型式学的に密接な関係を有して変化すること，二稜小突起の存在等を指摘した（松尾充1999）。

　さて桃崎も，風返稲荷山古墳の報告で斜格子文鏡板・杏葉の集成を行い，銜留金具の鋲数の減少や吊鉤金具の変化より変遷を予察した（桃崎2000）が，今日的にみれば全く不十分・不正確なものにとどまった。その後の資料追加や研究進展を踏まえ，この場で訂正を行いたい。

(2) 個別要素の検討

　キャップ状金具　キャップ状金具は，大きく2系統にわけられる。このうち楕円形の系統は，f字形鏡板，楕円形鏡板，鐘形鏡板などと共通し，鹿谷18号例→黒土1号例（MT85～TK43）→城山1号例（TK43）→新延大塚例→香力梶原1号例→関西大学蔵品という変化をたどる。鏡板外側の銜外環・銜留を覆うキャップ状金具は，形態が楕円形から六角，鋲数が多いものから少ないものへと変化する。鋲数の変化をみると，8鋲（鹿谷18号例），6鋲（黒土1号例・城山1号例），4鋲（香力梶原1号例，新延大塚例），2鋲（関西大学蔵品，春岡2号例），キャップ無鋲化2鋲（風返稲荷山B），キャップ状隆起消失・無鋲化（上山5号例，八龍神社例）という廃用萎縮の変化が辿れる。

これに対して菱形は，福岡県寿命王塚例のような心葉形蕨手文鏡板の四弁花形キャップに起源があり，岡山県岩田1号例のような菱形に変化した段階（山口 2004）を経て，その形態が烏土塚・王墓山例に受け継がれる。当初は半球形隆起の面積が大きく高いが，銜通孔・銜留の退化消滅で直接鍛接になるとともに大山瓢箪塚例のように扁平化し，痕跡化して消滅する。すなわち烏土塚例（TK43）→王墓山例→瓢箪塚例→春岡2号例→風返稲荷山例→上山5号例の順となる。

二稜小突起　持田56号例→伝高霊池山洞例→巨勢山421号追葬床例（TK209以前）→奈良県沼山例（TK43）→烏土塚例（TK43新）→王墓山例（TK43〜209）→金鈴塚例（TK209）→風返稲荷山例（TK209）

二稜小突起は，装飾的意図に由来するが，金銅板巻の端部をひっかけるという実用的な意義もある（依田 2000）。その淵源は，李尚律が「忍冬楕円文心葉形杏葉」と呼んだグループ（李 1993）で，宮崎県持田56号例のような縁金菊鋲打鏡板・杏葉の瘤状表現に由来し，湖巖美術館の伝高霊池山洞出土品では瘤の両側に刻目がつく。この形は奈良県巨勢山421号墳追葬床面出土の杏葉（松尾元 2002）にも受け継がれ，舶載品とみられる。ところが烏土塚例は，鹿谷18号例や黒土1号例の放射状構成を受け継ぎつつ，放射肋とは対応しない位置関係に二稜小突起を設けて笠鋲打ちを施し，金鈴塚例・王墓山例でもその方式は踏襲されるが，風返稲荷山例では放射肋と二稜突起の交点に鋲を打つ形に変化し最終的な姿を示す。ただこれまで，伝高霊池山洞例や巨勢山21号例のような刻目瘤状隆起が，どのように心葉形斜格子文鏡板・杏葉に転移したかは明らかではなかった。ここで注目されるのが奈良県橿原市南妙法寺町沼山古墳の心葉形十字文杏葉2種である。吊鉤金具の形状からみて列島産とみられるが，十字肋の対応する三方の，縁金の外側のみに二稜小突起を伴い，もはや瘤状形態が失われている。沼山古墳はTK43期の築造で，片袖類穹窿状天井の石室は渡来色が濃い（伊藤 1985）。ほど近い奈良県真弓鑵子塚は，左片袖式石室では最大の玄室規模で，そこに奥室がつく特異な構造をとり，渡来集団を束ねる東漢氏の墓と考えられる。よって沼山古墳も，東漢氏の墓と考えられ，そこで国産化の契機となる馬具が出土したことは，心葉形斜格子文鏡板・杏葉の確立に，東漢氏らの渡来勢力や，その傘下の鍛冶集団の関与があったことを窺わせる。

透彫型　大念寺例（TK10〜MT85）→鹿谷18号鏡板（MT85）→城山1号杏葉（TK43）→鳴滝1号杏葉（TK43〜209）→金鈴塚A杏葉（TK209）の順となる。このうち鳴神1号例・金鈴塚Aは立聞鉸具素環轡とセットをなし鏡板径が小型化していく。

半球形革帯飾金具　半球状金具は烏土塚古墳で11点，王墓山古墳で3点，二子塚古墳で2点，青塚古墳で3点，風返稲荷山古墳Bで約30点（3点現存），上山5号墳で16点が出土している。TK43段階からTK209段階に及ぶ。また八竜神社例は半球状隆起付革帯金具を伴う。

この種の金具は，高句麗にその起原がたどれ，北朝鮮の平安南道平城地境洞古墳でも梯形立聞付楕円形鏡板付轡，大型の心葉形杏葉，踏込にスパイクの大型方頭鋲を3点打った輪鐙とともに大2・小9の合計11点が出土した。北朝鮮の報告では4世紀末〜5世紀前半とするが，中山清隆・大谷猛は6世紀前半とした（中山・大谷 1983）。しかし①輪鐙は短柄の可能性がある，②踏込

の大型方頭鋲は 3 点で慶尚南道福泉洞 10・11 号例や滋賀県新開 1 号例と共通，③杏葉はやや大型化しているが七星山 96 号例に後続，④鏡板は十字文構成をとらず，横方向衝留を用いる，など古相を示し，5 世紀前半に訂正すべきである。また最近，中国吉林省集安市の長川 4 号墳でもスコップ柄状引手を伴う梯形立聞付楕円形十字文鏡板付轡，心葉形杏葉，木心金銅板張輪鐙，磯州浜一体鞍金具等，金銅装馬具一式とともに出土した半球形革帯金具が紹介され（吉林省文物考古研究所ほか編 2010），万宝汀 78 号墳に先行する 5 世紀前半に遡る。これらは 4 世紀に出現する菊形歩揺付雲珠の台座が半球形に変化してのち，立飾や歩揺が省略された派生型と予測される。

　新羅域では慶州皇南洞 110 号墳で鉄製，大邱達西面 55 号墳で金銅製のものが出土しており，いずれも 5 世紀中葉のものである。慶山の林洞古墳群造永 C1 号墳 1 号副槨では新式鑣轡，鉄装鞍，木心鉄板張輪鐙，三環鈴，心葉形三葉文杏葉とともに出土している。伽耶域では，咸安道項里 22 号墳で f 字形鏡板付轡，扁円魚尾形杏葉，スパイク鋲打の木心鉄板張輪鐙とともに銀装半球形金具が 9 点出土した（国立昌原文化財研究所 2001）。新羅・伽耶の 5 世紀の例は，高句麗勢力の南進を契機に出現したものであろう。その列島への伝来契機については，慶州銀鈴塚に脚部に半球状の金具を取り付けた辻金具があり，韓国湖巌美術館蔵の伝高霊池山洞出土品中にも金銅製半球状十二脚雲珠の脚部に銹着したり遊離した金銅製半球状金具が大 5，小 16 点ほど確認され，菊鋲を打っている（湖巌美術館 1997）。本遺物群は池山洞出土か疑問があり，伽耶滅亡の 562 年以前かは慎重を期したいが，6 世紀中葉～後半を前後するもので，近縁の大阪府海北塚 A セット，宮崎県持田 56 号例のような心葉形十字文鏡板・忍冬楕円文心葉形杏葉セットの馬装を介して斜格子文鏡板・杏葉の馬装にとり入れられたものであろう。

　列島では上記のほか長崎県高下古墳で 9 点（銀張），熊本県打越稲荷山古墳で 3 点，奈良県明日香村上 5 号墳で 36 点，愛知県豊橋市馬越長火塚古墳で 33～36 点，長野県小丸山古墳で数点，茨城県東海村二本松古墳で 17 点，千葉県市川市法皇塚古墳で 21 点（十字文心葉形鏡板轡と共伴）出土した。長火塚例では打込釘が銅製で古相を示し，風返稲荷山例や二本松例では鉄製で，他の馬具セット例からも後続する。奈良県牧野古墳では鉄地金銅張構造で六角形のものが 87 個体確認されており，TK209 型式古段階の須恵器群を伴う。この種の金具は，毛彫杏葉と共伴する小型の円形留金具の祖型とも考えられる。

　上記のうち注目されるのは上 5 号墳で，類穹窿状天井の右袖横穴式石室から，波状列点文花弁形杏葉，木心鉄地金銅板張壺鐙，半球形革帯飾金具，辻金具，金銅製花形飾金具，鞍残欠，ミニチュア炊飯具，TK43 型式の須恵器が出土したが，その所在地は，石舞台古墳の東方，2 km ほど冬野川を遡った細川谷の奥にあたる（奈良県立橿原考古学研究所 2003）。石舞台が蘇我馬子桃原墓であるとの通説が誤りなければ，まさに上桃原の地に当たる。

　『日本書紀』雄略紀 7 年是歳条は，百済が献上した「今来才伎」を「倭国吾礪広津邑」に安置したが，病死するものが多く，大伴大連室屋に詔して，東漢直掬に命じ，「新漢」の陶部高貴・鞍部堅貴・画部因斯羅我・錦部定安那錦・訳語卯安那らを，上桃原・下桃原・真神原の 3 箇所に遷し居住させたとする。「倭国吾礪広津邑」は，『和名抄』の河内国渋川郡跡部郷で，物部守屋の

「阿都の別業」・「渋河の家」にあたり，現在の大阪府八尾市愛宕塚・高安千塚周辺であろう。一方上桃原・下桃原・真神原は，桃原が石舞台周辺，真神原は法興寺（飛鳥寺）の所在地「飛鳥真神原」周辺となる。飛鳥に移住した百済系渡来職能民集団「今来才伎」のうちには，鞍部堅貴のような馬具工人も含まれており，半球形革帯飾金具や，心葉形斜格子文鏡板・杏葉の成立に，大伴氏・東漢氏やその傘下の渡来系工人が関与した可能性を指摘しておきたい。

雲珠・辻金具　雲珠，辻金具については宮代栄一の分類と編年（宮代1996）に従う。鹿谷18号例は共伴セットがIII期頃，黒土1号例はIII期頃，城山1号例は半球状鉢多脚系でIV期，王墓山例は半球状多脚系のIV期頃だが責金具の有無が判然とせず若干降るように思える。烏土塚例は半球状多脚系のV期，鳴滝1号例は半球状鉢多脚系（方形脚2鋲）でV期，新延大塚例は辻金具からみて半球状多脚系のV期頃，香力梶原1号例は半球状多脚系のV期，大山瓢箪塚例は半球状多脚系で責金具を伴う点からV期頃か。冑塚例は有稜鉢多脚系（半円方形脚1鋲）だが，責金具を伴う点からV期頃となろう。春岡2号例はVI期前半頃となる。風返稲荷山例Bセット例は半球状鉢多脚系でVI期前半，上山5号例の雲珠は半球状鉢多脚系（半円方形脚1鋲）でVI期後半，八龍神社例もVI期に該当すると考えられる。

小結　以上，格子文・車輪文鏡板・杏葉は，6世紀中葉に朝鮮半島から舶載された十字文心葉形鏡板・忍冬楕円文心葉形杏葉のセットの要素を受け継ぎつつも，キャップ状金具の外付鋲留化，二列鋲打の吊鉤金具，瓢形引手壺の採用など，6世紀前半のｆ字形鏡板付轡・楕円形蕨手文鏡板付轡などの製作技法を応用し，多鋲を廃して少鋲化を志向して国産化されたもので，鐘形鏡板・杏葉の新しい段階や心葉形十字文透彫鏡板付轡と製作技法や変化の方向性を一部共有しており，それらと併行関係にありつつも，意図的にデザインの差別化が行われていたと考えられる。

5. 編年

車輪文鏡板の成立→車輪文杏葉とのセットの成立→杏葉の菱形区画の成立→鏡板・杏葉の二稜小突起の成立→杏葉の斜格子文の成立→銜外環の鏡板地板直接鍛造出現→キャップ状金具消失→キャップ状隆起消失，という変化をたどる。

I段階：大念寺・鹿谷18号例（TK10～MT85）　大念寺例は11棘方形の鏡板で，低平なキャップ状隆起と密な鋲打ちを伴う。絵図によれば，本古墳からはこのAセットのほか，斜格子文鏡板・杏葉からなるBセットも出土し，TK43型式古段階頃の須恵器を出土している。鹿谷18号例Bセットの八角棘状透彫鏡板は瓢形引手壺を伴い，放射肋と棘状突起の基部の交点に8鋲を打つ。また鏡板中央の銜外環を覆う楕円形キャップ状金具を8つの菊鋲で留める。多鋲によるキャップ留めや菊鋲の使用からMT85型式期を前後すると考えられる。国産か舶載か判断が難しいが，岡安光彦が指摘するとおり，鏡板銜通孔を覆う半球状金具は，海北塚例や持田56号例など舶載品では偏平で，鏡板縁金で内側の隆起板を覆う（岡安1988）。これに対し，平群三里例や岡田山例など，国産品では高く盛り上がって発達したドーム状で外付けとなる。鹿谷18号例は

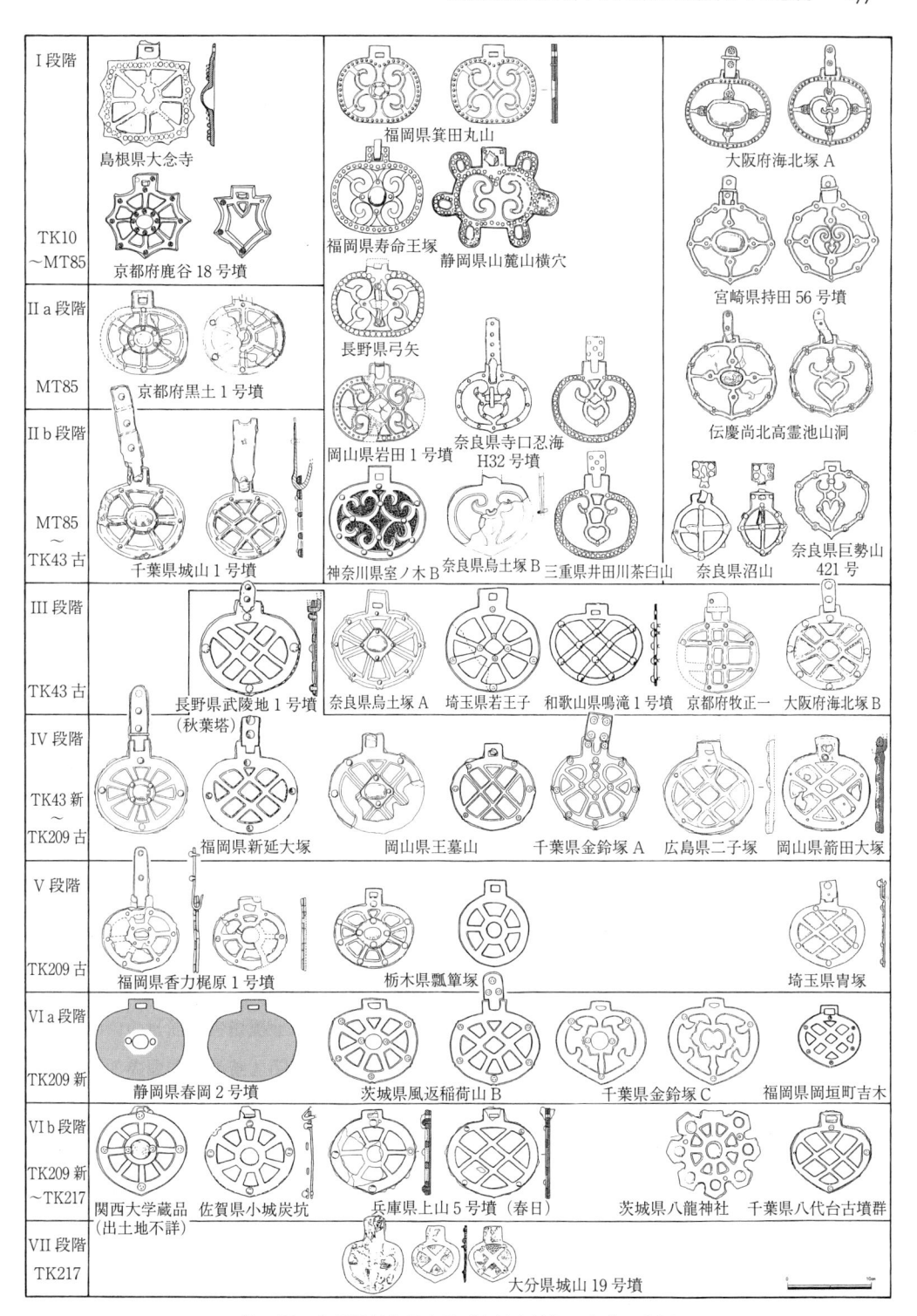

風返稲荷山古墳くびれ部出土馬具とその意義　177

段階			
I 段階	島根県大念寺	福岡県箕田丸山 福岡県寿命王塚 静岡県山麓山横穴	大阪府海北塚A 宮崎県持田56号墳
TK10～MT85	京都府鹿谷18号墳		
IIa段階 MT85	京都府黒土1号墳	長野県弓矢 岡山県岩田1号墳 奈良県寺口忍海H32号墳	伝慶尚北高霊池山洞
IIb段階 MT85～TK43古	千葉県城山1号墳	神奈川県室ノ木B 奈良県烏土塚B 三重県井田川茶臼山	奈良県沼山 奈良県巨勢山421号
III段階 TK43古	長野県武陵地1号墳（秋葉塔）	奈良県烏土塚A 埼玉県若王子 和歌山県鳴滝1号墳 京都府牧正一	大阪府海北塚B
IV段階 TK43新～TK209古	福岡県新延大塚	岡山県王墓山 千葉県金鈴塚A 広島県二子塚	岡山県箭田大塚
V段階 TK209古	福岡県香力梶原1号墳	栃木県瓢箪塚	埼玉県青塚
VIa段階 TK209新	静岡県春岡2号墳	茨城県風返稲荷山B 千葉県金鈴塚C	福岡県岡垣町吉木
VIb段階 TK209新～TK217	関西大学蔵品（出土地不詳） 佐賀県小城炭坑	兵庫県上山5号墳（春日）	茨城県八龍神社 千葉県八代台古墳群
VII段階 TK217		大分県城山19号墳	

第4図　心葉形斜格子文及び車輪文鏡板・杏葉の変遷

盛り上がりが高く外付けで，国産の可能性が高い。鹿谷18号例でf字形鏡板・剣菱形杏葉とAセットを構成する六脚花文雲珠は宮代編年のIII期にあたり，Bセットも近い時期となろう。

IIa段階：黒土1号例（MT85）　これまで車輪文鏡板・杏葉の発生過程は解明されていなかったが，黒土1号例の発見で鹿谷18号例→黒土1号例→城山1号例という連続性が明らかになった。キャップ状金具の鋲数も8→6と減少するが，鏡板の縦分割原理は続いている。この段階から車輪文鏡板と車輪文杏葉が組み合わせが確立する。出現段階から少鋲化し，鋲打は放射肋と交点のみ。宮代編年の雲珠III期にあたる。

IIb段階：城山1号例（MT85TK43古）　鏡板と杏葉のセットは前代を踏襲する。杏葉中央に菱形区画は成立しているが，完全な斜格子文ではなく放射状である。

城山1号は楕円形キャップ状金具6鋲留・6肋6鋲で，極端に長い立聞吊金具が特徴。杏葉は金銅の透彫り。出土須恵器はTK43型式新段階。12脚雲珠はIV期。

III段階：烏土塚・若王子・鳴滝1号・牧正一・海北塚B例（TK43古）　烏土塚例の段階から，放射肋とは対応しない位置に2稜小突起が現われる。雲珠は8脚でV期。牧野古墳に先行するTK43型式最新相の須恵器を伴う。また車輪文鏡板に伴う菱形キャップ状金具は，末期の楕円形蕨手文鏡板に由来か。

若王子例は，放射状構成から格子状構成への移行を窺わせ，杏葉内区に装飾鋲打ちが見られる。TK43型式の須恵器を伴う。

鳴滝1号例では，大型の立聞交具の素環轡と鉄製斜格子文透彫杏葉がセットをなし雲珠は8脚V期。大形の立聞鉸具の素環轡は，宮代栄一の編年（宮代1998）があり，鳴滝1号例はその最古型式に位置付けられている。

海北塚Bセット例は，十字文透彫と近縁？の透彫鏡板と斜格子文杏葉からなるが，細長い吊金具に一列病を打つ点は新羅・伽耶系馬具の影響を色濃く残している。透彫鏡板・格子文杏葉は，追葬のTK209型式の須恵器群に伴うと考えられる。

京都府牧正一例は十字格子杏葉の構成が珍しいが，前段階の沼山例のような心葉形十字文杏葉から派生したと考えれば斜格子文杏葉に近縁のものと考えられる。

IV段階：新延大塚・武陵地1号・王墓山・金鈴塚A・二子塚・箭田大塚例（TK43新～TK209古）　この段階に車輪文や放射状文から変化した，完全な斜格子文構成をとるものが出現する。

新延大塚例では，少鋲化が進むが，平面形は楕円形をとどめ，立聞直下と下辺中央の区画がほぼ同形同面積である。新しい段階では，上が小さく下が広くなる。雲珠はV期。新延大塚に近い構成の吊金具は，千葉県法皇塚例の十字文透鏡板にみられる。武陵地1号例の斜格子文杏葉もこの段階にあたる。

金鈴塚Aセット例はIII段階の鳴滝1号例の後続で，古式の立聞交具素環轡と斜格子文透杏葉がセットをなす。杏葉は変形透彫に2稜小突起を伴う。

王墓山古墳では，初葬の組合式石棺，追葬の木棺が存在し，菱形四鋲キャップの斜格子文鏡板・杏葉は初葬か。12脚雲珠はIV期の例に似るが責金具が消失している可能性もありやや降る

か。4鋲キャップの鐘形鏡板付轡・杏葉は追葬に伴うものか。共伴須恵器は杯類にはTK43型式を含み，金属器模倣碗・蓋杯がTK209期となる。

二子塚古墳は吉備（備後）最後の前方後円墳で，TK209中段階の築造時に組合式石棺を用い，TK209新段階の追葬時に鉄釘木棺が使用されたと考えられる。馬具の帰属は不明瞭だが，初葬のものと考えておく。

箭田大塚古墳は埴輪を伴う大型円墳で，石室内に箱式石棺3基を納め，馬具の帰属は不明瞭だが，築造時期のTK209型式古段階に近い時期と考えられる。

V段階：香力梶原1号・大山瓢箪塚・冑塚例（TK209古）　この段階より鏡板の銜通孔が消失し，鉄地板内側に直接銜外環を鍛接するものが出現する。大山瓢箪塚例も鏡板外面に菱形の銜留金具を伴い4鋲を打つ点は古相を思わせるが，小型化が進行し，半球状隆起は退化し，銜留は地板に直接鍛接するとみられ，時期の下降を示す。杏葉は外形が円形で内区文様が車輪状をなす。雲珠はV期。

香力梶原1号例は楕円形4鋲留めで銜通孔をとどめる古い特徴を示すが小型化が進み雲珠はV期。共伴須恵器はTK217〜TK46期のもので，やや新しい時期と考える。

冑塚例は素環轡と小型の斜格子文杏葉がセットをなす変速構成で，雲珠はV期。

VIa段階：春岡2号・風返稲荷山例（TK209中）　春岡2号墳ではキャップ状金具に2鋲を伴う心葉形斜格子文鏡板・杏葉が出土した。雲珠はVI期前半。鏡板は銜通孔と銜留金具を残している。内区文様はIIIb段階の金鈴塚Aセットの杏葉に近く，これに近い時期が想定される。風返稲荷山例Bセットは，鏡板の文様鉄板および1枚被せの金銅板自体を銜留部のみ半球形に打ち出し，その両脇に形式的に鋲を打つ。雲珠はVI期前半。金鈴塚Cセットの心葉形六弁花文鏡板，京都府奉安塚例の棘葉形鏡板・杏葉など異なる形式の馬具にも同様な構造がみられ，段階設定の蓋然性と画期性を示している。いずれもTK209〜TK217期の須恵器を伴い，7世紀前半〜中葉に降る。

VIb段階：関西大蔵品・小城炭坑・上山5号・八竜神社・八代台例（TK209新〜TK217）　関西大学蔵品は，円形2鋲のキャップ状金具をとどめるが，立聞の退化や4鋲打構成からみて時期の下降が推定される。小城炭坑例も近い段階のものであろう。

上山5号例は鏡板・杏葉・辻金具・雲珠，革帯飾金具を含めて風返稲荷山Bに最も近いセットであるが，鏡板の半球状隆起は既に消失して凹みとなり，銜外環が地板に直接鍛接されるため，銜通孔や銜留も失われている。雲珠はVI期後半。杏葉は斜格子文の退化は認められないが，X状対角に4鋲打ちする点は新相を示す。

八竜神社例は形態こそ特異だが，構造的には上山5号例と同じである。

VII段階：城山19号例（TK217）　大分県中津市伊藤田の城山19号墳で出土した心葉形格子文鏡板・心葉形X字格子文杏葉のセット（賀川1954）は心葉形斜格子文鏡板・杏葉の最終的な退化形態であると考えられる。4鋲打ちの杏葉はVIb段階の上山5号例が退化したものと考えたい。

6. 副次的埋葬施設をめぐる研究史と議論の推移

　後藤守一は群馬県藤岡市白石稲荷山古墳の報告に際し，多葬には，1棺内，1石室内，同一墳丘内の3種があるとし，これらを夫婦・親子の埋葬や婢僕の殉葬として理解した（後藤1936）。

　斉藤忠はこの考えを発展させ，多葬を同一埋葬施設への2人以上の埋葬例，同一古墳に2基以上の竪穴式石室・石棺を有する例，同一古墳に2基以上の粘土槨などが存在する例，横穴式石室において2棺以上存する例等に分類し，更に大陸の男女合葬例をふまえ，夫婦，家族をともに埋葬した家族墓的なものと捉えた。殉葬は少数の同時埋葬例に限定され，大部分は追葬による家族墓と見なし，横穴式石室への移行でこの風がさらに盛んになるとした（斉藤1942）。

　斉藤はその後，多葬の単位に夫婦・単婚家族・単婚家族を包括した大家族の3つを挙げ，中でも大家族の単位は時期的に遅れるとした（斉藤1961）。しかし斉藤論は兄弟姉妹等の同族合葬を想定しなかった点で不備があった。

　これに対し，小林行雄は同棺重葬の事例から古墳時代に同族の合葬の存在を見出し（小林1952・1976），神功紀の阿豆那比罪の検討より中期の初めに同棺重葬が開始され，これに対する保守派の反発を阿豆那比罪と理解した。さらに同族でない男子の合葬が非難されていることから，4・5世紀の古墳では夫婦でも合葬が憚られたと結論した（小林1959）。すなわち，4・5世紀の古墳の合葬は同族墓を基本とするとした。のちに田中良之は歯冠計測値による家族復元をもとに，弥生時代終末～5世紀代の埋葬はキョウダイ原理によることを明らかにし，小林の想定を追認した（田中1995）。その一方，石部正志はより社会的な視点を示し，埋葬施設の種類は階級的序列や権力の程度を反映し，異種間多葬が顕著な古墳中期には，支配や服属の関係が古墳の内部構造の種別にまで及んだと解釈した（石部1961a・b・1975）。これを継承した関根孝夫は，竪穴式石室・粘土槨などの竪穴系埋葬施設に一体以上を埋葬したものを竪穴系の複主体部多葬と呼び，配置より6分類した。そして後円部のみから前方部および副次的施設をも含んだものに変化するとし，首長権の増大と権力構造の充実による共同体祭祀の克服を想定した（関根1966）。

　また岡山県月の輪古墳の報告に相前後して，西川宏（西川1960）や石部正志は，造出部埋葬・円筒棺から陪葬を論じた（石部1956・1961a・b・1975）。しかし石部はその後，前期古墳に伴う従属的陪葬施設は単なる殉葬ではなく，弥生時代の集団墓制の名残りによるとして前説を修正した（石部1975）。

　今井堯も4世紀後葉～5世紀前葉の古墳の墳丘斜面・墳端部・外周等の副次的な位置への埋葬例に注目し，これらは中心埋葬への従属性が極めて高いが，相互間にも差があるとした。すなわち，墳丘斜面の埋葬は首長自身の属する集団の構成員であり幼少者の早死者を多く含むのに対し，墳端部の埋葬は首長自身の属する集団以外に出自をもつといった格差を想定する（今井1981）。

　松尾昌彦は研究史を総覧し，前期古墳の墳頂部多葬例で武器・武具の多い埋葬施設と少ない埋葬施設が並列する例が多いことから，古墳時代前期には武人的首長と司祭者的首長とが連立して

地域経営を行なう社会を想定した（松尾昌1983・2002）。これに対して下垣仁志は，古墳前期前方後円墳の前方部埋葬をⅠ・Ⅱ類に分類し，有力集団内の支配構造の差異を反映していると解した。そして複数埋葬の設置位置および副葬品目の傾向から，前方後円墳の墳頂平坦面複数埋葬には，キョウダイ関係にある者が葬られ，前方部埋葬には男性的性格の稀薄な者≒女性が葬られるという埋葬方式があると推測し，前方後円墳の複数埋葬から読みとれる有力集団構造は男女問わず一人の卓越者を中心に，権力構成に応じてキョウダイが分掌していたと推量した（下垣2002）。

以上，前期古墳を中心に，多葬の階層差や職掌差，性別分業等の議論が重ねられ，特に古墳時代前期～中期前半の地域集団内での職能分掌の指摘は当時の社会構造の解明に多くの示唆を与えてくれる。しかし地域横断的な特定石材の石棺，同型鏡や装飾大刀・馬具等の全国分布の分析をもとに，大王権の伸長や，人制やトモ制の整備が想定されている古墳時代中期後半以降については，狭い地域集団内で完結しない，広域的な活動範囲や社会性を加味した被葬者像が求められている。

岡本健一は前方部埋葬13例を挙げ，①横穴式石室とは異なる埋葬施設をもつ古墳がある，②野原古墳（踊る人物埴輪で著名）では前方部に横穴式石室があり，後円部石室への追葬と矛盾している，③全国的に横穴式石室採用の初期段階の古墳で同様な現象がみられることなどを指摘している（岡本1994）。

坂本和俊は，嫁や婿に行った者が帰葬される際は，本貫地の親や兄弟は既に死去し，妻子らが帰葬先に赴いて葬送儀礼を取り仕切る場合，出自集団の葬法をとらないことがあり，その地域に見られない埋葬施設や木棺，副葬品の採用は，遠隔地からの帰葬者の埋葬である可能性が高いとする（坂本2004）。

以上，文献史学で1970年代に達成された舎人・トモ・人制論と対比しうる多葬論は，考古学では開始されたばかりであり，今後分析視角や手法の転換が必要である。

埼玉県行田市小見真観寺古墳（全長112m）は，後円部と括れ部に緑泥片岩の横穴式石室をそなえ，括れ部石室から有蓋脚付銅鋺，竪矧広板鋲留式衝角付冑，挂甲，頭椎大刀2，圭頭大刀等が出土した。圭頭大刀は韓国全羅南道羅州伏岩里3号墳例と類似するも後続し，鞘尻が丸く横佩化しつつある型式である。頭椎大刀は，蟹目釘があるものが古く，ないものが新しい。挂甲は飛鳥寺塔心礎納入品（593）と類似する（内山2006）。脚台付銅鋺は同種最新相を示し，脚端内面に返りがある点は，小治田宮包含層の模倣須恵器と類似し，7世紀前半でも中葉に近い時期となろう。

白村江での百済復興軍の敗退や，壬申乱以降の官僚組織の整備に伴い，トモ的な奉仕形態が次第に解消されていき，やがて考古学的な追跡が困難になるのであろう。

7. 結語

風返稲荷山の馬具は，石室出土品に非常に個性が強く，マイナス曲面打ち出しの使用など実験

的でカスタムメイドの観があるのに対し，くびれ部出土品は，型式学的な先後関係を除けば他の類例と大きな形態差はなく，むしろある種の規格性のなかで捉えられ個性がないという違いがある（依田 2000）。小野山節はこれを作りの粗い国産品と精良な舶載品の差と捉えた（小野山 1992）が根拠がなく，依田の観察と分析を踏まえれば，自由に創作された中心埋葬施設の馬具は，1点完結と差別化を前提として使用されたのに対し，抑制された丁寧なつくりのくびれ部出土品は，規格品としてある種の集団的規制の中で使用されたと考えられる。

6世紀前半～中葉（MT15～MT85期）には，定型化した大型のf字形鏡板・扁円剣菱形杏葉が普及し，卓越するが，これは武烈・継体の擁立に関与した大伴金村の活動から失脚（540），大伴狭手彦の活動時期と重なる。直木孝次郎は，大伴氏の没落は東国首長の子弟から輩出されたB型舎人への王権の傾斜が大伴氏の相対的地位を低下させたと述べる（直木 1968）が，これを馬具の状況に照らすと，大型f字が近畿や東海に偏在するのに対し，関東ではむしろ後期後半～終末期に，前方後円墳の複次埋葬に伴って多様な形式の飾馬具が盛行する点と合致している。

ただ問題もある。f字形鏡板付轡，扁円剣菱形杏葉の最末期に現れる棘付のタイプの出土古墳のうち，大阪府八尾市愛宕塚古墳について，米田敏幸は，奈良県天理市塚穴山古墳と石室の構造規模が一致し，また欽明陵の可能性が高い見瀬丸山古墳と構造に共通点が多いことから，両地を本拠地とする大連物部氏が，587年以前の段階で築造した古墳と考えている（米田 1996）。

更にMT85期以降，王朝的には欽明朝頃から物部大連が台頭し，崇仏戦争による本宗家滅亡後も物部氏自体は存続し，壬申乱時に最後まで大友皇子に近侍した物部麻呂に象徴されるように，7世紀中葉以降も存続した。この状況と最も良く対応関係を示すのが鐘形鏡板・杏葉である。論証は別稿を期したいが，鐘形馬具出土古墳のうちには，至近距離に物部の地籍がある兵庫県朝来市三町田古墳，墳丘上に物部神社を祀る愛媛県東温市川上神社古墳等の例があり，鐘形馬具と物部氏の関係を示唆する例は少なくない。

これに対してTK209期，7世紀初頭前後より，金銅装鏡板の地板鉄板に直接銜外環を鍛接し，鏡板と同一意匠の杏葉と組み合わせる「ともづくり」化が形式差を越えて展開する。その出現は，馬具工人の仏像製作・仏教寺院造営への動員を通じて，瓔珞垂飾板や垂木先金具など同一意匠の反復使用を前提とする大量生産が志向された結果，その余波として馬具生産にも生産工程の強い合理化志向が生じたと考えたことがあり，仏教導入・仏像製作に深く関与した鞍部村主司馬達等―鞍作多須奈―鞍作鳥の家系にかかる工人グループは，仏教美術意匠と強い関係を示す棘葉形や心葉形の鏡板・杏葉製作にも関与したと想定した（桃崎 2002）。

しかしこうした鏡板・杏葉のともづくり志向は，仏教美術との強い関係が指摘されている花形のほか，斜格子文，車輪文，心葉形三葉文など，仏教美術との関係が希薄と思える形式にも及んでいる。通常杏葉を伴わない心葉形十字文透鏡板付轡を含め，これらはいずれも3～4段階の軽微な変化で終焉を迎える。つまるところ，これらの形式差は何を意味するのであろうか。

物部大連滅亡以降，外臣の軍事力が次第に弱体化し，久米皇子の征新羅将軍就任に象徴されるように，外臣軍事力を皇親が掌握する事態となる（直木 1968・1975）。仁藤敦史によれば，当初単

発的だった舎人は，6世紀後半の宮制舎人あたりから制度的な固定が進んでいくという（仁藤2005）。

　この頃を境に連系大豪族と特定型式装飾馬具の関係は次第に不明瞭となり，むしろ各皇子や王家ごとに特定形式の馬具が採用されて傘下の舎人に装備され，それが代替わりを経て数世代に渡って続くことによって，ある形式の馬具が型式学的に3～4段階に変化すると考えれば，整合的に理解できる。

　斜格子文鏡板・杏葉に最も近縁な形式は心葉形十字文透彫鏡板轡で，相互の変遷には連動が認められる（松尾昌1999）が，こちらは通常金属製杏葉を伴わない点が異なる。馬具の階層差とみれば，杏葉を伴う金銅装鏡板と，実用的な素環轡の中間にあたるが，大型の雲珠を共伴する例は有機質杏葉を伴っていた可能性がある。

　心葉十字文透彫鏡板轡の性格を考える上で，注目されるのが島根県岡田山1号墳で，「額田部臣」銘の大刀とともに，飛鳥寺塔心礎と同様な虎頭鈴が出土した。同様な十字文透轡と虎頭鈴のセットは，愛知県名古屋市茶臼山古墳にも見られる（名古屋市見晴台考古資料館1990；深谷2009）。飛鳥寺塔心礎納入品は，593年に推古帝（額田部皇女）自ら埋納したものである。なお推古紀には，608年の隋使，610年の新羅・伽耶使を迎える際，額田部連比羅夫（『隋書』では大礼哥多比とする）が飾馬75騎，100騎で出迎えたことを記し，心葉形十字文透彫鏡板轡は，額田部の舎人の飾馬に装備されたと考える。額田部は，応神天皇の皇子額田大中彦の子代とみる説（岸1985）があるが，額田部皇女（推古天皇）の名によるとの説もある。額田部連の名はすでに『日本書紀』の欽明天皇22年（561）条にみえる。『新撰姓氏録』の額田氏祖先伝承によれば，隼人との戦いに勝ち額に「町形（占で鹿角や亀甲に刻む田字形）の廻毛」のある馬を隼人からもたらした功によって額田の名を賜ったという（森1986）。よって額田部氏は，隼人や熊襲，土蜘蛛や佐伯などの地方集団を統括・支配し，ヤマト政権への服属を促進し，王権へ奉仕させる軍事的な集団であったとみられる。全くの空想であるが，心葉形十字文透は，馬の「町形」を象徴した造形ではないかと考える。

　三葉文心葉形鏡板轡・杏葉については，最近，静岡県長泉町原分古墳の報告に際して検討が行われ，新式は文様要素が有鈎系列と無鈎系列に大別されること，製作技法が文様板別被・文様板一体被に大別されること，TK209型式期～飛鳥I期後半にかけて使用されたことが指摘されている（静岡県埋蔵文化財調査研究所2008）。九州や東海に分布が集中し，いずれも立聞部が板状で長く，吊鈎金具を用いず直接頭絡に鋲接する，衛外環に突起を設け，これを直接鏡板の地板に貫通して鍛接するという特徴がある。また雲珠や辻金具の型式にも斉一性があり，相互に類似する馬装であったと考えられる。奈良県牧野古墳では，TK209型式古段階の須恵器と文様板別被・文様板一体の2セット分の三葉文心葉形鏡板轡・杏葉が共伴し，同種馬具の分布中枢であることを示している。牧野古墳は，587年以降，7世紀前葉までに没した押坂彦人大兄皇子の成相墓説が有力である。押坂彦人大兄の舎人には，跡見赤檮の名が知られるほか，「押坂」の名が示すように，刑部がその名代として勤仕したことを示している。刑部は敏達（位）・押坂彦人・舒明

(629-641) の3代に勤仕し，大化2年の中大兄の入部と屯倉の献上によって解体されたと考えれば，三葉文心葉形鏡板・杏葉の存続期間と，各地に点在する同系馬具の分布が整合的に理解できる。刑部は大和政権の武器庫の管理に奉仕していた部とされる。肥後葦北郡の葦北国造は，刑部靫部を名乗り，薩摩隼人や各地の移住隼人の監督に当たったとする見解がある。

花形鏡板轡・杏葉は，前方後円墳の福島県下総塚古墳，群馬県八幡観音塚・古城稲荷山・小泉長塚・五代大日塚・前山古墳，千葉県金鈴塚古墳，帆立貝式墳の栃木県下石橋愛宕塚・小山2号墳など，東国では追葬を伴う首長墓からの出土が多い。これに対し東海以西では，方墳の岡山県定東塚古墳を除き，すべて円墳や横穴墓から出土しており，前者は有力首長層を介して存在するのに対し，後者はより直接的な配布を思わせるあり方を示す。重圏珠文タイプの初現である兵庫県狩口台きつね塚古墳は，征新羅軍の後任となった当摩皇子（麻呂子皇子）の妻で，陣没して明石に葬られた舎人皇女の墓とする魚津知克の見解がある。花形の終末は概ね7世紀中葉である。このような状況を勘案して，花形馬具の担い手に，当摩皇子～山背大兄に至る上宮王家とその舎人を候補にあげておきたい。直木孝次郎は，上宮王家が経営した「上宮乳部之民」や山背大兄王が軍事力として期待した「東国」の「乳部」，蘇我入鹿に襲われた時，斑鳩宮で防戦した「数十舎人」などの実態として，駿河郡周辺の若舎人や壬生部，稚贄屯倉を想定することも可能と思われるとし，壬生氏については，(1) 6世紀末ないし7世紀初頭に成立した比較的新しい氏族である (2) カバネは多種であるが，朝廷に勢力をもって，地方の壬生部を統率するような中央的有力氏族（惣領的伴造）はいない (3) 国造クラスの地方豪族が多く，その分布は東国を主とする (4) 壬生・壬生部は全国に分布し，西国のそれには，壬生氏以外の地方豪族に統率されるものが少なくないと思われる。この特色のうち，(2) (3) は後述する舎人姓豪族に類似する。惣領的氏族をもたない舎人氏族が直接天皇・皇族に隷属するように，壬生氏も直接所属する皇子に仕えて，軍事的任務に服したのであろう。その伝統によって，門号にウジの名を残すことになったと述べている（直木1975）。

壬生部の関係地域は，花形馬具の分布と重なることが少なくない。上野国群馬郡に例が集中するほか，相模国大住郡と平塚市高根横穴群，駿河国駿河郡と静岡市賤機山古墳，遠江国磐田郡と浜松市蜆塚1号墳，出雲国出雲郡と出雲市中村1号墳，筑前国嶋郡と福岡市石ヶ元1号墳，筑前国上座郡と朝倉市狐塚古墳などである。また伊豆国田方郡依馬郷の大北横穴の火葬蔵骨石櫃に若舎人の銘があるが，伊豆の国市韮山芋ヶ窪2号墳では花形鏡板が出土している。

常陸国茨城郡には茨城国造に壬生連，行方郡には郡領に壬生直がおり，大生里（郷）も存在した。潮来市大生古墳群の子子舞塚では，剣先形の特徴ある金銅製装飾金具が出土したが，同様な形態のものは，奈良県藤ノ木古墳（587頃？）や飛鳥寺塔心礎納入物（593）にも見られ，該期の畿内との直接の関係を示す。くびれ部出土須恵器は，かすみがうら市柏崎窯跡のものと類似する。

壬生連や壬生直など，壬生部を統率する有力伴造の所在地に若舎人（部）も設定されるため，両者の分布は重なりをみせる。常陸国では茨城郡の防人に若舎人部，鎌倉期には行方郡に若舎人部の地名が存在した。本来は壬生部に資養された舎人が若舎人で，後に若舎人部が壬生部から二

次的に独立したとみられている。

　斜格子文・車輪文鏡板・杏葉は東国，特に茨城，栃木，千葉，埼玉，静岡など東国に偏在する。特に若王子古墳の所在する武蔵国埼玉郡出身の円澄（最澄の高弟）は壬生吉士の出身と推定され，また東松山市下唐子の冑塚古墳とやや離れるが，武蔵国男衾郡榎津郷（大里郡江南町渡唐神社や深谷市鹿島古墳群付近か）には，大領として壬生吉志福正の名が見える。これらは既に関東各地に居住していた渡来系の吉士集団が，推古朝の壬生部設置に際してその支配下に入ったと考えられる（加藤 2001）。これに関連するものか，風返稲荷山古墳や黒土1号墳では，横穴式石室内に雲母片を散布しており，593年に推古帝自ら埋納した飛鳥寺塔心礎納入品中にも，雲母片が含まれている。中国・朝鮮半島に由来するこの風（門田 2006）に，渡来系集団が関与した可能性は考えられてよい。黒土1号墳では百済系平底壺も出土した。

　西国のうち，吉備（備前・備後）の王墓山・箭田大塚・二子塚古墳で互いに近似する斜格子文杏葉が出土している。王墓山古墳は石室の詳細が不明だが，箭田大塚・二子塚古墳の石室が極めて近い構造を示すことが注目される。

　箭田大塚古墳の所在する真備町は，吉備真備の本貫地で，付近では，和銅元年（708）銘の，真備の祖母にあたる下道圀勝母の銅蔵骨器や，天平宝字7年（763）銘の郷長矢田部益足買地券磚も出土しており，付近は下道（吉備）氏の本貫地である。吉田晶は，箭田大塚古墳の石室全長19.1mは石舞台古墳に匹敵し，当地は唐突ともいうべき6世紀中葉の箭田大塚古墳の造営を契機に著しい変化を示し，7世紀前半期の飛鳥時代には，同一郡内に秦原廃寺・箭田廃寺の二つの飛鳥時代寺院を有する特異性を示し，更に下道臣始祖のイナハヤワケが川嶋県の統轄者としての伝承を有することをふまえ，県は大王家の家政に直結する大王の伝統的直轄領であり，6世紀中葉以降の吉備一族と大王家との隷属的関係を示しているとする（吉田 1988・1995a・b）。更に川嶋県は下道臣を介して下道国造と関係し，吉備のアガタは県主とは関係がなく，国造との関係が深いとのべる（吉田 1992・1995）。今日箭田大塚の年代が7世紀初頭に訂正されたことを踏まえれば，川嶋県の統轄者としての吉備氏＝下道国造と大王家の関係も推古朝前後に契機があったものと理解することができよう。

　二子塚古墳の地名「駅家」は『和名類聚抄』の備後国安那郡駅家郷に比定され，『延喜式』（兵部省）にみえる安那駅にあたる。安閑2年（535）条には，「婀娜国膽殖屯倉・膽年部屯倉」がみえ，『和名類聚抄』に記す備後国安那郡「大家」郷（現，広島県深安郡神部町下御領付近）ならびに同国深津郡「大宅」郷（現，福山市深津町付近）が推定されている（久替 1987・1999）。同じ「駅家」地内にある山の神古墳は，畿内系の片袖類穹隆状天井の石室より金銅装馬具が出土し，婀娜国膽殖屯倉・膽年部屯倉の設置時の入植者と考えられる。これに対して二子塚古墳は，TK209中段階，610年代前後の築造であり，推古15年（607）の全国屯倉設置記事が示す屯倉再編にかかる段階の古墳と見るべきであろう。

　岡山県王墓山古墳も63基からなる群集墳の中核墳であり，立地や同型鏡，陶邑産の可能性が高い初現的な金属器模倣須恵器等からみて白猪屯倉との関係が推定される。鐘形鏡板・杏葉の共

伴は，物部氏との関係を示唆し，白猪屯倉の経営に物部氏一族の穂積磐弓臣が関与している事が想起される。

　福岡・佐賀県域の偏在については，磐井乱後の屯倉・官家設置に伴う中央氏族の入植と，その擬制的同族関係の浸透に加え，崇峻朝に発動され推古朝まで継続した征新羅軍2万余が，筑紫・肥前各地に駐屯していたこととも無関係ではあるまい。

　福岡県鞍手町新延大塚古墳は石室羨道部の出土馬具中に車輪文鏡板付轡＋心葉形斜格子文杏葉，心葉形十字文鏡板付轡の2セットが含まれる（鞍手町教育委員会1985）。須恵器はTK209型式で，付近は『新撰姓氏録』所載の贄田物部の居住地とされる。

　斜格子文鏡板・杏葉の，6世紀後半の確立から6世紀末～7世紀初頭の盛行などを踏まえれば，やはり壬生部との関係等が想起されるが，現状の仮説では，花形等との使い分けの意味など明快に説明できない。ただ島根県出雲市中村1号墳では，横穴式石室内より心葉形車輪文鏡板，斜格子文杏葉，花形鏡板付轡，素環鏡板付轡の3セットの馬装が出土し，また千葉県木更津市金鈴塚古墳でも心葉形鏡板付轡・杏葉，花形鏡板轡・杏葉，立聞鉸具素環鏡板付轡・斜格子文透杏葉の3セットの馬装が存在し，いずれも斜格子文と花形の共存が確かめられる。これは両者が同じ集団で使用された可能性を窺わせる一方，親子や兄弟が異なる王家や主要豪族に奉仕したり，その断絶や家産の再編に伴い，舎人の奉仕先が変化したことなどが要因として考えられる。

　かつて直木孝次郎は，日本古代のトモには「伴」と「友」の2つの系統が存在し，僅かな例外を除いて明確な書き分けがなされていること，伴は朝廷に対する奉仕・隷属を意味し，友はそうした関係から解き放たれた水平・平等の関係を意味するが，両者はいずれもトモと読まれたのは，その集団性のためであること。記・紀には「友」の友情や友愛を肯定的に伝える物語は一切存在しないこと，個人が平等な立場に立って交わる友人関係は，伴から大きく遅れて僅かに官人世界のなかで萌芽的に成立したにすぎないと結論づけた（直木1994）。

　これにたいして，最近，田中禎昭は，日本古代の「友」は，記・紀とは別に『万葉集』などにおいてはヨチ・ヨチコ，またはドチ（友）ないしオモフドチ（同心の友）などとも表記されていたことを析出し，日本の古代社会にも儒教的倫理とは位相を異にする独自な「友」の規範が存在したことを明らかにした。それは若者の頃に結ばれて終生続いた男女の年齢秩序としての同輩結合のことで，彼（彼女）らは，氏族とは無関係に野遊び・飲酒・宴・喪葬儀礼，恒例・臨時の祭儀や行事を通じて結びあう関係であったという。そして朋友としての契りを結んだ者は，終生その関係を継続し，友の沿う喪葬の場に会し，「哀」・「臨」することが義務づけられていたという。その意味で古代の喪葬儀礼は，まさに日本型「友」集団に支えられる儀礼でもあったのであると述べている（田中2000）。

　以上の検討を総合すれば，心葉形斜格子文鏡板・杏葉は，朝鮮半島からの舶載品の要素をアレンジして列島の渡来系集団が国産化過程で創出した形式の1つであり，全国的に分布が点在し，変異が乏しく他形式とは区別できる比較的明瞭な特徴をもち，存続時期も短いため，ある種の集団的規制の中で限定的に用いられたと推定できる。またこの形式の確立期は，大伴・物部等の大

連家が政権の主役から後退し，皇親に主導権が移りつつあった時期にあたり，その担い手も，しかるべき王家や皇子の舎人が最も相応しい。よってそうした馬具や規格品の装飾大刀を保有していた風返稲荷山くびれ部石棺の被葬者は，推古朝前後に壬生部や若舎人部などに編成された地方首長の子弟で，7世紀初頭頃，畿内に上番し，馬具・大刀を授与された人物とみられる。全国に点在する類例のうち，型式学的に近い段階のものは，かつて「伴」の関係にあった同僚たちのものだろう。

このように考えれば，かすみがうら市柏崎1号窯（TK209期）で，最新の溝付煙道窯の導入や金属器模倣須恵器の生産がいちはやく行なわれた背景も理解されよう。

いまだ十分な根拠を示し得ないが，6世紀後半から7世紀前半の鏡板轡や杏葉のセットには，特定王家や皇子に勤仕する名代部や舎人集団の集団標象として用いられたものを含むと考えている。斜格子文鏡板・杏葉や花形鏡板・杏葉と壬生部，心葉形透十字文鏡板付轡と額田部，心葉形三葉文鏡板付轡・杏葉と刑部の関係を予測したが，その論証には，構造変化が連動するこれらの馬具の生産・受給体制全体の解明など，多くの課題が残っている。今後も個別形式ごとの検討を進めていきたい。

謝辞

本論は，風返稲荷山古墳報告書作成時に，編集全体の統括役であった日高慎氏と，夜なべ仕事の合間に語らった内容を基礎としている。遅々として作業が進まぬ筆者を，いつも牽引してくれた日高氏には御礼の言葉もない。また本論をなすにあたり，渥美賢吾・岩原剛・魚津知克・内山敏行・太田宏明・大谷宏治・大野壽子・岡部裕俊・岡安光彦・片山祐介・塩谷修・白澤崇・鈴木一有・鈴木勉・千葉隆史・中條英樹・塚本和弘・塚本敏夫・仁藤敦史・花田勝広・花谷浩・比佐陽一郎・藤田和尊・古川匠・古谷毅・松井一明・松尾充晶・宮代栄一・山口裕平・依田加桃美・米田文孝氏ら諸賢のご教示を受けた。記して学恩に感謝したい。

引用文献

石部正志 1956「古墳における殉葬例」『史想』第3号
　　　　 1961a「多葬墓に関する一考察」『先史学研究』第3号
　　　　 1961b「月の輪古墳 ―とくにその造り出し陪葬論について」『古代学研究』第27号　29-32頁
　　　　 1975「前期古墳における特殊な多葬について」橿原考古学研究所編『橿原考古学研究所論集　創立三十五周年記念』吉川弘文館　161-196頁
出雲市教育委員会文化財課 2007『中村1号墳発掘調査中間報告について』出雲市教育委員会
出雲弥生の森博物館 2010『出雲弥生の森博物館　展示ガイド』34-36頁
伊藤勇輔 1988『沼山古墳　益田池堤』奈良県文化財調査報告書　第48集　橿原考古学研究所
井上　薫 1961「舎人制度の一考察」『日本古代の政治と宗教』吉川弘文館　27-74頁
井上光貞 1949「大和国家の軍事的基盤」『日本古代史の諸問題』思索社
茨城県史編さん原始古代史部会 1974『茨城県史料』考古資料編　古墳時代　茨城県　124-125頁

今井　堯　1977「古墳の副葬遺物」『地方史マニュアル』(6) 柏書房

　　　　　1981「墳丘斜面・墳端部・墳丘外埋葬について」『文化財を守るために』第21号

内山敏行　1996「古墳時代の轡と杏葉の変遷」『黄金に魅せられた倭人たち』展図録　島根県立八雲立つ風土記の丘資料館　42-47頁

　　　　　2006「古墳時代後期の甲冑」『古代武器研究』Vol.7　19-28頁

梅原末治　1917「塚原の群集墳と福井の海北塚」『考古学雑誌』第8巻第2号　1-14頁

　　　　　1937a「摂津福井の海北塚古墳」『近畿地方古墳墓の調査』2　日本古文化研究所報告　第4

　　　　　1937b「日本古墳巨大石室集成」京都帝国大学文学部考古学研究報告　第14冊　83-84頁

太田宏明　2006「古墳時代後期における物資と情報の分配―金銅装馬具の流通と畿内型石室構築技術の伝播の検討を通して―」『日本考古学』第22号　127-145頁

大野壽子・小泉祐司　2007「黒土1号墳出土金属製品の整理調査」『城陽市埋蔵文化財調査報告書』第54集　城陽市教育委員会　14-25頁

岡本健一　1994「埼玉将軍山古墳の横穴式石室について」『調査研究報告』第7号　埼玉県立埼玉風土記の丘資料館

岡安光彦　1986「馬具副葬古墳と東国舎人騎兵―考古資料と文献資料による総合的分析の試み―」『考古学雑誌』第71巻第4号　54-76頁

　　　　　1988「心葉形鏡板付轡・杏葉の編年」『考古学研究』第35巻第3号　53-68頁

小野山節　1979「鐘形装飾付馬具とその分布」『MUSEUM』第339号　4-15頁

　　　　　1983「花形杏葉と光背」『MUSEUM』第383号　16-28頁

賀川光夫　1954『中津市城山古墳群第19号墳調査報告』

上三川町史編さん委員会　1979『上三川町史　資料編』上三川町

加藤謙吉　2001「吉士集団の性格とその歴史的展開」『吉士と西漢氏』白水社　9-110頁

川上　稔ほか　1988『史跡今市大念寺古墳保存修理事業報告書』出雲市教育委員会

岸　俊夫　1985「「額田部臣」と倭屯田」『末永先生米寿記念　献呈論文集　坤』末永先生米寿記念会　1871-1891頁

吉林省文物考古研究所・集安市博物館・吉林省博物館　2010「鎏金銅泡飾」『集安出土高句麗文物集粋』科学出版社　129頁

久替成治　1987「備後における国造制の成立とヤマト政権」『福山市立女子短期大学紀要』第13号

　　　　　1999「備後地域における国造制・屯倉制と大和政権」『備後国の誕生』渓水社　129-176頁

鞍手町教育委員会　1985『新延大塚古墳　福岡県鞍手郡鞍手町所在古墳の調査』鞍手町文化財調査報告書　第3集

国立昌原文化財研究所　2001『咸安道項里古墳群』IV　学術調査報告　第13輯

湖巌美術館　1997『湖巌美術館　所蔵　金東鉉蒐集文化財』

後藤守一　1936「並葬」『群馬県史蹟名勝天然紀念物調査報告』第3輯

　　　　　1941「上古時代の杏葉に就て」『日本文化の黎明』考古學評論　第4輯　葦牙書房　11-56頁

　　　　　1942「上古時代の杏葉に就て」『日本古代文化研究』河出書房　484-534頁

小林行雄　1952「阿豆那比考」『古文化』1-1　(小林行雄 1976『古墳文化論考』平凡社　245-262頁再録)

　　　　　1959『古墳の話』岩波新書 342

斉藤　忠　1942「上代高塚墳墓に見られる合葬の諸式に就いて」『考古学雑誌』第32巻第10号　493-521頁

　　　　　1953『日本古墳文化資料綜覧』2　臨川書店
　　　　　1956『日本古墳文化資料綜覧』3　臨川書店
　　　　　1961『日本古墳の研究』吉川弘文館
坂本和俊　2004「古墳時代の葬制をめぐって」『幸魂 ―増田逸朗氏追悼論文集―』北武蔵古代文化研究会
　　1-35頁
静岡県埋蔵文化財調査研究所　2008『原文古墳　平成19年度（都）沼津三島線重点街路整備事業（地方特
　　定）工事に伴う埋蔵文化財発掘調査報告書　調査報告編』静岡県埋蔵文化財調査研究所
下垣仁志　2002「前方部埋葬論」『古代学研究』第158号　1-15頁
白石太一郎　2008「吉備の大型横穴式石室をめぐる問題 ―吉備における前方後円墳の終末時期に関連して
　　―」『古代学研究』第180号　319-329頁
杉崎茂樹　1986「行田市若王子山古墳について」『古代』第82号　143-151頁
関　義則・宮代栄一　1987「県内出土の古墳時代の馬具」『埼玉県立博物館紀要』14　3-55頁
関根孝夫　1966「古墳における多葬の問題」『史潮』第98号　51-57頁
滝口　宏ほか　1951『上総金鈴塚古墳』千葉県教育委員会
田中禎昭　2000「日本古代の友について」野田嶺志編『村のなかの古代史』岩田書院　73-112頁
田中良之　1995『古墳時代親族構造の研究 ―人骨が語る古代社会―』柏書房
伊達宗泰ほか　1972『烏土塚古墳』奈良県史跡名勝天然記念物調査報告　第27冊
千賀　久　1977「奈良県出土の馬具集成の解説」橿原考古学研究所編『平群・三里古墳　付　岡峯古墳・槙
　　ケ峯古墳』奈良県史跡名勝天然記念物調査報告　第33冊　145-166頁
直木孝次郎　1968「門号氏族」『日本古代兵制史の研究』吉川弘文館　52-106頁
　　　　　1975「日本天皇の私的兵力について」『飛鳥奈良時代の研究』塙書房（初出1962）195-293頁
　　　　　1994「友と伴 ―古代の友情について」續日本紀研究会編『続日本紀の時代』塙書房
中條英樹　2000「馬具副葬行為にみる表象考察のための基礎作業」『第7回鉄器文化研究集会　表象としての
　　鉄器副葬』鉄器文化研究会　121-140頁
奈良県立橿原考古学研究所　2003『奈良県高市郡明日香村 ―細川谷古墳群―上5号墳』奈良県文化財調査報
　　告書　第92集
東京国立博物館　1980『東京国立博物館図版目録』古墳遺物編（関東I）
富山直人　2009「ガウランドと鹿谷古墳 ―大英博物館所蔵資料の調査から―」『日本考古学』第28号
　　41-54頁
中野雅美　1984『箭田大塚古墳』真備町教育委員会
中村　浩　1993「海北塚古墳出土須恵器の再検討」『古墳時代須恵器の基礎的研究』柏書房　251-300頁
中山清隆・大谷　猛　1983「高句麗・地境洞古墳とその遺物 ―馬具類を中心として―」『古文化談叢』第12
　　集　209-224頁
名古屋市博物館　1985『古墳時代の馬具』展図録
名古屋市見晴台考古資料館　1990『守山区小幡　茶臼山古墳発掘調査報告書』名古屋市教育委員会
新納　泉　2009「前方後円墳廃絶期の暦年代」『考古学研究』第56巻第3号　71-91頁
西尾良一　1986「大念寺古墳出土遺物について」『島根考古学会誌』第3集　43-56頁
西川　宏　1960「造り出し」近藤義郎編『月の輪古墳』月の輪古墳刊行会　327-338頁
西宮秀紀　1977「令制トネリ成立過程の研究」『信大史学』第3号

西村隆司 1984「小城炭坑古墳」『東多久バイパス関係埋蔵文化財調査報告書』佐賀県埋蔵文化財調査報告書 第76集 佐賀県教育委員会 36-46頁

仁藤敦史 1992「スルガ国造とスルガ国」『裾野市史研究』第4号

　　　　 1998a「『斑鳩宮』の経営について」『古代王権と都城』吉川弘文館 140-176頁（初出1990年）

　　　　 1998b「皇子宮の経営」『古代王権と都城』吉川弘文館 18-49頁（初出1993）

　　　　 2002「律令国家の王権と儀礼」『日本の時代史』4 吉川弘文館 82-112頁

　　　　 2005「トネリと采女」上原真人ほか編『列島の古代史4 人と物の移動』岩波書店 167-202頁

根本康弘・渡辺俊夫 1983『二本松古墳 石神外宿遺跡A遺跡 石神外宿B遺跡』茨城県教育財団文化財調査報告 第23集 茨城県教育財団

原秀三郎 2002「静岡県伊豆長岡町大北横穴群出土石櫃の若舎人銘について」『地域と王権の古代史学』塙書房（初出1986）

原島礼二 1977「部民制の再検討」『日本古代王権の形成』校倉書房

ハリス，ヴィクター・後藤和雄編 2003『WILLIAM GOWLAND THE FATHER OF JAPANESE ARCHAEOLOGY ガウランド 日本考古学の父』朝日新聞社

東松山市教育委員会 1964「冑塚古墳」『東松山市文化財調査報告書』第3集

樋口隆康ほか 1967『和歌山市鳴滝古墳群の調査』和歌山県文化財学術調査報告 第2冊 和歌山県文化財研究会

櫃本誠一 1978「上山5号墳・大谷2号墳」藤井祐介ほか『秋葉山墳墓群』和田山町教育委員会 87-101頁

平沢一久・竹石健二 1974「稲荷山古墳」茨城県史編さん原始古代部会編『茨城県史料 考古資料編 —古墳時代』茨城県 138-139頁

平野邦雄 1969『大化前代社会組織の研究』吉川弘文館（初出1955）

深谷 淳 2009「小幡茶臼山古墳の研究 —築造時期の再検討と挂甲所有の政治的背景—」『美濃の考古学』第10号 美濃の考古学刊行会 25-54頁

福山市教育委員会 2006『広島県史跡 二子塚古墳発掘調査報告書 —2002年度（平成14年度）〜2005年度（平成17年度）』

前原市教育委員会 2002「香力古墳群 —梶原支群—」『多久川流域の遺跡群 福岡県前原市多久川流域における埋蔵文化財調査報告』前原市文化財調査報告 第79集 30-54頁 岡部裕俊

丸子 亘 1978『城山第1号前方後円墳』小見川町教育委員会

松戸市立博物館 1995『古墳時代の飾り馬 —馬利用のはじまりを探る—』展図録 松戸市立博物館

松尾昌彦 1983a「下伊那地方における馬具の一様相 —鉄地金銅張・銀張の鏡板・杏葉を中心として—」『長野県考古学会誌』第45号 26-49頁

　　　　 1983b「前期古墳における墳頂部多葬の一考察」古墳文化研究会編『古墳文化の新視角』雄山閣 25-52頁

　　　　 2002「墳頂部多葬古墳からの検討」『古墳時代東国政治史論』雄山閣 53-80頁

松尾充晶 1999「上塩冶築山古墳出土馬具の時期と系譜」松本岩雄編『上塩冶築山古墳の研究』島根県古代文化センター調査研究報告書4 149-169頁

　　　　 2002「巨勢山421号墳出土の杏葉について」藤田和尊編『巨勢山古墳群』III 御所市文化財調査報告書 第25集 御所市教育委員会 221頁

三木文雄 1974「王墓山古墳の遺物」『倉敷考古館集報』第10号 190-198頁

宮川禎一 2005「描かれた古墳出土品 —明治14年の発掘調査—」『京都国立博物館 学叢』第27号 91-100頁
宮代栄一 1996「鞍金具と雲珠・辻金具の変遷」島根県立八雲立つ風土記の丘資料館『黄金に魅せられた倭人たち』展図録 48-53頁
　　　　 1998「後期古墳と終末期古墳の馬具」『第43回 埋蔵文化財研究集会 前方後円墳の終焉』85-91頁
宮代栄一・白木原宜 1994「佐賀県出土の馬具の研究」『九州考古学』第69号 九州考古学会 1-57頁
宮代栄一・谷畑美帆 1996「続・埼玉県内出土の馬具 —副葬品としての馬具分析の問題点」『埼玉考古』第32号 埼玉県考古学会 117-152頁
本村豪章 1991「古墳時代遺物の基礎的研究 —資料編（II）—」『東京国立博物館紀要』第26号 東京国立博物館 9-281頁
桃崎祐輔 2000「風返稲荷山古墳出土馬具の検討」千葉隆編『風返稲荷山古墳』霞ヶ浦町教育委員会 167-180頁
　　　　 2001「棘葉形杏葉・鏡板の変遷とその意義」『筑波大学先史学・考古学研究』第12号 筑波大学歴史・人類学系 1-36頁
　　　　 2002「笊内37号横穴墓出土馬具から復元される馬装について」『福島県出土古墳時代金工遺物の研究 —笊内古墳群出土馬具・武具・装身具等，真野20号墳出土金銅製双魚佩の研究復元製作報告—』福島県文化財センター白河館まほろん 36-74頁
森浩一 1986「武器・武具に古代の戦闘をさぐる」岸俊男編『日本の古代6 王権をめぐる戦い』中央公論社 143-178頁
門田誠一 2006「古墳出土の雲母片に関する基礎的考察 —東アジアにおける相関的理解と道教的要素—」『古代東アジア地域相の考古学的研究』学生社 92-128頁
山尾幸久 1983『日本古代王権形成史論』岩波書店
山口裕平 2004「箕田丸山古墳出土馬具の検討 —面繋と尻繋の復元を中心に—」『長崎県・景華園遺跡の研究；福岡県京都郡における二古墳の調査：箕田丸山古墳及び庄屋塚古墳；佐賀県・東十郎古墳群の研究：補遺編』福岡大学考古学研究室報告 第3冊 福岡大学人文学部考古学研究室 124-135頁
山本雅靖・間壁忠彦 1974「王墓山古墳（赤井西古墳群1号）」『倉敷考古館集報』第10号 187-206頁
吉田晶 1988「下道氏と下道郡 —古代氏族に関する一試論—」直木孝次郎先生古稀記念『古代史論集』上 塙書房 233-256頁
　　　 1995a「下道氏と下道郡 —古代氏族に関する一試論—」『吉備古代史の展開』塙書房 193-216頁
　　　 1995b「吉備の「県」史料について」『吉備古代史の展開』塙書房 103-116頁
依田加桃美 2000「風返稲荷山古墳出土品の観察から製作技法を考察する —鉄地に金銅板・銀板を被せる—」千葉隆編『風返稲荷山古墳』霞ヶ浦町教育委員会 205-221頁
米田敏幸 1996「河内愛宕塚古墳と天理市塚穴山古墳」『研究紀要』第7号 八尾市立歴史民俗資料館 23-27頁
李尚律 1993「三国時代杏葉小考」『嶺南考古学』13 嶺南考古学会
脇田涼子・小泉祐司 2001「黒土1号墳の調査」『城陽市埋蔵文化財調査報告書』第40集 城陽市教育委員会 7-19頁
和田一博 1973「令制舎人の系譜」『皇学館論叢』第6巻第2号

常陸における装飾古墳の出現とその背景

中尾 麻由実

1. はじめに

　これまでの装飾古墳[1]の研究においては，装飾古墳が九州に集中して分布するという，偏在性[2]によって，もっぱら九州に分布する古墳壁画がとりあげられてきたという経緯がある。そのために，関東，特に常陸に分布する装飾古墳は，古くから発見されていたにもかかわらず，常に九州の装飾古墳との比較を通してのみ研究が行われてきた。すなわち，常陸に分布する装飾古墳は，九州からもたらされたもので，在地の文化とは無関係に生じた，と考えられたのである。

　しかし，九州の装飾古墳と常陸の装飾古墳を比較する上では，類似した図文をもつ古墳の築造年代に開きがあるという問題点がある。このタイムラグについて，未だに納得のいく説明がなされていない。常陸の装飾古墳ははたして九州からもたらされたものなのだろうか。本稿では，常陸の装飾古墳に描かれた図文をとりあげて，九州の装飾古墳に採用された図文とあらためて比較し，すでに関連が指摘されている関東の形象埴輪の表現とも対比し，常陸に装飾古墳が築造された背景について検討を加えたい。

2. 常陸の装飾古墳に関する研究

(1) 戦前の装飾古墳研究

　常陸の装飾古墳が学会に知られる契機となったのは，小室竜之助によるかすみがうら市安食太子唐櫃古墳の彩色壁画の報告である（小室1895）。小室の報告後，水戸市元吉田町吉田古墳の線刻画，筑西市船玉古墳の彩色壁画と装飾古墳の発見・報告があいついだ（柴田1916；鳥居1928a・b）。その当時，九州では京都大学文学部考古学研究室による装飾古墳の調査が進められており（濱田ほか1917・1919），吉田古墳の線刻画の調査を行った柴田常恵は，吉田古墳に刻まれた図文と九州の装飾古墳に描かれた図文との類似性を指摘し，図文を施したことには共通した思考があると考えた（柴田1916）。

　このように，戦前までは，発見された装飾古墳の数が少なかったこともあり，常陸の装飾古墳に対して，積極的な検討を加えたものはない。研究が活発化するのは戦後をまたなければならなかったのである。

(2) 戦後の装飾古墳研究

　戦後は常陸の装飾古墳の被葬者（集団）に関する研究が大きな進展をみせる。これに伴って，九州の装飾古墳との比較研究が進み，両者の関連の有無が論じられるようになった。

　斎藤忠は，全国に分布する装飾古墳を網羅的にとりあげて検討を加えた，数少ない研究者の1人である。斎藤は関東・東北の太平洋沿岸地域に，彩色による装飾を持つ古墳が分布することを重視し，これらの装飾古墳は畿内の文化が波及して生じたのではなく，九州との関係によると説いた。すなわち，古代の常陸において有力氏族であった「意富氏」と，九州の火国や大分国の国造とが同祖であることに注目して，これと九州そして関東・東北の沿岸部に装飾古墳が分布することを結びつけたのである（斎藤1971）。

　この斎藤の説を継承し，発展させたのが大場磐雄である。大場は『常陸国風土記』にある，那賀国造の祖である建借間命が，土着の勢力を討つ際に，「杵島唱曲」を唱わせたという記事に注目した。そして『国造本紀』の記事から，建借間命が神八井耳命を祖とする「多氏」の一族であり，かつ火国造も神八井耳命を祖としているため，両者は同祖から分派した氏族であったとした。加えて，『肥前国風土記』の逸文にある，肥前国の杵島岳の神前で春秋に行なわれた歌垣に際して「杵島唱曲」が唄われたという記事から，建借間命が率いた軍勢は火国から従属した人々であったと考えた。このような考察をもとに，関東・東北の太平洋沿岸部に築かれた装飾古墳は，九州から軍勢を率いてやってきた「多氏」一族の墓であると主張したのである（大場1974）。

　なお，「多氏」という特定の古代氏族と常陸の装飾古墳を結びつける大場の説に対しては，文献史学の分野から批判がよせられた。井上辰雄は『国造本紀』を検索し，関東・東北において，装飾横穴墓が分布する地域には，「多氏」ではなくむしろ，「神話」や「天語歌」を伝承する「丈部」が分布していると指摘した（井上1980）。また，辺見端は東北の装飾横穴墓をとりあげ，陸奥国内での古代氏族の分布を照らし合わせた結果，装飾横穴墓の分布に当てはまるような特定氏族はみあたらないとして，井上とも異なる見解を示した（辺見1981）。このように文献史学者の中でも様々な見解が出されており，装飾古墳と特定の古代氏族と結びつけることの困難さが露呈したといえよう。

　以上のように，関東・東北に分布する装飾古墳と古代氏族との関係に迫る研究が進行する一方，図文を型式学的にたどることで，その築造背景に迫ろうとする研究があらわれた。

　川崎純徳は，九州の初期装飾である，家形石棺や石障に施された直弧文の変遷過程をたどり，その変遷に従って，装飾古墳が変化していくと考えた。すなわち，石棺・石障に直弧文を刻むことで始まった装飾は，やがて直弧文を展開させるためのX字状の軸と円文になり，前者が連続三角文となり，後者が同心円文などに変遷し，これらの主流をなす図文の他に人物や器財の図文が加わり，多様化すると考えたのである。関東・東北の装飾古墳については，九州で装飾古墳の多様化が極まった段階で伝播したとしている。特に，福島県いわき市平平沼内中田横穴や茨城県日立市川尻町十王前（かんぶり穴）横穴墓群，同県ひたちなか市中根虎塚古墳の装飾壁画の故地は，図文の類似する熊本県下の装飾古墳であると明言している（川崎1982など）。しかし，川崎

が提示した直弧文の変遷過程とそれに基づいた装飾古墳の変遷観は，小林行雄による直弧文の研究成果とそれに基づいた装飾古墳研究（小林 1964）を加味しておらず，全く独自のものであり，それまでの装飾古墳研究の歩みからかけ離れた研究である点は否めない。

　近年では，生田目和利の研究によって，新たな進展がはかられた。生田目は常陸の装飾古墳を網羅的にとりあげ，それらが関東において埴輪樹立がなくなったあとに築かれたこと，多くが交通の要衝に位置していること，また古墳群形成の契機となった古墳であることを指摘した。また，各古墳の図文と九州の図文を，形状だけでなく施文方法という観点でも比較し，両者に共通点を見出した。そして常陸北部の横穴墓に設けられた方・円柱状突起付き屍床が九州の大分県大分市東上野飛山横穴墓群1号墓と同市田原大曽横穴墓群に限られる点をあげ，この特徴的な屍床が肥後に多く分布する石屋形が形骸化して，装飾古墳と同様に九州からもたらされたとした（生田目 1991・1994・2002）。これらの成果から，常陸の装飾古墳は，「畿内政権により派遣された豪族」，「九州から派遣された軍事将軍的な豪族」（生田目 2002, p. 75）によって築かれたと考えた。

　生田目の研究は，九州と常陸との間で，類似する考古資料を丹念に検索したという点で，これまでの研究から一歩前進している。しかし，共通点の1つに挙げている横穴墓の構造に関しては，九州における方・円柱状突起付き屍床の類例が少なく，このような屍床をそなえた横穴墓に装飾が伴わないなど，九州と常陸を直接的に結びつける根拠としては，いまだ不十分であるといえよう。

　一方，常陸の装飾古墳は，同地で埴輪樹立が衰退した後に流行するが，衰退の直後に築かれたことから，図文と埴輪の形態との間に関係があったことを重視する研究もある。

　森貞次郎は，関東・東北と九州の装飾古墳に描かれた図文が似ていることを認めた上で，関東・東北の装飾図文には「地域的独自性を強く感じ」るとしている（森 1985, p. 162）。そして九州と関東・東北の装飾図文の間にみられる類似性の背景には，「共通の宗教思想」（森 1985, p. 162）があると指摘した。また，図文の類似性にくわえて，関東の家形埴輪に，装飾古墳と同様な蕨手文や双脚輪状文が施された例をあげ，関東の装飾図文は，同地の形象埴輪文化を継承したとしている（森 1985）。

　稲村繁は常陸の横穴式石室の変遷を解明する過程で，装飾古墳にふれ，東北の装飾横穴墓に描かれた人物の図文が埴輪のモチーフと共通していること，そして常陸の装飾古墳に描かれた武器・武具については，武器・武具が形象埴輪の器種構成の中に含まれる表現であることから，形象埴輪の形態を図文としてうつしたとしている（稲村 1991）。

　森と稲村の主張は，常陸の装飾古墳の図文が，関東の形象埴輪の造形と共通，ないしはそれを受け継いでいるというものである。しかし，なぜ常陸のみに装飾古墳が築かれたのか，という問題については，明言を避けている。

(3) 問題点

　以上，常陸の装飾古墳をとりあげた研究の流れをみてきたが，文献史学の研究はさておき，特

に戦後の研究には2つの方向性がみられるようである。一方は，九州の装飾古墳との比較検討から，両者の共通点を導きだす研究である。これは斎藤にはじまり，大場，川崎，生田目と現在に至るまで続けられている。もう一方は在地の形象埴輪との関係を重視する研究である。これは森にはじまり，稲村も同様の主張をしているが，それ以上の進展はみられない。

両者は結論においてこそ異なっているが，研究の手法として大きくは変わらない。前者は常陸の装飾古墳に描かれた図文と類似したものを九州の装飾古墳から探し出す，という検索が基本となっている。後者は検索の対象が埴輪になるという違いである。九州からの伝播を強調する研究においては，常陸の装飾古墳が持つ独自色が整理されず，あたかも九州にあった装飾古墳をそのまま切り取ってきたといっているかのような印象を受けてしまう。文献史学の分野で，辺見が安易に古代氏族と結びつけるのを避けたように，考古資料と結びつけることもまた，慎重でなければならないのである。

このように，先行研究においては，常陸で装飾古墳が築造された背景を認定する方法に問題があった。装飾古墳と氏族との結びつけに終始して九州からの直接的な伝播とみるか，形象埴輪との関連を高く評価して常陸の独自色とするかの2つの立場に分かれて議論を重ねるのみであり，いずれにせよ問題が矮小化しているのである。

3. 常陸の装飾古墳にみる独自色

(1) 常陸の装飾古墳

常陸の装飾古墳としては，現在，古墳9基，横穴墓9基の合計18基が知られている（第1図）。第1表は各装飾古墳の特徴をまとめたものである。以下，装飾の詳細についてのべる。

虎塚古墳（第2図5）　東西に主軸をもつ前方後円墳で，単室の横穴式石室をもつ。遺物は石室内と前庭部から出土しており，追葬が行なわれた可能性が高い。

装飾は奥壁と両側壁に描かれる。壁面に白土を下塗りし，その上に赤色顔料で図文を施している。奥壁の壁画は外側を塗りつぶした二重の同心円文2個が中心となる。その上に，頂点を接して上下対称に描かれた三角文が描かれる。下半には，西から鉾15本，靫2個，鞆2個，大刀3本が描かれている。上下の端には連続三角文が配される。同心円文には割り付け線が認められる。

西側壁は上端を赤く塗り，その下に連続三角文を施し，さらにその下方に円文を9個配している。奥壁の同心円文と同様に，この円文にも割り付け線がみられる。中央にU字型の船を描く。玄門近くには，凹字状の図文2つと鐙型の図文2個が並んで描かれている。

東側壁は西側壁と同様，上端を赤く塗り，その直下に連続三角文を施す。奥壁寄りにS字状の渦文を描く。上半部には，横線を長く引きその上に靫2個と盾3個が並んで描かれる。玄門寄りには有刺棒状文と頸玉文，凹字状文が並んで描かれ，その上に鐙状文，さらに上方に井形文が配される。

船玉古墳（第2図3）　一辺35mの方墳であり，複室の横穴式石室をもつ。後室の奥壁に並行し

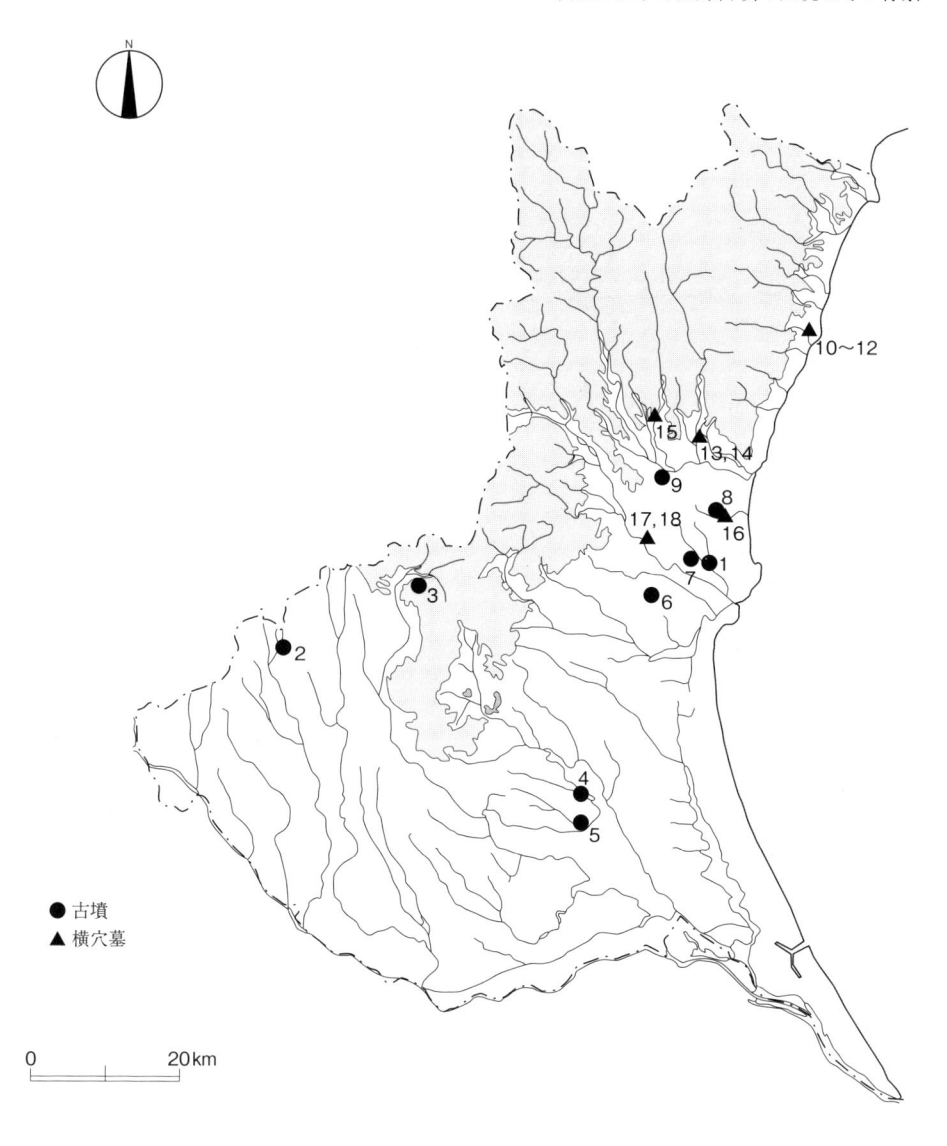

常陸における装飾古墳の出現とその背景   197

● 古墳
▲ 横穴墓

1. 虎塚古墳（ひたちなか市中根指渋）
2. 船玉古墳（筑西市船玉岩屋）
3. 花園古墳群3号墳（桜川市友部山田）
4. 太子唐櫃古墳（かすみがうら市安食太子）
5. 折越十日塚古墳（かすみがうら市坂折越）
6. 吉田古墳（水戸市元吉田町東組）
7. 金上古墳（ひたちなか市大成町）
8. 諏訪間古墳群2号墳（那珂郡東海村諏訪間前原）
9. 白河内古墳群2号墳（那珂市門部白河内）
10. 十王前（かんぶり穴）横穴墓群2号墓（日立市川尻町十王前）
11. 十王前（かんぶり穴）横穴墓群11号墓（　　〃　　）
12. 十王前（かんぶり穴）横穴墓群14号墓（　　〃　　）
13. 幡バッケ横穴墓群6号墓（常陸太田市幡町バッケ下）
14. 幡バッケ横穴墓群11号墓（　　〃　　）
15. 猫渕横穴墓群9号墓（常陸太田市高柿町猫渕）
16. 下ノ諏訪横穴墓群中の装飾横穴墓（那珂郡東海村諏訪間下ノ諏訪）
17. 権現山横穴墓群1号墓（水戸市下国井町）
18. 権現山横穴墓群2号墓（　　〃　　）

第1図　装飾古墳分布図

第1表 常陸における装飾古墳の諸要素一覧

遺跡名	墳墓形態	墓室形態	施文方法	幾何学文 円	三角	菱形	直線	その他	器財文 靫	盾	鞆	刀剣	槍・矛	刀子	その他	自由画 鳥	木	人	その他	船	建物	その他
虎塚古墳	方円	単室	彩色(+線刻)	●	●		●	●S字渦	●	●	●	●	●		●鐙,さしば,頸玉,有刺棒状,凹字状					●		
船玉古墳	方	複室	彩色	●				●長方形	●		●				●帯状,井字状					●?		
花園3号墳		複室?		●	●		●		●		●	●			●帯状,X字状,U字状,井字状					●		
太子唐櫃古墳	方円?	単室		●				●矢印														
折越十日塚古墳	方円	複室					●															
吉田古墳		八角形?							●		●	●	●		●燧袋?							
金上古墳		円	線刻						●													
諏訪間2号墳																●						
白河内2号墳																●	●					
十王前2号墓					●	●	●			●		●										
十王前11号墓		単室	線刻彩色	●	●		●															
十王前14号墓					●		●															
幡バッケ6号墓																●			●竜,兎	●	●	
幡バッケ11号墓	横穴墓															●		●			●	●鳥居
猫渕9号墓			線刻																●魚	●		
下諏訪装飾横穴墓																			●竜	●		
権現山1号墓							●															
権現山2号墓							●	●稲妻形							●冑					●		

て仕切石がおかれ,屍床となっている。

　装飾は後室奥壁,両側壁,天井[3],前室両側壁に描かれている。奥壁には中央やや西寄りに靫の図文が描かれている。この靫には,鏃の表現が認められる。そして靫の西側には円形の図文が確認できる。西側壁には,鏃の表現を持たない靫が2個,奥壁の靫とほぼ同レベルの位置に描かれる。そしてその2個の靫の間,天井寄りに帯状文[4]とされる図文が確認できる。東側壁には,顔料の痕跡が残るのみで,図文の内容は不明である。天井の装飾は,方形に塗りつぶされた図文と,直線を台形に組み合わせた図文[5]で構成される。これらは東側に描かれており,西側には蕨手文状の図文が描かれている。装飾には白色と赤色の顔料が用いられているが,白色顔料は下地である可能性が指摘されている(日下1998;永嶋1999)。

　前室の両側壁には,赤色顔料の痕跡のみが確認できる。広い範囲にわたっているため,壁面を赤一色に塗っていた可能性もある。

　花園3号墳(第2図4)　一辺30mの方墳である。石室は,複室構造であった可能性があるが,破壊されており,詳細は不明である。

　装飾は後室奥壁,両側壁に描かれている。奥壁には中程に鏃の表現を持たない靫が4個並び,天井寄りには帯状文と三角文,V字文が描かれる。西側壁には,天井寄りを幅広く黒色顔料で塗りつぶし,その下方に横線を赤色顔料で2条描く。東側壁は奥壁寄りに船と小円文を組み合わせた図文を配し,その下に逆U字文,さらにその下に奥壁とは形状の異なる靫を施す。玄門寄りには,X字状文,井字状文,U字状文,大刀2本,槍4本が描かれる。装飾には,赤,白,黒の三色が使用される。

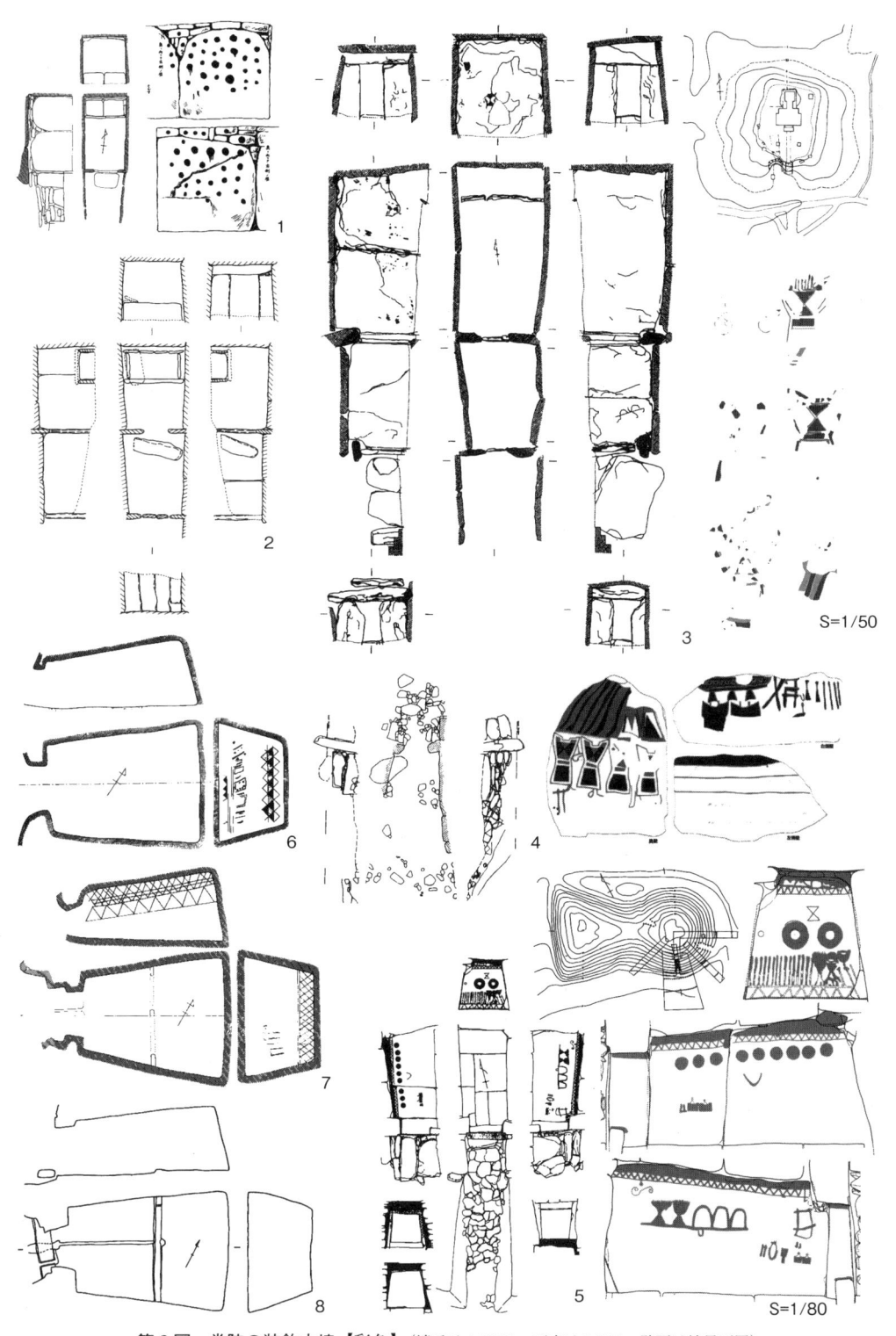

常陸における装飾古墳の出現とその背景　199

第2図　常陸の装飾古墳【彩色】（墳丘は1/2000，石室は1/200，壁画は縮尺不同）
1：大師唐櫃古墳；2：折越十日塚古墳；3：船玉古墳；4：花園3号墳；5：虎塚古墳；6：十王前（かんぶり穴）
11号横穴墓；7：十王前（かんぶり穴）2号横穴墓；8：十王前（かんぶり穴）14号横穴墓

太子唐櫃古墳（第2図1）　前方後円墳であったとされているが，現在，民家の庭になっており，形状は不明である。単室の横穴式石室を持ち，玄室の奥壁にそって箱式石棺が設けられている。

装飾は玄室の両側壁に施されている。いずれも，大きさの異なる円文である。また，西側壁には矢印状文が描かれる。全て赤色顔料で描かれているが，現在はほとんど消滅している。日下八光は白色顔料による下地があった可能性を指摘している（日下1998）。

折越十日塚古墳（第2図2）　全長60mの前方後円墳である。複室構造の横穴式石室をもち，後室奥壁に沿うように，箱式石棺がおかれている。

装飾は前室の左右側壁に施されている。赤色顔料で，縦線，横線，斜線を描いている。

吉田古墳（第3図1）　従来は方墳とされてきたが，最近の調査によって，八角形墳の可能性が高まった。石室は単室の横穴式石室である。

装飾は奥壁に線刻で施される。大刀と靫2個を並べて描き，それぞれの間に矛らしき図文を配置する。中央の靫の上には2本の刀子が描かれ，大刀の下には鞆と燧袋といわれている図文が認められる。2個の靫には鏃の表現が伴う。

金上古墳（第3図2）　径30mの円墳である。単室の横穴式石室をもつ。

装飾は東側壁に描かれている。鏃を収めた状態の靫と，その靫の右側に格子文を，いずれも線刻で施している。

諏訪間2号墳（第3図3）　諏訪間古墳群は前方後円墳1基と円墳7基の計8基からなる古墳群であるが，大半が隠滅している。装飾を持つのは2号墳である。径20mの円墳で，単室の横穴式石室をもつ。装飾は東側壁に施されており，線刻で鳥を描いている。

白河内2号墳（第3図4）　径16mの円墳であり，単室の横穴式石室をもつ。装飾は奥壁に施されており，線刻で鳥と樹木を描いている。

十王前（かんぶり穴）横穴墓群[6]（第2図6〜8）　総数29基が確認されている。このうち，2号，11号，14号が装飾横穴墓である。

2号墓は単室構造で，平面形は羽子板形，立面形は台形をなす。玄室中程に縁を持つ屍床が設けられている。装飾は玄室奥壁・両側壁に線刻と彩色で描かれている。三角文・菱形文・連続三角文が，全壁面の上端に施され，奥壁の東側中程に盾・大刀（槍）が描かれる。

11号墓は単室構造で，平面形は羽子板形，立面形は台形をなす。装飾は玄室奥壁に線刻と彩色で描かれている。壁面の上端に連続三角文を配し，中央からやや下寄りの位置に靫などが描かれる。さらにその下は横線で区画され，壁面の下端に連続三角文が施される。

14号墓は単室構造で，平面形は羽子板形，立面形は台形をなす。玄室の中程に縁をもつ，屍床が設けられる。装飾は玄室の両側壁に線刻と彩色で三角文と菱形文を描いている。

幡バッケ横穴墓群（第3図5・6）　総数162基が確認されている。このうち，6号，11号が装飾を有する。

6号墓は単室構造で，平面形は羽子板形，立面形は台形をなす。屍床は縁をもち，その縁によって墓室が3分割されたようになっている。すなわち，奥壁沿いに1個，その手前に1個と計2

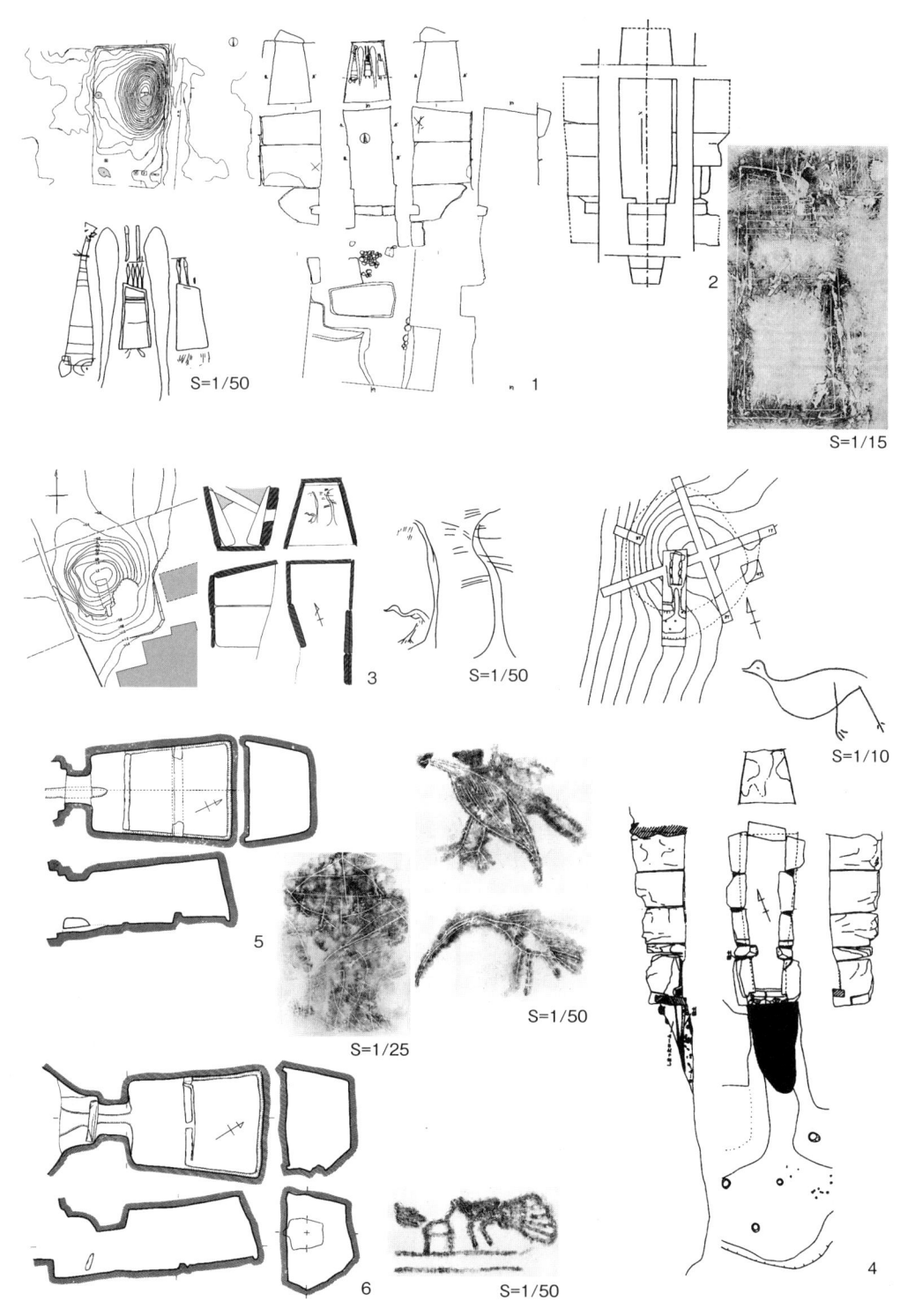

第3図 常陸の装飾古墳【線刻】（墳丘は1/1000，石室は1/200，壁画は縮尺不同）
1：吉田古墳；2：金上古墳；3：白河内2号墳；4：須和間2号墳；5：幡バッケ6号横穴墓；6：幡バッケ11号横穴墓

個の屍床が設けられている。装飾は奥壁，両側壁に線刻で施されている。奥壁には鳥と竜，側壁には三重塔と兎・船・鳥が描かれる。

　11号墓は単室構造で，平面形は羽子板形，立面形は台形をなす。玄室の中程に縁をもつ，屍床が設けられている。装飾は玄室の奥壁，左側壁に線刻で施されている。奥壁には人物，西側壁には鳥と家，鳥居が描かれる。

(2) 装飾図文の特徴

　前項で挙げた装飾古墳は，モチーフと施文方法によって，6グループに分類することができる（第2表）。

　幾何学文を線刻と彩色で施す　十王前14号横穴墓が該当する。格子をなす斜線を線刻で描き，その部分を赤色塗彩している。

　幾何学文を彩色で施す　太子唐櫃古墳，折越十日塚古墳が該当する。

　幾何学文と器財文を彩色と線刻で施す　虎塚古墳，十王前2号横穴墓，同11号横穴墓が該当する。虎塚古墳は円文と同心円文のみに線刻による割り付けが施される。十王前2号横穴墓では，格子をなす斜線を線刻で描き，それによって創出される菱形文を赤色・黒色に塗り分けている。さらに奥壁には方形の図文を線刻で描き，その中を赤色塗彩している。十王前11号横穴墓は線刻で描いた三角文を赤色と黒色で塗り分け，奥壁に描かれた靫は，外形と模様を線刻した後，塗り分ける。

　これらの特徴をまとめると，線刻による割り付けは，幾何学文に多く用いられるほか，主題となる図文を描く際の手法にも採用されたようである。

　幾何学文と器財文を彩色で施す　船玉古墳，花園3号墳が該当する。幾何学文は既述のグループに比べて極端に少なく，器財文が主体となる。

　器財文を線刻で施す　吉田古墳，金上古墳が該当する。

　自由画風の図文を線刻で施す　諏訪間2号墳，白河内2号墳，幡6号横穴墓，同11号横穴墓がこのグループになる。

　常陸の装飾古墳の分類については，生田目和利の先行研究がある（生田目2002）。生田目は常陸

第2表　常陸の装飾古墳の分類

	彩色+線刻	彩色	線刻
幾何学文	十王前14号	太子唐櫃 折越十日塚	
幾何学文+器財文	虎塚 十王前2号・11号	船玉 花園3号	
器財文			吉田 金上
自由画			諏訪間2号 白河内2号 幡バッケ6号・11号

の装飾古墳を墳形と図文の種類，施文方法によって5種に分類し，装飾横穴墓を3種に分類している。その概要は以下の通りである。

【古墳】

A類　前方後円墳で，図文は幾何学的図文のみが彩色で描かれるもの。
B類　前方後円墳で，幾何学的図文に武器・武具等の形象的図文が加わり，彩色と線刻で描かれるもの。
C類　方墳で，幾何学的図文に武器・武具等の形象的図文が加わり，彩色で描かれるもの。
D類　方・円墳で，武器・武具等の形象的図文が線刻で描かれるもの。
E類　方・円墳で鳥や木等の生物的図文が線刻で描かれるもの。

【横穴墓】

a類　幾何学的図文が彩色と線刻で描かれるもの。
b類　幾何学的図文に武器・武具等の形象的図文が加わり，線刻と彩色で描かれるもの。
c類　鳥や人物等の生物的図文が線刻で描かれるもの。

図文に着目して筆者の分類との対応を試みると，下記の通りとなる。

1. 幾何学文を線刻と彩色で施す→生田目a類
2. 幾何学文を彩色で施す→生田目A類
3. 幾何学文と器財文を線刻と彩色で施す→生田目B，b類
4. 幾何学文と器財文を彩色で施す→生田目C類
5. 器財文を線刻で施す→生田目D類
6. 自由画風の図文を線刻で施す→生田目E，c類

生田目は自身の分類のA・B・C類はほぼ同時に出現したと考えて，図文の種類の相違は，時期的な差ではなく，故地の違いであると結論づけ，後出するD類についても，故地の違いによる差異の可能性があるとしている。これに対して筆者は，装飾古墳が1から3，そして5へと変化をたどると考える。九州の装飾古墳では，施文方法が浮彫＋彩色から線刻＋彩色へと変化し，やがて彩色のみで装飾を描くようになるという変遷をたどると考えられている（藏冨士1999）。常陸の装飾古墳にこの変遷をそのまま適応させることはできないが，虎塚古墳や十王前横穴墓群の装飾横穴墓のように，幾何学文を描く際に，線刻を施して色を塗るという手法は，装飾古墳の築造開始当初の手法であるとみたい。線刻で割り付けを施すという手法は，3の段階になると幾何学文だけでなく，装飾の主題となる器財の図文にも用いられる。十王前11号横穴墓の靫がその例である。割り付け線は本来，彩色を行うための準備として施されるものだが，5の段階には彩色を行わず図文そのものを施す手法へと変化する。つぎに，2と4であるが，こちらは彩色のみで装飾を描くという共通点がみられるけれども，施される図文の内容が大きく異なるため，同一の系統に属するとまでは言えない。最後に，6である。このグループも施される図文の内容が他と大きく異なるため，系統を追うことができない。施文方法には変化がみられないことから，5の段階から6の出現までに，墓室内に絵を描かなければならない根拠に大幅な変化が生じた可能

性が高い。

　常陸の装飾古墳について，施文方法に上記のような変化の過程を追うことができた。これは分布とも関係する。同一系統と考えられた1・3・5と6は常陸北部に，2と4は霞ヶ浦とそこに流れ込む河川の流域にそれぞれ分布することがわかる。また，装飾として描かれる具象的な図文は器財文におさまる傾向がある。器財文の中でも，靫は頻繁に描かれ，多用される部類に入る。九州の装飾古墳においても，靫は軽視されていない。そこで次章では，次に常陸の装飾古墳に描かれた靫の図文と，九州の装飾古墳に描かれた靫の図文，それぞれについて特徴を整理し，両者を比較して直接的な伝播が認められるか検討したい。

4．九州の装飾古墳との比較

(1) 常陸の靫の図文にみられる特徴

　前章では，常陸の装飾古墳を分類し，その変遷を追った。分類の際，基準に挙げた図文のモチーフには，具象的な図文がほぼ器財文におさまるという特徴がみられた。そこで常陸の靫の図文がもつ特徴を整理し，九州の装飾古墳に描かれた靫と比較する。

　常陸の装飾古墳に描かれた靫の図文は，その形状によって，以下の4タイプに分類できる（第4図）。

　砂時計形タイプ　虎塚古墳の靫である。外形は中程が極端に細くなり，砂時計状になる。矢筒の口の表現はなく，上端の端から端までいっぱいに，鏃が直線で表される。彩色である。

　奴凧形タイプ　船玉古墳，花園3号墳の靫である。外形は奴凧形を呈し，上板の外形が逆ハの字となり，矢筒の口は凹字状である。船玉古墳後室奥壁の靫は，この凹字状の矢筒口から直線で表現された鏃が突出する。鏃の表現を伴うのは，この例が唯一である。口は船玉例が浅く，花園3号例は深い。上半にはX字状の模様がはいる。いずれも彩色である。

　台形タイプ　吉田古墳，金上古墳の靫である。上端が右斜めに下がった台形を呈する。吉田例では先端にかけて幅を増す鏃，金上例では直線で表された鏃が伴う。いずれも線刻である。

　方形タイプ　十王前（かんぶり穴）11号墓の靫である。平行四辺形を呈し，内側に三角の模様をもつ。彎曲した直線で表現した鏃を伴う。彩色である。

　以上の4タイプはそれぞれに特徴的な形状をしており，モデルとしたものが異なっていた可能性がある。また，吉田古墳と金上古墳，船玉古墳と花園3号墳はそれぞれ近隣に位置しているため，小地域の地域色を反映しているかもしれない。

(2) 九州の靫の図文にみられる特徴

　九州の装飾古墳のなかで，靫の図文を有するものは，古墳に23基，横穴墓に21基，認めることができる。古墳に描かれる靫は，浮彫，線刻，彩色と施文方法が複数種あるが，横穴墓の場合は，玄門脇の壁面に浮彫で施されるものがほとんどである。

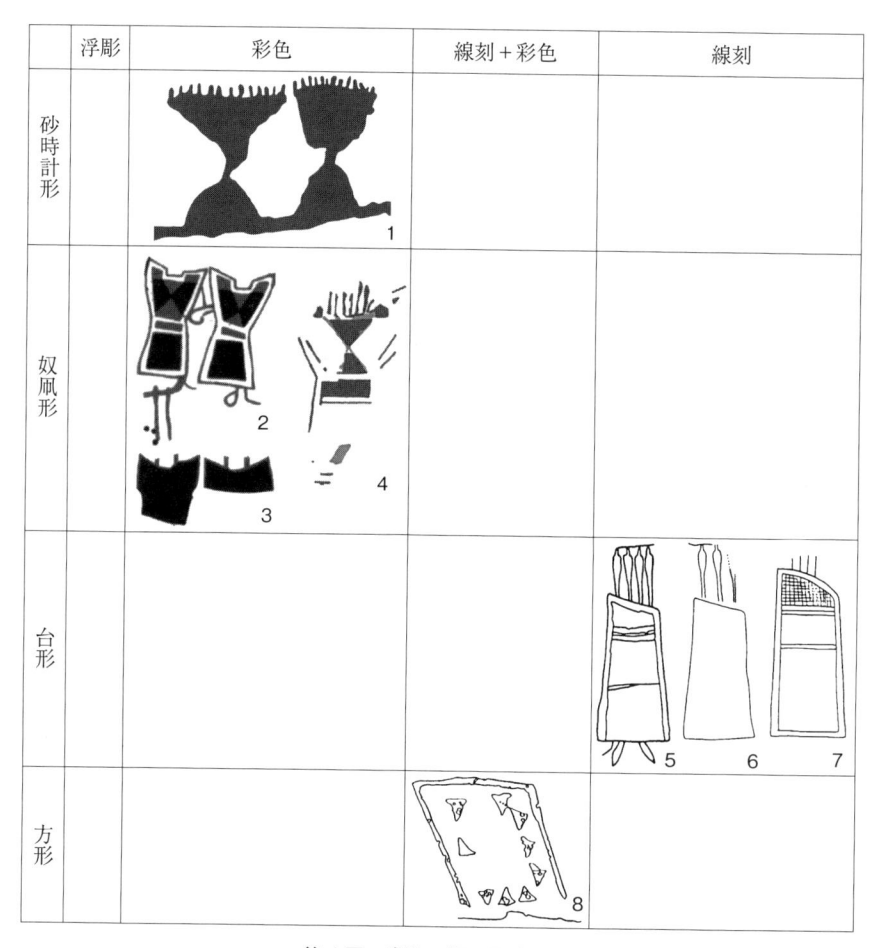

第4図　常陸の靫の図文分類
1:虎塚古墳；2・3:花園3号墳；4:船玉古墳；5・6:吉田古墳；7:金上古墳；8:かんぶり穴11号横穴墓

　このような靫の図文は，その形状によって3タイプに分類することができる。
　長方形タイプ　これは後に挙げる奴凧形の靫の古い形状であり，飾板の表現が誇張されない段階の靫である。鏃は必ず表現されている。浮彫で施されるものがほとんどであるが，彩色で描かれたものもわずかにある。
　奴凧形タイプ　飾板を取り付けた靫を表現しており，飾板部分を誇張して描く。鏃の表現を有する例，持たない例，双方が見受けられる。このタイプの靫は，浮彫，線刻，彩色全ての施文方法で描かれる。
　台形タイプ　長方形の靫から，飾板が除かれたものである。上辺が右斜め下に傾斜する形状の靫もこのタイプに含めている。鏃の表現を伴う。
　以上，九州の装飾古墳に描かれた靫を，形状によって3タイプに分類した。次節では，これらの靫の図文と，常陸の装飾古墳に描かれた靫の図文を比較する。

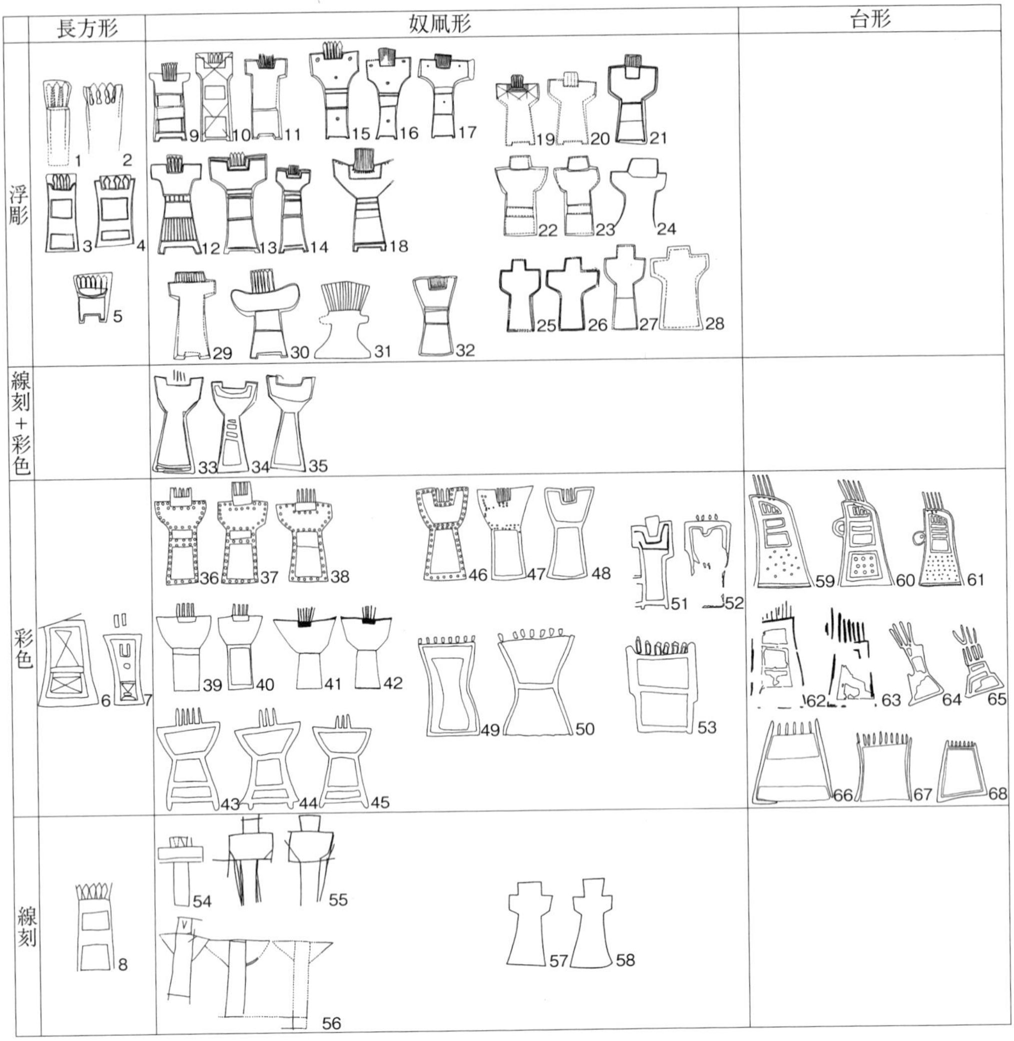

206 　第3部　地域の表出―弥生・古墳時代

第5図　九州の靫の図文分類

1:熊本県鍋田8号横穴墓；2:同大村15b号横穴墓；3・4:同小田良古墳；5・30:同鍋田27号横穴；6・7:福岡県日岡古墳；8:熊本県大鼠蔵1号墳；9・12:同京ヶ峰1号横穴墓；10:同千金甲1号墳；11・56:同裂装尾高塚古墳；13・14:同大村14号横穴墓；15～17:同大村11号横穴墓；18:同大村17号横穴墓；19・20:同長岩108号横穴墓；21・25～27:同大村5号横穴墓；22・23:同鍋田14号横穴墓；24:同鍋田53号横穴墓；28:同鍋田12号横穴墓；29:同岩原I-32号横穴墓；31:同長岩52号横穴墓；32:同城21号横穴墓；33～35:福岡県弘化谷古墳；36～40・46～48:福岡県王塚古墳；41・42:熊本県弁慶ヶ穴古墳；43～45:福岡県重定古墳；49・50・53:福岡県五郎山古墳；51・52:熊本県御霊塚古墳；54:同岩原V-6-6号横穴墓；55:同鍋田49号横穴墓；57・58:同千金甲3号墳；59～61:福岡県珍敷塚古墳；62・63:同原古墳；64・65:同鳥船塚古墳；66～68:同塚花塚古墳

(3) 図文の比較

　常陸の装飾古墳に描かれた靫の図文は，砂時計形，奴凧形，台形，方形の4タイプであった。

　まず，これらのうち，砂時計形の靫は，九州の装飾古墳に採用された図文とは大きく異なる形状であることがわかる。

　一方，奴凧形の靫は，九州のものと常陸のものとで，形状はほぼ同じである。しかし，常陸の

奴凧形靫に特徴的な，X字状の模様をもつものは，九州の奴凧形靫にはまったくみられなかった。そして，台形の靫であるが，こちらも九州と常陸の双方に類例がある。上辺が斜めに下がる形状もほぼ一致している。方形タイプの靫も，この台形靫の斜めに下がる上辺を誇張して描いたものである可能性が高い。

　つまり，靫の図文の比較では，台形タイプの靫にのみ共通点が認められた。ただし，九州では彩色で描かれたものが，常陸では線刻で施されているという違いがある。さらに，図文構成が九州と常陸とで大きく異なっており，また同じ形態の靫をモデルに図文を描いた可能性もあるため，九州で採用された図文がそのまま常陸でも使用されたと考えるのは早計であろう。

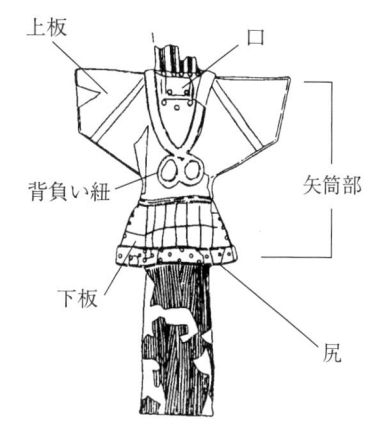

第6図　靫形埴輪の部位名称

5. 形象埴輪との比較

(1) 常陸の靫形埴輪とその形態

　茨城県域では，現時点で靫形埴輪[7]が破片も含めて20点ほど確認されている。そのうち，全体像の分かる例は，常陸太田市大方鹿島神社古墳で1点，潮来市大生西1号墳（子子舞塚）で1点，石岡市柿岡西町古墳で1点，那珂郡東海村で1点の4点のみで，人物埴輪に付随する例が小美玉市上玉里舟塚古墳で1点の合計5点である。

　大方鹿島神社古墳出土の靫形埴輪（第7図2）　矢筒部下半と飾板の破片のみが残っている。矢筒部には幅広の突帯が2重に巡り，その表面には上下2段にわたって粘土玉が貼付けられており，これらは帯状の金具とそれを留める鋲を表現したものと考えられる。この幅広の突帯で囲まれた内側の区画には，連続三角文が線刻され，1つおきに顔料が塗られている。飾板上は下板の右側のみが残存している。この破片の外周には矢筒部と同様の幅広突帯が巡り，下辺の突帯には上下2段にわたって，他は1段の粘土玉列が貼付けられる。

　大生西1号墳出土の靫形埴輪（第7図5）　本例は矢筒部と台部，上板，下板の左側が残存している。芯となる円筒は細身に作られているが，飾り板は左右に大きく突出するため，全体のフォルムが砂時計状を呈する。大方鹿島神社古墳例のように，施文や彩色，幅広突帯などの表現はない。

　西町古墳出土の靫形埴輪（第7図4）　本例は左右の飾板が欠損している。台部との境と矢筒部の中程に断面三角形の突帯を巡らせる。矢筒部上端には，対角線を結んだ長方形（長方形の中にX字が収まっている）が線刻で描かれ，四隅に粘土玉を貼付けた，口の表現が認められる。矢筒部上半には，背負い紐を表現した粘土紐が大きくU字を描くように貼付けられ，その下端に同じく粘土紐による結び目の表現がなされる。部分的に剥離しているが，結び目はリボン結び状になるようである。

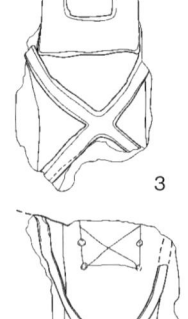

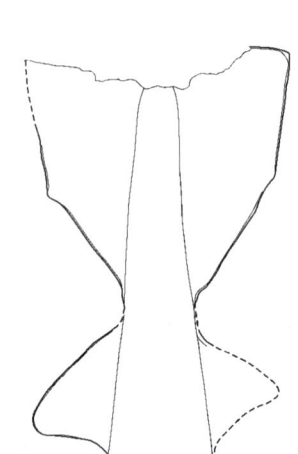

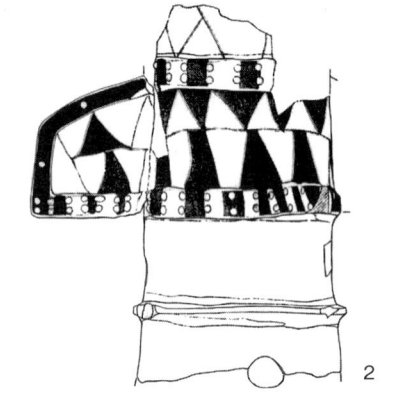

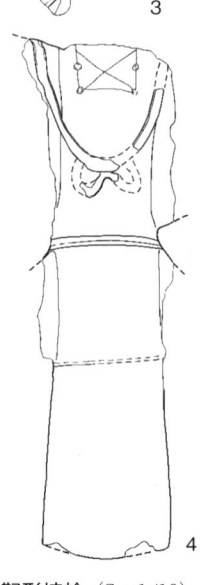

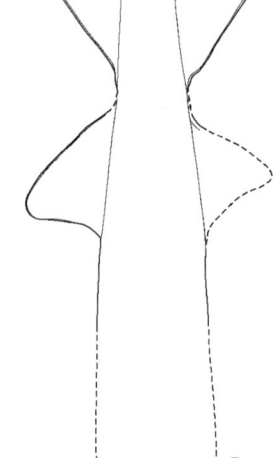

208　第3部　地域の表出―弥生・古墳時代

第7図　常陸の靫形埴輪（S=1/10）
1：小美玉市舟塚古墳出土人物埴輪；2：常陸太田市大方鹿島神社古墳出土靫形埴輪；3：照沼小学校所蔵靫形埴輪；
4：石岡市西町古墳出土靫形埴輪；5：潮来市大生西1号墳出土靫形埴輪

東海村出土（照沼小学校所蔵資料）の靫形埴輪（第7図3）　本例は矢筒部上方の残片である。口は凹字型を呈する粘土板を貼付けて表現しており，その内側には鏃の表現がなされない。背負い紐はX字状にクロスする粘土紐で表現されている。西町古墳例よりも立体的な表現である。

舟塚古墳出土の人物埴輪（第7図1）　頭部に王冠形の被り物をかぶり，下げ美豆良を結った人物埴輪である。上半身が残存しており，背中に靫を負っている。背負い紐は肩から胸をとおって脇腹まで貼付けた粘土紐によって表現している。胸側では背負い紐がくの字と逆くの字に曲がっており，背負い紐を肩に懸けて靫を背負っていたというより，靫から伸びた背負い紐を，胸側でクロスさせて縛った表現とみることができよう。

　上記の靫形埴輪の表現を整理すると，全体に共通して認められるのは，中程でくびれる奴凧形を呈するということ，上板と矢筒部の上端はフラットになり，そこから鏃が突出することの2点である。他の表現を細かくみていくと，背負い紐の表現は，U字状をなすものと，X字状をなすものとがあり，後者にはリボン結び状の結び目は表現されることがない。口は，無文のものと，凹字状の表現がなされる場合，線刻で表現される場合がある。そして，靫の表面に施される文様は三角文が採用されるようである。

　これらの特徴をまとめると，以下の4点となる。

① 中程がくびれる奴凧形のフォルムをもち，矢筒上端から鏃が突出する。
② 矢筒の口が凹字状の表現になる場合がある。
③ 矢筒・飾板表面に三角の模様を持つものがある。
④ U字状・X字状の背負い紐の表現がみられる。

この結果を元に，次節では常陸の靫の図文と靫形埴輪の形状を比較してみたい。

第3表　図文の類似点

九州の靫文・靫形埴輪　常陸の靫文	九州の靫文 長方形	九州の靫文 奴凧形	九州の靫文 台形	靫形埴輪 奴凧形	靫形埴輪 背当板	靫形埴輪 凹字状の口	靫形埴輪 背負紐	靫形埴輪 三角文
砂時計形	×	△	×	○	×	×	×	×
奴凧形	×	○	×	○	×	○	○	△
台形	×	×	○	×	×	×	×	×
方形	×	×	△	×	×	×	×	×

(2) 靫形埴輪と靫の図文の比較

　前章，そして前節で明らかとなった点をまとめると，第3表の通りとなる。第3表では，類似点となる要素を○，類似点となる可能性をもつ要素を△で示している。類似点のみをみると，常陸の靫の図文は，九州の靫の図文よりも，常陸の埴輪表現との共通点が多いことが分かる。

　個々の図文をとりあげて類似点を確認してみると，まず靫形埴輪全体に共通してみられる特徴である奴凧形のフォルムは，虎塚古墳，船玉古墳，花園3号墳の図文と共通している。次に，突出する鏃の表現は，虎塚古墳，船玉古墳奥壁，吉田古墳，金上古墳に認められる。そして背負い紐の表現であるが，これは船玉古墳や花園3号墳の靫の図文にある，X字状の文様にあたると考えられる。靫形埴輪においても，背負い紐を簡略化してX字状に表す例が確認できるし，人物埴輪において，背負い紐を胸の前でクロスさせたような表現がみられる。最後に凹字状の矢筒口の表現は，花園3号墳のみに認められる。

　このように，常陸の装飾古墳に描かれた靫は，常陸でつくられた靫形埴輪と多くの特徴を共有している。これらの共通点は外形だけにとどまらず，常陸の靫の図文にのみ認められる，X字状の背負い紐の表現といった，細かな表現にまでわたっており，常陸の靫の図文と靫形埴輪との類似度が九州の靫の図文と常陸のそれとの類似度に勝っていると考えることは妥当であろう。

　関東の器財埴輪の様相をまとめた稲村繁の成果によると（稲村1999），器財埴輪の分布の中心は，上野を中心とした関東西部である。常陸においては，さしば形・盾形埴輪はわずかに認められ，対する靫形埴輪は複数出土している。これは，常陸の人々にとって，靫または靫が象徴するものが重要な意味をもっていたことを示しているのではないだろうか。靫形埴輪と靫の図文の類似は，常陸の装飾古墳に描かれた図文の中心に靫が置かれることと関連していると考えたい。

6. 常陸の装飾古墳築造の系譜と展開

(1) 図文からみた影響関係

　前節で明らかになったことをまとめると，以下の通りである。
① 常陸の装飾古墳に特徴的に描かれている図文は靫である。特に彩色で描かれた靫には，正面にX字状にクロスした線，あるいは砂時計状のシルエットが採用される。

② 九州の装飾古墳に描かれた靫の図文と，上記の靫の図文を比較すると，奴凧形を呈する靫の内，正面にX字状のクロスした線を持つ例は認められず，砂時計状のシルエットを持つものもない。

③ 常陸の古墳にたてられた靫形埴輪には，背負い紐を表した粘土紐が正面に貼付けられる。これはU字状を呈するが，簡略化した例の中には，X字状を呈する例もある。また，中程が極端にくびれた砂時計状を呈する靫形埴輪がわずかながら存在する。

したがって，靫の図文からみた場合，常陸の装飾古墳は在地の埴輪に使用されたモチーフの影響を強く受けているのである。

この埴輪の影響説については，すでに生田目が否定的にとりあげている。すなわち埴輪樹立の風習が終焉を迎える直前まで，形象埴輪の器種構成の中心となっていた人物埴輪の表現が，装飾図文に採用されなかったこと，そして，常陸のみに装飾古墳が築かれたことの2点により否定されている（生田目2002）。生田目が指摘するように，常陸の装飾古墳には，自由画風線刻を除けば人物の表現が認められない。しかし，九州の装飾古墳には，多くはないが人物の表現を有する例がある。筆者は九州の装飾古墳をとりあげて，図文構成の変化から装飾古墳の展開について論じたことがある（中尾2003）。その際，装飾古墳が北部九州に拡散した契機として，図文構成が多様化した福岡県うきは市吉井町若宮日岡古墳，同県筑紫野市原田五郎山古墳の築造を挙げた。この日岡・五郎山の両古墳を起点として展開する装飾古墳には，船や馬などとともに人物が表現される。それまでの装飾古墳において主流であった幾何学文，器財文に加えて，人物や動物を組み合わせた具象的な図文が描かれることで，装飾を施すという風習の拡散が促されたのである。すなわち，装飾古墳が他地域へ拡散する契機として，人物や動物などの具象的な図文の導入は欠かせなかったと考えることができる。このように，6世紀以降に築造された九州の装飾古墳には人物の像が描かれるが，常陸の装飾古墳には描かれない，という状況を逆手に取れば，常陸の装飾古墳には九州の装飾古墳の直接的な影響が薄いと言える。よって現時点では，常陸の装飾古墳に描かれた図文には，埴輪のモチーフが強く影響を及ぼしていたと考えるのが穏当であろう。さらに加えるならば，東国における人物埴輪樹立の意味と，装飾を施す意味が異なっていれば，人物埴輪の表現をそのまま石室内に導入できなかった可能性も指摘することができるだろう。

(2) 常陸の装飾古墳の展開

つぎに，常陸の装飾古墳が築かれた背景に迫るために，モチーフの変遷からその展開をたどってみたい。

まず，常陸において最も古い装飾古墳は太子唐櫃古墳である。太子唐櫃古墳は白土を塗った上に，不整形の円文を不規則に描いている。

次に築かれたのは折越十日塚古墳と虎塚古墳であるが，折越十日塚古墳は赤色顔料で不規則な朱線を描いている。太子唐櫃古墳と折越十日塚古墳は，どちらも幾何学文のみが施されていることで，共通している。虎塚古墳の図文構成には三角や円などの幾何学文の他に，靫，鞆，盾とい

った武具，さらに大刀や鉾先と思われる図文も加わっている。靫，鞆，盾は，写実性に欠け，埴輪の表現がさらに図文化されたような印象を受ける。一方，奥壁隅に描かれた大刀は，柄頭の形状を描き分けるなど写実的である。このように，虎塚古墳の壁画は，幾何学文，写実性を欠いた器財文，写実的な武器文で構成されている。

次の段階にあたるのは，船玉古墳，花園3号墳である。図文の全容は不明であるが，靫の図文が多くを占め，主たるモチーフとなることは確かである。この2基の古墳に描かれた靫には，正面にX字状の文様が入る。これは先程述べたように，埴輪からの影響が考えられる。

さらに次の段階にあたるのが吉田古墳，金上古墳である。図文はどちらも線刻で施される。靫が図文構成の中心であるところは前段階と変わらないが，図文は長い台形状を呈する。簡略化されているが，埴輪と共通する表現はみられず，実物をモデルに描いた可能性が高い。

そして最終段階には，器財の図文は消滅し，自由画風線刻画が主流をしめるようになる。

このようなモチーフの変化からみた変遷と，第2章で提示した変遷観とをまとめると，以下の通りとなる。

  A：抽象的な図文を描く（1，2）
  B：抽象的な図文，写実性を欠いた器財文，写実的な武器文を描く（3）
  B'：抽象的な図文，写実性を欠いた器財文が描かれる（3）
  C：写実性を欠いた器財文が画題の中心として描く（4）
  D：線刻になる。写実性はないが，実物をモデルにした器財を描く（5）
  E：自由画風線刻画を描く（6）

すなわち，AからEの順で出現するが，先述した通り，これらが単一系統として展開するのではない。現時点ではC以降がBの影響を受けて出現した可能性が高いことを指摘できるのみである。

このようにみていくと，古墳でも横穴でも，出現当初の図文は抽象的であることがわかる。そしてこの抽象的な図文に靫を中心とした武具が取り込まれ，やがて靫が主題となっていく，という変化をたどることができる。

ここで，常陸で最も古い装飾古墳である太子唐櫃古墳に着目し，九州との関連性について検討してみよう。太子唐櫃古墳には，白土で下地を作った上で，ベンガラで不整形の円文を不規則に描いている。九州の装飾古墳においても，円文を施した例はたくさんあるが，中を塗りつぶした円文のみを不規則に並べるという図文構成をとる例は見当たらない。また，朱線を描く古墳は，九州の装飾古墳にもあるが，格子状や放射線状というように，より規則的に描かれており，折越十日塚古墳のような不規則な例は確認されていない。すなわち，常陸における初期の装飾古墳には，九州からの画工の移住や図文の直接的な伝播は推測しがたいのである。また，太子唐櫃古墳例のような，白土による下地の痕跡（日下1998）も，九州にはみられない[8]。

このように，常陸の装飾古墳は，九州の装飾古墳と全く同じ図文を有していないのである。先に述べた，靫の図文が埴輪の影響を受けて描かれたものであることとあわせると，装飾を描いた

画工は九州から直接やってきた人々とする可能性はさらに薄くなる。

7. おわりに ―常陸における装飾古墳出現の背景―

　前節において，常陸の装飾古墳が，造墓にかかわる集団の九州からの移住といった直接的な関係から築造されたものでないことが明らかになった。それでは，常陸で装飾古墳が築かれるに至った背景とは何だったのだろうか。ふたたび，常陸最古の装飾古墳である太子唐櫃古墳をとりあげて考えてみたい。

　太子唐櫃古墳の横穴式石室は，筑波山周辺でとれる片岩を使った石室である。その石室内には，奥壁に沿って箱式石棺が据えられている。太子唐櫃古墳発見時，玄室内には3体の人骨の埋葬が確認されている（小室 1895）。このうち2体は，箱式石棺内に，頭を対置にしておさめられていた。これは，同一棺に複数回の埋葬が行なわれたことを示している。このような同一棺への複数回にわたる埋葬は，同じかすみがうら市内の古墳では，柏崎字稲荷山冨士見塚1号墳の前方部や宍倉字大道北風返大日山古墳に直葬された箱式石棺で認められている（出島村史編さん委員会編 1971，伊東 1992）。したがって，このような埋葬方法は，横穴式石室を導入する以前からの風習であると考えられ，この同一棺への複数埋葬は，横穴式石室後は玄室への複数埋葬となるという（日高 2000）。その例として，太子唐櫃古墳の近隣に位置するかすみがうら市安食風返稲荷山古墳では，玄室に3つの箱式石棺がコの字形におさめられ，1つの石室内に複数の人物を埋葬する予定があったことを知ることができる（山内 2000；日高 2000）。

　このように，常陸の装飾古墳の初現である太子唐櫃古墳は，旧来の風習を色濃く残し，その石室の形状は箱形をなすという，片岩の板石を使用した石室に独特の形状をしていることから，当該地域独自の墳墓であると言うことができる。

　しかし，一方では，6世紀前半代に，土浦市小高高崎山古墳群西支群第2号墳のような九州系の石室が築造されており（小林孝 2005），装飾古墳築造以前の常陸に，九州的な墳墓の要素が受け入れられていたことも事実である。それだけではなく，6世紀後半～7世紀初頭にかけてはつくば市山口1・2号墳の石室のような花崗岩と片岩を併用した乱石積みという，片岩を使用した埋葬施設とは異なる，畿内的要素が強い石室もつくられており（石橋 2001），九州の影響だけが当地に及んでいたのではない。さらに，常陸南部の横穴式石室をとりあげて，その構造から，筑波山周辺麓地域と霞ヶ浦北東部沿岸地域の2つの地域色を抽出した小林孝秀は，筑波山周辺麓地域に分布する，複室両袖構造をとる片岩板石組石室に下野の横穴式石室にみられる「石材加工技術」が取り入れられていることから，同地域に下野との交流がうかがえるとした（小林孝 2004）。

　また，常総地域の片岩板石組埋葬施設を網羅的にとりあげた石橋充は，これらの埋葬施設の変遷に3つの画期を見出している。すなわち，片岩を使用した埋葬施設は，5世紀末の長持形石棺に似せた箱式石棺が初現であり，この箱式石棺I式が上位階層の埋葬施設として位置づけられる。6世紀中葉になると，横穴式石室III式が箱式石棺I式にかわって導入され，箱式石棺は中間層

の埋葬施設として展開する。6世紀末には横穴式石室IVa式がつくられるようになる一方，量産・輸送に適した箱式石棺II式が出現する。そして7世紀中葉になると，箱式石棺は減少し，横穴式石室B・C類が出現して中間層の埋葬施設が多様化するというのである。さらに，片岩を使用した埋葬施設の内，上位の階層に用いられた箱式石棺I式と横穴式石室は，霞ヶ浦北東岸から鬼怒川流域の関城付近という「狭い分布圏」（石橋1995, p.42）に分布するが，箱式石棺II式は常陸南部から下総北部までという「広い分布圏」（石橋1995, p.42）に展開し，この，箱式石棺II式が展開するのが6世紀末～7世紀中葉にあたるという（石橋1995）。

このように，埋葬施設という側面からだけみてみても，装飾古墳が出現した常陸南部には，様々な地域からの影響が及んでいたことが分かる。それだけでなく，片岩を使用した箱式石棺のように，拡散していく例もまた，認められるようである。

そして，装飾古墳出現の前後には，手工業においても，新たな技術が導入されている。かすみがうら市柏崎天王続柏崎1号窯跡はTK209型式期の須恵器を焼成した窖窯である。柏崎窯跡群の範囲内では，TK43形式期に遡る長頸壺の蓋が表採されており，装飾古墳出現前から操業されていた可能性もある（渥美ほか2006）。この柏崎1号窯には，窯尻の煙出から溝が伸びる，溝付窯という特異な構造がとられており，同様の構造をとる窯は九州，北陸，東海地域に集中する。柏崎1号窯の窯構造は，須恵器の形態的特徴ともあわせて，東海とくに美濃須衛窯からの技術伝播によって成立したと考えられている（渥美2006）。

さらに，集落遺跡に目を転じてみると，つくば市柴崎遺跡や，同市上野陣場遺跡，同市島名熊の山遺跡では，6世紀後半に住居址の軒数が劇的に増えており，人口の増加がうかがえるし，各遺跡の周辺では，古墳時代後期に新たな集落形成を始めた遺跡も確認されている（茨城県考古学協会シンポジウム実行委員会2005）。

このように，装飾古墳が出現した6世紀後半から7世紀にかけては，常陸，特に南部では様々な地域との交流や人々の活発な活動がうかがえ，常陸の装飾古墳は，この時代背景のもと出現したのである。

本稿では，常陸において装飾古墳が築造されるに至った背景を，精神文化的側面から迫っていくことはできなかった。しかし，先行研究においては，常陸の装飾古墳と九州の装飾古墳の共通点を抽出することに終始し，その背景を政治的要因にのみ求めてきたことに対して，常陸の装飾古墳が，当該地域独自の埋葬施設に取り入れられ，さらに導入時の背景に多様な地域との活発な交流と，人々の活動の隆盛があったことを強調したい。

この多様な交流にのって，装飾を施すという風習が情報として，霞ヶ浦沿岸地域にもたらされ，当地で解釈された結果，太子唐櫃古墳や折越十日塚古墳といった，抽象的な図文を不規則に描くという図文構成をもつ装飾古墳が築造されたのだろう。いいかえれば，A段階の不規則な抽象文という特徴は，手本にすべきものを持たずに，情報から得られるイメージで図文を描いたために生じたということになる。B段階の虎塚古墳築造にあたっては，抽象的な図文の他に，墳丘外の装飾であった器財埴輪や副葬品であった武器なども図文化されて図文構成に加わる。次のC

段階には，靫形埴輪のフォルムを参考にして図文が描かれる。そして最終のD段階には，彩色による施文がなくなり，線刻で身近な武器・武具をモデルに図文を描くに至った，という展開がたどれるのである。このような展開のなかで，情報がもたらされたのは，導入時のみではなく，虎塚古墳の築造に際しても新たな情報が追加されたと思われる。

したがって，多様な情報が流入した常陸の画期に位置する装飾古墳に，仮に九州からの影響を求めたとしても，それは一部にとどまるのである。

註
1) 本稿では，「装飾古墳」を墓室内に設置された埋葬施設や墓室自体の内壁面に，浮彫や線刻，彩色などの技法を用いて描かれた図文を有する古墳および横穴墓，地下式横穴墓の総称として使用する。
2) 日本全国において現在までに658基が確認されており，そのうちのおよそ60%（391基）が九州地方に分布する。残りの40%も，山陰や南関東，北関東から南東北の太平洋沿岸に集中しており，偏った分布を示している。
3) 天井部にみられる赤色顔料については，生田目和利も指摘している（生田目1988）。しかし，それが図文であるということは，2007年3～5月に筑西市の委託を受けて行なわれた三井考測の調査時に判明した。
4) 筆者はこの帯状文を，靫の左下半である可能性もあると考えている。
5) 形状の似た図文が花園3号墳の東側壁にも描かれており，こちらは井字状文となっている。虎塚古墳東側壁に描かれた図文と共通の表現の可能性がある。
6) 十王前（かんぶり穴）横穴墓群の装飾にみられる特徴は，側壁上端をめぐる，三角・菱形といった抽象文である。2号墓・11号墓の奥壁に描かれた図文はひたちなか市虎塚古墳との関連性をうかがわせる。
7) 靫形埴輪の部位名称については，群馬県古墳時代研究会資料集第9集の凡例に依拠している（群馬県古墳時代研究会2007）。
8) 九州において，白色系の顔料を下地とする例は，大分県宇佐市大字上元重貴船平下ノ裏山装飾横穴墓の一例が挙げられる。しかし，これは横穴墓の飾縁前面の装飾であり，石室の内部空間に描かれる装飾とは性格を異にする。さらに築造年代は7世紀中葉頃と推定されており（小田ほか1975），大師唐櫃古墳よりも築造年代が下る。

引用文献

渥美賢吾 2006「古墳時代須恵器窯の構造とその築窯技術の系譜 ―いわゆる「溝付窯」をめぐって―」『筑波大学先史学・考古学研究』第17号　103-134頁

渥美賢吾ほか 2006「柏崎窯跡群発掘調査報告 ―古墳時代須恵器窯の調査―」『筑波大学先史学・考古学研究』第17号　1-58頁

石橋　充 1995「常総地域における片岩使用の埋葬施設について」『筑波大学先史学・考古学研究』第6号　31-57頁

　　　　　　2001「筑波山南東麓における6・7世紀の古墳埋葬施設について」『筑波大学先史学・考古学研究』第12号　57-73頁

伊東重敏 1992「冨士見塚古墳群」出島村遺跡調査会編『冨士見塚古墳』出島村教育委員会　19-38頁

稲村　繁　1991「茨城県における横穴式石室の変遷（1）―装飾古墳の背景―」『博古研究』創刊号　21-29頁

　　　　　1999「器財埴輪論」『博古研究』第18号　1-33頁

井上辰雄　1980「装飾横穴墓をめぐる豪族とその性格　―丈部の役割」『えとのす』第13号　77-82頁

茨城県考古学協会シンポジウム実行委員会編　2005『古代地方官衙周辺における集落の様相　―常陸国河内郡を中心として―』茨城県考古学協会

大塚初重　1974「船玉古墳」茨城県史編さん原始古代史部会編『茨城県史料』考古資料編　古墳時代　茨城県　161-164頁

　　　　　1988「常陸における装飾古墳の性格　―花園三号墳を中心として―」斎藤忠先生頌寿記念論文集刊行会編『斎藤忠先生頌寿記念考古学叢考』下巻　吉川弘文館　3-24頁

大塚初重ほか　1971「茨城県舟塚古墳Ⅱ」『考古学集刊』第4巻第4号　57-110頁

大野延太郎　1896「常陸国霞ヶ浦沿岸旅行談」『東京人類学会雑誌』第11巻第121号　286-291頁

大場磐雄　1974「古氏族の移動と装飾古墳」『季刊どるめん』4号　6-13頁

大場磐雄ほか　1971『常陸大生古墳群』潮来町教育委員会

大森信英　1974「幡横穴群」『茨城県史料』考古資料編　古墳時代　175-177頁

　　　　　1979「金上古墳」勝田市史編さん委員会編『勝田市史』別編Ⅱ　考古資料編　勝田市　170-172頁

小田富士雄ほか　1975『鶴見古墳』宇佐市文化財調査報告書　第1集　宇佐市教育委員会

乙益重隆編　1974『古代史発掘』8　装飾古墳と文様　古墳時代3　講談社

勝田市史編さん委員会編　1978『勝田市史』別編Ⅰ　虎塚壁画古墳　勝田市

金砂郷村史編さん委員会編　1989『金砂郷村史』金砂郷村

川崎純徳　1982『茨城の装飾古墳』新風土記社

　　　　　1985「東国壁画古墳の文様系列について　―特に虎塚古墳の文様を中心にして―」『婆良岐考古』第7号　1-9頁

　　　　　1988「古墳壁画図文の型式学的検討　―特に東国古墳壁画図文の成立と変遷について―」『斎藤忠先生頌寿記念考古学叢考』中巻　吉川弘文館　507-534頁

　　　　　1990「東国における終末期壁画古墳の歴史的性格　―特に白河内古墳，幡横穴墓群の壁画図文を中心にして―」『茨城県考古学協会誌』第3号　2-11頁

　　　　　1991「東日本における壁画『古墳・横穴墓』研究メモ」『婆良岐考古』第13号　1-13頁

　　　　　2000「東日本装飾古墳に関する素描　―とくに茨城県虎塚壁画古墳の系統と被葬者像の輪郭」『大塚初重先生頌寿記念考古学論集』東京堂出版　260-274頁

日下八光　1998『東国の装飾古墳』雄山閣

藏冨士寛　1999「装飾古墳考」『先史学・考古学論究』Ⅲ　白木原和美先生古稀記念献呈論文集　龍田考古学会　87-103頁

黒澤彰哉ほか編　2004『茨城の形象埴輪』茨城県立歴史館　122-217頁

群馬県古墳時代研究会編　2007『群馬県内の器財埴輪』Ⅰ　群馬県古墳時代研究会資料集　第9集

国立歴史民俗博物館編　1993『装飾古墳の世界』朝日新聞社

小林孝秀　2004「常陸南部における横穴式石室の系譜と地域性」『専修考古学』第10号　199-218頁

　　　　　2005「常陸高崎山西2号墳の横穴式石室に関する再検討　―関東における横穴式石室導入の評価を

めぐって―」『茨城県考古学協会誌』第 17 号　113-126 頁

小林行雄編　1964『装飾古墳』平凡社

小室竜之助　1895「常陸国霞浦沿岸附近に於ける古跡」『東京人類学会雑誌』第 10 巻第 106 号　137-142 頁

斎藤　忠　1971「装飾古墳・装飾横穴墓研究の課題」『日本歴史』第 283 号　108-117 頁

　　　　　1974a「白河内古墳」茨城県史編さん原始古代史部会編『茨城県史料』考古資料編　古墳時代　茨城県　108-109 頁

　　　　　1974b「太子の唐櫃古墳」茨城県史編さん原始古代史部会編『茨城県史料』考古資料編　古墳時代　茨城県　139-141 頁

　　　　　1974c「かんぶり穴横穴群」茨城県史編さん原始古代史部会編『茨城県史料』考古資料編　古墳時代　茨城県　172-173 頁

齋藤　忠ほか　1974「吉田古墳」茨城県史編さん原始古代史部会編『茨城県史料』考古資料編　古墳時代　茨城県　54 頁

柴田常恵　1916「常陸吉田村の彫刻ある一古墳」『人類学雑誌』第 31 巻第 3 号　83-91 頁

住谷光男編　1998『史跡　虎塚古墳―発掘調査の概要―』ひたちなか市教育委員会

関口慶久編　2006『吉田古墳』I　水戸市埋蔵文化財調査報告　第 6 集　水戸市教育委員会

鳥居龍蔵　1928a「図画の存在する常陸の二古墳」『武蔵野』第 11 巻第 2 号　1-13 頁

　　　　　1928b「図画の存在する常陸の二古墳（下）」『武蔵野』第 11 巻第 3 号　1-11 頁

中尾麻由実　2003「図文構成からみた壁画系装飾古墳の展開」『筑波大学先史学・考古学研究』第 14 号　67-84 頁

永嶋正春　1999「装飾古墳の色彩と素材」『国立歴史民俗博物館研究報告』第 80 集　337-353 頁

生田目和利　1988「船玉古墳（2）船玉装飾古墳」関城町史編さん委員会編『関城町史』別冊資料編　関城町の遺跡　関城町　128-148 頁

　　　　　　1991「十王前（カンブリ穴）横穴墓群考」『博古研究』創刊号　31-42 頁

　　　　　　1994「常陸の装飾古墳と装飾横穴墓」『風土記の考古学』1　常陸国風土記の巻　同成社　169-194 頁

　　　　　　2002「茨城県の装飾古墳と装飾横穴墓」第 51 回埋蔵文化財研究集会編『装飾古墳の展開―彩色系装飾古墳を中心に』発表要旨集　63-83 頁

生田目和利ほか　2002「茨城県」第 51 回埋蔵文化研究集会編『装飾古墳の展開―彩色系装飾古墳を中心に』資料集　589-607 頁

橋本達也　2002「装飾古墳の武具」第 51 回埋蔵文化研究集会編『装飾古墳の展開―彩色系装飾古墳を中心に』発表要旨集

濱田耕作ほか　1917『肥後に於ける装飾ある古墳及横穴』京都帝国大学文学部考古学研究報告　第 1 冊；1919『九州に於ける装飾ある古墳』京都帝国大学文学部考古学研究報告　第 3 冊

日高　慎　2000「雲母片岩使用の横穴式石室と箱形石棺」霞ヶ浦町遺跡調査会編『風返稲荷山古墳』霞ヶ浦町教育委員会　95-107 頁

邉見　端　1981「東北地方における装飾古墳の分布について―古氏族との関連をめぐって―」『東北文化研究所紀要』第 12 号　104-123 頁

宮内良隆　1988「白河内古墳」那珂町史編さん委員会編『那珂町史』自然環境・原始古代編　那珂町　546-548 頁

茂木雅博編 1989『諏訪間 12 号墳の調査』東海村教育委員会
森貞次郎 1985『装飾古墳』教育社歴史新書　日本史 41
山内昭二 2000「発掘調査」千葉隆司編『風返稲荷山古墳』霞ヶ浦町教育委員会　13-24 頁

図版典拠

第 1 図：生田目ほか 2002 分布図を再トレース一部改変
第 2 図 1：斎藤 1974b 第 80 図；大野 1896 より，一部改変の上転載
第 2 図 2：日高 2000 第 3 図を一部改変の上転載
第 2 図 3：大塚 1974 第 106 図；生田目 1988 付図を一部改変の上転載
第 2 図 4：生田目ほか 2002 より一部改変の上転載
第 2 図 5：住谷 1998 第 7 図；第 18 図，生田目ほか 2002 より，一部改変の上転載
第 2 図 6・7：斎藤 1974c 第 127 図を一部改変の上転載
第 2 図 8：生田目ほか 2002 より一部改変の上転載
第 3 図 1：関口 2006 第 10 図，第 11 図，付図を一部改変の上転載
第 3 図 2：大森 1979　II-38 図；生田目ほか 2002 より，一部改変の上転載
第 3 図 3：斎藤 1974a 第 54 図；宮内 1988 図 5-46 を一部改変の上転載
第 3 図 4：生田目ほか 2002 より，一部改変の上転載
第 3 図 5・6：大森 1974 第 122 図；国立歴史民俗博物館 1993　109〜112 を一部改変の上転載
第 4 図 1：住谷 1998 巻頭図版 2 の一部をトレース
第 4 図 2〜4：生田目ほか 2002 より，一部改変の上転載。
第 4 図 5・6：橋本 2002 図 13 より，一部改変の上転載
第 4 図 7：大森 1979　II-38 図をトレース
第 4 図 8：橋本 2002 図 19 より，一部改変の上転載
第 5 図 1〜67：橋本 2002 図 13〜17 より，一部改変の上転載
第 6 図：群馬県古墳時代研究会 2007 凡例より転載
第 7 図 1：大塚ほか 1971 第 24 図 29 を一部改変の上転載
第 7 図 2：金砂郷村史編さん委員会 1989 図 28 を一部改変の上転載
第 7 図 3：黒澤ほか 2004　10-13 をトレース
第 7 図 4：黒澤ほか 2004　38-9 をトレース
第 7 図 5：黒澤ほか 2004　24-1 をトレース
第 1 表：筆者作成
第 2 表：筆者作成
第 3 表：筆者作成

古代筑波山祭祀への視角
―内海をめぐる交流・交通と祭祀の源流―

塩 谷 　 修

1. はじめに

　筑波山は西の峰を男体，東の峰を女体と呼び，二神山の秀麗な山容を仰ぎ，古来より神の宿る山，いわゆる神体山として崇拝されてきた信仰の山である。筆者はこれまで，古代における筑波山祭祀の様相や特徴をまとめ，祭祀権者の問題や祭祀の源流についていくつかの試論を提示してきた（塩谷1994・2003）。古代筑波山祭祀の具体相については，考古学的な成果に期待するところが大きいが，残念ながら山中・山麓での正式な調査はいまだ行われたことがなく，その点隔靴掻痒の感を否めないのが現状である。

　筑波山は，関東平野の北東寄り，阿武隈山系が細長く連なるその南端にあり，関東平野一帯からその山容を一望できる位置にある。筑波山の南方は，桜川など2，3の河川を通じて霞ヶ浦へとつながっている。古代においては，この古霞ヶ浦の内海とその水系は常陸南部から下総北部にかけて，いわゆる常総地域全域に通じ，関東平野へも開かれていた。一方，北方は桜川や小貝川水系に沿って遡り，下野東部，さらには東北南部へと至るルートも確保されていたと予測される。

　本稿では，筑波山の地理的位置を念頭に，関東・東北地方という視座を意識し，これまでの成果をあらためて整理してみたいと思う。そのなかで，古代筑波山祭祀への新たな視角を探りたい。

2. 考古資料から見た古代筑波山祭祀とその画期（第1・2図参照）

　古代に遡る筑波山の祭祀をうかがい知る資料として，『常陸国風土記』や『万葉集』[1]などの文献資料と，山中・山麓に点在する祭祀遺跡や遺構，遺物などの考古資料とがある。

　上記文献資料は，いずれも奈良時代に編纂されたものである。風土記，万葉集に散見される筑波山に関する記述は，律令初期あるいはそれ以前にまで遡るであろう筑波山とその祭祀の姿を伝える資料として貴重である。旧稿では，多彩な描写の中から次の4点を指摘した（塩谷1994）。

① 神体山 「筑波の神」，「神宮」，「朋神の貴き山」，「男の神　女の神」
② 嬥歌 「鷲の住む　筑波の山の　裳羽服津の　その津の上に　率いて　未通女壮の　行き集ひ　かがふ嬥歌に」
③ 祀り手　民衆：「坂より東の諸国の男女　騎にも歩にも登臨り　遊楽しみあそぶ」，「その

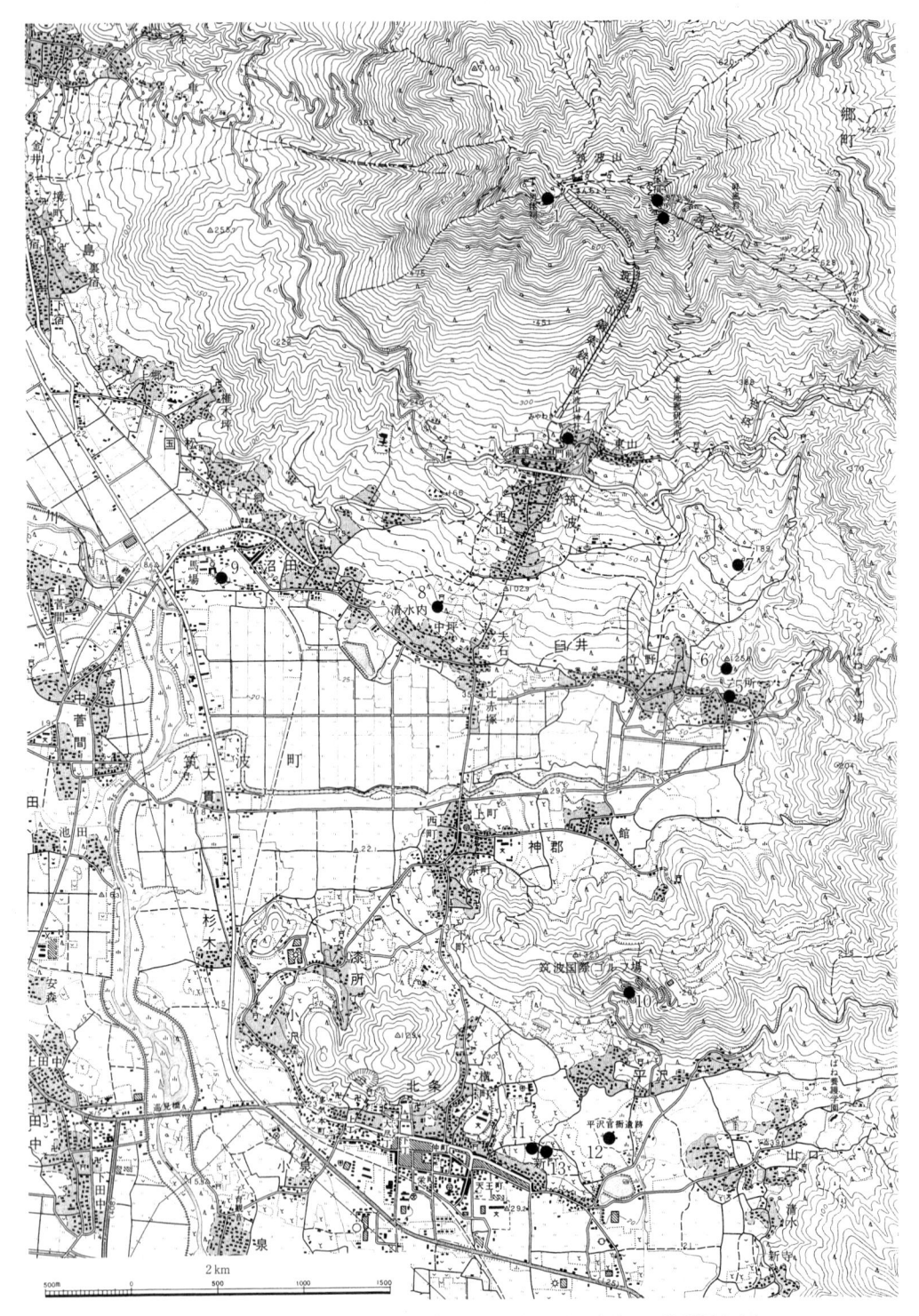

220　第3部　地域の表出—弥生・古墳時代

第1図　筑波山関連遺跡分布図（国土地理院2万5千分の1地形図より）
1：男体山頂下立身石　2：女体山頂　3：女体天狗の巣落し　4：筑波山神社（中禅寺跡）　5：六所神社旧地　6：宮山山頂の巨石群　7：夫女石　8：稲野神社　9：八幡塚古墳　10：佐都ヶ岩屋古墳（平沢古墳群）　11：中台古墳群　12：平沢官衙跡　13：中台廃寺

立身石（井坂 1989b より）

天狗の巣落し（井坂 1989a より）　　　　　（縮尺：3分の1）

女体山山頂（椙山 1985 より）

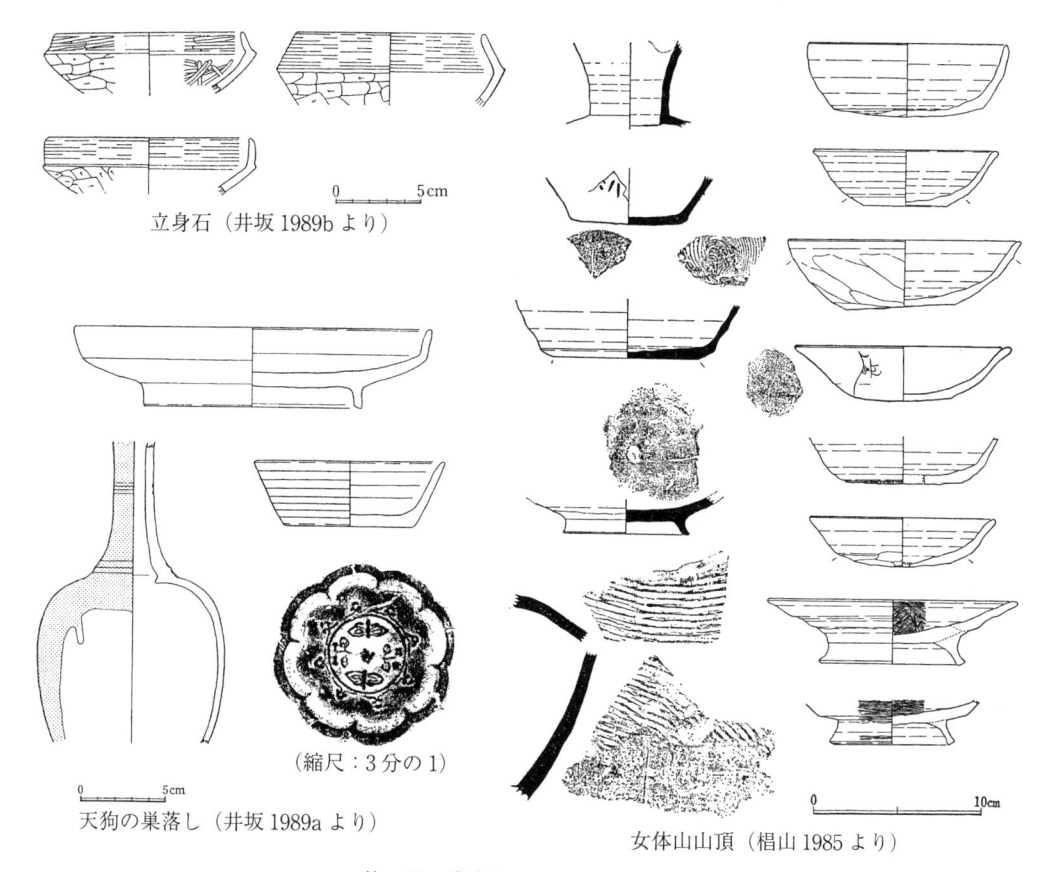

第2図　筑波山山中出土の祭祀遺物

里の西に飯名の社あり　此は即ち　筑波岳に有せる飯名の神の別属なり」

　　統治者：「国見する筑羽の山」

④　禁足地 「最頂は西の峰峻しく嶮く　雄の神と謂ひて登臨らしめず」、「筑波嶺の彼面此面に守部据ゑ」

　『常陸国風土記』や『万葉集』に描かれた筑波山は，当時から既に男の神，女の神の2神が宿る神体山であった。嬥歌や祀り手を彷彿させる記述内容からは，筑波山が周辺諸地域の人々が行き集う山であり，また広く周辺集落から遥拝する信仰の山であったことがうかがわれる。このように民衆に崇拝され，開かれた山としての筑波山がある一方，山中の一部には普段は足を踏み入れることのできない禁足地があり，特定の統治者が祭祀権を掌握していたなど異なる側面もまた想定される。いずれにしても，このような原初的な筑波山とその祭祀のあり様は，奈良時代以前のいつ頃まで遡るのであろうか。

　筑波山の山中，山麓には自然の巨石が点在しており，長い間信仰の対象とされてきたものも多い。その中には古代に遡る祭祀遺物を出土する巨石もあり，神の降臨する磐座として奉祭されていたことがわかる。筑波山への信仰は，古くより様々なかたちで広域に及ぶものとは思われるが，山中・山麓にある巨石は筑波山への祭祀に関わる蓋然性が最も高い祭祀遺跡として注目される。

これらの巨石は南斜面や南麓など筑波山の南側に集中している[2]。ここではその立地を重視し，山中と山麓とに分けて概観してみる。

山中ではまず，女体山の山頂遺跡がある（椙山 1985）。女体山山頂の南側は幾重にも重なる巨石から成り，その隙間や岩陰から多くの祭祀遺物が採集されている。銅銭，灰釉陶器皿，須恵器の長頸壺，杯，高台付杯，大甕，土師器の杯，高台付杯・皿などが報告されており，銅銭の種類は判然としないが皇朝銭の可能性もあるという。須恵器，土師器の年代については，おおむね平安時代中頃（10世紀代）のものと考えられている。

女体山頂直下 50 m 程の南斜面に，筑波山禅定の行場のひとつでもある「天狗の巣落し」と呼ばれる直立する巨石がある。やはり，その巨石の隙間や下から祭祀遺物が採集されている（井坂 1989a）。主なものに花卉双蝶八花鏡，灰釉陶器細頸壺，須恵器高台付盤，杯，高台付杯，器面に「上院」の墨書のある土師器杯などがある。花卉双蝶八花鏡は奈良時代の鏡で，面径 7.2 cm，縁厚 0.4 cm，良質の白銅製である。須恵器，土師器の年代は大部分が平安時代前半（9 世紀代）のもので，鏡もしばらく伝世され同じようにこの地に奉幣されたものと考えられる。

男体山頂から中腹へ向かう南斜面に，大きな窟状をなす「立身石」と呼ばれる巨石がある。やはり，筑波山禅定の行場となっている。その立身石の下から土師器が採集されているが，杯身破片 3 とその数はごく少量である（井坂 1989b）。3 点とも口縁部直下に稜線をもつもので，古墳時代後期（6〜7 世紀代）のものと考えられる。この他に，奈良・平安時代の土師器も採集されているという。

これに対し，筑波山南麓に点在する巨石は，隣接する里宮との関係が注目される。旧稿では山麓の磐座と里宮という視点で，「六所神社山頂の巨石群」，「夫女ヶ原の夫女石」，「稲野神社境内の巨石」を取り上げ，筑波山祭祀の源流について試論を提示した（塩谷 2003）。その詳細は旧稿に譲るとして，ここでは前述の山頂・山中の磐座とこれら山麓の磐座とを比較し，古代における筑波山祭祀のあり方について改めて私見をまとめておきたい。

平安時代の初期，南都法相宗の僧徳一は筑波山中腹に筑波山寺（後の中禅寺）を開創した。遅くとも 9 世紀初頭の頃と考えられているが（井坂 1989c；中村光 1998），これにより筑波山は神仏習合の山として新たな展開を見せ，山林修行者の修験の場として発展していく。なお，徳一の創建になる筑波山寺は，現在の筑波山神社付近にあったと考えられるが，その場所を特定するには至っていない。神の山筑波山に対する祭祀は，古くから山中・山麓，そして山を臨む近隣や周辺の集落など各所において行われていた。先に紹介した山頂・山中の磐座から採集された祭祀遺物は，その大半が 9〜10 世紀の平安時代に属するもので，それ以前の資料はごく僅かしか認められない。このことからすれば，筑波山中の祭祀が本格化するのは，筑波山が神仏習合の山となる平安時代以降と言うことができそうである。

一方，筑波山南麓に見られる巨石は，六所神社や稲野神社など筑波山の里宮の伝承を残す古社と隣接し，両者には密接な関係がうかがわれる。1910（明治 43）年に廃社となった六所神社は，残された史資料や神社跡地から採集される土師器の年代などから平安時代末まで遡ることは明ら

かである[3]。また，稲野神社（伝「飯名の神」）や夫女ヶ原（伝「裳羽服津」）の祭祀も，『常陸国風土記』や『万葉集』に表れる奈良時代以前の筑波山祭祀を伝承するものと考えられる。六所神社山頂（六所宮山）の巨石群とそれに連なる夫女石[4]，稲野神社境内の巨石，これら南麓の巨石からは今のところ祭祀遺物の出土は確認されていないものの，古代に淵源をもつ磐座と呼ぶに相応しいものと考えている（塩谷2003, p. 180）。巨石は大きさ約3〜7mの巨大な自然石で，前面に一定の平場を形成するなど磐座の形態的特徴を備えている。立地の面でも里宮の境内や神域内にあり，あるいは両者を結ぶ祭祀の伝承を伝えるなど，信仰・祭祀の面で巨石と里宮との間には有機的な関係が想定される。また，筑波山南麓のなだらかな裾野にあり，それぞれが2神山の山容をよく望める好所に位置しているなどの諸特徴が指摘できる。

奈良県三輪山西麓の山ノ神遺跡（弓場1999）や群馬県赤城山南麓の櫃石（大場1971a）などを好例として，神体山に対する祭祀の中には山麓部における磐座祭祀が多く認められる。上記2例などは，神体山を奉祭する神社祭祀と密接な位置関係にあると共に，その祭祀は神社祭祀成立以前の古墳時代にまで遡るものである。古代に遡る可能性の高い筑波山の2つの里宮も，その祭祀の起源は南麓における磐座祭祀にあったと考えられないだろうか。

つまり，徳一による筑波山寺の開創を転機として，筑波山への祭祀，信仰は，山麓の磐座祭祀から山頂・山中の磐座祭祀へと拡大していったものと想定されるのである。9世紀以降盛行し山頂・山中の南斜面にその痕跡を残す磐座祭祀は，神仏習合の筑波山祭祀であり，南麓に点在する磐座は，『常陸国風土記』の世界に表れ，それ以前に遡るであろう原初的な筑波山祭祀の所産と考えたい。

3. 奈良時代以前の筑波山祭祀とその周辺

ところで，古代における筑波山を取り巻く周辺の様子はどうだったのか，筑波山祭祀の起こりやその歴史的位置付けを考える上で重要である。ここでは，はじめにも述べた常総地域あるいは古霞ヶ浦沿岸地域[5]という視野の中で，おもに考古資料を通して奈良時代以前の神祀りについて見ていきたい。

『常陸国風土記』には，その土地，土地に鎮座する社の所在や，その謂れや神祀りについての記載がある。その中には，比較的詳細に記されたものや複数回にわたり登場する頻度の高いものがある（下記参照，◎印）。「筑波の神」もそのひとつであるが，周辺では「香島の天の大神」，「香島の神子の社」，「香取の神子の社」，「浮島の9つの社」，などが目を惹く記述として注目される。

（新治郡）　―
（筑波郡）　◎筑波の神（筑波岳）
（信太郡）　飯名の社，◎浮島「九つの社ありて，言も行も謹諱めり」

224　第3部　地域の表出—弥生・古墳時代

　　（茨城郡）　—
　　（行方郡）　◎香取の神子の社（3ヶ所），国つ社（大井），◎香島の神子の社（3ヶ所），夜刀の神の社，香澄の里の社
　　（香島郡）　◎香島の天の大神
　　（那賀郡）　晡時臥の山の社
　　（久慈郡）　◎賀毗禮の峯の社
　　（多珂郡）　—

　以下に，鹿島神宮，香取神宮，浮島に関連して，神社祭祀に遡る祭祀遺跡や祭祀遺物について紹介し，それぞれの特質について考えてみたい。

(1) 鹿島神宮の祭祀遺跡と遺物（第3・4図参照）

　鹿島神宮は東国進出，蝦夷征討の拠点として，大和朝廷によって創設されたと考えられており，鹿島（香島）の神は東国から北に向かう交通の拠点，その要衝の地に鎮座している。

　『常陸国風土記』香島郡の条に，「古老のいへらく，難波の長柄の豊前の大朝に馭宇しめしし天皇のみ世，己酉の年，大乙上中臣□子，大乙下中臣部兎子等，惣領高向の大夫に請ひて，下総の国，海上の国造の部内，軽野より南の一里と，那賀の国造の部内，寒田より北の五里とを割きて，別きて神の郡を置きき。そこに有ませる天の大神の社・坂戸の社・沼尾の社，三処を合わせて惣べて香島の天の大神と称ふ，因りて郡に名づく」とあるように，鹿島神宮（香島の天の大神）は，天の大神社を主神とし，坂戸社，沼尾社など在来の神を結合して構成されたようである。この坂戸社や沼尾社は，現社殿のある田谷沼沿いの地にあったものと考えられている。田谷沼は，鹿島神宮北方至近に位置し，北浦から入り江状に入り込む比較的大きな谷地となっており，風土記にある沼尾池や沼尾社の旧地はその谷奥にあったとされている（大場 1970a, pp. 58-59；森下 1999）。

　ところで，鹿島神宮の境内[6]からはいくつかの祭祀遺物が出土している。椙山林継の報告によると（椙山 1994），國學院大學考古学資料館所蔵の小型手づくね高杯，鹿島神宮所蔵の小型手づくね高杯と小型手づくね平底椀などがある。高杯は器高 7.7〜11.7 cm と小型の手づくね品で，棒状の形態で上面と下面を抉り込み小さな杯部と脚部を作り出している。平底椀は内面を指で粗くなでて整形したもので，口唇部は未調整，口径 7 cm，器高 5.5 cm 前後の小型の手づくね品である。出土した小型手づくね土器は，高杯，平底椀いずれも古墳時代後半期のもので，とくに後期に顕著である。後者の平底椀は，古墳時代後期の典型的な小型祭祀用土器の一つで，全国広範囲に出土が認められる。これに対し，前者の棒状高杯は，古墳時代後期の手づくね土器と思われるが類例は少なく，椙山は鹿島型の手づくね高杯として注目している。杯部と脚部をもつ小型手づくね土器は全国広く認められるが，本例のような棒状の本体上下に浅い窪みを作り出す形状は意外に少なく，椙山も指摘する佐賀県三養基郡基山町伊勢山遺跡（木下元ほか 1970）や小城市三日月町石木遺跡（高島ほか 1976）ほか，福岡県遠賀郡岡垣町黒山遺跡群（東日本埋蔵文化財研究会 1993）など北部九州にわずかに認められるにすぎない。どちらかというと，鹿島神宮出土の高杯

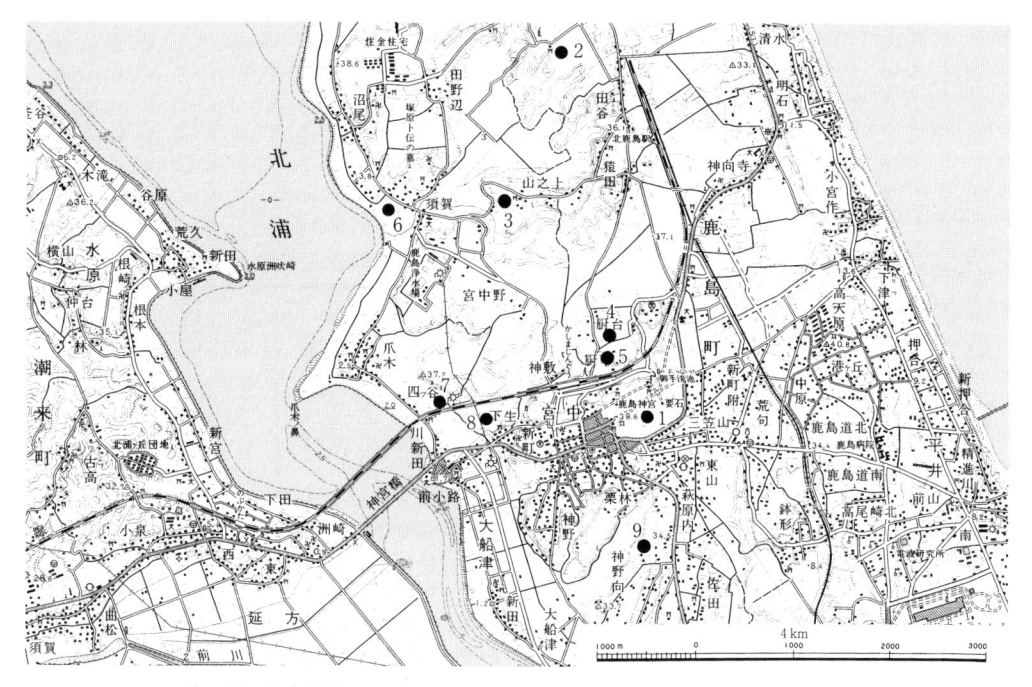

第3図　鹿島神宮とその周辺の遺跡（国土地理院5万分の1地形図より）
1：鹿島神宮境内　2：沼尾社　3：坂戸社　4：厨台遺跡群　5：鍛冶台遺跡　6：条里遺跡（須賀）　7：条里遺跡（宮中）　8：条里遺跡（大船津）　9：神野向遺跡（鹿島郡衙跡）

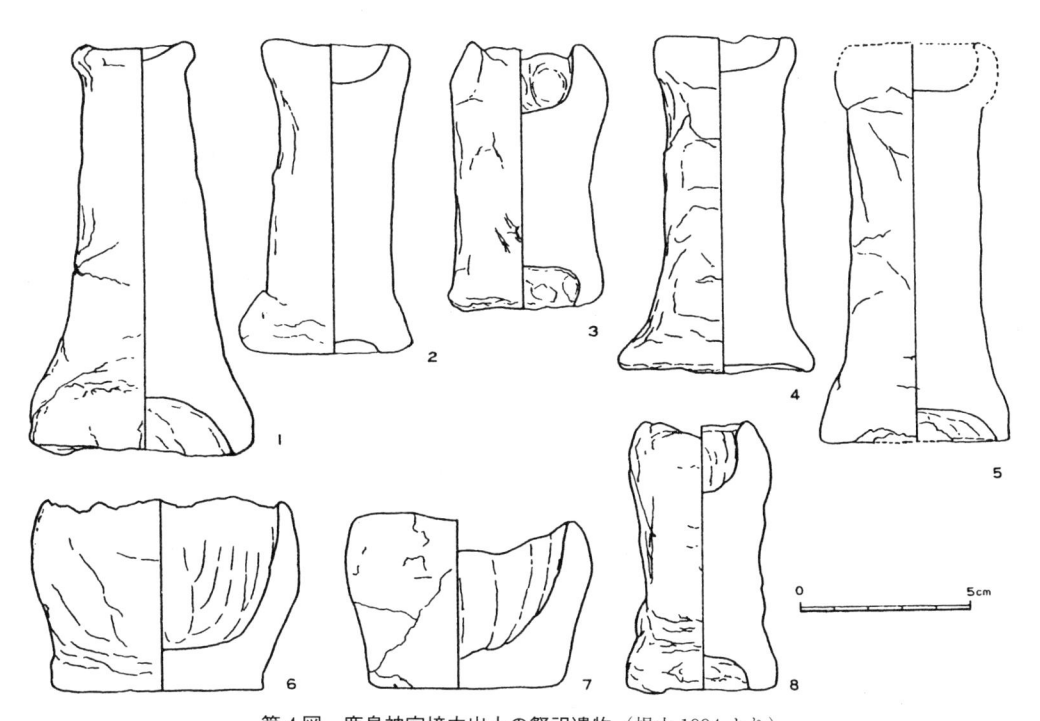

第4図　鹿島神宮境内出土の祭祀遺物（椙山1994より）

形手づくね土器は，常陸・下総など近隣には類似例の少ない外来的な様相をもつ祭祀用土器と考えられる。

境内出土の祭祀遺物としてこれら手づくね土器以外には，やはり古墳時代後期の子持勾玉，土師器壺，高杯，小形甕，杯，須恵器高杯，土製丸玉，円筒状土錘，また奈良時代以降の須恵器蓋杯，高台付杯，盤，高杯などの出土も報じられている（椙山 1994, p. 157；黒澤ほか 1995）。

このように鹿島神宮の鎮座する地には，すでに古墳時代後期に遡る祭祀の痕跡が認められる。古墳時代中期に遡る滑石製模造品は，現状では北浦湖岸の水田条里遺跡群（須賀，宮中，大船津地区など）や厨台遺跡群・鍛冶台遺跡など神宮周辺の地に多く認められ，有孔円板，剣，勾玉，臼玉，鎌，斧，刀子などの模造品や子持勾玉が出土している（本田 1983；本田・田口 1984；本田・宮崎 1989；風間 1990）。鹿島神宮境内の地における祭祀の源流は，現状から判断すると滑石製模造品最盛期に後出する6世紀前半代の祭祀にあると想定されるが，先行して古墳時代中期の5世紀代に神宮周辺の地から祭祀が始まったと考えることも可能であろう（椙山 1994, p. 163）。いずれにしても，鹿島神宮に収斂される古墳時代以降のこの地の祭祀が，内海に面する北浦湖岸の低地，あるいは神宮境内，厨台遺跡群，坂戸社，沼尾社の台地上のように内海の入り江を望む地に位置することは重要である。

(2) 香取神宮の祭祀遺跡と遺物（第5図参照）

おなじく，古霞ヶ浦水系の入口に鎮座する香取神宮境内やその周辺からも，古墳時代以降の祭祀遺物が出土している。

『日本書紀』神代・下に「天神，遺経津主神・武甕槌神，使平定葦原中国。（中略）是時斎主神，号斎之大人。此神今在乎東国楫取之地也」とあり，香取神宮（経津主神）は，鹿島神宮（武甕槌神）とならんで大和朝廷の国土経略に大功のあった武神として，両者は早くから深い関係を持った神社と考えられている。また，楫取之地の義から船の航行を掌る地にあったこと，つまり水運の要衝に位置していたことも鹿島神宮と共通の背景として重視される。

大場磐雄は，1970（昭和45）年の『祭祀遺蹟』巻末に全国の祭祀遺蹟地名表を掲載し，香取神宮に隣接し関わり深い祭祀遺跡として，千葉県香取市香取神宮境内・丁子山・津宮の3遺跡を取り上げている（大場 1970b）。また，1972（昭和47）年に刊行された『神道考古学講座』第2巻では，椙山林継が香取神宮境内の祭祀遺跡について簡潔に次のように解説している（椙山 1972）。

「神宮の境内はほぼ全域にわたり土師器等を出土し，古墳時代以降集落と，祭祀の営まれていた地であることがわかる。（中略）祭祀遺物は現今の社殿周辺，特に本殿裏から西側にかけての森林中に発見され，多くは小形手捏土器と土師器である。発掘調査は一度もないため石製模造品等の発見は不明確であるが，高橋健自の『考古図聚』には石製模造品の有孔円板が出土しているとあり，境内の正式調査がまたれる。」

香取神宮境内は，滑石製有孔円板（後藤 1930）や小型手づくね土器，ほか土師器や須恵器の出土から古墳時代後半期（5世紀後半〜6世紀）に遡る祭祀遺跡の存在が想定される。津宮遺跡は利

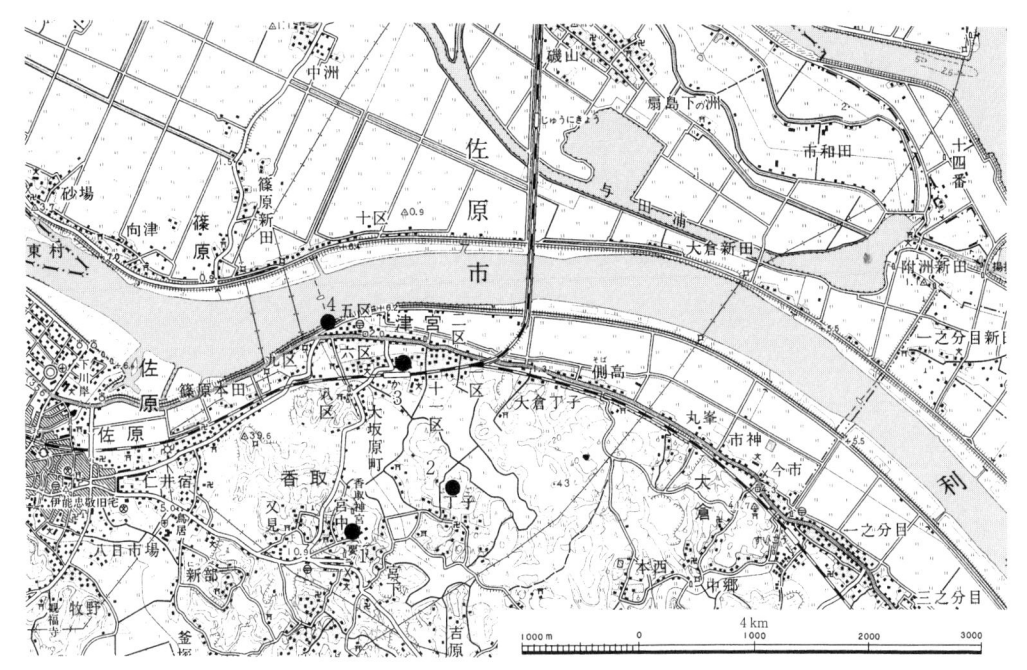

第5図　香取神宮とその周辺の遺跡（国土地理院5万分の1地形図より）
1:香取神社境内　2:丁子山遺跡　3:津宮遺跡　4:津宮大鳥居

根川右岸の微高地上にあり，ここから香取神宮への参詣道が南に延びており，現在も利根川岸に神宮の大鳥居が立っている。この地は，古来より香取神宮とは密接不可分な地域として発展してきた。水運の拠点として，古霞ヶ浦水系から香取神宮への入口，所謂「津の宮」の役割を担っていたと考えられる。有孔円板，剣形，臼玉の滑石製模造品の出土が報じられていることから（高橋1919），その祭祀はやはり古墳時代後半期まで遡るものであろう。

　丁子山の遺跡については，古墳時代の土師器と共に滑石製模造品の出土が伝えられている。大場磐雄の報告によると，大野市平氏所蔵品として小玉（臼玉），鏃形，剣形，有孔円板，勾玉をはじめ，椀形，有孔短冊形，小方形板，菱の実形，その他不明のものなどがある（大場1971b）。いずれも小孔を穿った滑石製模造品と考えられているが，極めて異形のものが多いのが特徴であり，現在その実態は確認できない。この他江見水蔭旧蔵の資料として，京都大学に扁平勾玉，臼玉，鏡形，有孔円板，剣形（佐原市大倉丁子・丁子山・丁子出土）など（京都大学文学部1968），東京国立博物館に剣形，有孔円板（佐原市丁子出土）など（東京国立博物館1986）の滑石製模造品が残されている。大場は，江見水蔭の発掘記録（江見1907）を紹介しつつ，古霞ヶ浦から湾入する小さな谷を隔て香取神宮とも隣接する丁子山の祭祀遺跡を重視している[7]。古墳時代中期に遡りうる祭祀遺跡であり，神宮境内，津宮の2遺跡と共に香取神宮の祭祀の源流と深く関わる遺跡として注目される。また，異形の滑石製模造品の内容も興味深い。大場がいみじくも「神饌の一種」と指摘した菱の実形以外にも，丸餅状（円形），鳥形，アケビ状（三日月形）など，兵庫県加古川市山手行者塚古墳の造出しから出土したいわゆる供物形土製品（加古川市教育委員会1997）と同形と

も見受けられる形態がある。行者塚古墳のような供物形模造品の類例は，古墳出土の土製模造品に散見され，行者塚古墳ほど多彩ではないが円形丸餅状を主体に兵庫県加古川市平荘町クワンス塚古墳（大平2002, pp. 31-42），奈良県北葛城郡河合町佐味田の乙女山（木下亘1988）・ナガレ山（河合町教育委員会1998）両古墳，岐阜県大垣市昼飯町大塚古墳（阪口英毅ほか2003）などの出土例がある。いずれにしても，石製の例が他にないこと，土製の例も古墳出土品に限られるようであり，時期も前期末から中期前半とやや隔たりがあるなど，丁子山例は極めて特殊な事例と言える。古墳出土の供物形土製品との関連を考慮するのであれば，西日本の古墳に例が多いという地域的な傾向と共に，本遺跡例の特殊性はその祭祀の性格をも暗示するものといえよう。

(3) 浮島尾島神社の祭祀遺跡と遺物（第6・7図参照）

　稲敷市浮島は，昭和初期の干拓以前は霞ヶ浦東南部に浮かぶ孤島で，尾島神社はその東端砂洲，標高7m前後の微高地上に鎮座している。現在の霞ヶ浦の湖面からの比高差は，わずか2.5mほどの地にある。『常陸国風土記』信太郡の条に，「乗浜の里の東に浮島の村あり。長さ二千歩，広さ四百歩なり。四面絶海なり。山野交錯はり，戸一十五烟，田七八町餘あり。居める百姓，塩を火きて業と為す。而して九つの社在り，言も行も謹み諱めり」とあり，奈良時代の「信太の流海」に浮かぶ浮島には9つの社が祀られ，島に住む人々の言行は忌みつつしんでいると記されている。尾島神社周辺からは，石製模造品や手づくね土器など古墳時代の祭祀遺物が多量に出土することから，奈良時代以前に遡る浮島の祭祀のあり様を暗示するとともに，この地が先の『常陸国風土記』に記される九つの社のひとつではないかとの考えも浮かんでくる。なお，島内にはこのほかにも，北東岸にある和田勝木遺跡（茂木1976）や西南岸にある前浦遺跡（坂詰1974）からも多量の土師器と共に滑石製模造品などの祭祀遺物が出土しており，尾島神社と同じように古墳時代の祭祀場と考えられている。

　尾島神社周辺の祭祀遺跡については，かつて神社の東西および北側を中心に遺物の散布が確認され（亀井1958），一部トレンチによる発掘調査も実施されており（椙山1972, p. 44；茂木1994, p. 199），古墳時代後半期の土器や須恵器と共に小形手づくね土器や滑石製模造品の有孔円板，剣形，刀子，勾玉，立花状品などの祭祀遺物が発見されている。最も広範囲にわたり調査を行ったのが，1986年の茨城県教育財団による発掘調査である。この発掘調査は尾島神社に隣接する北側を東西に走る道路敷設に際して実施されたもので，神社の北東約50～70mの地点から，古墳時代後半期の祭祀跡や掘立柱建物跡，滑石製模造品の工房跡などが発見されている（人見1988）。

　祭祀跡は明確な遺構を伴うものではないようだが，土師器，須恵器や手づくね土器，土製模造品を中心とする祭祀遺物の集積が多地点で確認されており，これらが焼土や炭化物と混在して出土するのが特徴的である。この祭祀遺物のまとまりの主要なセットをひろってみると，「須恵器甑，手づくね鉢，土製鏡形模造品，土製鋤（鍬）先形模造品，土製勾玉模造品」，「手づくね鉢，小型手づくね平底椀，土師器甕，土製鏡形模造品，土製勾玉模造品」，「小型手づくね平底椀，小型手づくね皿，土師器杯，土製鏡形模造品」，「手づくね甕，手づくね鉢，土師器甕，土師器杯」，

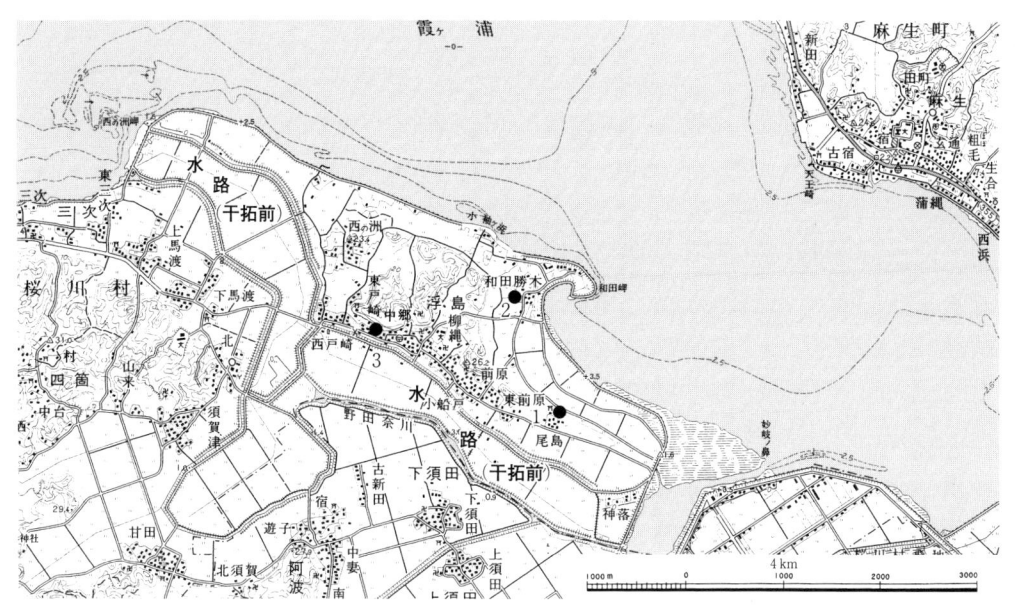

第6図　浮島の祭祀遺跡（国土地理院5万分の1地形図より）
1：尾島神社遺跡　2：和田勝木遺跡　3：前浦遺跡

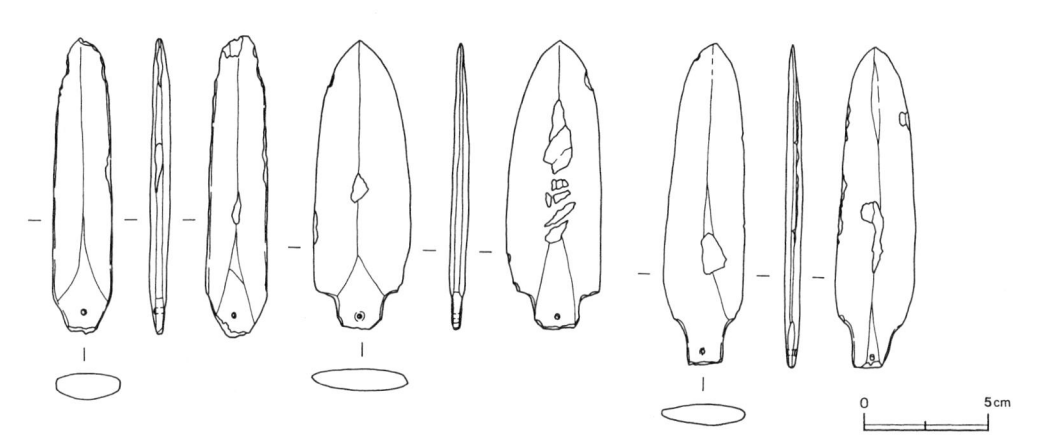

第7図　尾島神社遺跡出土の大形滑石製剣形模造品（人見1988より）

「小型手づくね平底椀，小型手づくね臼形土器，土師器杯，滑石製有孔円板」などがあり，手づくね土器と鋤（鍬）先形のような発見例が希少で特徴的な品目を含む土製模造品を中心とする構成で，滑石製模造品の出土はあまり顕著ではない。祭祀の時期は，出土する須恵器の年代観などから古墳時代後期，6世紀中葉から後半頃のものと考えられる。

　調査区の最も東側，浮島の東端近くで確認された掘立柱建物跡は，東南に面して建てられた総柱建物で，3間×4間の計20本の柱を主屋とし，北側に5本の柱を持つ副屋の如き施設を付している。柱跡の周辺や柱痕内から，祭祀遺物のまとまりが少なくとも2ヶ所確認されている。年代的にも上記祭祀遺跡と重複する時期の建物跡と考えられ，倉庫など祭祀と関連深い施設かと注目

される。

　滑石製模造品の工房跡と思しき遺構は，調査区の南端で部分的に調査されたもので，多量の未成品や原石・剝片とともに剣形品，有孔円板，臼玉が集中して出土している。滑石製模造品は調査区内の祭祀跡や竪穴住居跡からも僅かながら出土しており，本遺跡が工房跡を伴いつつ，滑石製模造品による祭祀も実施していたことは想像に難くない。また，工房跡に共存する土師器の中には，古墳時代中期中葉から後半の特徴も認められる。現在の神社境内を取り巻く祭祀遺跡全体を考えると，前述の手づくね土器や土製模造品を中心とする祭祀に先行して，古墳時代中期の5世紀代に遡る滑石製模造品盛行期の祭祀場の存在が想定されよう。

　工房跡出土の滑石製剣形品の中には，両面に鎬を作り出し，明瞭な茎をもつ古式な様相を留める長さ約12cm大の大形精巧品も含まれている。大形精巧の剣形品の類例は古墳副葬品に多く，奈良県北葛城郡河合町佐味田宝塚古墳（梅原1921），三重県伊賀市才良石山古墳（高橋1919），岡山市沢田金蔵山古墳（西谷ほか1959）など畿内周辺の古墳時代前期末から中期前半の古墳に特徴的に認められるものである。集落内祭祀や祭祀遺跡からの出土は，滑石製模造品の流行する関東地方以北に数例認められるにすぎず（篠原1997），本遺跡の出土例も古墳出土品ほど大形ではないが稀有な例であり，祭祀の性格を示唆する資料として注目に値する。

　以上『常陸国風土記』を手がかりに，古霞ヶ浦沿岸地域の顕著な神祀りとして鹿島神宮，香取神宮，浮島尾島神社を取り上げ，関係する祭祀遺跡を概観してみた。考古資料を通してみたこれら神祀りの源流は，いずれも奈良時代以前の古墳時代，確実なところでは小型手づくね土器や土製模造品が盛行し，滑石製模造品の祭祀が継続する後期の6世紀前半代まで遡ることは共通している。その中で浮島尾島神社の祭祀遺跡は，遅くとも古墳時代中期後半の5世紀代にその淵源をたどりうる遺跡で，古霞ヶ浦の内海に浮かぶ島嶼・海浜の祭祀遺跡という特徴をもっている。このように立地に重きを置いてみると，鹿島神宮では北浦湖岸の低地に位置する条里遺跡群，香取神宮では丁子山や津宮遺跡など，どちらも近隣のより内海に接近した場所で滑石製模造品を主体にさらに遡る祭祀が行われていた可能性が考えられる。

　鹿島神宮の大船津地区，香取神宮の津宮地区は，古代・中世と内海の海浜に設けられた別宮いわゆる「津の宮」に比定される地であり，前述のようにその祭祀の源流は滑石製模造品などを出土する古墳時代の低地祭祀に遡る。鹿島神宮，香取神宮いずれの地も，この「津の宮」を介して古霞ヶ浦の内海世界に開かれ，さらには外海や他の水系を介して外界（他地域）へと通じていたのである。つまり，内海世界と外海，そして他地域とを繋ぐ結節点，これが鹿島，香取における祭祀の背景にある大きな特質と言えよう。

　香取の丁子山と尾島神社の祭祀遺跡から出土する供物形や大形精巧剣形の滑石製模造品は，一般の集落や祭祀遺跡からの出土はきわめて少ない稀有な事例である。両模造品とも，遡源する類例の大半は畿内及びその周辺，いわゆる中枢域の古墳出土例であることから，中央の特殊な神祀りに使用された奉献品が原形とも考えられる。鹿島神宮境内から出土した小型手づくね高杯も，当地にはあまり類例を見ない，やはり外来的性格の強い祭祀遺物である。このように各遺跡から

取り出した個別の祭祀遺物の評価とその共通する側面は，外来の用具を用いる祭祀の執行者，古墳に内包する王権との関わりなど，それぞれの祭祀行為の実態と歴史的背景を示唆する特質として注目に値する。

4. 内海をめぐる交流・交通と古代筑波山の位置

　古代における筑波山祭祀の画期を検証し，その源流に接近するため，周辺の祭祀にも目を向けてみた。ここであらためて，古霞ヶ浦の内海世界とそれを取り巻く常総地域という視座の中で，古代における筑波山とその祭祀の位置を跡付けてみたい。特徴的な考古資料の分布や古代官道のあり方，そこから見える物の動きや人の動きの中で，筑波山はどのような位置にあったのであろうか。奈良時代以前の筑波山祭祀の意味やその背景について，周辺の祭祀遺跡との関係を視野に入れながら，水陸交通路と地域間交流という視点の中で探ってみる。

(1) 考古資料からみた奈良時代以前の筑波山の位置（第8図参照）

　とくに古墳時代の考古資料を通して，筑波山と古霞ヶ浦を基点に，常総地域における物の動きやその背後にある人の動きをたどってみたい。古墳時代は，列島史的に見ても人・物の交流が広範囲に活発化する時期である。これは，常総地域においても例外ではない。

　古墳時代前期には，土浦入りから霞ヶ浦南西岸沿いに下総北部へと展開する玉作遺跡がある。玉作遺跡の分布は，大きく3つの拠点域を形成している。北部より，古霞ヶ浦の西岸最奥部，現在の土浦入り沿岸にある土浦市烏山遺跡・沖宿町八幡脇遺跡・木田余浅間塚西遺跡など，古霞ヶ浦の榎の浦入り北岸周辺，現在の利根川左岸筋および小野川下流域にある稲敷市桑山上の台遺跡，同佐倉地内遺跡[8]，龍ヶ崎市長峰遺跡など，古霞ヶ浦南岸，現在の利根川右岸筋にある成田市八代玉作遺跡群（大竹遺跡，外小代遺跡，八代遺跡など）と大和田玉作遺跡群（稲荷峰遺跡，治部台遺跡など）である（寺村ほか1974；寺村2004；木崎2007）。

　これらは古墳時代前期中葉に始まり，前期後半を中心に中期前半まで継続する玉作遺跡で，緑色凝灰岩，瑪瑙，滑石，琥珀など多様な材質を使った玉類を生産している。古霞ヶ浦の南西岸に沿って点在するこれらの玉作遺跡は，先の拠点ごとに材質，玉の種類などに多様性を内包している。ただ一方では，緑色凝灰岩製管玉を生産の中心に据えている点に関しては，各遺跡とも共通した特徴を有している。前期中葉に始まり瑪瑙勾玉生産に特筆される土浦入りの玉作遺跡群や，八代玉作遺跡群のような大規模で専業性の高い生産地（木崎2007, p.107）を核とし，古霞ヶ浦の内海を介して原石の入手経路や製品の流通体制などを共有する玉作りの一大生産地を形成していたと考えられる（塩谷1993・1996）。

　古墳時代中期には，常総地域に集中的に分布し，独自の発達を見せる古墳出土の石枕がある。いわゆる常総型石枕（白井2001）は，下総北部の古霞ヶ浦南岸を中心に分布し，南は印旛沼水系を経て上総北部の現東京湾岸まで及ぶ。北への分布はやや希薄であるが，現在の霞ヶ浦・北浦沿

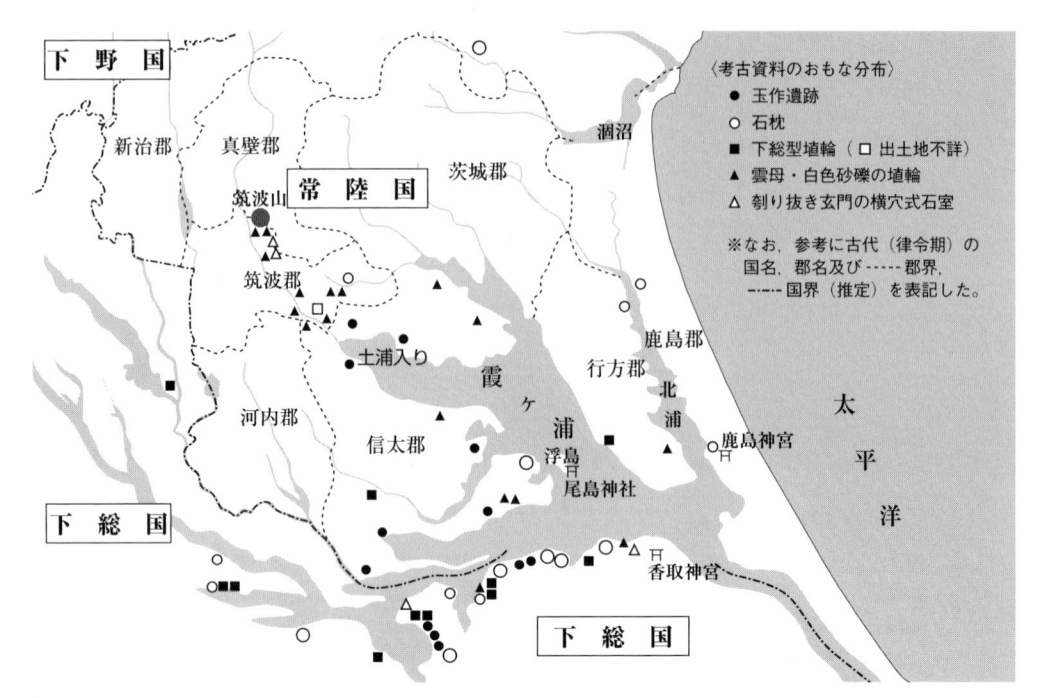

232　第3部　地域の表出―弥生・古墳時代

第8図　古霞ヶ浦沿岸地域と筑波山を取り巻く4～7世紀の考古資料の分布
（木崎2007；白井2001；石橋1995・2004；犬木2007；小林2005を参照）

岸に沿って点在し，北限は北浦水系を超えて那珂川支流の涸沼川流域にまで及んでいる。中期前半に出現し，中期を主体に後期初頭まで存続することから，前期玉作の終焉に呼応するかの如く始まり，続く滑石製模造品製作と期を一にするものと思われる。分布の中心も下総北部の現利根川右岸から印旛沼水系と玉作りや滑石製模造品製作遺跡と重なり，北へも，霞ヶ浦東南岸の潮来・鹿島地域とともに榎の浦入り北岸（旧桜川村飯出周辺）から土浦入り沿岸（土浦市今泉）へと霞ヶ浦南西岸沿いに広がり，玉作遺跡と同じ様相が看取される。

　古墳時代後期～終末期（6～7世紀）には，古墳に樹立される埴輪や横穴式石室および石棺の石材，さらには石室形態に至るまで，多様でさらに広範囲な交流・流通が活発化する。いずれも内海の古霞ヶ浦水系を核とした交流ではあるが，中には他の水系や陸路を介在して，常総地域の領域を越えた交流も認められるようになる。

　6世紀後半段階に前述の石枕とほぼ同様な分布域を持つ埴輪に下総型埴輪（轟1973；犬木1995・2007）がある。分布の中心は印旛沼周辺を含む古霞ヶ浦南岸にあり，石枕と同様に霞ヶ浦沿岸の常陸南部地域へもわずかに流通しており，霞ヶ浦南西岸（霞ヶ浦東南岸の潮来・鹿島地域を含む）から土浦入り周辺にまで及んでいる可能性が考えられる[9]。古霞ヶ浦水系に広く分布する埴輪の中に，筑波山麓周辺の製作者集団によって生産されたと想定される埴輪がある。これは砂粒や砂礫を多量に含む粗い胎土を特徴とする埴輪で，粘土に多量の雲母粒子を含む1群（つくば市中台古墳群・甲山古墳など）と粗い大粒の白色砂礫が目立つ1群（つくば市沼田八幡塚古墳・北条中台古墳群，石岡市柿岡西町古墳など）との2種に分けられる。円筒埴輪を中心に観察してみるとこれら

二種の埴輪は，筑波山南麓の桜川流域から河口の土浦入り沿岸にかけてその分布の中心があり，5世紀末葉頃から始まり6世紀末葉の埴輪の終焉まで多数の古墳から出土している（塩谷1997；石橋2004）。6世紀前半から中葉頃には竜ヶ崎市永峰3号墳（中村幸ほか1990），香取市堀ノ内4号墳（渋谷ほか1982），成田市大竹竜角寺101号墳（萩野谷ほか1988）など遠方の古墳からも白色砂礫や雲母粒子を多量に含む埴輪が出土しており，筑波山麓産の埴輪が桜川流域から霞ヶ浦南西岸沿いに下降し，古霞ヶ浦の榎の浦周辺や南岸にまで広く流通していたと考えられる。また6世紀後半段階には，雲母粒子を多量に含む埴輪は，出島半島北岸（塩谷1997, p. 71）から北浦沿岸（茂木ほか2004）など内海沿岸にさらに流通域を拡大している。なお，同じように筑波山麓周辺を発信源とし，古霞ヶ浦水系に沿って常総地域に広く流通するものに片岩の板石を使用した古墳の埋葬施設がある。これは，筑波山南麓から南東麓山系にかけて産出する片岩（通称筑波石）を用いた埋葬施設で，箱式石棺や横穴式石室などがある。5世紀後半頃に始まり徐々に分布域を拡大し，6世紀末葉から7世紀代には石棺や石棺系石室を中心に古霞ヶ浦沿岸とその水系を通じて常総地域全体に拡散しており（石橋1995・2001），広く石材の流通と加工技術の伝播・交流が行われていたことがわかる。

　ところで，これら筑波山麓を源とする埴輪や石棺・石室は，下野や常陸北部など北方への流通はどうだったのであろうか。両者とも，桜川流域を北上する上流への分布拡散は確かなものが認められないが，6世紀中葉以降，雲母粒子を含む埴輪が小貝川，鬼怒川流域を超えて栃木県小山市・上三川町・下野市域など下野東南部へと流通している状況が確認できる[10]。筑波山南麓に位置する茨城県つくば市平沢古墳群や山口古墳群（3号墳）は古墳時代終末期・7世紀代の片岩板石を使用した横穴式石室墳で（寺内1982），石室入口の玄門構造に下野東南部の横穴式石室墳に認められる刳り抜き玄門の影響が認められる。この刳り抜き玄門は，栃木県下都賀郡壬生町吾妻岩屋古墳，下野市国分寺甲塚古墳，河内郡上三川町兜塚古墳など6世紀後半段階の横穴式石室墳を源流とし，その後上記の平沢・山口古墳群のみならず，この筑波山南麓地域を介して古霞ヶ浦南岸にあたる下総北部の千葉県香取市香取又見古墳や千葉県印旛郡栄町浅間山古墳などやはり片岩板石を使用する横穴式石室の玄門構造に影響を与えていることが指摘されている（小林2005）。

　以上のように，古墳時代前・中期の4〜5世紀は，古霞ヶ浦南岸の下総北部地域から，霞ヶ浦東南岸の潮来・鹿島地域を経由し，霞ヶ浦南西岸に沿って土浦入りにかけて，相互に物や人の顕著な往来が確認できる。これは，6世紀後半代の下総型埴輪の動きにも当てはまるものと想定され，内海の水系を利用した伝統的な地域間交流であり交通路であったと考えられる。一方6世紀前半代に至ると，今度は常総地域北縁の筑波山麓を発信源に，特徴的な埴輪が桜川流域から土浦入りに至り，霞ヶ浦南西岸に沿って古霞ヶ浦南岸地域へと流通している。この動きは6世紀後半以降にはさらに広域となり，片岩板石組みの石棺・石室に顕著に見られるように，古霞ヶ浦沿岸各地から常総地域全域に及ぶようになる。また，6世紀中葉頃から始まる雲母粒子を含む筑波山麓系埴輪の西進を端緒として，とくに7世紀代の終末期横穴式石室墳に認められる玄門形態と技術伝播の動きは，筑波山麓と下野東南部地域との密接な地域間交流や流通経路の発露として注目

される。

(2) 古代官道から見た筑波山とその周辺 (第9・10図参照)

　奈良時代初期に完成する古代官道としての駅路は，基本的に直線で幅の広い計画的道路であったと考えられている（中村太1996）。本稿で取上げる下総・常陸・下野など東国の駅路についても，『常陸国風土記』，『日本後記』，『延喜式』などに記載される駅名や現地に残る直線的な道路状痕跡を参考に，その路線の復元がなされてきた（木下良1995・1996）。前述のように下総北部から常陸南部にかけての古霞ヶ浦沿岸地域では，奈良時代以前から水運による地域間交流や物資の流通が盛んであった。それ故，駅路としての水駅（水之駅道）も想定されてはいるが（松原1985），後述する駅路の性質から考えてやはり計画的に敷設された陸路と考えたほうが理解しやすい。ただ興味深いことは，下総北部を含む古霞ヶ浦沿岸には，下総国から常陸国府へとほぼ直線的に繋ぐ幹線駅路とは別に，板来駅（潮来）を経由して国府へと迂回する支路があったことである。この迂回路は，東国経営や蝦夷征討に重きを置いた香島・香取の位置づけとともに，両神宮への参詣路の性格が強かったと考えられる。『常陸国風土記』信太郡条には，「榎の浦の津あり。便ち，駅家を置けり。東海の大道にして，常陸路の頭なり。この所以に，傳駅使等，初めて国に臨らむには，先ず口と手とを洗ひ，東に面きて香島の大神を拝みて，然して後に入ることを得るなり。」とある。古代官道の施行にあたり，香島・香取の神は看過できない祭祀の対象であり，両神宮を経由迂回する駅路の設定はそれ以前の内海世界の水上交通網とその祭祀を背景としたものであったと思われる。

　古代の常陸国は，先の『常陸国風土記』信太郡条にもあるように，東海道に所属していたことは明らかである。これに対して，『常陸国風土記』や『延喜式』の郡名記載が「新治，（真壁），筑波，（河内），信太，茨城，行方，香島，那賀，久慈，多珂※（　）内は延喜式」とあるように，いずれも下野国に近い新治郡から始まっていることから，『常陸国風土記』以前の駅路設置当初は常陸国への道は東山道経由だったとも考えられている（志田1990・1994）。

　下野と常陸とを結ぶ官道については，下野東南部に位置する国府（栃木市田村）と常陸国大神駅（桜川市・平澤付近）を基点に東西に延びる直線道と，新治郡家（筑西市古郡遺跡）を基点に常陸・下野間を南北に結ぶ直線道とが想定されており，桜川市小栗付近で交差している（木本1997）。想定される後者の官道は新治郡家付近を通り，眼前に筑波山を望みつつ南進する直線道である。奈良時代には筑波山北麓から湯袋峠を超えて常陸国府に達していたと想定されているが，一方では筑波郡家を経て桜川沿いに信太郡に達し，土浦入り沿岸に位置する東海道幹線駅路の曾禰駅にも通じていたと思われる（第10図）。つまり，古代官道から見た筑波山は，常陸国における東山道と東海道の中間結節点に位置していたとことにもなる。東山道下野国と常陸国を東西，南北のルートで繋ぐこの官道は，7世紀代に顕在化する筑波山麓地域と下野東南部との物資の流通や技術伝播など，先に考古資料から跡付けた流通経路とほぼ重なっており，おそらくこの両者の地域間交流を基に成立したと考えられる。

先学の研究をもとに常総地域とその周辺の古代官道を概観し，筑波山と鹿島・香取の位置を跡付け，その背景を考えてみた。水運を主とする古霞ヶ浦水系とその沿岸社会の中にあって，筑波山と鹿島・香取の地は，多様な意味で物資の流通や地域間交流の拠点として重要な位置を占めていた。国府を拠点とする新たな官道の敷設も，これらの地が内海沿岸やその周辺を結ぶ交通路や地域間交流に果たしてきた役割を充分に意識し，継承するものであったことの意義は大きい。

古代官道（駅路）施行の意義と，その歴史的背景を説く中村太一の言説は示唆に富んでいる（中村 1996）。中村は，日本古代の官道

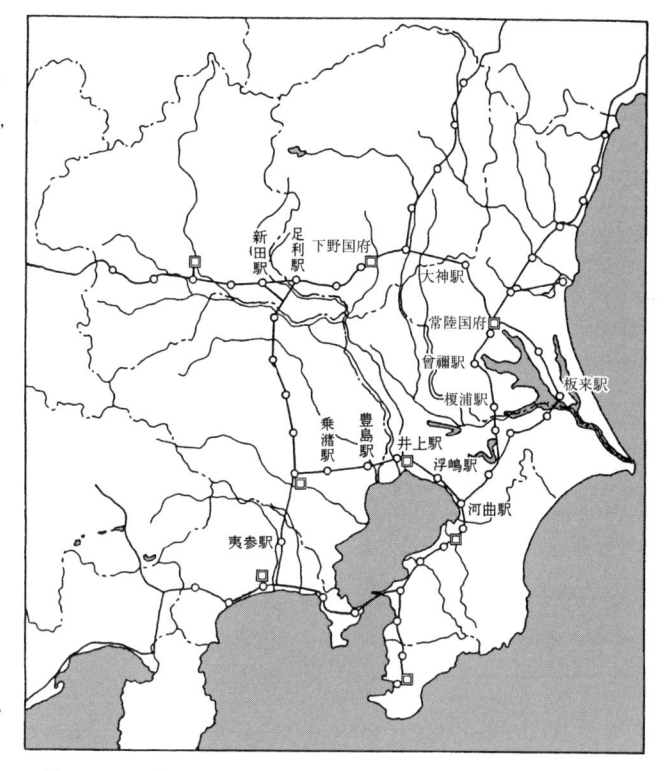

第9図　奈良時代初期の東国駅路（中村1996より，一部改変）

を，律令政府が税物輸送などの一方的な政策目的で構築したもので，実用道路とは異なる政策的かつ計画的な道路と規定した上で，「国家形成期以前の交通秩序は，共同体社会の人格的な諸関係や神の「霊力」に依拠したものと言える。そこでは，（共同体外部の）*通行者と共同体の間で互酬性を媒介とした諸関係を構築ないし確認（祭祀，交通関係神への貢納）*しながら交通を行う必要があり，（中略）誰もが安定的な中・長距離間交通を行い得る体制にはない。

このような（国家形成期以前の）*交通秩序に対して，誰もが運脚になり得て，また彼らが国家領域の隅々と中央との間を安定して交通することができる体制を新たに構築し得なければ，この統一税制（律令制）*は画餅に帰する可能性を有するのである。（中略）

律令国家交通体系は，前代の交通秩序を克服するものとして導入が図られたものと考えられる。」（*筆者注）と説明する。つまり，中村の言説を参考にすれば，律令期以前の伝統的な古霞ヶ浦水系に結ばれる内海世界は，外界へ通じる開かれた空間であると共に，一方では在地の共同体諸関係に規制された閉鎖的な空間とも捉えられるのであろう。

5. 結　語―内海をめぐる祭祀の連環と筑波山祭祀の源流―

古代における筑波山祭祀の源流は，六所神社山頂の巨石群，夫女ヶ原の夫女石，稲野神社境内

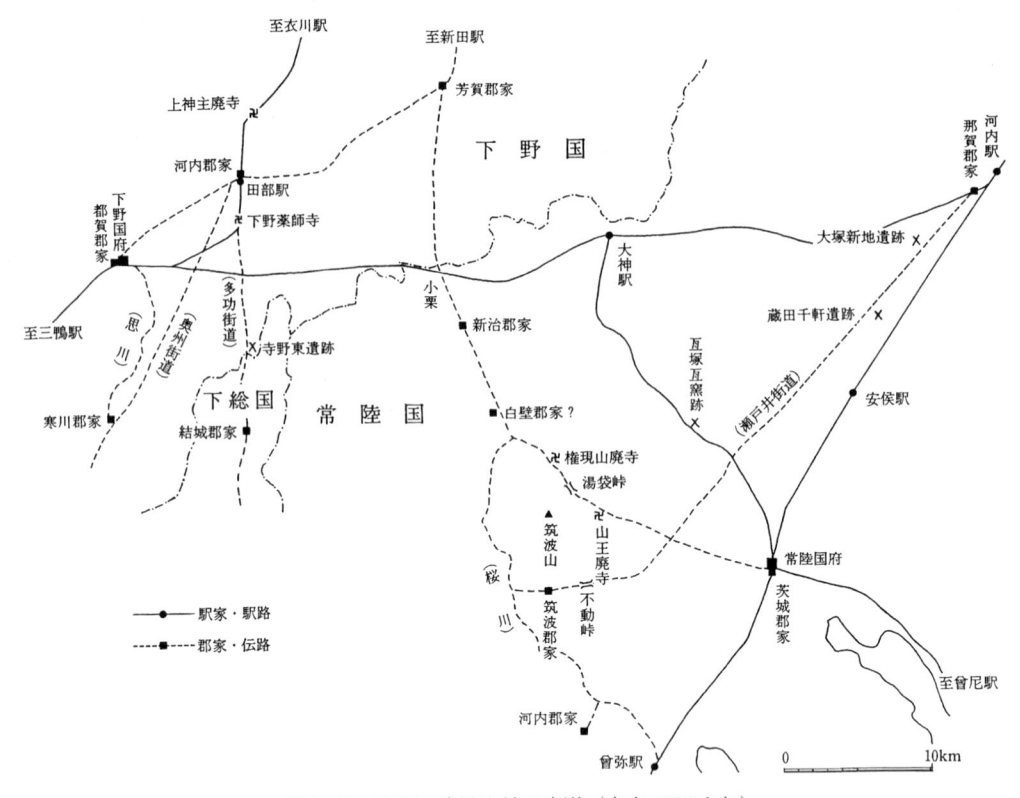

第10図　下野・常陸を結ぶ官道（木本1997より）

の巨石などの検討から，南麓に展開する磐座祭祀に始まるものと考えられる。この磐座の祭祀は，奈良時代の『常陸国風土記』に象徴的に描かれ，それ以前に遡るであろう原初的な筑波山祭祀の一面を伝えるものであろう。旧稿では（塩谷1994），筑波山南麓のつくば市沼田にある全長約90 mの大型前方後円墳・八幡塚古墳（茂木1979）の築造を重視し，筑波の神を奉斎する祭祀権者の出現と捉えた。八幡塚古墳は6世紀前半に突如出現する傑出した規模の首長墳であり，その被葬者は，祭祀の拠点となる筑波山南麓に盤踞して祭祀を司る奉斎者に相応しい。磐座祭祀の始まりも，八幡塚古墳が示す古墳時代後期の6世紀前半まで，あるいはこの被葬者の生前の治世期間を考慮すれば，古墳時代中期の5世紀代まで遡り得るとも考えられる。

　さて，筑波山祭祀の源流をこのように想定し，素描してみた上で，再度その周辺の祭祀に目を向けてみよう。本稿で俎上にあげた鹿島・香取神宮，浮島尾島神社の祭祀遺跡と筑波山祭祀との諸関係について，交通路や地域間交流を視野に入れつつ改めて整理し，本稿の結びとしたい。

　鹿島神宮境内，香取神宮境内，浮島尾島神社の祭祀遺跡からは，古墳時代後半期に遡る祭祀の痕跡が認められ，遅くとも6世紀前半，周辺の関連遺跡をその起源に加えればそれぞれの祭祀の淵源は5世紀代に遡る可能性が考えられた。また，特徴的な祭祀遺物からは外来的な様相が看取され，一部には王権との関わりもうかがわれた。つまり，これらの祭祀の執行は内海の沿岸社会内部で完結するのではなく，各遺跡とも外来者の祭祀行為を伴う可能性が高い。先の律令期以前

の交通秩序の特性からすれば，主たる祭祀のねらいは内海を航行する外来者などの通行に伴い実習されたと考えられ，その祭祀の背後には大和王権など畿内中枢勢力の関与も想起されてくる[11]。『播磨国風土記』揖保郡枚方里佐比岡の条には，出雲の大神が通行者を殺害するなど，交通妨害の荒ぶる神として登場する。風土記の記事では，この時出雲の国人等は，佐比（鋤の類）を作って佐比岡で荒ぶる神を祀ったとあり（大平1994），尾島神社遺跡から出土した鋤（鍬）先形土製模造品の存在なども，内海の航行にともなう祭祀の観点から，交通神と関わり深い注視すべき資料と言えよう。いずれにしても，これら祭祀遺跡が比較的至近の位置にあり，古霞ヶ浦の内海を渡って相互に連関し，派生する水系や外海から他地域へも通じていた地理的環境が重要である。

　鹿島，香取，浮島のある古霞ヶ浦南岸から東南岸一帯の地は，内海を南西岸に沿って土浦入りへ，さらに桜川を遡上して筑波山麓へと通じている。考古資料を通してみた古墳時代の地域間交流からは，この内海の交通路が沿岸社会の中でも特に相互密接な通行関係にあったことが確認できた[12]。ちなみに，鹿島，香取，浮島いずれの地も，2神山の筑波山を遠望できる位置にある。筑波山をも取り込む古霞ヶ浦沿岸要所における祭祀がさまざまな航行者の通行に伴う祭祀行為と考えるならば，鹿島・香取から浮島南岸の水路を経て[13]，遠方に望む筑波山へと結ぶ水の道筋は，一連の交通と祭祀行為の連環として浮かび上がってくる。鹿島・香取は内海の出入口，水運の基点にあたる「辺つ宮」であり，浮島は内海に浮かぶ「神島」であり「中つ宮」として，さらに筑波山は内海のかなたに聳える「仙山・仙境」であり，「奥つ宮」とも言うべき位置づけが可能であろう（第11図）。八幡塚古墳の築造時期から，筑波山南麓における祭祀の始まりを想定したが，これは鹿島・香取，浮島など内海をめぐる祭祀の淵源とも合致し，古墳時代中期（5世紀代）に遡る年代が考えられる。

　一方筑波山を基点に西方，北方へと目を転じると，考古資料からみた筑波山麓地域と下野東南部との物資の流通や技術伝播の活発化など，双方の地域間交流が注目された。これは，筑波山とその祭祀が東海道の東端に位置する古霞ヶ浦の内海世界を超えて，東山道筋へと展開する転機と位置づけられ，6世紀後半から7世紀前半の年代が考えられる。筑波山麓産と想定する埴輪は，6世紀中葉以降には僅かながら下野東南部にまで及んでいる。また，下野東南部を源流とする横穴式石室刳り抜き玄門の影響は，筑波山麓を介して下総北部にまで認められ，7世紀の早い時期には鬼怒川・小貝川上流から筑波山麓，土浦入りを経て，古霞ヶ浦南岸へ至る道筋も開かれていたようである。

　下野・常陸間を繋ぐ想定東山道は，これら古墳時代後期・終末期の交通路をトレースし敷設された可能性が高く，新治郡を入口として筑波山に向かって南進する直線道である。下野から常陸国へのランドマーク（目標物）として筑波山が果たした役割も重視されるが，官道沿いの北側から望む筑波山も二神山の秀麗な山容を呈しており，やはり信仰の対象でもあったと思われる。東山道を視野に入れると，いまだ確たる証拠に乏しいが，下野からさらには東北地方へと，筑波山は東海道筋から東山道筋へ，常総地域を越えて人，物，文化を繋ぐ結節点の役割も果たしていたのではなかろうか。

第11図　古霞ヶ浦沿岸地域における古代筑波山の位置（国土地理院20万分の1地形図より）

謝辞

本稿をなすにあたり，秋元陽光，賀来孝代，津野仁，堀部猛の各氏から，貴重なご教示や資料収集のご協力を賜りました。末筆ながら，記して感謝申し上げます。

註

1) 『常陸国風土記』，『万葉集』については，『日本古典文学大系』岩波書店刊の『風土記』及び『万葉集』第1〜第3巻によっている。
2) 筑波山に対する中心的な祭祀は，古代より，南方から臨む二神山を主たる祭祀の正面と仰ぎ執行されたと考えられる。（塩谷1994, pp. 283-284）
3) 近世の六所神社神宝目録にある聖観世音菩薩御正体は，建久6 (1195) 年の寄進と記されている（井坂1989a, pp. 195-196；塩谷2003, p. 172）。
4) 夫女ヶ原の夫女石は，六所神社山頂巨石群のほぼ真北，600mほどの位置にある（第1図参照）。かつて，六所神社が執り行っていた筑波の神の御座替神事も，神社を出た神輿がこの夫女石を経由して山頂から降りてくる神を迎えたと言われており，祭祀上の関連がうかがわれる。
5) 常陸南部から下総北部地域に広がる，霞ヶ浦，北浦，利根川下流から印旛沼・手賀沼にかけての水域で，古代・中世には広大な内海（入海）を形成していた沿岸地域を指す。

6)（椙山 1994）によると，大鳥居南の文庫跡，社務所北側などからの出土としている。また，（茂木 1997, pp. 6-8）では，大鳥居と楼門の間の地点として，1970 年時における発掘調査の見学記録が報告されている。

7）大場が報告する丁子山の遺跡は，江見水蔭の記録から，現在の香取市にある大倉丁子遺跡群の一部に相当すると考えられている（中山ほか 2001, p. 174）。

8）窪田恵一氏のご教示による。窪田氏のご好意により，氏の採集資料を実見させていただいた。

9）常陸南部地域の例として，霞ヶ浦東南岸の茨城県潮来市堀之内日天月天塚古墳（茂木ほか 1998）や霞ヶ浦南西岸の茨城県竜ヶ崎市長峰 17 号墳（中村幸ほか 1990）がある。また，土浦市十三塚出土と伝えられる下総型の円筒埴輪が，水戸市教育委員会に保管されているが，いまだ確かな出土地を特定できていない。この伝土浦市出土品については井博幸氏にご教示頂き，水戸市教育委員会・川口武彦氏のご好意により資料を実見させていただいた。

10）栃木県小山市梁寺野東遺跡（古墳群）3 号墳（津野 1998），同県下野市絹板別処山 2 号墳（斎藤ほか 1992），同県河内郡上三川町琴平塚古墳群 2 号・6 号墳（中村享 2004）などの出土例がある。

11）鹿島・香取両神宮だけでなく，浮島尾島神社の祭祀についても，すでに王権との関わりを論じた見解がある（茂木 1994, pp. 195-219；森田 2000, pp. 45-47）。

12）霞ヶ浦南西岸から桜川，筑波山麓へと通じるこの水路は，中世の軍事ルートの 1 つとしても指摘されている（糸賀 1988, p. 48）。

13）江戸時代後期，土浦藩の藩校郁文館に招聘された藤森弘庵は，土浦から船に乗り潮来，鹿島，銚子を遊覧した。その際の紀行文で，浮島の北側は波が荒くよく船が転覆して危険なので，航路は島の南側を選んだとし，「島の近くの南岸は，長い川を下っていくようだった。1 里ほど行くと島が終わり，視界がまたぱっと開けた」，とその様子を著している。大森林造訳 1993『航湖紀勝』筑波書林

引用文献

井坂敦實　1989a「奈良平安時代の筑波山信仰」『筑波町史』筑波町史編纂専門委員会
　　　　　1989b「筑波山の神と祭祀」『筑波町史』筑波町史編纂専門委員会
　　　　　1989c「徳一と筑波山寺」『筑波町史』筑波町史編纂専門委員会　204 頁
石橋　充　1995「常総地域における片岩使用の埋葬施設について」『筑波大学先史学・考古学研究』第 6 号　31-57 頁
　　　　　2001「筑波山南東麓における 6・7 世紀の古墳埋葬施設について」『筑波大学先史学・考古学研究』第 12 号　57-73 頁
　　　　　2004「『筑波山系の埴輪』筑波山系の埴輪の分布について」『埴輪研究会誌』第 8 号　1-16 頁
糸賀茂男　1988「筑波山周辺の古道」『シンポジウム常陸の道 —常陸国における交通体系の歴史的変遷—』常総地域史研究会
犬木　勉　1995「下総型埴輪基礎考 —埴輪同工品論序説—」『埴輪研究会誌』第 1 号　6 頁
　　　　　2007「同工品論から見た下総型埴輪の内と外 —『同工品論』と『型式論』—」『埴輪論考』I　大谷大学博物館報告書　第 53 冊　大阪大谷大学博物館　51 頁
梅原末治　1921『佐味田及新山古墳の研究』岩波書店
江見水蔭　1907「疑問の遺跡探検記」『地底探検記』博文館
阪口英毅ほか編　2003『史跡　昼飯大塚古墳』大垣市埋蔵文化財調査報告書　第 12 集　大垣市教育委員会

大場磐雄　1943a「赤城神の考古学的考察」大場磐雄『神道考古学論攷』葦牙書房
　　　　　1943b「原始神道の考古学的考察」大場磐雄『神道考古学論攷』葦牙書房
　　　　　1970a「祭祀遺蹟の考察」大場磐雄『祭祀遺蹟』角川書店　97-147頁
　　　　　1970b「祭祀遺蹟地名表」大場磐雄『祭祀遺蹟』角川書店　519-600頁
大平　茂　1994「播磨の祭祀遺跡 ―『風土記』にみる神まつりの背景―」櫃本誠一編『風土記の考古学』第2巻　同成社　69-87頁
　　　　　2002「土製模造品の再検討 ―兵庫県内出土古墳時代祭祀遺物を中心として―」『兵庫県埋蔵文化財研究紀要』第2号　兵庫県教育委員会埋蔵文化財調査事務所　31-42頁
河合町教育委員会生涯学習課 1998『国指定史跡　ナガレ山古墳』河合町
加古川市教育委員会 1997『行者塚古墳発掘調査概報』加古川市文化財調査報告15
風間和秀　1990『鹿島神宮駅北部埋蔵文化財調査報告』VI　鹿島町の文化財　第69集　鹿島町教育委員会
亀井正道　1958「常陸浮島の祭祀遺跡」『国学院雑誌』第59巻第7号　23-31頁
木崎　悠　2007「関東における古墳時代前期の玉作」茂木雅博編『日中交流の考古学』同成社　97-109頁
木下元治ほか 1970『基山町伊勢山・鳥栖市永吉遺跡』九州縦貫自動車道福岡熊本線鳥栖地区埋蔵文化財発掘調査報告書　佐賀県教育委員会
木下　良　1995「常総の古代交通路に関する二・三の問題」『常総の歴史』第16号　17-31頁
　　　　　1996「東海道 ―海・川を渡って」『古代を考える　古代道路』吉川弘文館　69-86頁
木下　亘　1988『史跡乙女山古墳　付高山2号墳 ―範囲確認調査報告―』河合町文化財調査報告　第2集　河合町教育委員会
木本雅康　1997「古代伝路の復原と問題点」『古代交通研究』第7号　114-116頁
京都大学文学部 1968『京都大学文学部博物館考古資料目録』第2部　日本歴史時代　14-15頁
黒澤春彦ほか 1995『霞ヶ浦　人と神と水と・湖のくらし』上高津貝塚ふるさと歴史の広場　10頁
後藤守一　1930『高橋健自博士蒐蔵　考古図聚』萬葉閣
小林孝秀　2005「刳り抜き玄門を有する横穴式石室の比較検討 ―下野の事例とその評価をめぐる基礎的作業―」『専修考古学』第11号　83-100頁
斎藤光利　1992『別処山古墳』南河内町埋蔵文化財調査報告書　第6集　南河内町教育委員会
坂詰秀一　1974「前浦祭祀遺跡」『茨城県資料　考古資料編　古墳時代』茨城県　192-194頁
椙山林継　1972「関東　水を対象とした遺跡，古社に関する祭祀遺跡」大場磐雄編『神道考古学講座』第2巻　雄山閣　43-46頁
　　　　　1985「筑波山中における祭祀遺跡」大森信英先生還暦記念論文集刊行会編『常陸国風土記と考古学』雄山閣　257-268頁
　　　　　1994「鹿島神宮」茂木雅博編『風土記の考古学』第1巻　同成社　145-168頁
塩谷　修　1993「土浦市烏山遺跡出土の管玉未成品」『土浦市立博物館紀要』第5号　1-14頁
　　　　　1994「神体山としての筑波山」茂木雅博編『風土記の考古学』第1巻　同成社　269-290頁
　　　　　1996a「霞ヶ浦と古代玉作り遺跡」『関東の博物館』第20号　関東地区博物館協会　16-17頁
　　　　　1996b「霞ヶ浦沿岸の埴輪 ―5・6世紀の埴輪生産と埴輪祭祀―」『霞ヶ浦の首長』展図録　霞ヶ浦町郷土資料館
　　　　　2003「筑波山南麓の六所神社と巨石群」山の考古学研究会編『山岳信仰と考古学』同成社　165-182頁

志田淳一　1990「三輪山の神と常陸」『大美和』78

　　　　　1994「常陸国風土記よりみた新治国と多珂国」『茨城キリスト教大学紀要』第 28 号　茨城キリスト教大学　19-20 頁

篠原祐一　1997「石製模造品剣形の研究」『祭祀考古学』創刊号　25-53 頁

渋谷興平ほか　1982『千葉県佐原市　堀之内遺跡』堀之内遺跡発掘調査団

白井久美子　2001「常総型石枕 (1)」『千葉県史研究』第 9 号　71-79 頁

高島忠平ほか　1976『石木遺跡』佐賀県教育委員会

高橋健自　1919『古墳発見石製模造器具の研究』帝室博物館学報　第 1 冊　帝室博物館

津野　仁　1998『寺野東遺跡 VII（古墳時代墳墓編）』栃木県埋蔵文化財調査報告第 209 集　栃木県教育委員会

寺内のり子　1982『平沢・山口古墳群調査報告』筑波大学考古学研究会

寺村光晴ほか　1974『下総国の玉作遺跡』雄山閣

寺村光晴編　2004『日本玉作大観』吉川弘文館　65-83 頁

東京国立博物館　1986『東京国立博物館図版目録』古墳遺物篇（関東 III）　109-110 頁

轟俊二郎　1973『埴輪研究』第 1 冊

中村太一　1996『日本古代国家と計画道路』吉川弘文館

中村享史　2004『東谷・中島地区遺跡群 4 琴平塚古墳群（西刑部西原遺跡 1・2・6 区）』栃木県埋蔵文化財調査報　第 283 集　栃木県教育委員会

中村光一　1998「延喜神名式にみる常陸国内の諸社の動向」『町史研究　伊那の歴史』3　伊那町史編纂委員会　94 頁

中村幸雄ほか　1990『竜ヶ崎ニュータウン内埋蔵文化財調査報告書　長峰遺跡』茨城県教育財団文化財調査報告　第 58 集　茨城県教育財団

中山清隆ほか　2001『江見水蔭『地底探検記』の世界　解説・研究編』雄山閣

西谷眞二・鎌木義昌　1959『金蔵山古墳』倉敷考古館研究報告　第 1 冊　倉敷考古館　75 頁

萩野谷悟ほか　1988『千葉県成田市所在　竜角寺古墳群第 101 号古墳発掘調査報告書』千葉県文化財保護協会

東日本埋蔵文化財研究会　1993『古墳時代の祭祀 ―祭祀関係の遺跡と遺物―』第 III 分冊　448 頁

人見暁朗　1988『一般県道新川・江戸崎線道路改良工事地内埋蔵文化財調査報告書　尾島貝塚・宮の脇遺跡・後九郎兵衛遺跡』茨城県教育財団文化財調査報告　第 46 集　茨城教育財団

本田　勉　1983『鹿島湖岸北部条里遺跡』III　鹿島町の文化財　第 32 集　鹿島町教育委員会

本田　勉・田口　崇　1984『鹿島湖岸北部条里遺跡』IV　鹿島町の文化財　第 38 集　鹿島町教育委員会

本田　勉・宮崎美和子　1989『鹿島湖岸北部条里遺跡』VIII　鹿島町の文化財　第 67 集　鹿島町教育委員会

松原弘宣　1985「地方市と水上交通」『日本古代水上交通史の研究』吉川弘文館　456-463 頁

茂木雅博　1979『常陸八幡塚古墳整備報告書』八幡塚古墳調査団

　　　　　1994「浮島の祭祀遺跡」茂木雅博編『風土記の考古学』第 1 巻　同成社　195-220 頁

　　　　　1996『常陸浮島古墳群』浮島研究会

　　　　　1997「常陸國風土記と香島」『博古研究』第 14 号　1-13 頁

茂木雅博ほか　1998『常陸日天月天塚古墳』茨城大学人文学部考古学研究報告　第 2 冊　茨城大学人文学部考古学研究室

2004『常陸赤坂山古墳』茨城大学人文学部考古学研究報告　第7冊　茨城大学人文学部考古学研究室　27頁

森下松壽 1999「『常陸国風土記』における「沼尾池」の一考察」『菟玖波』第3号　48-49頁

森田喜久男 2000「古代王権と浮島」『歴史評論』第597号　37-50頁

弓場紀知 1999「三輪と石上の祭祀遺跡」『古代を考える　山辺の道 —古墳・氏族・寺社』吉川弘文館

第4部

定着と漂泊―古代・中世

坂東と陸奥の陶硯

田 中 広 明

1. はじめに

　わが国の古代国家は，人々を郡や里（郷）という単位で組織し，現地採用の官人たちに徴税や課役の元となる戸籍や計帳などを作成させ，これを管理した。この文書行政の徹底が，わが国の古代国家を根底から支えていたのである。陶硯は，その文書行政に一役買っていた。

　古代の日本に硯は，筆や墨とともに中国や朝鮮半島から伝来したが，石製の硯を用いないことや硯を墓に副葬しないことなど，硯をめぐりわが国は独特な受け入れ方をした。陶硯は，あらゆる種類の遺跡から出土するが，官衙や寺院，一部の集落遺跡などに限られる。

　ただし，陶硯が出土したからといって，そこで木簡や文書が必ず作成されたとは限らない。窯跡の陶硯を除く大半は，硯面を磨いておらず，墨の痕跡も明らかではなく，その9割以上が，破片資料だからである。このことは，陶硯が官人や文書事務にかかわる人物にとって，象徴的存在であったことを示す。なお，実際の書写は，資料化されにくい膨大な転用硯を用いていた。

　けれども，官衙や寺院を問わず各地で陶硯が出土することは，文字にかかわる人々や組織が，陶硯を渇望した現れであり，その需要の推移や地域による偏差を探ることによって，古代の官人や僧侶たちと地域のかかわりが，より具体的に解明できるはずである。

　そこでまず，関東地方の陶硯について，窯ごと，窯が限定できない場合は，地域や国ごとに製作技法の連続を抽出し，地域的な特色を導き出すこととする。この成果に基づき陸奥国の陶硯，とくに関東地方の陶硯と相互関係のある陶硯について，搬入か模倣かを検討し，官人の移動や工人の生産などの問題に踏み込むこととする。

　陸奥国は，行政や経済，人的交流などあらゆる面を通じ坂東諸国と不可分の関係にあった北の大国である。陸奥国の瓦や土器など一般の窯業製品も，坂東諸国から技術的系譜をひく。この陶硯という特殊な手工業製品を通じ，坂東と東国の文字にかかわる人々や組織が，地域や国家に果たした役割を論じたい。

2. 坂東諸国の陶硯

　およそ古代の陶硯は，その九割以上が，在地（当該国）でつくられた製品である。そこでまず，

246 第4部 定着と漂泊―古代・中世

第1図 坂東諸国の陶硯分布

地域の特性と陶硯とのかかわりについて，生産と消費の実態から明らかにしておきたい。

なお，坂東は，碓氷，箱根の峠に接した上野，武蔵，相模国の西関東地域と，そのほかの東関東地域，あるいは上野，下野国の東山道諸国，2国以外の東海道諸国に大きく分かれる。また，時代とともに変遷するが，各国は，さらに2から3の小地域に分かれていた。

(1) 上野国の陶硯

秋間窯・乗附窯 上野国は，西毛，東毛，北毛に分かれる。最も古い陶硯は，西毛のみである。群馬県前橋市元総社町小見遺跡出土陶硯（以下，遺跡名で省略。県名省略）（鈴木雅2001）は，外堤が

横斜め方向に突出し，上位凸帯をつけない。7世紀後葉にさかのぼる陶硯である。

この型式の陶硯は，安中市下秋間秋間窯（同市安中池尻遺跡）（千田 1998），または高崎市乗附窯で生産された。窯跡からは，7世紀末から8世紀初頭まで下る。安中市松井田町松井田工業団地遺跡（田口修 1990），同町中の条遺跡（野平 2001），高崎市福島熊野堂遺跡（飯塚卓 1984a・b），藤岡市上栗須寺前遺跡（岸田 1993）などが，同時期の製品である。

8世紀前葉には同型式の陶硯が，安中市下秋間二反田遺跡（千田 1998）で焼成され，前橋市青梨子下東西遺跡（神谷 1987），同市総社町大屋敷遺跡（坂口・斎藤 1996），同市元総社町鳥羽遺跡（唐澤・綿貫 1986・1988，綿貫 1990・1992）などに確認できる。

また，東毛の前橋市二ノ宮町洗橋遺跡に出土した系譜の陶硯は，第III四半期の玉村町佐波郡角渕上之手石塚遺跡（石川 1999），松井田町愛宕山遺跡（徳江 2000）をもって消滅する。なお，二反田遺跡の別系統の陶硯が，前橋市鳥羽遺跡，松井田町五料平遺跡（松田 1997）にみられる。

外堤を横に突出させ，脚部を奥まって作る円面硯が，7世紀末から8世紀初頭に高崎市三ツ寺三ツ寺II遺跡（関 1991），前橋市元総社町寺田遺跡（藤巻 1996）で登場する。方形やしずく状の透かし穴を脚部に開け，器高が低い。埼玉県深谷市岡熊野遺跡（富田 2002）（武蔵国末野窯製品）に類例がある。

また，同時期の前橋市下東西遺跡や高崎市菅谷町石塚遺跡（太田 1980）の陶硯は，外堤と上位凸帯を耳状に作り，高崎市引間国府南部遺跡群（田辺 2000）の陶硯につながる。

吉井窯・藤岡窯 8世紀前葉の多野郡吉井町長根羽田倉遺跡（鹿沼 1990）の陶硯は，埼玉県深谷市熊野遺跡出土陶硯（同県大里郡寄居町末野窯製品）と共通点がある。また，藤岡市緑埜地区遺跡群（古郡・田野倉 1985）から出土した小形陶硯は，外堤が大きく外に開く。脚部に連子窓状の透かし穴が開く陶硯は，8世紀前葉から第IV四半期に認められる。藤岡市上栗須寺前遺跡（8世紀前葉），同市上戸塚株木遺跡（志村ほか 1984）（8世紀第III四半期），同市上戸塚株木B遺跡（丸山 1991）（8世紀第IV四半期）である。

9世紀第II四半期から，外堤が高く突き出し，上位凸帯が凸線状となる円面硯が，藤岡市藤岡平遺跡（古郡・寺内 1995），同市西平井竹沼切通し遺跡（伊藤実 1997）（藤岡窯跡）や，吉井窯跡に近い集落の多野郡吉井町黒熊八幡遺跡（山口逸 1996）などにみられる。同類は，前橋市元総社町明神遺跡（岸田 1983）（第III四半期），同市元総社町寺田遺跡（藤巻 1996），佐波郡玉村町上之手石塚遺跡（第IV四半期），同町角渕稲荷山遺跡（石川 1999）（10世紀前半）などに見られるが，稲荷山遺跡をもって，上野国の円面硯は消滅する。

なお，吉井窯では，吉井町黒熊中西遺跡（須田 1992；山口 1994），同町多胡蛇黒遺跡（中沢悟 1993），富岡市田篠上田篠遺跡（井上 1984）などに上記類型から系譜のたどれない陶硯があり，他地域の陶硯の系譜を引くのかもしれない。

北毛の陶硯 脚部に連子窓状の透かし穴が開く陶硯が，利根郡みなかみ町後田遺跡（大江正 1988）（8世紀第III・IV四半期）に確認できる。また，同遺跡には，外堤が無く上位凸帯が水平に伸びる陶硯がある。上野型短頸壺の蓋と共通する意匠かもしれない。同町月夜野洞III遺跡（下

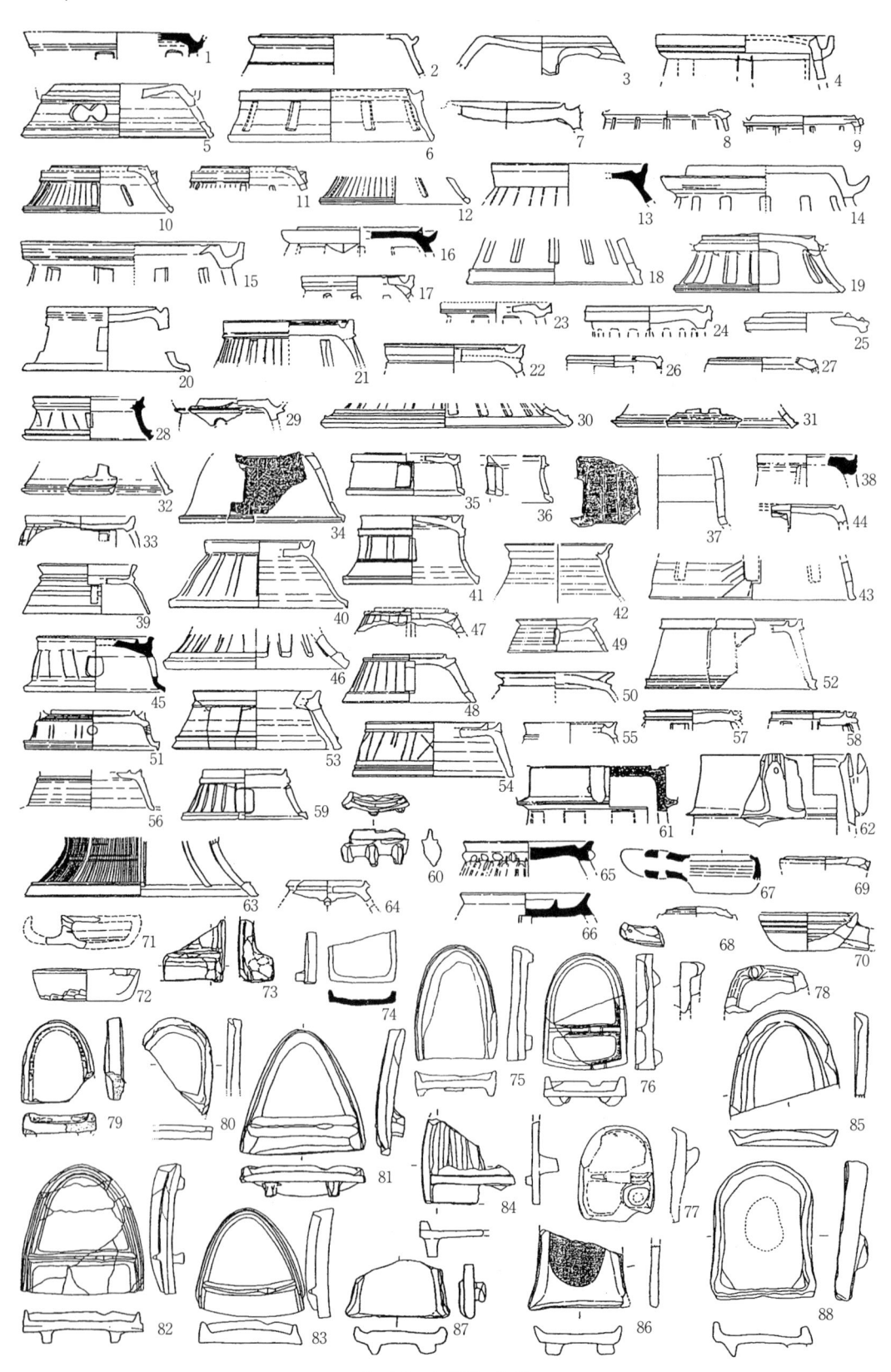

248　第4部　定着と漂泊—古代・中世

第2図　上野国の陶硯

城 1986）の円面硯は，同期の坏の底部に外堤をつけた簡素なつくりである。同様の事例は，前橋市鳥羽遺跡にある。沼田市大釜町大釜遺跡の製品（大西 1983）は，円形の透かし穴を開ける稀有な例である。円形の透かし穴は，愛知県の猿投窯に認められる。みなかみ町月夜野窯（下城ほか 1985）等で生産されたのであろう。

東毛の陶硯　東毛地域に陶硯が登場するのは，8 世紀前葉の太田市新田村田町境ヶ谷戸遺跡（小宮 1994・1999）である。外堤と上位凸帯がタガ状にめぐり，脚端部が内側に屈曲する。台形状のこの陶硯は，8 世紀第 III 四半期に伊勢崎市境下渕名高田遺跡（野平 2002），佐波郡玉村町上之手石塚遺跡など，第 IV 四半期に前橋市元総社町上野国分僧寺・尼寺中間地域（木津・桜岡 1987・1988・1990・1991・1992；友廣 1992；木津ほか 1992）と続く。

8 世紀第 IV 四半期以降，太田市東長岡町戸井口遺跡（岩崎・木津 1999）と同市鳥山中町鳥山下遺跡（亀山 2003）の陶硯，前橋市鳥取町芳賀東部団地遺跡（中沢充ほか 1984）と同市二之宮町荒砥上の坊遺跡（小島・赤沼 1996・1997）の陶硯は，それぞれ共通の意匠である。しかし，型式の継続は無い。

蹄脚円面硯　前橋市元総社町西川遺跡（笹沢 2001）から蹄脚円面硯が出土した。岐阜県各務原市美濃須衛窯（大江 1983）や畿内の製品が，宮都を経由してもたらされたのであろう。蹄脚円面硯は，遠江，信濃国以東の東国では，埼玉県深谷市熊野遺跡（鳥羽 2006），長野県飯田市座光寺恒川遺跡（伊藤・澁谷 2005），同県松本市県遺跡（桐原 1981）等にみられるだけである。なお，7 世紀後葉にさかのぼる藤岡市上栗須寺前遺跡，前橋市元総社町寺田遺跡の陶硯は，外堤と上位凸帯との間がとても長く，蹄脚円面硯を意識している。筆立てが付き，加飾性に富む。

また，前橋市西川遺跡からは，東海地方で作られた大形脚部の陶硯，前橋市鶴光路西田遺跡（新井 2002）では，愛知県猿投窯の小型円面硯が出土した。

前橋市大屋敷遺跡の陶硯は，上位凸帯の下に珠文を貼付し，脚部を連子窓状に作る 8 世紀第 III 四半期の陶硯である。静岡県藤枝市御子ヶ谷遺跡（八木・磯部 1981）に類例があり，蹄脚円面硯の模倣とされる。同遺跡からは，陸がとても小さく，硯面が托状の陶硯も出土しており，搬入品の可能性がある。

中空円面硯　中空円面硯は数少ないが，上野国に 7 例ある。最古は，7 世紀後葉の高崎市三ツ寺町堤上遺跡（清水・綿貫 1994・1995）の例である。7 世紀末から 8 世紀初頭の事例を欠くが，8 世紀前葉には，高崎市保渡田町保渡田東遺跡（若狭 1986）（2 点），渋川市半田中原・南原遺跡（大塚 1994），前橋市上野国分二寺中間地域遺跡，8 世紀第 III 四半期には，高崎市福島町熊野堂遺跡（飯塚卓 1984a・b）などに確認できる。

堤上遺跡，保渡田東遺跡の例は，ハソウの胴部に中空の把手をつけて手燭状に作る。上野国分二寺中間地域遺跡，熊野堂遺跡，保渡田東遺跡の例は，小形の平瓶がモデルとなっている。熊野堂遺跡の陶硯は，把手が付かない。また，硯部には穿孔があり筆立てかもしれない。

これらは，東海地方や畿内の中空円面硯と作りが異なる。安中市下秋間秋間窯の製品である。

風字硯　8 世紀第 IV 四半期から生産された。渋川市石原諏訪ノ木 II 遺跡（荒木 2000）の風字硯

が最も古い。側堤と脚が一体となって作られる。9世紀第Ⅰ四半期には，高崎市西国分町西国分Ⅱ遺跡（田辺2000），前橋市鳥羽遺跡で確認できる。前者は，長方形硯かも知れない。

鳥羽遺跡の硯は，「∩」字形であり，幅が狭く縦に長い。この類型は，上野国だけである。多野郡吉井町多比良下五反田遺跡（大川1984），同町吉井川内遺跡（茂木1982），みなかみ町月夜野洞Ⅰ遺跡，前橋市元総社町小見内Ⅲ遺跡（斉木・土生2002），同市鳥羽遺跡など10世紀後半までみられる。吉井町黒笹吉井・藤岡窯や利根郡みなかみ町月夜野窯などで生産された。

また，吉井窯では，頭部の丸い三角形の風字硯も生産された。9世紀第Ⅱ四半期の吉井町黒熊八幡遺跡から，同町下五反田窯，碓氷郡松井田町人見中の条遺跡，群馬郡榛東村広馬場別府八幡下遺跡（新藤1987）の9世紀第Ⅳ四半期まで続く。同窯では，「風」字の風字硯も生産され，高崎市熊野堂遺跡，前橋市青梨子町中島遺跡（唐沢1981），吉井町多比良遺跡（茂木1992），前橋市総社町西川遺跡などで消費された。

東毛では，伊勢崎市周辺で特殊な風字硯が作られた。前橋市荒砥上の坊遺跡（小島・赤沼1996・1997）では，底部に布目痕の残る楕円形の硯が造られた。平瓦を作る手法である。伊勢崎市三和町舞台遺跡（窯跡）（綿貫2001）では，舟形硯が作られた。同市上植木本町光仙房遺跡（飯塚誠1988）では，三日月形の堤が付けられる。それぞれ個性的な硯であり，上野国内に前後の系譜を認められない。

なお，前橋市中島遺跡から出土した黒色土器の風字硯は，器肉が極薄く，細かな磨きと黒色処理が繊細に施されており，畿内で生産され，平安京を経由して獲得された製品と考えたい。同工の製品は，山梨県笛吹市石和町大原遺跡（末木1999）にみられる。

(2) 武蔵国の陶硯

武蔵国は，北部，中部，南部，秩父の四地域に分かれる。須恵器の生産は，北部の埼玉県大里郡寄居町末野窯（赤熊1999）（以下，埼玉県のみ県名を省く），中部の比企郡鳩山町大橋南比企窯（渡辺-1988～1992）と入間市小谷田東金子窯（坂詰1964），南部の東京都八王子市宇津貫町南多摩窯（服部1992）で行われた。最も古い陶硯は，7世紀後葉にさかのぼる。北部の末野窯と南部の南多摩窯（小山窯）（鶴間1993）である。

末野窯　末野窯の陶硯は，東国では稀有な獣脚円面硯である。復元すると十六脚の大形硯だが，消費遺跡から報告は無い。畿内で生産された獣脚円面硯をもつ発注主が，これを様としたか，獣脚円面硯を知る工人が，武蔵国の発注主の求めに応じて生産したのであろう。豪壮な作りで重量感があり，持ち運びに適さない。

末野窯では，脚部の四方に方形やハート形の透かし穴がある。内堤，上下凸帯が無く，外堤が斜め上に突出する。岐阜県各務原市美濃須衛窯に類似の陶硯がみられる。

7世紀後葉から8世紀の末野窯の陶硯は，榛沢評家である深谷市岡熊野遺跡（富田2002；鳥羽2001・2003；宮本ほか2004a・b）に限られる。群馬県高崎市三ツ寺町三ツ寺Ⅱ遺跡の陶硯と共通する滴状の透かし穴を開けた円面硯が出土している。8世紀前葉には，円形透かしと十字透かしを

坂東と陸奥の陶硯　251

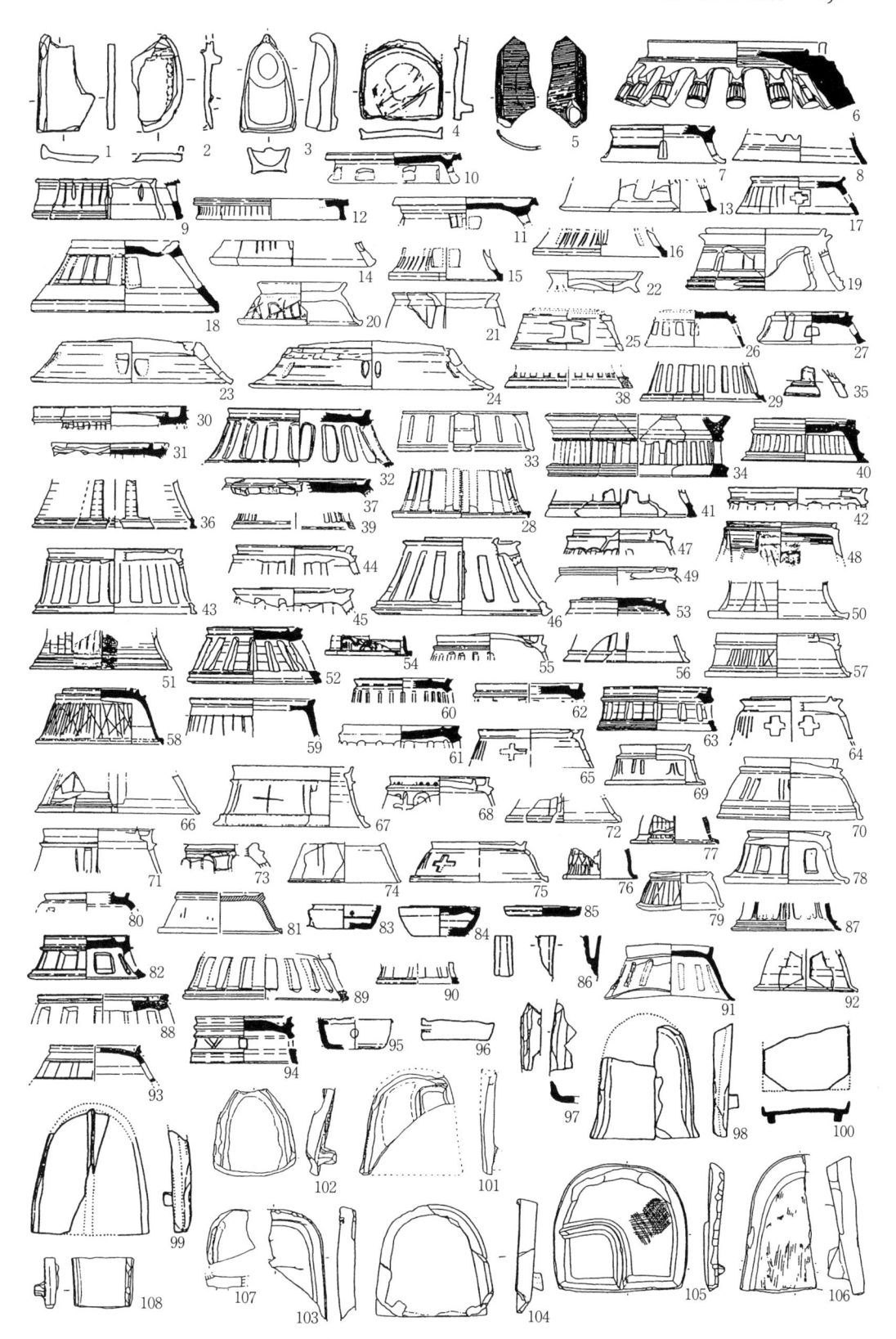

第3図　上野国・武蔵国の陶硯

組み合わせた意匠となる。須恵器大甕の口縁部を反転させた陶硯もある。熊野遺跡では，8世紀第Ⅲ四半期まで陶硯が確認できる。

その後，末野窯の製品は9世紀前半まで確認できない。9世紀後半に高台付椀を反転させた形の陶硯が新たに登場する。外堤がとても高く，内堤，上下凸帯が無い。東金子窯や南多摩窯でも類似型式の陶硯が登場した。深谷市本郷北坂遺跡（中島1981），同市岡上宿遺跡（平田1998），児玉郡美里町用土沼下遺跡（今井1982）などの集落にみられる。

南比企窯　南比企窯の鳩山町赤沼古代瓦窯（渡辺-1997），同町赤沼石田窯（渡辺-1995），窯業製品の集積地である東松山市立野遺跡（高橋1980）から7世紀末から8世紀初頭の円面硯が出土した。ただし消費地から出土は無い。

石田窯の陶硯は，扁平な大きく「ハ」字状に開く形態であり，類似の陶硯が，茨城県ひたちなか市足崎原の寺窯（中野1981），福島県いわき市四倉町大猿田窯（大越1998）などで見ることができる。透かし穴，形態ともに後続しない。透かし穴は，石田窯例がしずく状，赤沼古代瓦窯例が「工」字状，立野遺跡は方形と異なる。立野遺跡の陶硯の脚部には，縦に粘土帯を貼り付けた痕跡があり，福島県南相馬市原町区泉廃寺（荒2007），宮城県仙台市太白区郡山遺跡（長島1986）の独鈷形レリーフと類似すると考えたい。

また，連字窓状の透かし穴も南比企窯では，7世紀末から8世紀初頭の段階にみられる。坂戸市竹之内稲荷前遺跡（富田1994），行田市野築道下遺跡（大屋1998；剣持2000）の陶硯である。なお，深谷市宮ヶ谷戸東川端遺跡（瀧瀬1990）から出土した同種の陶硯は，愛知県名古屋市東山猿投窯（斎藤孝1983）の製品である。

この段階から8世紀前葉にかけて，脚柱部と同じ幅の方形透かし穴を開けた短脚の大形円面硯もみられる。神奈川県川崎市麻生区宮添遺跡例（大坪ほか1995）が最も古い。東京都府中市武蔵国府関連遺跡（荒井1991）や坂戸市千代田若葉台遺跡（加藤1989～2005）（南比企窯）などの例は，8世紀前葉である。

連子窓状透かし穴の他，長方形透かし穴と縦の刻み（平行線）を多用した意匠が，南比企窯（鳩山窯）に登場し，深谷市上敷免遺跡（瀧瀬1993），東京都北区西ヶ原遺跡（黒済1992），日野市落川遺跡（福田1996），川崎市麻生区岡上遺跡（河合2001）などに供給された。鳩山窯では，8世紀第Ⅳ四半期まで生産を確認できる。消費遺跡では，9世紀第Ⅰ四半期まで残る。上位凸帯を必ずつけ，大小の規格があり，小型化する。

8世紀第Ⅲ四半期は，坂戸市稲荷前遺跡，同市千代田若葉台遺跡，深谷市岡岡部条里遺跡（宮本1998）。8世紀第Ⅳ四半期は，熊谷市上川上北島遺跡（大谷1991；中村1989；鈴木孝1998；浅野1989；田中広2002），東松山市下野本西浦遺跡（山本1997），坂戸市稲荷前遺跡，東京都板橋区徳丸四葉地区遺跡（山村ほか1990），9世紀第Ⅰ四半期は，行田市築道下遺跡，日高市高岡廃寺（高橋1978），熊谷市北島遺跡，坂戸市若葉台遺跡などで出土した。

南比企窯では十字形透かし穴が，8世紀前葉以降第Ⅳ四半期まで生産され，坂戸市稲荷前遺跡，東京都北区西ヶ原御殿前遺跡（田中弘1988）で消費された。脚柱部の文様は，平行文に加え，

8世紀第III四半期，斜格子文，「川」字文，それに「×」などが加わる．坂戸市若葉台遺跡，川越市鯨井花見堂遺跡（田中信 1992），東京都日野市神明神明上遺跡（ウィルソン 1994），などで出土した．第IV四半期になると，比企郡滑川町中尾天裏遺跡（植木智 1997），熊谷市北島遺跡，東松山市西浦遺跡，坂戸市稲荷前遺跡で確認でき，9世紀第I四半期には，西浦，北島遺跡に確認できる．

さらに鳩山窯では，8世紀第III・IV四半期に高台付椀を逆転した硯がつくられ，長方形や十字透かし穴があけられた．また，小型硯も作られた．本庄市共栄古井戸・将監塚遺跡例（赤熊 1988）では，「大」や平行線，十字透かし穴などで複雑な文様を施し，北島遺跡では，戯画が描かれた．

東金子窯 南比企窯の影響を受け，逆転した高台付椀に長方形や十字透かし穴を施こす円面硯が作られた．内堤，上下凸帯はない．8世紀第IV四半期の狭山市上広瀬今宿遺跡（小渕 1987），同市柏原小山ノ上遺跡（小渕 1988），9世紀第I四半期に和光市新倉漆台遺跡（鈴木- 1998），東京都青梅市野上町霞台遺跡（木下 2001），同北区十条台十条久保遺跡（穐山 1999），同府中市武蔵台武蔵台東遺跡（西野 1999），などに製品がみられる．8世紀後半以降の製品が多いため，絶対量が少ない．

南多摩窯 東京都八王子市小山窯では，七世紀後葉にさかのぼる陶硯が生産された．脚部に大きな方形の透かし穴を開けた円面硯，中空円面硯，筆立ての破片が出土した．円面硯は，内外堤，上下凸帯を付けた畿内的な硯である．中空円面硯とともに京都府宇治市莵道東隼上り窯例（杉本 1983）からの系譜がたどれる．

また，八王子市東中野多摩ニュータウンNo.446遺跡（雪田・千田 1999）では，連子窓状透かし穴の陶硯が焼成されていた．東京都日野市落川遺跡，同府中市武蔵国府関連遺跡で出土を確認できる．なお，落川遺跡から出土した脚部が垂直に伸びる低脚の円面硯は，愛知県名古屋市猿投窯の製品と考えられる．

9世紀第II四半期から第IV四半期にかけては，東金子窯でもみられた逆転した高台付椀の陶硯が，南多摩窯でも作られ，東京都多摩市一ノ宮遺跡（福田 2001），多摩市東寺方遺跡（鶴間 2003），同府中市武蔵国府関連遺跡などにみられる．

このほか，外堤と上位凸帯が結合し，耳状となる円面硯が，府中市武蔵国府関連遺跡，東京都板橋区四葉地区遺跡などで出土した．類似例が，福島県会津若松市戸大戸窯（石田明 1992）で生産され，同県耶麻郡猪苗代町堅田観音屋敷遺跡（兼田 1997）などに出土がみられる．

中空円面硯 小山窯で中空円面硯が生産された．坏に蓋を被せるように硯面をつけた畿内的な形態である．また，本庄市古井戸・将監塚遺跡や東京都北区十条台下十条遺跡（松田 1997）で出土がみられる．7世紀末から8世紀初めの製品で，前者は末野窯の製品である．

風字硯 風字硯は，府中市武蔵国府関連遺跡で8世紀第IV四半期から登場する．南多摩窯や東金子窯では，9世紀第II四半期から10世紀代まで生産を確認できる．南比企窯（嵐山町将軍沢将軍沢窯）（坂詰 1979）や末野窯でも確認できる．武蔵国では，風字形，半円形，横長半円形，剣

先形（舟形），方形などがある。風字硯は，10世紀後半に向かって小形化する。

風字形は，比企郡嵐山町将軍沢窯，入間市小谷田谷津池窯（坂詰1964），東京都国分寺市西元武蔵国分寺跡（有吉1981・1984，上敷領1994，滝島1989，上村1982），府中市武蔵国府関連遺跡で見られる。

半円形は最も多い形態で，南多摩窯で生産が認められ，日野市落川遺跡，府中市武蔵国府関連遺跡，東京都八王子市落合多摩ニュータウンNo.271・452遺跡（川島ほか1987）などで用いられた。また，東金子窯の系譜を引くふじみ野市竹間沢新開遺跡（窯跡）（松本富1981）から富士見市水子北別所遺跡（小出ほか1979）へ供給された。

剣先形は，東金子窯の入間市新久八坂前窯（竹花ほか1984），横長半円形は，府中市武蔵国府関連遺跡でみられる。末野窯の風字硯は，外面に斜格子状の刻みが入る陶硯である。児玉郡上里町堤中堀遺跡（田中広1997）の陶硯も共通の意匠だが，硯尻のすぼんだ形であり，胎土も異なる関東以外の地域から搬入品である。

なお，府中市武蔵国府関連遺跡と鳩山町大橋鳩山窯跡群（南比企窯）で出土した宝珠硯は，風字硯以前の水平硯である。鳩山窯跡群の宝珠硯には，海と陸とを分ける口髭状の堤がある。

(3) 相模国の陶硯

相模国に陶硯を生産した独自の須恵器窯はない。そのため末野窯を除く武蔵国の窯で生産された製品を国府市で購入したか，窯元に発注して入手したと考えたい。7世紀末から10世紀前半の僅か1・2点に留まる。

最も古い陶硯は，7世紀末から8世紀初頭の小山窯に近い神奈川県相模原市東橋本矢掛・久保遺跡例（以下，県名省略）（柳谷1989）である。次に続くのは，8世紀前葉の茅ヶ崎市下寺尾西方A遺跡（宍戸ほか2003）（高座郡家）の陶硯で，長方形透かし穴に縦の刻みが2本入り下位凸帯を欠く。南比企窯に類例がある。

8世紀第III四半期には，連続する円形透かし穴の横須賀市津久井大町谷東遺跡例（大坪1996）と，小形だが連子窓状透かし穴のある綾瀬市早川宮久保遺跡例（国平ほか1990）がある。第IV四半期になってようやく平塚市の相模国府に関連した遺跡に出土がみられる。同市四之宮諏訪前A遺跡（小島1989），同市四之宮下郷遺跡（小島ほか1984）の出土品である。国府に関連する遺跡ながら，武蔵国府や上野，下野，常陸国府のような陶硯の需要はない。

平塚市中原上宿構之内遺跡（河合ほか2000）（9世紀第IV四半期），同市下郷遺跡（10世紀前半）の陶硯は，両者とも内堤，上位凸帯ともに無く，外堤が極端に伸びる。南多摩窯の八王子市多摩ニュータウンNo.107遺跡（竹花ほか1999）の陶硯と類似する。この形態の陶硯は，府中市武蔵国府関連遺跡や武蔵国府に近い日野市落川遺跡などでは出土せず，相模国府が南多摩窯に発注したと考えたい。

風字硯は，9世紀第III四半期から10世紀前半にみられる。大和市つきみ野上野遺跡（曽根1986），平塚市四之宮高林寺遺跡（小島1986；小島ほか1995・1998），海老名市大谷向原遺跡（宮井

坂東と陸奥の陶硯　255

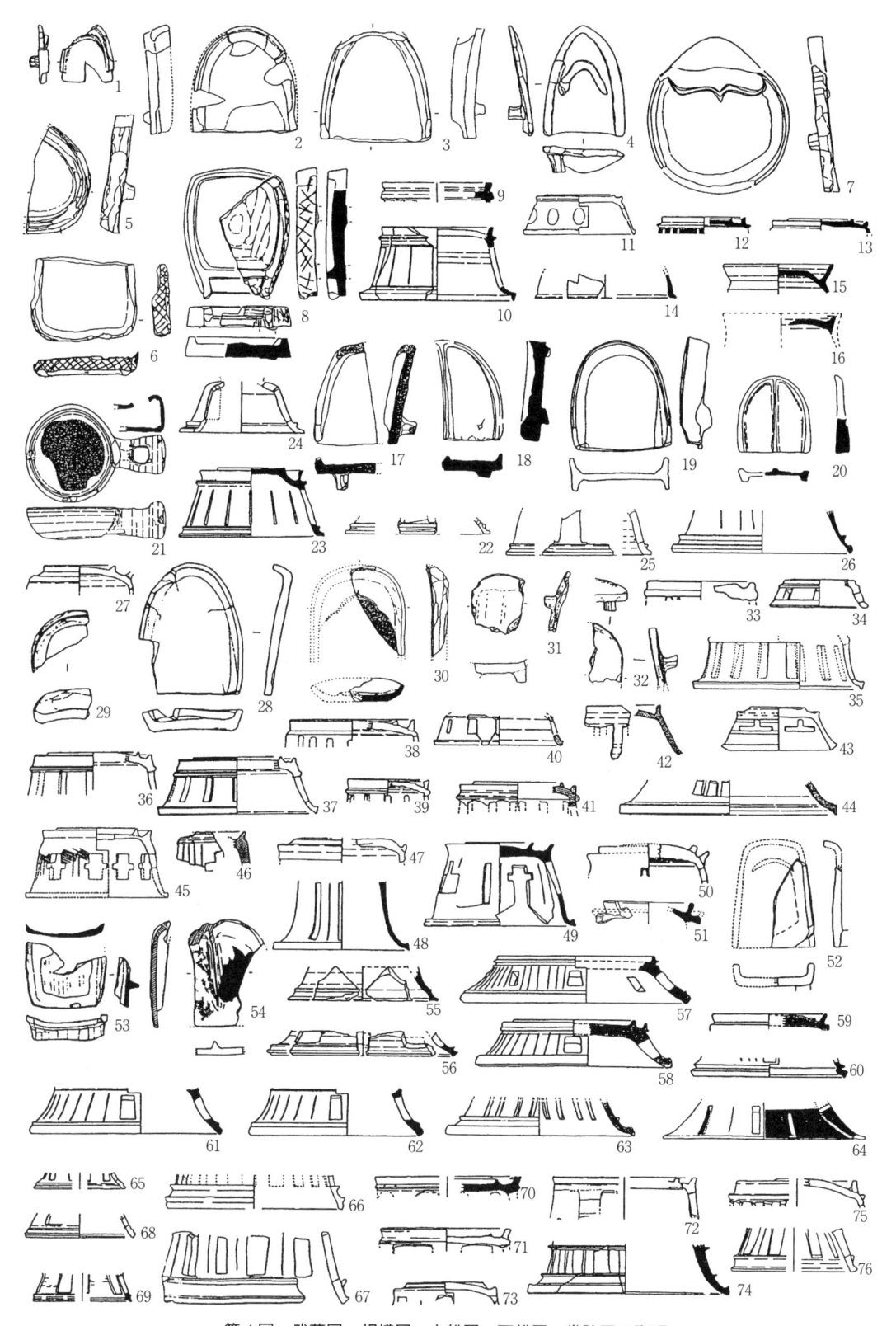

第4図　武蔵国・相模国・上総国・下総国・常陸国の陶硯

1992）の陶硯は，半円形の風字硯である。高林寺遺跡の2例は，縦の堤で2分された二面硯である。

(4) 上総国の陶硯

　上総国は，出土例のない安房国や相模国に次いで陶硯の出土が少ない。僅か6遺跡15点である。最も古い陶硯は，千葉県千葉市緑区土気町五十石遺跡（森本2002）（以下，県名省略）の把手付き中空円面硯である。本体は，提瓶形で把手の側面に穴が開く。静岡県湖西市東笠子湖西窯（後藤建1990）の製品である。同種の製品が，東海地方に点在する。

　その後，8世紀第Ⅲ四半期まで陶硯は確認できない。上総国は，越後・飛騨・伊豆国とともに陶硯の需要が遅れる国である。市原市惣社上総国分寺にかかわる同市不入窯（宮本・田所1989，山口直1985）では，9世紀第Ⅰ四半期まで円面硯を確認できる。スリット状透かし穴や方形透かし穴を脚部に開け，下位凸帯を必ず付ける。ただし消費地からの報告事例は無い。

　東金市油井滝木浦遺跡（椎名1996）の円面硯は，甕の口縁を逆転させ，下位凸帯を付ける。茨城県水戸市木葉下町木葉下窯（川井1984・1983），福島県西白河郡泉崎村関和久遺跡（木本1980），宮城県多賀城市浮島多賀城跡（佐藤則1982）などに類例をみる。千葉市緑区小山町丈六第5遺跡（寺門1996）の陶硯は，南比企窯の製品に近いが，同市緑区小食土町南河原坂窯（村田1996）の製品であろう。上総国最後の円面硯である。

　南河原坂窯では，風字硯も焼成された。なお，袖ヶ浦市永吉永吉台遺跡（豊巻1985）が，8世紀第Ⅳ四半期にさかのぼる。陸と海を分ける堤が宝珠状にレリーフされている。同様の例が，多賀城市多賀城跡にある。後続せず，搬入品であろう。同遺跡からは，9世紀第Ⅳ四半期の小形風字硯（半円形）が，2点出土した。

(5) 下総国の陶硯

　下総国では，大規模な須恵器窯の展開した地域はない。常陸国新治窯（茨城県つくば市），木下葉窯（同県水戸市），または下野国益子窯（栃木県益子市），武蔵国南比企窯等（埼玉県鳩山町）の製品や国内の小規模窯の製品で需要を満たしていた。

　下総国最古の陶硯は，千葉県印旛郡龍角寺五斗蒔窯（以下，千葉県のみ県名省略）（石戸・小牧1997）の円面硯である。同町龍角寺下総龍角寺（多宇1998）の屋瓦を焼成した窯の灰原から出土した。また，同寺跡や同町龍角寺古墳群（白井2003）の近くに営まれた埴生評家（同町酒直向台遺跡）（石田広1985）から，複数の円面硯が出土した。7世紀末から8世紀初頭の陶硯は，小形の円面硯で上位凸帯を巡らす。同様の例が，成田市大袋小谷津遺跡（宮文ほか1994）にある。同遺跡では，8世紀第Ⅲ四半期に法量の異なる大中小の円面硯がみられる。外堤は縦に伸び上がり，下位凸帯を付けず，脚部には，細長いスリットが開く。水戸市木葉下窯に類例がある。

　船橋市西船印内台遺跡（石井穂1980）の円面硯は，逆T字形の透かし穴が開く。上下凸帯が無く，「ハ」字状に裾が開く愛知県名古屋市猿投窯の製品である。また，市川市須和田下総総社跡

（松本・松田 1996）の円面硯は，連子窓状透かし穴が開く。

　8世紀第IV四半期になると，佐倉市城内町江原台遺跡（山田 1980）や香取市佐原仁井宿東遺跡（宮重 1990）などで十字形透かし穴の円面硯が登場する。外堤や凸帯など栄町向台遺跡の意匠が継承される。向台遺跡に隣接した栄町龍角寺大畑遺跡（柴田・小牧 1994；石田広 1985）から9世紀第I四半期の陶硯が出土し，以後，みられなくなる。

　佐倉市江原台遺跡の陶硯に継続し，同市吉見吉見台遺跡（林田 1997）に高脚円面硯が登場する。脚部に縦長の長方形透かし穴と沈線を交互に意匠し，続く成田市囲護台遺跡例（大木ほか 1990）では，十字・凸形・縦長の透かし穴が開く。円面硯の高脚化は，陸奥国や下野国，常陸国で9世紀第II四半期からみられる。

　茨城県古河市三和町尾崎浜ノ台窯（三和窯）（三和町 1996）の円面硯は，内堤と外堤が，髭状に斜め上方に伸びる。下総国内に類例は無く，栃木県栃木市田村町下野国府跡（田熊ほか 1986）に類例がある。9世紀第III四半期である。やや遅れ，茨城県結城市結城峯崎遺跡（松田政 1996）で高脚の小形円面硯に十字透かし穴が施された。また，峯崎遺跡では，酸化炎焼成で上下凸帯のめぐる陶硯も作られた。

　一方，風字硯は，9世紀第I四半期から成田市大袋小谷津遺跡でみられる。また，八千代市萱田白幡前遺跡（大野 1991）の風字硯の脚部は，下駄の歯状に作る。成田市青山富ノ木遺跡（雨宮 1999）の風字硯は，左が小さな二面硯となる。半円形の黒色土器であり，茨城県つくば市東岡中原遺跡（成島 2000；白田ほか 2001）の風字硯と類似する。常陸国で須恵器の風字硯は生産されず，また下野国では，風字硯が作られなかったことから，下総国の事例は，他地域からの搬入か，国内で独自に生産したと考えたい。

（6）常陸国の陶硯

　常陸国では，茨城県土浦市今泉栗山窯（以下，県名省略）（関口 1997）や桜川市大泉堀ノ内窯（高井 1971），ひたちなか市足崎原の寺窯（中野 1981）などで7世紀末から8世紀初頭の陶硯が生産された。堀ノ内窯の円面硯は，方形透かし穴が，四または八方に開き，間を縦の沈線で充填する。この意匠は，水戸市木葉下窯の製品に継承された。しかし外堤と上位凸帯を結合して小さく突出する形態は，引き継がれなかった。

木葉下窯　8世紀前葉には，木下葉窯の陶硯が，水戸市渡里町台渡里廃寺（堀遺跡）（井上義ほか 1995）に供給された。前段階の系譜を引く意匠に加え，連子窓状の透かし穴が加わる。連子窓状の透かし穴は，石岡市鹿の子鹿の子C遺跡（川井 1983）や同市貝地茨城廃寺（小笠原ほか 1982）からも出土した。同窯では，小形の陶硯も焼成され，大型の方形透かし穴が開き，下位凸帯がめぐる。つくば市島名熊の山遺跡（矢ノ倉ほか 2000；稲田 2002），同市柴崎遺跡（土生 1992），あるいは千葉県栄町向台遺跡の陶硯が共通する。

　柴崎遺跡，熊の山遺跡からは，内堤と外堤が離れ，水平となる陶硯が出土しており，この形態は，8世紀第IV四半期の水戸市大串町梶内遺跡（樫村 1995），つくば市中原遺跡の製品まで残る。

258　第4部　定着と漂泊―古代・中世

第5図　常陸国・下総国の陶硯

　熊の山遺跡では，「大殿墨研」と墨書のある陶硯がある。「大殿」と呼ばれる建物に備えられた，または「大殿」と呼ばれる人物が所有した墨を「研（す）る」硯と解釈できる。
　8世紀第Ⅲ四半期には，木下葉窯で大形の肉厚な円面硯が焼成された。類似の製品が宮城県多賀城市浮島多賀城跡から出土しており，同窯からの搬入品，または，多賀城に須恵器，瓦を供給した同県宮城郡利府町春日硯沢窯（藤沼ほか1987）からの供給と考えた。木下葉窯では，長方形透かし穴と縦の刻みが連続する意匠も，9世紀まで前代から系譜を引き作られた。意匠，堤や凸帯の作りが同一ながら，やや小ぶりの製品が中原遺跡，熊の山遺跡，梶内遺跡にみられる。

木下葉窯の大形陶硯は，鹿の子Ｃ遺跡などで8世紀第Ⅳ四半期に供給された。また，笠間市大渕窯（外山1987）や堀ノ内窯などでもこのころ大形の陶硯が作られた。大渕窯の陶硯は，木下葉窯から系譜を引く意匠の陶硯である。

円面硯の高脚化に伴い，下位凸帯を2段めぐらす陶硯が出現する。長方形の透かし穴と縦の刻みなどそれまでの意匠を継承した製品が，ひたちなか市武田石高遺跡（佐々木義2000），土浦市田村町長峰遺跡（黒沢1997），梶内遺跡，稲敷郡幸田幸田台遺跡（間宮1995）などでみられる。9世紀第Ⅰ四半期から第Ⅲ四半期の製品である。

新治窯 新治窯では9世紀に入ると，十字透かし穴に縦の刻みを施した陶硯が作られた。鹿嶋市宮中厨台遺跡（田口崇ほか1996），土浦市高岡田宮古墳群（斎藤弘1990）などの製品である。つくば市中原遺跡の円面硯は，小形の円形透かし穴が穿たれ，脚部が「ハ」字状に開くことから，愛知県猿投窯の製品を模倣したのであろう。

また，東茨城郡茨城町近藤宮後遺跡（川又・浅野2005），桜川市上野原瓦窯（西宮1975），鹿嶋市宮中厨台No.7遺跡（田口崇ほか1996）などでは，高脚化が進むが下位凸帯は木葉下窯とは異なり一段である。高脚化は，陸奥国や下野国でも認められる。その一方で従来の円面硯も作られた。また，幸田台遺跡の陶硯は，酸化炎焼成であり，上下凸帯がめぐる。つくばみらい市南太田鎌田遺跡（川村・大塚2001）なども同様である。

新治窯では，黒色土器の風字硯も作られた。中原遺跡の風字硯は，朱墨の痕跡を残す二面硯である。また，ひたちなか市三反田下高井遺跡（田所・川又1998）の風字硯は，中央で二分した大形の二面硯である。福島県域南部に類例がみられる。

搬入品 鹿嶋市宮中御園生遺跡（荒井・成島2003）の低脚円面硯は，方形の透かし穴が連続する。つくば市上野陣場遺跡（川上・長谷川2002）の中空円面硯と同様，搬入された陶硯である。また，水戸市台渡里廃寺の円面硯は，陸が高く作られ，脚部に斜格子の意匠を施す。8世紀第Ⅲ四半期の搬入品である。

さらに牛久市奥原町姥神遺跡（白田1999）では，愛知県名古屋市猿投窯の宝珠硯が出土した。生産地を除き東国には類例が無い。灰釉陶器であり，同工品が，奈良市二条町長屋王家跡（巽1995）にみられる。

(7) 下野国の陶硯

下野国で最も古い陶硯は，7世紀末から8世紀初頭の栃木県佐野市馬門町馬門南遺跡（以下，県名省略）（仲山1995），宇都宮市茂原西下谷田遺跡（板橋2003），同市茂原向原遺跡（板橋2001），芳賀郡芳賀町下高根免の内台遺跡（植木茂1993；宮沢1992）などの円面硯である。西下谷田遺跡，茂原向原遺跡例では，連子窓状の透かし穴が開き，上下凸帯を明確にめぐらせる。免の内台遺跡の陶硯は，内堤が突線状にめぐり，上位凸帯も突線状にめぐる。

8世紀前葉の芳賀郡益子町山本東原遺跡（益子窯跡）（田熊・梁木1990）や栃木市田村町下野国府跡（田熊ほか1985），免の内台遺跡などの円面硯につながる。細長い透かし穴や「上」字型の透か

し穴などがある。東原遺跡では，方形透かし穴が連続する低脚の円面硯がある。下都賀郡岩舟町三谷和田窯（間宮2002）にも類例がある。また，東原遺跡では，下位凸帯が高い位置の円面硯や脚部の無い円形硯が作られた。上下凸帯が無く，円形透かし穴である佐野市並木町館之前遺跡（青木1990），足利市葉鹿町熊野遺跡（斎藤和1997），下野市薬師寺薬師寺南遺跡（橋本1979），真岡市中中村遺跡（大川1979），下野市薬師寺上芝遺跡（田代隆1993），河内郡上三川町多功多功遺跡（秋元1993）などの円面硯は，系譜をたどることがむずかしい。

8世紀後半になると激減し，下野国府跡1例，宇都宮市瓦谷町広表窯（篠原祐1993）5例だけとなる。ことに下野国府跡の陶硯は，方形透かし穴の間に縦の平行刻みを施す。9世紀第I四半期以降，「米」形の刻みが加わる。9世紀第II四半期には，芳賀郡益子町星の宮ケカチ遺跡，塩谷郡高根沢町太田砂部遺跡（仲山1990），芳賀郡二宮町物井西物井遺跡（田代己2000）などで同類の意匠の陶硯が用いられた。

9世紀第II四半期になると，平行した鋸歯状文を描く陶硯が下野国府跡に登場する。下野市国分寺山海道遺跡（大橋・篠原1992）の陶硯は，東海地方の系譜を引き，楕円形の透かし穴や斜格子文などを施す。また，芳賀郡益子町脇屋遺跡や小山市溜ノ台遺跡では，硯面が球形となり，上位凸帯と外堤が耳状となる陶硯が登場した。茨城県土浦市おおつ野石橋北遺跡（黒沢2005）や茨城県東茨城郡茨城町奥谷遺跡（鯉渕1989）の例が共通する。

9世紀第III四半期以降は，下野国府跡の出土資料に限られる。外堤と上位凸帯が，髭状にのびる陶硯となる。類例は，茨城県石岡市府中常陸国分寺跡（内藤1953）や同県古河市三和浜の台遺跡（三和窯）にある。さらに10世紀前半以降，黒色土器の円面硯が出土する。外堤は小さく，上位凸帯も小さい。脚部に斜格子文や縦の平行刻みなどの意匠を施す。

搬入品としては，那須郡中川町小川那須官衙遺跡（大橋1998・2001）から愛知県猿投窯で作られた8世紀前葉の円面硯3点，下野市国分寺下野国分寺跡（大橋・篠原1986・1989・1995）から，同窯で作られた風字硯の破片が出土しただけである。

3. 坂東と陸奥の陶硯

陸奥国の陶硯　ここでは，陸奥国の陶硯の概観にとどめる。陸奥国の陶硯は，岩手県の北上川流域まで分布し，青森県から陶硯の出土は確認できない。

福島県会津地方の陶硯は，会津若松市大戸窯の製品が主体である。方形の透かし穴に縦の連続した刻みや「米」状の刻みを施す。上位凸帯と外堤が，一体となって耳状に作られる。堤や凸帯は，新潟県や富山県に類例があり，脚部の意匠は，栃木県栃木市下野国府跡に類例がある。なお，大戸窯の陶硯は，会津地方のみならず，宮城県多賀城市多賀城跡や同市山王遺跡など，陸奥国府における消費を確認できる。

中通り地方では，白河市，須賀川市，郡山市，福島市などの郡家遺跡や関連遺跡に陶硯の出土を確認できる。脚部に文様を施す陶硯が少なく，楕円形や方形の透かし穴をあける。脚部の短い

陶硯が多い。白河市東上野出島佐平林遺跡（目黒1980）の陶硯は，三角形に突出する下位凸帯を甕の口縁部を逆転させて貼り付けた高脚の円面硯である。脚部の意匠も含め，西白河郡泉崎村関和久遺跡や浜通り地方のいわき市内郷御厩町清水遺跡（江川1999）などに類例がある。

いわき市清水遺跡は，丘陵の尾根に形成された小規模な集落遺跡であるが，陶硯を多数出土する特異な遺跡である。いわき市は，陸奥国で陶硯の出土が最も多い。同市平荒田目条里遺跡（猪狩2002）や同市平下大越根岸遺跡（猪狩2000）などでは，7世紀後半の陶硯が出土し，一足早く陶硯を受容していた。浜通り地方では，小形の陶硯が，点々と太平洋岸の遺跡にみられる。南相馬市原町区泉廃寺や相馬郡新地町駒ヶ嶺三貫地遺跡（渡辺・大竹1981）などである。

宮城県域では，仙台市太白区郡山遺跡から7世紀後葉にさかのぼる陶硯が出土した。新羅系の陶硯や独鈷状のレリーフを施した陶硯などもみられる。陸奥国では，多賀城市多賀城跡と同市市川山王遺跡（菅原1996）の出土が群を抜く。8世紀第Ⅱ四半期以降，10世紀に及ぶ資料を確認でき，とくに多賀城跡では8世紀，山王遺跡では9世紀の資料が豊富である。

また，城柵官衙遺跡の出土が顕著である。宮城県加美郡加美町嶋島東山遺跡（佐々木光1987），同県大崎古川名生館遺跡（後藤勝1981），同県東松島市赤井遺跡（佐藤敏2001），同県石巻市飯野中山桃生城跡（進藤1974）などにみられる。陶硯を出土した須恵器窯も少なくなく，宮城郡利府町硯沢窯跡，仙台市宮城野区東仙台大蓮寺窯跡（篠原信1993）などからの出土がみられる。

岩手県域では，陶硯の出土が極端に少ない。奥州市水沢佐倉河胆沢城跡，紫波郡矢巾町徳田徳丹城跡，盛岡市下太田志波城跡などの城柵跡と関連遺跡の出土にとどまる。これは，胆沢城以北の城柵建設が，陶硯の需要が全国的に減少していく平安時代にかかるためである。

坂東とかかわる陶硯　坂東諸国で生産された陶硯やその系譜を引く陶硯が，わずかながらみられる。ここでは，多賀城跡と仙台市郡山遺跡の例を紹介する。

多賀城跡では，茨城県水戸市木葉下窯の陶硯と酷似した円面硯がみられる。器肉のとても厚い作り，凸線状の上位凸帯，肉厚の内堤と外堤などが共通する。ただし脚部の透かし穴は，木葉下窯が方形，多賀城が長方形と異なる。

木葉下窯の製品は，胎土に白色針状物質を含むが，多賀城周辺の窯でも同様の物質を含むことから，どちらで生産されたのか判断しかねる。木下葉窯の製品を携えた常陸国の官人がもたらしたか，木下葉窯の工人が，陸奥国内で生産し多賀城に納品したと考えたい。

利府町硯沢窯や加美町東山遺跡，矢本町赤井遺跡などの円面硯は，肉厚で器高が低く，木下葉窯の系譜を引く。また，関東地方の南比企・東金子・木下葉窯等にも十字透かし穴があるが，長く上下左右に穴をえぐる。脚部には，平行線や羊歯状の模様を描く。羊歯状文を描いた円面硯は，多賀城跡からも出土している。

仙台市郡山遺跡では，大形甕の口縁を逆転した作りの円面硯がある。上下凸帯が無く，一見，転用硯のように見える。陸奥国内には類例が無い。埼玉県深谷市熊野遺跡の円面硯に酷似する。とくに方形透かし穴や沈線で上下を区画し，その間に平行線を描くなどの意匠が共通する。

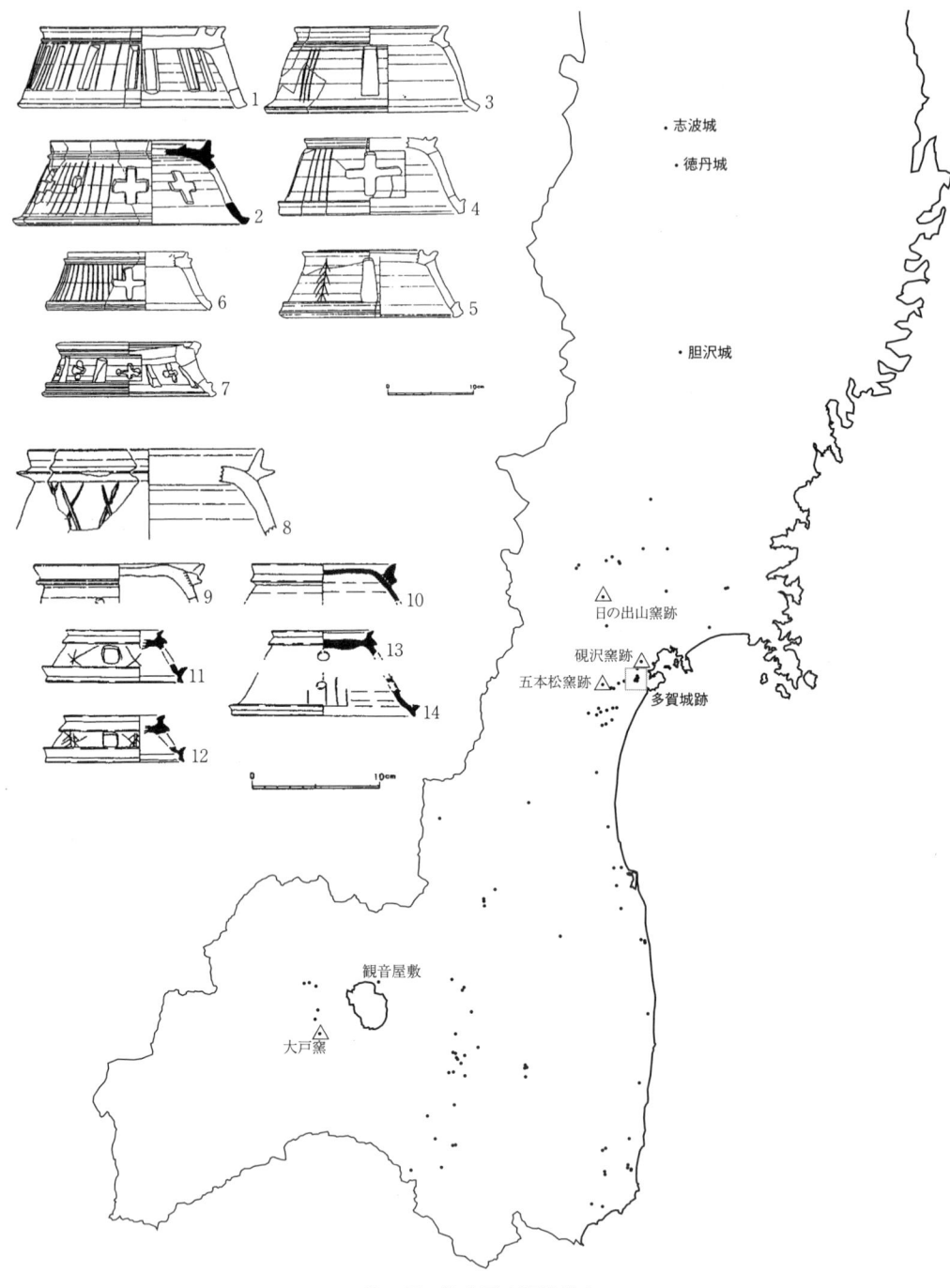

262　第4部　定着と漂泊―古代・中世

第6図　陸奥国の陶硯分布

4. まとめ

　坂東と陸奥国の陶硯のかかわりを探るため，まず坂東の国々の陶硯について，製作上の技法や意匠を確認した。その結果，窯を単位に独特の技法や意匠がみられた。その系譜は1世紀ほど継承されていた。

　秋間窯，吉井窯，末野窯，南比企窯，南多摩窯，木下葉窯，益子窯，大戸窯は，8・9世紀，各国の窯業生産を担った大規模窯である。その製品は，国を超え隣国の須恵器生産を抑止し，流通圏を確保していた。官人や僧侶，あるいは官衙・寺院等が，直接の消費者であった陶硯も大多数は，一般消費された窯業製品と同一の流通圏で獲得されていた。

　陶硯の消費者は，「市」を経由し，あるいは直接，窯元へ発注し，窯元は，椀や甕などの工人へ陶硯の生産を依頼したのである。だから陶硯の随所に手馴れた表現が，無意識に現れたのである。日頃の手馴れが，高台付椀の高台に似た堤，甕の口縁部に似た脚端部などを生み出した。

　問題は，消費者がどれだけ陶硯を求めたかである。国や地域，郡や郷の単位によって陶硯の需度は異なる。積極的に陶硯を求めた地域や国と，陶硯に消極的な地域の存在である。極言すると，大規模に窯業生産が展開した地域は，陶硯を豊富に消費したが，窯業生産の展開が遅れる地域や乏しい地域は，陶硯の需要が少ない。

　かつて，陶硯の出土が，地方官衙や豪族の居宅，あるいは初期荘園の必須条件として論じられることが多かった。それ自身は，決して誤りではない。しかし全ての地方官衙，郡家や郷家に陶硯が備えられ，その陶硯で文書事務が行われていたわけではない。

　ただし，郡司や郷長たちは，国府や都城の官人たちの豪奢な陶硯を見聞きしていたはずである。末端官人たちが，陶硯を官人の象徴として求めていたからこそ，行政の末端事務を担った集落遺跡からも陶硯が出土するのである。

　にもかかわらず，地域や国によって陶硯の出土に偏差があるのは，地域や国といった単位で末端官人や僧侶などが，特殊手工業品を相互に所有することの安心感を共有し，均衡が図られていたことを示す。これは一方でわが国の古代国家が，中国の律令制度を模倣し，全国一律の国郡郷制を目指したこととは裏腹な現象である。

　郡家については，地方色，地域色がはなはだしいといわれて久しい。しかし国府や国分寺が各国に建てられ，戸籍をはじめ文字による地域支配が実質的に地方を貫徹していた実態が，全国一律の国家像を生んでいたのである。

　陸奥国は，国家未編入の地域を抱えた大国として成立したわけであるが，文書による地域支配の象徴とも言うべき陶硯の生産や消費の実態を坂東諸国と比較し検討すると，その需要は，地域や時期によって大きく異なっていた。

　ちなみに陸奥南部（福島県域）は，石背・石代地域が下野・常陸国，会津地域が越後地域と共通した手法の陶硯を生産し，消費量や消費の場も共通していた。宮城県域は，城柵や関連遺跡に

陶硯の需要が見られ，岩手県域では，城柵のみとなる。

　今後，東海地方や畿内の陶硯を通じて，広範な陶硯の移動と狭域の消費の相克のなかで陶硯が社会にどのようにかかわっていたかについて，改めて論じることとしたい。

引用文献

青木健二 1990『館之前遺跡』佐野市教育委員会
赤熊浩一 1988『将監塚・古井戸 ―歴史時代編II―』埼玉県埋蔵文化財調査事業団
　　　　　　 1999『末野遺跡』II 埼玉県埋蔵文化財調査事業団
秋元陽光 1993『多功遺跡』II 上三川町教育委員会
穐山千花・牛山英昭 1999『十条久保遺跡』十条久保遺跡調査会
浅野晴樹 1989『北島遺跡』埼玉県埋蔵文化財調査事業団
雨宮龍太郎 1999『下総町青山富ノ木遺跡・鎌部長峯遺跡』千葉県文化財センター
荒　淑人 2007「行方郡家の様相」『第33回古代城柵官衙遺跡検討会資料集』古代城柵官衙遺跡検討会
荒井健治 1991『武蔵国府関連遺跡調査報告』16 府中市教育委員会
新井　仁 2002『西田遺跡・村中遺跡』群馬県埋蔵文化財調査事業団
荒井保雄・成島一也 2003『御園生遺跡』茨城県教育財団
荒木勇次 2000『諏訪ノ木II遺跡』渋川市教育委員会
有吉重蔵 1981『武蔵国分寺跡発掘調査概報』V 武蔵国分寺遺跡調査会
　　　　　　 1984『武蔵国分寺遺跡調査年報』II 武蔵国分寺遺跡調査会
飯塚卓二 1984a『熊野堂遺跡』群馬県埋蔵文化財調査事業団
　　　　　　 1984b『熊野堂遺跡第III地区・雨壺遺跡』群馬県埋蔵文化財調査事業団
飯塚　誠 1988『上植木光仙房遺跡』群馬県埋蔵文化財調査事業団
猪狩忠雄 2000『根岸遺跡』いわき市教育文化事業団
猪狩みち子 2002『荒田目条里制遺構・砂畑遺跡』いわき市教育文化事業団
生田和宏 2003「城柵官衙遺跡における陶硯の様相 ―多賀城を中心として―」『古代陶硯をめぐる諸問題』
　　奈良国立文化財研究所　65-96頁
石井則孝 1980『陶硯』ニューサイエンス社
石井　穂 1980『印内台』印内台遺跡調査団
石川　学 1999『上之手地区遺跡群（1）・（2），稲荷森遺跡，天神塚遺跡，宇貫地区遺跡群，稲荷山遺跡群，
　　下茂木地区遺跡群，下茂木神明II遺跡，上新田地区遺跡群』玉村町遺跡調査会
石田明夫 1992「会津大戸古窯跡群」『東日本における古代・中世窯業の諸問題』大戸古窯跡検討会
石田広美 1985『主要地方道成田安食線道路改良工事（住宅宅地関連事業）地内埋蔵文化財発掘調査報告書』
　　千葉県文化財センター
石戸啓夫・小牧美知枝 1997『龍角寺五斗蒔瓦窯跡』印旛郡市文化財センター
板橋正幸 2003『西下谷田遺跡』とちぎ生涯学習文化財団
伊藤尚志・澁谷恵美子 2005『恒川遺跡群 ―遺物編―その1』飯田市教育委員会
伊藤　実 1997『西平井島遺跡・西平井天神遺跡・西平井八幡遺跡・竹沼窯跡群切通シ窯跡』藤岡市教育委員会

稲田義弘 2002『熊の山遺跡』Ⅶ　茨城県教育財団
井上義安ほか 1995『水戸市台渡里廃寺跡』水戸市台渡里廃寺跡発掘調査会
井上　太 1984『上田篠古墳群・原田篠遺跡発掘調査報告書』富岡市教育委員会
今井　宏 1982『沼下・平原・新堀・中山・お金塚・中井丘・鶴巻・水久保・狢久保遺跡』埼玉県埋蔵文化財調査事業団
岩崎泰一・木津博明 1999『東長岡井戸口遺跡』群馬県埋蔵文化財調査事業団
ウィルソン，リチャード 1994『神明上遺跡』神明上遺跡調査会
植木茂雄 1993『兎の内台遺跡』栃木県文化振興事業団
植木智子 1997『滑川嵐山ゴルフコース内遺跡群』滑川嵐山ゴルフコース内遺跡群発掘調査会
上村昌男 1982『武蔵国分寺跡発掘調査概報』Ⅵ　武蔵国分寺遺跡調査会
江川逸生 1999『清水遺跡』いわき市教育文化事業団
大江　令 1983『各務原市史』各務原市教育委員会
大江正行 1988『後田遺跡』Ⅱ　群馬県埋蔵文化財調査事業団
大川　清 1979『中村遺跡調査報告書』栃木県教育委員会
　　　　　1984『考古学研究室発掘調査報告書』国士館大学文学部考古学研究室
大木英行ほか 1990『成田都市計画事業成田駅西口土地区画整理事業地内埋蔵文化財発掘調査報告書』成田市囲護台遺跡発掘調査団
大越道正ほか 1998『大猿田遺跡（2次調査）』福島県教育委員会
太田和夫 1980『菅谷遺跡発掘調査報告』群馬町教育委員会
大谷　徹 1991『北島遺跡Ⅲ（第12・13地点）』埼玉県埋蔵文化財調査事業団
大塚昌彦 1994『半田中原・南原遺跡』渋川市教育委員会
大坪宣雄ほか 1995『黒川地区遺跡群』Ⅶ　黒川地区遺跡調査団
　　　　　　　1996『大町谷東遺跡B遺跡』大町谷東遺跡調査団
大西雅広 1983『大釜遺跡・金山古墳群』群馬県埋蔵文化財調査事業団
大野康男 1991『八千代市白幡前遺跡』千葉県文化財センター
大橋泰夫 1998『那須官衙関連遺跡』Ⅴ　栃木県文化振興事業団
　　　　　2001『那須官衙関連遺跡』Ⅶ　とちぎ生涯学習文化財団
大橋泰夫・篠原祐一 1986『下野国分寺跡』Ⅳ　栃木県教育委員会
　　　　　　　　　　1989『下野国分寺跡』Ⅶ　栃木県教育委員会
　　　　　　　　　　1992『山海道遺跡』栃木県教育委員会
　　　　　　　　　　1995『下野国分寺跡』Ⅺ　栃木県教育委員会
大屋道則 1998『築道下遺跡』Ⅰ　埼玉県埋蔵文化財調査事業団
小笠原好彦ほか 1982『茨城廃寺跡』Ⅲ　石岡市教育委員会
小渕良樹 1983「円面硯について」『岩比田』岩比田遺跡調査会
　　　　　1987『狭山市埋蔵文化財調査報告書』5　狭山市教育委員会
　　　　　1988『狭山市埋蔵文化財調査報告書』7　狭山市教育委員会
樫村宣行 1995『梶内遺跡』茨城県教育財団
加藤恭朗編 1989『若葉台遺跡』Ⅰ　坂戸市教育委員会
　　　　　　1993『若葉台遺跡』Ⅱ　坂戸市教育委員会

　　　　　　　　　　1995『若葉台遺跡』III　坂戸市教育委員会
　　　　　　　　　　1997『若葉台遺跡』IV　坂戸市教育委員会
　　　　　　　　　　2000『若葉台遺跡』V　坂戸市教育委員会
　　　　　　　　　　2005『若葉台遺跡』VI　坂戸市教育委員会
鹿沼栄輔　1990『長根羽田倉遺跡』群馬県埋蔵文化財調査事業団
兼田芳宏　1997『観音屋敷遺跡』猪苗代町教育委員会
上敷領久　1994『武蔵国分寺跡発掘調査概報』XIX　国分寺市遺跡調査会
神谷佳明　1987『下東西遺跡』群馬県埋蔵文化財調査事業団
神野　恵・川越俊一　2003「平城京出土の陶硯」『古代陶硯をめぐる諸問題』奈良文化財研究所　43-64頁
亀山幸弘　2003『年保遺跡・鳥山下遺跡』群馬県埋蔵文化財調査事業団
唐澤至朗・綿貫邦男　1986『鳥羽遺跡G・H・I区』群馬県埋蔵文化財調査事業団
　　　　　　　　　　1988『鳥羽遺跡I・J・K区』群馬県埋蔵文化財調査事業団
唐沢保之　1981『中島遺跡発掘調査概報』前橋市教育委員会
川井正一　1984『木葉下遺跡II（窯跡）』茨城県教育財団
　　　　　1992「内原町蔵田千軒遺跡出土の陶硯について」『内原町史研究』創刊号　内原町史編さん委員会
　　　　　　　2-38頁
河合英夫　2001『岡上-4遺跡第2地点』岡上-4遺跡発掘調査団
河合英夫ほか　2000『構之内遺跡発掘調査報告書』平塚市遺跡調査会
川上直登・長谷川聡　2002『上野陣場遺跡』茨城県教育財団
川島雅人ほか　1987『多摩ニュータウン遺跡　昭和60年度』東京都埋蔵文化財センター
川又清明・浅野和久　2005『宮後遺跡』茨城県教育財団
川村満博・大塚雅昭　2001『鎌田遺跡』茨城県教育財団
岸田治男　1983『元総社明神遺跡』I　前橋市教育委員会
　　　　　1993『上栗須寺前遺跡群』I　群馬県埋蔵文化財調査事業団
北野博司　2004「陶硯の使用実態を考える　―多賀城政庁跡出土陶硯を中心に―」『第2回東北文字資料研究
　　会資料』
木津博明・桜岡正信　1987『上野国分僧寺・尼寺中間地域』群馬県埋蔵文化財調査事業団
　　　　　　　　　　1988『上野国分僧寺・尼寺中間地域』群馬県埋蔵文化財調査事業団
　　　　　　　　　　1990『上野国分僧寺・尼寺中間地域』(4)　群馬県埋蔵文化財調査事業団
　　　　　　　　　　1991『上野国分僧寺・尼寺中間地域』(5)　群馬県埋蔵文化財調査事業団
　　　　　　　　　　1992『上野国分僧寺・尼寺中間地域』(7)　群馬県埋蔵文化財調査事業団
木津博明ほか　1992『上野国分僧寺・尼寺中間地域』(8)　群馬県埋蔵文化財調査事業団
木下裕雄　2001『霞台遺跡発掘調査報告書』青梅市遺跡調査会
木本元治　1980『関和久遺跡』VIII　福島県教育委員会
桐原　健　1981「奈良時代の道具」『長野県史』全1巻（4）長野県
国平健三ほか　1990『宮久保遺跡』III　神奈川県立埋蔵文化財センター
黒沢春彦　1997『長峯遺跡』土浦市教育委員会
　　　　　2005「石橋北遺跡」『古代地方官衙周辺における集落の様相』茨城県考古学協会
黒済玉恵　1992『西ヶ原遺跡群』地下鉄7号線西ヶ原駅（仮称）地区調査会

劔持和夫 2000『築道下遺跡』IV　埼玉県埋蔵文化財調査事業団
小出義雄ほか 1979『富士見市中央遺跡群』富士見市教育委員会
鯉渕和彦 1989『奥谷遺跡・小鶴遺跡』茨城県教育財団
小島敦子・赤沼英男 1996『荒砥上ノ坊』II　群馬県埋蔵文化財調査事業団
　　　　　　　　　　　1997『荒砥上ノ坊』III　群馬県埋蔵文化財調査事業団
小島弘義 1986『四之宮高林寺』III　平塚市遺跡調査会
　　　　 1989『諏訪前A遺跡第2地区』平塚市教育委員会
小島弘義ほか 1984『四之宮下郷』神田・大野遺跡発掘調査団
　　　　　　 1995『梶谷原・高林寺遺跡他』平塚市遺跡調査会
　　　　　　 1998『諏訪前B・高林寺』平塚市遺跡調査会
後藤勝彦ほか 1981『名生館遺跡』I　多賀城跡調査研究所
後藤建一 1990『吉美中村遺跡』湖西市教育委員会
小宮俊久 1994『境ヶ谷戸・原宿・上野井II遺跡』新田町教育委員会
　　　　 1999『新田町内遺跡』I　新田町教育委員会
斉木一敏・土生朗治 2002『元総社小見内III遺跡・元総社草作V遺跡』前橋市埋蔵文化財発掘調査団
斎藤和行 1997『平成8年度文化財保護年報』足利市教育委員会
斎藤孝正 1983『愛知県古窯跡群分布調査報告』(III) 愛知県教育委員会
斎藤弘道 1990『田宮古墳群』茨城県教育財団
坂口好孝・斎藤仁志 1996『大屋敷遺跡』IV　前橋市埋蔵文化財発掘調査団
坂詰秀一 1964「埼玉県入間郡東金子窯跡群の研究」『台地研究』第15号
　　　　 1977『武蔵・虫草山窯跡群』鳩山窯跡群遺跡調査会
　　　　 1979『立正大学考古学陳列室図録』立正大学
坂本和也 1993「福島県の円面硯集成」『陣場沢窯跡群試掘調査報告書』福島県双葉町教育委員会
佐々木光雄 1987『東山遺跡』I　多賀城跡調査研究所
佐々木義則 2000『武田石高遺跡』ひたちなか市文化スポーツ振興公社
笹沢泰史 2001『元総社西川遺跡』群馬県埋蔵文化財調査事業団
佐藤敏幸 2001『赤井遺跡』I　宮城県矢本町教育委員会
佐藤則之 1982「硯」『多賀城跡 ―政庁跡―』宮城県多賀城跡調査研究所
三和町史編さん委員会 1996『三和町史』通史編　原始・古代・中世　三和町
椎名信也 1996『滝木浦遺跡』山武郡市文化財センター
宍戸信悟ほか 2003『下寺尾西方A遺跡』神奈川考古学財団
篠原信彦 1993『大連寺窯跡』仙台市教育委員会
篠原祐一 1993『広表窯跡』栃木県教育委員会
柴田幸雄・小牧美知枝 1994『大畑I―3遺跡』印旛郡市文化財センター
清水　豊・綿貫綾子 1994・1995『堤上遺跡』群馬町教育委員会
志村哲ほか 1984『B4株木遺跡』藤岡市教育委員会
下城正 1986『洞I・II・III遺跡』群馬県埋蔵文化財調査事業団
下城正ほか 1985『藪田遺跡』群馬県埋蔵文化財調査事業団
寺門義範 1996『土気南遺跡群』VIII　千葉市文化財調査協会

白井久美子 2003「竜角寺古墳群」『千葉県の歴史』資料編　考古2　千葉県
進藤秋輝 1974『桃生城跡』I　多賀城跡調査研究所
新藤　彰 1987『別分八幡下遺跡・申府新田遺跡』榛東村教育委員会
末木　健 1999「官衙と律令体制の遺構・遺物」『山梨県史』資料編2　山梨県
菅原弘樹 1996『山王遺跡』III　宮城県教育委員会
杉本　宏 1983『隼上り瓦窯跡発掘調査概報』宇治市教育委員会
　　　　 1987「飛鳥時代初期の陶硯―宇治隼上り瓦窯出土陶硯を中心として―」『考古学雑誌』第73巻第2号　1-28頁
鈴木一郎 1998『市内遺跡発掘調査報告書』1　和光市教育委員会
鈴木孝之 1998『北島遺跡』IV　埼玉県埋蔵文化財調査事業団
鈴木雅浩 2001『元総社小見遺跡』前橋市埋蔵文化財発掘調査団
須田茂 1992『黒熊中西遺跡』(1)　群馬県埋蔵文化財調査事業団
関晴彦編 1991『三ツ寺II遺跡』群馬県埋蔵文化財調査事業団
関口　満 1997『根鹿北遺跡・栗山窯跡発掘調査報告書』土浦市遺跡調査会
千田茂雄 1998『二反田遺跡』安中市文化財発掘調査団
外山泰久 1987『笠間大淵窯跡』笠間市史編纂委員会
曽根博明 1986『月見野遺跡群上野遺跡第1地点』大和市教育委員会
多宇邦雄 1998「竜角寺跡」『千葉県の歴史』資料編　考古3　千葉県
高橋一夫 1978『高岡寺院跡』高岡寺院跡発掘調査会
　　　　 1980『児沢・立野・大塚原』埼玉県教育委員会
滝島和子 1989『武蔵国分寺跡発掘調査概報』XIV　国分寺市遺跡調査会
瀧瀬芳之 1990『東川端遺跡』埼玉県埋蔵文化財調査事業団
　　　　 1993『上敷免遺跡』埼玉県埋蔵文化財調査事業団
田口　修 1990『松井田工業団地遺跡』松井田町教育委員会
田口　崇ほか 1996『厨台No.7遺跡・厨台No.8遺跡』鹿嶋市文化スポーツ振興事業団
田熊清彦ほか 1979『下野国府跡』I　栃木県教育委員会
　　　　　　 1980『下野国府跡』II　栃木県教育委員会
　　　　　　 1981『下野国府跡』III　栃木県教育委員会
　　　　　　 1982『下野国府跡』IV　栃木県教育委員会
　　　　　　 1983『下野国府跡』V　栃木県教育委員会
　　　　　　 1985『下野国府跡』VI　栃木県教育委員会
　　　　　　 1986『下野国府跡資料集II(墨書土器・硯)』栃木県文化振興事業団
田熊清彦・梁木　誠 1990『栃木県益子町古代窯業遺跡群』I　国士館大学文学部考古学研究室
竹花宏之 1984「武蔵国における陶硯について」『八坂前窯跡』入間市八坂前窯跡調査会　329-343頁
竹花宏之ほか 1984『入間市八坂前窯跡』入間市教育委員会
　　　　　　 1999『多摩ニュータウン遺跡No.107遺跡』東京都埋蔵文化財センター
田代己佳 2000『西物井遺跡』栃木県文化振興事業団
田代　隆 1993『谷館野東・谷館野西・上芝遺跡』栃木県文化振興事業団
巽淳一郎 1995「特殊土製品」『平城京左京二条二坊発掘調査報告書』奈良国立文化財研究所

田所則天・川又清明 1998『三反田下高井遺跡』茨城県教育財団
田中　信 1992『川越市埋蔵文化財発掘調査報告書』(Ⅹ) 川越市教育委員会
田中広明 1997『中堀遺跡』埼玉県埋蔵文化財調査事業団
　　　　　2002『北島遺跡』Ⅴ　埼玉県埋蔵文化財事業団
　　　　　2004a「七世紀の陶硯と東国の地方官衙」『歴史評論』第 655 号　40-53 頁
　　　　　2004b「東国の地方官衙・集落と陶硯」『古代地方官衙周辺における集落の様相』茨城県考古学協
　　　　　　　　会　25-54 頁
田中弘幸 1988『御殿前遺跡』北区教育委員会
田辺芳昭 2000『国府南部遺跡群』Ⅰ・Ⅱ　群馬町教育委員会
千田剛道 1995「獣脚硯にみる百済・新羅と日本」『文化財論叢』Ⅱ　奈良国立文化財研究所創設 40 周年記
　　　　　　　念論集　同朋舎　881-837 頁
鶴間正昭 1993『多摩ニュータウン遺跡　平成 3 年度』東京都埋蔵文化財センター
　　　　　2003『東寺方・落川北・落川南遺跡』東京都埋蔵文化財センター
徳江秀夫 2000『愛宕山遺跡』群馬県埋蔵文化財調査事業団
鳥羽政之 2001『熊野遺跡』Ⅰ　岡部町遺跡調査会
　　　　　2003『熊野遺跡』Ⅱ　岡部町遺跡調査会
　　　　　2006「熊野遺跡」『岡部町史』原始・古代資料編　深谷市教育委員会
富田和夫 1994『稲荷前遺跡（B・C 区）』埼玉県埋蔵文化財調査事業団
　　　　　1994『稲荷前遺跡（A 区）』埼玉県埋蔵文化財調査事業団
　　　　　2002『熊野遺跡（A・C・D 区）』埼玉県埋蔵文化財調査事業団
友廣哲也 1992『上野国分僧寺・尼寺中間地域』(6) 群馬県埋蔵文化財調査事業団
豊巻幸正 1985『永吉台遺跡群』君津郡市文化財センター
内藤政恒 1944『本邦古硯考』養徳社
　　　　　1953「関東・東北における円面硯」『史跡と美術』第 236 号　282-289 頁
中沢　悟 1993『多胡蛇黒遺跡』群馬県埋蔵文化財調査事業団
中沢充裕ほか 1984『芳賀東部団地遺跡』Ⅰ　前橋市教育委員会
中島　宏 1981『清水谷・安光寺・北坂』埼玉県埋蔵文化財調査事業団
長島榮一 1986『郡山遺跡』Ⅵ　仙台市教育委員会
中野晴久 1981『原の寺瓦窯跡発掘調査報告書』勝田市教育委員会
中村倉司 1989『北島遺跡』Ⅱ　埼玉県埋蔵文化財調査事業団
仲山英樹 1990『砂部遺跡』栃木県文化振興事業団
　　　　　1995『馬門南遺跡』栃木県文化振興事業団
楢崎彰一 1981「日本古代の陶硯 —とくに分類について—」『考古学論叢』小林行雄博士古稀記念論文集
　　　　　　　平凡社　485-520 頁
成島一也 2000『中原遺跡』1　茨城県教育財団
西口壽生 2003「畿内における陶硯の出現と普及 —飛鳥藤原地域出土資料を中心として—」『古代陶硯をめ
　　　　　　　ぐる諸問題』奈良文化財研究所　9-42 頁
西野善勝 1999『武蔵台東遺跡』都営川越道住宅遺跡調査会
野平伸一 2001『人見中の条・人見中の条　2 遺跡・人見大王寺・人見正寺田遺跡』松井田町教育委員会

2002『下淵名高田遺跡』境町教育委員会
白田正子 1999『牛久市史料』原始古代 考古資料編 牛久市史編さん委員会
白田正子ほか 2001『中原遺跡』3 茨城県教育財団
橋本澄朗 1979『薬師寺南遺跡』栃木県教育委員会
服部敬史 1992『南多摩窯跡群』東京造形大学宇津貫校地内埋蔵文化財発掘調査団
土生朗治 1992『柴崎遺跡III区』茨城県教育財団
林田利之 1997『吉見台遺跡B地点』印旛郡市文化財センター
平田重之 1998『上宿遺跡』岡部町遺跡調査会
福田健司 1996『落川遺跡』日野市落川遺跡調査会
2001『落川・一の宮遺跡』II 落川・一ノ宮遺跡（日野3・2・7号線）調査会
藤沼邦彦ほか 1987『硯沢・大沢窯ほか』宮城県教育委員会
藤巻幸男 1996『元総社寺田遺跡』III 群馬県埋蔵文化財調査事業団
古郡正志・田野倉武男 1985『藤岡市緑埜地区遺跡群』藤岡市教育委員会
古郡正志・寺内敏郎 1995『F14藤岡平地区遺跡群』II 藤岡市教育委員会
松田 哲 1997『下十条遺跡』北区教育委員会
松田政基 1996『峯崎遺跡』山武考古学研究所
1997『五料平遺跡・五料野ヶ久保遺跡・五料稲荷谷戸遺跡』松井田町遺跡調査会
松本太郎・松田礼子 1996『市川市出土遺物の分析』市川市教育委員会
松本富雄 1981『新開遺跡』I 三芳町教育委員会
間宮政光 1995『幸田遺跡・幸田台遺跡』幸田台遺跡発掘調査会
2002『和田窯跡』岩舟町教育委員会
丸山治雄 1991『株木B遺跡』藤岡市教育委員会
宮 重行 1990『佐原市仁井宿東遺跡・牧野谷中田遺跡』千葉県文化財センター
宮 文子ほか 1994『公津東遺跡群』I 印旛郡市文化財センター
宮井 香 1992『大谷向原遺跡』海老名市遺跡調査会
宮沢光明 1992『兎の内台遺跡』芳賀町教育委員会
宮本敬一・田所真 1989『市原市永田・不入窯跡』市原市文化財センター
宮本直樹 1998『岡部条里遺跡』岡部町教育委員会
宮本直樹ほか 2004a『熊野遺跡』III 岡部町遺跡調査会
2004b『熊野遺跡』IV 岡部町遺跡調査会
村田六郎太 1996『土気南遺跡群』VII 千葉市文化財調査協会
目黒吉明 1980『母畑地区発掘調査報告』V 福島県教育委員会
茂木正行 1982『川内遺跡』吉井町教育委員会
1992『多比良遺跡発掘調査報告書』吉井町教育委員会
森本 剛 2002『千葉市土気東遺跡群』I 千葉市文化財調査協会
八木勝行・礒部武男 1981『志太郡衙跡（御子ヶ谷遺跡・秋合遺跡）』藤枝市教育委員会
安永真一 2001『上神主・茂原茂原向原北原東』とちぎ生涯学習文化財団
柳谷 博 1989『矢掛・久保遺跡の調査』矢掛・久保遺跡調査会
矢ノ倉正男ほか 2000『熊の山遺跡』IV 茨城県教育財団

山口逸弘 1994『黒熊中西遺跡』(2) 群馬県埋蔵文化財調査事業団
　　　　　 1996『黒熊八幡遺跡』群馬県埋蔵文化財調査事業団
山口直樹 1985『永田, 不入窯跡』市原市文化財センター
山田友治 1980『佐倉市江原台遺跡発掘調査報告書』Ⅱ 千葉県文化財センター
山中敏史 1983「陶硯関係文献目録」『埋蔵文化財ニュース』41 奈良国立文化財研究所埋蔵文化財センター
山村貴輝ほか 1990『四葉地区遺跡』平成元年度板橋区四葉遺跡調査会
山本　禎 1997『山王裏・上川入・西浦・野本氏館跡』埼玉埋蔵文化財調査事業団
雪田隆子・千田利明 1999『多摩ニュータウン遺跡先行調査報告』13　東京都埋蔵文化財センター
吉田恵二 1985「日本古代陶硯の特質と系譜」『國學院大學考古学資料館紀要』第1輯　54-77頁
　　　　　 1997「暖硯考」『國學院大學考古学資料館紀要』第13輯　68-77頁
　　　　　 2003「陶硯研究の現状と課題」『古代陶硯をめぐる諸問題』奈良文化財研究所　1-8頁
若狭　徹 1986『保渡田東遺跡』群馬町教育委員会
渡辺一雄・大竹賢治 1981『三貫地遺跡』三貫地遺跡発掘調査団
渡辺　一 1988『鳩山窯跡群』Ⅰ　鳩山窯跡群遺跡調査会
　　　　　 1990『鳩山窯跡群』Ⅱ　鳩山窯跡群遺跡調査会
　　　　　 1991『鳩山窯跡群』Ⅲ　鳩山窯跡群遺跡調査会
　　　　　 1992『鳩山窯跡群』Ⅳ　鳩山窯跡群遺跡調査会
　　　　　 1995『竹之城・石田・皿沼下遺跡』鳩山町教育委員会
　　　　　 1997『町内遺跡』Ⅰ　鳩山町教育委員会
綿貫邦男 1990『鳥羽遺跡L・M・N・O区』群馬県埋蔵文化財調査事業団
　　　　　 1992『鳥羽遺跡A・B・C・D・E・F区』群馬県埋蔵文化財調査事業団
　　　　　 2001「群馬県出土陶硯の集成および若干の分類」『舞台遺跡』(1) 群馬県埋蔵文化財調査事業団

挿図番号説明

第1図
上野国 1:小見；2:池尻；3:松井田工業団地；4・36・84:中の条；5・72・86:熊野堂；6・61:上栗須寺前；7・20:二反田；8〜12:下西西；13・65・66:大屋敷；14・15・21・50・75・80:鳥羽；16:洗橋；17・18・40・41:上之手石塚；19:愛宕山；22:五料平；23:三ツ寺Ⅱ；24・39・62:寺田；25:石塚；26・27:国府南部；28:長根羽田倉；29:緑埜地区；30:寺前；31:株木；32:株木B；33:藤岡平；34:竹沼切通し；35・37・81:黒熊八幡；38:元総社明神；42:角渕稲荷山；43:黒熊中西；44:多胡蛇黒；45:上田篠；46〜48:後田；49:洞Ⅲ；51:大釜；52:境ヶ谷戸；53:下渕名高田；54・71:上野国分僧寺・尼寺中間地域；55:戸井口；56:鳥山下；57・58:芳賀東部；59:荒砥上ノ坊；60・63:西川；64:西田；67:堤上；68・69:保渡田東；70:半田・中原；73:諏訪ノ木Ⅱ；74:西国分Ⅱ；76・82・83:下五反田；77:川内；78:洞Ⅰ；79:小見内Ⅲ；85:別府八幡下；87:中島；88:多比良

第2図
上野国 1:西川；2:上ノ坊；3:舞台；4:光仙房；5:中島
武蔵国 6〜8:末野窯；9〜18:熊野；19:岡部条里；20:北坂；21:上宿；22:沼下；23・24:石田；25:赤沼；26・27:立野；28・29・58・59:稲荷前；30・31:築道下；32:東川端；33:宮添；34・88・89・93・97・102・103・105・106:武蔵国府関連；35・48・51・73:若葉台；36:上敷免；37:西ヶ原；38〜40・90・108:落川；41:岡上；42〜47・64・65・75:鳩山窯；52〜54・62・63:北島；55〜57・68〜72:西浦；60・94:四葉地区；61:高岡廃寺；66:神明上；67:天裏；74:花見堂；76・95:古井戸・将監塚；77:御殿前；78:漆台；79:霞台；80:十条久保；81:武蔵台東；82〜86:小山窯；87:多摩ニュータウンNo.446；90:落川；91:落川一ノ宮；92:東寺方；96:下十条；98・99:将軍沢窯；100:谷津池；101:武蔵国分寺；104:南多摩窯；107:多摩ニュータウンNo.271

第3図
武蔵国 1：落川；2：新開；3：北別所；4：八坂前；5：武蔵国府関連；6：末野窯；7：鳩山窯；8：中堀
相模国 9：矢掛久保；10：下寺尾；11：大町谷東；12：宮久保；13：諏訪前A；14：四之宮下郷；15：構之内；16：四之宮下郷；17：月見野；18・20：高林寺；19：大谷向原
上総国 21：五十石；22～25：永田不入；26：滝木浦；27：丈六第5；28・29：南河原坂；30～32：永吉台
下総国 33：五斗蒔；34～39：向台；40～42・52：大袋小谷津；43：院内台；44：下総総社跡；45：江原台；46：仁井宿東；47：大畑Ⅰ；48：吉見台；49：囲護台；50：浜ノ台；51：峯崎；53：白幡前；54：青山富ノ木
常陸国 55・56：栗山窯；57～63：堀ノ内窯；64：原の寺；65・74～76：木葉下窯；66：鹿ノ子C；67：茨城廃寺；68・71：熊ノ山；69・70：柴崎；72：梶内；73：中原

第4図
常陸国 1・2：木葉下窯；3～7・14・24・28：中原；8～10：鹿ノ子；11・12：熊ノ山；13・19・20：梶内；15：大渕窯；16：堀ノ内窯；17：武田石高；18：長峰；21：幸田台；22：厨台；23：田宮；25：宮後；26：上野原窯；27：鎌田；29：下高井；30：御園生；31：上野陣場；32：台渡里；33：姥神
下野国 34：馬門南；35：西下谷田；36：茂原向原；37・41：兎ノ内台；38・39：東原；40・49・55～58・62～66：下野国府；42：東原；43：和田；44：東原；45：館之前；46：熊野；47：薬師寺南；48：中村；50～54：広表；59：山海道；60：脇屋；61：溜ノ台

関東系土師器と湖西産須恵器と
―土器のうごきからみた7世紀の東国―

渥 美 賢 吾

1. 問題の所在

　列島における7世紀は，伝統的な古墳時代の政治システムを更新し，新たに導入した律令体制の確立をめざした揺籃の時期であった。本稿では土器のうごきに焦点を当て，該期の東国における地域社会の主体性とその具体相に迫っていく。対象資料は，該期においてそのうごきを顕著にあらわす資料であり，資料数，先行研究ともに豊富であることから，関東系土師器[1]および湖西産須恵器[2]とする。

　7世紀史における歴史的理解の2者　従来の土器研究では，7世紀における画期の存在を認めながら，その背景に2通りの解釈があった。ひとつは，やがて到来する律令体制への準備運動として捉える視点であり，画期の背景に畿内政権の政治的意図があったとするものである。関東系土師器の研究では，今泉隆雄が7世紀中葉段階を関東系土師器の初出とし，その存在を「柵戸」と結びつけて律令体制へ向けての国家政策としての坂東諸国からの移住に置き換えて理解した（今泉1989）。これには，城柵設置された地域への計画的移配と関東系土師器の分布とその時間的推移が必ずしも一致しないとの批判があった（熊谷2004）。長谷川厚は，6世紀以来の地域社会間の交流基盤の存在を認めつつ（長谷川1992），7世紀中葉もしくはそれ以前に直接的な土器の搬入がみられることから，畿内政権が国造制をてがかりに令制国に切り換える時期として捉え，そこに畿内政権による政治的意図をよみとった（長谷川1993）。

　湖西産須恵器の研究では，池上悟が，フラスコ形瓶など特徴的な器種が太平洋沿岸地域へ広域に流通することについて，窯の経営主体となりえる地域首長層のみによる生産・供給体制の管掌のみとは考え難いと，その背後により強力な支配機構の存在を暗示した（池上1985）。後藤建一は，フラスコ形瓶の希少性に注目しつつ（上田1986など），湖西産須恵器瓶類の分布が広範囲に及ぶことから，製品流通の媒介者を畿内勢力と捉えた（後藤1989）。さらに製品の広域流通と東国各地にみられる湖西産模倣須恵器の存在を安定した交易流通と技術伝習の一元化と捉え，その一連の動きの起点を推古朝の東国経営の一環にあると考えたのである（後藤1997・2000）。鶴間正昭は，坂東において湖西産須恵器と畿内産土師器の分布が重なり，その共伴例も多く認められることから，湖西窯が須恵器生産の発達が遅れた東日本沿岸地域に大量供給する役割を担ったとして，これを畿内政権の政治的意図であると解釈した（鶴間2002）。また東海諸窯からの生産技術

の移入についても議論した論考では，その分析視点のおき方に学ぶべきところは多いが，論旨に大幅の変更はなく，こうした供給体制や技術導入のあり方を，東海諸窯を媒介にした中央政府の政治的意図の具現化と理解している（鶴間 2004）。

ふたつは，地域社会を主体的に捉える視点である。すなわち土器のうごきに対して，地域間交流のネットワーク上での自発性を視野に入れて考える立場である。関東系土師器の研究では，村田晃一が，その存在を単純に畿内政権の移民政策に結びつけるのではなく，交易・物流の結果としてもたらされたもの，特定の目的のための一時的な人の移動によるもの，移民によるもの，と区別して考えるべきとし（村田 2000），さらに一時的な移動については，窯業などの手工業生産に従事する技術集団によるものとした（村田 2002）。

湖西産須恵器の研究では，小川貴司が，人の移動や移住ならば，湖西産瓶類を中心にする理由がなく，これらを交易品と考えるべきであるとした（小川・寺田 1985）。フラスコ形瓶の編年を行った岡林孝作は，池上や後藤の解釈を成り立たせるためには，より多くの手続きを必要とするとし，律令国家形成期にあっても，東日本で各地域の特色を保持しながら依然として活発な古墳の造営を継続している点から，フラスコ形瓶の広域流通を，東日本に広域に共通する地域性というべき独自性であるとして評価した（岡林 1994）。近年，後藤建一は，7世紀における湖西製品の広域流通と8世紀における東国諸窯への湖西窯がもたらす技術的影響について，湖西窯工人の東国への移動が，搬出の終息を迎える8世紀前半から中頃に顕著に認められるとしつつ，かつての論考よりも，湖西産須恵器の流通における在地首長層の存在をより強く意識した（後藤 2006a・b）。

問題点と課題 前者の歴史的理解からは，古墳時代的な在地首長層が中央集権国家体制へと取り込まれていく過程がよみとれる。しかし同時にそこには常に中央から地方へというステレオ・タイプの歴史観が顔をのぞかせる。このように律令国家形成に向けての政権の始動をいわゆる大化前代へひきあげて解釈する研究が依然多い。推古朝の画期が，6世紀後半以来の東アジアにおける激動に連鎖した動きであるとしても，そこから地域社会の自発的な変革やその主体性が存在する可能性を排除しうるだろうか。長谷川厚が明らかにしたように，6世紀来の地域社会間のネットワーク基盤が存在し（長谷川 1992），このネットワーク上でなりたつ土器のうごきであると了承されるならば，それを畿内政権の政治的意図のみでよみとるのは危険であろう。したがって本稿では，7世紀代における変化のうちに東国における地域社会の主体性があることを明らかにするため，関東系土師器の故地と分布およびその時期変化，湖西産須恵器の分布とその器種組成およびその時期変化を述べていくこととしたい。

2. 関東系土師器の分布とその動向

(1) 関東系土師器の出現

郡山遺跡 I 期官衙下層遺構出土土器の年代とその故地 宮城県仙台市太白区郡山遺跡第24次調査では（木村ほか 1983），I期官衙に先行する竪穴 SI261 から飛鳥 II～III に相当する畿内産土師器の出

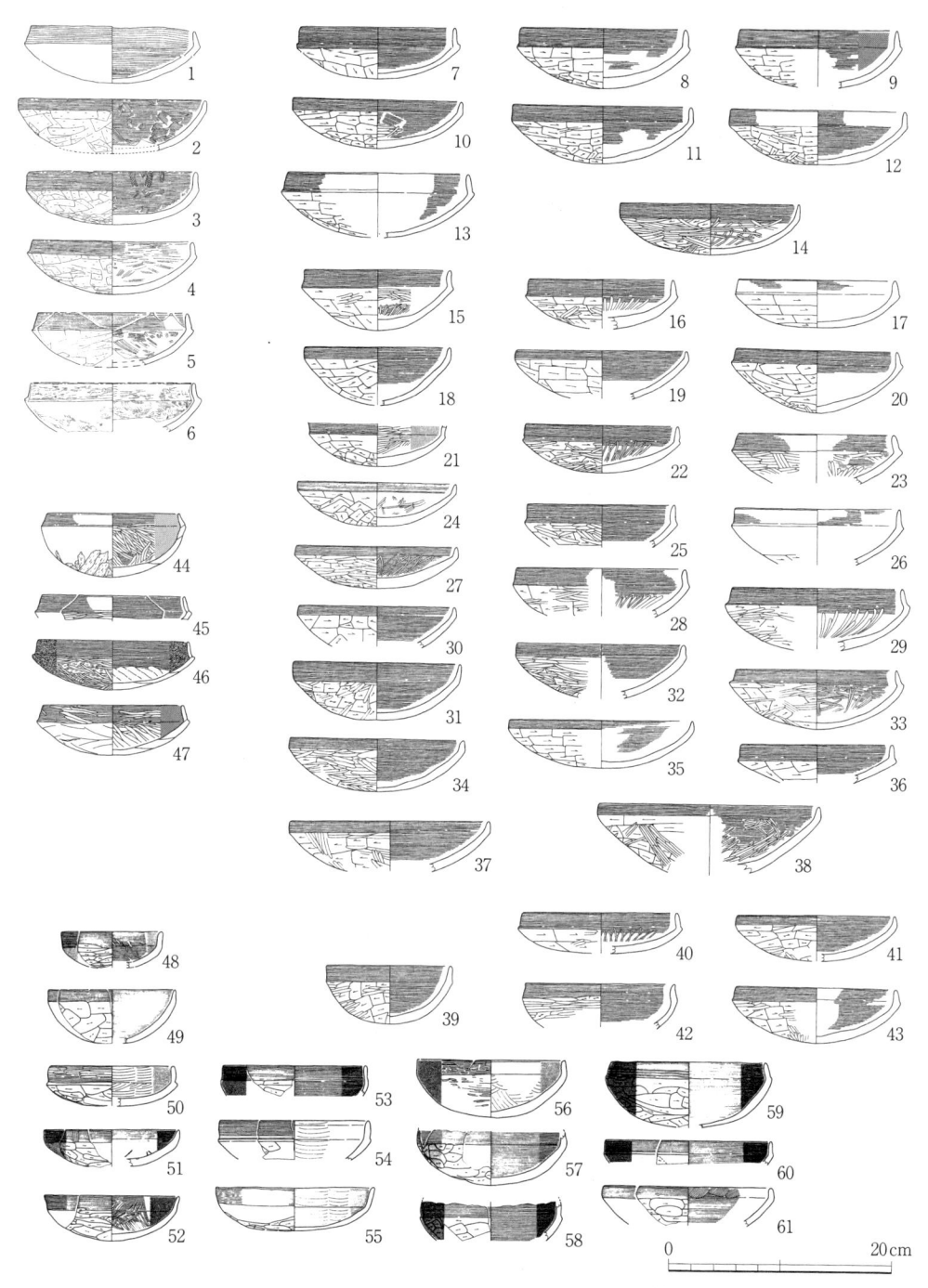

関東系土師器と湖西産須恵器と 275

第1図 仙台平野出土の関東系土師器 (1/6)
郡山遺跡 1~3：SI260；4：SI301；5：SI2084；6：SK2053 南小泉遺跡 7~13：SI25；14：SD3 (3層)；15~38：SD3 (2層)；39~43：SD3 (1層) 山王遺跡 44~47：SD2050 河川跡 2B層 下飯田遺跡 48~61：SR4 河川跡

土がみられた。これによりI期官衙の年代が7世紀後半代に，それに先行する下層遺構群が7世紀前半代にそれぞれ位置づけられることとなった。同じ下層の竪穴SI260・SI301などから出土した関東系土師器は，須恵器坏模倣形態をもち，いわゆる鬼高式土器の範疇で捉えられる（第1図）。これらの土器はI期官衙の成立時期から考えて7世紀中葉以前に位置づけられたが，同時に胎土や器形・調整技法が在地産と異なる点，暗赤褐色の色調，漆塗黒色処理を行う点などの特徴から，「関東産」土師器であることが指摘された（木村ほか1991）。まずはこれらの土器とその類例についての追検証を試みる。

　第24次SI260には3点の出土例がある。内傾する口縁部直下に段をもつ須恵器坏身模倣形態のものは口径14.5 cmをはかる。同じく段をもち，口縁部が直立する須恵器坏蓋模倣形態のものは口径14.9 cmである。なだらかな丸底で，底部から体部まで広い範囲にケズリ調整をもち，体部と口縁部との境に稜をもち口縁部断面形が三角形状を呈する坏は，須恵器坏蓋模倣形態とみえるが，口径16.6 cmとやや大きい。第24次SI301出土例は，口径14.7 cmで，口縁部直下に段をもつ須恵器坏身模倣形態。内面に漆塗土師器特有の細かい擦痕（永嶋1987）がみられる。

　長谷川厚は，対比資料として千葉県印旛郡印旛村平賀駒込遺跡56号竪穴出土土器群（村山1985）をとりあげた（長谷川1992）。坏類では，前代からの系譜をもつ赤彩された半球形の坏および口縁部外反の坏蓋模倣の赤彩坏があり，その他大半が坏身模倣坏であるという。これらは確かに郡山下層出土例に酷似する（第2図）。長谷川は，駒込56号例の年代を7世紀初頭と位置づけた（長谷川1992）。しかし赤彩土師器が一定量出土していること，初現的な常陸型甕がみられることから，さらに年代に遡る可能性がある。常陸型甕の初現は，陶邑編年TK43型式期併行というのが大方の見方であり（村山1985ほか），穏当な見解である。なお筆者はその暦年代を6世紀後葉から7世紀初頭の範疇と考えている[3]。

　駒込56号例と時期的併行関係をもち，同様に比較すべき資料が，茨城県つくば市桜柴崎遺跡III区175号竪穴出土土器群にある（土生1992）。坏の製作技術・法量などとともに，赤彩をもつ土師器坏，初現的な常陸型甕など，駒込56号例との共通点は多い（第2図）。郡山260号例でみられたような形態の異なる坏が口径も異なる状況は，柴崎175号例でもみられる。また駒込56号例も柴崎III区175号例もそれぞれの地域では一般的な土器様相であると理解してよく，以上からこれらはいずれもきわめて近似した年代を示すと考えられる。したがって郡山260号例の年代は，6世紀後葉から7世紀初頭の年代に収まるものと考えられ，郡山301号例も同様に考えてよかろう。そして対比資料から，その故地は印旛沼・手賀沼などの湖沼河川をも包括する古霞ヶ浦沿岸地域であると考える。

　郡山遺跡下層出土資料の類例（第1図）　この類例は，仙台平野において多く見いだすことができる。宮城県仙台市若林区南小泉遺跡では，第22次SI25竪穴と同SD3溝跡とにまとまった資料がある（斎野・結城1994）。SI25例では，郡山下層出土例同様，14～16 cm前後のやや大振りな資料がみられる。漆塗の施されない資料が半数強存在するが，塗布された漆が完全に剥離した状態の可能性もある。有段丸底で口縁部の内傾する須恵器坏身模倣形態と無段有稜丸底で口縁部の直

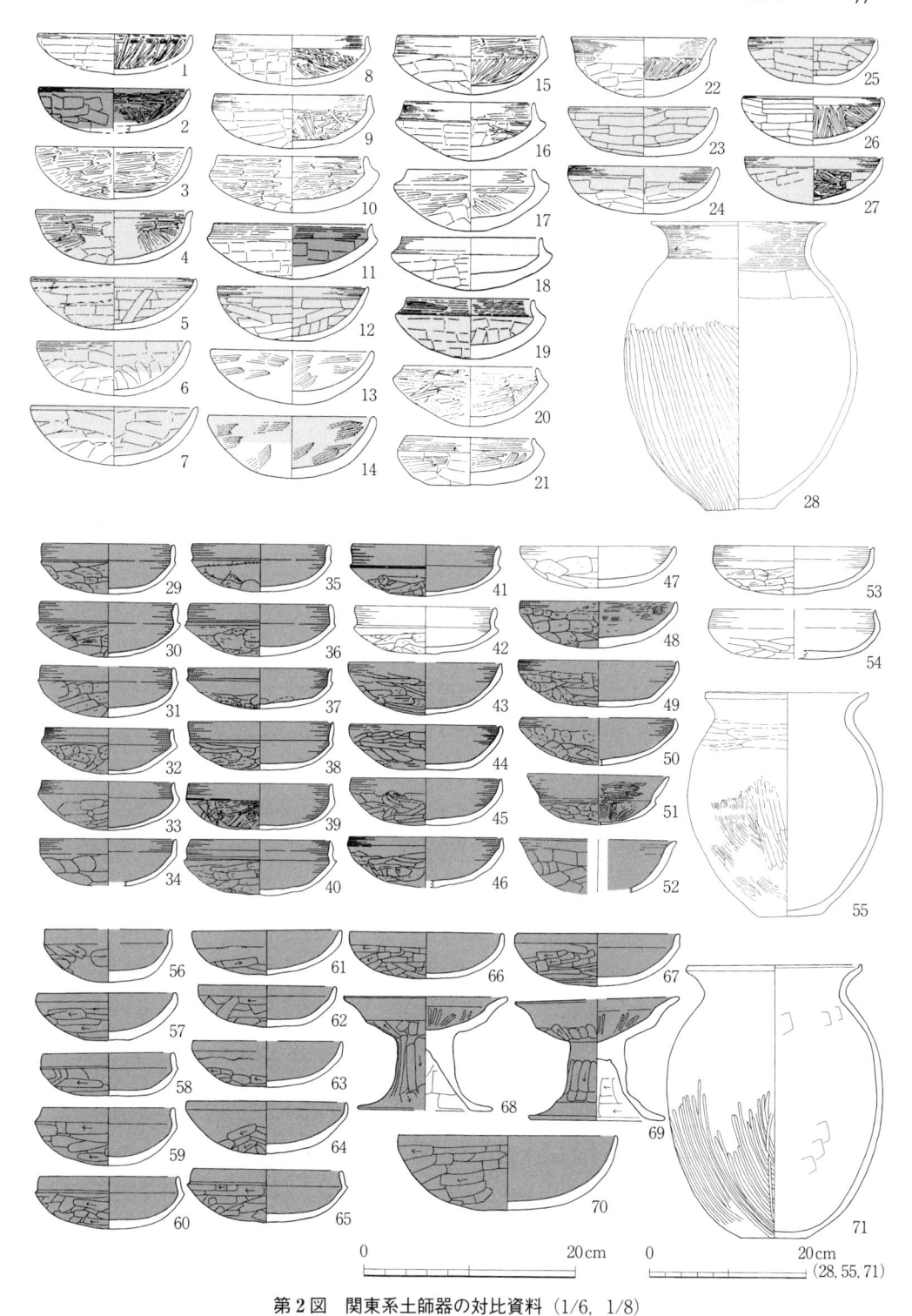

関東系土師器と湖西産須恵器と　277

第2図　関東系土師器の対比資料（1/6, 1/8）
1～28：駒込遺跡56号竪穴；29～55：柴崎遺跡Ⅲ区175号竪；56～71：陣場遺跡111号竪穴

立する須恵器坏蓋模倣形態の2者がある。大振りな坏に特徴的な底部のケズリ単位が比較的長い資料が一定量見られる。以上から，TK43型式併行期すなわち6世紀後葉から7世紀初頭のうちに位置づけることができる。

　他方SD3例では大半が漆塗である。特徴的なのは，見込みにナデ調整の後に放射状のみミガキを施す一群があること，坏のみならず，高坏や鉢，小形甕にも漆塗が施されることである。また2層出土例には19cmを越える大形坏を確認できるが，対比資料とすべき茨城県つくば市島名熊の山第846号竪穴出土例（矢ノ倉ほか2000）や同市上野陣場遺跡第111号竪穴出土例（川上ほか2002）のようにしばしばみられる例である。以上1および2層から出土した資料は，おおよそTK209型式期，7世紀前葉の年代とみられる。なお埋土3から出土した坏は，大振り扁平でやや古相を示すことからTK43型式併行期に遡る可能性がある。

　宮城県多賀城市南宮山王遺跡SD2050河川跡2B層出土の関東系土師器は，漆塗黒色処理の遺存状況の良好な資料であった（後藤ほか2001）。これらは器高がやや高く，口径13cm弱と小振りであるから，TK209型式併行期とみて大過ない。伴う須恵器の器種や型式からみてもこの年代は首肯されるものであるといえよう。

　宮城県仙台市若林区下飯田遺跡SR4河川跡では，同様の関東系土師器の多量出土をみた（中富ほか1995）。有段丸底形態のものは須恵器坏身模倣，無段で口縁部ナデと体部ケズリの境に明確な稜をもつ丸底形態のものは須恵器坏蓋模倣とみられ，いずれも漆塗黒色処理が施されている。ただし細部の特徴にややばらつきがみられ，他の関東系土師器とは型式的にわずかな差異がみられることから，その一部は搬入品ではなく模倣品の可能性もあろう。いずれにせよ，やはり古霞ヶ浦沿岸地域からもたらされたと考えられ，漆塗の須恵器模倣形態坏にはやや小振りのものもあり，銅鋺模倣とおぼしき坏があることから，TK209型式併行期と考えられる。

偏在する須恵器坏模倣形態土師器坏（第3図）　仙台平野以外の地域ではどうだろうか。宮城県東松島市赤井遺跡では，竪穴建物跡SI1140一括廃棄土器群中に，漆塗黒色処理を施した須恵器坏身模倣形態の土師器坏の出土が確認されている（佐藤2004）。口径14cm程のやや深身の形態で底部ケズリの単位が短いことから，典型的なTK43型式併行期よりも新相を示す。7世紀初頭から前葉の範疇で捉えられよう。

　宮城県栗原市瀬峰泉谷館跡では，3・4号竪穴でTK43型式併行の須恵器模倣形態の坏が，さらに1・2・9号竪穴でTK209型式併行のやや小振りで深身の須恵器模倣形態の坏が出土している。さらに2号竪穴では，常陸型甕に類似した土師器甕が出土しており，共伴する土師器坏のなかには，無段有稜で口唇部が「く」の字に外傾するものもある（阿部ほか1987；東北古代土器研究会2005b）。この甕の特徴としては，外面中位から下位にかけてのミガキの単位が細く短いものの，口唇部の上方へ突出する作法，胴部内面の幅広の工具による強いナデが常陸型甕のそれに類似し，興味深い。また胴部上位に2つの輪状の耳をもつ小形甕の出土が7号竪穴にみられる。これには，既述のつくば市陣場111号例と茨城県稲敷市浮島宮の脇遺跡24号竪穴出土例（人見1988）との類例がある（第4図）。

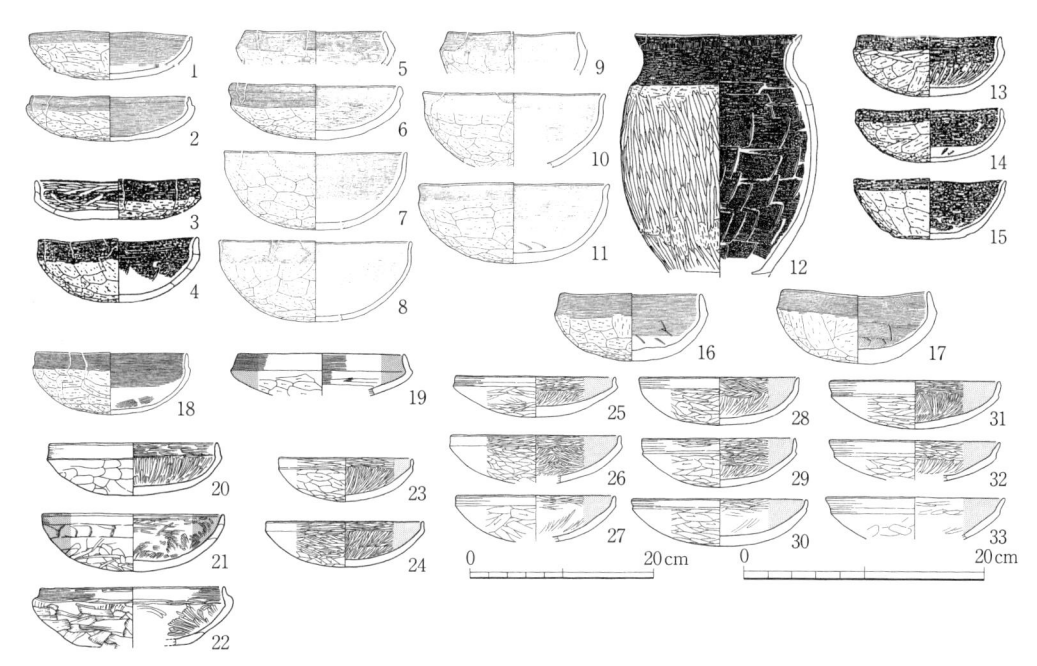

第3図　関東系土師器の類例1 (1/6, 1/8)
泉谷館跡1・2:3号竪穴；3～8:4号竪穴；9～12:2号竪穴；13～15:9号竪穴；16～17:1号竪穴
赤井遺跡18:SI1140　高木遺跡19:40号竪穴　徳定遺跡20～22:B-Ⅱ区34号竪穴　内屋敷遺跡
25～33:3号方形区画；23・24:4号方形区画

　福島県中通り中部域で以下のような資料が判明している。福島県本宮市高木遺跡40号竪穴の掘方埋土からは，TK43～TK209型式併行期に相当する漆塗黒色処理の土師器坏が出土している（安田2002）。同県郡山市田村町徳定遺跡B-Ⅱ区34号竪穴で3点出土している。内面にはミガキ調整がみえる坏身模倣形態である（木本ほか1981）。一方は口径14cm弱とやや小振りだが，他方は15cmを超える比較的大振りのものである。在地の坏・甕と共伴しており，その関係からもTK43型式併行期の範疇で捉えてよいだろう。なお同遺跡からはこれに先行する関東系土師器の存在も確認されるが（菅原2004），その故地は関東平野の北西域に求められるもので，本稿では除外する。そのほか須賀川市木之崎桙塚遺跡，石川郡石川町沢井殿畑遺跡などでも類例資料が散見され（東北古代土器研究会2005a）いずれもTK43型式期からTK209型式期に併行する資料とみられるが（菅原2004），仙台平野ほどにはまとまって出土する例はない。

　会津盆地においても，近年の調査で類例の存在が明らかとなった。喜多方市塩川町会知内屋敷遺跡では，72号竪穴に2点，80号竪穴に1点，639号土坑に1点，3号方形区画施設の溝跡から8点，4号方形区画施設の溝跡から2点，と多数の出土をみた（植村ほか2004）これらの資料は，いずれも小振りで，内面に細かいヨコミガキ調整が施されている。こうした調整の作法は在地産土師器の特徴にも酷似するため，即座に搬入品と断ずるのは躊躇する。年代はいずれもTK217型式併行期すなわち7世紀中葉の所産とみられ，他例に比べて後出する。

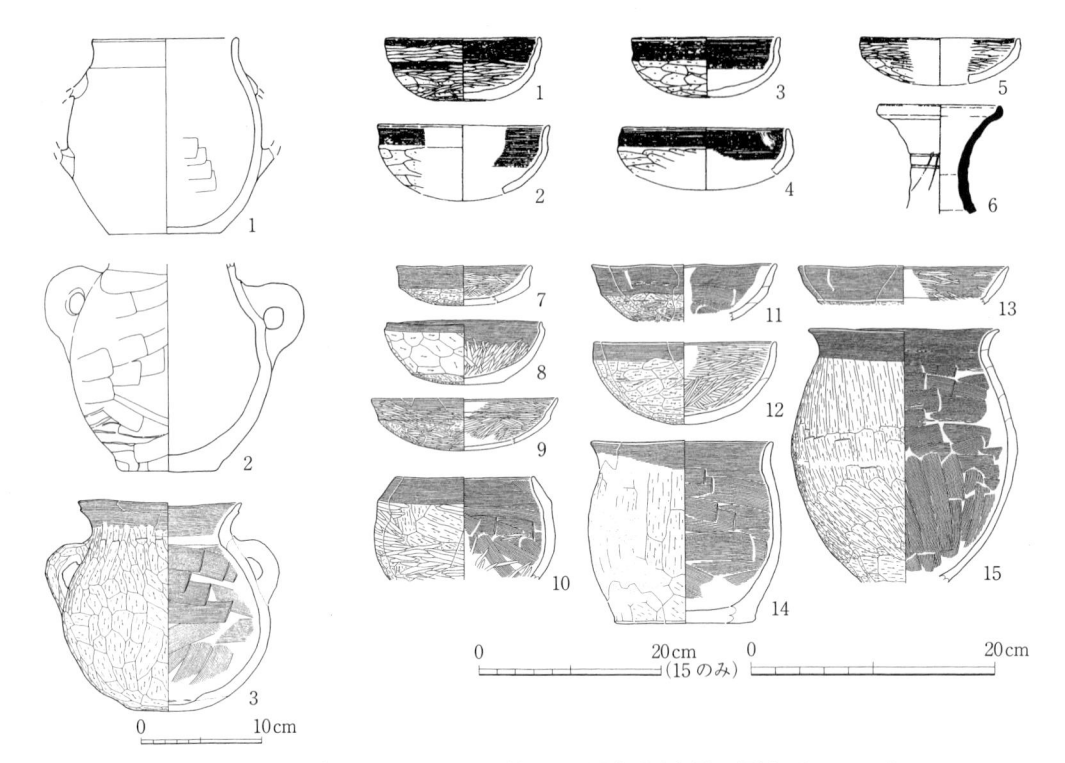

280　第4部　定着と漂泊─古代・中世

第4図　把手付小形甕の類例（1/6）
1：陣場遺跡111号竪穴；2：宮の脇遺跡24号竪穴；3：泉谷館跡7号竪穴

第5図　関東系土師器の類例2（1/6, 1/8）
1～6：名生館遺跡 SI1277；7～15：赤井遺跡 SI292

（2）関東系土師器の展開とその多様性

7世紀代における多様性　仙台平野では，須恵器坏模倣の有段丸底形態をそなえた漆塗黒色処理を施す土師器坏の出土を多数みた。竪穴出土もさることながら，河川跡などからの多量の出土が目を惹く。これらの土師器坏は，胎土・技法・調整などの点が酷似していること，甕など他器種を伴うことが少ないことから，現段階では人間集団の移動や移民などではなく，古霞ヶ浦沿岸地域からの漆塗土師器という特産品が海上ルート経由の交易によってもたらされたとみることも可能がある[4]。ところが大崎平野や石巻平野ではこれらとは異なる（第5図）。

　まず，宮城県大崎市古川大崎名生館官衙遺跡竪穴 SI1277 出土土器群に注目したい（鈴木・佐藤, 1993；東北古代土器研究会 2005b）。長い口縁部外面に沈線状の痕跡を遺し，口唇部がやや内屈する木葉痕をもつ平底状のもの，無段有稜で口縁部が外反するもの，無段有稜で口縁部が内傾するもの，有段で口縁部に強いナデを遺し，直立しながら口唇部でやや外反するもの，など多様な型式がセット関係をなすとみられるが，いずれも底部のケズリ手法は単位が細かく，深身で法量もやや小さい。内面にミガキ調整を施すもののなかには漆塗黒色処理が施されるものがある。こうしたセット関係から比較すれば，その故地は下野東部あたりと推測でき，同じ漆塗黒色処理を施す古霞ヶ浦沿岸地域に故地をもつ仙台平野などの例とは区別できる。年代観としては梁木・田熊編年Ⅳ期に該当し（梁木・田熊 1989），したがって TK209～TK217 型式期に併行する土器群と考え

られる。ただし,同時に口縁部外面から内面全体にかけて強いミガキによる仕上げを施し,黒色処理される土師器坏が出土していること,胎土や調整手法のやや異なることから,搬入品ではなく在地による模倣品とみるべきであろう[5]。なお同遺構からは,湖西産瓶類の頸部片が出土している。

　宮城県赤井遺跡竪穴建物跡 SI292 では,関東系土師器と目される坏や甕が出土している(佐藤ほか 2001)。坏は有段丸底で短い口縁部が外傾もしくは外反する器形,甕には長胴化がみられ,内面を工具ナデで調整し,外面は比較的長い単位でタテケズリを中心に施すものである。その特徴からはこれらの故地が古霞ヶ浦沿岸地域とはいい難い。下総南部や上総周辺の影響といえようか。土師器坏のなかにはかなり矮小化したものもみられ,TK217 型式併行期,すなわち 7 世紀中葉に相当するとみられる。

　さて,当該地域における在地の土器様式はいわゆる栗囲式の範疇に包括されるから,このように関東系土師器がセット関係をもつことについては当然,人間集団の移動という可能性を考えなくてはならないが(佐藤 2003),畿内政権による東国経営の拠点たるべき,郡山遺跡などの例と軌を一にせず,それぞれの地域で独自性をもつことを考えれば,坂東から陸奥への移民政策として考えることは必ずしも妥当ではないだろう。同様に,福島県域の中通り・会津の諸地域にみられた漆塗土師器坏も,仙台平野の例と同じ現象として捉えるべきではなく,漆塗土師器坏の出土する下野からの搬入や人の移動を考えてよい。このことは,後の東山道ルートの延長線上にある大崎平野での例が下野を故地に考えられることを加味すれば,充分に穏当な見解として評価できるだろう。以上 7 世紀前半代における関東系土師器のあり方に多様性がみられるのは,前代からの交通ネットワークがこの段階に活発化をみせ,地域社会同士の自発的な交流が生み出した結果といえる。

　北武蔵の影響　7 世紀後半代の段階以降になると,口縁部が S 字状に屈曲して口唇部が外方へ開く赤色系の土師器坏が大崎平野を中心に多量に出現する。典型例として名生館官衙遺跡竪穴建物跡 SI1278 (鈴木・佐藤 1993),SI1324 出土土器 (鈴木勝 1994) や宮城県加美郡色麻町上郷・高野色麻古墳群 24 号墳 (古川 1984)・254 号墳出土土器 (古川 1983) がある (第 6 図)。この特徴的な土師器坏は,田中広明が「北島型暗文土器」(田中 1991) と呼称したものに形態的に酷似するが,暗文が施される例はほとんどない。また無段丸底形態で,口縁部が短く直立もしくは内傾する土師器坏や外面をケズリ調整する小形壺が伴う。高橋誠明が明らかにしたように,これらはいずれも北武蔵を故地とするものであり,赤色系の焼き上がりのものと,にぶい黄橙色系の焼き上がりのものの 2 者があり,前者を搬入品,後者を在地産と理解でき (高橋 2004),類例の多くは後者である。このほか名生館官衙遺跡では,ケズリ調整の土師器甕を伴っており,ハケメ調整の在地系統の土師器甕とは明らかに異なる。以上,製作技術あるいはそのものが北武蔵からセットで持ち込まれているから,人間集団が移動しているとの推論は妥当である。

　またこの特徴的な S 字状の屈曲した口縁部をもつ土師器坏が,郡山遺跡竪穴 SI79 出土例 (長島 2005) や赤井遺跡 SD146 溝跡出土例 (西潟・佐藤 1995) などで客体的に確認できることから,

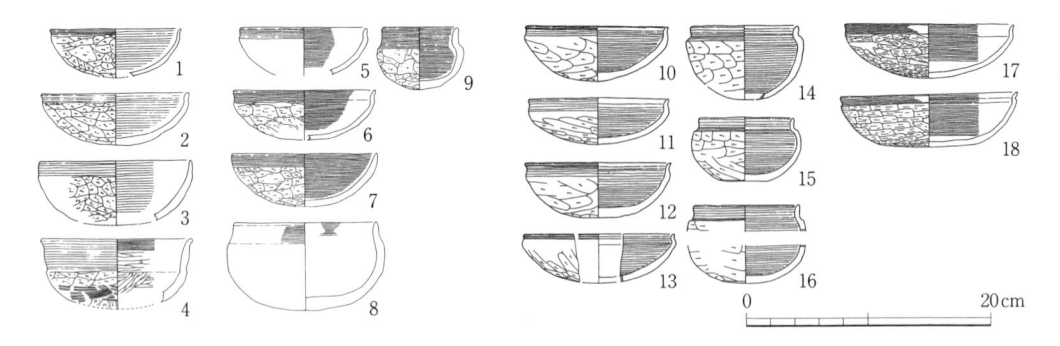

第6図　関東系土師器の類例3（1/6）
1～9:名生館遺跡SI1324；10～18:色麻24号墳；17・18:色麻254号墳

交易品としてもある程度広がったとみるべきであろう。このいわば北武蔵タイプの赤色系の小さな土師器坏の出現を，人間集団の移住と捉え，武蔵国榛沢・幡羅両評からの移配と理解し，名生館官衙遺跡における官衙組織化の役割の一旦を担っていたと考えたとしても，必ずしも全ての例には当てはまらない。例えば赤井遺跡における主体的な土器様式を確認してみると，前段階で出現した関東系土師器が型式変化しており，系譜はそのなかで完結する。それとともに在地系の土師器を多く伴っていることから（佐藤2003），赤井遺跡では別系統の関東系土師器が存在すると理解できる。前段階に移動したとみられる人間集団の定着をよみとれよう。そしていずれの遺跡も在地系の土師器との混在が認められることを考えれば，田中広明のいうように常に2重構造を内包した状態を保ち続けたのだと考えるのは穏当である（田中1996）。

東北北部の影響　大崎平野や石巻平野での官衙・城柵組織化の過程は重層的であり，たとえ官衙・城柵関連の遺跡群といえども畿内政権の強い意図をよみとるだけでは，到底説明し尽くされない。というのも例えば赤井遺跡では，東北北部の影響を強く受けた土師器が同時期に存在するのである（佐藤2003）。竪穴SI263・SI265出土土器群のうちにその典型例をみとめることができ（佐藤ほか2001），坏では外面ミガキ調整であることが特徴的である。こうして畿内政権の意図の反映し得ないような交流を続ける状況をみたとき，関東系土師器の存在が，畿内政権による東国経営の一端を表すものと捉えうるかという疑問が出てくる。

8世紀における関東系土師器　8世紀代における関東系土師器の例は，既出の名生館官衙遺跡や赤井遺跡のほかに，宮城県栗原市志波姫堀口御駒堂遺跡に多数みられる（第7図）。坏は平底にかなり近くなり，器高が低く，口径が大きい。いわゆる「盤状坏」とよばれるものを含み，とくに御駒堂出土例の多くは，内面に赤彩が施される。また甕は，胴部最大径をかなり上方にもち，胴部下端から底部にかけて強くすぼまる形態で，外面はケズリ調整である。これらもセット関係をなすことから，人間集団の移動とみるべきであろう。その故地は，従来から南武蔵の地に求められているが，同時期における内面赤彩の盤状の土師器坏は，南武蔵の地域のほか，千葉県佐原市伊地山遺跡（越川ほか2000）など，下総香取地域にも存在し，両者を考える必要もあろう。ただし名生館官衙遺跡や御駒堂遺跡のように山道筋に立地するところでは，南武蔵をその故地とする

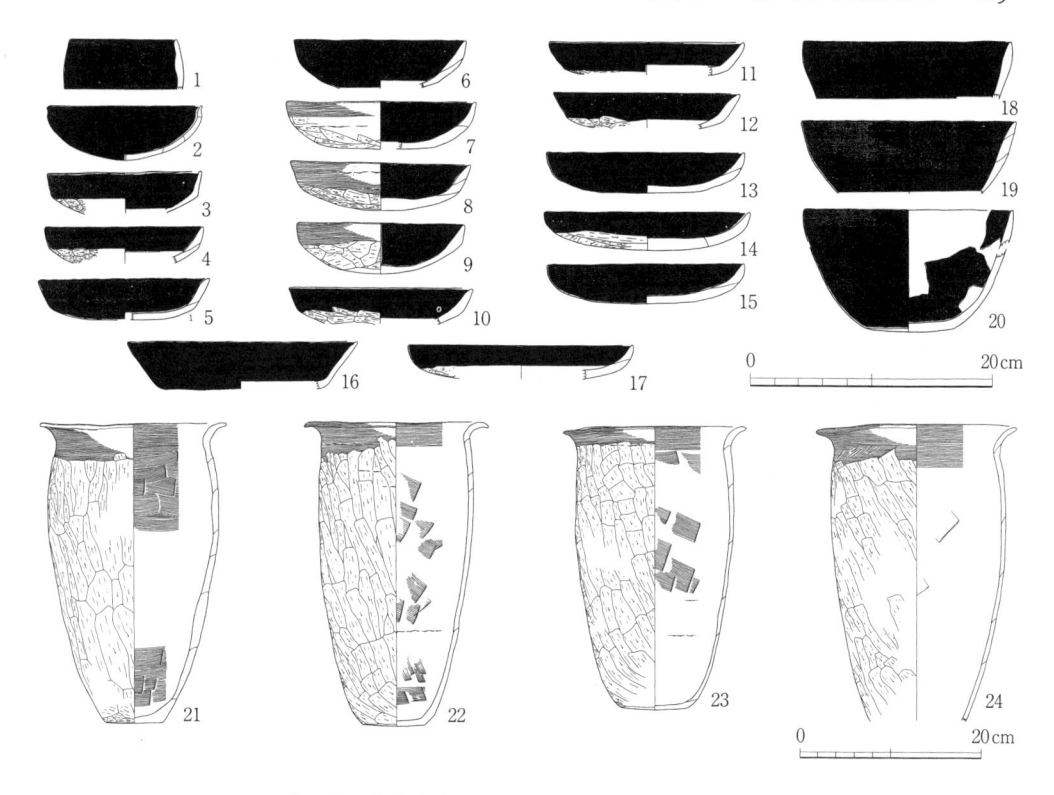

第7図　御駒堂遺跡出土の関東系土師器（1/6, 1/8）

1・4・9・15・19・20：42号竪穴；2：12号竪穴；3：2号竪穴；5：39号竪穴；6・18・24：41号竪穴；7・16：3号竪穴；8・17・23：36号竪穴；10・11・12・22：29号竪穴；13：15号竪穴；14：28号竪穴；21：1号竪穴

ことに充分な妥当性があると考える。なお8世紀代の関東系土師器は，その前葉のみに限られ，それ以降は須恵器供膳具がとってかわるようになり，当該地域における土器の様式転換がみられる。

さてこれら8世紀における関東系土師器の存在を，その年代観から『続日本紀』霊亀元年五月庚戌条にみえる坂東からの富民大量移配[6]に対応させる考えが多い（今泉1989など）。ただしこの『続紀』の記事に対応させるためには，坂東の他地域からの移配状況も土器資料の側面から立証されるべきであろうが，残念ながら現在これを解説する有効な資料が管見に触れない。今後の調査・研究の進展に期待したい。

　関東系土師器の展開とその意義　以上のように，関東系土師器は，6世紀から8世紀前葉にかけて展開するが，同時にそこには多様性を認めざるを得ず，関東系土師器の存在の全てを移民集団の痕跡とし，一面的に畿内政権による東国経営の一環と捉えるのは難しい。そしていくつかの例では，移民集団の痕跡と認めることはできたとしても，それが政策の結果と認めうるかといえば，いまだその充分な根拠はそろっていない。では関東系土師器からみえてくるものはなんだろうか。

　仙台平野を中心にみられた漆塗の関東系土師器は，セット関係をもたない点，郡山遺跡や多賀城周辺といった拠点的な遺跡から出土し，とくに河川跡や溝跡などから多量に出土する点から，

水上交通を経由した交易品と考えた。水上交通を経由したと考えたのは、その故地を古霞ヶ浦沿岸地域と推定したからに他ならない。坂東における水上交通の拠点である古霞ヶ浦沿岸地域は、ランドマークとしての筑波山を背後にもち、東海道・東山道両者の陸上交通の結節点でもある。同時にこの地域が、6・7世紀における古墳埋葬施設に利用される雲母片岩の石材加工・流通の中核であり（石橋2001など）、須恵器生産をいち早く取り入れた地域であることを考えれば（渥美・小野・中尾2006）、当該地域の土師器が交易品として考えられてもよかろう。また須恵器工人などの一時的移動に伴うものという見解もあり（村田2002など）、その可能性も充分に考えられてよい。それは6世紀末から7世紀前葉にかけての時期であった。

7世紀中葉を中心とする段階には、関東系土師器に新たな展開がみられる。大崎平野や石巻平野に所在する官衙関連遺跡では、それぞれ異なる関東系土師器を受け入れており、それらもやはり前代からの交通ネットワークを通じた現象と捉えた。大崎平野の名生館官衙遺跡出土のそれが東山道の下野地域から、石巻平野の赤井遺跡出土のそれが東海道の下総地域から、それぞれ影響を受けて成立したとなれば、極めて興味深い。

他方、福島県中通り・会津盆地の地域では、7世紀前葉から中葉にかけて漆塗黒色処理の関東系土師器が散在して確認されるが、これについては短絡的に古霞ヶ浦沿岸地域を故地として捉える必要はない。下野地域でも漆塗黒色処理の土師器坏は比較的多く、陸上ルートを考えれば、筑波・八溝山系以西の地域がその故地として挙げられよう。これらの例では、既出の高田遺跡や内屋敷遺跡のように、方形区画をもった拠点的な集落からの出土であり、官衙的な要素も持ち合わせている（第8図）。また高田遺跡では在地産須恵器が多く出土しており（第9図）、そのうちに天井部穿孔をもつ蓋状の焼台と目されるものが出土していることから、同時に生産の拠点であったことが伺える。したがってこれらの例が須恵器工人の一時的移動に伴うものであるという解釈の蓋然性は高いといえる（菅原2004）。

7世紀中葉から後葉にかけていわゆる北武蔵タイプの赤色系の土師器が多くみられるようになることは既に述べた。ただし分布が濃いのは大崎平野であり、武蔵国加美郡と陸奥国賀美郡との対比から、この現象を官衙・城柵組織化における抜本的な方策としての坂東からの人間集団の移動とみるのは妥当な見解といえよう。しかし必ずしもすべてが軌を一にしているわけではない。赤井遺跡では、前代の関東系土師器が型式発展をみるのみであって、官衙・城柵組織化に過程にあっては、坂東との交流と同時に北方との交流もみられるのである。もっとも、菅原祥夫が明らかにしたように、土器様式の点で東北北部、北陸などの影響がみられ、福島県域でも会津盆地の様式が中通り域や浜通り南部、関東平野北西部などの地域で散見されるから、該期の地域間交流は極めて自由活発であり（菅原2004）、この点からみても、やはり各地域の独自性がうかがわれるのである。

以上のことから、関東系土師器が示すものは、必ずしも畿内政権による東国経営の一環によるものとはいえないのである。もちろん官衙・城柵の組織化は、畿内政権の意図である。したがってそれらを組織化することは、律令体制確立に向けての始動と捉えることができるが、同時に組

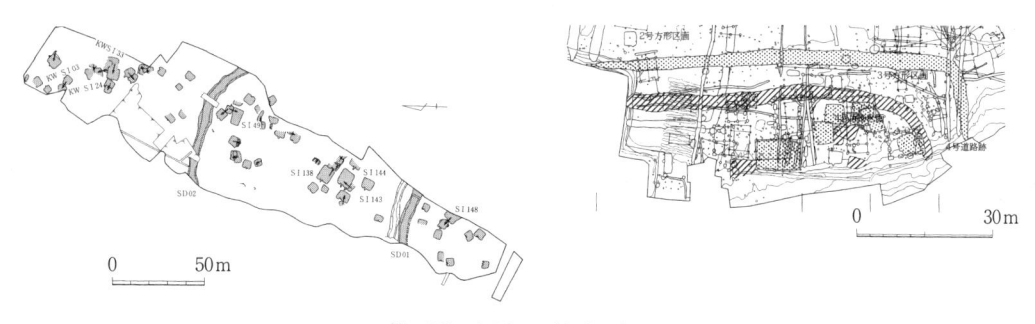

第8図　方形区画施設の類例
（左）高木遺跡；（右）内屋敷遺跡

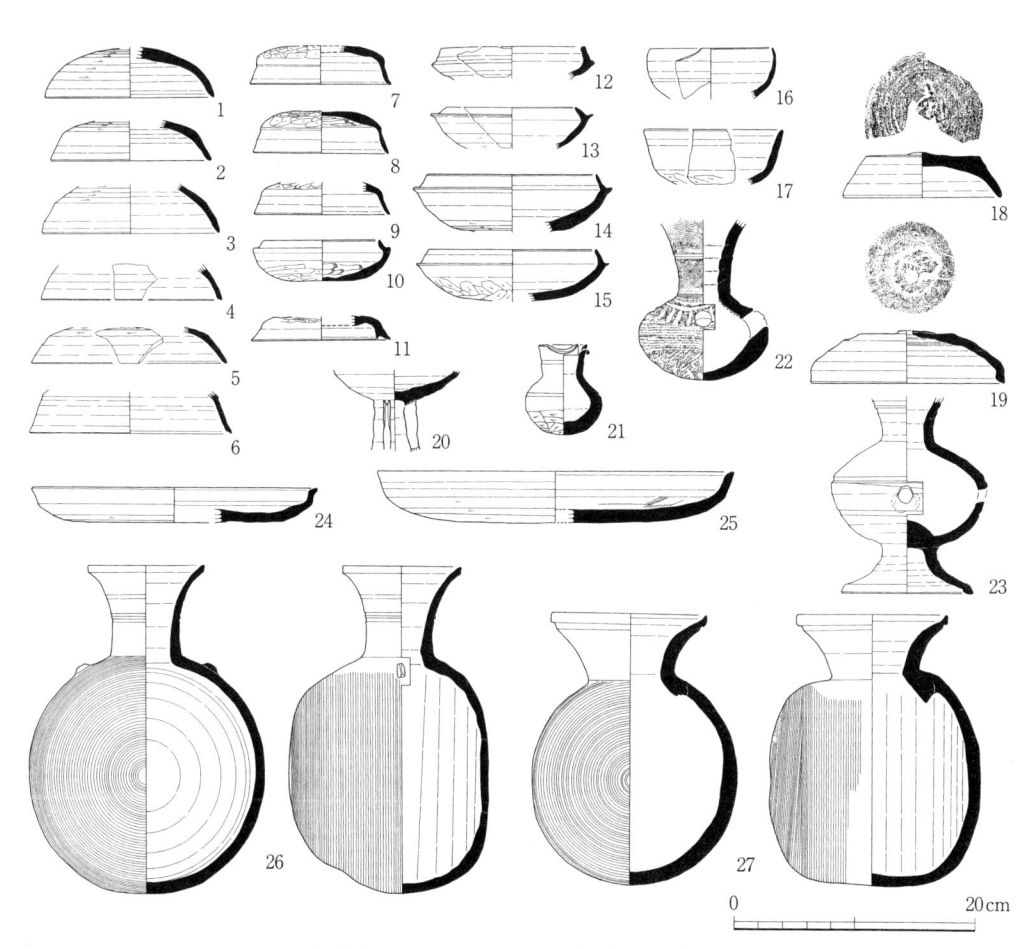

第9図　高木遺跡出土の在地系須恵器（1/6）
1・9・15・16・23・26：SD2；2：SI60；3：SI90；4〜6・21：SI144；7・8・10・11：SD1；12：SI1；13：SI79；14：SI7；17：SI105；18：SI136；19：SI82；20：SI139；22・24・25：遺構外；27：遺物包含層1

織化の実体においては，各地域社会が従来からもつネットワークを駆使して労働力や生産力を揃えていったとみるべきである。すなわち律令体制は，古墳時代以来の地域社会の連携の上に成り立っているものであり，少なくともその草創期においてはいわば砂上の楼閣のようなものであったといえよう。関東系土師器はそのことを端的に示す存在ではなかろうか。

3. 湖西産須恵器の分布とその動向

(1) 湖西産須恵器による一元化の問題

　いわゆる湖西産須恵器が，7世紀から8世紀前葉にかけて関東・東北に多く流入することはよく知られている。ここではこうした現象を整理し，湖西産須恵器の遠隔地消費が関東・東北にもたらした意義について考えてみたい。まずは，湖西窯がどのように須恵器生産を行っていたのか。先学の成果に導かれながら，窯跡分布とその推移を概観しておく。

　湖西窯跡群の開窯　湖西窯跡群は，静岡県浜名湖西岸域の丘陵地の東西9km，南北8kmの範囲に分布する。最古の様相は必ずしも明らかではないが，静岡県浜松市東伊場伊場遺跡などからはTK23型式併行期を遡る在地産須恵器が出土している（後藤1997）。MT15型式併行期ころの湖西窯は，湖西市坊瀬明通り窯や同市吉美東笠子第25地点III号窯，同市吉美峠場第1地点I・II（古）号窯のように，埴輪を併焼しており，連続して操業を確認できる。ただしこれらは零細的な短期操業で，付属施設を伴わないという特徴をもつ。

　西笠子64号窯の成立と窯場の分布拡大　TK43型式併行期には窯場が移動をみせ，湖西市白須賀西笠子64号窯が操業を開始する[7]。この時期より埴輪併焼はみられず，前時期と同様に小規模であるが，窯体周囲には，竈付設の住居跡や作業場としての平坦面などがみられる。窯体は，修復や床面の重なりが多く確認でき，生産量の高さをうかがわせる。以上のように湖西窯における須恵器生産は本段階をもって新たな局面を迎えることとなる。すなわちTK43型式併行期となると，丘陵ごとに2ないし3ヶ所の窯を営み，操業期間が長くなる傾向がみえる。湖西市古見加賀山第2地点窯，峠場第1地点II（新）号窯では，窯体周辺に住居跡や作業場などの付属施設がみえ，窯体自体は修復を繰り返しながら操業する。さらにTK209型式併行期には，段階的に生産規模を拡大，窯体の修復も繰り返され，生産量の大幅な増加がみられた（後藤1997）。

　湖西産須恵器による流通の一元化　6世紀末頃に至ると湖西窯以外の遠江諸窯は営窯を停止し，遠江地域では大方の器種が湖西産の独占状況となる。駿河西部域でも同様の傾向にあるが停止期間に遠江地域と多少のずれがある。駿河西部域では，6世紀後半に個々の地域内流通を基調としてさらなる拡大化をはかりながら，他方で湖西製品における飛び石状の隔地流通が成立し，流通そのもののみならず，生産地や器種にも重層構造がみえるという。ところが6世紀末から7世紀初頭にかけて駿河西部域諸窯が一斉に営窯を停止すると同時に，当地域を含めた東海東地域の古墳出土須恵器は，湖西産須恵器によって一元化される（後藤2000）。さきにみたTK43〜TK209型式併行期にみえる窯構造や器種構成における変化や窯場分布の拡大傾向は，遠江・駿河西部の

在地生産の停止に代わって，その供給を支えた結果といえよう。

　この6世紀末から7世紀初頭における湖西窯自体の変化と製品供給範囲の変化は，生産と消費および流通の構造が変化したことを意味する。すなわち製品の供給において太平洋岸の陸上・水上交通のネットワークが積極的に利用され始めたと予測される。そしてここにいたって坂東・陸奥の諸地域に湖西産須恵器が供給される素地ができあがったといえよう。

　流通のピークと衰退　7世紀後葉から8世紀前半にかけて，継続的生産を行う南部域丘陵群の各丘陵の先端部に，窯業関連の集積地ともいうべき遺跡が形成されてくる（後藤1997）。ただしこれらの集積遺跡は，8世紀後半代までは継続しないようである。一方窯場の分布状況をみると，8世紀前半では分布はさらに濃密となるが，決して一様ではない。丘陵奥地にもその分布を拡げ，濃密な状況となり，分布の縮小する8世紀後半にあっても営まれる丘陵が存在する一方，8世紀前半代も7世紀代と場所をあまり変えることなく操業を継続し，8世紀前半代までで操業を停止する丘陵がある（後藤1997）。湖西窯自体は，9世紀前半代まで操業を継続させるようであるが，駿河地域では，静岡県藤枝市の瀬戸川流域の丘陵に位置する助宗窯跡群が8世紀半ばに成立してのち供給はみられなくなり，坂東や陸奥の諸地域でも8世紀前半末ごろが年代の下限である。

（2）東国における湖西産須恵器の分布とその範囲―坂東・陸奥―

　さて後藤建一の指摘通り，湖西産須恵器の出土分布傾向から，東国しかも太平洋沿岸地域に広範囲にわたって湖西産須恵器の供給が確認できる。一部畿内における出土例もみられるが，それらは漆運搬のための容器などとして運ばれるものと考えられ（後藤2006b），厳密な意味で供給や流通に直接関わるものとは考えられないのでここでは除外する。坂東における湖西産須恵器の分布については，鶴間正昭が精力的に検討している（鶴間2001ほか）。また陸奥における湖西産須恵器の分布についても，近年集成作業などの検討が積極的に行われているという。以下これら先学の成果に導かれつつ，新しい知見も加えて坂東および陸奥における湖西産須恵器の流通を探るため，その出土例を概観してみたい。

　東京湾沿岸地域　相模，南武蔵，上総の各地域では，湖西産須恵器の出土量が極めて多い。それは生産地と地理的に最も近いということにも起因しているとみられるが，田所真のいうように7世紀末から8世紀初頭の時期において，在地窯による須恵器生産への指向性が極めて弱いことが大きな要因と考えられよう。田所は，こうした諸地域に共通することとして，単に「搬入」するのみならず，需要を満たす一定量の供給が，流通という手段によって満たされていたことを挙げ，その具体的な手段として海路を含む東海道ルートを示唆した（田所1997）。もっともこうした須恵器の需要と供給のバランスは8世紀中頃までは続かない。

　さて，古墳や横穴での出土例をみていくと，相模では，神奈川県藤沢市長後代官山横穴群，同県足柄上郡松田町松田庶子からさわ横穴墓群，同県藤沢市川名森久横穴墓南側斜面20号横穴墓など，南武蔵では，神奈川県横浜市緑区熊ヶ谷東横穴墓群，東京都世田谷区等々力渓谷2号横穴墓，大田区多摩川台9号墳などの例がみられる（鶴間2001）。これらの例では，平瓶，フラスコ形瓶，

長頸瓶，甑など壺瓶類が大多数を占めるほか，畿内産土師器の出土もみられた（鶴間 2002）。

上総では，千葉県木更津市請西諏訪谷横穴群，同県山武郡大網白里町みずほ台瑞穂横穴群，同県長生郡長南町米満横穴墓群，同郡長柄町力丸千代丸・力丸横穴群，木更津市請西山伏作 5 号墳，同市伊豆島石神横穴群，茂原市山崎山崎横穴，富津市二間塚割見塚古墳，木更津市桜井瑠璃光塚古墳，袖ケ浦市神納雷塚遺跡 10 号墳など枚挙に暇がなく，坏 A・B・G[8]などの供膳具をはじめ壺瓶類・甕など器種組成が豊かな例が多い（鶴間 2001）。また割見塚古墳例では畿内産土師器の出土がみられ，この点は，相模・南武蔵と類似した状況を指摘できる（鶴間 2002）。

他方，拠点的な集落遺跡でも多くの湖西産須恵器を認めることができる。相模では，神奈川県小田原市国府津三ツ俣遺跡 F 地区や同県秦野市下大槻峯遺跡，同県藤沢市朝日町若尾山遺跡などにおいて，一括性の高い資料群がみられ，壺瓶類のほかに，坏 H や坏 B，高坏など多くの須恵器の供給を湖西窯から受けていた（鶴間 2001）。同時に，同県藤沢市代官山遺跡，秦野市上大槻中里遺跡，鎌倉市手広八反目遺跡，平塚市北金目高間原遺跡，小田原市千代光海端遺跡，平塚市上吉沢原口遺跡などでは，内面に暗文を施す土師器坏類と湖西産供膳具との共伴が認められ（鶴間 2002），墳墓の例のように畿内産土師器の影響が色濃い。

南武蔵では，東京都日野市落川遺跡や府中市武蔵国府関連遺跡のように相模同様に拠点的な集落遺跡での出土が多くみられる。出土遺物からみて，供給のピークは 7 世紀中葉から 8 世紀前半代にあるとみてよい。上記以外にも西多摩郡日の出町外三吉野遺跡群 19 号竪穴出土例などがある。これらの器種組成をみると，須恵器坏 B は湖西産，須恵器坏 A は北武蔵産であることが多いとされ（鶴間 2001），相模と異なり，須恵器における器種別供給を受けていた様子がうかがえる。こうした須恵器における器種別供給は，山口辰一による武蔵国府関連遺跡の土器編年でも明らかとなっている。N1 期（7 世紀末〜8 世紀第 1 四半期）に前代から続いて東海産須恵器が供給され，僅かであるが，新しく北武蔵型土師器坏や末野産須恵器などが流入してきているという。N2 期（8 世紀第 2 四半期〜国分寺造営開始ころ）に至ると，武蔵国府には大量の須恵器が流入してくるが，南比企産無蓋坏が多く，末野産製品や東海産須恵器が少量あるという状況に変化して以後は，南比企産須恵器の大量供給がみられる（山口 1985）。このような土器様相は，豊島地域においても類似の状況をみてとれる（鶴間 2002）。

上総では集落遺跡からも多くの出土がみられる。なかでも君津市郡・小山野郡遺跡では，7 世紀中葉前後を境として，搬入されてくる須恵器が陶邑産から湖西産へ移行する様子がうかがえる（鶴間 2001）。7 世紀中葉以降，湖西産須恵器が一定量搬入されてくる様子は，他例からもみえ，市原市葉木文作遺跡や東金市松之郷妙経遺跡などを挙げることができる。雷塚遺跡 SI069 竪穴，山武郡芝山町小池新林遺跡 018 号竪穴のように，畿内産土師器との共伴関係がみられることから，やはり相模や南武蔵と同様の状況を説明することができよう（鶴間 2002）。

北武蔵・下総　近傍にもしくは隣接した地域に大規模な須恵器窯跡群を擁する地域では，東京湾沿岸の既述の地域とはいささか事情が異なる。北武蔵では，東京湾に注ぐ河川流域の遺跡にその類例が多い。各遺跡の湖西産須恵器を抽出，その器種組成に至るまで細かいデータを蓄積した

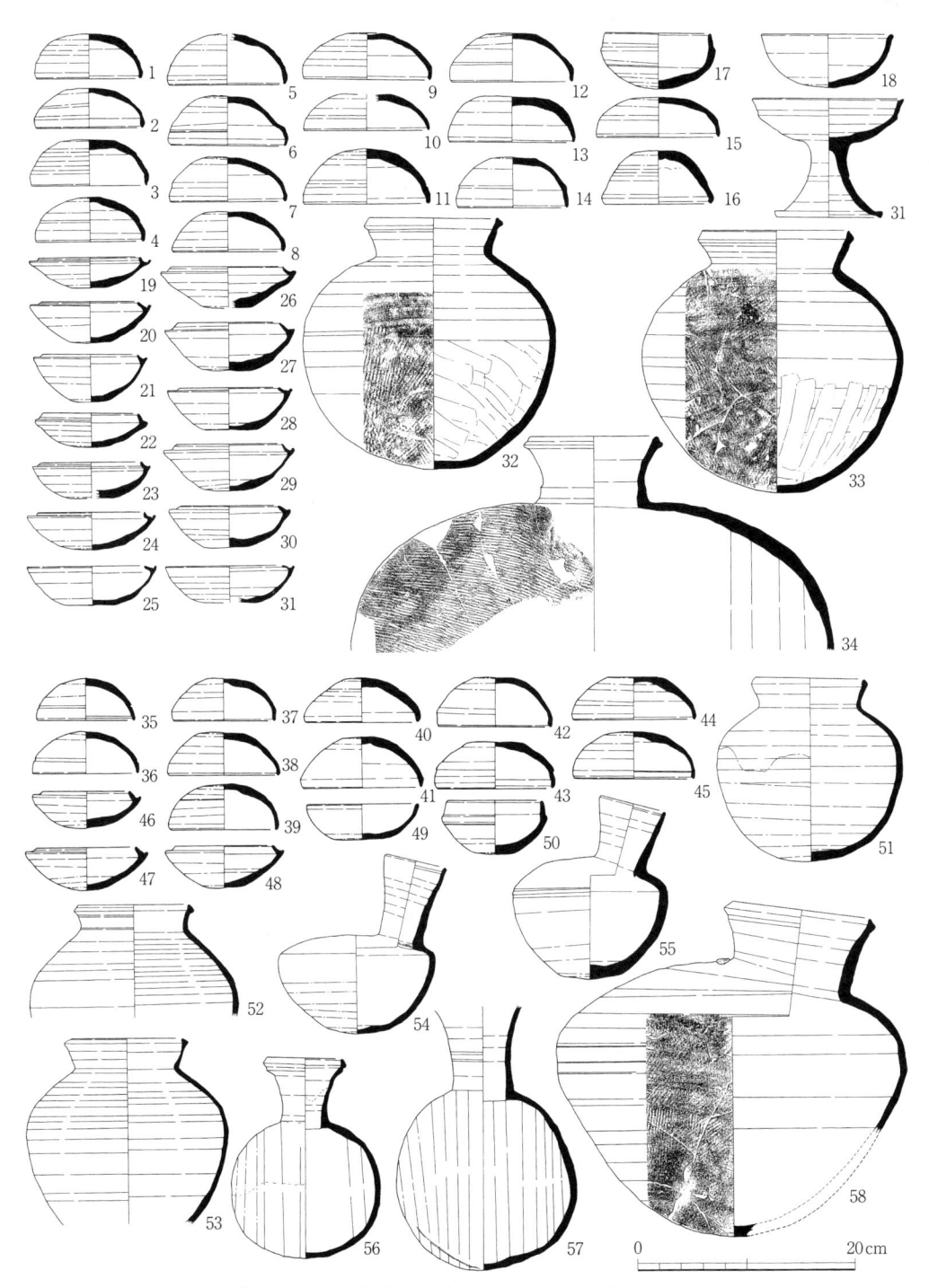

関東系土師器と湖西産須恵器と 289

第10図 三ツ俣遺跡 F 地区出土の湖西産須恵器 (1/6)
1～34：石組遺構；35～58：石組遺構北側遺物集中箇所

根本靖の研究によれば，在地の末野産坏Gとともに，湖西産坏H，Gの出土が一定量あり，多くは在地産須恵器の供給に頼りながらも，遠隔地からの搬入を行う様子がうかがえる。さらに，湖西産須恵器は，古利根川や元荒川の流域に立地する遺跡から出土する傾向にあり，その分布範囲は，武蔵北西部方面まで広がるのに対し，内陸部の秩父地域ではその出土が認められないことから，湖西産須恵器の流通は，河川を媒介したと指摘した（根本 2006）。

具体例として坏Hや長頸瓶の出土がみられた埼玉県蓮田市関山荒川附遺跡や河川に伴う古代津関連遺跡として注目される行田市野築道下遺跡などがある。とくに築道下遺跡では，矮小化した坏Hや坏B，瓶類や甕類の出土がみられ，交易の拠点的な性格をよく表している。ただしいずれも，上野産や北武蔵産の須恵器が主体的に供給される段階になると，湖西産須恵器は姿を消す（鶴間 2001）。

下総は，東京湾と霞ヶ浦という2つの内海を結節する地域にあたる。また隣接する地域に茨城県土浦市の筑波山南麓に位置する新治窯跡群などの大規模窯跡群があり，独自の様相を呈する。すなわち畿内産土師器や湖西産および新治産須恵器らを器種別選択して需要していたことがうかがえる。例えば，千葉県千葉市中央区大北遺跡では，平城Ⅰ〜Ⅱとみられる畿内産系土師器が多量に出土している（小林・萩原 1986）。とくに畿内産系土師器の出土量の多い18号竪穴出土の須恵器をみてみると，湖西産坏Bにかえりのつく新治産坏A蓋が伴っている。同じような共伴関係は，千葉県成田市中台公津原 Loc. 14 遺跡12号竪穴出土土器群にみられ，さらに畿内産系土師器坏Aが存在する（天野・白石 1981）。同様に大北遺跡32号竪穴では，須恵器坏Bとともに坏Aがみられるが，坏Bのセットは湖西産で，坏Aは新治産を含む関東在地の製品であろう。湖西産坏Bと畿内産土師器が共伴する例はこの他にも，佐倉市大崎台遺跡14号竪穴出土の畿内産坏Cと湖西産坏H，我孫子市日秀日秀西遺跡32C号竪穴の畿内産坏Cと湖西産坏H・G・Bおよび壺瓶類，香取郡多古町一鍬田甚兵衛山北遺跡4号住居跡の畿内産坏Aと湖西産坏Bがある（鶴間 2002）。またこうした下総における器種別選択による須恵器供給の実体の一端を示すデータとしては，千葉県市川市国府台遺跡下総総社跡地点の成果がある。7世紀末から8世紀前葉にかけての段階（2a期）では，坏蓋の半数が新治産であるにも関わらず，そのセット関係が明確でないとする。ところが，坏Bのうち85%ほどは湖西産であるという（松本・松田 1996）。この産地の異なる須恵器がセット関係を暗示するデータともいえよう。

常陸 既述の新治窯跡群および茨城県水戸市木葉下町木葉下窯跡群など該期の大規模窯跡群を擁する常陸では，湖西産須恵器は墳墓や官衙関連遺跡出土資料に多くみられる。土生朗治や黒澤秀雄らの集成・検討の成果がある（土生 1993；黒澤 1998）。これらの出土例では，そのほとんどが壺瓶類であるが，茨城県常陸太田市幡町幡山横穴群や同県行方市成田古墳群，同県鹿嶋市木滝木滝横穴群などでは，猿投産壺瓶類が湖西産と共存している[9]（土生 1993；鶴間 2001 など）。こうした墳墓に副葬もしくは供献された土器の組成をみてみると，器種別選択による供給を受けている例や在地産による模倣品を伴う例が多い。例えば，近傍に同時期の須恵器窯が存在する幡山横穴群である。湖西産フラスコ形瓶を意識したものが3点出土しているが，焼き膨れがみられ，器壁

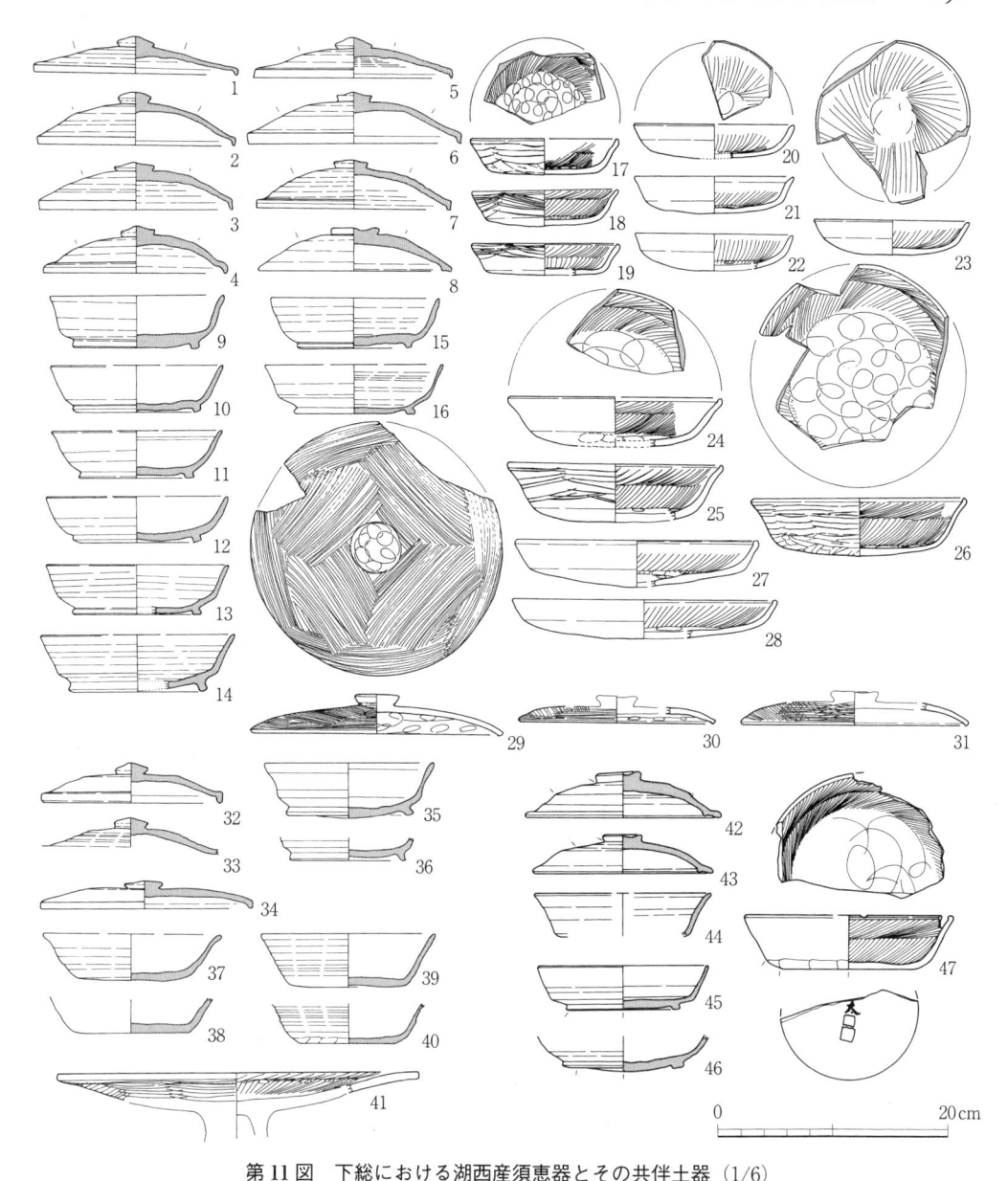

第11図　下総における湖西産須恵器とその共伴土器（1/6）
1～31：大北遺跡18号竪穴；32～41：大北遺跡32号竪穴；42～47：公津原Loc.14（中台）遺跡12号竪穴

は厚手で，やや稚拙な印象をもつものである。成田古墳群では新治産供膳具の出土がみられた。また木滝横穴群出土資料中にも木葉下産とおぼしき脚付盤と外面同心円文タタキの新治産甕がみられる。このように霞ヶ浦沿岸地域の古墳・横穴では，湖西産と在地産両者の須恵器が混在し，そこに少量の猿投産須恵器を含むという独特の器種組成が看取される。

　集落遺跡では，茨城県稲敷市古渡柏木遺跡（フラスコ形瓶・甑），常総市内守谷町館下遺跡（大甕），つくば市島名熊の山遺跡（大甕），土浦市上高津うぐいす平遺跡（鉢，壺瓶類）に湖西産須恵

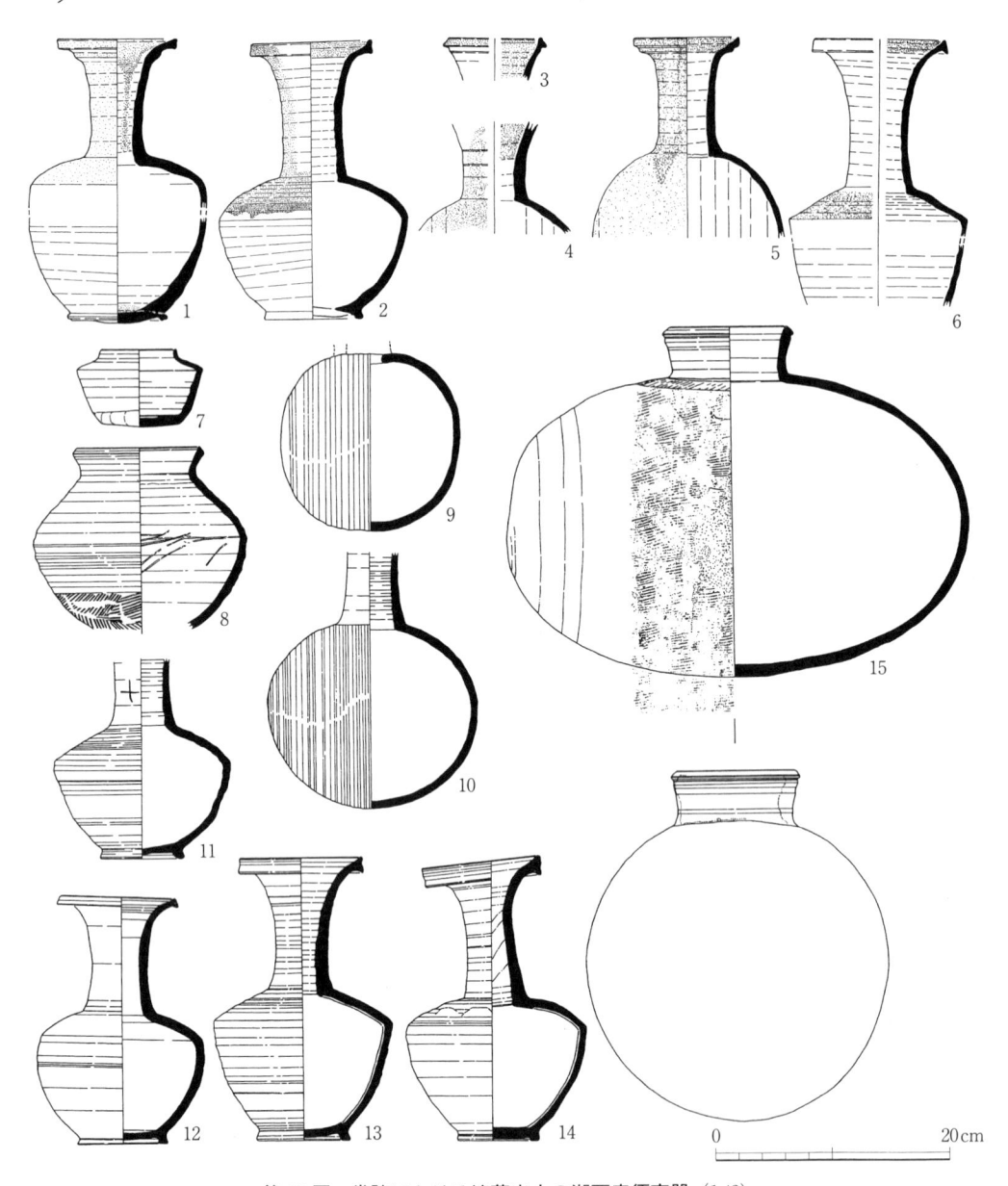

292 第4部 定着と漂泊—古代・中世

第12図 常陸における墳墓出土の湖西産須恵器 (1/6)
1:成田2号墳；2:成田3号墳；3・4:成田6号墳；5・6:成田7号墳；7〜15:木滝横穴群

器の需要がみられることは以前から知られていた（鶴間2001）。近年では、香島郡家に隣接する鹿嶋市鍛冶台外厨台遺跡群や、那賀郡家に隣接する水戸市渡里町台渡里遺跡、筑波郡家に隣接するつくば市北条中台遺跡では一定量の湖西産須恵器が出土しており、とくに厨台遺跡群における出土量はかなり多く、壺、瓶、甕を中心に坏H、坏B、甑、円面硯などがみられるほか、猿投産の長頸瓶や坏Bの出土もあった。また台渡里遺跡では、壺、瓶、甕のほかに坏Bの出土が確認される（井上・千葉1995など）。中台遺跡では坏Hと瓶類がある（新井ほか1995）[10]。こうした官衙

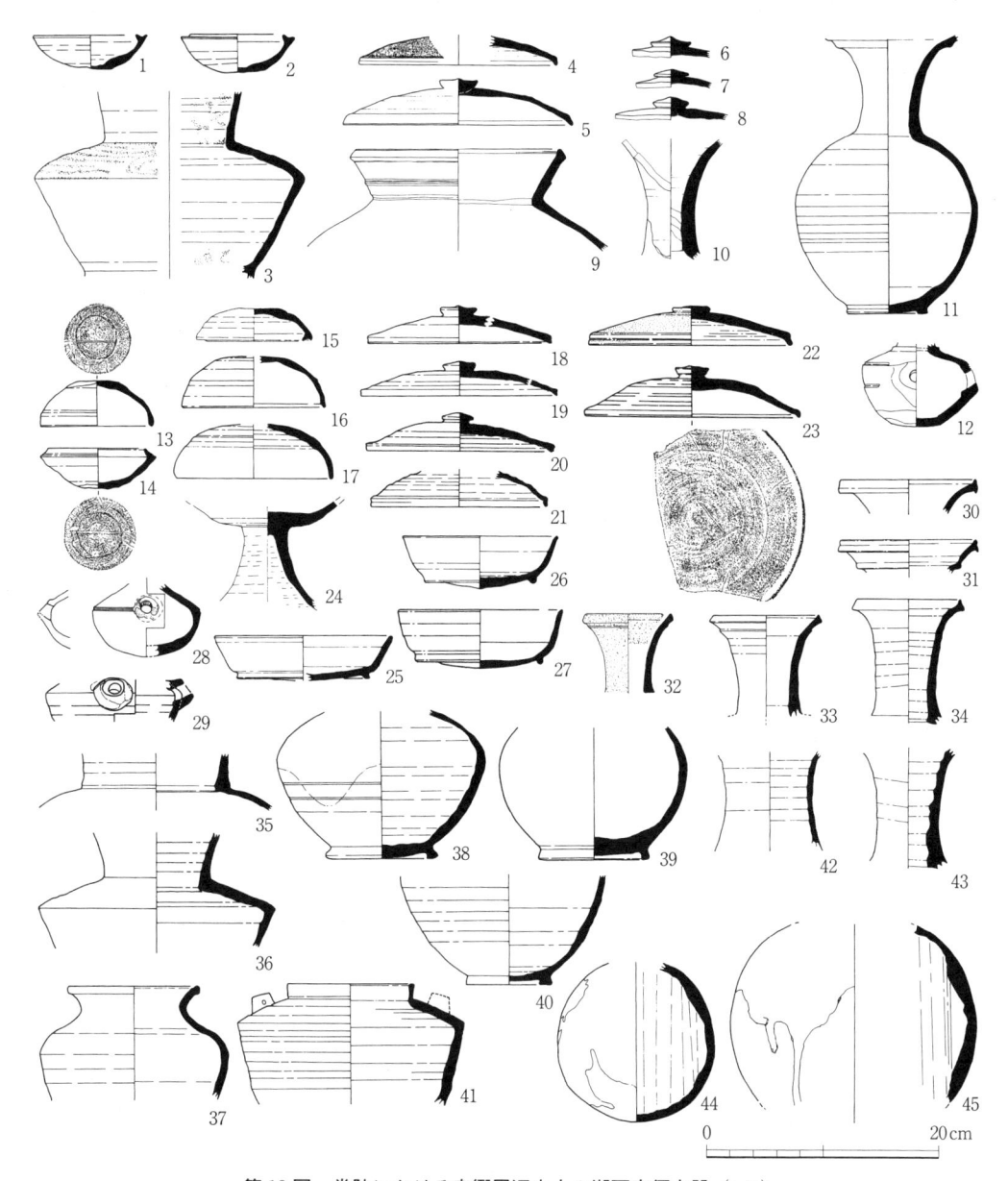

関東系土師器と湖西産須恵器と 293

第13図 常陸における官衙周辺出土の湖西産須恵器（1/6）

中台遺跡 1：SE2；2：SK3；3：SI219　台渡里遺跡 4：Ⅱ区2号竪穴；5〜10：Ⅱ区2号溝　春内遺跡 11：SB10　御園生遺跡 12：SB8，厨台遺跡群 13・14：LR9/SB196；15：BR4/SB52；16：LR9/SB126；17：LR11/SB200；18・19・40：LR17/SB32；20：LR9/SB372；21：LR11/SB261；22：BR3/SB152；23：LR9/SB383；24：BR4/SB52；25・43：LR17/SB52；26：LR17/SB7；27：LR9/SB139；28：LR1/SB9；29：LR9/SB369；30：LR17/SB50；31：LR8/SB6；32：BR5/SB109；33：LR2/SB119；34：LR11/SB124；35：LR9/SB1；36：LR9/SB372；37・38：LR11/SB207；39：LR9/SB98；41：LR11/SB281；42：LR8/SB14；44：LR11/SB263；45BR3/SB25

関連遺跡は，基幹水路となりえる河川の流域で，同時に古代官道などとも交わるような場所に立地する傾向にある。

下野・上野 栃木県下都賀郡野木町野木清六Ⅲ遺跡，宇都宮市上欠町聖山公園遺跡6号墳，芳賀郡芳賀町祖母井二子塚西古墳などでは平瓶の出土がみられ，他方同県下都賀郡壬生町羽生田新郭4号墳，小山市東野金山遺跡Ⅳ区SI094A，足利市緑町足利公園1号墳，上都賀郡西方町元西方山3号墳，河内郡上三川町多功大塚山古墳などでは，フラスコ形瓶の出土がみられた（鶴間2001）。このほか在地産と共伴する湖西産坏Bの出土が小山市粟宮宮内東遺跡2号溝にみえる（津野1988），佐野市馬門町馬門南遺跡出土須恵器のうち矮小化した坏Hについては，湖西産の可能性が指摘されている（鶴間2001）。こうしてみると，需要している湖西産須恵器の大半は壺瓶類であり，供膳具類については，ごくわずかな例しか確認されていない状況を把握できる。上野地域では，基本的には湖西産須恵器の存在が現状では確認できない。以上下野・上野の地域は，東京湾沿岸の諸地域に比べると，湖西産須恵器の全体的な出土量は極めて少ない。これは，古くから在地における須恵器生産が活発化していたことに起因すると判断される。しかし他方で，下野・上野の地域が，坂東において山道筋に立地し，主として物流や情報の伝達が陸路ルートに依存していたという地理的要因も深く関わっていると考えられるだろう。

陸奥 次に陸奥における湖西産須恵器の分布をみる。まず福島県域では，浜通り域に2遺跡，中通り中部域に1遺跡，会津盆地に1遺跡，合計しても9例ほどしかみられず，その分布は少ない。対照的に宮城では，13遺跡61例と極めて多くの湖西産須恵器が確認され，宮城県域以北でも数例の報告がある（後藤2006b）。特徴的なのは，古墳・横穴出土の資料が多く，その器種も壺瓶類の限定されることである。いくつかの例を以下に具体的にみてみることとしたい。

宮城県色麻古墳群では，77号墳に広口壺，263号墳に長頸瓶（古川1983），24号墳にフラスコ瓶，106号墳にフラスコ瓶と長頸瓶（古川1984），71号墳に長頸瓶（古川1985）がみられ，いずれも壺瓶類だった。色麻古墳群で注目すべきは，120号墳から頸部無文で胴部を斜方向タタキで調整し，肩部に強い稜をもつ湖西産模倣の在地産須恵器甕が出土していること（古川1985），また126号墳からは，猿投産長頸瓶が出土していることである（古川1985）。

宮城県東松島市矢本矢本横穴群では，長頸瓶・フラスコ形瓶・平瓶が多数出土しているが（三宅1973），ここでも例えば50号横穴のように湖西産平瓶のほかに猿投産把手付長頸瓶が出土している。本横穴群では，関東系土師器が出土しており，坏やヘルメット形の坏など下総などにみられるような土師器供膳具がある。また湖西産模倣の在地産須恵器の出土もみられる[11]。

また辻秀人が分類した横穴出土の壺瓶類のなかに，胎土が精良緻密で微砂粒を含み，色調が白っぽいとしたもの，すなわち長頸瓶1a・1b類，横瓶1・2・3a・4a類の一部は，湖西産須恵器の可能性が高い（辻1984）。これを検索すると宮城県大崎市松山金谷亀井囲3・4・7・16号横穴，同市岩出山下野目川北4号横穴，同市三本木坂本館山横穴群，遠田郡桶谷町小塚中野C地区1号横穴，同B地区12号横穴などが該当するだろう。さらに東北北部域では，青森県上北郡おいらせ町阿光坊阿光坊11号墳に平瓶，青森県八戸市根城丹後平15号墳に長頸瓶などがみられ，湖

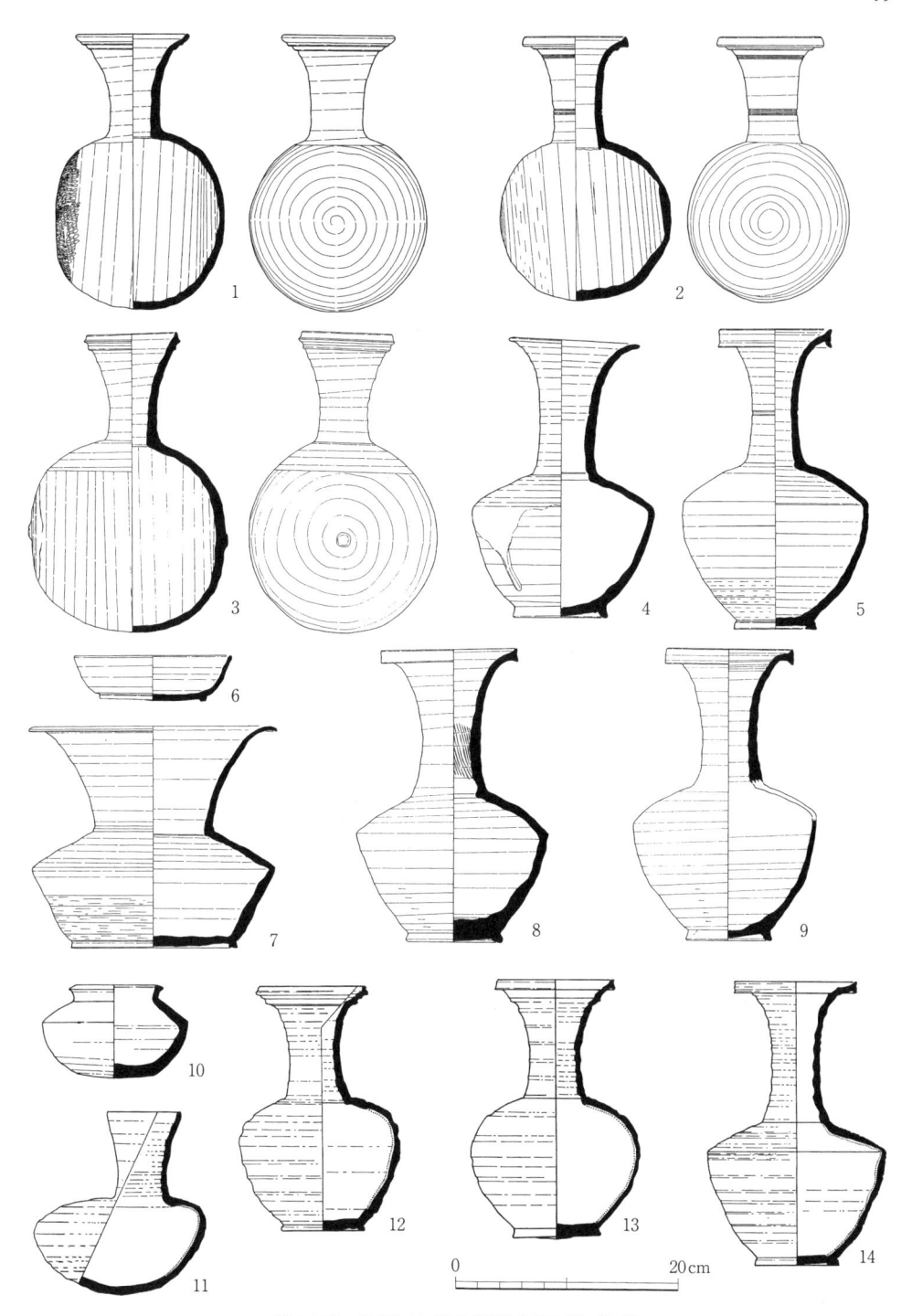

関東系土師器と湖西産須恵器と　295

第14図　陸奥における湖西産須恵器（1/6）
1・2:色麻24号墳；3・4・6:色麻106号墳；5:色麻263号墳；7:色麻77号墳；8・9:色麻71号墳；
10:矢本29号横穴；11・12:矢本12号横穴；13・14:矢本13号横穴

西産須恵器の供給範囲がいかに広域であったかがうかがい知れる（後藤建2006b）。

しかし陸奥における湖西産須恵器の分布は，古墳・横穴に限ったことではない。宮城県大崎市名生館官衙遺跡では，SI1277（鈴木・佐藤1993；東北古代土器研究会2005b），SK1529（佐藤・大谷2000）においてそれぞれ湖西産瓶類頸部片が出土しており，いずれも関東系土師器を伴っている。またSI300でいわゆる出尻高台をもつ湖西産坏Bが出土している（白鳥・後藤1985）。東松島市赤井遺跡では，少ないながらも坏Bや壺瓶類などの出土が確認できる（佐藤ほか2001）。

(3) 東国における湖西産須恵器の広域流通とその背景

湖西産須恵器に共伴する土器　こうして各地の類例を概観してみると，ある共通の奇妙な現象に気づく。第一に坂東の南部，太平洋沿岸地域では7世紀後葉から8世紀前葉にかけて，在地社会における恒常的な須恵器生産が定着しない。こうした地域の拠点的な集落とおぼしき遺跡では，湖西産須恵器と畿内産土師器が共伴する例が多数確認された。確かにこれらの例だけを取り上げれば，湖西産須恵器の流通に畿内政権が介在した可能性を指摘しうるかもしれない。しかしこれは，湖西産須恵器の分布する地域全てに共通する現象ではない。同時期に在地社会における恒常的な須恵器生産の定着する北武蔵や常陸では，海岸部や河川岸部に隣接する交通の拠点となりうるような遺跡に湖西産須恵器の分布をみることができる。そうした遺跡は同時に官衙関連の遺跡とみなすことも可能である。次に下総での例をみてみると，恒常的生産を行う隣接する常陸南部からの製品供給を受けているようにみえるけれども，それらの在地窯では，いわゆる「律令的土器様式」の一角をなすべき高台器種生産の積極性に乏しく，この点を湖西製品で補完していると考えられ，相模や南武蔵のように器種別供給を受けていた結果とみることができよう。

陸奥では，常陸同様に官衙関連集落に湖西製品の流通をみることができる。そしてこれらの遺跡では，既に指摘したように関東系土師器の出土がみられたが，それは一様でなかった。これら利根川以北における地域でみると，畿内産土師器の出土は，茨城県鹿嶋市厨台遺跡群のほか，同県つくば市中台遺跡第3号土坑[12]や宮城県仙台市郡山遺跡下層SI261などわずかな例があるのみである。仙台平野の例は特に顕著で，郡山遺跡や多賀城など造営過程において最も畿内政権が力を入れるべき官衙における湖西製品の流通をみない点，そして先にみたように関東系土師器において独自性をもつ大崎平野や石巻平野での出土例を積極的に見いだせる点を考えると，いよいよ湖西産須恵器の流通に強大な政権が強く関与していたとは考えにくい。

さて墳墓出土の須恵器でみてみると，利根川以北の太平洋沿岸地域では，湖西産須恵器の出土をみた多くの墳墓が，湖西製品のうちでも鮮緑色の自然釉を頸部から肩部に纏った瓶類の優品を副葬しており，同時に在地産須恵器や猿投産長頸瓶を伴っている例が多い。在地産須恵器のなかには，湖西産模倣のものもみられ，製品の供給を受けるだけでなく，製作技術に関する情報が提供されていることをうかがい知ることができる。こうした墳墓の被葬者は多種多様であろうが，興味深い例をひとつ示せば，矢本横穴群28号墓からは「大舎人」の墨書土器の出土がある（三宅1973）。近傍の牡鹿柵・郡家推定地の赤井遺跡からも「舎人」の刻書・墨書をもつ土器が7点

出土しており（佐藤ほか2001），この墳墓の被葬者は律令官人もしくは極めて近しい人物であったことがわかる。すなわちこれら7世紀中葉以降に古墳・横穴に埋葬された人々は，決して律令体制という新しい時代のシステムに順応できない，もしくはそれを拒否する立場の人間であったとは限らず，日々の生活様式や政治的側面の点では，到来する律令体制に対して少しずつ順応する姿勢をみせながら，なお埋葬される墳墓は，古墳時代的な様式に固執していたともいえるのである。そしてたとえ遠隔地といえども優品を副葬品とする点に，古墳時代的な埋葬観念をよみとることができる。とすれば，その優品として積極的に選定された湖西産須恵器は，果たして畿内政権の介在あってこうして広域に流通しうるだろうか。

「湖西ネットワーク」の背景　ここでは，こうした広域流通を果たし得た湖西窯跡群がその製品供給に利用した交通のネットワークを「湖西ネットワーク」と仮称し，そのネットワークが広域流通を可能とした背景について予察しよう。その起点は，後藤建一の指摘した湖西産須恵器による一元化にある（後藤2000）。駿河地域は，6世紀後葉から7世紀前葉にかけて須恵器生産の行われない地域では決してなかった。しかも8世紀中葉以降助宗窯跡群の伸長により，湖西産須恵器の供給を必要としなくなる。後藤のいう湖西産須恵器による一元化は，編年上の約100年前後の間の現象である。その一元化現象の萌芽は推古朝にみられる。なぜ駿河西部域においてこのような変化をなしえたのか。やはりその背景には駿河の勢力がもつ海運力があるとみる。

『日本書紀』斉明6年是歳条に「欲為百済　将伐新羅　乃勅駿河国　造船」[13]とあり，また天智2年秋8月条に百済王が「今聞　大日本国之救将廬原君臣　率健児万余　正当越海而至」[14]と側近に語る場面があり，この倭国からの援軍の先鋒とおぼしき廬原君臣は，駿河の国造系豪族と推察される（辰巳1976；原1994）。以上の『書紀』の記載から，駿河西部の在地首長層が外洋性の海運力を保持していたことは誤りないとみてよい。後藤は，湖西産須恵器の流通にあたっては，6世紀以来の駿河西部域の在地首長層が海運力によって築き上げた東日本太平洋沿岸地域の諸処の首長層との相互関係のネットワークが基盤となっており，これこそが遠隔地流通の拡大を可能せしめたと説明している（後藤2000）。この見解については，きわめて妥当であると判断しうるし，このネットワークを倭政権が取り込みたいという意図を持っていた可能性も完全には否定しないが，坂東や陸奥の地において，7世紀後葉から8世紀前葉にかけて特徴ある湖西産瓶類が古墳や横穴に副葬されている時点で，これを律令体制と結びつけるのは危険ではなかろうか。この駿河国造系の豪族が保持していた海運ネットワークを経由して湖西窯を営む首長層と東国の太平洋沿岸地域各地の首長層が密接に結びつき得たと解釈すれば，それで充分であろう。湖西産須恵器の墳墓以外での出土例が少ない常陸にあって，厨台遺跡群のように香島郡家周辺に多くの製品が供給されている点については，『常陸国風土記』香島郡条に「年別七月　造舟而奉納津宮…（後略）」[15]と鹿島神宮御舟祭の縁起が記され，鹿島の神が水上交通神であったことを踏まえれば，充分説明はつくだろう。すなわち湖西産須恵器は，海上交通によって東国の太平洋沿岸地域に広域にもたらされたが，それは，海上ネットワークを掌握する駿河の首長が媒介することによって，遠江の首長と坂東・陸奥の各在地首長層が結びついた結果であり，「湖西ネットワーク」は製品

のみならず，生産技術の情報をも各地域にもたらすこととなったのである．

4. 結語にかえて ―土器のうごきからみた7世紀の東国―

　以上，関東系土師器と湖西産須恵器両者の分布とその変化をみていくことで，7世紀から8世紀前葉に至る東国を通覧することを試みた．そしてそこには土器もしくは土器の製作技術を介した地域社会のヴィヴィッドなうごきがみえ，変革期における地域社会および在地首長層の積極的なうごきを推定するに至ったのである．なぜこうも主体的にうごき得たか．ここで興味深い文献史学の成果を挙げておくと，8世紀後半には，在地首長層すなわち郡司層が主体となる太平洋沿岸を舞台とした活発な海上交通が存在し，それらを畿内政権が調達・利用することによって，東北経営を前進させていたという（川尻2003）．こうした在地首長層が主体となる海上交通は，8世紀以後に次第に形成されていったと考えるより，古墳時代後期以来の地域社会間のネットワークが基盤となっていると考えた方がよい．そしてとくに湖西産須恵器の流通については，こうしたネットワークを利用して拡がったとみるべきであろう．

　そして本稿で取り上げた現象が7世紀以降に顕著に表れる史的背景としては，やはり6世紀後葉以来の東アジア全体の動向があげられるだろう．しかし東国各地の在地首長層がそのような東アジアにおける国際的な動向を把握し得ただろうか．この点については，さきにみた廬原君臣の存在があり，『常陸国風土記』香島郡条に「軽野以東　大海濱邊　流着大船　長一十五丈　濶一丈余　朽摧摧埋砂　今猶遺之」，「謂淡海之世　擬遣竟国　令陸奥国石城船造　作大船　至于此着岸　即破之」[16]とあることから，太平洋岸地域の各首長層もただならぬ時代の流れを敏感に感じ取っていたのであろう．畿内政権が東北経営や半島問題などの点において必要不可欠だった太平洋岸の海運力とネットワークを掌握しようとしたのはもちろん，在地首長層がそのネットワーク上でいちはやく相互に結びついて，自らが権力基盤とする地域社会を安定させようという意図の表れと捉えたい．そして関東系土師器と湖西産須恵器とのうごきは，こうした背景のなかで起こる一現象であり，動乱の時代を切り抜けるための地域社会の主体的なうごきのひとつとして捉えられる．律令体制形成期における官衙・寺院の組織化，地方組織の構築にあっては，古墳時代以来の伝統的な地域社会のネットワークを基盤にして進められたと考えられ，その実体は中央集権国家体制からは未だ遠い存在であったといわねばならないのである．

　本稿を草するにあたり，以下の諸氏・諸機関のご教示・ご協力をいただきました．充分に活かしきれなかったことをお詫びしつつ，末筆ながら記して感謝します．
　吾妻俊典・石橋　充・石橋美和子・糸賀隆司・大久保弥生・川口武彦・後藤建一・小松崎博一・佐藤敏幸・菅原祥夫・鈴木一有・鈴木敏則・須田　勉・高橋栄一・高橋誠明・辻　秀人・村田晃一・大崎市教育委員会・（財）鹿嶋市文化スポーツ振興事業団・湖西市教育委員会・（旧）桜川村教育委員会・仙台市教育委員会・つくば市教育委員会・東北学院大学考古学研究室・東北歴

史博物館・浜松市博物館・東松島市教育委員会（敬称略・五十音順）

註

1) 長谷川厚は，①7世紀中葉の関東地方の「外来土器」，②7世紀後葉の「関東系土器」，「外来土器」，③7世紀末～8世紀初頭の「関東系土器」というように整理した（長谷川 1992）。すなわち関東系土師器には，「関東産」土師器と「東北在地産」土師器が含まれることが明らかとなった。本来ならば，「関東産」と「関東系」に区別されるべきであるが，本稿では，煩雑さを避けるとともに，7世紀から8世紀前葉に至る時期の東国における地域間交流を問題として取り上げたいことから，便宜的に「関東系土師器」のうちに両者を含ませたい。

2) 湖西産須恵器とは，静岡県湖西市を中心に分布する湖西窯跡群にて生産された須恵器をさす。なお，後藤建一による湖西産須恵器の胎土の特徴を挙げると，灰色または明青灰色を呈し，含有物には目立つものはなく全体に砂質を帯びる。器面はなめらかで，丁寧なつくりであるとする（後藤 2000）。他方，松本太郎，松田礼子によると，①胎土が非常に緻密で，含有物も少なく，器面に「ノタ目」がみられることがある，②色調は器面が白色～明灰色，断面が白灰～明赤褐色である，③甕などの大型品では，他窯製品より明らかに薄手軽量である（松本・松田 1996）。以上の成果から，鶴間正昭は，「陶邑産や猿投産とは焼成や胎土が相違し，焼き上がりが白っぽく，見た目で質感が軽い印象を受ける」と評した（鶴間 2001）。

3) 筆者も調査団の1人として加わった茨城県かすみがうら市柏崎窯跡群の調査成果では，考古学的な分析ではTK209型式併行期で7世紀第1四半期，出土炭化材の放射性炭素年代測定ではA.D.584年もしくは608年との結果を得ている（渥美ほか 2006；小元 2006ほか）。陶邑編年（田辺 1981）の暦年代については，これらの成果を基準と1つとして考えておく。

4) 下飯田遺跡出土土師器の胎土分析を行った三辻利一によれば，ほとんどの関東系土師器は在地産，すなわち搬入品ではなく模倣品であるという（三辻 1995）。ただし分析結果中の土器型式が混乱していることやその故地である常陸・下総・下野地域出土の土師器との対比がなされていないこと，以上の2点からこの成果を即座に受け入れることはできない。もっともE群土器のうちに明らかに化学特性が異質なものが数点あるというから，すべてを搬入品と断定するのもまた危険であるといえよう。

5) なお，大崎市教育委員会の高橋誠明氏より，名生館 SI1277 例と栃木県域の類例とそれぞれの実物資料を肉眼観察にて比較検討した結果，やはり混入物の状況など胎土が明らかに異なっていた，というご教示を得た。

6) 新訂増補『国史大系』続日本紀，前篇，60頁。

7) 筆者は以下に示す根拠により，西笠子64号窯を基本的にはTK43型式併行期と考える。この点は鈴木敏則の提示した編年案を支持する（鈴木敏 2001）。①坏 H をみると，口径15cm前後のものを中心として，内面に同心円文の工具痕を遺すものもみられる。編年研究の現状からみて，これらをTK43型式併行期とするのが穏当である（江浦 1986）。他方で，口径10～12cm程度のものが少ないながらも含まれ，TK209型式併行期から大きく遡らない。②鉢・鋺類の出土が多い。とくに鋺類は，体部中位に沈線をもつものや，口縁部直下から屈曲あるいは段をもって内傾するというTK43～TK209型式期に併行する時期によくみられる特徴をもつ。以上から，西笠子64号窯にTK43型式併行期すなわち6世紀後葉を中心とする年代をあて，一部TK209型式併行期へ下るような要素を含んでいると理解したい。

8) アルファベット表記による坏類の分類については，記述の簡便化を図るため，便宜的に奈良文化財研

究所の採用する分類案（奈良国立文化財研究所 1976）を参照とした。
9) 木滝横穴出土猿投産須恵器長頸瓶については，石橋美和子氏のご厚意により実見した。本資料は，田口報告（田口 1979）にはないが，土生論文（土生 1993）において実測図が公開されている。なお同横穴出土の外面同心円文タタキを有する新治産須恵器甕，木葉下産須恵器脚付盤についても同時に確認した。
10) 厨台遺跡群については，小松崎博一氏のご教示で，整理中の資料も含めて多くの湖西産須恵器の存在を確認することができた。また台渡里遺跡については川口武彦氏の，中台遺跡については石橋充氏の，それぞれご厚意を得て実見し，これらの存在を確認した。
11) 佐藤敏幸氏のご厚意により，整理中のものも含め多くの資料を実見させていただいた。
12) 整理中の厨台遺跡群出土の畿内産土師器については，小松崎博一氏よりご教示を得た。また中台遺跡出土の畿内産土師器高坏も実見したが，器壁の厚さや脚接合部における無調整ぶりからは，厳密には「畿内産」でない可能性もあろう。
13) 新訂増補国史大系『日本書紀』後篇　吉川弘文館　276 頁。
14) 新訂増補国史大系『日本書紀』後篇　吉川弘文館　286 頁。
15) 日本古典文学大系『風土記』常陸国風土記　岩波書店　68 頁。
16) 日本古典文学大系『風土記』常陸国風土記　岩波書店　72 頁。

引用文献

青木幸一・柿沼修平 1992『鹿島神宮駅北部埋蔵文化財調査報告』Ⅸ　鹿島町の文化財　第 76 集　鹿島町文化スポーツ振興事業団

青木幸一・柿沼修平 1991『鹿島神宮駅北部埋蔵文化財調査報告』Ⅶ　鹿島町の文化財　第 71 集　茨城県鹿島町遺跡保護調査会

秋本吉郎校注 1958『風土記』日本古典文学大系 2.　岩波書店

渥美賢吾ほか 2006「柏崎窯跡群発掘調査報告 —古墳時代須恵器窯の調査—」『筑波大学　先史学・考古学研究』第 17 号　1-58 頁

阿部正光ほか 1987「瀬峰町泉谷館跡・清水山Ⅰ遺跡発掘調査略報」『瀬峰町の文化財』第 6 集　瀬峰町教育委員会　12-23 頁

天野　努・白石竹雄 1981『公津原Ⅱ』千葉県文化財センター

新井　悟ほか 1995『中台遺跡（仮称）北条住宅団地建設工事地内埋蔵文化財調査報告書』茨城県教育財団文化財調査報告　第 102 集　茨城県教育財団

池上　悟 1985「古墳出土の須恵器について —フラスコ形提瓶—」『立正大学人文科学研究所年報』第 23 号　8-34 頁

石橋　充 2001「筑波山南東麓における 6・7 世紀の古墳埋葬施設について」『筑波大学　先史学・考古学研究』第 12 号　筑波大学歴史・人類学系　57-73 頁

糸川　崇ほか 1997『鹿島神宮駅北部埋蔵文化財調査報告』ⅩⅦ　鹿嶋市の文化財　第 104 集　鹿嶋市文化スポーツ振興事業団

井上義安・千葉隆司 1995『水戸市台渡里廃寺跡　都市計画道路 3・6・30 号線埋蔵文化財発掘調査報告』水戸市台渡里廃寺跡発掘調査会

今泉隆雄 1989「八世紀前半以前の陸奥国と坂東」『地方史研究』第 221 号　37-45 頁

上田　薫 1986「相模出土のフラスコ形瓶」『神奈川考古』第 22 号　239-252 頁

植村泰徳ほか 2004『内屋敷遺跡　塩川西部地区遺跡発掘調査報告書7』塩川町文化財調査報告　第12集　塩川町教育委員会

内山敏行 1997「手持食器考 ―日本的食器使用法の成立―」『HOMINIDS』第1号　21-47頁

江浦　洋 1986「同心円文スタンプを有する須恵器蓋坏の製作技術」『鴨谷池遺跡』明石市教育委員会・同志社大学考古学研究室　60-85頁

岡林孝作 1994「須恵器フラスコ形長頸瓶の編年と問題点」『日本と世界の考古学 ―現代考古学の展開―』岩崎卓也先生退官記念論文集　雄山閣　241-259頁

小川貴司・寺田良喜 1985「等々力渓谷2号横穴にみる交流について」『古代』第78・79合併号　60-101頁

小田代昭丸 1997『御園生遺跡発掘調査報告』Ⅰ　鹿嶋市の文化財　第101集　鹿嶋市文化スポーツ振興事業団

小元久仁夫 2006「柏崎1号窯出土炭化木試料の放射性炭素年代測定」『筑波大学　先史学・考古学研究』第17号　70-75頁

風間和秀・宮崎美和子 1995『春内遺跡』鹿島町の文化財　第89集　鹿島町文化スポーツ振興事業団

風間和秀ほか 1996『鹿島神宮駅北部埋蔵文化財調査報告』XV　鹿嶋市の文化財　第93集　鹿島町文化スポーツ振興事業団

川上直登ほか 2002『上野陣場遺跡』茨城県教育財団文化財調査報告　第182集　茨城県教育財団

川尻秋生 2003『古代東国史の基礎的研究』塙書房

木本元治ほか 1981『東北新幹線関連遺跡発掘調査報告』Ⅲ　福島県文化財調査報告書　第92集　福島県教育委員会

木村浩二ほか 1991『郡山遺跡 XI 平成2年度発掘調査概報』仙台市文化財調査報告書　第146集　仙台市教育委員会

熊谷公男 2004『古代の蝦夷と城柵』歴史文化ライブラリー178　吉川弘文館

黒板勝美ほか編 1974『日本書紀』後篇　新訂増補国史大系　第1巻下　吉川弘文館

　　　　　　　　1975『続日本紀』前篇　新訂増補国史大系　第28巻1　吉川弘文館

黒澤秀雄 1998『炭焼遺跡・札場古墳群・三和貝塚・成田古墳群　北浦複合団地造成事業地内埋蔵文化財調査報告書Ⅰ』茨城県教育財団文化財調査報告　第130集　茨城県教育財団

小井川和夫ほか 1982『東北自動車道遺跡調査報告書』Ⅵ　宮城県文化財調査報告書　第83集　宮城県教育委員会

越川敏夫ほか 2000『伊地山遺跡』Ⅱ　香取郡市文化財センター調査報告　第72集　香取郡市文化財センター

後藤建一 1997「湖西窯からみた関東 ―湖西窯跡群を中心とした7～8世紀前半の東海諸窯の諸相―」『東国の須恵器 ―関東地方における歴史時代須恵器の系譜―』'97シンポジウム発表要旨集　古代生産史研究会　186-217頁

　　　　　2000「古墳出土須恵器にみる地域流通の解体と一元化 ―駿河西部域における6世紀から7世紀の古墳出土須恵器を事例として―」『日本考古学』第9号　21-52頁

　　　　　2006a「地方官衙と須恵器窯 ―在地首長と窯業生産―」『古代の役所と寺院 ―郡衙とその周辺―』シンポジウム発表資料集　静岡県考古学会　133-145頁

　　　　　2006b「静岡県湖西窯産須恵器の流通」『北辺の横穴墓を考える ―矢本横穴群からわかること―』平成18年度東松島市文化財フォーラム発表資料　東松島市教育委員会　7-8頁

後藤秀一ほか 2001『山王遺跡八幡地区の調査』2　宮城県文化財調査報告書　第186集　宮城県教育委員会
小林清隆・萩原恭一 1986「大北遺跡の調査」『千葉急行線内埋蔵文化財発掘調査報告書』II　千葉急行電鉄株式会社・千葉県文化財センター　9-164頁
斎野裕彦・結城慎一 1994『南小泉遺跡　第22・23次発掘調査報告書』仙台市文化財調査報告　第192集　仙台市教育委員会
佐藤　優・大谷　基 2000『名生館官衙遺跡』XX　宮城県古川市文化財調査報告書　第27集　古川市教育委員会
佐藤敏幸 2003「律令国家形成期の陸奥牡鹿地方（1）―古代牡鹿地方の土器様式―」『宮城考古学』第5号　97-124頁
　　　　　2004「律令国家形成期の陸奥牡鹿地方（2）―古代牡鹿地方の歴史動向―」『宮城考古学』第6号　139-158頁
佐藤敏幸ほか 2001『赤井遺跡』I　矢本町文化財調査報告書　第14集　矢本町教育委員会
白鳥良一・後藤秀一 1985『名生館遺跡』V　多賀城関連遺跡発掘調査報告書　第10冊　宮城県多賀城跡調査研究所
菅原祥夫 2004「東北古墳時代終末期の在地社会再編」山岸良二編『原始・古代日本の集落』同成社　148-168頁
鈴木勝彦 1994『名生館官衙遺跡』XIV　古川市文化財調査報告書　第13集　古川市教育委員会
鈴木勝彦・佐藤　優 1993『名生館官衙遺跡』XIII　古川市文化財調査報告書　第12集　古川市教育委員会
鈴木敏則 2001「湖西窯古墳時代須恵器編年の再構築」『須恵器生産の出現から消滅　猿投窯・湖西窯編年の再構築』（第5分冊・補遺）　東海土器研究会　141-170頁
髙橋一敏・後藤建一 1987『西笠子第64号窯跡発掘調査報告書』中部電力株式会社静岡支社・湖西市教育委員会
髙橋誠明 2004「東辺地域における関東系土師器の一様相と出自について」第32回古代史サマーセミナー発表資料レジュメ
田川　良・柿沼修平ほか 1993『鹿島神宮駅北部埋蔵文化財調査報告』X　鹿島町の文化財　第77集　鹿島町文化スポーツ振興公社
田口　崇 1979「（伝）木滝横穴の出土遺物について」『文化財だより』第7号　茨城県鹿島町文化財愛護協会　57-67頁
田口　崇・岩松和光 1995『鹿島神宮駅北部埋蔵文化財調査報告』XIV　鹿島町の文化財　第92集　鹿島町文化スポーツ振興公社
　　　　　　　　　　1996『鹿島神宮駅北部埋蔵文化財調査報告』V　鹿嶋市の文化財　第78集　鹿嶋市文化スポーツ振興公社
辰巳和弘 1976「廬原氏に関する一考察」『地方史静岡』第6号　1-19頁
巽淳一郎 1991「土器」『平城宮発掘調査報告』XIII　奈良国立文化財研究所学報　第50冊　奈良国立文化財研究所　370-383頁
田所　真 1997「律令制成立期の須恵器の系譜　千葉県」『東国の須恵器―関東地方における歴史時代須恵器の系譜―』'97シンポジウム発表要旨集　古代生産史研究会　8-20頁
田中広明 1991「東国の在地産暗文土器」『埼玉考古』第28号　71-105頁
　　　　　1996「武蔵国の加美郡と陸奥国の賀美郡」『埼玉考古』第32号　179-195頁

辻　秀人　1984「宮城の横穴と須恵器」『宮城の研究』第1巻（考古学篇）　清文堂　356-424頁
津野　仁　1988「三毳山麓窯跡群の須恵器生産 ―現状と予察―」『栃木県考古学会誌』第9号　59-82頁
鶴間正昭　2001「関東出土の東海産須恵器」『須恵器生産の出現から消滅 ―猿投窯・湖西窯編年の再構築―』
　　　（第5分冊・補遺）　東海土器研究会　171-210頁
　　　　　　2002「関東出土の畿内産土師器をめぐる須恵器」『東京考古』第20号　93-125頁
　　　　　　2004「関東からみた東海の諸窯」『古代』第117号　121-151頁
東北古代土器研究会編　2005a『東北古代土器集成 ―古墳後期～奈良・集落編― （福島）』研究報告1　東北
　　　古代土器研究会
　　　　　　　　　　　2005b『東北古代土器集成 ―古墳後期～奈良・集落編― （宮城）』研究報告2　東北
　　　　　古代土器研究会
長島榮一編　2005『郡山遺跡発掘調査報告書』仙台市文化財調査報告書　第283集　仙台市教育委員会
永嶋正春　1987「鹿沼稲荷塚遺跡出土品の材質と技法 ―古墳時代後期の，漆による表面仕上げを施した土師
　　　器を中心に―」『稲荷塚・大野原』栃木県埋蔵文化財調査報告　第84集　栃木県文化振興事業団
　　　379-384頁
中富　洋ほか　1995『下飯田遺跡発掘調査報告書』仙台市文化財調査報告書　第191集　仙台市教育委員会
奈良国立文化財研究所　1976『平城宮発掘調査報告』VII　奈良国立文化財研究所学報　第26冊　奈良国立
　　　文化財研究所
西潟正男・佐藤敏幸　1995『赤井遺跡』矢本町文化財調査報告書　第3集　矢本町教育委員会
根本　靖　2006「広域流通窯の実態 ―湖西窯を中心として―」『古代武蔵国の須恵器流通と地域社会』シン
　　　ポジウム発表要旨集　埼玉考古学会　73-82頁
長谷川厚　1992「古墳時代後期土器の研究（4）―古墳時代後期土器からみた広域間の交流について―」『神
　　　奈川考古』第28号　79-100頁
　　　　　　1993「関東から東北へ ―律令制成立前後の関東地方と東北地方の関係について―」『二十一世紀
　　　　　への考古学』櫻井清彦先生古稀記念論文集　雄山閣　145-157頁
土生朗治　1992『柴崎遺跡III区　研究学園都市計画桜柴崎土地区画整理事業地内埋蔵文化財調査報告書III』
　　　茨城県教育財団文化財調査報告　第72集　茨城県教育財団
　　　　　　1993「大塚戸篠山古墳群出土の湖西産須恵器について」『大塚戸篠山古墳群第5号古墳発掘調査報
　　　　　告書』水海道市文化財調査報告　第2集　水海道市教育委員会　28-43頁
原秀三郎　1994「大和王権と遠江・駿河・伊豆の古代氏族」『静岡県史』通史編1　静岡県　337-431頁
東松島市教育委員会　発行年不明　『矢本横穴墓群』東松島市文化財パンフレット1
人見暁朗　1988『尾島貝塚・宮の脇遺跡・後九郎兵衛遺跡　一般県道新川・江戸崎線道路改良工事地内埋蔵
　　　文化財調査報告書』茨城県教育財団文化財調査報告　第46集　茨城県教育財団
古川一明　1983『宮城県営圃場整備等関連詳細分布調査報告書（昭和57年度）』宮城県文化財調査報告書
　　　第95集　宮城県教育委員会
　　　　　　1984『宮城県営圃場整備等関連詳細分布調査報告書（昭和58年度）』宮城県文化財調査報告書
　　　　　第100集　宮城県教育委員会
　　　　　　1985『色麻町香ノ木遺跡・色麻古墳群　昭和59年度宮城県営圃場整備等関連遺跡詳細分布調査報
　　　　　告書』宮城県文化財調査報告書　第103集　宮城県教育委員会
松本太郎・松田礼子　1996『市川市出土遺物の分析 ―古代の鉄・土器について―』市川市教育委員会

三辻利一 1995「下飯田遺跡出土土師器の蛍光X線分析」『下飯田遺跡発掘調査報告書』仙台市文化財調査報告書 第191集 仙台市教育委員会 309-312頁

三宅宗議 1973「古代」『矢本町史』第1巻 矢本町 267-422頁

宮崎美和子ほか 1996『鹿島神宮駅北部埋蔵文化材調査報告』XII 鹿嶋市の文化財 第79集 鹿嶋市文化スポーツ振興公社

村田晃一 2000「飛鳥・奈良時代の陸奥北辺 ―移民の時代―」『宮城考古学』第2号 45-80頁
　　　　　2002「7世紀集落研究の一視点 ―宮城県山王遺跡・市川橋遺跡を中心として―」『宮城考古学』第4号 49-72頁

村山好文編 1985『平賀 平賀遺跡群発掘調査報告書』平賀遺跡群発掘調査会

村山好文 1985「印旛・手賀沼周辺における古墳時代後期の特異な甕形土器について」『日本考古学研究所集報』VII. 51〜64頁

安田 稔ほか 2002『高木・北ノ脇遺跡 阿武隈川右岸築堤遺跡調査報告2』福島県文化財調査報告書 第401集 福島県文化振興事業団

梁木 誠・田熊清彦 1989「古代下野の土器様相（I）」『栃木県考古学会誌』第11集 151-179頁

矢ノ倉正男ほか 2000『熊の山遺跡 （仮称）島名・福田坪地区特定土地区画整理事業地内埋蔵文化財調査報告書 IV』茨城県教育財団文化財調査報告 第166集 茨城県教育財団

山口辰一 1985「武蔵国府と奈良時代の土器様相」『東京考古』第3号 125-175頁

山本暉久・谷口 肇 2000『三ツ俣遺跡II F地区』かながわ考古学財団調査報告80 かながわ考古学財団

図版典拠

第1図　郡山遺跡：長島編2005；南小泉遺跡：斎野・結城1994；山王遺跡：後藤ほか2001；下飯田遺跡：中富ほか1995

第2図　駒込遺跡：村山編1985；柴崎遺跡III区：土生1992；陣場遺跡：川上ほか2002

第3図　泉谷館跡：阿部ほか1987及び東北古代土器研究会編2005b；赤井遺跡：佐藤2004；高木遺跡：安田ほか2002；徳定遺跡：木本ほか1981；内屋敷遺跡：植村ほか2004

第4図　陣場遺跡：第2図に同じ；宮の脇遺跡：人見1988；泉谷館跡：阿部ほか1987

第5図　名生館遺跡：東北古代土器研究会編2005b（一部改変）；赤井遺跡SI292：佐藤ほか2001

第6図　名生館遺跡：鈴木1994；色麻24号墳：古川1984；色麻254号墳：古川1983

第7図　小井川ほか1982

第8・9図　高木遺跡：安田ほか2002；内屋敷遺跡：植村ほか2004

第10図　山本・谷口2000

第11図　大北遺跡：小林・萩原1986；公津原Loc. 14遺跡：天野・白石1981

第12図　成田古墳群：黒澤1998；木滝横穴群：田口1979

第13図　**中台遺跡**：新井ほか1995；**台渡里遺跡**：井上・千葉1995；**春内遺跡**：風間・宮崎1995；**御園生遺跡**：小田代1997；**厨台遺跡群**BR3：青木・柿沼1991；BR4：青木・柿沼1992；BR5：田川・柿沼ほか1993；LR1・2：田口・岩松1996；LR8：宮崎ほか1996；LR9：田口・岩松1995；LR11：風間ほか1996；LR17：糸川ほか1997

第14図　**色麻古墳群** 77・263号墳：古川1983；24・106号墳：古川1984；71号墳：古川1985；**矢本横穴群**：三宅1973

脱稿後，高橋誠明 2007「律令国家の成立期における境界地帯と関東との一関係―宮城県大崎地方出土の関東系土師器と出土遺跡の意義―」『国士舘考古学』第 3 号　121-150 頁に触れ，そして国士舘大学考古学会シンポジウム『古代社会と地域間交流―土師器からみた関東と東北の様相―』(2008 年 4 月 26・27 日) が開催されたことで，他の研究者との見解の相違を知った。他方，宇部則保 2007「本州北縁地域の蝦夷集落と土器」熊田亮介・八木光則編『九世紀の蝦夷社会』高志書院　151-186 頁および同 2007「古代東北北部社会の地域間交流」天野哲也・小野裕子編『古代蝦夷からアイヌへ』吉川弘文館　106-138 頁に触れ，関東系土師器の影響が東北北部へも及んでいる可能性を知った。さらに湖西産須恵器については，佐藤敏幸・大久保弥生 2007「宮城県の湖西産須恵器」『宮城考古学』第 9 号　111-134 頁に触れ，陸奥における集成的検討が飛躍的に進んでいることを知った。これらの成果を踏まえてもなお本稿の論旨は大筋で変わらないため，今回は加筆・修正を行わなかったが，シンポジウム等を経ることで得た新たな課題についての考察は，これらの成果を踏まえた上で他日に期したい。

俘囚への君子部賜姓の意義

佐藤　英雄

1. はじめに

　古代国家による地域支配の展開を考えるとき，本州北部をその対象とするならば，エミシ[1]は欠かすことのできない重要な存在となる。すなわち，為政者と異なる風俗や不服従性などの異質性が強調され古代国家にとっての夷狄支配の対象とされていたのがエミシであり，本州北部に対する地域支配はエミシ支配と一体となって進められたのである。

　そこで，エミシに関する研究を概括すると，一方では文化的・形質的考察からエミシと呼ばれた人々の実態解明が進められ，他方では支配対象としてのエミシという概念が政治的・観念的所産であるとされ律令国家による夷狄支配の一部として研究が進められた。

　しかし，このような異なる研究視角は決して択一的なものではなく，例えば政治史や地域史などの研究目的の相違によりエミシに対する着眼点が異なることは当然であろう。なにより，エミシという概念は律令体制の成立過程で中国から華夷思想や夷狄観念を導入することによりつくられた政治的・観念的なものであるが，考古学の成果によれば，東北北部の文化的様相は東北南部と共通性を有するだけではなく，北海道とも共通する文化的要素を含むことが明らかとなっている。したがって，上記の異なる研究視角はそれぞれエミシのある一面をとらえたものであり，いずれか一方の側面のみによってエミシを規定することは誤りである。

　これについて，田中聡はエミシとは律令国家が既存の文化的・形質的差異という実態を利用し，それを夷狄に適する形に歪曲・誇張し，エミシ内部の文化的多様性を単純化・整理し再構成した概念であると解する（田中1997）。田中が述べているように，エミシとは文化的・形質的実態を踏まえながらも，夷狄支配のためにつくられた政治的・観念的存在であると言えよう。ただし，実態を反映してはいるが，エミシが夷狄支配の1対象として為政者に認識されていたことは明らかであり，エミシという概念の政治的・観念的側面を重視すべきであろう[2]。

　また，エミシ支配の特質を見いだすべくエミシの呼称が注目されてきた。エミシには「蝦夷」・「蝦狄」・「俘囚」・「夷俘」・「田夷」・「山夷」などのように様々な呼称があり，そのことは古代国家のエミシ支配の様相やエミシの実態を究明する上で重要となった[3]。例えば，エミシという概念の文化的・形質的側面を重視するならば呼称の多様性は実態の相違が反映していると考えられ，政治的・観念的側面に注目すると支配方式の相違や支配秩序内の位置づけの相違などと考

えられよう。しかし，エミシに対する呼称が多様であることがかえってエミシ支配の様相を複雑化し，エミシに関する研究上の障壁ともなってきた。したがって，エミシの多様な呼称について整理し，その意義を明らかにすることはエミシ支配の様相やエミシの実態究明にとって不可欠となる。

エミシの呼称を整理しエミシ支配の特質を明らかにするうえで，エミシを古代国家の身分秩序に位置付ける必要性を指摘したのが石母田正である（石母田1973）。そして，石母田の指摘をエミシの呼称の整理を踏まえ具体化させたのが平川南であり，平川はエミシの呼称に関して身分呼称として基本となるのは「蝦夷」と「俘囚」で，両者を包括した表現が「夷俘」であることを明らかにした[4]。本稿でも，平川の成果を受け，身分呼称としての「蝦夷」と「俘囚」とに注目する。

先行研究では，8～9世紀初めという時期において，常に蝦夷と俘囚とは対比されてきた。両者の相違が，蝦夷は居住地名＋君（公）姓で，俘囚は部姓のように姓に如実に現れていることも両者の比較から明らかとなった（平川1987；古垣1988）。

しかし，蝦夷と俘囚という身分が同時に設定されたものではなく，わずかではあるが設定の時期に差があることは従来余り重視されていない。両者の設定時期に差があることは，そこにふたつの身分の相違と律令国家が当初いかなる身分にエミシを位置付け，支配を実施しようとしたかということが現れているのではないだろうか。すなわち，設定時期の相違や姓の違いなど，両者の設定の背景を明らかにすることは，律令体制下での支配秩序の構造においてエミシ支配の位置づけを見直すことになる。

そこで本稿では，まず蝦夷と俘囚という身分の設定時期の相違とその意義を明らかにし，次いで蝦夷と俘囚との姓に違いについて論じる。蝦夷には君姓を，俘囚には部姓を賜与しているという相違は，君姓と部姓とが意味する歴史的背景と関連していよう。そして，蝦夷と俘囚との相違を踏まえ，俘囚に多い「吉弥侯部」姓について，俘囚以外に百姓であるキミコベ[5]が存在する点を重視し，異なるキミコベとの比較を通して俘囚へのキミコベ賜姓の意義を明らかにしたい。

2. 俘囚成立の時期

俘囚は服属したエミシの身分標識のひとつであるから，俘囚という語を服属したエミシという点だけで無限定に適用することはできない。すなわち，俘囚という身分はある時期に何らかの理由により設けられたということになる。そこで，俘囚の初見記事をみると，『続日本紀』神亀2（725）年閏正月己丑条に，

　　陸奥国俘囚百卌四人配=于伊予国=、五百七十八人配=于筑紫=、十五人配=于和泉監=焉。

とあり，陸奥国から伊予国・筑紫・和泉監へ俘囚が移配されている。注目すべきは，本条が俘囚の初見であるとともに，俘囚の移配の初見でもあるということである。俘囚の移配はこれ以降たびたび行われるが，エミシの移配という点では後に蝦夷も移配されている。しかし，蝦夷の移配は延暦年間まで確認できず，エミシの移配は当初より俘囚の身分と政策的に結びついたものであ

った(武廣1994・1996)。したがって,俘囚と移配とは分かち難いから,俘囚の成立も神亀2年閏正月をそれほど遡らない時期と考えてよいだろう。

俘囚成立の時期は,平川南や古垣玲により和銅~神亀年間と推定されている。平川は,この時期を全国的規模での地方行政組織の再編成に関連して,東北政策の根幹をなす柵戸の大規模な導入と蝦夷の内国への移住策が実施された時期であると指摘し,俘囚成立の時期を全国的な動向の中に位置付ける(平川1987)。古垣はこの時期に行われた東国から陸奥への移住や,養老4(720)年と神亀元(724)年の2度にわたるエミシの反乱の結果として,地縁的関係が解体され元来の居住地から離れ帰順するエミシが増加したことで,律令国家はそのようなエミシを個別人身支配の対象として編戸民化・調庸民化を進めるべく俘囚として編成したとする(古垣1988)。また,この時期に陸奥国で進められた政策は,熊谷公男によると,石城・石背両国の再併合による広域陸奥国の復活とその国府兼鎮守府としての神亀元年の多賀城創建に代表される,坂東諸国への依存を縮小した陸奥一国によるエミシ支配体制=「神亀元年体制」と呼ぶべき体制の創出という一連の政策であった(熊谷1989)。

以上のように,和銅~神亀年間は全国的にも陸奥国においても支配体制が整備される時期であり,エミシ支配の体制上,ひとつの画期となる。それゆえ,陸奥国の体制整備と帰順するエミシの状況の変化に基づき俘囚成立の時期を和銅~神亀年間に推定することは妥当である。

この時期に帰順するエミシが増加する主たる原因は,古垣が指摘しているように養老4年と神亀元年の2度のエミシの反乱とそれに対する征夷である[6]。2度の反乱は,それぞれ按察使と陸奥大掾が殺害されるという律令政府にとって大きな衝撃を与える事件であった。「俘囚」という語の字義が,とらわれたものという捕虜的な意味を持つことも,2度のエミシ反乱とそれに対する征討が俘囚成立の直接的な契機となった可能性が高いことを示していよう。

しかし,俘囚成立の時期とされる和銅~神亀年間には,これら2度の反乱・征討以前に和銅2(709)年にも越後・陸奥への征討が行われている[7]。この征討は「陸奥越後二国蝦夷、野心難し馴、屢害=良民=。」という理由で,佐伯宿祢石湯を征越後蝦夷将軍として,巨勢朝臣麻呂を陸奥鎮東将軍としてそれぞれ越後と陸奥へ派遣した。この征討の具体的な戦闘状況や成果は不詳であるが,「征越後蝦夷」と「陸奥鎮東」という将軍号の違いが示すように,主たる征討対象地域は越後であり,陸奥へは戦乱の波及を考慮しエミシの動揺を防ぐための派遣であった(平川1982)。越後が主対象となったのは前年に行われた越後国出羽郡の建郡[8]に対してエミシの抵抗があったからであろう。

この征討は軍事行動だけでは終わらなかった。『続紀』和銅3(710)年正月壬子朔条に,

　　天皇御=大極殿=受し朝。隼人蝦夷等亦在し列。左将軍正五位上大伴宿祢旅人、副将軍従五位下穂積朝臣老、右将軍正五位下佐伯宿祢石湯、副将軍従五位下小野朝臣馬養等、於=皇城門外朱雀路東西=、分頭陳=列騎兵=、引=隼人蝦夷等=而進。

とあり,征討の翌年の元日朝賀に際して,隼人とエミシが皇城門(朱雀門)の外,朱雀大路の東西に整列し,それを大伴宿祢旅人と佐伯宿祢石湯が将軍として率いて門内へ参入している。前年

に征越後将軍として征討に派遣された佐伯石湯が右将軍を務めていることは，前年の征討とこの時入朝しているエミシが無関係ではないことを想起させる。つまり，この時入朝したエミシのなかに，前年の征討の結果連れてこられたエミシも含まれていたのではないだろうか。

7世紀と8世紀のエミシの朝貢・入朝を比較検討した今泉隆雄は，7世紀には飛鳥寺の西で個別に呪術的な服属儀礼が行われたのに対し，大宝令施行以降は大極殿・朝堂という儀礼的な場における朝廷全体の行事である朝賀・節宴のなかに，エミシの朝貢行事が組み込まれたという変化を指摘し，エミシの朝貢行事を朝賀という臣下の集会する場で行うことによって，諸蕃・夷狄の天皇への服属を臣下へ誇示するという意味を持ったことを明らかにした（今泉1986）。また，武廣亮平は儀礼に使われた空間構成から，エミシが整列した朱雀門外を王民の秩序から除外された夷狄の場と位置付け，天皇の臣下が集会する朝堂への参入は夷狄の王民秩序への包摂を意味するシンボリックなものであると指摘し，臣下・諸蕃・夷狄全体の天皇への服属を構成すると述べている（武廣1991）。

和銅3年正月の朝賀のように，朱雀門外・朝堂・大極殿が南北に連なる一体となった儀礼空間として機能した点や，エミシの服属を儀礼的に演出し天皇への服属を臣下に誇示するという点は従うべきである。エミシの朝貢が単にエミシ自身の服属・朝貢として個別にあっただけではなく，天皇を頂点として形成された身分秩序の再確認ならびに新たに構成する夷狄の服属という点で律令国家全体の中で意味を持つようになったのである。

ところが，和銅3年の朝賀では，まだ表記上エミシを異なる身分に分けて位置付けている形跡はない。霊亀元（715）年正月の元日朝賀でも「陸奥出羽蝦夷幷南嶋奄美・夜久・度感・信覚・球美等」が来朝し方物を貢進し[9]，「蝦夷及南嶋七十七人」に叙位があった[10]。ここではエミシと南島人との対比は見られるが，和銅3年の朝賀と同様，エミシは区別されていない。

これら2度の朝賀における表記について，蝦夷も俘囚も服属したエミシである点では共通しているため，2度の朝賀では区別せず，「蝦夷」とだけ記されたとも考えられる。しかし，8世紀後半にはエミシの入朝や朝賀への参加を記す際に蝦夷と俘囚が区別されており[11]，和銅3年や霊亀元年の朝賀とは明らかに異なっている。元日朝賀の儀礼が天皇と臣下・諸蕃・夷狄により構成される身分秩序の再確認・再構成ならば，参列し服属を示している諸蕃・夷狄は天皇の徳の高さを示すため欠かすことのできない存在であるから，それだけに正確に把握される必要があろう。それにもかかわらず，エミシが区別されていないのは，朝賀の場で必要とされたのは夷狄であるエミシであり，この時はまだエミシを区別するような身分は形成されていなかったからである。

以上のように，朝賀におけるエミシの位置付けからは，和銅3年にはまだ俘囚が成立しておらず，さらに霊亀元年の朝賀でもまだエミシの身分は未分化であった。すなわち，和銅〜神亀年間は一連の政策が実施された時期であるが，俘囚の成立に関しては同時期のなかでも，養老4年のエミシの反乱とそれに対する征討以降，神亀年間までのエミシの動向への対処として，服属したエミシの一部を新たな身分に編成すべく設けられたと考える。

3. エミシへの賜姓 —君姓と部姓—

　蝦夷と俘囚との身分的相違は，賜与された姓にも表れている。蝦夷は基本的に居住地域名＋君（公）姓であるのに対して，俘囚は部姓で若干の例外を除けばほとんどが吉弥侯部姓である[12]。蝦夷と俘囚は姓において顕著な違いを示しているが，エミシへの賜姓は『続紀』和銅3 (710) 年4月辛丑条に，

　　陸奥蝦夷等請↓賜二君姓一同中於編戸上。許レ之。

とあり，陸奥国のエミシから君姓を賜りたいと申請があり許可していることを嚆矢とする。文献上，これ以前には姓をもつエミシは見られず，これ以後エミシは姓を帯びているから，エミシへの賜姓はこの時の君姓の賜与からはじめられたと推定できよう。このことはエミシの服属が夷狄集団の服属として儀礼化しただけではなく，賜姓の唯一の主体である天皇を頂点とする支配秩序の中に，賜姓されたエミシ個人を位置付けることにもなった。

　和銅3年4月の君姓賜与の決定はこの根拠を示したもので，和銅2年の征討や和銅3年正月の元日朝賀の儀礼を考慮すると，律令政府が主体となったエミシの服属に関する一連の施策と考えられよう。和銅3年3月には平城京への遷都もあり[13]，大宝律令の施行以降，儀礼の整備や遷都など新たな支配体制が確立していくなかで，夷狄支配の方策としてエミシの服属，秩序化も具体化されたのである。

　君姓をもつ蝦夷は，例えば，霊亀元 (715) 年に陸奥の蝦夷第3等邑良志別君宇蘇弥奈等が，親族が死亡し狄徒の抄略にあっているため香河村に郡家の建造を望み，また，蝦夷須賀君古麻比留等は先祖以来続けている昆布貢献の便宜のため閇村に郡家の建造を求めそれぞれ許されている[14]。ここでは両者が君姓を持つことは勿論だが，須賀君古麻比留が申請時以前から昆布の貢献を行っていたなど，彼等は賜姓以前から律令政府と交渉を持っていたと推定できる。つまり，和銅3年以前からすでに律令政府と交渉をもつエミシ，律令政府としては服属しているとみなしたエミシが存在し継続的に交渉を持っていたことを示している。その点でエミシへの賜姓は，従来の関係を新たな秩序へと再編成したという面もあったのである。

　一方で，エミシの服属は儀礼や賜姓というだけではなく，邑良志別君や須賀君の例のように，居住地域へ「郡家」が建造されることもあった。これらの郡家建造が令制郡の成立を意味するものではないが，何らかの施設は建造されたのであろう。これにより宮都や国府へ赴くことがないエミシなども含め，集団内のすべてのエミシに対して律令国家の存在を誇示し認識させることになった。

　そもそも，「君」とは井上光貞によると，倭国の王が親近的な諸国の王には畿内豪族と同じ「臣」を授けたのに対して，遠方のより強大な王に与えられたカバネであり，国造制では強力な国造に君姓を授け自治を許していた（井上1982）。また，このような歴史的背景をもつ君姓が賜与されたという点で石母田が指摘するとおり，大化前代における王権による地方支配拡大の再版

とも言うことができる（石母田 1973）。君姓の賜与は，律令制下のエミシに対する支配と律令体制以前の遠隔地の有力集団に対する方策とに共通点が存在することを示している。ただし，支配の主体となる国家にとって，政治的・文化的な面で支配対象を異なる位置づけとしている点では相違している。

ところで，君姓の賜与が決定された和銅3年には俘囚は成立しておらず，8世紀後半以降のような蝦夷と俘囚とが対比されるような身分的な位置づけはできていない。よって，この段階で君姓の賜与が決定されたということは，エミシからの申請として記述されているが，むしろこの時点での服属したエミシに対する方策として，律令国家が主体として君姓賜与を決定したであろうことをうかがわせる。

エミシの持つ君姓に含まれる地名は，例えば和我[15]や伊治[16]のように8世紀半ば以前には郡制が施行されていない地域の地名である。君姓の賜与に，上記のような律令体制以前の遠隔地支配との共通性が認められるならば，賜姓・叙爵・賜物などに与ったエミシの族長やその周辺の者たちは，律令国家に対しては服属したエミシを代表することを示し，エミシ集団内部においては律令国家という外部の大勢力を背景とし権威の強化をはかった。さらに賜姓等は，ほかのエミシ集団との関係にも大きな影響を与えたであろう。したがって，君姓の賜与を決定した和銅3年の時点では，主として未だ郡制が及ばない地域に居住している集団としてのエミシを，集団を代表する族長等に賜姓することで間接的に集団ごと把握し，その領域への支配を拡大させることを意図していたのであろう。すなわち，君姓の賜与を決定したときには，エミシの身分としては蝦夷だけが設定されていたのであり，俘囚の設定はまだ予定されていなかった。

このような支配拡大策はすでに7世紀後半に現れており，阿倍比羅夫の遠征に際してエミシに対して郡司任命が行われた[17]。これも令制的な郡の成立ではなく，既存の集団や社会関係などをそのまま容認し，エミシ集団の族長を代表としてエミシ集団に対する間接的な支配を実現しようとしたものであろう。8世紀になり賜与された姓に含まれる地名はその表現なのである。

これに対して俘囚の姓は先述の通りほとんどが「吉弥侯部」である。姓は天皇が賜与するものであるから，エミシが服属以前に姓を持たないことは当然であり，俘囚も元来は姓を持っていなかった。それゆえ，俘囚にも服属後のある時点で賜姓されたことは疑いない。俘囚には成立当初より移配政策が採られていたことを考慮すると，移配する際の必要性から個人識別のため服属した時点で，個人の名を確認するとともに賜姓されたのではないだろうか。

なお，蝦夷が賜与された君姓と比較すると，俘囚の姓が画一的なのは，俘囚へは機械的にキミコベ姓が賜与されたからではないかという推測が生じる。また，君姓が居住地である地名を含むのに対して，キミコベなどの部姓には特定の領域との結びつきや既存のエミシ集団を特定するような要素をうかがうことはできない。そもそも，俘囚は先述のように，現実に対応せざるを得ないなかで蝦夷よりも遅れて創出された身分であるから，当然蝦夷とは身分的に相違するはずである。蝦夷と同じ身分ならば，わざわざ俘囚を創出する必要はなく，さらに異なる姓を賜与する意味もない。蝦夷と俘囚には，身分と支配方式の相違があったのであり，姓の違いもそれに起因し

ているのである。

　君姓を賜与された蝦夷のなかには賜姓以前から継続して服属する者たちが存在しており，律令体制の成立以前から越後北部や陸奥北部においてエミシの服属があったことは疑いない。勿論，「エミシ」を規定し，蝦夷として位置づけた主体は律令国家であり，エミシ自身がその身分を規定したわけではないから，律令制の成立以前のエミシの服属には様々な形態がありえたであろう。それらは後の蝦夷に相当する服属形態ばかりではなく，なかには俘囚に相当するような既存の集団関係から離れて服属するエミシもいたと推定することは決して誤りではあるまい[18]。しかし，律令国家の政策上，8世紀初めの段階ではエミシの支配はまず集団単位での支配が問題とされ，集団性を喪失したエミシに対して固有の身分を創出することはなかったのである。

　ところで，天皇を頂点とする支配秩序に組み込まれ新たに賜姓の対象となったという点では，渡来人やその子孫たちも同様であろう。渡来人やその子孫への賜姓は，天平宝字元（757）年に「其高麗・百済・新羅人等，久慕＝聖化＿，来附＝我俗＿，志＝願給ㇾ姓，悉聴＝許之＿。」とあり[19]，高句麗・百済・新羅出身者には希望する姓を与えられることになった。この後天平宝字5（761）年頃まで渡来系氏族への改賜姓が集中的に表れている。しかし，実際にはここに現れる渡来系氏族は官人や百姓であり，改賜姓の時点ではすでに蝦夷や俘囚とは大きく異なっていた。したがって，渡来系氏族への賜姓は，居住地名を含む君姓を与えられた蝦夷とも，一律にキミコベを与えられた俘囚とも異なっている。

　それよりも，俘囚への賜姓の仕方はむしろ『令集解』戸令38官奴婢条古記に[20]，
　　古記云、問、私奴婢放為ㇾ良者、従＝旧主姓部＿。未ㇾ知、官奴婢放為ㇾ良、若＝為処分＿。答、
　　随＝情願＿。但不ㇾ得＝高氏部＿耳。
とあり，私奴婢が良人となった場合はもとの所有者の姓に部字を加えた姓とし，官奴婢の場合は情願に任せるが，「高氏」の名に部字を付すことは許されなかった，放賤従良の際の賜姓と類似しているのではないだろうか。

　ただし，部姓の賜与という点で共通するが，俘囚が賤民であったということではない[21]。また，エミシが俘囚となることは良民となることではなく身分上の変化という点で放賤と同様でもない。それゆえ，俘囚への賜姓の根拠として戸令官奴婢条古記の記載をそのまま想定することはできないが，それまで無姓であった個々人へ全く新たに賜姓するという身分上の位置づけが変化することでは共通している。また，律令体制下でもカバネ姓―某姓―部姓という姓の秩序が機能しており，部姓はそのなかで最下位におかれ一般的に多くの百姓も部姓を帯びている（義江1975，武廣1989）。俘囚も良民となった賤も部姓を賜姓されるが，それは部姓が姓の秩序に置いて最下位に属するからであり，両者の身分上の位置を示す意味があったからである。

　俘囚に部姓が賜与された理由は，集団性を背景として君姓を賜与された蝦夷に対して，俘囚自体の成立要因とも考えられているように，俘囚が個別人身支配の対象となっていたことと関係しよう。個別人身支配という点で俘囚は蝦夷よりも百姓と共通しており，このことが蝦夷との身分的な相違であるだけではなく，蝦夷とは異なる姓を賜与された理由である。

律令国家はエミシの身分を設定するにあたり，まず郡制の未施行地域にあってエミシ集団を代表する者として，遠隔地支配における歴史的背景をもつ君姓を賜与する蝦夷を定め，遅れてエミシ支配への現実的対応として個別人身支配の対象とすべく百姓と共通する部姓を賜与する俘囚を定めたのである。蝦夷と俘囚の姓が異なるのは，このような律令国家による身分上および政策上の相違の表象である。

4. 7世紀以前の君子部

それでは，俘囚に賜姓されたキミコベとはいかなる姓なのか。俘囚以外のキミコベは遠江・相模・常陸・下野・陸奥・出羽に分布しているが，重要なことはこれらキミコベは俘囚の成立以前から存在しており，全くエミシとの関連をみることができないことである（佐藤 2003）。

例えば，霊亀元 (715) 年3月に相模国足上郡の人，君子尺麻呂が孝行を賞され終身課役免除となり[22]，天平勝宝 8 (756) 歳の相模国朝集使解には外従八位上勲十等の君子伊勢麻呂が鎌倉郡司代として署名している[23]。

また，常陸国では天平 20 (748) 年 4 月 25 日付「書写所解」等に見える久慈郡久慈郷出身で校生として写経事業に従事している君子嶋守をはじめ[24]，正倉院に納められた調布には貢納者として那賀郡吉田郷の君子部真石の名が墨書され[25]，同じく太孤児面袋には多珂郡擬少領无位君子部臣足の名が記されている[26]。他にも天平宝字 5 (761) 年に右勇士衛火頭として上京している常陸国那賀郡広島郷（鹿嶋郷ヵ）出身の君子大徳も見える[27]。これらキミコベは，戸籍・計帳に登録され課役を負担すべき百姓であり，一部には擬任とはいえ少領を務める者や郡司代もおり，服属しても戸籍・計帳による把握がされなかったエミシとは明らかに異なる。

上記の例は，キミコベだからといった特筆すべき点を示すわけではなく，むしろ他の姓を帯びる百姓とも何ら変わるところはない。それぞれの地域で郡領を務めうるか否かという階層差や，「君子」と「君子部」のような「部」字の有無などの差異はあるが，その差異もキミコベだからといって生じたものではなく，他姓の人々にも見られることである。

以上のような俘囚ではないキミコベは，静岡県浜松市の伊場遺跡出土の第9号木簡に[28]，

　　乙未年入野里人君子部

とあり，乙未年が持統 9 (695) 年に当たることから，少なくとも 7 世紀末には存在していたことは明白となった。『伊場木簡』によると，第 9 号木簡の現状は 161×28×5 mm で，上端の両角は削られており，記載内容は明確ではないが荷札と推測され，「入野里」は『和名類聚抄』に記載はないが，出土した他の木簡に記載された地名の範囲から，伊場遺跡が所在する遠江国敷智郡内に存在した里であると推定されている（浜松市教育委員会 1976）。

また，本木簡に記されるような「年＋某里人＋人名」という表記は，藤原宮出土の木簡に多い表記で，個別人身賦課の記載方式としては，大宝令制以降の戸主・戸口を記す方式に比べ未整備の段階を示し，藤原宮期の律令的収取体制の未熟さを示している（奈良国立文化財研究所 1978）。

本木簡は具体的な記載内容を欠くが、このような記載方式から君子部某が整備されつつある律令制的な収取の対象となっていることが判明する。そうであれば、乙未年という木簡の作成年から本木簡の記載の前提として、庚寅年籍に君子部某が記載されていた可能性は高いと考えられよう。したがって、本木簡からも8世紀前半の例と同様、7世紀末の時点でもやはりキミコベは律令制下の百姓であり、エミシとの関係をうかがうことはできないのである。

さらに近年、7世紀のキミコベの様相を示す史料が新たに加わった。奈良県高市郡明日香村に所在する石神遺跡出土の17-120号木簡に[29]、

・□□　大伴ア
・□　　君子ア
　　　　□

とあり、残存する記載は人名だけではあるが大伴ア（部）、君子ア（部）と記されている。『飛』17

第1表　石神遺跡出土の木簡に記載された年紀

記載年	天皇	西暦	記載木簡
乙丑年	天智 4	665	17-34
乙亥年	天武 4	674	18-170
戊寅年	天武 7	678	17-10, 107, 18-174
己卯年	天武 8	679	18-125, 141
庚辰年	天武 9	680	18-176
辛巳年	天武 10	681	17-83, 119, 124
壬午年	天武 11	682	18-151
癸未年	天武 12	683	17-101
甲申年	天武 13	684	17-113
乙酉年	天武 14	685	17-94
朱鳥元年	天武 15	686	18-162
戊午年	持統 2	688	18-78
庚寅年	持統 4	690	17-93
壬辰年	持統 6	692	18-89, 90, 92

（『飛』17・18より作成）

によると、本木簡は石神遺跡第15次調査区内の南北に延びる道路西側の溝であるSD1347Aの南端東側付近より出土し、上下左右ともに欠損しているため原型は不明だが、現状は71×11×3mmで、奈良国立文化財研究所の形態分類では039型式に分類されている（奈良文化財研究所2003a）。石神遺跡出土の木簡のうち、現在のところキミコベの記載は本木簡だけであるが、大伴部は辛巳年（天武10（681）年）の記載を持つ17-119号木簡にも記されている。

石神遺跡の調査では、第15次・第16次調査で削屑も含め合わせて3,000点以上の木簡が出土している（奈良文化財研究所2004）。そのなかで年紀を記した木簡・削屑は20点余りであり、記載された年紀は表の通りである（第1表）。これら年紀の記載は天武朝から持統朝にわたり、特に天武朝後半を中心としている。

17-120号木簡が出土したSD1347Aは石神遺跡のC期（7世紀末・藤原宮期）の遺構であり、ここからは「乙亥年」、「戊寅年」、「庚辰年」、「辛巳年」の記載がある木簡も出土している。17-120号木簡は年紀を欠くが、出土状況や石神遺跡出土の木簡全体の傾向から、年紀が現れている天武朝～持統朝の時期に属するものであろう[30]。しかし、少数とはいえ出土した木簡に記された年紀が天武10年前後に集中していることを重視すれば、17-120号木簡が天武朝に遡る可能性もあろう。ならば、厳密に断定はできないとはいえ庚寅年籍以前の所出例となる可能性も示されたのである。

すなわち、17-120号木簡は庚寅年籍以前にキミコベが遡る可能性を示し、庚午年籍においてキミコベがすでに記載されていたか、あるいは庚寅年籍以前にキミコベを称する人々がいたこと

を確かなものとする。庚午年籍及び庚寅年籍により百姓の姓が定められていく背景に，それ以前の支配関係がもととなり姓が成立する場合や，所属していた部の名称を姓とする場合が考えられるが（加藤1972），本木簡の出土はキミコベが部民として存在していた可能性をより高めることになったのである。

ところで，キミコベの分布をみると陸奥国に圧倒的に多いことは言を俟たない。このことがキミコベとエミシとを結びつける大きな要因のひとつともされてきた。

そこで陸奥国のキミコベを見てみると，最も時期を遡る例は君子部国忍を戸主とする戸内の異動が記されているいわゆる「陸奥国戸口損益帳」である[31]。同文書は大宝2 (702) 年の造籍後，和銅元 (708) 年までの異動を記した文書であるから，大宝2年の造籍時には陸奥国にすでにキミコベがおり，百姓として記載されていたことは明らかである。戸主国忍の子である金麻呂と身麻呂は慶雲4 (707) 年に19歳と14歳で死亡しており，国忍の弟である諸男は和銅元 (708) 年に33歳で死亡しているから，各人の生まれは7世紀末となる。生まれた時点でキミコベ姓であったか未詳ではあるが，陸奥南部は7世紀後半には陸奥国として編成されており，他地域ではそれ以前に君子部が成立していることから，ここに記されるキミコベも7世紀末にはすでに百姓として陸奥にいたのではないかと考えたい。

以上のように，キミコベは部民として設置され，のちに部の名称が姓へと転化したものである。そして，律令体制下では，他姓の百姓の存在形態と何ら異なる特性を見出すことはできず，律令制下では姓が共通すること以外にエミシとの関係は全く見いだせないのである。これまで，俘囚にキミコベ姓が賜与され，8世紀後半以降に「俘囚吉弥侯部」として所出が顕著になることから，キミコベの存在は特異なものとして注目されてきた。その意義を否定するものではないが，俘囚吉弥侯部がいかに特徴的であっても，それはキミコベ全体の属性として遡及する根拠にはなり得ないのである。キミコベが俘囚の姓として特徴的であるということは，俘囚の賜姓に際してキミコベという既存の姓が選択されたということで，俘囚への賜姓以降に異なるキミコベが併存するようになる点にこそキミコベとは何かという問題の本質がある。

5. 併存する異なるキミコベ

俘囚で個人名が明らかなのは8世紀後半以降に限られるということもあり，俘囚の成立時期である8世紀初めの様相は不詳である（佐藤2003）。しかし，俘囚は服属後それほど時間を経ず賜姓されていたであろうから，実際には俘囚が成立する8世紀初め以降，キミコベを賜姓された俘囚とそれ以前からキミコベを姓とする百姓が併存するようになっていたのである。

常陸国では弘仁8 (817) 年に節婦として賞された長幡部福良女の亡夫である吉弥侯部就忠の名が見え[32]，弘仁13 (822) 年には俘囚吉弥侯部小槻麻呂が朝化に帰して20年になり活計も得ているから編戸民となりたいと申請し公戸に付すことが許されている[33]。両者が居住する郡や就忠の死去がいつかは不明であるが，小槻麻呂が服属して20年を経ていることから，両者はある時期

に常陸国内において同時に生存していたと考えられよう。六国史では8世紀末以降，各地に所在する俘囚吉弥侯部の動向について記されることは多いが，一方の百姓であるキミコベについての記載は少ない。そのため，同一地域に異なるキミコベが併存している状況を見出すことは難しい。しかし，常陸国のように俘囚成立以前からキミコベが居住し，俘囚が後から移配されてきたような地域では，異なるキミコベが併存していたのである。

　俘囚はもともとエミシであり，エミシは列島内部において天皇の教化に従わない夷狄と観念されていたのに対して（石母田1973；今泉1994；伊藤1994），すでに述べたように本来的なキミコベは百姓であり，両者は併存していたとはいえ全く異なる身分であった。それならばなぜ，全く異なる身分であるのにも関わらず，俘囚にキミコベ姓が賜姓されたのであろうか。俘囚に全く新しい姓を賜与してもよいはずであるが，実際には既存のキミコベ姓が賜与されている[34]。したがって，両者の身分は異なるから，俘囚へのキミコベ賜姓はそれまでとは異なる対象への賜姓となり，既存のキミコベに対してキミコベ姓の転用とも言うことができる。そうであるならば，その根拠はキミコベが本来いかなる部民であったのかという点にあるのではないだろうか。すなわち，その転用を可能とする背景が君子部にあったということになろう。

　そこで注目するのはキミコベの表記変更である。『続紀』天平宝字元（757）年3月乙亥条に，

　　勅，自今以後，改=藤原部姓=為=久須波良部=，君子部為=吉美侯部=。

とあり，キミコベの表記が「君子部」から「吉美侯部」へと変更された。キミコベとともに表記が変更されている「藤原部」は允恭天皇11年に衣通郎姫のために定めたとされる部であり[35]，下総国や武蔵国・常陸国などに分布する[36]。岸俊男によると，キミコベと藤原部の表記が同時に変更されたのは藤原仲麻呂が藤原氏のウジ名と天皇を表す「君」の用字を尊んで避けたものであり，「君」と「藤原」つまり天皇と藤原氏を対等に取り扱っているところに，天皇や皇親と対等な地位に置こうとする仲麻呂の意識が現れている（岸1969）。仲麻呂のこのような意識は，天皇や皇后の名を姓や名に付けることことを禁じ[37]，鎌足や不比等の名を称すること禁じていることなどにも現れている[38]。

　しかし，キミコベに関してはそれだけでは不十分であろう。天平宝字元年の表記変更については君子部の「君」字が問題とされるが，「君」字だけならば『続紀』天平宝字3（759）年10月辛丑条に，

　　天下諸姓著=君字=者，換以=公字=。伊美吉以=忌寸=。

とあり，姓の「君」字は「公」へ換え，伊美吉は忌寸へと変更された。伊美吉が忌寸へと換えられたのは，藤原仲麻呂が恵美朝臣を賜い，その「美」字を避けるためで，それにともない天平宝字元年に「吉美侯部」となったキミコベは，これ以降は「美」字を避け「吉弥侯部」となったと解されている。

　「君」字に限ってみると，天平宝字元年のキミコベの変更よりも天平宝字3年の姓における「君」字の変更のほうが明らかに適用範囲が広く，単に「君」字の表記変更であるならば，キミコベについても天平宝字3年の変更で十分なはずである。それにもかかわらず，天平宝字元年に

「君子部」と「藤原部」の表記が変更されたことは，単に「君」字のみならずキミコベを藤原部に対置することに意味があったからであろう。

天平宝字元年の表記変更について，あくまで「君」字に主眼があり，「君」字を避けることの象徴的なものとしてキミコベを選び，「藤原」の変更と対置することで仲麻呂の意図が明らかとなり，天平宝字3年の変更は「君」字についての一般化であると考えることもできる。

しかし，その場合でも，キミコベが「君」字の使用例として象徴的となりうる理由が必要であり，やはりキミコベの変更は単に「君」字ばかりではなく，「君子部」自体が意味することにこそ藤原部と対置させた理由があることになろう。

君子部は部民としての職掌が不詳であるが，「君」字に注目することですでに大王・天皇との関係が推定されている（大塚1969；佐伯1982）。さらに「子」に注目するならば，「子」字には特定の職掌に従事する人という用法があり[39]，関晃が大王・天皇などの身辺に仕えるものを子と呼んだとする指摘は重要である（関1965）。ゆえに，君子部という名称は大王に直接的に従属し奉仕する部を意味していたと考えられよう。

君子部をこのように解すると，表記変更は「君」字を避けるというだけではなく，キミコベがもつ大王・天皇への直接的な従属・奉仕という歴史的背景を踏まえた姓の変更であったことになる。大王・天皇と関係を強く表象する表記を改変するとともに，自らのウジ名を避けさせることで，仲麻呂の意図はより鮮明となったのであり，キミコベはそれゆえ選ばれたのである。

また，君子部がもつ上記のような歴史性は，名称のほかに東国に分布が限られる点にも現れていよう。東国にはいわゆる名代・子代や舎人が多く分布することで，王権との強い関係が指摘されている（西山1988）。ならば，君子部が東国に分布することは，東国への支配が強まるなかでそれまで支配関係がなかった集団や，あるいはある時点で大王への従属や大王による支配を明確化させる目的で設置された痕跡を示しているのではないだろうか。

君子部の具体的な設置時期は未詳と言わざるを得ないが，特定個人の名称が付けられていないことは特定の大王個人ではなく，「君」としての大王への継続的な従属・奉仕を示すと考えられ，この点で君子部の設置は他の部に対して比較的遅れるものと考えられる[40]。特定個人の名称を持たない点では，丸子部が継体朝以降に皇子のうち特定個人ではなく複数の皇子のために設定・継承され，後の壬生部に統一される前段階に位置するという点に類似する（黛1979）。特定の地位に属する部として壬生部や私部が6世紀後葉から7世紀初めに設定されていることを考慮すると，君子部もそれと大きく隔たらない時期の設置ではないだろうか[41]。

律令体制下で百姓であるキミコベには，キミコベであることが具体的に何らかの規制となることはない。しかし，藤原仲麻呂による表記変更に表れるように，キミコベという名称が天皇への従属・奉仕を意味という意識は律令制下でも残存していた。したがって，俘囚へキミコベが賜姓された根拠は，本来のキミコベと俘囚とに大王・天皇に対する新たな集団の服属と支配関係の確立という共通性があったためといえよう。俘囚へのキミコベ姓の賜与はまさに天皇への従属・奉仕を強調すべく選択されたのである。本来のキミコベを構成していた集団と俘囚とでは身分も実

態も異なるが，ここでは構成員が問題とされたのではなく，キミコベという姓がもっていた天皇への従属という歴史性が重視されたため，俘囚という新しくかつこれまでとは異質な対象者に賜与されえたのである。そのため，俘囚の成立以後，異なるキミコベが併存することになったのである。

6. おわりに

　本稿では，朝賀への登場の仕方や賜姓の仕方から，律令国家は当初，エミシの身分として蝦夷のみを設定し，その直後に陸奥におけるエミシの反乱等を契機として，新たな蝦夷支配の必要性からもうひとつの身分として俘囚を定めたことを論じ，蝦夷と俘囚との律令制下における支配秩序における成立段階での身分の相違を明らかにした。

　エミシの服属は儀礼の整備に現れるように，華夷思想に基づく天皇を頂点とする支配秩序への位置づけとして整備された。さらに，俘囚が成立し全国各地に移配されるに及んで，全国に天皇による支配が拡大し周辺の夷狄が天皇の徳化に従い服属してくることを知らしめることになり，天皇を頂点とする支配秩序を全国的に再認識させる機能を果たしたのである。その際，特に俘囚に賜姓されたキミコベ姓が大きな効果をもたらした。

　俘囚へのキミコベ賜姓以前には，すでにキミコベを姓とする百姓が存在していたが，両者には姓以外に共通点は見いだせず，あくまで俘囚へ賜与する姓としてキミコベ姓が選択されたということである。キミコベは元来，大和朝廷による東国への支配拡大の過程で大王への従属・奉仕のため設定された部であった。そして，後に姓へ転化したと推定した。この推定に従えば，天皇への従属・奉仕を表象する姓としてキミコベが選択され，俘囚へ賜姓されたのであり，キミコベ姓は俘囚が天皇へ従属・奉仕するものであると規定する機能を担ったのである。

　したがって，キミコベは部の名称から姓へと転化した後も，俘囚へ賜姓されたことにより，天皇への従属・奉仕を表象する姓として機能したのである。延いては，大和朝廷による東国支配から律令国家によるエミシ支配へと支配地域・対象が変化しても，キミコベとしての基本的属性は大王・天皇による地域支配のひとつの形を象徴するものとして生き続けたのである。

　一方，郡制の未施行地域のエミシへ君姓を賜与し蝦夷とすることにも，律令制以前の遠隔地支配との関連が想起される。賜姓対象に対する律令国家の政治的・文化的認識は異なるものの，遠隔地支配という点では賜姓対象であるエミシにエミシ集団を代表させ，間接的にエミシ集団へ支配を及ぼし領域支配を目指す点で，大化以前の君姓賜与との共通性がうかがわれる。

　以上のような，律令制の成立前後での東国支配とエミシ支配について，支配対象が古代国家にとって相違する対象でありながらも連続性を見いだすことは，東国，就中キミコベの分布する各地域で，大和朝廷の支配の確立過程を具体的に明らかにし，その中にキミコベを位置付けていくことで改めて論じなくてはならない。そればかりではなく，君子部の設置自体を東国における部民制や国造制，屯倉制などの律令体制以前の支配体制全体の展開のなかで改めて位置付ける必要

もあり，残された課題は少なくない。しかし，本稿のようにキミコベを中心に据え，エミシ支配の意義を究明しようとするとき，キミコベは大和朝廷のよる東国支配から律令体制下でのエミシ支配という列島東部・北部における地域支配の時間的・空間的推移に対して連続性・非連続性などの特質を論じる新たな視点となろう。

註

1) 本稿では，「蝦夷」について一般的呼称と身分呼称と区別するため，前者をエミシとし，後者を蝦夷と記述する。

2) 東北北部には北海道と共通する文化的要素が認められ，エミシという概念の成立に少なからず影響があったと考える。しかし，このことはエミシとされた人々が均質な文化を有するということを示すわけではなく，東北北部に為政者から見て異質な文化が存在し，その異質性を殊更に強調し観念的に一律に規定したのがエミシである。

例えば，『続日本紀』（以下，『続紀』とし，新日本古典文学大系を典拠とする）神護景雲3（769）年11月己丑条には，陸奥国牡鹿郡の俘囚大伴部押人が父祖は紀伊国名草郡片岡里の出身であると述べ，その出自を根拠として俘囚を脱し調庸の民となることを求め許されている。大伴部押人が語る出自の真偽はともかく，律令国家がそのような出自を俘囚に対して認めたことは，エミシが文化的・形質的に北方の文化的要素のみで規定されていたのではないことを示していよう。

3) エミシの呼称の区分に関する先行研究は平川南により整理されている（平川1987）。

4) 平川は，夷俘が後に俘囚と対置される蝦夷と同義に用いられるようになると用法の変化を指摘し，俘囚と夷俘を対置させ身分的相違について論じる（平川1987）。しかし，本稿では，夷俘は本来蝦夷と俘囚との総称であって身分呼称ではないとという指摘に従い（古垣1988；田中1997），エミシの身分呼称としては蝦夷と俘囚を用いる。

5) 「君子部」について，本稿では汎称としてはキミコベと表記し，特に姓として表記するときはキミコベ姓と表記する。また，部民であることを明示するときには君子部とする。なお，「君子部」と「君子」という「部」字の有無が存在する。一般的に「部」字の有無は部民と伴造の違いであったり，律令制下における姓の秩序の違い等を示すが，いずれにしても無関係ではなく密接に関係するためキミコベとして一括する。

6) 『続紀』養老4年9月丁丑条，同神亀元年3月甲申条。

7) 同上和銅2年3月壬戌条等。

8) 同上和銅元年9月丙戌条。

9) 同上霊亀元年正月甲申朔条。

10) 同上霊亀元年正月戊戌条。

11) 例えば，宝亀5（774）年正月には「出羽蝦夷俘囚」が朝堂において饗を賜り，叙位・賜物に与っている。その4日後には，「蝦夷俘囚」の入朝が停止されているが，「蝦夷俘囚」と併記されることは，それまで両者が入朝の主体であったことを意味している。『続紀』宝亀5年正月丙辰条，同宝亀5年正月庚申条。

12) 蝦夷と俘囚との違いは，その姓より明らかとされている（平川1987；古垣1988）。そして，俘囚に関して六国史（『類聚国史』を含む）で人名が明らかな50例のうち，吉弥侯部が30例，大伴部3例，無姓1例である。その他の16例は830年以降の例である。古垣によると，弘仁2（811）年以降，蝦夷・俘囚

の用法が曖昧となっており（古垣 1988），その他の 16 例はこの影響によるもので，成立当初の賜姓のあり方を考えるうえでは除外する。

13) 『続紀』和銅 3 年 3 月辛酉条。

14) 同上霊亀元年 10 月丁丑条。

15) 同上天平 9 年 4 月戊午条に「和我君計安塁」と見える。「和我郡」の建郡は『日本後紀』弘仁 2（811）年正月丙午条（新訂増補国史大系を典拠とし，以下『後紀』とする）で，現在の岩手県北上市周辺にあたる。

16) 『続紀』宝亀 9 年 6 月庚子条に「伊治公呰麻呂」と見える。「伊治」は現在の宮城県栗原市（旧栗原郡）と古川市北部にあたる。伊治の地には神護景雲元（767）年に伊治城が築かれ，同年 11 月に栗原郡が建てられた（『続紀』神護景雲元年 10 月辛卯条，同 11 月己巳条）。

17) 『書紀』斉明天皇 4 年 4 月条や同斉明天皇 4 年 7 月甲申条など。（以下，『書紀』は日本古典文学大系を典拠とする。）

18) 蝦夷や俘囚というエミシの身分標識が設定される以前には，「柵養蝦夷」（『書紀』斉明天皇元年 7 月己卯条，同 4 年甲申条）・「城養蝦夷」（同持統天皇 3 年正月丙辰条）や「俘人」（同天武天皇 11 年甲申条）などが見える。熊谷公男は「柵養（城養）蝦夷」は城柵に付属するエミシで後の俘囚に相当し，「俘人」は城柵が設置されていない地域で集団のまま帰順したエミシで後の蝦夷に相当すると解する（熊谷 1990）。しかし，熊谷の見解では，柵養"蝦夷"が"俘囚"に，"俘人"が"蝦夷"に相当するというように，身分標識としての用字のうえで交替が生じている。それよりも，田中聡が「柵養蝦夷」を「柵に養われる」という語感から後の俘囚などと同質の存在とするのは問題で，むしろ柵の設置に際して「柵造」を補佐する功のあった有力な蝦夷，すなわち，「柵を養う」功を挙げた蝦夷という個人的・臨時的な称号であるとする見解のほうが穏当であろう（田中 1997）。したがって，服属・協力・捕虜等，すでに 7 世紀末の段階で朝廷とエミシとの間には様々な関係が存在していた。

19) 『続紀』天平宝字元年 4 月辛巳条。

20) 『令集解』は新訂増補国史大系を典拠とする。

21) 『続紀』宝亀 7 年 11 月癸未条では移配した俘囚を賤として諸司及び参議以上に賜った。ゆえに，本来は賤民ではないことは明らかである。

22) 同上霊亀元年 3 月丙午条。

23) 「相模国朝集使解」（大日本古文書正倉院編年文書 4，114 頁）。（以下，大日本古文書正倉院編年文書は巻数と頁数を大日古 4-114 のように記す。）

24) 「写書所解」（大日古 3-80）など。

25) 松嶋順正編『正倉院宝物銘文集成』第 3 編常陸国 14（吉川弘文館，1978 年）。

26) 同上第 3 編常陸国 19（前掲書）。

27) 「奉写一切経所」（大日古 15-28）など。

28) 『伊場木簡』（静岡県浜松市教育委員会，1976 年）。

29) 『飛鳥・藤原宮発掘調査出土木簡概報』17（奈良国立文化財研究所，2003 年，21 頁）。（以下，『飛鳥・藤原宮発掘調査出土木簡概報』を『飛』と記し，本稿では便宜上，『飛』17 記載の第 120 号木簡を 17-120 号木簡のように記す。）

30) 石神遺跡第 15 次調査で出土した木簡群の年代と，17-120 号木簡を含む SD1347A 出土木簡の特徴をまとめると以下の通りである（奈良文化財研究所 2003b）。石神遺跡第 15 次調査により出土した木簡は，出

土した遺構毎に顕著な特徴を見いだすことはできない。また，出土木簡のなかでコホリの表記は全て「評」であり，700年以前となる。サトの表記は天武10〜12年を境に「五十戸」から「里」へ変わるが，第15次調査では「五十戸」が21点で「里」は6点であり，第15次調査で出土した木簡は天武朝を中心とする。17-120号木簡が出土したSD1347Aは石神遺跡の過去の調査における遺構の重複関係よりC期の遺構であることは間違い。ただし，SD1347AとB期のSD4089・SD4090が同時に存在した時期があり，それらB期の埋土と同じような遺物がSD1347Aに入った可能性が認められる。また，SD1347Aが機能している期間に，周辺の土に含まれる木片や土器片が流れ込むこともありうる。そして，SD1347Aを掘削してから，B期の施設が解体撤去され，その際廃棄されたB期の施設関係の木簡がSD1347Aに入ること十分にありえる。C期のSD1347Aに天武朝の木簡が含まれる理由は以上のように推定できる。

31) 「陸奥国戸口損益帳」（大日古1-306）。

32) 『類聚国史』（以下，『類史』とする）弘仁8年閏4月戊子条。（以下，『類史』は新訂増補国史大系を典拠とする。）

33) 同上弘仁13年9月癸丑条。

34) 例えば，『類史』延暦22年4月乙巳条では俘囚である吉弥侯部子成と吉弥侯部押人等が「雄谷」へ改姓し，『後紀』弘仁4年2月甲辰条では伊予国の吉弥侯部勝麻呂と吉弥侯部佐奈布留が野原へと改姓している。このように，俘囚が吉弥侯部から改姓する場合には画一性が認められないため，わずかに例外はあるが（前掲註12），かえってキミコベを画一的に賜姓されていたことが確かとなる。

35) 『書紀』允恭天皇11年3月条。

36) 「下総国倉麻郡意布郷戸籍」（大日古1-292〜301）に戸主藤原部伊良都などの戸の記載があり，『万葉集』巻20・4423（以下，万葉集は新日本古典文学大系を典拠とする）は武蔵国埼玉郡の人である藤原部等母麻呂の歌である。久須波良部は下総国相馬郡邑保郷（大日古15-170頁）や常陸国（大日古1-309）に見える。

37) 『類聚三代格』天平宝字9年5月26日勅。（新訂増補国史大系を典拠とする。）

38) 『続紀』天平宝字2年6月乙丑条。

39) 例えば，『時代別国語大事典』（三省堂1985）によると，『万葉集』巻3・238の「網子」や同巻20・4331の「安佐奈芸尓　可故等登能倍」などがこの用例として挙げられている。

40) 平川は君子部の成立を君臣概念の確立と密接に関わると指摘する（平川1987）。私説でも特定個人ではなく大王を「君」として認識したことを君子部設定の前提とするため，平川の指摘は妥当であると考える。

41) 東国の大豪族であった毛野氏は，8世紀のキミコベの改姓や系譜に示されるようにキミコベと強い関係がうかがわれるが，これは遅くとも6世紀末には大和朝廷内の官人として出仕していた毛野氏がある時点で君子部の管掌にあたったためであり，毛野氏が主体的に君子部を設置したのではないと考える（佐藤2004）。なお，安閑天皇元年に武蔵国造の地位をめぐる笠原直使主と小杵の争いで，小杵が上毛野君小熊に救援を求め，一方の使主が朝廷に頼り，結果として朝廷は使主を国造とし小杵を誅殺したという（『書紀』安閑天皇元年閏12月是月条）。これを機に上毛野氏の周辺地域への影響力を失い，安閑天皇2年に記される緑野屯倉が設置された（舘2004）。緑野屯倉以外にも，屯倉の設置は安閑天皇の時に集中的に記載されており（『書紀』安閑天皇2年5月甲寅条），その記載年代をそのまま事実とはとらえ難いが，武蔵国造をめぐる争いは，6世紀中頃に大和朝廷と東国の豪族との関係に変化が生じたことを示していよう。このことを重視すれば，君子部の設置は早くとも6世紀後半以降と考えてよいのではないだろうか。

成稿後，藤原宮の第128次調査においてSD9815から「□〔里ヵ〕君子部」と記した木簡が出土していることを知った。この木簡により7世紀末～8世紀初におけるキミコベの所出例が新たに加わった。第1字目が「里」であれば，君子部某の本貫地と考えられ，本稿で論じた7世紀末に百姓となっているキミコベと同様と言えよう。

　また，同じく成稿後に河原梓水「『俘囚』身分の成立過程―日中の概念比較を通じて―」『続日本紀研究』第373号　1-21頁に接した。本稿で不十分であった「俘囚」の意味づけという点で大いに啓発される論文である。

引用文献

石母田正　1973「古代の身分秩序」『日本古代国家論』第1部　岩波書店　249-309頁
伊藤　循　1994「古代王権と異民族」『歴史学研究』第665号　2頁-13頁
井上光貞　1982「序論にかえて ―カバネ・位階・官職―」『東アジア世界における日本古代史講座』第6巻　学生社　7-71頁
今泉隆雄　1986「蝦夷の朝貢と饗給」『東北古代史の研究』吉川弘文館　103頁
　　　　　1994「律令における化外人・外蕃人と夷狄」『中世の政治と宗教』吉川弘文館　144頁
大塚徳郎　1969『平安初期政治史研究』吉川弘文館　218頁
加藤　晃　1972「我が国における姓の成立について」『続日本古代史論集』上巻　吉川弘文館　385頁
岸　俊男　1969『藤原仲麻呂』吉川弘文館　180-181頁
熊谷公男　1989「黒川以北十郡の成立」東北学院大学『東北文化研究所紀要』第21号　1-17頁
　　　　　1990「近夷郡と城柵支配」『東北学院大学論集　歴史学・地理学』第21号　35-81頁
　　　　　2004『蝦夷の地と古代国家』山川出版社
佐伯有清　1982『新撰姓氏録の研究』考證篇第2　吉川弘文館　86頁
佐藤英雄　2003「八・九世紀の君子部について」『年報日本史叢』筑波大学　1-15頁
　　　　　2004「君子部と毛野氏の祖先伝承」『史境』第49号　19-34頁
関　　晃　1965「大化前代における皇室私有民 ―子代・御名代考―」『日本経済史大系』1古代　東京大学出版会　143-187頁
武廣亮平　1989「部姓の性格について ―称徳朝の改賜姓記事を中心として―」『史叢』第43号　19-37頁
　　　　　1991「元日朝賀と蝦夷」『古代史研究』第10号　12-26頁
　　　　　1994「エミシの移配と律令国家」『古代国家と東国社会』高科書店　253-292頁
　　　　　1996「日本古代の『夷狄』支配と『蝦夷』―その儀礼と身分―」『歴史学研究』第690号　26-34頁
舘野和己　2004「ヤマト王権の列島支配」『日本史講座』第1巻　東京大学出版会　135-166頁
田中　聡　1997「民夷を論ぜず ―九世紀の蝦夷認識―」『立命館史学』第18号　22-59頁
奈良国立文化財研究所編　1978『藤原宮木簡』1解説　奈良国立文化財研究所
奈良文化財研究所編　2003a『飛鳥・藤原宮発掘調査出土木簡概報』17　奈良文化財研究所
　　　　　　　　　2003b『奈良文化財研究所紀要』2003　奈良文化財研究所
　　　　　　　　　2004『飛鳥・藤原宮発掘調査出土木簡概報』18　奈良文化財研究所
西山良平　1988「古代国家と地域社会」『日本の古代』15　中央公論社　107-140頁
浜松市教育委員会編　1976『伊場木簡』
平川　南　1982「律令制下の多賀城」『多賀城跡　政庁跡本文編』宮城県教育委員会・宮城県多賀城跡調査研

究所　429-471頁

　　　　　　　1987「俘囚と夷俘」『日本古代の政治と文化』吉川弘文館　265-318頁
古垣　玲　1988「蝦夷・俘囚と夷俘」『川内古代史論集』第4号　11-28頁
黛　弘道　1979「舂米部と丸子部 ―聖徳太子子女名義雑考―」『古代・中世の社会と思想』三省堂　2-25頁
義江明子　1975「律令制下の公民の姓秩序」『史学雑誌』第84編第12号　1-43頁

東北北部における古代集落とその居住者

松 本 建 速

1. はじめに

　日本列島本州島の北部地域，すなわち現在の行政区分における秋田県北部，岩手県北部および青森県地域は，現在では一般に東北北部と呼ばれる。そこは8～9世紀初頭までの間に，古代日本国の政治的拠点であった城柵が置かれた地域よりも，さらに北である。当該地域には，前方後円墳を築造するという文化が存在せず，古墳時代前期～中期に併行する時期には，北海道南部に分布する続縄文文化の土器である後北C_2・D式土器が利用されており，古墳文化社会よりも，むしろ北海道地域の人々との関連が強かった。それより前，考古学的には弥生時代後期と認識されている天王山式土器使用期にも，水稲耕作や農耕の痕跡も見られず，『魏志倭人伝』で語られるような弥生時代後期の社会とはかなり異なる地域であった。ここに述べた弥生時代後期～古墳時代中期に併行する時期，東北北部では，集落跡の存在がほとんど知られておらず，人々は遊動性の高い生活をしていたと推測されている（石井1997a・b・c）。

　そのような東北北部にも，5世紀後葉頃から，南の古墳文化社会の文化要素を持つ集落遺跡がいくらか知られるようになる。そして，集落遺跡の数をもとに考えれば，古代の東北北部では，7～10世紀に急激な人口の増加が見られた。そしてその後，12世紀には，この地域は日本国に編入された[1]。それに対し，北海道が日本国に編入されるのは，19世紀になってからである[2]。このように，東北北部と北海道は，ともに日本列島内において，前方後円墳が存在しなかった北の地域であるが，7～10世紀までの間に，そこに見られた両地域の人々の生活や文化の実態が，大きく隔たっていった。そのことが，12世紀になって，東北北部のみを日本国に編入するという事態につながったと考えられる。その背景には，いかなる出来事が重なっていたことか。

　ところで筆者（2006）は，主に7～11世紀の当該地域の集落遺跡数やそこで使用された物質文化の変化にもとづいて，それらの集落の居住者の多くは，前時代から当地に住む在来の人々ではなく，東北北部よりも南の地域からの移住者であったと述べた。しかし，それ以前の時期と7世紀以降の集落遺跡のあり方の違いに関しては，簡単にしか言及しなかったので，東北北部に人口希薄期があった後，急激に人口が増加する。そこで本稿では，およそ1世紀末（天王山式土器使用期）～6世紀（北大III式期前半期）頃の集落遺跡の分布も加えて，東北北部に生活した古代の人々の出自を考える。明瞭な集落遺跡が知られていない時期を対象に含めることにより，7世紀以降

326　第4部　定着と漂泊―古代・中世

第1表　東北北部の

遺跡名	地籍	2C	3-4C	5-6C初	6C	7C前	7C後	8C前	8C後	9C前	9C後	10C前	10C後	11C	住居数
丸子山	北海道千歳市中央2524						+								6
末広	北海道千歳市末広							+	◎	+	+	◎	○		101
K435	北海道札幌市北区24条西12丁目							+	+	+	+	+	+		24
サクシュコトニ川	北海道札幌市北区17条西13丁目									+	+	+			5
沢町	北海道余市郡余市町字沢町								+						4
札前	北海道松前郡松前町字札前												+	+	33
矢不来(3)	北海道北斗市矢不来						+								3
中里城	青森県北津軽郡中泊町中里											+	◎	◎	80
蓬田大館	青森県東津軽郡蓬田村蓬田												+	+	16
神明町	青森県五所川原市金木											+			5
外馬屋前田	青森県西津軽郡鰺ケ沢町北浮田町										○	+			18
杢沢	青森県西津軽郡鰺ケ沢町湯舟町											+	○	+	21
宇田野(2)	青森県弘前市小友										+	+			15
下恋塚	青森県弘前市三和										+	+			15
隠川(3)	青森県五所川原市持子沢										+	+			6
隠川(4)(12)	青森県五所川原市持子沢									+	+	◎			13
蛍沢	青森県青森市駒込										+	◎	○		62
小三内・三内丸山(2)	青森県青森市三内										+	○			23
三内	青森県青森市三内											○	○		29
近野	青森県青森市安田											○	◎		116
朝日山	青森県青森市高田										◎	◎	○	+	72
野木	青森県青森市合子沢									○	◎	◎	+		573
山下	青森県青森市宮田											+			4
山本	青森県青森市徳才										○	○			22
野尻(1)	青森県青森市高屋敷										○	◎			56
野尻(4)	青森県青森市高屋敷									+	○	◎			41
野尻(2)	青森県青森市高屋敷									+	+	+			10
野尻(3)	青森県青森市高屋敷										+	+			17
高屋敷館	青森県青森市高屋敷										+	+	◎	○	75
山元(2)	青森県青森市杉沢									○	◎	◎	+		108
山元(3)	青森県青森市杉沢										+	+			17
平野	青森県青森市五本松										+	+			6
羽黒平(1)	青森県青森市五本松										◎	◎	○	+	97
源常平	青森県青森市北中野										◎	◎	○		72
杉の沢	青森県青森市吉内										+	+			10
松元	青森県青森市本郷									◎					23
高館	青森県黒石市高館										+	◎	○	+	118
豊岡(2)	青森県黒石市豊岡							+	+	+	+				17
牡丹平南	青森県黒石市牡丹平										+	+			14
浅瀬石	青森県黒石市浅瀬石								○	○					31
李平	青森県平川市李平							+	+						3
李平下安原	青森県平川市李平								◎	+	○	○	+	+	143
五輪野	青森県平川市猿賀								+	+	◎	○			53
鳥海山	青森県平川市沖館										◎	◎			52
大平	青森県南津軽郡大鰐町長峰										◎	◎			50
永野	青森県平川市碇ケ関											◎			24
古館	青森県平川市古懸											+	◎	○	46
北の林I	秋田県鹿角市八幡平												◎		22
北の林II	秋田県鹿角市八幡平												+		11
飛鳥平	秋田県鹿角市八幡平												○		8
上葛岡IV	秋田県鹿角市八幡平												○		12
一本杉	秋田県鹿角市花輪												○		9
赤坂A	秋田県鹿角市花輪												○	+	17
赤坂B	秋田県鹿角市花輪													○	15
中の崎	秋田県鹿角市花輪											+	+		20
案内III	秋田県鹿角市花輪												○		13
妻の神I	秋田県鹿角市花輪												○	○	33
御休堂	秋田県鹿角市花輪										○				3
下田沢	秋田県鹿角市花輪													○	11
堪忍沢	秋田県鹿角市花輪												+		6
太田谷地館	秋田県鹿角市花輪											+	+	◎	56
高市向館	秋田県鹿角市花輪										+	◎			27
小枝指館	秋田県鹿角市花輪							+	+						4
大湯	秋田県鹿角市十和田大湯										+	+			26
はりま館	秋田県鹿角郡小坂町小坂												○	○	31
白長根館I	秋田県鹿角郡小坂町白長根												+	+	6
横沢	秋田県大館市比内町扇田												+		7
袖ノ沢	秋田県大館市比内町宿内												+		5
餌釣	秋田県大館市餌釣												+		8
山王岱	秋田県大館市餌釣										+	+			5
池内	秋田県大館市池内										○	○	+		32
上野	秋田県大館市池内													+	1

集落遺跡（2〜11世紀）

遺跡名	地籍	2C	3-4C	5-6C初	6C	7C前	7C後	8C前	8C後	9C前	9C後	10C前	10C後	11C	住居数
塚の下	秋田県大館市大茂内												+	+	9
粕田	秋田県大館市花岡												+	+	7
脇神館	秋田県北秋田市鷹巣												◎		35
法泉坊沢II	秋田県北秋田市鷹巣												○		17
胡桃館	秋田県北秋田市鷹巣										+	+			4
土井	秋田県山本郡八峰町八森										+	+			6
湯ノ沢岱	秋田県山本郡八峰町峰浜											○	◎		38
上の山II	秋田県能代市浅内											○	◎		39
寒川II	秋田県能代市浅内			墓							+	+			16
十二林	秋田県能代市浅内										+	+			12
福田	秋田県能代市浅内									+	+	+			19
上尾駮（1）	青森県上北郡六ケ所村尾駮													+	5
発茶沢	青森県上北郡六ケ所村鷹架											○	○	○	56
向田（35）	青森県上北郡野辺地町向田												◎	◎	80
堀切沢（3）	青森県上北郡六ケ所町犬落瀬								+						4
森ヶ沢	青森県上北郡七戸町森ヶ沢		墓	墓(+)			+				+				7
ふくべ（3）（4）	青森県上北郡おいらせ町瓢						+	+	+	+	+				33
向山（4）	青森県上北郡おいらせ町向山						+	+	+						5
中野平	青森県上北郡おいらせ町中野平地							◎	◎	+	+	+			48
根岸（2）	青森県上北郡おいらせ町東下谷地							+	+						13
田向冷水	青森県八戸市田向冷水			初	+										2
根城	青森県八戸市根城				+	+	○	+	+	◎	○	+			82
丹後谷地	青森県八戸市根城					+					+				4
田面木平（1）	青森県八戸市田面木						◎								24
丹後平（1）	青森県八戸市妙坂中							+							2
湯浅屋新田（2）	青森県八戸市沢里						+	+							5
田面木	青森県八戸市田面木							◎		+					22
酒美平	青森県八戸市田面木						+	+							4
熊野堂	青森県八戸市売市							+	+	+		○			60
岩ノ沢平	青森県八戸市櫛引							+			◎	+			160
境沢頭	青森県八戸市豊崎町							+			+				10
風張（1）	青森県八戸市是川							+		+	+	+			27
八幡	青森県八戸市八幡字館									+	+				15
砂子	青森県八戸市南郷島守														49
泉山	青森県三戸郡三戸町泉山							+							8
堀野	岩手県二戸市堀野					+	+								10
上田面	岩手県二戸市金田一						◎			+					35
駒焼場・府金橋	岩手県二戸市金田一						+	+			+	◎			50
長瀬A・B	岩手県二戸市米沢						+	◎			+				44
長瀬C	岩手県二戸市米沢								◎						24
長瀬D	岩手県二戸市米沢							+	+						5
中曽根II	岩手県二戸市石切所							◎							79
寺久保	岩手県二戸市下斗米							+							3
火行塚	岩手県二戸市石切所									+					9
青ノ久保	岩手県二戸市似鳥						+		+				+		10
一戸城	岩手県二戸郡一戸町一戸						+	+	+	+	+				12
北館A	岩手県二戸郡一戸町一戸							+	+						4
北館B	岩手県二戸郡一戸町一戸							+	+						11
上野	岩手県二戸郡一戸町一戸							+	+						36
親久保II	岩手県二戸郡一戸町一戸										+				5
田中4・5	岩手県二戸郡一戸町岩館							+	+	+	+				14
子守A	岩手県二戸郡一戸町岩館											+			4
飛鳥台地I	岩手県二戸市浄法寺町御山									○	◎	+			79
桂平	岩手県二戸市浄法寺町御山										+	+	+		13
沼久保	岩手県二戸市浄法寺町御山											+	+		7
五庵I	岩手県二戸市浄法寺町駒ケ嶺										+	○			27
大久保I	岩手県二戸市浄法寺町御山											+			4
上の山VII	岩手県八幡平市上の山										◎	+			36
関沢口	岩手県八幡平市中佐井											+			5
扇畑I・II	岩手県八幡平市扇畑											○			12
叺屋敷Ia	岩手県九戸郡軽米町軽米						+						+		7
駒板	岩手県九戸郡軽米町山内							○							14
水吉VI	岩手県九戸郡軽米町軽米							+							7
江刺家	岩手県九戸郡軽米町江刺家										○	○			32
皀角子久保VI	岩手県九戸郡軽米町晴山											+			5
丸木橋	岩手県九戸郡九戸村江刺家						○								10
川向III	岩手県九戸郡九戸村伊保内											+			3
平沢I	岩手県久慈市長内町						+			○	○	+	+		38
上野山	岩手県久慈市長内町						+	+							4
源道	岩手県久慈市源道第13地割						+	○		+	+				43
中長内	岩手県久慈市中長内第28地割							○	○	+	+	○			52
小屋畑	岩手県久慈市長内第19地割								+	+	+	+			11

※ 住居数は、0〜9棟を＋、10〜19棟を○、20棟以上を◎で示した。

の集落数やその立地条件の変化がいかに際立っているかがわかるであろう。

以下では，集落遺跡を主な資料とし，その数，分布状態，立地条件の変遷を時期ごとに明らかにして，東北北部の居住者の出自について考察する。続縄文～擦文時代の北海道における集落遺跡の変化との比較も若干おこない，両地域の居住者の異同についても言及する。1世紀末～11世紀までを対象とするが，主として考察するのは8世紀までである。

2. 集落遺跡の分布

第1表として，1世紀末～11世紀の東北北部における集落遺跡をあげた[3]。住居跡が1棟でも検出された遺跡を集落であるとし，表中には，住居跡の存続時期とおおよその棟数を示した。時期の特定は各遺跡報告書の記載によったが，それらには前葉・中葉・後葉の3区分と，前半・後半の2区分とが見られ，さらに後半～初頭，後葉～初頭，末葉～初頭といった表現もあったので，統一を図るために，次のようにして前半・後半の2区分にした。後半～初頭，後葉～初頭，末葉～初頭，中葉と記されているものについては，その住居数を2つに分け，その数を前後の時期に割り振り統一を図った。例えば，中葉に含まれるものは，前半と後半の時期に同数ずつとした。本表では，細かい時期の特定よりも，集落の増減のおおよその時期を把握し，その背景を考察することを目的としているので，そのくらいの精度で良いとした。ただし，本文中での表記ではそれぞれの報告書記載を尊重したので，3区分としている場合もある。なお，本稿で言及する遺跡はすべて第1表にあげてある。また，それぞれの遺跡所在地の地籍は表中にのみ記し，本文中での記載は市町村名までとした。

1世紀末～5世紀前半 当該地域では，1世紀末～3世紀後葉までは天王山式土器が，3世紀末～4世紀代には後北C_2・D式土器が，そして5世紀前半には北大I式土器が利用されていた。ただし，この300年以上にわたる間，明確に住居跡と判断されている遺構は検出されていない。土器は広い範囲で採集されており，墓跡がいくつか出土している。したがって，住居はあったはずである。しかしながら，それぞれの遺跡で採集されている土器の量が少ないので，その場所での居住時期は短く，そして1集団の人数も少なかったと推測できる。天王山式～後北C_2・D式土器使用期における人々の生活形態は，極めて遊動性に富んでいたと考えられている（石井1997a・b・c）。このように，1世紀末～5世紀前半の人々の生活は，弥生時代前期の弘前市三和砂沢遺跡や同時代中期の南津軽郡田舎館村垂柳遺跡といった，水田跡をともなう遺跡が知られている時期とはかなり異なる状態であった。

5世紀後半～6世紀前葉 この時期になると，カマド付きの竪穴住居を持った集落が知られるようになる。ただし，調査例は少なく，いまのところ青森県八戸市田向冷水遺跡が確実な例である（宇部ほか2001，小保内ほか2006）。当遺跡では，この時期の集落の存続期間は短い。7世紀後葉には再び集落が営まれているが，6世紀前葉に一旦廃れた後[4]，1世紀以上の間，住居が見られない。

他に，同県上北郡七戸町の森ヶ沢遺跡からも，5世紀前葉〜後葉と推定される複数の墓が発見されている（阿部ほか2008）ので，近くに人々が継続して居住しており，当該時期の集落があったと考えることができるが，当時の住居跡は不明である。ただし，5世紀後葉の墓を直接破壊してその上に作られた住居が1棟あり，伴う土師器の形態にもとづいて6世紀初頭頃のものと報告されている。しかしながら，その土師器の形態は時期を特定するのには不向きな，やや崩れた形のものであり，それらは7世紀以降にも見られるタイプである。椀には，会津や信濃を除けば当時まだ一般的でなかった技術である内黒処理が施されている。また，5世紀後葉に営まれた土坑墓を完全に掘込み，いくつもの土坑墓を覆うように住居は造られている。墓をまったく無視しており，連続した時期の築造とは判断できない。住居跡を埋める土の堆積状況も他の7世紀末以降の住居とほぼ同じである。7世紀末の生活が周囲にあった当時，そこが廃絶住居の凹地であったとすれば，10世紀初頭の十和田a火山灰降下までに，当時の表土で覆われ，他の住居跡の覆土とは異なる堆積層が形成されていたはずである。以上から，森ヶ沢遺跡の6世紀初頭の住居跡とされる例は，7世紀末以降の住居である可能性が高いので，時期を断定せず，6世紀の住居例としては利用しないことにする。

6世紀中葉 東北北部地域において，この時期の集落遺跡は，ほとんど知られていない。さらに資料が増し，同時期の土器や住居の構造についての評価が定まった時点で再度考察したい。

6世紀後葉〜8世紀 北部東側に多くの集落が見られるようになる。以前は7世紀前葉の土師器と考えていたものが6世紀後葉〜7世紀前葉のものと認識されるようになっているので（宇部2007），6世紀後葉に開始した集落もあることになるが，多くは7世紀に入ってからの集落である。6世紀後葉開始のものも含め，7世紀の集落が22遺跡，8世紀の集落が32遺跡知られている。1世紀末〜6世紀までの約5世紀間は，ほとんど集落遺跡が見られなかったのに対し，7世紀以降はそれが急激に増加したのである。7世紀以降とそれ以前の時期とでは，当該地域での人々の生活の仕方に相当な違いがあることになる。

それに対し東北北部西側には，この時期の集落遺跡があまりなく，とくに7〜8世紀前半にかけては，明確な例はほとんど知られていない。平川市の李平遺跡の集落が8世紀前半からのものである可能性がある程度である。それでも8世紀後半になると，津軽地方西部の奥羽山地に近い地域に5つの集落が営まれていた。

9〜10世紀前半 第1表に示したように，津軽地方で集落が増加し始めたのは9世紀前半であるが，多くの集落で住居跡数が増えるのは9世紀後半である。また，津軽地方の場合，9世紀後半〜10世紀前半にかけて20棟以上/50年の集落遺跡が15ある。しかしながら，津軽地方における集落の存続期間はそれほど長くない。同地域には10世紀に，比較的広範囲で火山灰が降下したので，その堆積状態を観察することによって，住居が廃棄された年代をある程度推定することができるのだが，10世紀初頭の十和田a火山灰，10世紀中葉初頭頃の白頭山火山灰が降下するまでに放棄される集落が多い。8〜9世紀後半までに存在していた集落は34あるが，その，およそ7割にあたる25遺跡が10世紀前半のうちに消滅してしまうのである。さらに細かく述べるなら

ば，十和田a火山灰降下以前に廃棄されている集落がほとんどである。

8世紀以前の東北北部においては，多くの集落がその東部にあった。9〜10世紀にも，当地域の集落数自体は39であり，西部に比べて決して少ないわけではない。しかしながら，集落の大部分が9棟以下/50年であり，津軽地方よりも小規模な集落が多い。ただし，八戸市岩ノ沢平遺跡は，9世紀中葉〜10世紀前葉の住居だけでも139棟もあり[5]，大規模な集落がなかったわけではない。それでも，この集落は10世紀前葉のうちに放棄されてしまう。また，東北北部東側には7世紀から集落が営まれていたが，その頃から9世紀まで継続していた遺跡はほとんどなく，9世紀中葉頃以降に新たに造営された集落が多い。

10世紀後半〜11世紀 10世紀前半の津軽地方には，20棟以上/50年くらいの多数の住居を抱える集落が複数あった。しかし，この時期には集落の数は13となり，前時期の1/3に減少した。1集落あたりの住居数も減った。前時期に比べ集落数が増えるのは，秋田県北部の米代川流域である。10世紀前半には7遺跡であったのが，この時期には20遺跡になっている。他に，下北半島の南域から上北地域にかけて，それ以前に集落がなかったところに新たにそれが造営されるのがこの時期の特徴である。

3. 集落遺跡の立地条件

1世紀後半〜5世紀前半 集落遺跡は未検出である。土器が採集されている遺跡を居住域の一部と判断するとしても，1世紀後半〜5世紀前半の居住域と7世紀以降の集落とは重ならないのが普通である。したがって，両時期の居住域は，立地条件が異なると判断できる。秋田県能代市寒川II遺跡からは後北C_2・D式土器が副葬の品として使われた墓がある。低位段丘縁に位置する。

5世紀後半〜6世紀初頭 この時期の集落遺跡として知られているのは，青森県八戸市田向冷水遺跡だけである。現在の水田耕作面（沖積地）よりも1段高い，標高8〜20mの低位段丘上にある。ただし，この1例を東北北部全域の集落のあり方として一般化はできない。同県天間林村森ヶ沢遺跡出土の5世紀後葉までの土坑墓群も（阿部ほか2008）沖積地に面した標高およそ34mの段丘縁にあるが，集落跡はみつかっていない。5世紀後葉の墓を切る6世紀初頭の住居跡と報告された例については，前節で述べた理由により，ここでは扱わない。

6世紀中葉 この時期，集落遺跡はほとんど知られていない。

6世紀後葉〜8世紀 八戸市丹後平古墳群周辺には複数の集落が営まれたが，それらは標高50〜100mの丘陵上にあり，沖積地にある現在の水田面からは離れた位置にある。

この時期，馬淵川流域に多くの集落が造られた。これらは標高100mほどの台地上にあり，川との比高は15mほどである。岩手県二戸市堀野遺跡では，7世紀前半の住居跡が11棟検出された。それ以外の時期の住居はないので，その場所には多く見積もっても2世代の期間くらいしか人々は居住していなかった。当時の集落が営まれた場所およびその近隣は，1960年代まで桑畑として利用されていた。また，馬淵川流域それ自体が，水稲耕作よりもヒエ等の雑穀栽培がお

こなわれていた地域である。

一方，8世紀後半になると，青森県西部の津軽地方では，津軽平野西端の沖積地に面した段丘縁に集落が造営された。津軽平野とはいえ，そこは奥羽山地に近く，平野部でも最も標高の高い部分であるが，当時の集落が営まれた部分は現在の集落が載る面でもあり，水田にも面している。

9～10世紀前半 この時期，青森県西部の津軽平野部が新たに開拓された。集落群が，それ以前には誰も利用していなかった土地に営まれたのであった。多くの集落が拓かれた津軽山地南部に続く段丘は，21世紀現在も水田として利用される沖積地に面している。水稲耕作が可能な土地を拓くことを最大の目的として，これらの集落は造営されたのであろう。

また，陸奥湾を望む沖積地に面した丘陵地も開拓され，20棟以上/50年といった規模の集落が営まれた。青森市野木遺跡のような，100年間に500棟を越す住居群を持つ大規模な集落もある。

10世紀後半～11世紀 津軽地方には，前時期に大規模な集落が営まれたが，十和田a，白頭山の両火山灰降下の前にはそれらの集落の規模が縮小し，数も減少した。この時期は，沖積地から離れた山間地にも集落が多いのが特徴である。他に，それまで集落が少なかった下北半島南部から上北地域にも比較的規模の大きな集落が沖積地に面した低位段丘上に出現する。

この時期に著しく集落数が増加したのは，秋田県北部の米代川中～上流域の山間地である。ただし，前時代の津軽地方に比べれば，集落の規模はいくらか小さい。

まとめ 1～6世紀の集落遺跡はごくわずかしか知られていないが，東北北部東側を中心として，土器片が出土したり，墓が検出された遺跡がいつかある。それらは沖積地に面した低位段丘上にあった。その後，7～8世紀には，分布が東北北部東側に偏るが，沖積地から離れた台地上に集落遺跡は作られた。前時代までとはまったく異なる条件の土地が選択されたのである。9～10世紀前半にかけては，東北北部西側の津軽地方において，沖積地に面した低位段丘上に大規模な集落が展開した。10世紀後半～11世紀には，津軽地方のように広い平野部の沖積地に面した低位段丘上だけでなく，山間地にも進出した。

4. 集落遺跡増加の背景についての考察

(1) 人口希薄期後の集落増加とその解釈

さきに見たように，1世紀末～6世紀の東北北部では，住居跡を伴う集落遺跡がほとんど知られていない。確実なのは5世紀後半～6世紀初頭の八戸市田向冷水遺跡ただ一つだけである。ただし，1世紀末～5世紀の天王山式土器・後北C_2・D式土器・北大I式土器使用期には，土器破片が出土したり墓が検出される遺跡があることから，それらの遺跡の周辺には人々が居住していたと推測できる。6世紀ほぼ百年間の遺跡はさらに少ない。この時期は，人口密度が非常に低かったがゆえに，遺跡が発見される確率も下がるのであろう。集落遺跡の数をもとにして考えるならば，1世紀末～6世紀までは人口密度が低く，特に6世紀のおよそ100年間，数世代分に相当する期間，東北北部は人口希薄であったことになる。

ところが7世紀に入ると，突然，東北北部東側に集落遺跡が出現する（遺跡によっては6世紀後葉以降であるが，大部分は7世紀以降である）。カマド付き竪穴住居と，数種類の器種を備えた土師器を持つ，それ以前の在来の文化を根幹として成立したとは言い難い集落である。それらの集落は，5世紀以前の土器が採集される遺跡とは重ならないのが普通である。両時期の集落の立地条件は，多くの場合まったく違っていたのである。集落の立地条件は，生活様式を反映する。続縄文時代の集落と7～8世紀の集落とでは，その生業基盤，そして生活様式が異なっていたことを示すのであろう。

　しかも，7～8世紀にかけては，広範囲で複数の集落が営まれるようになる。この時期，人口が増加していると判断することができる。人口希薄期であった6世紀を境として，5世紀以前と7世紀以後とでは，集落の立地条件も人口規模もまったく異なっていた。それらの違いは何に起因するのであろうか。

　最も合理的な回答は，人々の移住である。次のように考えることができる。1世紀末～6世紀までの東北北部の人口は非常に少なく，増加することもなかった。その時期までは，大きな人口を支えるための生業を必要としていなかったと推測できる。それに対し，7世紀に入ると集落が増加した。これは急激な人口の増加を示し，同時に，大きな人口を支えられる生業形態となったことを反映していよう。7世紀にそれをおこなったのは誰であったろう。急激に生活様式が変化したことになるので，その人々は，南の人口増加地域からの移住者であったと考えるのが最も合理的であろう。

　そして，さきに述べたように，7世紀以降の集落遺跡は，前時代に居住域として利用されていなかった場所にある。新たに土地を開拓して住居を築造したのである。それらの集落の居住者が，在来の生活様式を踏襲する人々で構成されていたのではないことを物語っていよう。

　9～10世紀前半における，東北北部西側での急激な集落の増加も，他の地域からの人々の移住として説明できる。集落数，あるいは住居数を人口に置き換えるならば，8世紀代以前のこの地域には集落自体がほとんど見られないのに，9世紀中葉以降には数千の住居数があり，急激な人口増加があったことになる。最も合理的な説明は，人々の移住があり，集落が造営されたとする解釈である。9世紀後半～10世紀前半にかけて起こった津軽地方の集落遺跡数の増加について，三浦（2005）は，出羽や陸奥からの移住が原因であったと考えている。松本（2006）では土師器の中に，北陸や越後あたりに多い鍋や丸底の長胴甕があることから，北陸から出羽までの日本海側地域を視野に入れた移住を推定した。移住者の出自については，さらに詳細な議論が必要であるが，この時期の津軽地方に南の水稲耕作地域から移住者があったことは，ほぼ間違いないであろう。

　最後に，知られている例が1例であるとはいえ，5世紀後半～6世紀初頭の集落の出現についても述べておかねばならぬ。八戸市田向冷水遺跡が唯一の例である。そこには，カマド付き竪穴住居と複数器種を揃えた土師器を持つ生活があった。当遺跡からは北大Ⅰ式土器も破片が複数出土しているが，それらは遠く離れた箇所から出土する破片が接合している場合がいくつもあるの

で，土師器を使用する集落を造営した人々が前時代の土地の利用とは無関係に住居を建てたと考えられる。また，当遺跡でのカマド付き竪穴住居の出現は，古墳文化社会でカマド付き竪穴住居が普及したのにそれほど遅れない時期であった。そこに暮したのはそれ以前からその周辺に居住していた在来の民ではなく，移住者が中心であったと考えるべきである。

それでは，田向冷水遺跡に集落を営んだ移住者が，7世紀以降の東北北部東側での集落の居住者になったのであろうか。当遺跡の5世紀後葉の土師器は内黒処理されていなかった。信濃や会津といった，当時，すでに内黒土器を製作していた地域の人々が来たのではないことがわかる。それに対し，7世紀以降の坏類は，同時期の東北地方一般と同様に内黒土器となっている。松本（2006）で東北北部における内黒土師器の出現を対象にして述べたように，当遺跡で出土した土師器が，この地域で自律的に変化して7世紀以降の土師器となったわけではない。5世紀後半～6世紀初頭の集落の住人がそこで数代継続し，7世紀以降の集落に暮す母体となったことを示す証拠は，いまのところ存在しない。

なお，松本（2006）をならって，5世紀後半～6世紀初頭の移住を第1の移住，7～8世紀の移住を第2，9～11世紀の移住を第3の移住と呼び，以後，これらの表現を用いる。第3の移住については，前節で述べたように，10世紀前葉～中葉におこった十和田火山および白頭山火山の噴火の前後で2分できる。しかしながら，その前後で利用されている物質文化に大きな違いは生じないので，10世紀前半までを単に第3の移住前半，それ以降を第3の移住後半と呼び分ける。

(2) 住居と土器から見た集落増加の背景

7～8世紀における東北北部東側での集落の増加，あるいは9～10世紀前半における東北北部西側での集落の増加を，人々の移住として説明するのであれば，それは集落数や住居数だけでなく，物質文化の内容の変化からも裏打ちされるはずである。そこで，日常生活の基礎となる物質文化の変化の様子を簡単に見，その変化の説明として，人々の移住によるという考えがふさわしいのか否かを確かめる。その際に，後北C₂・D式～北大I式土器使用期までは東北北部と類似した文化変化をしていながら，その後しだいに文化に違いが見られるようになっていった北海道南部と比較をする。また，北海道で刻文を施した擦文土器が成立する一方，東北北部でロクロ土師器や須恵器が製作されるようになる9世紀，そしてそれ以降については，松本（2006）で述べたので，本節では，8世紀までを対象とする。

注目するのは，住居と土器である。住居は定住的生活に必須の構造物であり，文化変化を反映しやすい。しかも，住居の構成要素には，模倣が容易な物質的な部分と，それが困難な精神的な部分とがあり，文化の系統をよく示す。また，土器も生活の必需品であると同時に，その使用面では生活様式を，製作面では技術伝統を反映しやすいので，文化系統の考察に適する。もう1つ加えると，この時期においては，住居の築造と土器の生産とでは，それに従事する人間が異なる可能性が高く，文化の接触と変化の様子およびその背景を考えるのに有効である。

住居　東北北部における1世紀末～5世紀前半の住居は不明である。5世紀後葉～6世紀初頭

には，八戸市田向冷水遺跡に，床平面形が四角形でカマドが付属する竪穴住居が複数棟造られた。7世紀に入ると，東北北部東側の広い範囲に集落が造営され，竪穴式住居が検出されなくなる12世紀頃になるまで，どの集落からも同様のカマド付き竪穴住居が作られた。

北海道でも7世紀末〜8世紀前葉以降，床平面形が四角形でカマドが付属する竪穴住居が作られるようになり，擦文時代の住居の構造はほぼこのタイプである。それに対し，道東の沿岸部に分布するオホーツク文化の住居にはカマドがなく，平面形も一般的には五角形であり，擦文文化のものとは建物全体の構造および形態が異なる。

日本列島の場合，農耕が定着した地域の住居は平面形が四角形である。東北北部や北海道もその例にもれないことになる。8世紀の道央部では確実に雑穀栽培がおこなわれていた（山田2005）。擦文文化におけるカマド付き竪穴住居は，東北北部以南の同タイプの住居との関連を強くうかがわせるが，オホーツク文化の住居は，それらとは関係を持たない。このことは，農耕と住居構造の伝播とに関連があるのではないかと思わせる。

東北北部でカマド付き竪穴住居が作られたのは，5世紀後葉〜6世紀初頭頃であるが，これは，中部地方や関東地方で同様の住居が作られる時期にそれほど遅れない。ただし，東北北部全域で一般化するのは7世紀に入ってからである。そして，北海道において同タイプの住居が出現するのは，それから数世代後の7世紀末〜8世紀前葉であり，東北北部にその住居構造が完全に定着して約1世紀が過ぎてからということになる。

土器 はじめに1〜8世紀までの東北北部に存在した土器の種類，器種そして製作技術をまとめる。3世紀末〜5世紀の北海道から東北北部にかけての地域では，後北C$_2$・D式および北大I式土器が製作・使用されていた（第1図1〜3）。その後，東北北部にカマド付き竪穴住居が出現した5世紀後葉〜6世紀初頭には，土師器が使われた。これは古墳文化社会の土器である。同時期から6世紀の間にかけて北海道で使われた北大II式（第1図4），刻文が施されるタイプの同III式土器（第1図5）は[6]，東北北部からは出土しない。東北北部からいくらか出土している北大III式は，7世紀段階の土師器に伴う円形刺突文タイプ（第1図6）である。

製作技術を見る。北海道出土の6世紀段階の北大II式およびIII式土器には，ハケナデの痕跡が残るものがある（第1図4・5）。ただしこの段階では，ハケナデの上にミガキが施されており，全面にハケナデを施す例はない。このハケナデこそ擦文土器の「擦文」であるが，土師器製作に由来する技法の痕跡である。6世紀段階の北大式土器製作者は土師器製作の影響を受け始めているのである。しかしながら，この時期，土師器を用いる社会が存在していたのは，宮城県域あたりの東北中部であり，東北北部ではない。

7世紀に入ると，東北北部では，内黒処理された土師器の坏が作られた。内黒処理は，長野県域では5世紀のうちに見られ（原1989），東山道を経由して東北地方に伝わったと推測される。ただし，東北中部以南の土師器の器面調整は，坏がケズリ，長胴甕はハケナデであるのに対し，東北北部以北の坏はミガキ，長胴甕はミガキかハケナデである。器面のミガキ調整は，同時期の北海道で作られていた北大III式土器の特徴（第1図5・6）でもあるので，在来の製作技法と考

東北北部における古代集落とその居住者　335

後北 C₂・D 式

北大 I 式

北大 II 式

1：中島松 7 遺跡 A 地点　包含層
2：ワッカオイ遺跡 D 地点　29 号土抗墓底
3：ユカンボシ C9 遺跡　包含層
4：ユカンボシ E7 遺跡　P-47 墓埋土
5：中島松 7 遺跡 B 地点　包含層
6：ユカンボシ E7 遺跡　P-32 墓埋土
7：ユカンボシ E7 遺跡　P-32 墓底

北大 III 式

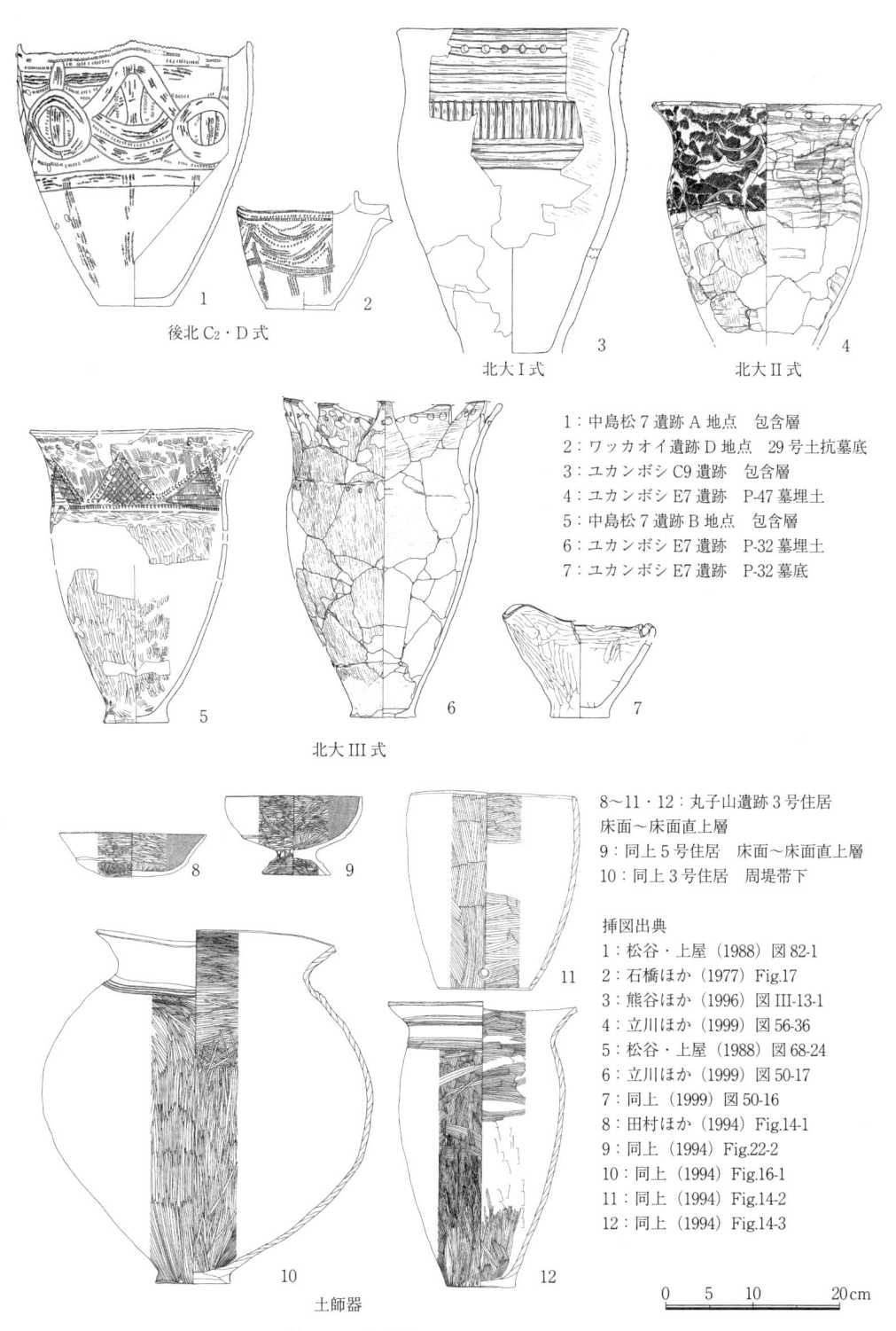

8～11・12：丸子山遺跡 3 号住居
　　　　　　床面～床面直上層
9：同上 5 号住居　床面～床面直上層
10：同上 3 号住居　周堤帯下

挿図出典
1：松谷・上屋（1988）図 82-1
2：石橋ほか（1977）Fig.17
3：熊谷ほか（1996）図 III-13-1
4：立川ほか（1999）図 56-36
5：松谷・上屋（1988）図 68-24
6：立川ほか（1999）図 50-17
7：同上　（1999）図 50-16
8：田村ほか（1994）Fig.14-1
9：同上　（1994）Fig.22-2
10：同上　（1994）Fig.16-1
11：同上　（1994）Fig.14-2
12：同上　（1994）Fig.14-3

土師器

第 1 図　北海道における土器組成の変化

えて良い。この時期の土師器の技術には南北の系統が見られるのである。

　北大III式土器の後，北海道でも7世紀末〜8世紀前葉には土師器が作られるようになる。千歳市丸子山遺跡出土の土器がその頃の例となろう（第1図8〜12）。ただし，北海道の土師器の場合，ほぼすべての個体の口縁や頸部に沈線が巡り，この点が東北北部の一般的な土師器と異なる。東北北部にも，7世紀後葉〜8世紀前葉に鋸歯文などが施された土師器があるが，すべての遺跡で出土するわけではなく，出土する場合でも1遺跡あたりの数は少ない。

　土師器は，本来，器表面にはナデあるいはケズリ調整されるのみで，文様は施されない。それに対し，北海道では，形態や整形技法は土師器とはいえ，横走沈線などの文様が見られるのが普通である。それらの製作者は，続縄文土器の製作者の系統上にある人々だったのであろう。一方，東北北部には文様を持つ土師器はほとんどない。北海道におけるのとは異なり，東北北部では続縄文土器製作者の系譜上にある者が少なく，古墳文化社会からの移住者が多かったと考える根拠の一つである。

　つぎに，土器の器種組成を生活様式の指標と見て，北海道中央部と東北北部における生活様式の変化をまとめる。3〜5世紀の後北C_2・D式（第1図1・2）〜北大I式期（第1図3）には両地域とも長胴甕と片口土器しか見られない。これらは続縄文土器である。ただ，東北北部には一部に土師器の坏が存在するが，墓の副葬品としての出土であり，日常の生活様式を反映するものではない。北海道では，6〜7世紀に北大II（第1図4）・III式（第1図5・6）が作られたが，長胴甕がほぼ唯一の器種である。東北北部の場合，6世紀にはほとんど土器が知られてないが，7世紀には土師器が一般化し，その使用の当初から長胴甕，坏，壺が基本の組成であり，住居によっては甑や高坏が加わった。このような土器組成は，本来，土師器を用いた農耕文化のものである。そして，東北北部では，それらはカマド付き竪穴住居に伴って出現した。すなわち，7世紀の東北北部では，同時期の北海道における北大III式土器を用いる文化とはまったく異なる生活様式が展開していたのである。

　その後8世紀前葉までには，北海道南部にもカマド付き竪穴住居で土師器の長胴甕，坏，壺を使う生活様式が成立していた。ただし甑と高坏の出土はごく希であり，一般化しなかった。また，北海道におけるそれらの物質文化の定着には，東北北部より約1世紀長くかかったのであった。北大I式土器までは，両地域における土器の変化は同時代のうちに進行していたのに，土師器化については，東北北部が100年早かった。このような時間的ずれは，土器製作者の交流に変化が生じていたことによると推測できる（松本2010）。両地域で続縄文土器を製作していた頃は，土器製作者が相互に行き来していたのだが，東北北部だけが土師器を利用するようになった時期には，相互の往来はなくなっていた。前者は，婚姻による女性の移動を反映し，後者は，婚姻関係が一時途絶えたことを示すと考えられる（松本2010）。

　北海道中央部における遺跡の存続状況　ところで，ある時期に突然カマド付き竪穴住居が作られるようになった点は，東北北部も北海道南部も同様である。それなのに，東北北部では移住者が中心，北海道南部では在来の民が中心となってそれを用いたと，さきには述べた。松本（2006）

第2表 北海道中央部の集落遺跡（2～10世紀）

地図No.	遺跡名	所在地	立地条件		後北A	後北B	後北C1	C2・D	北大I	北大II	北大III	8C	9C	10C	文献
	天内山	余市町入舟町	低位段丘	標高15-18m		土器	土器				土器	土器			峰山ほか1977
	ワッカオイ	石狩市石狩町生振	沖積地	標高3-4m					墓	土器	墓	土器		住居	住居	石橋ほか1975・1976・1977
	蘭島	小樽市蘭島	沖積地	標高3-4m						土器	土器	土器			大島・長谷川1990
	蘭島餅屋沢	小樽市蘭島	沖積地	標高3-4m	土器	土器	土器	土器	土器	土器	土器		住居	住居	大島1991
	蘭島餅屋沢2	小樽市蘭島			土器	土器	土器	土器	土器	土器					大島1995
	ウサクマイA	千歳市蘭越	河岸段丘	標高45-50m							墓	墓			桜井清ほか1975
	ウサクマイB	千歳市蘭越	河岸段丘	標高30m				土器			土器	土器			西園寺ほか1979
	ウサクマイC	千歳市蘭越	河岸段丘	標高30-39m		土器	土器	土器	土器		土器	土器	土器	土器	西園寺ほか1979
	ウサクマイN	千歳市蘭越	河岸段丘	標高24-26m				土器				墓	住居	住居	石附ほか1977；遠藤昭ほか1995；種市ほか2000
12	ユカンボシC2	千歳市長都	低位段丘	標高23-26m							土器	住居	住居	土器	田才ほか1993
10	ユカンボシC9	千歳市長都	低位段丘	標高23-26m					土器		土器	住居			熊谷ほか1996
11	ユカンボシC15	千歳市長都	低位段丘	標高23-26m	土器	土器	土器	土器			土器			土器	鈴木ほか1998
3	ユカンボシE3	恵庭市戸磯	低位段丘	標高23-26m	土器			土器	土器		土器				上屋1992；上屋・佐藤1993・1993
4	ユカンボシE4	恵庭市戸磯	低位段丘	標高23-26m				土器			土器				田才ほか1992
5	ユカンボシE5	恵庭市戸磯	低位段丘	標高23-26m						土器	土器				鈴木ほか1993
6	ユカンボシE6	恵庭市戸磯	低位段丘	標高23-26m							土器				上屋・佐藤1996
7	ユカンボシE7	恵庭市戸磯	低位段丘	標高23-26m	土器	土器				土器	土器				立川ほか1999
2	ユカンボシE8	恵庭市戸磯	低位段丘	標高23-26m							土器				上屋・佐藤1992
9	ユカンボシE9	恵庭市戸磯	低位段丘	標高16m				土器			土器				上屋・佐藤1996
8	ユカンボシE10	恵庭市戸磯	低位段丘	標高18m	土器						土器		住居		渡辺1997
13	オサツ2	千歳市長都	低位段丘	標高6-9m	土器	墓	土器	土器	土器			住居	住居	住居	鈴木ほか1995；熊谷ほか1996
14	オサツ14	千歳市長都	低位段丘	標高8m								住居			鈴木ほか1995
1	恵庭公園	恵庭市駒場町	低位段丘	標高36-40m					土器		土器	住居			松谷2004
15	カリンバ2	恵庭市黄金町	低位段丘	標高25-27m		土器	土器				土器	土器		住居	上屋・佐藤1998
16	カリンバ3	恵庭市黄金町	低位段丘	標高25-27m				土器			土器	住居		住居	上屋・佐藤2004
17	カリンバ4	恵庭市戸磯	低位段丘	標高25-27m				土器							森1997a・2001
	茂漁5	恵庭市幸町	低位段丘	標高36m					土器		土器	住居	住居	住居	住居	森1997b
	中島松1	恵庭市中島松	低位段丘	標高16m								住居			松谷1992a
	中島松6	恵庭市中島松	低位段丘	標高10-11m							土器	住居	住居		松谷・上屋1988
	中島松7	恵庭市中島松	低位段丘	標高10-11m				土器			土器	住居	住居	住居	松谷・上屋1988
	南島松2	恵庭市南島松	低位段丘	標高16m								住居			松谷1992a
	南島松4	恵庭市南島松	低位段丘	標高16m							土器	住居			松谷1992a
	西島松5	恵庭市西島松	低位段丘	標高25-27m				土器			土器	土器	土器	土器	高橋和ほか2002

では，土器などの物質文化の変化のあり方に着目し，東北北部では移住者が在来民を同化し，北海道においてはそれらの文化を伝えた移住者が，在来の文化に同化したと説いた。本稿では，移住者の多少を述べる際の根拠として，続縄文時代から擦文時代までの遺跡の存続状況をあげておく。

第2表に示したように，道央部では，後北C_2・D式から刻文土器を持つ擦文期にかけて，ある一定の範囲内に連続して遺跡が展開する例が複数見られる。千歳市蘭越のウサクマイ遺跡群，同市および恵庭市のユカンボシ川流域の諸遺跡（第2図），恵庭市の西島松5遺跡などの柏木川流域の諸遺跡，小樽市蘭島の諸遺跡などである。そこでは，人々は時期が変わってもほぼ同じ立地条件に暮したことになり，東北北部における7～8世紀の集落がそれより古い時代の遺跡立地とは異なる条件の土地を選択して営まれていた点と相違する。

また，後北C_2・D式期以降の墓は，土器が据えられる袋状ピットを持つのが特徴であるが，それは8世紀のある時点まで存続する。恵庭市西島松5遺跡P101土坑墓には8世紀前半頃のものと考えられる蕨手刀が副葬されており，底部近くに袋状ピットと記される掘り込みがある（高

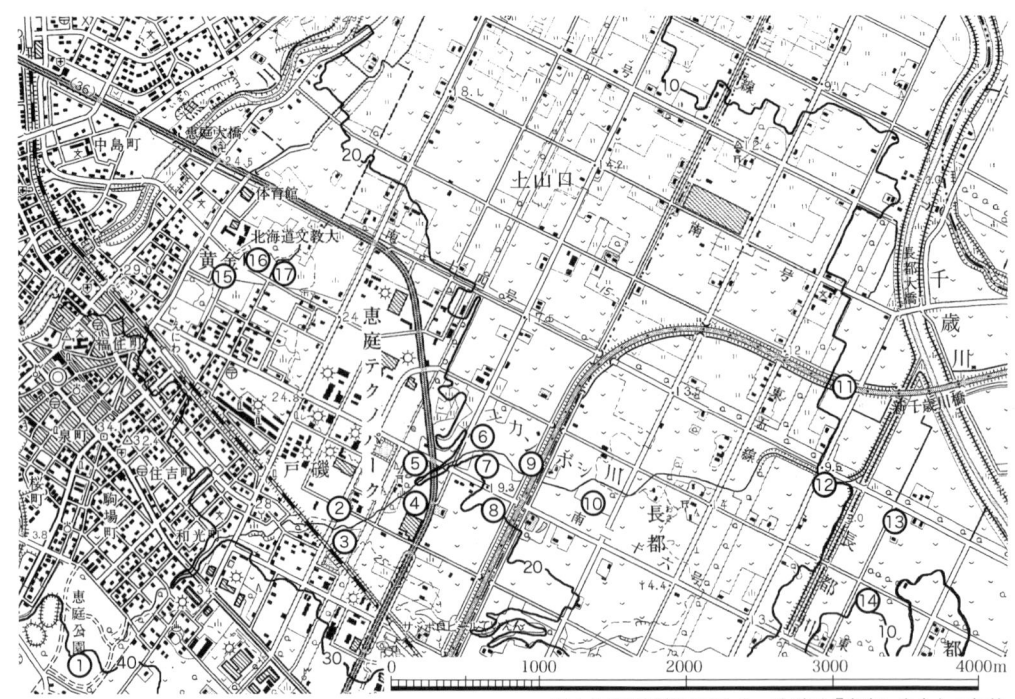

第2図　恵庭市・千歳市の続縄文時代～擦文時代の集落遺跡の分布

国土地理院発行五万分の一地形図『恵庭』をもとに加筆
（番号は第2表に対応する）

橋ほか2002）。しかし，土器はその中に据えられていないため，それは，「形骸化」した袋状ピットと報告されている。土坑墓内の袋状ピットは，北大III式まで作られていたが，土師器が作られるようになってしばらくの後，8世紀前半には消滅したようである。しかしながら，西島松5遺跡に北大III式期の墓が約80基営まれていたことからわかるように，後北C$_2$・D式期の伝統を継ぐ人々は，7世紀まで北海道に多数存続していたのである。この点は，東北北部における遺跡のあり方と大きく異なる。東北北部では，前節で述べたように，北大II式や6世紀段階の同III式の土器のみならず，併行する土師器も存在しない。そして7世紀に入ると，土師器を持つ集落が突然出現するのである。

一方，器面調整技法や刻文を施す土器を作り続けている点を考慮すれば，北海道中央部の後北C$_2$・D式～北大I式土器の製作者が，北大II・III式を，そして8世紀には横走沈線を施す土師器を作るようになったと考えられる。それに対し東北北部では，北大I式を最後に，続縄文土器を作る人はいなくなり，さらに，その後およそ1世紀の間，土器が出土する遺跡すらほとんど知られなくなる。このように，東北北部では土器製作が一時期途切れたように見えるのであるが，6世紀後葉～7世紀に，突然，カマド付き竪穴住居と土師器を持つ集落が作られるようになるのであった。そこでは，北大I式までの土器を用いた人々と7世紀以降の土師器を用いた人々との間に強い関連は見られない。

ところで，北海道におけるカマド付き竪穴住居は，いかなる契機で，誰によって作られるよう

になったのであろうか。大井晴夫（2004）が述べるように，カマド付き竪穴住居の出現には，その建物の築造法やカマドの使用法を知っている東北北部あたりの人間の移住，そして在来民との交流を欠くことはできない。千歳市丸子山遺跡や札幌市K435遺跡でキビなどの雑穀が検出されているが，それらの栽培をともなう文化複合として定着したのであろう。カマドの設置は，それを使った生活様式一式の移入を示しているのであり，その定着には，北海道より南の人間の関与が非常に大きく感じられる。さらに加えると，丸子山遺跡は，それまでの生活の跡のないところに突然できた集落でもあり（第1表），新来の文化要素が色濃い例の一つである。

しかしながら，次に述べるように東北北部と北海道とでは，カマドの利用に関して，決定的に違う面があり，それらの使用者の系統的相違を見ることができる。北海道への文化要素の移入には移住者が欠かせなかったであろうが，さきに遺跡の存続状況から考えたように，文化の担い手の大多数は在来民であったと考えられる。

カマド設置位置の変化とその背景　東北中部〜北部の場合，奈良時代以前のカマドが，いかなる環境でも北側に設置されることが多いのに対し，平安時代以降，その設置位置が特定方位に限定されなくなることはよく知られている（相原1992；三浦1995など）。その設置位置の選択が，自然条件よりも社会的に規定されていたことを示していよう。そしてそうであるならば，平安時代に入ると社会的背景が変わったことになり，カマドの位置は住居を作る人々の性質を非常によく反映することになる。

第3表に，東北北部および北海道南部の7〜10世紀の主な集落遺跡におけるカマド設置位置をまとめた[7]。9世紀前半以前の東北北部では，北西，北東も含め，ほぼ北側にカマドを置くのが普通なのに対し，道南部では，北海道最古の部類に入る7世紀末〜8世紀初頭の北斗市矢不来3遺跡，千歳市丸子山遺跡の2例を除き，北側にカマドを置く傾向は見られない。

比較のために，第4表として東北中部に位置する岩手県南半部の8〜10世紀の主な集落遺跡におけるカマド設置位置を示した。9世紀，すなわち平安時代に入りしばらくすると，それ以前にはカマドを北に置いていた集落でも，東や南などの方位にそれを置くようになる。季節による風向きなどの自然条件はどの時代もほぼ同じと考えられるので，社会的な変化を反映したことであると考えてよかろう。東北北部に関連するこの頃の社会的変化としては，『続日本紀』によれば，坂上田村麻呂による蝦夷の平定，その後の蝦夷征討の終了宣言などがあろう。

ところで，東北地方においては岩手県域に多く日本海側に存在しない兜跋毘沙門天は，田村麻呂の化身とも言われ（大矢1999），北方の守神とされる。現存する最古のその像は10世紀のものであるが，奈良時代までに陸奥国北部の人々が信仰していた北を守る神と重なったものではなかろうか。例えば，「荒々しい神」と考える存在が北側から進入することを封じるために，北にカマド神を祀ったということがあったのではないだろうか。想像をたくましくするならば，人々が恐れていた姿の見えない「荒ぶる神」こそは「蝦夷」ではなかったか。人々は南の領域からの移住者であり，自分たちのことを「蝦夷」だなどとは思っていなかった。

「荒ぶる神」あるいは「荒神」を「蝦夷」と考える理由はこうである。『日本書紀』景行天皇紀

340　第4部　定着と漂泊―古代・中世

第3表　北海道南部・東北北部にお

遺跡名	所在地	7c 北	7c 北西	7c 北東	7c 南	7c 西	8c 北	8c 北西	8c 北東	8c 南	8c 東	8c 西	8c 南東	9c前葉〜 北	9c前葉〜 北西	9c前葉〜 北東	9c前葉〜 南	9c前葉〜 南東	9c前葉〜 南西
矢不来3	北海道北斗市矢不来	2																	
丸子山	北海道千歳市中央		3																
祝梅三角山D	北海道千歳市祝梅											5							
K435	北海道札幌市北区24条西12丁						5			1		3							
中島松6	北海道恵庭市中島松									9	1								
末広	北海道千歳市末広						1			9	1		10	1			3	1	
ふくべ(3)(4)	青森県上北郡おいらせ町瓢	2	2	1			8	4						3					
田面木平(1)	青森県八戸市田面木	9	12																
丹後平(1)	青森県八戸市妙坂中		2																
湯浅屋新田(2)	青森県八戸市沢里	1	4																
泉山	青森県三戸郡三戸町泉山						2	1											
風張(1)	青森県八戸市是川						7												
酒美平	青森県八戸市田面木						4												
田面木	青森県八戸市田面木						9			1									
熊野堂	青森県八戸市売市						5												
櫛引	青森県八戸市櫛引						12	12						2					
境沢頭	青森県八戸市豊崎町																		
八幡	青森県八戸市八幡																		
岩ノ沢平	青森県八戸市櫛引																		
砂子	青森県三戸郡南郷村島守																		
駒焼場・府金橋	岩手県二戸市金田一		2				6												
馬場	岩手県二戸市金田一						9							2					
上田面	岩手県二戸市金田一		31																
堀野	岩手県二戸市堀野	2	8																
青ノ久保	岩手県二戸市似鳥						4												
長瀬A・B	岩手県二戸市米沢		2				30												
長瀬C	岩手県二戸市米沢						21												
長瀬D	岩手県二戸市米沢						4												
荒谷A	岩手県二戸市米沢										4								
中曽根II	岩手県二戸市石切所										70								
火行塚	岩手県二戸市石切所													9					
寺久保	岩手県二戸市下斗米		2				2												
親久保II	岩手県二戸郡一戸町一戸						5												
一戸城	岩手県二戸郡一戸町一戸		1																
北館A	岩手県二戸郡一戸町一戸						4												
北館B	岩手県二戸郡一戸町一戸						4												
上野	岩手県二戸郡一戸町一戸		2				18												
子守A	岩手県二戸郡一戸町岩館																		
広沖	岩手県二戸市浄法寺町御山																		
飛鳥台地I	岩手県二戸市浄法寺町御山																		
大久保I	岩手県二戸市浄法寺町御山																		
桂平・沼久保	岩手県二戸市浄法寺町御山																		
五庵I	岩手県二戸市浄法寺町駒ケ嶺																		
関沢口	岩手県八幡平市中佐井																		
上の山VII	岩手県八幡平市上の山																		
扇畑I・II	岩手県八幡平市扇畑																		
水吉VI	岩手県九戸郡軽米町軽米						7												
叺屋敷Ia	岩手県九戸郡軽米町軽米	1																	
皀角子久保VI	岩手県九戸郡軽米町晴山																		
駒板	岩手県九戸郡軽米町山内						12												
丸木橋	岩手県九戸郡九戸村江刺家		8																
江刺家	岩手県九戸郡九戸村江刺家																		
川向III	岩手県九戸郡九戸村伊保内						1												
高屋敷	岩手県九戸郡山形村川井																		
倍田IV	岩手県岩手郡岩手町黒内																		
源道	岩手県久慈市源道						16			1		2							
中長内	岩手県久慈市長内町						2	8	2	2		2	5	2	1	6	3		
平沢I	岩手県久慈市長内町						2												
小屋畑	岩手県久慈市長内町						2												
蛍沢	青森県青森市駒込																		
三内	青森県青森市三内																		
松元	青森県青森市本郷																		
近野	青森県青森市安田																		
山本	青森県青森市徳才																		
野尻(2)	青森県青森市高屋敷																		
野尻(3)	青森県青森市高屋敷																		
野尻(4)	青森県青森市高屋敷																		
山元(2)	青森県青森市杉沢																		
山元(3)	青森県青森市杉沢																		
平野	青森県青森市五本松																		
羽黒平	青森県青森市五本松																		
源常平	青森県青森市北中野																		
杉の沢	青森県青森市吉内																		
牡丹平南	青森県黒石市牡丹平																		
浅瀬石	青森県黒石市浅瀬石						15												
李平下安原	青森県平川市李平						28												
五輪野	青森県平川市猿賀						2							4					
鳥海山	青森県平川市沖館																		
永野	青森県平川市碇ケ関																		
杢沢	青森県西津軽郡鰺ケ沢町湯舟沢																		
隠川(3)	青森県五所川原市持子沢																		
宇田野(2)	青森県弘前市小友																		
下恋塚	青森県弘前市三和																		

東北北部における古代集落とその居住者　341

けるカマドの設置位置（7〜10世紀）

| 9c中葉〜 |||||||| 10c〜 |||||||| 文　献 |
北	北西	北東	南	東	西	南東	南西	北	北西	北東	南	東	西	南東	南西	
																森ほか 1990
																田村ほか 1994
			1				7				6		1		1	大谷ほか 1978
			2	1		1										上野・仙庭ほか 1993
											1		2			松谷・上屋 1988
																大谷ほか 1982；田村ほか 1985
10			1													佐藤ほか 2005
																宇部ほか 1988a
																宇部ほか 1997a
													1			宇部ほか 1984
																川口ほか 1995
								1	4	6	1	1		1		小笠原ほか 1991；宇部ほか 1992
2	4							1								大野ほか 1997
10			21	9		2										宇部ほか 1988b
4	5	1		1												宇部ほか 1988d
								2		1		3	1		1	小田川ほか 1999
2									4		2	4				大野ほか 1997b
42	10	2	3	29	1	3		13	5		1	6		4		宇部ほか 1988c；小笠原ほか 1992
1	5	7	2	2	3	7	4	1	5	7	2	2	3	7	4	小田川ほか 2000
										4	4			19	3	木村ほか 2000
																近藤ほか 1984；光井ほか 1989
		2														工藤利ほか 1990
																遠藤ほか 1981
1			1	1		1								1		板橋ほか 1965
	2	2		2		1					1	1	2			佐々木嘉ほか 1987
																四井ほか 1982a・82b
																本沢ほか 1981
																本沢ほか 1981
																吉田努ほか 1983
																関 1981
								1			1	1		2		遠藤ほか 1981
									3							金子ほか 1996
																中村ほか 1987
	4															高田・桐生 1982
											1					高田・桐生 1981
																高田・桐生 1981
5	2			2							1	8				高田・桐生 1981；高田 1983・84・85・87・88
														1	1	高田・桐生 1981
						2										岩淵ほか 1986
4	6	5				16		1			1			18	5	三浦ほか 1988a
								2				1	1			柳澤 1985
1	2	6	2		2	2		2			1	10		1		酒井 1986；平井 1986
											1	4				石川ほか 1986
												12		16		玉川ほか 1986
											13					光井ほか 1983
																近藤ほか 1981；佐々木清ほか 1982
												5				濱田ほか 1995
								1			1					小平 1983
																平井ほか 1988
																近藤ほか 1986
								15		1	7	2				藤村ほか 1993
								1				2				高橋義ほか 1984
			8	2	1					2						高橋与ほか 1982
										1	1		6			藤村ほか 1994
5			4	6	3											佐々木嘉ほか 1989
																千葉ほか 1988
3	4	2	2	1				5				4				三浦ほか 1988b
								1		7	1			31	7	田鎖ほか 1984
			2	1		14										藤田亮ほか 1979
			2	8		6										桜田ほか 1978
		1		3		79										工藤泰ほか 1979
	1	1	1	1		8	1									成田ほか 1974；三浦ほか 1975・77；奏 1997
						2	2									白鳥誠ほか 1987
				16												伊藤ほか 1995；大場卓ほか 1996
		1		16												大場卓ほか 1996
	3		2	1		100	2									新岡ほか 1996
	6			11												新岡ほか 1995
		2												3	1	畠山ほか 1994
1		1	33	1		18										笹森ほか 1996
			55	6	1	2										工藤泰ほか 1979；川口ほか 1995；1996
						9										三浦ほか 1978
		5		8										14		北林ほか 1979
		7	38													古市ほか 1976
																古市ほか 1976
							13							47		坂本 1988
	1	2					2	1			17	1				太田原ほか 1997
											1	5		5	3	遠藤正ほか 1977
				6												遠藤正ほか 1980
																岡田ほか 1990
								2						29		木村ほか 1997
		1		5												白鳥ほか 1997
																成田正ほか 1996

第4表　岩手県南部における古代のカマドの設置位置（7〜10世紀）

遺跡名	所在地	7c 北西 北東 南東 西	8c 北西 北東 東 西 南東	9c前葉〜 北西 南東 西 西南東	9c中葉〜 北西 北東 南 東 西 東南 南西	10c〜 北東 南東	文献
高柳・諸葛川	岩手県岩手郡滝沢村鵜飼	1　5　　1					桜井1987・桐生1987・桐生ほか1989
湯舟沢6区	岩手県岩手郡滝沢村湯舟沢					1　3	高橋義ほか1986
紫波城跡	岩手県盛岡市中太田			13　1　　10 37 4　1			吉田努ほか1982
古館II	岩手県花巻市中根子	4　　　1	3　1		1 3		光井1986
猫谷地	岩手県北上市江釣子上江釣子	5	3　1	2　1　　2	5		斉藤ほか1982
上餅田	岩手県胆沢郡金ケ崎町	7　5　　1	1　1	1			斉藤ほか1981
膳性	岩手県水沢市佐倉河	27 10 1　2 1			3　1　1　5 8 1 1　1		斉藤ほか1982
石田	岩手県水沢市寺領		9 10　1	1　　1 2			八重樫ほか1981

には，日本武尊[8]が東の蝦夷，あるいは東夷を討つという内容の記載がある。類似の内容は『古事記』景行天皇紀にも見られ，1箇所だけだが「荒夫琉瑕夷」[9]という記載がある。この「荒夫琉」という形容詞は『古事記』には9箇所見られ，この1箇所以外はみな神に掛かる。したがって「荒夫琉瑕夷」は，「荒ぶる神」「荒神」とはほぼ同義である。北方を目指して移動してきた人々は，行く手に存在すると噂に聞いていた，実際には姿の見えぬ「蝦夷」すなわち「荒ぶる神」の進入を，非常に怖れていたがゆえに，奈良時代までは，どんな環境下でも，北側にカマドを設置せざるをえなかったのではないだろうか。

ところが，9世紀前葉までに，坂上田村麻呂らによって蝦夷が平定されたという伝聞が伝わり，陸奥国北部に胆沢城・志波城が造営されて以降，蝦夷の地と言われていた地域でも，人々は安心し，自然環境にあわせてカマドの位置が決められるようになったのではなかろうか。それに対し北海道では，当地で古い部類に入る7世紀末に遡る可能性のある2集落を除き，8世紀代には様々な方位にカマドが置かれていた。住人が，北方に住む「荒ぶる神」，すなわち「蝦夷」を怖れるという共通の社会的背景を持っていなかったことのあらわれなのであろう。

カマド神を荒神と考える理由は次である。狩野敏次（2003）は，現代日本の民俗では，一般に荒神は炉やカマドなど家の火所を守る神とされ，「カマド神，あるいは火の神とする地方も少なくない」（131頁）と述べる。10世紀中葉に成立した『和名類聚抄』によれば，竃の後の穴のことを「くど」と言うが，狩野（2003）は，鎌倉時代の語源辞典『名語記』の「くど」の説明を引き，当時は煙出し窓を「くど」と呼び，そのかたわらにカマド神（荒神）を祀る場があったとし，本来「くど」はカマド神や火の神がやどるところであったと説く。東北北部でも，カマド付きの竪穴住居とともにカマド神すなわち荒神信仰が入ったのではなかろうか。

気候から見た移住の背景　阪口豊（1989）が明らかにした縄文時代早期以来の古気温曲線を用いて，本稿で問題とした時代の自然環境を簡単に復元し，さきに推定した人々の移住の背景について考察してみる。第3図は古気温曲線と呼ばれる，群馬・福島・新潟の三県にまたがる尾瀬ヶ原

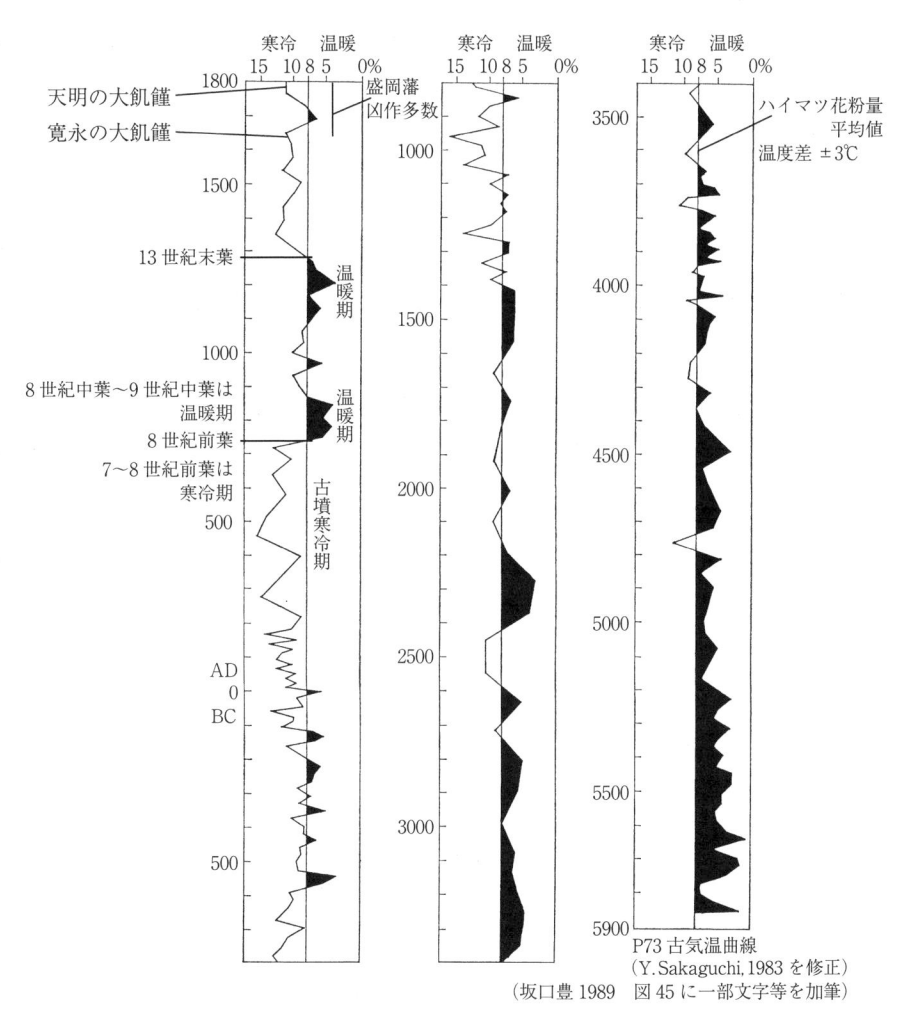

第3図　尾瀬沼における花粉分析にもとづく過去7800年間の気温の変化

　が育った時代の気候の変化を，花粉分析によって読み取ったものである。
　古気温曲線作成にはハイマツの花粉が指標として用いられた。阪口によれば，ハイマツは寒冷な気候に生育し，その花粉の増大は気温の低下を，減少はその上昇を示すとのことである。図では，全花粉量に対するハイマツ花粉の百分率が横軸に示されている。縄文時代早期から西暦1806年までの試料におけるハイマツ花粉の平均値は8％なので，そこに縦線を引き基準線とし，数値がそれより大きくなると，より気温が低く，数値が小さくなると気温が高くなることを表している。気温は平均値プラスマイナス3度C以内におさまると推測されている。
　阪口（1989）および西村眞琴・吉川一郎編（1936）によると，図に示したように，江戸時代最大の飢饉と評価される1782～1787年の天明の大飢饉が，ハイマツ花粉11～12％あたり，1642～1650年の寛永の大飢饉は，同花粉11％前後である。これらの飢饉とハイマツ花粉量との関係をもとに，大まかに気候をとらえると，本稿の対象である1世紀末～11世紀のうち，8世紀前葉ま

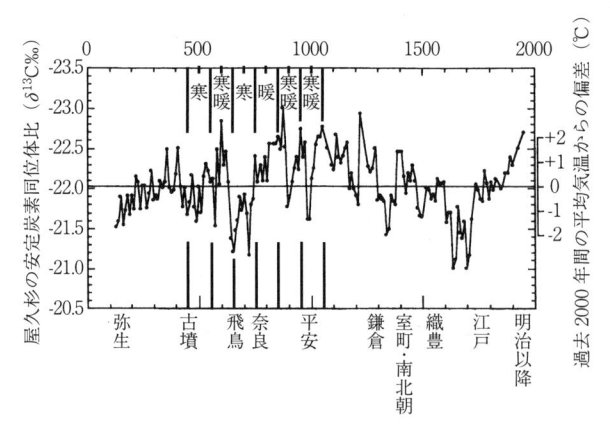

344　第4部　定着と漂泊—古代・中世

第4図　安定同位体分析による屋久島の歴史時代の気候復元（北川浩之 1995　図2.3 に文字等を加筆）

での前半期を寒冷期，8世紀中葉～11世紀を温暖期と見ることができる。阪口は246～732年までを「古墳寒冷期」，732～1296年までを「奈良・平安・鎌倉温暖期」と呼ぶ（阪口1989）。後半期は温暖な中にも冷涼な時期が含まれており，さらに細かく見ると，8世紀中葉～9世紀中葉を温暖期，9世紀後葉～11世紀を，比較的温暖だがたびたび冷涼となった時期と判断できる。

阪口の古気温曲線にもとづけば，第1および第2の移住は寒冷期に，第3の移住は温暖期におこなわれたことになる。それぞれの移住は東北北部よりも南の地域を起点にしたものであったが，前2者の移住は，寒冷な時期に，東北北部でもより寒い東側地域を目指したことになるのであった。南の地域からの移住であるから，仮に中部高地あたりのような比較的冷涼な地域からであったとしても，さらに寒い地域を選択して移住したことになる。一方第3の移住は，温暖な時期に，東北北部のうちでもより暖かい地域を選択したものであった。

ただし，阪口は7～8世紀あたりの絶対年代を求めるのに，試料に含まれていた榛名二ツ岳火山灰の降下年代を用い，7世紀後葉としていたが，現在ではこの降下年代は6世紀中葉とされており，この情報を当てはめると，7世紀前葉までが寒冷期であり，その後温暖に向かうことになる。八木充則（2010）は，この点と7世紀以降の集落の増加を理由に，7世紀を寒冷期とすることには慎重を期すべきであると述べている。そこで，他の方法と試料による古気温復元を見ると次のようなものがある。北川浩之（1995）の屋久杉の安定炭素同位体分析から求められた例では，6世紀後葉～7世紀前葉にかけて一度温暖になりながらすぐに寒冷化し，それが8世紀前葉まで続くという不安定な時期である（第4図）。

このように第2の移住の時期が温暖期であったか否かは，より正確な古気温の復元がなされた後に再び言及すべきであるが，次のことを強調しておきたい。7世紀が温暖期であったか否かは不明でも，東北北部の東側と西側との相対的な寒冷・温暖の関係は変わらない。東側はより寒冷であり西側は温暖である。そして東側は黒ボク土地域であり，西側のほうが水稲耕作適地である。それにもかかわらず第2の移住の時期，人々は東側への居住を選択し，第3の移住の時期，9世紀以降には，水稲耕作適地である西側を移住先とした。この違いこそが重要なのである。

移住の目的　本節では，多くの集落が造営された第2・第3の移住に関して，その目的を考える。7～8世紀の東北北部東側への移住は，8世紀前葉までに限るならば，おおよそ寒冷期のできごとであった。しかも，その地域は，東北北部の中でも特に寒冷な土地柄であった。近代から現代にかけても，水稲耕作における冷害が顕著なのがこの地域である。そのような場所に，人々は移住してきたのである。水稲耕作適地を求めての移住でなかったことは明白であろう。

　その後，8世紀後半には，数は少ないが，東北北部の西側の一部にも集落が見られるようになった。それは，その時期以降に続く，温暖期におこなわれたのであった。そして，東北北部西側の平野部に臨む台地縁辺部に，9～10世紀前半にかけて，非常に多くの集落が造営された。

　第2の移住で造営された集落はそれほど大きくなく，最大でも22棟/50年ほどであった。それに対し，第3の移住の集落は，大きなものでは，青森市野木遺跡のように200棟以上/50年という規模のものがあり，100棟/50年という例が複数あった。第3の移住が大規模におこなわれた東北北部の西側は，現在の水稲耕作適地である。大きな人口を支えたのは，その当時も水稲耕作であったろう。

　以上のように，8世紀前葉以前の寒冷期において，東北北部東側で多く見られた第2の移住は，水稲耕作適地を確保するためのものではなかったが，8世紀中葉以降の温暖期，特に，9世紀中葉～10世紀前半にかけての東北北部西側をめざした第3の移住は，水稲耕作適地を求めてのものであった可能性が高い。

　それでは，7～8世紀により寒い地域を目指した南の地域の人々は，いかなる目的でそのような地域を選択したのか。おそらく，それ以前に暮らしていた地域に類似した環境を選んだのであろう。雑穀栽培と馬飼をおこなっていた人々が，それらの生業が可能な土地を目指し，その結果辿り着いたのが東北北部東側だったのではなかろうか。

　人々はその環境の延長上にある北海道南部にも渡ったが，同時にではなく，一旦，東北北部に定着してからであった。また，それを示す例は少ないので人数は多くなかったであろう。千歳市丸子山遺跡のような，7世紀末～8世紀前半の集落遺跡はその例に入る。遺跡はそれ以前から継続して人々が居住していた場所にではなく，未開拓の土地に新たに造営され，土器の形態や住居の存続期間から考えて，2世代ほどの生活の後には廃絶された。

　雑穀栽培と馬飼を生業の中心とした人々としては，中部高地周辺から東北地方南部へと続く東山道地域の住民を候補の一つとすることができる。いずれも古代日本国領域の人々であった。しかし，なぜ人々が東北北部東側に移住せねばならなかったのかは不明である。7世紀に入り，駅伝制の拡充に際して馬の利用が増大し，その産地を拡大せねばならなかったからなのか。そうであるならば，古代日本国の政策ということにもなり，文献に記されていてもよさそうではあるが，記録はない。そのような政治的状況のなかで，牧としての利用が可能な土地を追われ，牧畜および雑穀栽培適地を新たに誰も住んでいない未開拓地に求めた人々であったのだろうか。

　一方，温暖期における第3の移住は，北海道におよぶことはなかった。人々は水稲耕作適地こそを目指していたのであろう。この時期の移住者たちは，元来，水稲耕作を生業の中心とした社

会の民であったと考えられる。土器組成の中に丸底のなべがあることから，北陸および日本海側の東北地方南部をその出身地の一つに入れることができるであろう（松本 2006）。

　宇野隆夫（1991）によると，北陸道において，7世紀末〜8世紀初頭に集落の増加が見られる。低地や丘陵で増えるのが特徴的である。そして，9世紀第2四半期〜第4四半期にかけて，集落数が最大となる。8世紀後半〜9世紀第1四半期にかけての集落増加の背景に，宇野は国分寺の造営と初期荘園の成立があったと推測している（宇野 1991, 63頁）。8世紀後半から10世紀前半にかけての大規模な集落造営は千葉市域でも見られ，王臣家と結びついた富豪層によるものと考えられている（笹生 1991）。文献史分野においても，9・10世紀は，戦国−江戸時代初期とともに日本史上で最も開発が進んだ時代と評価されており，9世紀に入ると農民の浮浪・逃亡などにより籍帳支配は弛緩していたという（吉田孝ほか 1995）。その頃，籍帳の支配を逃れ，自らの私産を活用して広大な墾田や賃租田を経営する富豪浪人が増加した（坂上 2001）。公地公民制を基本とした律令制当初の租税収取は，9世紀にはすでに変質していた。

　東北北部の西側を中心に見られた第三の移住は，まさにこの頃におこっていた。専門技術者の移住なくしてはなしえないであろう，鉄製錬（製鉄）・鉄器生産・須恵器生産等がおこなわれ，それらの製品を基本的な道具として開拓され，集落が造営された（松本 2006）。場所が古代日本国の外であったとはいえ，列島各地で見られた大規模な集落造営の延長上にあったと見るべきであろう。さきに土器の形態から，第三の移住については，北陸あたりを人々の出身地の一つと見ていると述べたが，当該地域の荘園の経営者が，未開拓の地を求めて国外に人々を派遣させたと考えることはできないだろうか。

5.「蝦夷」と表記された人々と東北北部に居住した人々

(1) 東北北部に居住した人々と「蝦夷」表記との関係

　ここまで，古代の東北北部に住んだ人々がいかなる過程を経て，そこに居住するようになったのかを，集落遺跡の存否をもとにして述べてきた。本稿で問題にした時期の東北北部の人々は，自ら文献を残すということをしなかった。したがって，彼らの自称を知ることができないので，本論のこれまでの文中では人々を特定の呼称で呼ぶことはなかった。しかしながら，古代の東北北部とは，一般に，蝦夷（「えびす」とも読むが，以下では「えみし」と読む）が居住していた地域と認識されており，その地域に残された遺跡は，蝦夷によるものと解釈されるのが普通である[10]。

　『日本書紀』『続日本紀』といった古代日本国の正史の記述にもとづくならば，7〜9世紀くらいの東北北部に居住した人々について書くときに，「蝦夷」表記を用いることは許されるであろう。しかし，『日本書紀』と同時期，718年以前の筆録をもとにして723年までに成立したとされる（秋本吉郎校注 1971）『常陸国風土記』にその表記はない。『風土記』は，713年の天皇の勅により各地の地誌や伝承等が報告されたものであり，常陸は『続日本紀』725年の条に蝦夷による被害があったと記される地域である。同『風土記』には，古老の話として，「国栖」「都知久母」

「夜都賀波岐」という佐伯（朝廷の命に抗する者）がいた，と書かれている。それにもかかわらず，「蝦夷」という表記が一箇所も見えないことは，当時，その呼称も表記もなかったことを示しているのであろう（松本 2006）。

したがって，当該時期の東北北部における考古学的遺物・遺構とかかわりのある人々を「蝦夷」と呼ぶことにしたとしても，便宜上そうしているだけであることを忘れてはいけない。その名称を用いることは，そう表記される人々が，正史に記載されたところの，その「蝦夷」であったと評価された結果のことではない。

さらに述べるならば，「蝦夷」という表記自体，古代日本国との関係において，様々に変化しており，811（大同6）年に蝦夷征討が終了したという記載以降，正史上では基本的には使われなくなる。蝦夷とは征討されるべき対象であり，政治的にそれが解決したならば，その表記も別のものに変わっていったのである。したがって，本稿で問題にしている時期の東北北部の住民に対して「蝦夷」という表記を積極的に使うのは避けるのが理想的だが，学史的にはこれが用いられてきたので，ここでも便宜上この表記を使うことにする。

ところで，一般には，続縄文時代以来，その地域，あるいはさらに北の地域に暮らした人々の末裔が蝦夷であると考えられている[11]。縄文時代以来であると書かれる場合もある。しかしながら本稿で述べてきたように，当該地域では数世紀にわたる人口希薄期があった後，7世紀以降に集落数が突然増加した。それを見るならば，その頃以降に別の地域から人々の移住があり，その人々こそが当時の東北北部に住んだ「蝦夷」と表記された人々の大部分であったと解釈するのが適切であろう。集落で用いられた住居や土器といった物質文化の性質からも，彼・彼女らは，東北北部よりも北の地域にではなく，古墳文化社会が成立していた地域に暮らしていた人々だったとしか考えられない。そうだとすると，古代の東北北部に居住していた「蝦夷」を，続縄文時代以来そこに暮らしてきた人々の末裔であると単純に考えるわけにはいかなくなるのである。

そこで最後に，古代日本国の正史に「蝦夷」と書かれた人々，すなわち，7世紀以降の東北北部に住んだ人々の大部分については，1世紀末～5世紀前葉以前（天王山式～北大Ⅰ式土器使用期以前）にその地域に住んだ人々の末裔と考えるべきではないことを，別の視点から述べておく。

東北北部に居住した人々の出自　本稿では1世紀末以降について検討してきた。7世紀以降，古墳文化社会で成立したものと類似する集落が多数発見されているのに対し，それより古い時代に恒久的な構築物を持つ集落跡が発見されていないことを述べるのに，1世紀末以降の情報だけで充分であると考えたからである。しかしながら，いわゆる「蝦夷」が，縄文時代以来東北北部以北の地域に居住する人々の末裔とは考えられないことは，さらに古い時期についても見ておくと理解しやすい。そこで，ここでは従来の研究成果を踏まえ，縄文時代晩期終末期以来の東北北部における人々の出自の変化についての見通しを記しておく。

カマド付き竪穴住居を持つ集落が出現するまでは，次のように大まかに4期に分けることができる。

　第1期：縄文晩期終末期～田舎舘式期　数代にわたり継続する集落遺跡がある時期

第2期：天王山式期〜北大Ⅰ式期　遊動性に富む生活様式と推測される時期
第3期：北大Ⅱ式併行期　明確な遺跡がほとんど知られていない時期
第4期：内黒土師器出現以降　カマド付き竪穴住居を持つ集落遺跡がある時期

　どの時代にも，人々の移住は多少あるだろう。しかしながら，東北北部で水稲耕作がおこなわれた第1期ですら，南の農耕地域からの人々の移住は多くはなかったはずである（高瀬 2004）。ただし，この時期，集落遺跡が少なからず存在した。青森県弘前市砂沢遺跡（成田正ほか 1991）の場合，住居跡は未検出だが水田跡が知られており，また，多量の土器の存在から，永続的な集落があったことは明白である。そして，砂沢遺跡の場合も，その開始期は縄文時代晩期最終末期の大洞A'式土器使用期であったが，柵で囲まれた集落跡が発見されたことで有名な秋田市地蔵田B遺跡も，同様に大洞A'式期から継続して集落が営まれていた（菅原俊ほか 1987）。東北北部の最初の弥生時代集落は，縄文晩期終末期から連続して営まれる場合が多い（松本 1998）。

　第2期は，集落遺跡がほとんどみつかっておらず，遊動性に富む生活様式であったと評価されている（石井 1997a・b・c）。暦年代にすると1世紀末〜5世紀前半頃のことであるが，この時期は，阪口（1989）によると，縄文早期以降，最も寒かった時期に相当する。

　第3期もまだ寒冷な時期であったが，5世紀後葉〜6世紀初頭にかけて，ごく少数ながら，南の地域の人々の影響が大きく見られるようになる。八戸市田向冷水遺跡におけるカマド付き竪穴住居と土師器使用の生活様式の出現，琥珀の採集などがそれにあたる。前時期の活動からは決して発生しない事柄ばかりであり，これは人々の移住の結果であると推測できる。ただし，このような跡は，これ以外に知られておらず，移住者の人口は少なかったと考えられ，また，人々の生活が定着したとも言えない。

　第4期は内黒処理を施した土師器が出現する時期以降である。6世紀の後葉頃から始まり，7〜8世紀前葉までに，東北北部の東側に，古墳文化社会的要素を持つ集落の増加が見られた。雑穀栽培，馬飼い，末期古墳造営などがおこなわれた（松本 2006）。馬を飼うとは，近代の北海道のアイヌ民族が馬を飼う文化を持っていなかったことからわかるように，それを利用しなければならない社会やその技術の習得が必要である（松本 2010）。この時期の東北北部社会の出現は，在来の続縄文文化の担い手が主体的に学び，努力した結果と考えるよりも，南の地域から人々が移住してきた結果と考えるのが自然であろう。

　以上に見たように，古代の東北北部に住んでいた人々は，5世紀，7世紀（6世紀後葉），9世紀といった時期に，より南の地域から移住してきた人々を中心としていたと考えられる。『日本書紀』『続日本紀』といった古代日本国の正史では，蝦夷と表記され，『続日本紀』では，言葉が異なる点を強調し，異文化を持つ人々であるかのように記された人々ではあった。しかし，それは東北北部以北に住んだ人々のうちの北海道以北の人々の特徴を記したのであろう。続縄文土器が利用されていた頃，東北北部にも存在していたそのような特徴を持つ人々を，それらの文献では象徴的に用いて誇大に書いたのであって，蝦夷とされた人々の大部分は，古墳文化社会を経たやまと言葉を母語とする地域からの移住者であったろう。

古代の東北北部の遺跡を構成する物質文化が，蝦夷の手になるものと便宜上記述するのは許されるとしても，人々の大部分を，後北C_2・D式や北大I式土器等を作った続縄文文化の担い手たちの末裔であったと判断することはできない。それらの続縄文土器を用いた人々と土師器を用いた人々の大部分とでは，出自に違いがあった。

以上に述べたことは，次のように言い換えることができる。大洞A'式土器と砂沢式土器の高坏や浅鉢等の精製土器は非常に類似するが，前者は縄文時代最後の，後者は弥生時代最初の土器と認識されている。これは，水稲耕作をおこなったか否かをもとに時代を区分した結果の分離である[12]。東北北部における遠賀川系土器の出現状況を考えれば，これらの土器を用いた時期，異文化からの移入者もあったかもしれないが（松本2009），ここにあげた2型式の土器を用いた人々が，異なる出自であったとか，用いた言葉が違っていたということはなかったはずである。東北北部における縄文時代と弥生時代とでは，構成する人々の出自に関しては，基本的にはほとんど違いはなかった。当該地域で新旧の居住者が大きく変わったのは，7～10世紀にかけての時期であった。規模は異なるが，北海道において19世紀後葉～20世紀におこなわれた，やまと言葉を話す人々の移住に匹敵する変化であった。

6. おわりに

7～10世紀までの間に，広範な土地が開拓され，多くの集落が造営された東北北部であったが，それより前には人口が希薄な時期があった。出土する土器や生活様式からは，北海道南部同様に続縄文文化の担い手がいたことを読み取れる時期であった。弥生時代後期～古墳時代後期に併行する時期，絶対年代で示せば，およそ1世紀末～6世紀代である。それにもかかわらず，特に人口が少なかった6世紀を経て，広汎な地域で内黒処理された土師器が使われる7世紀以降になると，集落遺跡が急激に増加した。このような現象を，本稿では，東北北部よりも南の地域からの人々の移住の結果であると解釈した。

新たな集落には，それ以前の生活痕跡が残っていないので，新来の人々は人口希薄地帯に先住民の生活を圧迫することなく入植したと考えられる。土師器の表面をミガキ調整する技法は，先住の人々が存在したことも示しているが[13]，文化要素全体を見ると，先住者の人口は圧倒的に少なく，人々は新来の文化に同化したようである。『日本書紀』を参考に，古代の東北北部に居住していた人々を「蝦夷」と呼ぶならば，「蝦夷」の大部分は続縄文土器使用期以来の在来民なのではなく，7世紀以降に古代日本国領域から移住した人々であったということになる。

一方北海道中央部でも，8世紀にはカマド付き竪穴住居や横走沈線を施す土師器を用いる暮らしが定着していた。それらの物質文化の誕生には，東北北部あたりの人々との交流が必要であった。千歳市丸子山遺跡のように，それ以前の居住地と無関係な場所に出現した集落もあったが，東北北部とは異なり，続縄文時代以来同一の地域を継続して利用する集落も多かった。その担い手の中心となったのは続縄文文化の継承者たちであった。

以上のように，東北北部東側への新来の人々の移住により，7～8世紀の間には，東北北部と北海道に暮す人々の大部分は異なる系統となっていた。9～10世紀におこった東北北部西側への大規模な移住は，さらに北海道の人々との距離を広げた（松本 2006）。それを経て，12世紀までに，東北北部は日本国に編入されたのであった。

※本稿は 2007 年末までに書き上げ，入稿したものであった。再入稿に際し，本文に関しては最近の文献も反映させ，手直しをおこなったが，限られた時間でのことだったので最小限にとどめた。手直しにかけられる時間と論旨を鑑み，集落遺跡の一覧表はほぼ最初の原稿のままとした。そのため，本稿よりも刊行時期が古くなるはずの松本（2010）に新しい情報をいくらか反映させた一覧表が掲載されている。あわせて一読していただけると幸いである。

註

1) 津軽平賀・津軽鼻輪などの諸郡は，大石（2001）では，12世紀の初頭に，入間田（1997）では，11世紀後葉の延久 2 (1070) 年にあったとされる東北北部以北あたりでの合戦の後 10 年ほどの間に置かれたと考えている。
2) 近世の蝦夷地（後の北海道）は，1799 年に江戸幕府直轄となった。しかしながら，日本国が北海道を開拓し，和人が多く居住するようになるのは明治に入ってからの 19 世紀後葉以降である。
3) 第 1 表に示した遺跡は大部分が松本（2006）の第 4 表と同じであるが，正式な報告書が刊行された森ヶ沢遺跡については，情報を改めた。また，スペースがなく表中には記せなかったが，掲載遺跡については参考文献名を文末に記した。
4) 小保内（2006）では，6 世紀後葉の住居跡が 1 棟検出されたと報告されているが，竪穴の 4 分の 1 ほどが調査されたに過ぎず，また，そこから出土した土師器だけで時期を確定するのは難しいので，複数の住居が検出されている 6 世紀前葉までとした。
5) 本稿第 1 表では，さきに記したように報告書によって異なる時期区分が採用されているのを統一するために，100 年を二区分した。ただし岩ノ沢遺跡の集落は，100 年を三区分して報告されている（小田川ほか 2000）ので，ここではそれに従った。
6) 本稿で示す北海道出土土器の編年およびその推定絶対年代は，鈴木（2003）を参考に，東北北部出土例との整合性を図った。ただし，北大 II 式や北大 III 式のうち東北北部で出土が知られていない段階のものについては，鈴木（2003）をそのまま利用した。
7) 各報告書の実測図をもとに，カマドの設置位置を，北，北東，東，南東，南，南西，西，北西の 8 方位に分けて記録し，それをまとめて第 2 表および 3 表とした。時期のわからないものは不明として処理し，数字には示されていない。
8) 『古事記』では倭建命，『日本書紀』では日本武尊と表記される。
9) 倉野憲司ほか編（1965）によれば，『古事記』寛永 21 年の版本以降に「蝦夷」となっている箇所は，最古の写本である真福寺本，その他，版本より古い筆本では「瑕夷」である。『古事記』では，「瑕夷」表記は，景行天皇紀に 1 箇所，「荒夫琉瑕夷」とあるだけである。『古事記』では，「荒夫琉」は神に掛かる形容詞である。荒ぶる神は山河にもおり，信濃では坂の神も言向けている。『古事記』が成立した頃，

人々は，未知の人知を越えた力を持つ存在に対して，謙虚に「神」，「荒ぶる神」と言っていたのではなかったか。『古事記』では，「蝦夷」は悪い「人々」ではなく，未知の恐るべき存在，すなわち神であったのではなかろうか。これが「えびす信仰」やカマド神，荒神様などとも繋がるのかも知れないが，ここではこれ以上述べることはできない。

10) ただし，「蝦夷」が政治的な概念であることは，文献史学研究の場においては広く認識されている。

11) 工藤雅（1998），阿部（1999），箕島（2001），女鹿（2003），熊谷（2004）などがある。八木（2004）では，渡島半島〜東北北部の続縄文時代の人々のことを「プロト蝦夷」と呼び，同時代の東北南部の蝦夷とは区別している。しかしながら，それぞれの地の在来の人々が，後に蝦夷と呼ばれるようになったとの解釈であることに違いはない。

12) 今日では，水稲耕作を基盤とした社会の文化複合を弥生文化と呼ぶが，砂沢遺跡の砂沢式土器使用期には，まだ水稲耕作を基盤とした社会の文化とは言えない。

13) 菅原祥夫（2007）によると6〜7世紀の会津地方にも外面ミガキ調整の坏が多数あり，会津地方と東北北部との交流があったと考えられるという。本稿では，松本（2006）の考え方を記したが，松本（2010）では，菅原の説を学び，ミガキ調整も土師器文化に由来する可能性が高いと述べた。

引用文献

相原康二 1992「古代の集落と生活」『新版古代の日本』9 東北・北海道 角川書店 137-160頁

阿部義平 1994『蝦夷の墓 —森ヶ沢遺跡調査概要』国立歴史民俗博物館
　　　　　1999『蝦夷と倭人』青木書店

阿部義平ほか 2008『森ヶ沢遺跡発掘調査報告書〈下〉』国立歴史民俗博物館研究報告 第144集

天野哲也 2003「オホーツク文化とはなにか」野村崇・宇田川洋編『新北海道の古代』2 続縄文・オホーツク文化 北海道新聞社 110-133頁

石井 淳 1997a「北日本における後北C2-D式期の集団様相」『物質文化』第63号 23-35頁
　　　　　1997b「東北地方天王山式成立期における集団の様相（上）—土器属性の2者—」『古代文化』第49巻第7号 20-33頁
　　　　　1997c「東北地方天王山式成立期における集団の様相（下）—土器属性の2者—」『古代文化』第49巻第9号 15-25頁

石川長喜ほか 1986『五庵I遺跡発掘調査報告書 —東北縦貫自動車道関連遺跡発掘調査』岩手県文化振興事業団埋蔵文化財調査報告書 第97集 岩手県文化振興事業団埋蔵文化財センター

石附喜三男ほか 1977『ウサクマイ遺跡 —N地点発掘報告書』ウサクマイ遺跡報告書刊行会

石橋孝夫ほか 1975『Wakkaoi —石狩・八幡町遺跡ワッカオイ地点緊急発掘調査報告書』石狩町教育委員会
　　　　　1976『Wakkaoi II —石狩，ワッカオイ地点Dにおける続縄文末期の発掘調査』石狩町教育委員会
　　　　　1977『Wakkaoi III —石狩，ワッカオイ地点Dにおける続縄文末期の発掘調査』石狩町教育委員会

板橋 元ほか 1965『岩手県福岡町堀野古墳』福岡町教育委員会

伊藤昭雄ほか 1995『野尻(2)遺跡』青森県埋蔵文化財調査報告書 第172集 青森県教育委員会

入間田宣夫 1997「鎮守府将軍清原真衡と「戸」「門」の建置」『北辺の中世史 —戸のまちの起源を探る—』名著出版 11-27頁

岩渕　久ほか 1986『広沖遺跡発掘調査報告書 ―東北縦貫自動車道関連遺跡発掘調査報告書』岩手県文化振興事業団埋蔵文化財調査報告書　第111集　岩手県文化振興事業団埋蔵文化財センター
上屋真一 1992『ユカンボシE3遺跡A地点・ユカンボシE8遺跡B地点』恵庭市教育委員会
上屋真一・佐藤幾子 1993『ユカンボシE3遺跡B地点』恵庭市教育委員会
　　　　　　　　　1993『ユカンボシE9遺跡・ユカンボシE3遺跡発掘調査報告書』恵庭市教育委員会
　　　　　　　　　1996a『ユカンボシE6遺跡』恵庭市教育委員会
　　　　　　　　　1996b『ユカンボシE9遺跡B地区発掘調査報告書』恵庭市教育委員会
　　　　　　　　　2000『カリンバ2遺跡第VI地点』恵庭市教育委員会
　　　　　　　　　2003『カリンバ3遺跡（1）』恵庭市教育委員会
　　　　　　　　　2004『カリンバ3遺跡（3）』恵庭市教育委員会
上屋真一・森　秀之 1998『カリンバ2遺跡第III・IV・V地点』恵庭市教育委員会
宇野隆夫 1991『律令社会の考古学的研究』桂書房
宇部則保 2007「古代東北北部社会の地域間交流」『古代蝦夷からアイヌへ』吉川弘文館　106-138頁
宇部則保ほか 1984『八戸市都市区域内埋蔵文化財発掘調査報告書』八戸市埋蔵文化財調査報告書　第13集　八戸市教育委員会
　　　　　　　1988a『八戸市都市区域内埋蔵文化財発掘調査報告書V　田面木平遺跡（1）』八戸市埋蔵文化財調査報告書　第20集　八戸市教育委員会
　　　　　　　1988b『田面木遺跡 ―発掘調査報告書』八戸市埋蔵文化財調査報告書　第22集　八戸市教育委員会
　　　　　　　1988c『八幡遺跡』八戸市埋蔵文化財調査報告書　第26集　八戸市教育委員会
　　　　　　　1988d『熊野堂遺跡 ―発掘調査報告書』八戸市埋蔵文化財調査報告書　第32集　八戸市教育委員会
　　　　　　　1992『八戸市内遺跡発掘調査報告書4』八戸市埋蔵文化財調査報告書　第45集　八戸市教育委員会
　　　　　　　1997a『丹後平（1）遺跡・丹後平古墳』八戸市埋蔵文化財調査報告書　第66集　八戸市教育委員会
　　　　　　　1997b『酒美平遺跡』八戸市埋蔵文化財調査報告書　第73集　八戸市教育委員会
　　　　　　　2001『田向冷水遺跡』八戸遺跡調査会埋蔵文化財調査報告書　第1集
遠藤昭浩ほか 1995『ウサクマイN・蘭越7遺跡における考古学的調査』千歳市文化財調査報告書20
遠藤勝博ほか 1981『二戸市上田面遺跡・大淵遺跡・火行塚遺跡』岩手県埋蔵文化財センター文化財調査報告書　第23集　岩手県埋蔵文化財センター
遠藤正夫ほか 1977『鳥海山遺跡発掘調査報告書』青森県埋蔵文化財調査報告書　第32集　青森県教育委員会
　　　　　　　1980『永野遺跡発掘調査報告書』青森県埋蔵文化財調査報告書　第56集　青森県教育委員会
大井晴夫 2004『アイヌ前史の研究』吉川弘文館
大石直正 2001『奥州藤原氏の時代』吉川弘文館
大矢邦宣 1999『みちのく古仏紀行』河出書房新社
大島秀俊 1991『蘭島餅屋沢遺跡』小樽市埋蔵文化財調査報告書　第2輯　小樽市教育委員会
　　　　　1995『蘭島餅屋沢2遺跡』小樽市埋蔵文化財調査報告書　第12集　小樽市教育委員会

大島秀俊・長谷川　徹　1990『蘭島遺跡』小樽市埋蔵文化財調査報告書　第1輯　小樽市教育委員会
大谷敏三ほか　1978『祝梅三角山D遺跡における考古学的調査』千歳市文化財調査報告書3　千歳市教育委員会
　　　　　　　1982『末広遺跡における考古学的調査（下）』千歳市文化財調査報告書8　千歳市教育委員会
太田原潤ほか　1997『垂柳遺跡・五輪野遺跡』青森県埋蔵文化財調査報告書　第219集　青森県教育委員会
大野　亨ほか　1997『境沢頭遺跡ほか』八戸市埋蔵文化財調査報告書　第72集　八戸市教育委員会
大場卓二ほか　1996『野尻（2）遺跡Ⅱ・野尻（3）遺跡』青森県埋蔵文化財調査報告書　第186集　青森県教育委員会
大場俊夫・石川　徹　1966『恵庭遺跡』恵庭市教育委員会
小笠原善範ほか　1991『風張（1）遺跡Ⅱ』八戸市埋蔵文化財調査報告書　第42集　八戸市教育委員会
　　　　　　　　1992『八幡遺跡』八戸市埋蔵文化財調査報告書　第47集　八戸市教育委員会
岡田康博ほか　1990『杢沢遺跡』青森県埋蔵文化財調査報告書　第130集　青森県教育委員会
小田川哲彦ほか　1999『櫛引遺跡』青森県埋蔵文化財調査報告書　第263集　青森県教育委員会
小田川哲彦・下山純子ほか　2000『岩ノ沢平遺跡』青森県埋蔵文化財調査報告書　第287集　青森県教育委員会
小保内裕之ほか　2006『田向冷水遺跡Ⅱ』八戸市埋蔵文化財調査報告書　第113集　八戸市教育委員会
金子昭彦ほか　1996『寺久保遺跡発掘調査報告書―主要地方道二戸―田子線緊急地方道整備事業関連遺跡発掘調査』岩手県文化振興事業団埋蔵文化財調査報告書　第239集　岩手県文化振興事業団埋蔵文化財センター
狩野敏次　2003『かまど』ものと人間の文化史117　法政大学出版会
川口　潤ほか　1995『松山・羽黒平（1）遺跡発掘調査報告書』青森県埋蔵文化財調査報告書　第170集　青森県教育委員会
　　　　　　　1996『羽黒平（1）遺跡』青森県埋蔵文化財調査報告書　第194集　青森県教育委員会
北川浩之　1995「屋久杉に刻まれた歴史時代の気候変動」『講座文明と環境』6　歴史と気候　朝倉書店　47-55頁
北林八洲晴ほか　1979『浪岡町杉の沢遺跡発掘調査報告書』青森県埋蔵文化財調査報告書　第45集　青森県教育委員会
木村鐵次郎ほか　1997『隠川（3）遺跡』青森県埋蔵文化財調査報告書　第210集　青森県教育委員会
木村鐵次郎・神　康夫ほか　2000『砂子遺跡』青森県埋蔵文化財調査報告書　第280集　青森県教育委員会
桐生正一　1987『高柳遺跡』滝沢村文化財調査報告書　第7集　滝沢村教育委員会
桐生正一・高橋亜貴子　1989『高柳遺跡・室小路Ⅱ遺跡』滝沢村文化財調査報告書　第9集　滝沢村教育委員会
工藤利幸ほか　1990『馬場遺跡発掘調査報告書―国道4号線金田一バイパス関連遺跡発掘調査報告書』岩手県文化振興事業団埋蔵文化財調査報告書　第137集　岩手県文化振興事業団埋蔵文化財センター
工藤泰博ほか　1979a『羽黒平遺跡』青森県埋蔵文化財調査報告書　第44集　青森県教育委員会
　　　　　　　1979b『松元遺跡発掘調査報告書』青森県埋蔵文化財調査報告書　第46集　青森県教育委員会
工藤雅樹　1998『蝦夷と東北古代史』吉川弘文館
熊谷公男　2004『古代の蝦夷と城柵』吉川弘文館
熊谷仁志ほか　1996『千歳市ユカンボシC9遺跡』北海道埋蔵文化財センター調査報告書　第100集　北海

道埋蔵文化財センター
倉野憲司ほか編　1965『校本古事記』続群書類従刊行会
小平忠孝ほか　1983『叺屋敷 Ia 遺跡発掘調査報告書 ―東北縦貫自動車道関連遺跡発掘調査』岩手県埋蔵文化財センター文化財調査報告書　第 61 集　岩手県文化振興事業団埋蔵文化財センター
近藤宗光ほか　1981『東北縦貫自動車道関連遺跡発掘調査報告書 ―二戸郡安代町扇畑 I 遺跡』岩手県埋蔵文化財センター文化財調査報告書　第 17 集　岩手県文化振興事業団埋蔵文化財センター
　　　　　　　　1984『府金橋遺跡発掘調査報告書 ―国道 4 号府金橋架け替え関連遺跡発掘調査報告書』岩手県埋蔵文化財センター文化財調査報告書　第 72 集　岩手県文化振興事業団埋蔵文化財センター
　　　　　　　　1986『駒板遺跡発掘調査報告書 ―東北縦貫自動車道関連遺跡発掘調査』岩手県文化振興事業団埋蔵文化財調査報告書　第 98 集　岩手県文化振興事業団埋蔵文化財センター
西園寺　健ほか　1979『ウサクマイ遺跡群とその周辺における考古学的調査』千歳市文化財調査報告書 4　千歳市教育委員会
斉藤　淳ほか　1981『東北縦貫自動車道関係埋蔵文化財調査報告書 X（金ケ崎地区）』岩手県文化財調査報告書　第 59 集　岩手県文化振興事業団埋蔵文化財センター
　　　　　　　　1982『東北縦貫自動車道関係埋蔵文化財調査報告書 XVI（猫谷地遺跡）』岩手県文化財調査報告書第 71 集　岩手県文化振興事業団埋蔵文化財センター
酒井宗孝ほか　1986『沼久保遺跡発掘調査報告書 ―東北縦貫自動車道関連遺跡発掘調査』岩手県文化振興事業団埋蔵文化財調査報告書　第 109 集　岩手県文化振興事業団埋蔵文化財センター
坂上康俊　2001『日本の歴史 5 律令国家の転換と「日本」』講談社
坂川　進ほか　2002『丹後平古墳群　丹後平（1）遺跡・丹後平古墳』八戸市埋蔵文化財調査報告書　第 93 集　八戸市教育委員会
阪口　豊　1989『尾瀬ケ原の自然史』中公新書
坂本洋一ほか　1988『李平下安原遺跡発掘調査報告書』青森県埋蔵文化財調査報告書　第 111 集　青森県教育委員会
桜井清彦ほか　1975『考古学調査報告　烏柵舞』ウサクマイ遺跡研究会　雄山閣
桜井芳彦　1987『諸葛川遺跡』滝沢村文化財調査報告書　第 4 集　滝沢村教育委員会
桜田　隆ほか　1978『青森市三内遺跡』青森県埋蔵文化財調査報告書　第 37 集　青森県教育委員会
笹生　衛　1991「千葉県の古代巻集落遺跡」『千葉史学』第 17 号　15-36 頁
佐々木清文ほか　1982『扇畑 II 遺跡発掘調査奉告書 ―東北縦貫自動車道関連遺跡発掘調査報告書』岩手県文化振興事業団埋蔵文化財調査報告書　第 39 集　岩手県文化振興事業団埋蔵文化財センター
佐々木嘉直ほか　1987『青ノ久保遺跡発掘調査報告書 ―東北縦貫自動車道関連遺跡発掘調査』岩手県文化振興事業団埋蔵文化財調査報告書　第 118 集　岩手県文化振興事業団埋蔵文化財センター
　　　　　　　　1989『源道遺跡発掘調査報告書』岩手県文化振興事業団埋蔵文化財調査報告書　第 138 集　岩手県文化振興事業団埋蔵文化財センター
笹森一朗ほか　1996『平野遺跡』青森県埋蔵文化財調査報告書　第 193 集　青森県教育委員会
佐藤智生ほか　2005『通目木遺跡　ふくべ（3）遺跡　ふくべ（4）遺跡』青森県埋蔵文化財調査報告書　第 392 集　青森県教育委員会
白鳥文雄ほか　1987『山本遺跡』青森県埋蔵文化財調査報告書　第 105 集　青森県教育委員会

　　　　　　　　　1997『宇田野（2）遺跡　宇田野（3）遺跡　草薙（3）遺跡』青森県埋蔵財調査報告書　第
　　　　　　　　　　217集　青森県教育委員会
菅原祥夫 2007「福島県会津地方」『古代東北・北海道におけるモノ・ヒト・文化交流の研究』研究代表者辻
　　秀人平成15〜18年度科学研究費補助金（基盤研究B）研究成果報告書　92-118頁
菅原俊行ほか 1987『地蔵田B遺跡』秋田市教育委員会
鈴木　信 2003「道央部における続縄文土器の編年」『千歳市ユカンボシC15遺跡（6）』北海道埋蔵文化財
　　センター調査報告書　第192集　北海道埋蔵文化財センター　410-452頁
鈴木　信ほか 1993『恵庭市ユカンボシC2遺跡』北海道埋蔵文化財センター調査報告書　第86集　北海道
　　埋蔵文化財センター
　　　　　　　　　1995『千歳市オサツ2遺跡・オサツ14遺跡』北海道埋蔵文化財センター調査報告書　第96
　　　　　　　　　　集　北海道埋蔵文化財センター
　　　　　　　　　1996『千歳市オサツ2遺跡（2）』北海道埋蔵文化財センター調査報告書　第103集　北海道
　　　　　　　　　　埋蔵文化財センター
　　　　　　　　　1998『千歳市ユカンボシC15遺跡（1）』北海道埋蔵文化財センター調査報告書　第128集
　　　　　　　　　　北海道埋蔵文化財センター
瀬川拓郎 2004「擦文文化の住居と墓」野村　崇・宇田川　洋編『新北海道の古代』3　擦文・アイヌ文化
　　北海道新聞社　26-45頁
関　豊 1981『中曽根II遺跡発掘調査報告書』二戸市教育委員会
高瀬克範 2004『本州島東北部の弥生社会誌』六一書房
高田和徳 1983『一戸バイパス関係埋蔵文化財発掘調査報告書IV』一戸町文化財報告書　第5集　一戸町教
　　育委員会
　　　　　　　　　1984『上野遺跡 —昭和58年度発掘調査報告書』一戸町教育委員会
　　　　　　　　　1985『上野遺跡 —昭和59年度発掘調査報告書』一戸町教育委員会
　　　　　　　　　1987『上野遺跡・一戸城跡 —昭和61年度発掘調査報告書』一戸町教育委員会
　　　　　　　　　1988『上野遺跡 —昭和62年度発掘調査報告書』一戸町教育委員会
高田和徳・桐生正一 1981『一戸バイパス関係埋蔵文化財発掘調査報告書I』一戸町文化財報告書　第1集
　　一戸町教育委員会
　　　　　　　　　1982『一戸バイパス関係埋蔵文化財発掘調査報告書II』一戸町文化財報告書　第2集　一戸町教
　　　　　　　　　　育委員会
高橋和樹ほか 2002『恵庭市西島松5遺跡』北海道埋蔵文化財センター調査報告書　第178集　北海道埋蔵
　　文化財センター
高橋義介ほか 1984『江刺家遺跡発掘調査報告書 —東北縦貫自動車道関連遺跡発掘調査』岩手県埋蔵文化財
　　センター文化財調査報告書　第70集　岩手県文化振興事業団埋蔵文化財センター
　　　　　　　　　1986『湯舟沢遺跡』滝沢村文化財調査報告書　第2集　滝沢村教育委員会
高橋与右衛門ほか 1982『川向III遺跡発掘調査報告書 —畑地帯総合土地改良事業関連遺跡発掘調査』岩手
　　県埋蔵文化財センター文化財調査報告書　第26集　岩手県文化振興事業団埋蔵文化財センター
　　　　　　　　　1982『金ケ崎バイパス関連遺跡発掘調査報告書 —水沢市膳性遺跡』岩手県埋蔵文化財セ
　　　　　　　　　　ンター文化財調査報告書　第34集　岩手県文化振興事業団埋蔵文化財センター
田鎖寿夫ほか 1984『小屋畑遺跡発掘調査報告書 —国道45号線久慈バイパス関連遺跡発掘調査報告書』岩

手県埋蔵文化財センター文化財調査報告書　第80集　岩手県文化振興事業団埋蔵文化財センター
　　　　　　　　1992『恵庭市ユカンボシE4遺跡』北海道埋蔵文化財センター調査報告書　第75集　北海道埋蔵文化財センター
　　　　　　　　1993『恵庭市ユカンボシE5遺跡』北海道埋蔵文化財センター調査報告書　第81集　北海道埋蔵文化財センター
立川トマスほか 1999『恵庭市ユカンボシE7遺跡』北海道埋蔵文化財センター調査報告書　第132集　北海道埋蔵文化財センター
種市幸生ほか 2000『千歳市ウサクマイN遺跡』北海道埋蔵文化財センター調査報告書　第156集　北海道埋蔵文化財センター
玉川英喜ほか 1986『関沢口遺跡発掘調査報告書 ―東北縦貫自動車道関連遺跡発掘調査』岩手県文化振興事業団埋蔵文化財調査報告書　第95集　岩手県文化振興事業団埋蔵文化財センター
田村俊之ほか 1985『末広遺跡における考古学的調査（続）』千歳市文化財調査報告書11　千歳市教育委員会
　　　　　　　　1994『丸子山遺跡における考古学的調査』千歳市文化財調査報告書19　千歳市教育委員会
千葉敬蔵ほか 1988『中長内遺跡 ―国道45号線久慈バイパス関連発掘調査報告書』久慈市埋蔵文化財発掘調査報告書　第8集　久慈市教育委員会
栃澤満郎ほか 1985『海上Ⅰ・海上Ⅱ・大久保Ⅰ遺跡発掘調査報告書 ―東北縦貫自動車道関連遺跡発掘調査』岩手県文化振興事業団埋蔵文化財調査報告書　第90集　岩手県文化振興事業団埋蔵文化財センター
永嶋　豊ほか 2004『向田（35）遺跡』青森県埋蔵文化財調査報告書　第373集　青森県教育委員会
中村良一ほか 1987『親久保Ⅰ・Ⅱ・Ⅲ・Ⅳ遺跡発掘調査報告書 ―東北縦貫自動車道関連遺跡発掘調査』岩手県文化振興事業団埋蔵文化財調査報告書　第116集　岩手県文化振興事業団埋蔵文化財センター
成田滋彦ほか 1995『泉山遺跡』青森県埋蔵文化財調査報告書　第181集　青森県教育委員会
成田誠治ほか 1974『近野遺跡発掘調査報告書Ⅰ』青森県埋蔵文化財調査報告書　第12集　青森県教育委員会
成田正彦ほか 1991『砂沢遺跡』本文編　弘前市教育委員会
　　　　　　　　1996『下恋塚遺跡』弘前市教育委員会
新岡　巌ほか 1995『山元（2）遺跡』青森県埋蔵文化財調査報告書　第171集　青森県教育委員会
　　　　　　　　1996『野尻（4）遺跡』青森県埋蔵文化財調査報告書　第186集　青森県教育委員会
西村眞琴・吉川一郎編 1936『日本凶荒史考』丸善
秦　光次郎ほか 1997『近野遺跡発掘調査報告書Ⅴ』青森県埋蔵文化財調査報告書　第216集　青森県教育委員会
畠山　昇ほか 1994『山元（3）遺跡』青森県埋蔵文化財調査報告書　第159集　青森県教育委員会
濱田　宏ほか 1995『水吉Ⅵ遺跡発掘調査報告書 ―世増ダム関連遺跡発掘調査』岩手県文化振興事業団埋蔵文化財調査報告書　第219集　岩手県文化振興事業団埋蔵文化財センター
原　明芳 1989「長野県における『黒色土器』の出現とその背景 ―5世紀末の食膳具様式の成立との関連で―」『東国土器研究』第2号　88-106頁
平井　進ほか 1986『桂平遺跡発掘調査報告書 ―東北縦貫自動車道関連遺跡発掘調査』岩手県文化振興事業団埋蔵文化財調査報告書　第110集　岩手県文化振興事業団埋蔵文化財センター
　　　　　　　　1988『皀角久保Ⅵ遺跡発掘調査報告書 ――般国道340号改良工事関連遺跡発掘調査』岩手

県文化振興事業団埋蔵文化財調査報告書　第 129 集　岩手県文化振興事業団埋蔵文化財センター

藤田亮一ほか 1979『青森市蛍沢遺跡発掘調査報告書』青森市蛍沢遺跡発掘調査団

藤村敏夫ほか 1993『丸木橋遺跡発掘調査報告書 —国道 340 号改良工事関連遺跡発掘調査』岩手県文化振興事業団埋蔵文化財調査報告書　第 189 集　岩手県文化振興事業団埋蔵文化財センター

　　　　　　　1994『倍田 IV 遺跡発掘調査報告書』岩手県文化振興事業団埋蔵文化財調査報告書　第 207 集　岩手県文化振興事業団埋蔵文化財センター

古市豊司ほか 1976『黒石市牡丹平南・浅瀬石遺跡発掘調査報告書』青森県埋蔵文化財調査報告書　第 26 集　青森県教育委員会

本沢慎輔ほか 1981『二戸バイパス関連遺跡発掘調査報告書 —長瀬 C 遺跡・長瀬 D 遺跡』岩手県埋蔵文化財センター文化財調査報告書　第 22 集　岩手県文化振興事業団埋蔵文化財センター

松本建速 1991「東北北部の平安時代のなべ」『紀要』第 11 号　岩手県文化振興事業団埋蔵文化財センター　61-79 頁

　　　　　1998「大洞 A' 式土器を作った人々と砂沢式土器を作った人々」『北方の考古学』野村崇先生還暦記念論集編集委員会　225-251 頁

　　　　　2006『蝦夷の考古学』同成社

　　　　　2009「砂沢式土器をもとに土器の変化の背景を考える」東海大学考古学研究室編『日々の考古学』2　125-139 頁

　　　　　2010「蝦夷は古代日本国領域からの移住者か」『季刊東北学』第 22 号　柏書房　93-114 頁

松谷純一 1992a『中島松 1 遺跡・南島松 4 遺跡・南島松 3 遺跡・南島松 2 遺跡発掘調査報告書』恵庭市教育委員会

　　　　　1992b『西島松 17・西島松 18 遺跡発掘調査報告書』恵庭市教育委員会

　　　　　2004『恵庭公園遺跡』恵庭市教育委員会

松谷純一・上屋真一 1988『中島松 6・7 遺跡』恵庭市教育委員会

三浦圭介 1995「古代」『新編弘前市史』資料編 1　弘前市　188-391 頁

　　　　　2005「平安時代の生活と文化」青森県市編さん考古部会編『青森県史』資料編　考古 3　弥生—古代　ぎょうせい　322-329 頁

三浦圭介ほか 1975『近野遺跡発掘調査報告書』II　青森県埋蔵文化財調査報告書　第 22 集　青森県教育委員会

　　　　　　　1977『近野遺跡発掘調査報告書』III　青森県埋蔵文化財調査報告書　第 33 集　青森県教育委員会

　　　　　　　1978『源常平遺跡発掘調査報告書』青森県埋蔵文化財調査報告書　第 39 集　青森県教育委員会

光井文行ほか 1983『上の山 VII 遺跡発掘調査報告書 —東北縦貫自動車道関連遺跡発掘調査』岩手県埋蔵文化財センター文化財調査報告書　第 60 集　岩手県文化振興事業団埋蔵文化財センター

　　　　　　　1986『古館 II 遺跡発掘調査報告書』岩手県文化振興事業団埋蔵文化財調査報告書　第 103 集　岩手県文化振興事業団埋蔵文化財センター

峰山　巌・金子浩昌・松下　亘・武田輝雄 1971『天内山』北海道出版企画センター

箕島栄紀 2001『古代国家と北方社会』吉川弘文館

第 4 部　定着と漂泊—古代・中世

女鹿潤哉　2003『古代「えみし」社会の成立とその系統的位置付け』岩手県立博物館調査研究報告　第 18 冊　岩手県立博物館

森　秀之　1997a『茂漁 5 遺跡発掘調査報告書』恵庭市教育委員会

　　　　　　1997b『カリンバ 4 遺跡』恵庭市教育委員会

森　靖裕ほか　1990『矢不来 3 遺跡』上磯町教育委員会

八重樫良宏ほか　1981『東北縦貫自動車道関係埋蔵文化財調査報告書 XII（石田遺跡）』岩手県文化財調査報告書　第 61 集　岩手県文化振興事業団埋蔵文化財センター

八木光則　2004「蝦夷考古学の地平」『古代蝦夷と律令国家』高志書院　3-46 頁

　　　　　　2010『ものが語る歴史』21　古代蝦夷社会の成立　同成社

山田悟郎　2005「北の雑穀農耕」『季刊東北学』第 2 号　106-121 頁

吉田　努ほか　1982『東北縦貫自動車道関係埋蔵文化財調査報告書 XIII 太田方八丁遺跡（紫波城跡）』岩手県文化財調査報告書　第 68 集　岩手県文化振興事業団埋蔵文化財センター

　　　　　　1983『荒谷 A 遺跡 —二戸バイパス関連遺跡発掘調査』岩手県埋文センター文化財調査報告書　第 57 集　岩手県文化振興事業団埋蔵文化財センター

吉田　孝ほか　1995「9-10 世紀の日本 —平安京」『岩波講座日本通史』第 5 巻　古代 4　岩波書店　3-73 頁

四井謙吉ほか　1982a『二戸バイパス関連遺跡発掘調査報告書 —二戸市家ノ上遺跡・長瀬 A 遺跡』岩手県埋蔵文化財センター文化財調査報告書　第 35 集　岩手県文化振興事業団埋蔵文化財センター

　　　　　　1982b『二戸バイパス関連遺跡発掘調査報告書 —二戸市長瀬 B 遺跡』岩手県埋蔵文化財センター文化財調査報告書　第 36 集　岩手県文化振興事業団埋蔵文化財センター

常陸における中世瓦の様相
―相対編年による地域内通観―

比 毛 君 男

1. はじめに

　本稿は，旧常陸国（茨城県）内で発見された中世（鎌倉・室町時代）の瓦の相対的な年代観を検討し，その結果を基に地域的特徴や歴史的背景について検討することを目的とする。

　本来遺物の編年方法としては，紀年銘資料や，古文書・古記録等から遺構の年代を特定し易い出土事例を標準資料として時間軸上に並べ，遺物の諸属性の変化と継続性を検討することが多い。しかし今回対象とする中世瓦は，出土事例に必ずしも良好な状態のものを含まず，表採資料等の2次的・補完的な資料を多数用いざるを得ない。副題中に相対編年とした理由はここにある。

2. 中世瓦研究の意義

　瓦を歴史復元の資料として用いるのは，歴史学の中でも考古学にほぼ限られる。考古学は物質資料をもって歴史を解明する学問のため，遺跡から出土する資料はすべてがその対象となりうる。が，百年以上の経年変化は大概の有機質資料を腐食させ，結果的に現在残る考古資料の多くは土製・石製等の無機質で構成される。

　概して言うと，当時の生活を構成する物資の殆どは失われており，偶々土中に残ったものから考古学は歴史を検討することになる。往時に比べ遺跡に残される資料はごく僅かであり，必然として資料を最大限積極的に活用して，考古学は歴史復元を行う。

　様々な考古資料の中でも留意すべきこととして，瓦は日常生活物資とは異なり，根本的に屋根を葺く建築資材の1つである。稀に2次利用が生じるが，基本的に古代から中世までの瓦は，寺院または宮殿建築にほぼその使用は限定される。換言すると瓦出土遺跡の存在は，寺院勢力・官衙・貴族といった当時の支配者層の宗教・政治上の拠点を裏付けることを可能にする。

　瓦研究の具体例には，軒先の瓦の文様部分（瓦当）の変遷や分布，製作技法，生産地と消費地との関係性等がある。多面的な切り口と地域的特徴を解明することで，現在の瓦研究は考古学による歴史復元の中で大きな位置を占めるに至った。総じて東国では，8～9世紀代までは国分寺瓦等の変遷を追うことが可能だが，10世紀以降は事例が乏しい。12世紀代に平泉や一部の遺跡で京都など畿内系の瓦が見られるまでは断絶が生じている。

中世瓦に関して言うと，1970年代以降全国的に中世遺跡の調査と個別研究が進み，主要な遺物研究分野の1つとしての認識が深まった。全体的な傾向としては，古代律令期程の全国的な大規模寺院造営が行われなかったため，京・南都・鎌倉等の都市遺跡を除くと，旧国内の更に小地域の拠点的な遺跡に中世瓦の出土例はほぼ収斂されている。

東国では鎌倉御家人の有力者層の本貫地に瓦葺建物をもつ大規模な寺院を営む例が多い。北条氏の願成就院，足利氏の樺崎寺跡・智光寺跡，世良田新田氏の長楽寺，小山氏の長福寺跡，宇都宮氏の地蔵院等が代表的な例である。換言すると，東国においては一部の例外を除き寺院建築，及び屋敷に伴う小堂宇に瓦の使用は限られている。

3. 県域中世瓦研究史概略

茨城県域の中世瓦研究は，近世末期の長島尉信による小田三村山古瓦の紹介と廃寺に関しての考察以後，高井悌三郎や藤田清，中村盛吉によって進められてきた（高井1979；藤田・中村1972）。同氏らは精力的に中世遺跡の探索と紹介を行い，豊富な表採資料によって県南・県西地域を中心とする考古資料の具体的な様相を明らかなものとした。

1980年代以降になると，開発行為数に連動して行政調査が増え，中世遺跡の発掘事例も徐々に増加した。中世瓦が出土した主な調査例には，つくば市北条日向遺跡（筑波町教育委員会1981），同市小田三村山極楽寺跡遺跡群（つくば市教育委員会1993），筑西市小栗寺山遺跡（協和町小栗地内遺跡調査会1986），土浦市宍塚般若寺跡（土浦市遺跡調査会1987）等が挙げられる。特に三村山極楽寺跡は過去の研究実績として，遺跡地内に残る優れた石造工芸品の存在，高井の瓦窯調査，中世文献史における西大寺系律宗研究の進展等があり，中世常陸国を代表する寺院遺跡であることが裏付けられた。

1990年代以降は，他県域の傾向と等しく表採・収蔵資料の紹介による出土事例の増加傾向が指摘できる。例えば，大関武による三村山極楽寺跡表採の軒丸瓦・軒平瓦の報告（大関1990・1991）や岩間町内域出土例の報告（大関2003）はその代表例である（この外にも川崎1989；黒澤1992等がある）。

その反面近年では，全国または地域単位で中世瓦の枠組みや推移を検証する取り組みが増えている。桃崎祐輔の文様論・歴史的背景からの考察（桃崎1994・1996），原廣志の関東地方の集成（原1997），佐川正敏の法隆寺を基軸とした各地の軒平瓦研究（佐川1995），山崎信二による全国規模の編年研究（山崎2000）等がその代表例である。

付言すると鎌倉や京，奈良等の都市遺跡以外の地域においては，発掘調査等による良好な出土状況を示す事例が少ない。先行研究のある都市遺跡内での瓦編年に沿う形で年代を比定する以外に，各資料の正確な年代的位置づけを示すことが困難な状況も見られる。

上記の研究史成果を集約化すると，常陸の中世瓦に対して以下の点を指摘できる。

(1) 常陸の中世瓦は，古代末期から室町時代までの変遷を追う事のできる地域である。

(2) 瓦の文様関係から，三村山極楽寺跡が中心的地位にある。
(3) 鎌倉時代後期を中心として軒平瓦の文様は，南都と祖を同じくする蓮華唐草文の分布が多く，鎌倉等他の関東地方が剣頭文を主とする点で対照的である。

4. 中世瓦出土主要遺跡の分布について（第1図）

当章では，茨城県域における主要な中世瓦出土遺跡を概観する。現在までの各報告による主要遺跡を以下に示すが，この例示は明確な瓦当文様が出土した遺跡を中心としている。文様以外の破片出土の遺跡数は倍加することをお断りしておく。

ところで，縄文時代の阿玉台式土器，古墳時代の滑石製石枕，奈良・平安時代の新治産須恵器，中世雲母片岩製板碑等，茨城南部から千葉北部にかけての地域は，考古学的に共通項の多い文化圏にある。が，こと中世瓦に限ると筑波山塊から霞ヶ浦西岸の分布密度に対し，千葉北部には殆ど例が無い[1]。この顕著な地域的偏差は，研究者の有無による事例蓄積，市街地化の進展の遅速，開発件数の多寡，歴史的背景の差等，過去から現在に至る様々な要因の結果と考えられ，単純に後者が無い地域と即断することはできない。この文章では，現状に基づき，前者の地域が中心となっている。

分布図と表によりこれらの遺跡を眺めると，各々を以下の共通項で括ることができよう。

(1) 守護級の在地領主氏族が創建した寺院

極楽寺・法雲寺（小田氏），正宗寺（佐竹氏）が代表例である。寺院内に守護家の墓塔を持ち，一門で住持を勤める者がいる等，守護職級領主層と密着した関係にある。

(2) 古代寺院に起源を持つもの

大御堂，薬王院，東城寺，前峰廃寺等が代表例で，筑波山塊周辺に立地し，徳一や天台僧開祖の先行伝承を持つものもある。

(3) 一般御家人級の在地領主氏族に関連する寺院

寺山遺跡（小栗氏），川澄くまんどう遺跡（川澄氏），新善光寺跡（宍戸氏）等が代表例で，五輪塔や中世墓等の関連施設を持つものも多い。

(4) その他

新規の寺・堂宇を中心とする。後年廃寺となり，歴史的文脈の詳細が不明であるものが少なくない。鍛冶屋廃寺等を代表例とする。

これら4類型は，(1)と(3)に氏族間の上下関係を想定することが可能であるほか，(2)が既存の信仰拠点に当たっている。このことを筆者は，既存の支配関係や先行して確立した宗教勢力の拠点に中世に入って瓦葺建物が再び造営された反映と考える。換言すると，在地領主との関連は壇越・外護者としての在り方を示し，古代山岳寺院内の分布は既存の聖地・権威の再興と解釈する。

また地理的特徴として，以下の2点が指摘できる。まず，分布が県南部に多く，特に小田氏領

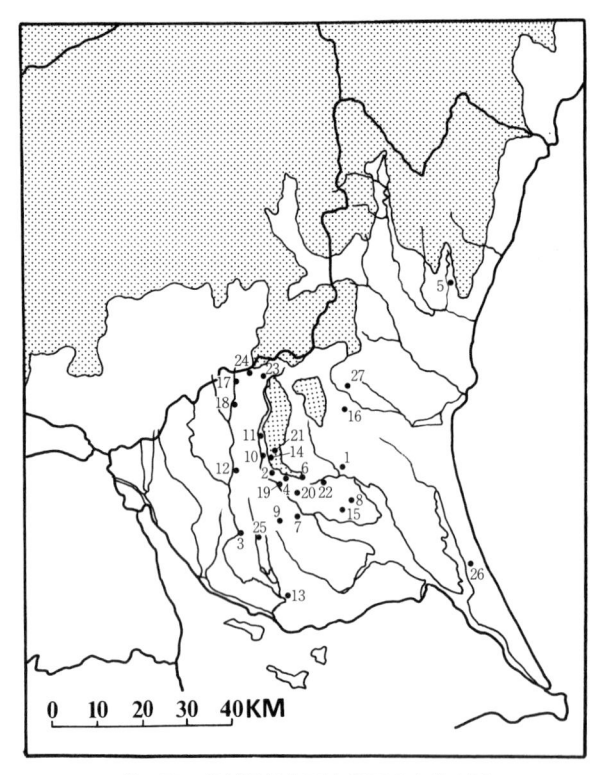

第1表 茨城県域主要中世瓦出土遺跡

No.	遺跡・寺院名/類型	所在地	在地領主	立地	備考
1	常陸国分寺/2	石岡市国分	常陸平氏（馬場大掾氏）	台地上	府中、古代以来の官寺
2	日向廃寺/2	つくば市北条	常陸平氏のち小田氏	筑波山塊山麓裾部	筑波北条、古代末期浄土系
3	大楽寺/2	つくばみらい市福岡	常陸平氏のち小田氏	小貝川に面した台地上	河内郡、古代末阿弥陀如来像
4	三村山極楽寺跡遺跡群/1	つくば市小田	小田氏	筑波山塊宝篋山麓裾部	筑波北条、小田氏創建、律宗結界
5	正宗寺/1	常陸太田市増井	佐竹氏	平地	佐竹氏創建、臨済宗律宗伝承
6	東城寺/2	土浦市東城寺	小田氏	筑波山塊山中	山荘、古代山岳寺院経塚、律宗結界
7	般若寺/2	土浦市宍塚	小田氏	桜川に面した微高地	信太荘、律宗結界
8	鍛治屋廃寺/4	かすみがうら市加茂	小田氏	台地上	南野荘
9	花室廃寺/4	つくば市花室	小田氏	台地上	河内郡周辺に条里制遺構
10	前峰廃寺/4	つくば市上大島	小田氏	筑波山塊山麓裾部	筑波北条、山岳寺院系
11	薬王院/2	桜川市椎尾	常陸平氏（真壁氏）	筑波山塊紫尾山中	真壁郡、古代山岳寺院系、律宗
12	承和寺跡/3	筑西市赤浜	小田氏のち結城氏	小貝川に接する微高地上	田中荘、方形館跡に隣接
13	安楽寺/4	龍ヶ崎市川原代	小田氏のち土岐氏	小貝川に面した台地上	信太荘、鎌倉後期の宝篋印塔
14	大御堂	つくば市筑波	小田氏	筑波山塊山中	筑波北条、古代山岳寺院系
15	真珠院跡/4	かすみがうら市深谷	小田氏	台地上	南野荘
16	随光寺遺跡/2	笠間市岩間上郷	小田氏族宍戸氏	山地に続く平地上	小鶴荘
17	寺山遺跡/3	筑西市小栗	常陸平氏（小栗氏）	台地上	小栗御厨、小栗寺
18	川澄くまんどう遺跡/3	筑西市川澄	川澄氏（小栗氏分家）	小貝川に接する微高地上	伊佐荘、川澄寺
19	小田城跡/(1)	つくば市小田	小田氏	桜川に面した微高地上	筑波北条、小田氏居館内
20	法雲寺/1	土浦市高岡	小田氏	台地上	筑波北条、小田氏創建、臨済宗
21	弁慶七戻跡/2	つくば市筑波	小田氏	山地	筑波山頂
22	下志筑若宮八幡神社/4	かすみがうら市下志筑	志筑氏	山地	茨城南郡
23	松田古墳群/3	桜川市松田	小栗氏のち小田・結城氏	山地	小栗御厨、堂宇・墓地調査
24	門毛薬師山/2	桜川市門毛	小栗氏のち小田・結城氏	山地	小栗御厨
25	念向寺/4	つくば市若槻	小田氏	小貝川に面した台地上	河内郡
26	東福寺/3	鹿嶋市奈良毛	常陸平氏（鹿島氏）	北浦湖岸微高地	奈良毛津
27	新善光寺跡/3	笠間市宍戸	小田氏族宍戸氏	台地上	小鶴荘、宍戸氏系、時宗

第1図 茨城県域主要中世瓦出土分布図

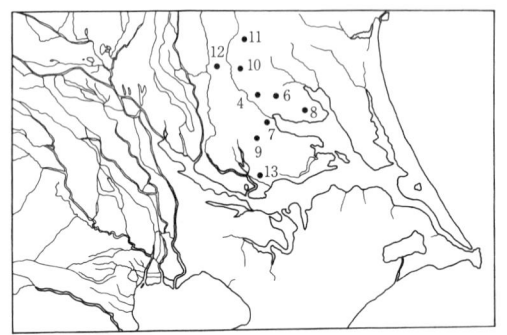

第2図 中世III期の分布状況（数字は上表に対応）

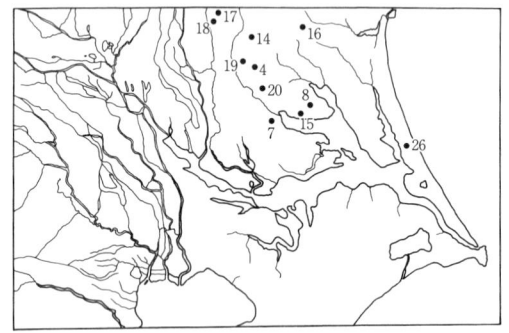

第3図 中世IV期の分布状況

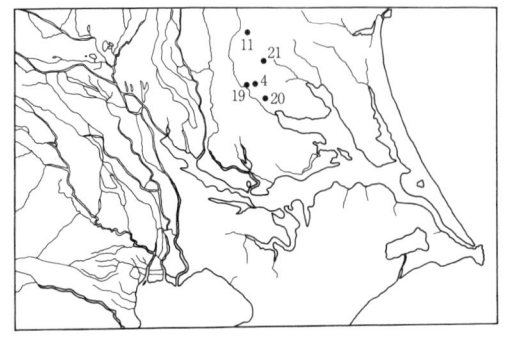

第4図 中世V期の分布状況

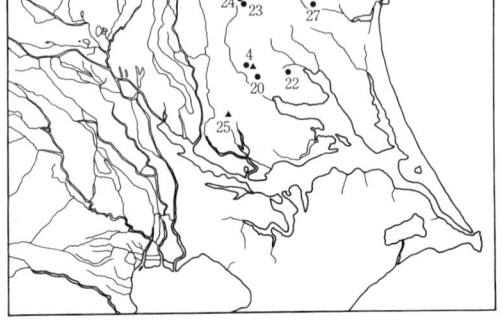

第5図 中世VI期（●）・VII期（▲）の分布状況

との重複が大きいという点である。特に荘園公領制における領域単位には，1箇所以上分布している。ある種の寺院・堂宇が一定の地域内にまとまりをもって分布するという事実は，特定の時期に集中して布教に伴う造寺・造堂活動が行われたということの証左となる。

次いで地形的には，山岳寺院を除き多岐にわたるが，交通路や河川湖沼を意識した立地である可能性が挙げられる。他の周知の遺跡の分布や現在の集落形成と比較しても，河川の渡河地点や古街道に面して位置する等，これら瓦葺堂宇を持つ遺跡が交通上重要な地にあるとみなしても矛盾はない。これには当時の集落形成等様々な要因が関連すると考えられる[2]。

5. 瓦の年代観の根拠 ―紀年銘資料と調査事例等の提示―

考古資料の編年を行う際には，対象となる資料の紀年銘の有無，年代をもつ供伴遺物との検討，文献・古記録等の裏付や出土層位的な検討等によって信頼できる出土状況の事例を数多く集め，それらを時間軸上に整合させた上で年代幅や，資料のもつ諸特徴の検討を行うことが基本的な方法の1つである。

ただしながら瓦は，本来耐久性のある建築部材であることから，往々にして後世まで引き続いて使用し続ける事が多い。発掘事例の中でも，中世瓦を含む近現代の瓦溜まりや年代観の合わない陶磁器との供伴事例の方が，同時代性をもつ良質な出土事例より多い。

つまり中世瓦の事例集成に当っては，必然的に生産・使用・廃棄の年代を考慮しなければならず，消耗サイクルの短い土器等の日常雑器よりも良好な出土事例が少ないという傾向は否めない。換言すると中世瓦は，ある一定の幅の中で年代的位置づけを考えざるを得ないという資料上の特性を本質的に持っている。そのため以下で筆者が瓦の年代を比定する際は，資料群ごとに一定の年代幅を設定し，それが連続または重複した在り方ととらえた。

(1) 紀年銘資料と一括性の高い調査例

当節では以下に，紀年銘資料と発掘出土事例の中から瓦の時期を想定しうる良好な出土事例を抽出して提示する。編年に当っては，本来はこれらを重視して多数の事例を抽出しなければならない。その理由は，資料間の価値の確認にも役立つほか，そのような事例が多ければ多いだけ，導き出せた傾向の蓋然性が高まるからである。

(1) 三村山極楽寺跡出土「正嘉二年」銘平瓦（高井 1979；つくば市教育委員会 1993）高井氏の報告が初出となる資料で，平瓦の凸面に「常州　極楽寺　正嘉二年」とある。平瓦の成形段階で凸面を叩き締める際に，叩き板に逆字に刻んだ字句が，押捺・転写されたものである。正嘉2年は西暦1258年にあたり，時期的に西大寺系律僧忍性の三村山極楽寺の止住時期と符合する。（第8図6）

瓦の特徴は，凹面側に布目痕はほとんど無く，凹凸（板状圧痕？）が見られるものもある。後代のものに比べ，やや厚手の印象を受ける。

(2) 三村山極楽寺跡出土「正和三年」銘平瓦 (真壁町歴史民俗資料館1993, 比毛2010)。凸面に文字「楽寺正和三年甲寅二二月」と陽刻されている。正和3年は西暦1314年に当たる。(3) に調整が類似する。

　(3) 三村山極楽寺跡遺跡群五輪塔下埋葬施設出土平瓦 (つくば市教育委員会1994) 遺跡内の五輪塔の解体修理を行った際に出土したものである。古瀬戸前期の四耳壺に龍泉窯系青磁鉢VIII類で蓋をした蔵骨器セットを石塔基礎下に収めるために，平瓦4枚を側面に立てて裏込め土を充塡し，1枚を上からの覆いとした埋葬施設を構築した。調査では保存のため覆いの1枚のみを取り上げた。陶磁器及び石塔様式から14世紀前葉と見なされる。

　瓦としての特徴は，凹面・凸面ともにナデを基調として調整される。凸面に叩き板の痕跡は明確には見られなかった。

　(4) 三村山極楽寺跡遺跡群瓦窯出土瓦 (つくば市教育委員会1993) 三村山極楽寺跡遺跡群の確認調査にて検出されたロストル式瓦窯から出土した瓦で，層位的には一括とされている。出土瓦は，①三巴文軒丸瓦IAa類，②平瓦IV類で薬師堂I類叩き目 (「薬」の逆字)，③平瓦IV類で細交差線文叩きの3種である。このうち①は，出土地点と量から蓮華唐草文I類軒平瓦とセットとして用いられ，文様構成上は蓮華唐草文でも古式にあたるとの指摘がある (山崎2000)。③と同一の叩き目の平瓦は，椎尾薬王院でも採集されている。

　上記をすべて一群のものと見なすと，三巴文軒丸瓦I類・蓮華唐草文I類・平瓦2種 (薬師堂I類叩きと細交差線文叩き) がセットとなる。

　(5) 小田城跡第50次調査 (本丸跡確認調査V) 出土瓦 (広瀬2005) つくば市小田。層位的に累重性をもつ遺跡で，本丸のほぼ中央を東西にはしる溝7から瓦が大量に出土した。

　出土瓦の種類には，軒丸瓦 (1種)・軒平瓦 (1種)・丸瓦 (2種)・平瓦 (2種)・面戸瓦・鬼瓦がある。軒丸瓦は，三村山 (IBb-2類)・鍛冶屋廃寺と，軒平瓦は大関氏報告の三村山軒平瓦と同范である[3]。丸瓦は2種類あり，1つはやや小振りで内面筒寄りに吊紐痕をもつもの，もう1つはやや大型で内面に吊紐痕を有するものである。平瓦も2つに分類され，I類は細い交差線文叩き (法雲寺，鍛冶屋廃寺同類) を持つもので，A (凹面に布目有り) とB (凹面に布目無し) に細分され，BはII類に類似する。なお軒平瓦凸面の叩き目痕は平瓦I類と同じである。II類は無文で，糸切痕とナデのみを残す。面戸瓦は内面に吊紐痕が2条あり，丸瓦からの転用を窺わせる[4] (第12図1・2)。

　(6) 法雲寺「敬奉」銘軒丸瓦 (比毛2005) 土浦市高岡法雲寺境内出土の軒丸瓦で，紀年銘資料ではないが，瓦当裏面にヘラまたは刃物により「敬奉 (以下不明)」と書かれている。出土地点は開山堂西隣で現在墓地が営まれている。

　文字銘の資料本体は文様がほとんど欠落しているが，珠文帯の間隔の一致から同范の完形品があり，文様の全体像がわかる。外区珠文帯の内外に圏線を持ち，巴の頭は円形を呈している (第12図14)。

　年代観の付与　上記を参照する限り，6例と数的に少なく，平瓦に偏重している。(1) と (3)

からは13世紀第三四半期から14世紀前葉における平瓦の様相を捉えることができる。紀年銘の平瓦叩き目は生産年代の上限を示しているが，極論すると下限を示すわけではない。叩き板の耐用年数によっては限定することも可能なのだろうが，現状でそれは明確ではない。年代の記された叩き板を後代の工人が故意に用いるかは不明であるが，紀年銘に特殊な何らかの意図がある場合，後代には扱いにくいのではないだろうか。その意味では，筆者は生産年代から余り時間をおく必要はないと考える。

また(4)は山崎氏の所見から，三村山蓮華唐草文Ⅰ形式期のセットを表すものと考えることが可能である。同氏によるとⅠ形式の導入時期は，蓮華唐草文の発生期ではないが1260～70年代以後という。

ついで(5)は，セット全体からすると異時期・資料間の混入の可能性も残されるが，全体的に同一時期とみなしても矛盾はない。全体的な特徴としては，軒丸瓦の巴の隆起は丸まり，瓦当面に残る木目が著しい。軒平瓦と平瓦Ⅰ類は，同一の叩き板の使用から同時製作である。軒平瓦に珠文帯は無く，唐草は非対照だが連結も乏しいことから，出現期の蓮華唐草文と比べると明らかに文様の退化相を見て取れる。平瓦は，細交差線文叩きとナデ消しのものが両立し，全体が小振りであることから，14世紀中葉に創建された法雲寺出土例に類似する。遺跡の層位から溝7は第4面(14世紀代)に所属する。溝内の供伴遺物には青磁酒海壺片，古瀬戸皿片，ロクロ及び手づくねカワラケが見られ，土器・陶磁器の年代もこの瓦の年代を支持できる。以上の検討から(5)の資料群は，最長で14世紀中葉から15世紀前半以内に収まるものと考えることができる。

(6)は，「敬し奉る」というヘラ描きを「師恩報謝」の意味と考えると，開山堂創建時のものと考えるのが自然である。開山堂の創建は建武2(1335)年の楊阜庵から正受庵への改称時，または法雲寺として寺格整備が完成した文和3(1354)年である。これらを踏まえるとこの瓦は，おおよそ14世紀中葉頃のものと見なすことが出来る。

(2) 調査出土資料によるセット

前節で時期を想定し得る出土事例を紹介したが6例と少ない。本来は前節の事例のみで編年は検討すべきだが，当章では資料を補完する為に発掘出土事例の中でセットと見なし得る事例を挙げる。前者が1次資料であるならば，当章以下の事例は2次資料的な性格は否めない[5]。

セットの種類に付いてここでは2種ある[6]。1つは，発掘調査出土事例の内で遺構出土では無いが，胎土や焼成を同じくし，瓦当文様が単一で，製作技法が同一のものである。複数の時期にまたがり使用・混入を受けたものではなく，軒瓦と丸・平瓦の一群が，ほぼ同一のセットと見なし得る事例である。2つめは，表採資料の中で胎土・焼成を等しくし，製作技法が同一で，文様がある際は同じか単一の文様系譜にあるものである[7]。

当節ではまず，調査によるセットと見なし得る事例を以下に挙げる。

(1) 日向廃寺(高崎1981；筑波町教育委員会1981) つくば市北条。筑波山系の南端，城山の麓に立地する寺院跡で，昭和54年に筑波町教育委員会と筑波大学によって発掘調査された。調査に

よって，浄土式伽藍と平安京中央官衙系の瓦が発見された。瓦は，頭が連結する三巴文の軒丸瓦，完成段階の折り曲げ作りによる陰刻剣頭文軒平瓦，半截花文軒平瓦，縄叩きと密な交差線文叩きの平瓦等がある。他時期の瓦を含まず遺構の重複関係からもこれら全てがセットとなる瓦群とみなすことができる。

　文様と伽藍の状況から平安末期12世紀後半のものと考えられ，13世紀中葉以降には下りえない。この地が，平安後期から勢力を振るい建久の政変によって失脚した常陸平氏本宗家多気氏の本貫地にあたることもこの年代を支持するものである。

　(2) 寺山廃寺・裏山遺跡（瀬谷ほか1986）筑西市小栗に存し，昭和59・60年に発掘調査された。当地は平安末期から室町中期までこの地を治めた在地領主常陸平氏小栗氏の本貫地である。調査では，火葬施設・集石をもつ区画墓・石塔・在地産（上野系）土器による蔵骨器等が検出され，小栗氏関連の墓地・寺院跡であった可能性が高い。瓦は遺構に伴出せず，外区に二巴文と珠文帯を配する三巴文軒丸瓦（川澄くまんどう遺跡と同笵），太線交差線文叩き平瓦が出土した。この他高井報文（高井1979）にて，三村山蓮華唐草文Ⅰ類が報告されている。

　前後の他時期の瓦を含まず，各瓦をセットとして見なしても矛盾は無い。蓮華唐草文Ⅰ類の存在から鎌倉時代後半の傾向を示していると考えられる。

　(3) 松田古墳群（横倉2004）桜川市岩瀬に存し，発掘調査では堂址と思しき整地面，火葬蔵骨器等が発見される。瓦は整地面全域から散在する形で発見された。土師質土器小皿・古瀬戸瓶子（後期）が伴出し，その年代は15世紀中葉から後半代である。塚・石碑・石塔の存在からは近世前期にも寺が営まれたことが分かるが，16世紀代は断絶している。

　出土瓦の特徴は，隅切瓦・面戸瓦等の道具瓦が比較的多く見られること，丸・平瓦の量に比べ軒瓦が9点しか無いことである。珠文間隔が広い三巴文軒丸瓦，花文（五曜文？）を中心飾りとし左から右へ流れる波状文軒平瓦，糸切痕を一部に残すが基本的に無文でナデ調整の平瓦が見られる。他時期の瓦を含まず，瓦セットの年代は伴出土器・陶器と年代的に矛盾しない。

(3) 表採資料によるセット

　続いて表採資料によるセットと見なし得る事例を挙げる。詳細は各報告を当たられたい。

　(1) 承和寺跡（比毛2005）筑西市赤浜。東叡山承和寺との寺名を伝える遺跡で，現在赤浜神社がある。周辺には五輪塔・近世の卵塔があるほか，隣接して1町強の長さの堀をもつ中世前期の方形館堀の内遺跡がある。

　蓮華文軒丸瓦1種，連珠文軒平瓦1種，筒部寄りの内面に吊紐痕のある丸瓦状の道具瓦，凹凸両面に糸切痕と離れ砂が付着する平瓦等がある。

　(2) 花室廃寺（橋場・桃崎1995）つくば市花室。寺址の謂れがある遺跡で，釣鐘堂跡と称される盛り土の高台も残る。

　瓦は胎土と焼成から2種に分類される。1種は，長石・石英粒を多量に含む粗土で焼きも甘く，一段連珠文軒平瓦と複数交差線文叩きまたは糸切痕・離れ砂をもつ平瓦が見られる。2種は，精

良な胎土で燻しは無いが焼きは堅緻で，二段連珠文軒平瓦と太線交差線文叩きの平瓦が見られる。軒平瓦の接合はいずれも顎貼付法による。

　胎土・焼成を異なるこの2つの瓦群は，前後の時間差を示すものと考える。軒平瓦の接合方法が共通し文様のみ異なる点，平瓦も複数交差線文と太線交差線文と類似する点からは，両者の時期差が近接するものとみなすことができる。前後関係は，1種が先行し2種が後出する。

　(3) 前峰廃寺（比毛2005）つくば市上大島。筑波山塊の南東部に位置する山岳寺院跡で，中世瓦・鰐口等が報告されている。

　瓦の特徴は，連珠文軒平瓦と糸切痕を凹凸両面に残す平瓦である。軒丸瓦は梵字文・三巴文で3型式3種，軒平瓦は一段連珠文（顎貼付）・格子文・陽刻上向剣頭文で3型式4種である。平瓦は凸面に糸切痕と離れ砂を持ち，叩きは不明。凹面はナデ消しと離れ砂を残す。

　(4) 鍛冶屋廃寺（比毛2004）かすみがうら市加茂。霞ヶ浦に突出する半島の中央部やや南寄りに位置し，椀型鉄滓や羽口も出土する遺跡である。寺院跡の謂れは伝えられていないが，近接して室町期真言宗小田4か寺の1つ南円寺がある。

　瓦は2種に分類され，軒丸瓦Ⅰ・Ⅱ類・連珠文軒平瓦（顎貼付）・丸瓦Ⅰ類・平瓦Ⅰ類による1群と，軒丸瓦Ⅲ類・蓮華唐草文軒平瓦（瓦当面貼付）・丸瓦Ⅱ類・平瓦Ⅱ類による1群が各々セットとして組み合う可能性が指摘されている。

　両者は相対的な先後関係にも当たり，鎌倉時代後半代（13世紀第3四半期〜14世紀前葉）のものと考えられている。前期セットと後期セットの分岐点は不明だが，後者の交差線文平瓦や蓮華唐草文Ⅰ類の笵型使用期間からは14世紀でも前葉以降に下る可能性も残されている。

　(5) 法雲寺（橋場・桃崎1995；比毛2005）土浦市高岡。新治台地上縁辺部，筑波・土浦間のほぼ中央に位置する臨済宗の古刹。小田氏の庇護を受け，指定文化財を多数有する。鎌倉末期から南北朝初期に渡元僧復庵宗己が実質開祖となる。

　瓦は，軒丸瓦2種，軒平瓦は波状文・唐草文等4型式5種，平瓦は細線交差線文叩き・無文叩きが各々見られる。このうち波状文軒平瓦1種は掛りの瓦である。

　法雲寺は古記録から創建が鎌倉最末期だが，本格的な寺域の整備は14世紀第3四半期以降と考えられる。交差線文叩きの平瓦は，前代に作成した他所からの搬入もあり得るがこの時期まで使用品として並存したことは確かであろう。掛り瓦の存在は，15世紀中葉以降も瓦の葺き替えがあったことを示唆している。結果的に複数回の瓦の導入があったと考えられるが，現在までに確認された瓦当文様の型式数には不足を感じる。

　(6) 般若寺（比毛1999）土浦市宍塚。霞ヶ浦に注ぐ桜川河口部右岸，微高地上に立地する。現在真言宗だが，鎌倉期には律院化しており，「大界外相」銘結界石を2基残すほか，鎌倉大仏の鋳物師丹治久友らが建治元（1275）年に鋳造した梵鐘，14世紀代の五輪塔等が遺る。

　旧境内の範囲に発掘調査が行われ，出土瓦は前後の2時期に分類される。前者には，珠文縁左巻三巴文軒丸瓦Ⅰ類，顎貼付け技法の軒平瓦（連珠文・四菱文），叩き目（斜交差線文，寺銘）のある平瓦等がある。後者には珠文の少ない三巴文軒丸瓦，瓦当面貼付け技法の蓮華唐草文・格子文

軒平瓦，ナデ調整・五重塔銘の平瓦等がある。前者は建長5（1253）年の結界後の13世紀第3四半期頃，後者は13世紀第4四半期から14世紀前半代と推定されている。

（7）薬王院（比毛2005）桜川市椎尾。平安期の天台僧最仙の開基を伝える山岳寺院で，弘安年間に忍性の宝塔建立を伝える。

軒丸瓦は三巴文に複数型式がある。軒平瓦は一段連珠文，交差線文，宝珠唐草文で3型式3種。丸瓦には布目がかからない吊紐痕をもつ。平瓦は，凹凸両面ともナデ以外の調整が不明瞭なもの，凸面に複数交差線文叩きを持つもの，凸面に無文叩きを施すものの3種がある。

（8）川澄くまんどう遺跡（高井1979；上高津貝塚ふるさと歴史の広場2003）筑西市川澄。小貝川右岸の沖積低地内の微高地上に位置する。現状は墓地で，標高は周囲の水田よりやや高い程度である。明治期に懸仏が2体出土したと伝えられる。

軒丸瓦は珠文・三巴文縁左巻三巴文軒丸瓦，軒平瓦は顎貼付の凸線下向き陽刻剣頭文軒平瓦，平瓦は凸面に太線の交差線文叩き平瓦が見られる。このうち，平瓦の叩き目と同一のものが軒平瓦の凸面に残されており，両者は同時期製作と考えられる。他時期の瓦を含まず，セットと見なし得る事例である。

（9）正宗寺（比毛・広瀬2005）常陸太田市増井。平安期の浄土寺院増井寺を起源とし，佐竹氏が室町初期に大規模な臨済宗寺院とした。夢窓疎石門下の五山僧が止住する等，室町期には五山十刹に次ぐ諸山に認められ隆盛を極めた。境内から大量の埋納銭が出土した他，佐竹氏の宝篋印塔等が伝わる。

瓦は，浄土庭園の池部分と旧開山堂の位置の2点から採集された。前者には，顎貼付け技法の一段連珠文軒平瓦と，両面糸切痕と離れ砂の平瓦または複数斜交差線文叩きの平瓦等がある。後者からは，珠文体を持たない唐草文軒平瓦と両面ナデ調整の平瓦が報告されている。

（10）東城寺（比毛2005；茨城県史編集委員会1985）土浦市東城寺。平安期の最仙開基を伝える山岳寺院で，鎌倉期の律院化による「大界外相」銘結界石を山麓に4基，境内に1基残す。平安末期には山の斜面に経塚が営まれた。

軒平瓦は顎貼付法による一段連珠文，平瓦は凸面に糸切痕の上に縄叩き痕・凹面に横位の糸切痕のものと，凸面に「平行条線内に交差線文の区画」の叩き目をもつものの2種がある。

6. 編年

（1）各例の前後関係の整理

前章までに提示した事例を元に，セット群の前後関係を以下に示す。

古代末から中世初頭を代表する事例は日向廃寺である。この遺跡は鎌倉時代後半以降の瓦を含まないことが明らかで，翼廊焼失後の礎石建物に瓦が根固めに用いられたことからも瓦の長期間の使用は想定しにくい。

三村山瓦窯出土瓦と同じセット関係にあるものは，寺山廃寺，川澄くまんどう遺跡，鍛冶屋廃

寺（後期），般若寺（後期）である。このうち鍛冶屋廃寺と般若寺は後出する可能性が残る[8]。山崎編年によると瓦窯出土軒丸瓦は三村山蓮華唐草文Ⅰ型式と組み，蓮華唐草文Ⅰ型式は寺山廃寺からも出土している。よって寺山廃寺出土軒丸瓦も三村山蓮華唐草文Ⅰ形式とほぼ同じセットと考えることができる。また川澄くまんどう遺跡の軒平瓦は，文様的には陽刻下向剣頭文であることから鎌倉の編年を参考にすると13世紀後葉以降には下りえず，接合技法が瓦当面貼付であることから，蓮華唐草文の初源たるⅠ型式併行と見なしても矛盾は無い。以上から，三村山瓦窯・寺山・川澄の一連のセットは1260年代から70年代にかけての資料と考える。

松田古墳群出土瓦は，法雲寺・三村山等と共通性を見ることができる。本例以外にも同系の波状文軒平瓦の表採例が点在することから，この時期における分布の増加，ひいては瓦拡散化現象の反映と想定することができる。年代的には波状文の多くが掛りの瓦であることから上限は永享年間以後，下限は15世紀後半代までのものと考えたい。この年代は，遺跡内出土のカワラケや古瀬戸後期製品の年代観とも矛盾しない。

かつて筆者は，常陸中世寺院遺跡出土瓦の紹介と共に，過去の諸論考を踏まえて，軒平瓦と平瓦の文様の類似性と技法の同一性の点から共通項で括ったABCの3セットを設定した（比毛2005）。この3セットは，文様構成や調整技法の変化の点，創立年代の差から順に時期差を表すものとし，A・Bを鎌倉時代・Cを室町時代に相当するものと考えた[9]。詳細は以下の通りである。

A：顎貼付連珠文軒平瓦と，寺銘叩き板，糸切痕・離れ砂技法の平瓦。
　① 三村山：有圏線一段および二段連珠文軒平瓦，平瓦ではⅠ型式（浅い縄叩き）とⅡ型式（離れ砂）および「正嘉2年」銘叩きの平瓦
　② 般若寺：軒丸瓦Ⅰ類，連珠文軒平瓦，平瓦Ⅰ類（「若」・「寺」銘で厚手）
　③ 東城寺：有圏線一段連珠文軒平瓦，浅い縄叩き平瓦が伴う可能性あり
　④ 前峰廃寺：有圏線一段連珠文軒平瓦，糸切痕と離れ砂を持つ平瓦
　⑤ 花室廃寺：有圏線一段連珠文軒平瓦，複数交差線文叩きまたは糸切痕・離れ砂平瓦
　⑥ 鍛冶屋廃寺：軒丸瓦Ⅰ・Ⅱ類，連珠文軒平瓦，丸瓦Ⅰ類，平瓦Ⅰ類（糸切痕と離れ砂）
　⑦ 承和寺跡：蓮華文軒丸瓦・有圏線一段連珠文・両面に糸切痕と離れ砂の平瓦
B：瓦当面貼付軒平瓦（蓮華唐草文が主）と，凸面に太線交差線文の叩きをもつ平瓦
　① 三村山：三巴文系軒丸瓦（ⅠAa型式）・蓮華唐草文系軒平瓦・平瓦（Ⅲ・Ⅳ・Ⅵ型式）
　② 寺山廃寺：珠文三巴文縁軒丸瓦（真珠院・川澄くまんどう遺跡同笵）・蓮華唐草文軒平瓦（三村山Ⅰ型式同笵）・太線交差線文叩き平瓦
　③ 川澄くまんどう遺跡：珠文三巴文縁軒丸瓦・陽刻下向剣頭文軒平瓦・太線交差線文平瓦
　④ 般若寺：軒丸瓦Ⅱ類，蓮華唐草文Ⅰ〜Ⅲ類・格子文軒平瓦，平瓦Ⅱ・Ⅲ類
　⑤ 鍛冶屋廃寺：軒丸瓦Ⅲ類・蓮華唐草文Ⅰ〜Ⅲ類・平瓦Ⅱ類（交差線文叩き）
C：横ヘラ刻み顎貼付接合軒平瓦と，ナデ又は無文叩きの平瓦
　① 三村山：唐草文・波状文軒平瓦，無文叩き（Ⅴ型式）・ナデ平瓦両者あり

②　法雲寺：唐草文（掛り瓦）・波状文（掛り瓦）軒平瓦，無文叩き・ナデ平瓦両者あり
③　松田古墳群：三巴文軒丸瓦，波状文軒平瓦，ナデ平瓦（横倉2004）

　このうちBの①から③と，④・⑤の間には多少時期差が生じる可能性があることは，既に触れた。またIV1（5）小田城跡出土セットも本質的にBセットと同類であるが，ナデ平瓦を含む点からは④・⑤に近いものと考える。
　Aセットにおける連珠文軒平瓦と，叩き板の痕跡を明確に持たず糸切り痕と離れ砂を持つ平瓦は，期せずして近年調査例が増加した鎌倉極楽寺における出土瓦のセットと等しい。鎌倉極楽寺でこのセットは，忍性来住以前の可能性も指摘されている（原2006）。
　上記の点を踏まえると，常陸の中世瓦の相対的前後関係は，平安末・鎌倉初の例として日向廃寺が先行し，次いでAセットと三村山瓦窯跡を代表とするBセットが鎌倉中・後期を占め，松田古墳群を例とする室町時代のCセットが順に続くと考えることができる。

（2）相対関係の細分と年代間の付与

　前節までの事例と諸関係を踏まえると，常陸の中世瓦は以下の7グループに細分化することができる。このグループの差異は，各々の瓦群の時期差を現したものとみなし，7期の相対関係を示すものであると考える。各々の時期は，耐久性や文様使用と変化を鑑みて，瓦が最大限可能性のある範囲で捉えたため，出現と終末が重複している箇所がある。

　中世Ⅰ期　日向廃寺を代表例とし，その他に大楽寺・常陸国分寺がある。軒丸瓦は頭の連結した三巴文，軒平瓦は完成された折り曲げ作りによる陰刻剣頭文，平瓦は縄叩きと格子叩きを挙げることができる。平瓦の製作技法は平安前・中期の国分寺の系譜に続くものである。
　時期的には，巴文の成立時期から上限が12世紀後半，下限は折り曲げ作りの陰刻剣頭文軒平瓦の年代を幅広く見積もり13世紀前葉以内と考える[10]。
　中世Ⅱ期　三村山極楽寺のみで確認されている。軒丸瓦は，三村山で出土したものの中では蓮華文が対応する可能性が高い[11]。軒平瓦は折り曲げ作りで，鎌倉永福寺系唐草文軒平瓦と，陽刻下向き寺銘入の剣頭文が相当する。平瓦は浅い縄叩き（Ⅰ類）である。
　時期的には13世紀前半代に収まり，初出でⅠ期と一部重複する。その根拠は，桃崎氏の指摘に従い，瓦が三村山極楽寺の創建時期のものに相当し，年代的には等覚寺梵鐘銘にある建永年間以降と考えることによる（桃崎2003）。
　中世Ⅲ期　三村山，般若寺，東城寺，薬王院，前峰廃寺，花室廃寺外多数あり，比毛のいうAセット段階に相当する。軒丸瓦は蓮華文または，外区に珠文・二巴文を持つ三巴文を中心にする。軒平瓦は顎貼付技法により，文様はほとんどが連珠文で稀に四菱文がある。連珠文は一段が先行し，二段が後出する。平瓦は，三村山極楽寺「正嘉二年」銘を代表例とするが，大多数は凹凸両面に糸切り痕と離れ砂を残し，叩き板の痕跡が不明瞭なものである[12]。稀に，複数交差線文叩きが見られる。
　時期的には13世紀第三四半期に相当するが，具体的には5-（1）-（1）の三村山の正嘉2年の造

瓦以後と考える。文様のセット関係から下限は次の中世Ⅳ期と一部重複する。

中世Ⅳ期 三村山，般若寺，鍛冶屋廃寺，寺山遺跡，川澄くまんどう遺跡が代表例で，比毛のBセット段階に相当する。軒丸瓦は，外区珠文帯をもつ三巴文を主とし，外区に珠文・三巴文縁を配するものも初現期に見る。軒平瓦は瓦当貼り付け技法の陽刻下向き剣頭文と，蓮華唐草文で，外区の珠文は大から小への変化がある。また，花室廃寺の例から顎貼付技法の二段連珠軒平瓦も一部Ⅳ期前半にかかる可能性が高い。このうち蓮華唐草文の文様採用が，最も注目すべき点である。同文様は南都の軒瓦と文様的に近いながらも同笵例は未確認で，常陸独自の文様構成であるとの指摘もある（山崎1993）。平瓦は×状の交差線文の上下に界線をもつ叩きの平瓦を主とし，太線と細線がある[13]。また5-(1)-(2)・(3)の資料から，Ⅲ期後半には叩き目を残さずナデ調整を基調とするものに移行する。

年代観は，蓮華唐草文の出現が1260～70年代と想定されていることから，13世紀後葉に開始し，下限は14世紀前葉と考える。このうち蓮華唐草文は外区の珠文が大きく，単位文様表現の密なⅢ・Ⅱ・Ⅰ型式が先行する。珠文が小型化し，単位文様の対称性が強く単純化したⅤ型式と鍛冶屋廃寺例が相対的に後出する。下限の根拠は必ずしも明確ではない。強いていうと，Ⅴ期の出土遺跡の減少が鎌倉幕府滅亡後の社会的混乱・衰退に関連すると考え，Ⅳ期の年代幅を限定する根拠とみなした。13世紀と14世紀を細分することが課題として残る。

中世Ⅴ期 小田城跡，法雲寺，三村山，正宗寺等が代表例である。軒丸瓦は珠文帯を外区に配し圏線を持つ三巴文を主とし，外区を持たない三巴文もある。巴の断面はカマボコ状で丸みを帯び，Ⅳ期よりも外区珠文の間隔が開く傾向がある。軒平瓦文様は唐草文で，珠文帯を持たず圏線のみを配して中心飾りから左右に均等に配置されるもの，または圏線の無いものに限定する。接合は不明な箇所も見られるが基本的に瓦当面貼付技法に拠る。平瓦は無文叩きとナデ調整のものが主となる。交差線文叩きも一部に残るが，上下の横線に接しない細線の交差線に限られる。丸瓦の吊り紐痕は，布目痕がなく縄のみが残るものに限る。

時期的には14世紀中葉から15世紀前半に位置する。根拠は小田城跡の出土層位と，法雲寺の創建年代だが，年代幅がやや広いことが難点である。

中世Ⅵ期 松田古墳群，法雲寺，三村山，かすみがうら市下志筑若宮八幡神社，笠間市宍戸新善光寺，桜川市門毛薬師山（上高津貝塚ふるさと歴史の広場2003）等を代表とし，比毛のいうCセット段階に相当する。軒丸瓦は外区に珠文帯をもつ三巴文でⅤ期よりも更に外区の珠文は小さく，密度も減る傾向がある。軒平瓦は横ヘラ刻みで接合した顎貼付技法の波状文と唐草文である。平瓦はナデ調整を基調とする。

時期的には15世紀中葉から後半代に位置する。この時期の最大の特徴は掛りの瓦の採用にある。法雲寺出土唐草文・波状文，三村山唐草文等この時期の多くが掛りの瓦であることから，上限は永享年間以後，下限は松田古墳群伴出資料の時期から15世紀後半代までのものと考えたい。

中世Ⅶ期 現在までのところ，三村山で報告された唐草文・蕨手文・蔦草文の軒平瓦，鋸歯文のつくば市若栗念向寺出土例（橘場・桃崎1995）等を挙げる。Ⅵ期との境界は必ずしも明瞭で

はない。これ以前の文様の均整さや単位文様の意図が失われ，構成も崩壊している。

時期的には前代と比較した文様変質を一定の時間を要するものとして，16世紀代に相当するものと考える。

7. 常陸の中世瓦への歴史的解釈

前章までに述べた中世瓦の様相から窺える，歴史的背景等について以下に検討したい。

まず中世Ⅰ期は，常陸平氏本宗家による浄土教信仰の一環を反映する。瓦が文様と製作技法から平安京中央官衙系瓦屋の作によるものは明らかである。出張製作と搬入品の是非については，瓦窯が未確認のため確定はできないが，胎土に若干の雲母を含む点から当地での製作の可能性が高いと筆者は考える。この時期の常陸国内と中央政府との関連については，12世紀中葉に①皇室領となる寄進地系荘園が国内に増加する点，②当時の国司に海外交易と流通に卓越した平氏出身者が複数みられる点が注目される。両者からは，本家・領家との連絡調整から税納入まで都と常陸南部とを結ぶパイプの存在，皇室及び政治上の実力者となりつつあった勢力とのつながり，中世に本格化する内水運流通の萌芽を想定できる。近年の発掘調査では県南部に12世紀代の白磁・青磁が一定量見られ，この時期が太平洋から利根川・霞ヶ浦水系の内海に至る交通・流通網の始動期にあたることを裏付けている[14]。

中世Ⅱ期は，日向廃寺（前期）の断絶などⅠ期から継続する遺跡が無い点から常陸平氏本宗家の建久の政変における勢力退潮を伺わせる。それを塗り替える形で新たに極楽寺を創建した八田氏が筑波南麓に進出したが，極楽寺での永福寺系軒瓦の採用は，義朝以来の源氏家人として頼朝開府以降も重きを成した八田氏の勢力を暗示する。

中世Ⅲ期における瓦出土地点の急増は，建長・正嘉年間の西大寺系律宗僧忍性の常陸入国後の律宗の教線拡大に起因し，南都の各種工人の招聘と造寺・造堂活動の活発化の反映と考えたい。各々の瓦の分布は小田氏の所領内部を中心とし，荘園公領制における支配領域単位に最低1箇所は分布する。筑波山麓から周縁部に拡散する状況を見て取ることができる。

中世Ⅳ期は，Ⅲ期に比べやや集約化した印象を与えるが，拡散期であることに違いはない。Ⅲ期から継続するのは三村山と般若寺のみで，他は新規の出現である。蓮華唐草文の出現が注目すべき点で，関東周辺地域が剣頭文等鎌倉に類する文様分布が見られる反面，南都に文様的に近しい地域は関東地方ではこの常陸南部のみである。中世Ⅲ・Ⅳ期の瓦は，歴史的・宗教的意味合いから「律宗系」との解釈も可能であろう。

中世Ⅴ期の分布は，筑波山麓の拠点のみでやや退潮傾向を伺わせる。鎌倉幕府の滅亡と南北朝の争乱を含むため，常陸合戦等の影響も考えられる。また鎌倉期に比べて律宗の影響力が低下し，権力者も臨済禅の振興を志向することも背景の1つとして指摘できる。小田氏の法雲寺と佐竹氏の正宗寺の創建はこの事実を裏付ける。

中世Ⅵ期に入ると再度出土地が拡大する[15]が，地理的に霞ヶ浦側ではなく筑波山塊周辺への

分布に傾向が変わる。また出土地の状況からは，大寺院というより中小の堂宇が主となり，単一宗派の寺院遺跡とは限らない不特定多数の分布を示している。この時期においては，宗教や寺院に属する瓦屋工人集団の存在よりも，貨幣経済の浸透に伴って地元生産の瓦が商品として流通した可能性もある[16]。

中世Ⅶ期は，瓦自体が不明確で，戦国の争乱等により生産が消滅した可能性が高い。旧仏教の寺院勢力は，室町時代後半以後に農民や都市民など一般庶民階層の成熟に反比例して，聖俗両方の力を弱めてゆくことから，工人との紐帯も失われていったと考えることは不自然ではない。既にⅥ期において瓦工人の一部が瓦質製品の生産に当たる可能性が指摘されており（比毛2004），城館遺跡を中心に中世Ⅶ期に瓦質製品がより一般化することの反証となるだろう。

換言すると，常陸における瓦生産は戦国期にほとんど消滅したことになるが，この理由は需要者層の崩壊（宗教勢力の退潮）と生産者側の変化（瓦質製品生産への移行）にその理由を求めることができる。

8. おわりに

前章までの内容を踏まえると，常陸における中世瓦の分布のピークは鎌倉時代後半の2回と室町時代中頃の1回の計3回あることが分かる。特に前者は西大寺系律宗の教線拡大に起因し，南都工人の招聘と造寺・造堂活動の活発化の反映と考えた。

常陸は直接畿内，特に南都の影響下にある文様が中世を通じて移植された地域であると言われる[17]。他地域と比べると，南関東が鎌倉，足利は京都の影響下にあることから，関東の中でもその特異性は著しい。

本論では，相対編年に基づく地域内の通観に主眼を置いたため，この特異性の要因を十分に論証することはできなかった。また軒丸瓦三巴文の細分や年代の検討も充分とはいえない。残された課題は大きく今後もこの地域の研究を深化させ，文化的背景を解明する一助となるよう努めたい。

協力者（敬称略，50音順）：茨城中世考古学研究会，大関 武，原 廣志，広瀬季一朗，横倉要次，桃崎祐輔

374　第4部　定着と漂泊―古代・中世

第2表　常陸における中世瓦の変遷

世紀	年代	歴史的事象等	中世瓦の様相	軒丸瓦	軒平瓦	平瓦	主な出土例
11	後半代～末葉	瓦生産・使用に関して様相不明					
12		[常陸平氏による日向廃寺建立]・常陸他系荘園の立荘（信太荘・南野荘等）・建久4（1193）年、常陸平氏宗家（多気氏、下妻氏）滅亡・定朝様式の木造阿弥陀如来坐像の流行	中世I期[中央官衙系瓦の出現]・日向廃寺セット	・技法：印籠継ぎ技法による接合・文様：頭の連結した三巴文	・技法：完成された折り曲げ作り・文様：陰刻下向き剣頭文、半截花文	・凸面：縄叩きまたは細密な交差線文・凹面：布目痕	・日向廃寺（つくば市）・常陸国分寺（石岡市）・大楽寺（つくばみらい市）
	前半代	[八田（小田）氏の常陸進出と極楽寺建立]・建永年間（1206～07）、極楽寺創立後入道念（八田知家）銘の梵鐘鋳造・八田知家の常陸守護就任	中世II期[永福寺創建期同笵瓦の分布]	・文様：蓮華文・大型品が先行し、外区珠文帯を持つものが後続	・技法：折り曲げ作り・文様：永福寺創建期同笵、唐草文、陽刻下向剣頭文（清冷院銘）	・凸面：浅い縄叩き・凹面：布目痕・糸切痕が両面に残る場合あり	三村山清冷院極楽寺跡（つくば市）
13	第III四半期	[忍性の常陸止住]・建長4（1252）年、忍性関東下向・建長5（1253）年、般若寺（7月24日）、三村山（9月11日）、小田山石龕が結界・結界石、小田山宝篋印塔、長久寺石灯籠が13世紀後半代に造立	中世III期[忍性による正嘉年間以降の瓦生産]・正嘉2（1258）年銘の平瓦（常陸極楽寺　正嘉二年）・Aセット分布の急増	・文様：蓮華文（三巴文）と珠文帯・三巴文は2個と3個が先行し、間隔の珠文は4個	・技法：領貼付技法ののへら叩き・文様：連珠文（一段）が先行、二段が後出、四葉文	・凹凸両面：糸切痕と離れ砂・正嘉二年銘平瓦（やや厚手）・稀に交差線文（横位区線）、叩き無し	三村山・前峰廃寺・花蔵廃寺1期（つくば市）、東城寺・般若寺前期（土浦市）、鍛冶屋廃寺前期（かすみがうら市）、承和寺跡（桜川市）、東城寺、安楽寺（龍ケ崎市）、正宗寺（常陸太田市）
	第IV四半期	[忍性、鎌倉へ移住]・弘長元（1261）年、忍性鎌倉釈迦堂へ移る・弘長2（1262）年、叡尊が鎌倉に下向し、忍性三村寺から鎌倉へ、忍性多宝寺に移る・文永4（1267）年、忍性鎌倉極楽寺に移る	中世IV期[蓮華唐草文の成立]・1260～70年代に発生するIII型式が初源へII・I型式が続く	・文様：外区に三巴文帯（1個）と珠文帯を持つ三巴文・外区には珠文帯を持つもの、三巴文	・技法：瓦当面貼付技法の一部に領貼付技法・文様：蓮華唐草文（圏線と珠文帯を持ち、珠文は大から小へ変化）、一部に陽刻剣頭文・交差線文あり、二段連珠文あり	・凸面：交差線文、密交差線文、太繩で横叩き持つもの・凹面：ナデ・寺銘叩き	三村山・前峰廃寺・室廃寺2期（つくば市）、般若寺後期、鍛冶屋廃寺後期、東城寺、寺山遺跡・川窪くまんどう遺跡（筑西市）
	前葉	[建宗系寺院の伸張]・建治元（1275）年、源海般若寺梵鐘鋳造・弘安元（1278）年、忍性椎尾山頂に宝塔造立・弘安5（1282）年、般若寺梵鐘造立。翌年堂中修造と伝う・正応2（1289）年、勧進仏師阿闍梨円浄により三村山湯地蔵造立	[蓮華唐草文の発展と三村山周辺でのB瓦生産の定着]・三村山極楽寺跡周辺諸地点出土瓦・Bセット、出土地点再増加				
		・乾元元（1302）年以降、頼玄没・三村山五輪塔群が14世紀初頭～前葉に造立される・元弘2（1332）年、復庵宗己が小田氏領内の楊岐庵に入る。鎌倉幕府滅亡	・正和3（1314）年銘の平瓦[楽寺　正和三年]・三村山五輪塔下埋葬施設出土平瓦		・凸面：細線交差線文（横位界線を持つ）叩き、まれにナデ・凹面：ナデ	・真珠院（かすみがうら市）、随光寺遺跡（笠間市）

常陸における中世瓦の様相

世紀	時期	歴史的事象	中世瓦の画期と特徴	瓦の文様・技法	出土遺跡
14	中葉	・建武2年 (1335)、楊岐庵から正受庵への改称 ・建武3年 (1336) 年、月山周枢が佐竹氏領内の正法寺内に正宗庵を建立 ・文和3年 (1354) 正受庵から法雲寺として寺格整備が完成 ・この頃常陸合戦話発化 ・延文4 (1359)〜5年養堂周信が勝楽寺来訪、方丈を建築 ・正平15 (1360) 年、増井正宗寺建立	中世Ⅴ期 〔出土地点のⅢ面の減少傾向〕 ・小田城本丸Ⅲ面の造成 ・守護級有力武士による臨済宗寺院建立 (法雲寺、正宗寺) ・法雲寺「敬秦」銘軒丸瓦	・文様：唐草文をもつ三巴文、珠文帯の無い三巴文も残る	小田城跡・弁慶セ戻跡・三村山 (つくば市)、法雲寺 (土浦市)、正宗寺 (常陸太田市)、薬王院
	後葉	・応安年間、小田孝朝の臨済・真言宗寺院振興策 ・鎌倉府と関東諸豪族との争いが続く ・小山氏の乱、小田孝朝の乱		・文様：唐草文 (欄線のみで珠文帯は消失)	
15	前葉	・鎌倉府内の大規模な争乱続く、永享の乱・上杉禅秀の乱			
	中葉	・嘉吉3 (1443) 年の「法雲寺荘主領年貢目録」中に清冷院極楽寺と三村山清冷院極楽寺との間に年貢授受に関する関係があったことを示す	中世Ⅵ期 〔出土地点の3回目の増加〕 ・Cセット、筑波山麓周辺に拡散 ・松岡古墳群 ・法雲寺・三村山に掛りの瓦 ・瓦質製品の出土増加	・技法：顎貼付技法 (接合のヘラ刻みは横位) ・文様：唐草文、波状文 ・文様：外区に珠文帯をもつ三巴文。外区珠文帯は小粒で間隔が開く。笵の深さが浅くなる	松岡古墳群・門毛薬師山 (桜川市)、法雲寺、三村山、下志筑若宮八幡神社 (かすみがうら市)、新善光寺 (笠間市)
	後葉	・永正年間頃、小田氏内訌 (小田治孝と小泉顕家) ・小田氏一族内の対立激化 (小田成治と小泉顕家)	・鍋・擂鉢等の在地土器生産の開始		
16	前葉	・常陸国内諸氏族間の戦乱激化 大永年間に屋代合戦 (小田氏と土岐原氏) 享徳年間に鹿子原合戦 (小田氏と江戸氏) ・戦国の争乱始、大規模化	中世Ⅶ期 〔中世瓦の終焉〕 ・中世瓦の例がほとんど見られなくなる ・単位文様の退化相が強い ・鉢類等瓦質製品が小城館遺跡等に急増 ・鍋・擂鉢等在地土器生産の活発化	・文様：外区に珠文帯をもつ三巴文。珠文帯は大粒で扁平 ・文様：鋸歯文、鳶草文、蕨手文 ・文様の退化が著しい	三村山、念向寺 (つくば市)
	中葉	・弘治年間、佐竹氏と結城氏の対立激化 ・永禄年間、上杉・佐竹氏に小田氏敗れる			
	後葉	・永禄12年 (1569) 手這坂の合戦、小田氏衰亡 ・天正元年 (1573) 佐竹氏、小田氏を攻撃 ・天正11年 (1583) 小田氏、佐竹氏に降伏			
	末葉	・豊臣秀吉による小田原攻め ・佐竹氏による石垣山一夜城に織豊系瓦使用、常陸諸氏族の統一、常陸諸氏族の滅亡			

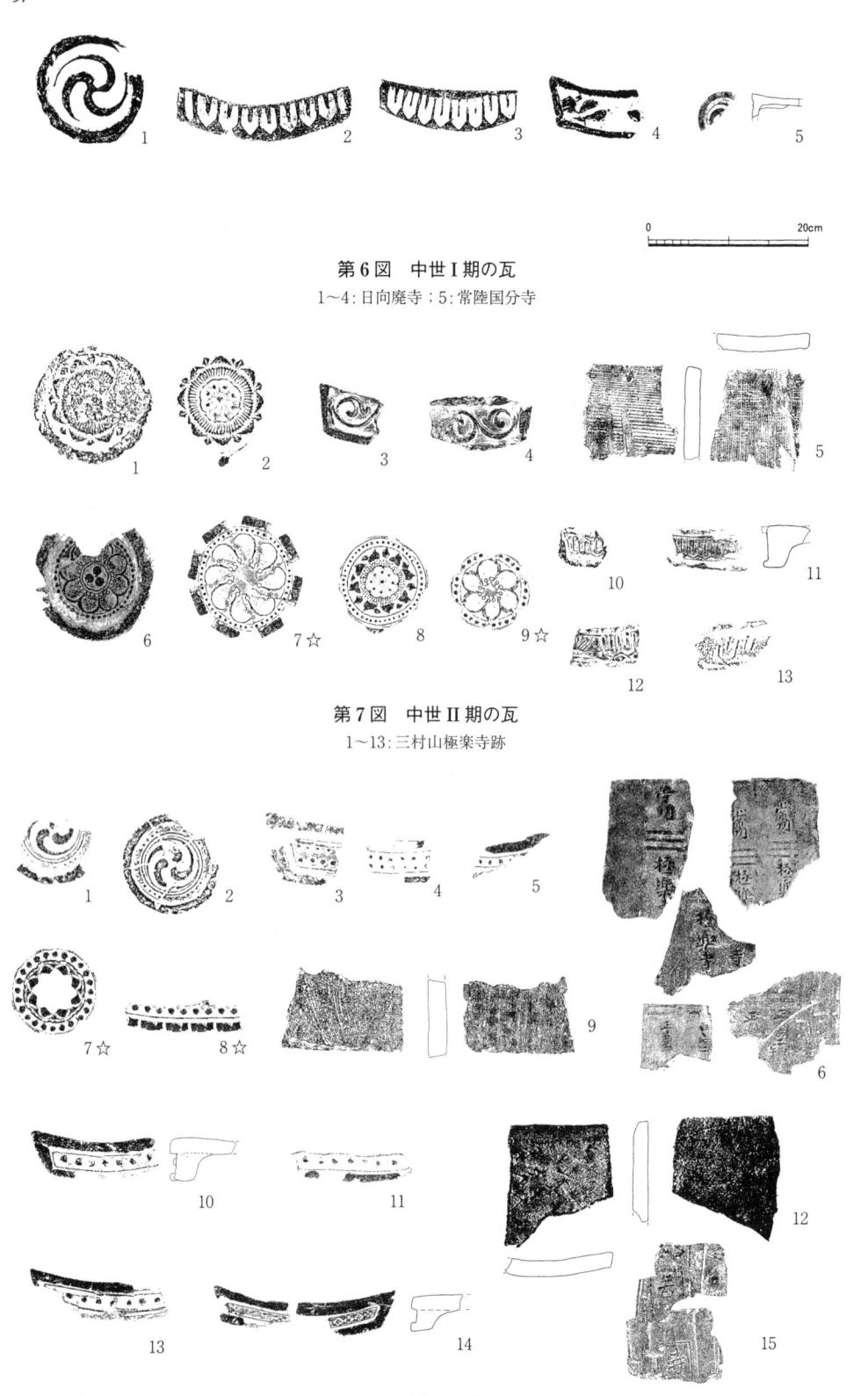

376 第4部 定着と漂泊―古代・中世

第6図 中世Ⅰ期の瓦
1～4:日向廃寺；5:常陸国分寺

第7図 中世Ⅱ期の瓦
1～13:三村山極楽寺跡

第8図 中世Ⅲ期の瓦
1～6:三村山；7～9:承和寺跡；10～12:花室廃寺；13～15:般若寺

(S=1/8, ☆印…反転・結合等による文様復原を行う)

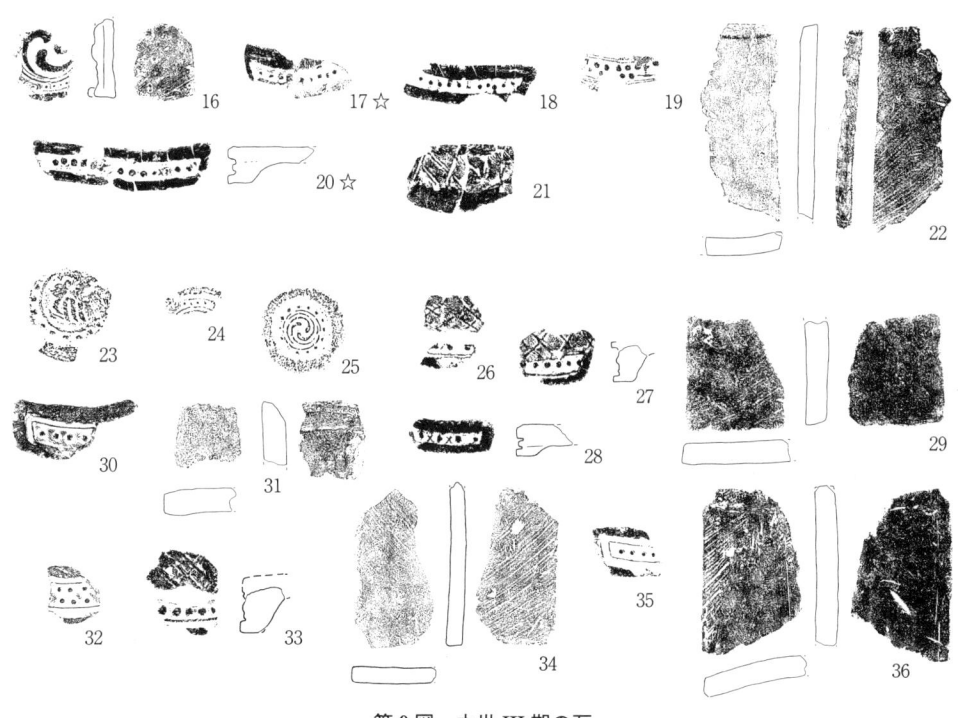

常陸における中世瓦の様相　377

第 9 図　中世 III 期の瓦

16〜22:鍛冶屋廃寺；23〜29:前峰廃寺；30・31:薬王院；32:安楽寺；33・34:正宗寺；35・36:東城寺

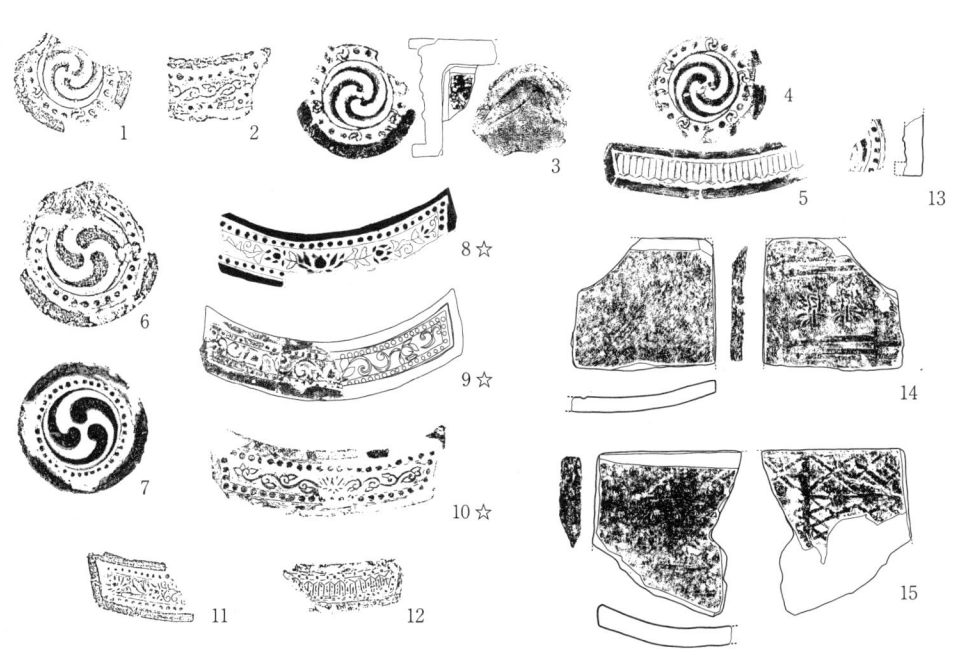

第 10 図　中世 IV 期の瓦

1・2:寺山廃寺；3:真珠院跡；4・5:川澄くまんどう遺跡；6〜15:三村山

378 第4部 定着と漂泊―古代・中世

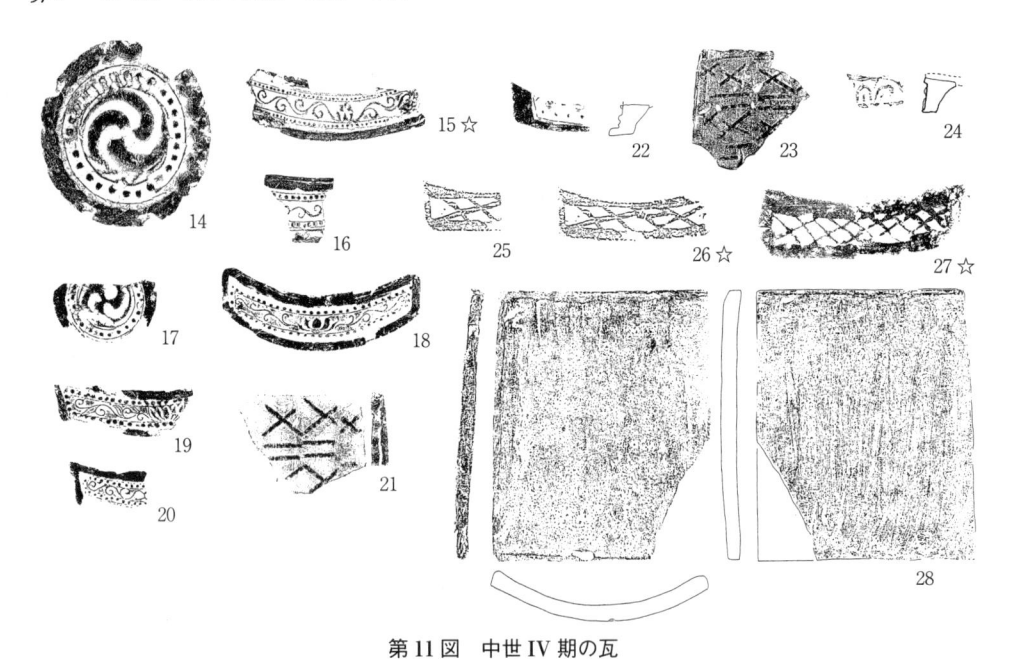

第11図 中世Ⅳ期の瓦
14〜16：般若寺；17〜21：鍛冶屋廃寺；22・23：花室廃寺；24：随光寺遺跡；25：前崎廃寺；26・27：薬王院；28：三村山

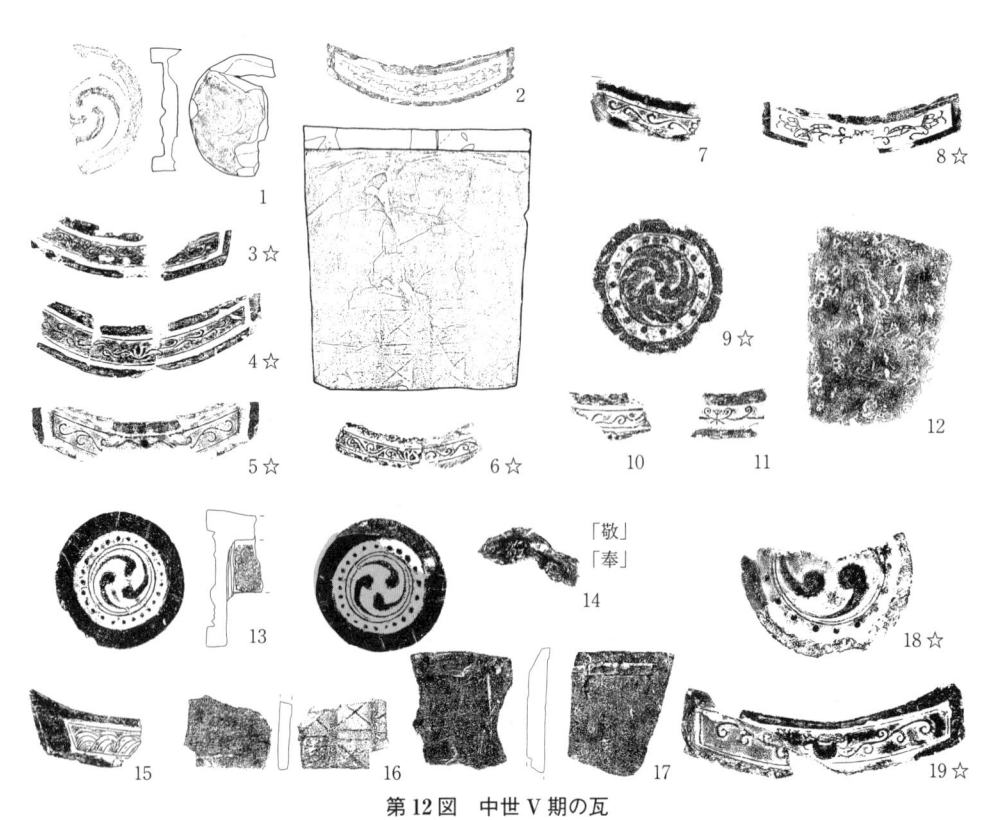

第12図 中世Ⅴ期の瓦
1・2：小田城跡；3〜6：三村山；7：弁慶七戻跡；8：般若寺；9〜12：正宗寺；13〜17：法雲寺；18・19：薬王院 「敬」「奉」

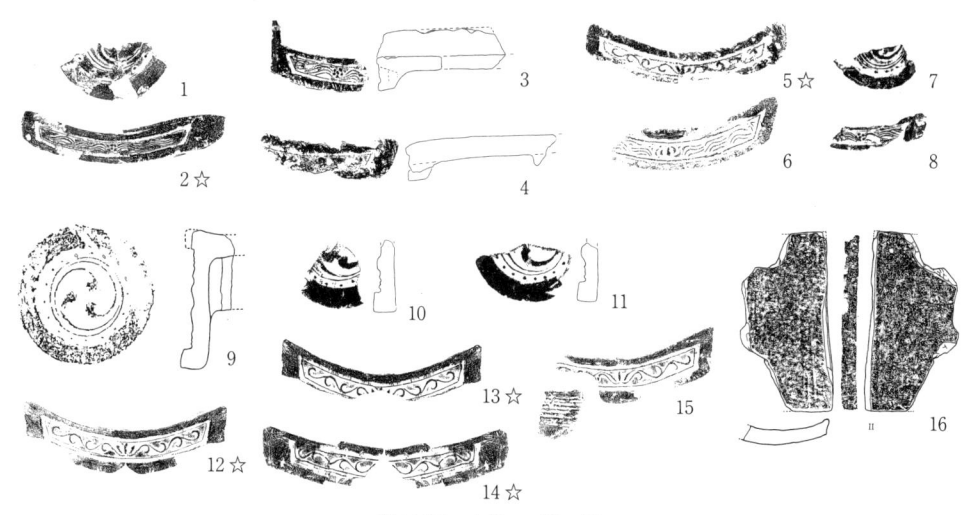

第13図　中世 VI 期の瓦
1・2:松田古墳群；3〜5:法雲寺；6:門毛薬師山；7・8:下志筑八幡神社；9〜16:三村山

第14図　中世 VII 期の瓦
1〜3:三村山；4:年向寺

註

1) 本論における文様関係の呼称は，全く同じ木型〔瓦范〕で作られたものを同范，文様内の単位の大きさ等から木型が異なるが構成は全く同じであるものを同文，細部に差異をもつが基本的な文様構成や概念が同じである関係を同系〔同一文様系譜〕と呼ぶこととする。

　同類は平瓦の叩き目において，逐一同一工具を使用したか論証していないが同じまたは類似する叩き目文様の資料群を括るために便宜的に用いた表現である。

2) 資料の実見・観察に際しては，つくば市教育委員会広瀬季一郎氏にご協力いただいた。

3) 軒丸瓦は他所から移動して用いられた他時期製作の可能性も残るが，范傷の進行具合（木目の頻度）からは，三村山→鍛冶屋廃寺→小田城の順と思われる。少なくとも三村山が他2者に先行することは確実である。

4) 上層に古瀬戸後期の資料を含むことから，層位年代が15世紀前半に下降する可能性も残る。

5) これらを用いなければならない所に今回の編年の限界が有る。必然的にこの検討による差違は絶対的なものではなく，資料相互間の相対的な関係に留まらざるを得ない。

6) 以下のセットを想定するには，同一遺跡で出土した，異なる文様と胎土で捉えられる2つの資料群が，時間的（生産時期差）または空間的差（生産地の違い）を反映するものとし，同様の胎土・焼成で同一の製作技法と文様で捉えられる一群は単一時期の生産と使用下にあったことを前提とする。

7) 両者の内，前者の方が後者よりも，調査事例であるだけに他の混入を排除できるという点でセットとしての可能性は高い。後者は表採品の為，他の事例が混入する可能性を否定できず資料的偏りがある。これに対しては，根拠が薄弱だが現地踏査を複数回，丹念に行なうことである程度はリカバーできると考え

たい。

 8) 鍛冶屋廃寺（後期）と般若寺（後期）セットは，瓦当文様の単純化と平瓦の叩き目痕から，これよりも後出する可能性があるため，この年代観からは除外する。

 9) セットとみなした理由は，属性を共通項で括れる資料の1群がセットとして複数見られるということは，この時期に瓦の拡散現象が地域内で生じていたこと，それも100年以内等と極端な時期差を生じることなく，ほぼ同じ頃に並存していたことを示していると考えたことに拠る。

 10) 鎌倉鶴岡八幡宮・永福寺，伊豆韮山願成就院等にも折り曲げ作りの陰刻剣頭文があるが，当例に比べて剣幅が広い。軒丸瓦も日向廃寺の方が，巴の頭部が連結する等古相を示す。そのため必ずしも頼朝の鎌倉開府以降に囚われずに解釈した。

 11) 承和寺例の蓮華文は次時期のAセットと組むが，鎌倉永福寺・大慈寺例等からも軒丸瓦の蓮華文は12世紀末から13世紀前半に年代を収めるのが最も蓋然性が高いと考える。

 12) 平瓦は他にも他時期に比べてやや厚手であることが特徴である。

 13) 平瓦の叩き目に太細2者あること，蓮華唐草文・巴文に型式が複数あることなどから，この時期は将来的に更に細分が可能である。また交差線文の共通点から「三村山」「清冷院」叩きの平瓦もおおよそこの時期のものと考える。

 14) 土浦市入ノ上遺跡，大宮前遺跡，中高津西原遺跡等霞ヶ浦土浦入りの他で，近年白磁や東海産陶器等貿易または遠隔地流通による陶磁器が一定量出土している。

 15) 波状文軒平瓦の類例は常陸国境に接する栃木県益子町地蔵院にもある（田熊1987）。

 16) 内耳鍋やすり鉢等在地土器生産が本格化することと時期的に対応している。また，筑波山塊周辺に限られることは未だ小田氏の領地内に留まる分布を示すが，法雲寺と三村山，新善光寺が在地領主である小田氏と分家の宍戸氏に関する寺である以外，他の遺跡間を結ぶ歴史的脈絡は筆者には乏しく感じられる。

 17) 蓮華唐草文にしても常陸で独立した文様の成立との可能性もあることから，単純な伝播というわけではない。また，東北地方の一部にも南都の影響下の瓦文様が見られる地域もあるが，時期的にしぼられ恒久的に続いた訳ではなさそうだ。瓦の耐久性等にもよるのだろう。

引用文献

茨城県史編集委員会 1985『茨城県史』原始古代編　茨城県
茨城県立歴史館学芸部 1994『茨城県における古代瓦の研究』学術調査報告書4　茨城県立歴史館
大関　武 1990「三村山清涼院極楽寺跡採取の軒丸瓦について」『婆良岐考古』第12号　74-85頁
　　　　　 1991「三村山清涼院極楽寺跡採取の軒平瓦について」『婆良岐考古』第13号　76-87頁
　　　　　 2003「茨城県における中世瓦の一様相」『領域の研究 —阿久津久先生還暦記念論集—』阿久津久先生還暦記念事業実行委員会　337-349頁
　　　　　 2007「中世筑波地域の景観」『考古学の深層 —瓦吹堅先生還暦記念論文集—』纂修堂　417-426頁
上高津貝塚ふるさと歴史の広場 2003『般若寺遺跡と常陸の中世寺院遺跡』展図録　土浦市教育委員会
川崎純徳 1989「椎尾薬王院」『真壁町史料』考古資料編III　古代寺院遺跡　65-86頁
瓦吹　堅 1989「正宗寺出土の瓦」『まいづる』第15号　14-17頁
黒澤彰哉 1992「常陸の古代寺院 —高倉廃寺を中心として—」『茨城県立歴史館報』第19号　15-45頁
　　　　　 1997『豊森山文殊院誌』豊森山文殊院
小林康幸 1989「関東地方における中世瓦の一様相」『神奈川考古』第25号　197-226頁

　　　　　　　　1998「東日本における中世瓦研究の現状と課題」『立正史学』第83号　43-58頁
佐川正敏　1995「鎌倉時代の軒平瓦の編年研究」『文化財論叢』II　奈良国立文化財研究所
瀬谷昌良ほか　1986『小栗地内遺跡群発掘調査報告書』協和町小栗地内遺跡調査会
高井悌三郎　1979「常陸・下野の中世瓦瞥見」『茨城県史研究』第43号　53-70頁
高崎光司　1981「日向廃寺」『筑波古代地域史の研究』　筑波大学歴史・人類学系　107-111頁
田熊清彦　1987「地蔵院出土の瓦」『益子町史』第1巻　考古資料編　益子町　907-911頁
つくば市教育委員会　1993『三村山極楽寺跡遺跡群 ―確認調査報告書―』つくば市教育委員会
　　　　　　　　1994『三村山極楽寺遺跡群所在　石造五輪塔解体修理調査報告書』つくば市教育委員会
筑波大学考古学研究室　2004『霞ヶ浦町遺跡分布調査報告書』遺物編　霞ヶ浦町教育委員会
筑波町教育委員会　1981『日向遺跡　昭和54・55年度発掘調査概報』日向遺跡調査団
土浦市遺跡調査会　1987『般若寺遺跡（西屋敷地内）・竜王山古墳　般若寺遺跡（宍塚小地内）発掘調査概報』土浦市教育委員会
土浦市立博物館　1997『中世の霞ヶ浦と律宗』展図録　土浦市立博物館
橘場君男・桃崎祐輔　1995「常陸南部における中世瓦の検討」『婆良岐考古』第17号　39-92頁
原　廣志　1997「東国出土の中世瓦 ―特に関東地方を中心とした12世紀末から14世紀前半の中世瓦の様相―」『永福寺創建800年記念シンポジウム　浄土庭園と寺院』記録集　鎌倉市教育委員会　43-68頁
　　　　　　2006「極楽寺地区出土の瓦とその変遷」『シンポジウム中世都市鎌倉と極楽寺予稿集』鎌倉市・鎌倉市教育委員会・鎌倉考古学研究所・中世鎌倉研究会　25-32頁
比毛君男　1999「般若寺遺跡出土瓦について」『土浦市立博物館紀要』第9号　25-42頁
　　　　　　2004a「瓦」『霞ヶ浦町遺跡分布調査報告書 ―遺物編―』霞ヶ浦町教育委員会　102-110頁
　　　　　　2004b「中世瓦質土器と瓦についての小考 ―中世後期の茨城県内の事例から―」『時空を超えた対話』慶應義塾大学文学部民俗学考古学研究室　155-160頁
　　　　　　2005「常陸中世寺院遺跡採取の瓦」『土浦市立博物館紀要』第15号　25-40頁
　　　　　　2010「三村山極楽寺跡出土瓦の諸問題 ―茨城県立歴史館所蔵資料の紹介と検討―」『茨城県史研究』第94号　55-67頁
比毛君男・広瀬季一郎　2005「常陸太田市増井正宗寺周辺採集の中世瓦について」『茨城県考古学協会誌』第17号　249-258頁
広瀬季一郎　2005『史跡小田城跡 ―第50次調査（本丸跡確認調査V）概要報告―』つくば市教育委員会
藤田　清・中村盛吉　1972『常総古文化研究』藤田安通志・藤田実
保坂知子　1999「岩瀬町小山寺採集の遺物」『婆良岐考古』第21号　67-74頁
真壁町歴史民俗資料館　1993『筑波山麓の仏教 ―その中世的世界―』展図録　真壁町教育委員会
桃崎祐輔　1996「鎌倉時代蓮華唐草文軒平瓦の系譜と年代 ―南都諸大寺と三村山清冷院極楽寺を結ぶ瓦の意匠―」『考古学雑渉　西野元先生退官記念論文集』西野元先生退官記念会　242-270頁
　　　　　　1998「考古学フィールドノート ―つくば市日向廃寺の瓦葺阿弥陀堂址―」『Ευρεχα』No.3　筑波大学総合科学博物館ニュース誌　第3号　12-13頁
　　　　　　2003「常陸三村山採集の永福寺系瓦と「極楽寺」銘梵鐘 ―三村山極楽寺の創建と八田知家をめぐる宗教環境」『歴史人類』第31号　169-225頁
山崎信二　1993「三村山極楽寺出土の軒瓦の年代」『三村山極楽寺跡遺跡群』つくば市教育委員会　103-110

頁

　　　　　2000『中世瓦の研究』奈良国立文化財研究所学報　第 59 冊　奈良文化財研究所
横倉要次 2004『松田古墳群』茨城県教育財団文化財調査報告　第 226 集　茨城県教育財団

追記

当稿入稿後，下記の文献が著された。当稿に反映させることができなかったが，合わせて参照されたい。

鶴見貞雄「弁慶七戻り跡の中世瓦 ―未確認とされる『櫻川文化』の中の『弁慶七戻の廃寺阯』採集の瓦の紹介」

森下松壽・新垣清貴「中世鹿島神宮寺跡採集の瓦について」

出典はともに『常総台地』第 16 号　鴨志田篤二氏考古学集 45 周年記念論集（平成 21 年 12 月 5 日発行，発行・編集常総台地研究会）である。

あ と が き

　本書の企画が編者の周辺で持ち上がったのは，6年前のことであった。『筑波山論集』と仮称し，実現に向かって動きはじめた。常陸と東北との関係を通史的に叙述して斬新な地域考古学を模索しようという主旨であったので，東国のランドマークとしての筑波山の名を冠するのがふさわしいと考えた。爾来，多くの曲折を経て当初の方針に修整が加わり，タイトルも替えた。それでも，地域考古学のひとつの可能性を本書によって伝えられるのではないかと信じて，刊行をめざした。多忙をいとわず筆を進められた諸氏の忍耐と努力の結実であり，こうして上梓に至ったことをともに慶びたい。

　本書は常陸や東国に関する新しい情報を持って，読者の求めに応じるように努めた。しかし，もしそれのみを期待されるとしたら，上梓の意図からは少なからず外れることになる。或る筆者は常陸に焦点を据え，別の筆者は東国から北海道までを視野に入れ，得意の分野に取りくんでいるが，そこで描き出した歴史の諸相は，列島，東アジア，さらに大観すれば汎ユーラシア的動向と疎通し，連動し，連関していることに思いを馳せたい。総説のつもりで冒頭においた拙文はあくまでその試案であるから，これはむしろ本書を読み進める方がたに託したいところでもある。

　そのさいに編者が危惧するのは，地域からの自由な発想を控える風潮が流布していることである。国民国家史色に彩られた受験用「日本史」教育，時代別に専門を区分する大学の担当者養成教育，現在の行政区画の軛に縛られた文化財行政史観のせいでないことを願っている。その意味で，設楽博己氏が本書で試み，編者が仮説として示したような基層文化の抽出，すなわち各時代で表出した地域色の底流を通時的に読みといていく作業もまた，地域像を豊かにするはずである。膨大な情報を集積してきた地域考古学の射程は，広く深い。本書で示した時空を馳せる構想がその論議の一端に加わることを念じている。

　末尾になったが，いっそう厳しさを加えつつある現今の出版事情を顧みず筆者らの微意に応えてくださった六一書房の八木環一氏の力添えがなければ，ここに至らなかった。干天に慈雨の思いをもって，深く謝意を表する次第である。また，編集にあたって，地図の作成を担当なさった土浦市立博物館の塩谷修，水戸市教育委員会の渥美賢吾両氏，IT機器に暗い編者をよく支えてコンピューター入力に邁進してくださった前筑波大学地域研究研究科阿部静絵嬢の労にもあわせ謝意を表し，長かった編集の任をおりたい。

2010年　臘月

川西宏幸

編者略歴

川西宏幸（かわにし　ひろゆき）

1947年　徳島県に生まれる

1976年　京都大学大学院文学研究科博士課程（考古学専攻）修了
　　　　（財）古代学協会を経て

現　在　筑波大学大学院人文社会科学研究科教授　文学博士

著　書　『古墳時代政治史序説』塙書房，1988年
　　　　『古墳時代の比較考古学』同成社，1999年
　　　　『初期文明の比較考古学』（翻訳）同成社，2001年
　　　　『同型鏡とワカタケル―古墳時代国家論の再構築―』同成社，2004年
　　　　『倭の比較考古学』同成社，2008年

執筆者一覧（執筆順）

川西宏幸（かわにし　ひろゆき）	（編者略歴参照）
窪田恵一（くぼた　けいいち）	茨城県考古学協会会員
川口武彦（かわぐち　たけひこ）	水戸市教育委員会事務局文化課埋蔵文化財センター
齋藤弘道（さいとう　ひろみち）	牛久市文化財保護委員会委員
鈴木正博（すずき　まさひろ）	早稲田大学先史考古学研究所客員研究員
小玉秀成（こだま　ひでなり）	小美玉市役所
設楽博己（したら　ひろみ）	東京大学大学院人文社会系研究科教授
齋藤瑞穂（さいとう　みずほ）	新潟大学人文社会・教育科学系助教
松尾昌彦（まつお　まさひこ）	聖徳大学人文学部教授
桃崎祐輔（ももさき　ゆうすけ）	福岡大学人文学部教授
中尾麻由実（なかお　まゆみ）	土浦市役所市長公室行政経営課
塩谷　修（しおや　おさむ）	土浦市立博物館副館長
田中広明（たなか　ひろあき）	（財）埼玉県埋蔵文化財調査事業団
渥美賢吾（あつみ　けんご）	水戸市教育委員会事務局文化課
佐藤英雄（さとう　ひでお）	筑波大学大学院博士課程人文社会科学研究科満期退学
松本建速（まつもと　たけはや）	東海大学文学部准教授
比毛君男（ひけ　きみお）	土浦市立博物館学芸員

東国の地域考古学

2011年3月31日　初版発行

編　者　川西　宏幸

発行者　八木　環一

発行所　株式会社 六一書房
　　　　〒101-0051　東京都千代田区神田神保町 2-2-22
　　　　TEL　03-5213-6161　　FAX　03-5213-6160
　　　　http://www.book61.co.jp　　Email　info@book61.co.jp
　　　　振替　00160-7-35346

印　刷　株式会社 三陽社

ISBN 978-4-947743-94-7 C3021　　Ⓒ 2011　　Printed in Japan